ЮРИЙ Нагибин

ДНЕВНИК

НЕЗАВИСИМОЕ ИЗДАТЕЛЬСТВО ПИК
Москва
1996

ОТ ИЗДАТЕЛЬСТВА

В июне 1994 года, за несколько дней до внезапной кончины, Юрий Нагибин увидел сигнальный экземпляр своей последней прижизненной книги — "*Тьма в конце туннеля. Моя золотая теща*", выпущенной в свет Независимым издательством ПИК.

Он успел отправить в тот же адрес рукопись своего первого и последнего романа — "*Дафнис и Хлоя эпохи культа личности, волюнтаризма и застоя*", изданного уже после смерти автора (ПИК, Москва, 1995 г.).

Эти произведения своим содержанием, автобиографической основой событий, образным строем и текстом самым тесным образом связаны с "*Дневником*" Юрия Нагибина, который он подготовил к печати также незадолго до конца.

Независимое издательство ПИК, видя свой долг перед памятью писателя и поклонниками его таланта, завершает серию последних трудов Юрия Нагибина выпуском его "*Дневника*".

Текст "*Дневника*" публикуется с сохранением авторской стилистики и орфографии. В необходимых случаях даны авторские либо редакторские сноски.

Тексты публикуются в авторской редакции

ОТ АВТОРА

Эта книга названа: дневник. Но является ли она таковой на самом деле? В слово «дневник» заложено понятие фиксации прожитых дней, он ведется изо дня в день. Конечно, возможны пропуски - по болезни, занятости автора или по другим причинам, но в принципе — это жизнь, прослеженная в днях, а не как Бог на душу положит, с пропусками порой в целый год. И непременно указывается дата каждой записи; четкая хронологическая последовательность фиксируемых событий и переживаний автора — непременное требование, предъявляемое к дневнику. Классический дневник — это объемистый труд известного цензора Никитенко, бесценный документ эпохи, благо автор прожил долгую, спокойную, сосредоточенную жизнь, был свидетелем многих важных событий в общественном, политическом и литературном бытии своей страны, не шапочно знаком с крупнейшими писателями и другими выдающимися современниками. Он мало и глухо пишет о себе, много и подробно о том, что его окружает; из чего складывается историческая жизнь России. Никитенко сознавал значительность своего труда для будущего, он писал с огромной внутренней ответственностью за каждое слово и с прямым прицелом на публикацию.

Не исключал возможности опубликования своего дневника — куда более личного — и Лев Толстой. Это ограничивало свободу самовыражения, потому он вел еще один дневник, очень интимный, предназначенный только для самого себя.

Мои записи в большинстве своем носят сугубо личный характер, и я долго сомневался — стоит ли их публиковать, особенно при жизни. Ведь это разговор с самим собой, какое дело до него читателям. После смерти писателя — да и не только писателя — его записи приобретают интерес как документ эпохи. Недаром же издательство «Academia» публиковало в свое время, кроме дневников и мемуаров знаменитых людей, «Записки пропащего человека» никому не ведомого пьяницы и бедолаги, или — начисто забытого ныне литератора Перцова (не путать с советским литературоведом-сервилистом Виктором Перцовым), на мой взгляд, одного из умнейших и острейших людей предреволюционной осени. Мой дневник переходит иногда в мемуары, ибо случалось, я писал не по свежему следу, а по воспоминаниям, пусть и не слишком давних, событий. Порой я указывал даты, порой забывал об этом. Изредка, это я обнаружил только сейчас, перепечатывая рукопись, события меняются местами: более поздние опережают те, что случились раньше. Я не стал наводить порядок, выстраивать и редактировать текст, это лишило бы дневник непосредственности и подлинности, в чем я вижу его, быть может, единственное достоинство. Читатель не может не почувствовать, что тут отсутствует литературный расчет, мысль о реализации, что он имеет дело с неподкупной правдой переживания. Я писал не по взятой на себя обязанности, а по эмоциональному велению. Мои записи — это прежде всего порыв к отдушине. Я хватался за свою тетрадь, когда чувствовал, что мне не хватает воздуха, и, чтобы не задохнуться, выплескивал переживание на страницы, которых, кроме меня, в чем я был уверен, никто не увидит. В этом и сила, и слабость моей книги. Сила — в искренности, слабость в том, что многое важное осталось за ее пределами, ибо я так странно устроен, что вещи объективно значительные меня зачастую почти, а то и вовсе не трогают.

Да, я твердо уверен, что совершенная искренность и беспощадность к себе этого полудневника-полумемуаров могут заинтересовать других людей, ибо помогают самопознанию. Истертая, как старый пятак, мысль Паскаля, что человеку по-настоящему интересен только человек, истинна именно в силу своей банальности, то есть общепризнанности. Но из всех людей человеку наиболее интересен он сам. Есть писатели вовсе чуждые самокопания, они изображают объективный мир, начисто самоустраняясь. А есть писатели, неудержимо стремящиеся разобраться в самом себе. И вовсе не от преувеличенного представления о собственной личности, скорее наоборот — от горестного сознания ее несовершенства, дурности, несоответствия тому образцу, который носишь в душе. И такие писатели должны относиться к себе с беспощадностью ученого, препарирующего кролика, или вскрывающего головной мозг собак, или — это, пожалуй, точнее — испытывающего новое, неизвестное лекарство

4

и ради этого прививающего себе смертельно опасную болезнь. Тут не надо щадить себя, думать, а что скажут о тебе люди, ведь в конечном счете ты рискуешь, даже жертвуешь собой ради общей пользы. Человек не остров, эта мысль стара, как и афоризм Паскаля, и столь же справедлива: познавая себя, ты познаешь материк, имя которому человечество.

При этом я прекрасно понимаю, что такая «разнузданность перед вечностью» будет многих раздражать. Более полувека прожили мы, застегнутые на все пуговицы, но, когда появилась возможность ослабить застежки, предстать в своем собственном виде, блюстители литературной нравственности тут же завопили о душевном эксгибиционизме. На ярлыки у нас все скоры и умелы. Скажу на это лишь одно: самая потрясающая по искренности книга о себе — «Исповедь» Жан Жака Руссо может быть припечатана этим бранно-научным словом с полным основанием. Любопытно, что великий писатель грешил в юности непристойным обнажением и в прямом смысле слова, о чем пишет с полной откровенностью, присущей и вообще этой единственной в своем роде книге. Современники Руссо — люди второй половины восемнадцатого века — все поняли и не отказали в уважении автору «Элоизы», напротив, его слова достигли пика. Но «совки» в моральном смысле куда требовательнее и нетерпимее, нежели томные европейцы эпохи, предшествовавшей Великой французской революции. Себе они прощают все: беспробудное пьянство, доносительство, любое непотребство, но от литературы требуют порядка и целомудрия, как в пансионе для благородных девиц. Я говорю о взрослых «совках», юная поросль не знает никаких запретов.

Пусть такие моралисты не читают мой дневник, хотя ему в смысле интимных откровенностей куда как далеко до признаний Жан Жака.

Кому адресован дневник? Себе самому. Это разговор с собой, с глазу на глаз, иногда попытка разобраться в собственной мучительной душевной жизни, иногда просто взрыд, и это бывает нужно. Но случается, и не так редко, что внешняя жизнь становится для меня интересней изнурительной душевной работы; чаще всего это бывает во время поездок, особенно «за бугор», вот почему я их так любил. Хоть ненадолго избавляешься от возни с собой. До чего же справедливо есенинское: душа — непосильная ноша, под которой падаешь. Еще спасительнее для меня всегда была и есть природа, поэтому ее немало в дневнике, но она никогда не предстает чисто пейзажной живописью, всегда связана с фигурой, оживляющей пейзаж, то есть со мной.

Повторяю, ведя свои записи, я не думал о читателе, как, скажем, К.Симонов, который явно готовил дневник на вынос, поэтому иные места окажутся не вполне прозрачными, хотя и понятными в контексте. Наверное, тут маловато наших знаменитых соотечественников, а ведь волей обстоятельств я пребывал в литературно-художественной среде с детских лет, знал многих и многих, даже Маяковского перевозил однажды на плоту через речку Учу, а потом выяснил, что он давнишний и близкий друг моих родителей.

Вплоть до восемьдесят пятого года, когда началась перестройка, я жил вне общественной, социальной, политической жизни из соображений гигиены. По той же причине я, как мог, избегал литературной среды, хотя у меня было немало друзей-приятелей среди писателей. Я человек без стадного чувства, поэтому всегда избегал толпы, собраний, обсуждений и, даже будучи членом редколлегии некоторых журналов, никогда не мог высидеть заседания до конца, что неизменно портило мои отношения с главным редактором и коллегами. Они видели в моих уходах пренебрежение, а это была клаустрофобия, их вязкие дебаты создавали у меня ощущение замкнутого, безвыходного пространства. По моему дневнику видно, что природа, узкий круг близких людей, охота, рыбалка, собаки были для меня значительнее и важней иных эпохальных событий. Мне эти события, кроме короткого продыха так называемой «оттепели», казались зловещим шутовством. Моей единственной задачей было уцелеть, сохранить в себе те хрупкие моральные ценности, что были подарены мне генетически и воспитанием.

Надо помнить, что военные страницы писались на фронте, в тетрадочке, которую очень легко найти, и при кажущейся ныне безопасности по тем временам тянули на «десять лет без права переписки». На этот риск я шел, но расстрела мне не хотелось, поэтому я опустил всю печальную эпопею 2-й Ударной армии, разгром под Мясным Бором, окружение, пленение генерала Власова, чему сам был свидетелем. Эта позорная страница войны целиком на совести Сталина, ибо и Власов, и Мерецков, командующий фронтом, не раз предупреждали его о роковых последствиях попытки прорвать кольцо Ленинградской блокады по линии Чудово—Любань, где у немцев была самая глубоко-эшелонированная оборона.

Не писал я и о том единственном бое, в котором участвовал, и о полетах на бомбежку, где я скидывал не бомбы, а листовки и газету для войск противника, которую мы издавали, — обо всем этом есть в моих повестях и рассказах.

Вообще этот дневник при всем его личностном характере не является ни в малейшей мере моим жизнеописанием. Я никогда не ставил себе такой цели, потому здесь никак не отражены многие важные — и радостные, и печальные — события моей жизни. Вы не найдете даже намека на скандал вокруг второго номера «Литературной Москвы», героями которого были Яшин, Нагибин и Жданов. Нас с Яшиным сразу взяли в оборот, его за «Рычаги», меня за «Свет в окне», а после, видимо, отдавая дань тринитарной системе, к нам присоединили Жданова с его талантливым, но вовсе безобидным рассказом. На двухдневный погром в Доме литераторов я просто не пошел, потому у меня нет живых впечатлений о разыгравшемся там шабаше, о мужестве В.Каверина и М.Алигер, защищавших и альманах, и нас — бедолаг, о подлости цепных псов партийного и писательского руководства.

Ничего нет и о трагическом вечере памяти Андрея Платонова, окончившемся тем, что по рукам пошел лист с требованием освободить узников совести. Впрочем, кончилось не этим, а исключением Юрия Карякина, делавшего доклад о Платонове, из партии и Союза писателей, изгнанием отовсюду скульптора-писателя, друга Андрея Платоновича, Сучкова, строгим партийным выговором Борису Ямпольскому за текст его выступления и Межирову за то, что он этот текст прочел со сцены, — автор лежал на больничной койке, — а также внесением в черный список Ю.Казакова, выступавшего, и Ю.Нагибина, председательствовавшего на вечере. Мы с Юрой были неуязвимы по партийной линии, ибо не состояли «в рядах».

Нет здесь и ужасающей эпопеи со сценарием «Председателя», завершившейся общественным судом надо мною «за клевету на „маяка" Орловского» — прообраза героя фильма, и постигшим меня в результате всех преследований в сорок два года инфарктом. Но об этом я когда-нибудь напишу документальную повесть.

Для других важных событий моей жизни не нашлось места в

дневнике, ибо я знал: они станут материалом рассказа или повести.

Выше я что-то сказал о радостном в моей жизни. Что имелось в виду, мне самому не слишком ясно. Выход моего первого собрания сочинений в издательстве «Художественная литература», стоивший мне нескольких лет жизни, встреча с Аллой?.. Много радости шло от леса, поля, реки, но об этом вроде бы достаточно много сказано. Остальные мои радости — избавление от несчастья.

Перепечатывая дневник для издания, я не добавил в нем ни строчки, но кое-что изъял, щадя порой людей, не заслуживших доброго слова. В справедливости первого я убежден (изначальным выбором руководило подсознание — самый чистый источник), в справедливости второго — не очень. Почему скверные поступки позволительны, а разговор о них — табу? Если у тебя хватало мужества быть дурным в жизни, не пасуй перед своим изображением в литературе.

Итак, кому нужны мои записки с их отдаленностью от столбовой дороги нашей сияющей жизни? С их нытьем, слезами, злостью, иногда радостью, с их удивлением перед бытием, с их самокопанием? За пятьдесят пять лет профессиональной писательской работы я приобрел читателей, оставшихся мне верными и в наше неблагоприятное для литературы время. Мои книжки по-прежнему расходятся, независимо от того, дает ли издательство тираж в тридцать, пятьдесят, сто и более тысяч экземпляров. Значит, этим читателям я нужен, и вполне естественно, что им захочется увидеть подлинное лицо автора, остающееся в тени беллетристических ухищрений. Появились у меня и новые, довольно молодые читатели (сужу по письмам), им тем паче интересен будет незнакомый автор, ведь «Зимний дуб», который они проходили в четвертом классе, давно выветрился из сознания вместе с остальной школьной премудростью. Добавьте к этому недоброжелателей, их тоже скопилось предостаточно за долгие годы, и можно не сомневаться, что «Дневник» найдет спрос на книжном рынке.

Альфред де Мюссе, «второй величайший поэт Франции», как окрестил его Виктор Гюго, оставив тем самым первое место за собой, написал замечательную прозу «Исповедь сына века» — не событийную, а духовную историю молодого человека середины девятнадцатого столетия. Смешно было бы мне претендовать на столь глобальную задачу. Но мои записки тоже принадлежат сыну

8

века, нынешнего, идущего столь бесславно к своему завершению, и в этом их объективная, пусть незначительная, ценность, не связанная с моей личностью, ибо через меня, как и через каждого человека, отваживающегося жить, а не тлеть, говорить, а не молчать в тряпочку, отражается время, эпоха, хочешь ты того или нет.

Я ничего не имею против художников, писателей, поэтов, считающих, что искусство и литература ничему не служат, что они сами по себе, игра свободных внутренних сил, никак не касающаяся жизни, не отвечающая перед ней. Но всегда помню слова Шарля Бодлера, одного из зиждителей теории искусства для искусства, что литература все-таки для чего-то нужна, что она чему-то служит, даже вопреки намерениям творца. То есть не бесцельна и не безответственна. Но это ровным счетом ни к чему не обязывает и не должно обязывать писателя и поэта. Они поют вольно, как птицы. Кстати, птица никогда не поет вольно. Поют самцы весной, в брачный период, заманивая самку. Это очень «направленное» пение, имеющее конечной целью продолжение рода, то есть главное предназначение всех живущих существ. Мы не понимаем голосов птиц, и для нас это бессмысленный милый щебет.

Для меня нет ничего важнее в жизни, чем литература, я имею в виду не собственное писание, а чтение, и я никак не могу считать ее щебетом, игрой. То же относится и к искусству. Человек, нарисовавший быка на скале (ни Гойя, ни Пикассо даже не приблизились в экспрессии к древнему художнику), решал какую-то задачу, а не просто водил рукой от нечего делать. Он или подчинял себе это опасное животное, или пытался умилостивить лестным портретом, а может, хотел передать кому-то, что он есть в пустынном и враждебном мире, и как бы предлагал партнерство. Во всяком случае, первобытное творчество — не искусство для искусства, а сцеп человека с миром, жизнью, себе подобными. Отрыв искусства от цели и смысла шел от лукавого, разочарованного и недоброго ума.

Пусть этот дневник — прерывистый след одной жизни — будет моим быком в нашем отнюдь не потеплевшем мире.

Юрий Нагибин
2 июня 1994 г.

1942

ВОЛХОВСКАЯ ТЕТРАДЬ

30 января 1942 г.

Снова, словно Селин в ночь, послан в день, туманный, с белым, тяжелым небом день. На попутных машинах, пешком добираюсь до военного — аракчеевского — городка Селищево, заведомо зная, что мне в нем делать нечего.

Красные, кирпичные дворцы николаевского стиля разрушены. Нигде разрушения не являлись мне в столь чистом виде. Белое небо, редкий снег тихо садится на деревья, тишина непередаваемая, хотя она то и дело нарушается залпами двух дальнобойных пушек. Она всасывает в себя этот случайный шум, и кажется, что тишина нерушима. Посреди городка пруд, обнесенный деревьями, а дальше так странно, неожиданно — эти большие николаевские «дворцы», аккуратно и основательно разрушенные. Так не похоже на сумбур разрушенных деревень — там торчат обуглившиеся стропила, черные балки, голые трубы, сор, щебень, непорядок. Здесь — печальный, строгий покой камня, что-то античное. Все достойно, все молчаливо...

Были здесь и люди — раненые, шоферы, артиллеристы. Но сейчас мне кажется, что там был лишь один человек — капитан с автоматом через плечо. Он стоял один рядом с «ветеринарным пунктом», расположенным в одной из античных развалин, и медленно обводил взглядом разрушения.

— Все разрушено...— говорил он тихо, затем посмотрел в другую сторону и повторил те же два слова.

Капитан приехал на грузовике за досками. Я попросил его подвезти меня на обратном пути. Он ответил молчаливым кивком головы и перешел на другое место. Я последовал за ним, боясь, что он в своей высокой скорби забудет обо мне. Он снова медленно, как английский король в Ковентри, оглядел развалины и произнес:

— Все разрушено... А ведь это... это были... казармы!..

Я никогда не видел скорби в более чистом виде.

Я отыскал-таки нужную мне часть. Красавица часть — рота, только рота регулирования. Я прошел к седому капитану и попросил его предоставить трофейный материал мне — представителю 7-го отдела фронта. Он выпучил глаза и пролепетал, что трофеев у них нет, они всего-навсего регулируют движение на дорогах. Но мне это неважно: в отчете Рощину* я могу написать, что «спустился до роты»...

По дороге шел лыжный батальон, хорошо снаряженный, вооруженный автоматами, клинками, с шанцевым инструментом на ремне и свернутыми плащ-палатками за спиной. Дети лет семнадцати. Они были все без исключения малорослы, трогательны и измучены. Они то и дело останавливались и бессильно ложились в снег в странных, беззащитных позах — один на локте, другой на спине, ноги подогнуты, третий свернулся калачиком, как в своей детской постели. И все же я опять возвращаюсь к своей теме: если писать о них — неверно изображать их как только безнадежных, малолетних страдальцев. Я вижу сквозь всю их усталость и тоску, как они метко бьют из-за брустверов, как с криком «Ура!» наступают под огнем противника, именно — наступают, то есть участвуют в этом сознательной силой, а не как стадо ягнят...

Всюду валяются трупы лошадей. Иногда трупы зашевеливаются и даже подымаются на шаткие ноги. Лошадь стоит пять, шесть часов, день; я не знаю, что бывает с ними потом. Верно, снова валятся на снег. Почти все трупы разделаны, мясо снято с ребер, груди. Лошади на дорогах войны — не кавалерийские кони, а тягловые, грустные лошадки, самое печальное, что только можно вообразить. Шкура висит, словно непомерно большой чехол на кукольной мебели, черные мутные глаза на длинных мордах с детской слезой, шаткий шаг — у людей я пока что этого не видел. Вот в чем загвоздка!

Записывать необходимо все, только тогда начинаешь давать себе отчет в своих поступках. Если бы я записывал раньше, я бы знал, что могло меня толкнуть на это мое решение. Ведь я никогда

---

* Начальник 7-го отдела Волховского фронта.

не жил среди чужих людей. Стрельба, бомбежка, вообще немалые опасности моей нынешней службы не слишком меня смущают. Мне мучительно трудно без своих, без Маши. Я — домашнее животное, и мне в лесу не выжить.

Но какое-то чувство продолжает говорить мне, что это нужно было сделать. Ведь не пропадет же все это, в конце концов! Нельзя же было так и писать всю жизнь о выдуманном, надо было иметь собственный душевный материал, пробиться к настоящим словам, а эти слова — я чувствую со всей ясностью — едва не отдалились от меня навек.

Ведь не может пропасть даром — е.ж.б.* — Селищево, дети-лыжники, восемь верст через ночь, ночь, Волхов. «Из тяжести недоброй и я когда-нибудь прекрасное создам».

31 января 1942 г.

Одиночки войны. По дорогам, вернее, по тропинкам — дорог они избегают,— ходят одинокие люди. Бойцы в задымленных шинелях, закутанные в тряпки, с кроткими измученными лицами. Иногда при оружии, чаще без него, с одним лишь шанцевым инструментом, бредут они куда-то, не зная ни своей части, ни соединения, забыв номер полка, роты. Подсаживаются к чужому огню, разводят свой, питаясь невесть чем, и все идут, идут. Это не дезертиры, у них словно и в мыслях нет бежать до родного дома, они как-то выпали из частей. Они не возвращаются в часть, даже не пытаются, сколько бы ни говорили, что ищут своих, но непреодолимая сила удерживает их вблизи фронта. Они не могут вернуться туда, но и не имеют силы уйти совсем. То ли это особое, страшное очарование войны, то ли простая человеческая нерешительность — ни уйти, ни остаться, как все мы. Но сперва мне казалась более притягательной первая мысль: что они не в силах сами оторваться от войны, пока она не выбросит их за негодностью. Это чистейшая «липа»: могут, хотят, но нет решимости на прямое «преступление».

Ночью в лесу можно видеть огоньки костров, трупы лошадей искромсаны, чья-то тень мелькнет на дороге, перехваченная фарами. Это все следы одиночек войны...

---

* Если жив буду.

Все движется между двух полюсов: расхлябанностью и ужасным, невероятным трудом, никому другому, кроме русского человека, неподсильным.

1 февраля 1942 г.

Ашер Айзикович Шапиро. Он пошел добровольцем, когда решил, что его отец, от которого он в течение трех месяцев не получал писем, погиб на фронте. Матери у него нет. Когда я спросил его, как он думает распорядиться своими деньгами, он ответил, что ему есть кому посылать. По ответу судя — какая-нибудь девушка. У него это звучало удивительно трогательно. Я уверен, что он с ней не живет. Он — сама деликатность. Впрочем, меньше всего верю я деликатным людям, достаточно послушать, с какой грубостью говорят они об отсутствующих. Он выдержал и эту проверку: он говорил, что думал, но деликатность ему не изменила. Он касается жизни, словно врач — тела больного, согретыми пальцами. Серьезность, забота, словно он сильный, трогательность и беззащитная открытость при молчаливой, но не злой погруженности в себя. Это такой человек, что в жалостливой нежности к нему можно потерять всю душу без остатка. Я невольно защищаюсь от него стенкой иронии. Иначе можно стать хорошим и добро бессильным, а этого нельзя.

А как внешне неустроенно, неуютно ему живется!

На автомобиль, чтобы он ехал, надо кричать гораздо больше, чем на лошадь.

Хозяйка печет хлебы. В доме тяжелый дух ржаной опары, пахнущей душно и плотно, словно разопревшее человеческое тело. Тесто дышит в кадушке, ночью выходит за края и тяжело шлепается на пол, теплое, живое. А в прихожей спят шесть бойцов-хлеборазвозчиков, шесть огромных смирных детин. Они потеют хлебом, вкусно рыгают хлебом, ночью согласно дышат и поворачиваются на другой бок.

Бессмысленный вопрос солдату: устали ли вы от войны, хотите ли вы домой? Солдат устает от войны сразу же после получения повестки и с того же момента хочет домой.

Что я здесь такое? Нерадивый канцелярский служащий, на плохом счету у начальства — приходит в десять, уходит в пять, но за это время успевает получить больше попреков и взысканий, чем другой за месяцы круглосуточной службы. Повелевать мне не дано, надо хоть подчиняться уметь.

Залог мужской бодрости на войне: жены не могут попрекать мужей тем, что они мало зарабатывают.

Добродушный, толстый, хороший человек посылал меня на смерть.

Первый ребенок, которого я увидел в этом городе* военных и взрослых. Дети — одна из вечных иллюзий человечества. Наивность, показывающая, что человек еще не до конца испорчен. Ведь никто не ждет, что из куриного яйца вылупится страус, что из щенка шакала вырастет большой бегемот, но все ждут, что из младенца выйдет обязательно не такая сволочь, как мы все, а нечто «порядочное». Забывают, что из младенца может выйти только человек, и умиляться тут абсолютно нечему.

6 февраля 1942 г.

Боже мой! С какой удивительной отчетливостью вспоминается мне кусок моего детства: паркет, залитый солнцем, голубое стекло окна и мать, поющая «Шумом полны бульвары...». В моем детстве не было ничего более прекрасного, чем «Мюр—Мерилиз», Кузнецкий мост, когда глядишь на него от Рождественки, и этой песни в освещенной солнцем комнате.

Есть ли вообще что-либо лучшее в жизни, чем воспоминание о молодой матери!

Сегодня я снова вернулся к мысли, вернее к муке: а надо ли было идти на такую войну? Это не война, а канцелярия под бомбежкой. Вся наша пшебуршня не стоит выеденного яйца. Неужели наша писанина и радиотрёп могут хоть как-то повлиять на немецких солдат? Но поди скажи об этом вслух. Шапиро попросил у Рощина, чтобы его отозвали в часть, так его чуть не

---

* Малая Вишера.

14

растерзали. Даже начальник ПУ Горохов заинтересовался дезертиром. Ему грозили штрафбатом. Он сказал, что не возражает. А я понимаю, чего они так разошлись: его поступок разоблачает нашу паразитарность, ненужность войне. В результате бунтаря Айзиковича навечно прикрепили к оформлению отчетных папочек. Это то, что батальонный комиссар Кравченко называет умением показывать свою работу.

Абсолютное счастье на фронте: налопавшийся солдат садится на стульчак...

Прекрасный сюжет. Добрый охотник — золотое сердце — идет по лесу и встречает старую женщину. Он дает ей милостыню — все, что у него есть. И в награду за его доброту старая женщина, оказавшаяся феей, открывает охотнику способ мгновенно по-царски разбогатеть. Надо ему пройти шагов двести в сторону солнца. Он увидит большое раскидистое дерево, а на нем множество птичек. Пусть он выстрелит из своего верного ружьеца, и когда одна упадет, он вскроет ей грудку, там найдет золотую горошину, проглотит ее и каждый день будет находить у себя под подушкой сотню талеров.

— Спасибо, старая женщина...

Добрый охотник быстро отсчитал двести шагов в сторону солнца, увидел раскидистое дерево с множеством птичек на ветвях, вскинул свое верное ружьецо, выстрелил и... промахнулся. Птички вспорхнули и улетели...

Ведь бывают же неудачи!..

12 февраля 1942 г.

Воспоминания дороги. За Валдаем. Северная деревня. Вместо вонючих приземистых избенок, в которых мы обогревались и ночевали,— чистые, светлые, деревянные хоромы. Высокое, желтое, теплое дерево. Высокая печь с лежанками на каждую из четырех комнат, тоже чистая, без единой тряпочки, чувствуется уважение к ней, воздух пахнет теплым смолистым деревом и едва приметной обжитостью помещения.

В сенях на соломе лежит еще влажный голенастый новорожденный теленок.

После нищеты, грязи, разрухи и придавленности пройденных нами деревень это жилье буквально поразило нас чистотой и основательностью своего уюта.

В избе были только женщины: две старухи, две на возрасте и трое детей — девочек. Мы были смущены. Мы не могли разуться, страшно было обнаружить нашу грязь в этой священной чистоте.

Хозяйка подала на стол большую миску жирного серебристого супа с бараниной и глазурные ложки. Хлеб она разломила — хлеб был горячий и словно дышал. И нам показались до того ненужными и грубо бессмысленными наши почерневшие ремни, наганы в кобурах, запах дорожного пота и бензина и запах дорожного тщеславия — каждый путник кажется себе немного героем,— все, что мы, мужчины, военные, принесли сюда, что сидели мы тихие и пришибленные.

В этом прочном человечьем устройстве было куда больше жизненной силы и крепости, чем в наших судорожных дорожных усилиях.

На окраине Торжка. Зашли в хату, где жил только один старый железнодорожник. Это был высокий тощий человек, одетый в промасленный авиационный комбинезон. Комбинезон стал словно его второй кожей, он обрисовывал все контуры его тела — ребра, углы локтей, лопаток и колен, впалый живот с торчащими тазовыми костями, грыжу в паху. Человек молчал и улыбался, обнажая белые десны и один-единственный желтый огромный резец. В доме было пусто. На печи — засохшие тряпки, близ печи — сор от дров, на буфете — крошки хлеба, в блюдечке на полу запеклась полоска молока. Этот человек был всем и всеми забыт, покинут. Потерянный человек. Он улыбался бессильной доброй улыбкой об один зуб, когда мы к нему обращались, даже что-то отвечал, но голос его как-то таял в воздухе, не достигая ушей, и было видно, что он мог бы и не отвечать, он слушал нас, но мог бы и не слушать. Когда мы уходили, он не взял денег, которые мы ему давали.

Кругом все разбомблено, а он уцелел. Зачем? Нет, он не работает, ничего не осталось, работать негде. Дети на фронте, кое-кто погиб при бомбежке. А жена? Он не отвечает, улыбается доброй, уродливой улыбкой.

Что же он ест? Пьет? Курит?

Мы ушли. Он не вышел нас проводить...

Солдаты бодрости не чувствуют. Ее чувствуют здоровые, розовощекие люди из штабов, которые через день бреются и меняют воротнички на гимнастерке. Эти люди пишут бумаги, обедают в столовых, пугаются каждого самолета, подымают панику при каждом удобном случае, в остальное же время полны бодрой воинственной активности.

Сражаются больные, изнуренные и грязные неврастеники с обмороженными носами, усталым взглядом и такие слабые, что их может осилить ребенок. Здоровые толстые бодрые люди пишут бумаги, посылают других в бой и достают обмундирование в военторгах.

13 февраля 1942 г.

Жизнь движется вечной наивностью людей. Любой скептик вроде меня, все зная, думает, что именно его жена не будет изменять, что на войне есть что-то хорошее. Может быть, я мало внимания уделял Маше, что около нее появились чистенький и утомительный А. и похотник Р., который стал там чем-то вроде олицетворения постоянства и страсти. В то же время в его положении нет ничего более простого, как дожимать недожатое раньше... Это делается уже походя, само время играет на него. Он нисколько уже не мучается, преспокойно живет с другими бабами, ему достаточно только появляться раз в неделю и раз в неделю звонить. И уже: какое постоянство, какое страдание, он заслуживает награды!.. А если бы я был более внимателен, все полетело бы к черту еще скорее, пресытилась бы и уже активно стала бы лезть к другим. Так все-таки и меня надо удерживать. И происходит все это незаметно. Чуть-чуть попустил и уже привыкаешь, что такой может и должен (!) быть рядом, и становишься добрым, деликатным, нелюбопытным, и готов с ним выпить вино за ее здоровье. Извечная мягкотелость мужчин оттого, что они не целиком в этой стороне жизни. И всегда мужчина найдет в своей будущей жене именно те качества, которые, по его мнению, сделают из него исключение, то есть не рогоносца. Жена легкомысленна — отлично, она ни к кому более не привяжется; жена привязчива как собака — тоже хорошо, ее привязанность к нему пересилит все другие привязанности! То же война. Почти нет мужчины, даже самого трусливого, который бы в глубине глубин не стремился бы чуточку к войне. Вот две мужские иллюзии, которым непонятно каким образом — все понимая,— отдал и я дань. Теперь пожинай плоды.

Вчера полковник, бодрый, с серебряными зубами и гладкими полными щеками, улыбаясь, посверкивая серебром во рту, рассказывал о бомбежках. Я ненавижу эти рассказы, это удальство, которое рождает не окончательная трусость.

На днях я сделал не то что-то очень хорошее, не то что-то очень современно человеческое. Когда началась бомбежка — а каждая бомбежка здесь означает несколько умираний,— я не торопился положить последние буквы в наборную линейку, потому что мне не хотелось умереть, не кончив набора какой-то пустенькой, но, очевидно, нужной статейки*. Я вложил буквы, закрепил, переменил шпацию, снова закрепил и лишь после того задрожавшими руками стал сдергивать шинель, пояс, чтобы бежать вниз. Я думаю, тут дело не в бескорыстии, это новое обязательное душевное качество, вошедшее в плоть даже самых нерадивых. Нынешний человек весь раздавлен долгом или, можно сказать, растворен в огромной стихии долга, понимаемого в самом широком смысле — народ, государство, дело. Мы все из людей превратились в людей дела. Дело долговечнее нас, оно преемственно, а людей у нас много. Мы все взаимозаменимы, потому что мы люди дела, а не творчества. Нельзя ценить свое существование в стране, где столько людей. Поэтому мы и воюем хорошо.

Дикая фраза: товарищ техник-интендант второго ранга, валушки нельзя бы? (В АХО.)

Интересная вещь: освоение полуразрушенных нежилых домов. Дом без людей холодней и дичей природы. Мы въехали сегодня в двухэтажный дом. В комнатах висят оборванные провода, поломанная мебель, фикус, иссохший до того, что, когда его тронули, он рассыпался, на полу книги — по медицине, инженерии, справочник Хютте и т.п. Масса стабильных учебников, тетрадок, исписанных аршинным

---

* Из-за отсутствия наборщиков редакционные работники сами набирали газету и листовки.

детским почерком, членские книжки: профсоюза, МОПРа, об-ва «Друг детей»... И всюду говно, даже на столе, печи, подоконнике, в колпаке висящей лампы. Я вначале не понимал этой страсти людей гадить на покинутых местах — домах, садах, дворах. Потом попробовал сам и нашел в этом удивительное удовольствие. В разрушенном доме приятно накласть не в одном углу, а всюду, насколько хватит, положить свой человеческий след. То ли приятно делать запретную в обычных условиях вещь, то ли в этом выражается презрение человека, его вражда ко всякому хаосу, неустройству. Людей тянет испражняться на развалины.

Мы протопили печь, законопатили окна — стало тепло и возможно жить. Надышали. Провели электричество. Поставили мебель. Но дом становится домом, человечьим жильем, когда в нем кто-нибудь переночует. Тогда он разом приобретает обжитой вид, люди ему доверяют.

Опять бомбили. До чего паскудное ощущение, этот треск, вой, свист. Противная сушь возникает внутри. И ничего нельзя сделать, и пересилить это нельзя. Утром глядишь в небо, и, если видишь по-весеннему прозрачно-голубой свод, на душе делается паршиво. Когда унылая серятина покрывает небо, сочится полудождь-полуснег,— испытываешь спокойный, бодрый подъем. Противоестественно и противно.

Я начинаю думать, что вовсе не так уж умно вел себя здесь. Поддерживал, поддерживал свое достоинство, отбрыкивался, ругался, а в результате оказался на положении обижаемого, которого все чувствуют себя вправе обижать. Этого я боялся больше всего. На чем я сорвался? Больше всего я боюсь, что жизнь меня обломает. Что-то в моем поведении ложно, отсутствие внутренней свободы, что ли? Сейчас я какое-то ни два, ни полтора, ни бунтовщик и ни служака — обиженный мальчик. Я не веду линии, я вихляюсь, боюсь стать чем-то определенным.

17 февраля 1942 г.

Он не решается снять шинель и вступить в сложный мир гражданских отношений.

Со смехом, шутками, криком красноармейцы волочили труп павшей лошади. Эта работа почему-то радостно возбуждала их. Каждый старался состричь, сказануть что-нибудь этакое. Они тащили лошадь на веревке, обвязанной вокруг морды. Лошадь была вся мокрая от предсмертного пота, с раздутым животом и впалым пахом.

Три бойца с автоматами ведут двух пленных. Ночь. По горизонту розовая полоса. Звезды. Тонкий серпок, словно кусок скорлупы на черном ядре луны.

Пленные — немец и чех. Немец ранен в ноги. Одна нога обмотана по ступне тряпками, кажется круглой и огромной, как копыто в лубке. Чех тащит его на закорках. Чех узкогруд и слаб, он согнулся почти до земли, чтобы сохранить равновесие. Немец, раскорячившись, висит на нем. Часовые острят:

— Раньше он тебя воевать заставлял, а теперь ездит на тебе.

Чех понимает, виновато́ улыбается и, отдышавшись, снова подставляет товарищу спину.

Инструктор Крупник вдруг сказал, и его голубые глаза напомнили мне глаза моего отца в печали, чуть вытаращенные, безобидные и недоумевающие:

— Вот, товарищ Нагибин, я сегодня очень скучаю по моей жене и дочке. Моей дочке через два дня исполнится два года...

Сказал простую вещь, но так человечно по интонации.

Вот это то, что мне хотелось услышать на войне — простоту мужской печали, без щегольства, бодрячества и прочих мужских штучек. Он мне стал очень близок, но разговор сошел на социологию, и он, как ни в чем не бывало, понес пошлости. Мне кажется, что в этот момент уже не скучал он ни по жене, ни по дочери.

Крупник погиб три месяца спустя, при выходе из окружения под Мясным Бором.

Кравченко* — плохая голова, тяжелодум, вечно в дурном настроении. Сам клеит аппликации и «лично» оформляет папки с формулярами, входит во все мелочи (почему и состоит на хорошем счету у начальства), но совершенно не видит целого и не догадывается, что оно есть.

_____
* Замначальника ПУ фронта.

Усердие, плохое настроение и полное отсутствие таланта в работе, желчная посредственность, в качестве начальника — настоящее «не повезло».

Шесть месяцев спустя его наградили орденом Красной Звезды.

21 февраля 1942 г.

В армейских политорганах особенно ценятся люди, которые работу подменяют учетом.

Разговор с Левошкой*, страдающим авитаминозом. Расслабленное состояние и пробуждающаяся наглость. Вернее, не наглость, а крестьянская злость, что его заставили недоедать. Злость от любви к своему брюху. Это гнусная фраза, но я ее все-таки написал, потому что из нашего разговора с ним мне хочется сохранить этот оттенок.

Он плачет, когда замечает свою слабость, плачет злыми, ненавидящими все и вся слезами, говорит расшатанным голосом и, уже раз начав жаловаться, не может остановиться.

Покончил самоубийством год спустя.

С грустью должен признаться, что я не умею поймать вошь.

Когда я вижу эту преемственность приказов — передачу их словно по ступеням лестницы, от высшего к низшему: вы обеспечьте, тов. генерал..., вы обеспечьте, тов. полковник..., вы обеспечьте, тов. лейтенант..., старшина..., сержант..., боец такой-то, чтоб завтра было выполнено! — мне становится жутко. Я вижу этого «такого-то» бойца, на которого со всех сторон валятся все дела, порученные десятку «больших начальников»...

Военные люди ненавидят, когда им выдвигают какие-то препятствия и соображения при исполнении их приказаний. Это называется «философствование». У них на плечах и так задача почти непосильная: заставить людей умирать, приучить их к мысли о необходимости смерти...

---

* Прикомандированный к редакции резервист, эвакуированный из Ленинграда.

В машинописном бюро невыносимо пахло женщинами.

Из ПУРа приходят бумаги на имя редактора Алексеева. Много бумаг: приказы, матрицы, статьи, инструкции с пометкой — Рощину для передачи тов. Алексееву, редактору «Фронтовой солдатской». А Алексеева никакого нет, не приезжал, и все тут! А может быть, его сняли еще до выезда из Москвы. Но в голове начотдела Рощина это вызывает настоящее потрясение — целая груда бумаг скапливается у него, а он должен был бы передавать их Алексееву. Но ведь Алексеева нет. Однако начальства это не касается, бумаги продолжают накапливаться, и приказа он не выполняет. А гора все растет, растет и все сильнее давит на слабую психику Рощина. И вдруг блестящая идея! В отделе есть сотрудник, ничем не примечательный, скромный человек, пешка, но фамилия его Алексеев! Спасение! Рощин назначает этого Алексеева редактором. Отныне он может быть спокоен: все бумаги, адресованные Алексееву, он может передавать Алексееву.

Война идет, чего только не произошло. А я еще не пережил первой потери: Альфарки*. Я еще не нашел ей места в своем сердце. Мне кажется, что должно сделать так: после войны сжать голову руками и думать, долго думать. Если бы человечество так сделало, а не перешло бы спокойнейшим образом к очередным делам, то войн больше не было бы.

23 февраля 1942 г.

Я писал домой, что открыл в себе неизвестные мне доселе запасы грубости. Я верил в эту новую свою жизнестойкость. Но вчера я узнал от наборщика Борисова, что меня считают «голубой душой», простачком, застенчивым и способным по наивности и доброте душевной вляпаться в любую глупость. Верно, так оно и есть, я еще не имею представления о настоящей жизненной грубости.

Я часто принимал небольшое проявление душевной активности за действительную внешнюю самостоятельность, которую чувствуют и с которой считаются люди.

---

* Моя собака. По внешнему виду — немецкая овчарка, но маленькая – с фокстерьера.

Случайно открыл дневник Андре Жида. Меня всегда угнетало, что есть умный человек, которого я не знаю. Сегодня утешился. Прав Бодлер, что Бог избавляет своих любимцев от бесполезного чтения. Куриная голова этот Жид. Наивность совсем не французская. Плоскость абсолютная. Дурак какой!

24 февраля 1942 г.

Сегодняшний день ознаменовался рядом великих событий. Во-первых, я получил посылку из дома, такую замечательную, что можно только мечтать: две бутылки прекрасного вина, одеколон, шоколад, брус масла, печенье. Кроме того, есть письмо и карточки. Пил вино — розовый мускат, и вспомнил фразу Филиппа*: «Он пил вино и удивлялся, что оно так вкусно, он не знал, что вино так вкусно». В Москве я тоже не подозревал, что вино вкусно, как вкусны печенье, колбаса или шоколад. Я пил его, морщась, любя в нем только конечное ощущение опьянения. Оказалось, что оно действительно замечательное по вкусу, даже пить жалко.

Машинистка, которая передавала мне посылку, сказала, что Вера** просила мне кланяться. Она сказала это так, что я мгновенно представил себе, как трогательно и настойчиво просила её Вероня передать мне привет, если эта посторонняя женщина не забыла.

Я стал уже таким взрослым и старым, что, не стесняясь говорю, что у меня есть нянька.

Пил чай у хозяев избы. Как все местные жители, они смертельно боятся бомбежки. А должны, казалось бы, привыкнуть. Но их страх углубляется тем, что они домовладельцы. Этого нет у москвича, который все-таки живет в казенной квартире.

Второе великое событие: разбомбило нашу редакцию. Бомба хрястнула метрах в тридцати, большого калибра. Я пил вино с Борисовым, когда это произошло, и видел из окна своей комнаты сноп искр, взлетевший над местом разрыва. Побежали туда.

---

* Герой рассказа Шарля Луи Филиппа.
** Вера Ивановна Анисова (Вероня) — моя воспитательница (нянька).

Высадило рамы, стекла, перевернуло столы, загасило электричество. Жертв, к сожалению, нет, а в комнате находились Верцман*, Могилевер и др. Все сгрудились у стола Мишина, который этот старый фронтовик благоразумно перенес в глубину комнаты, рассадив нас у самых окон, и их задело только осколками стекла.

Работаю в типографии выпускающим. Немного познакомился с сословием, именуемым печатниками. Мне кажется, что это пошлейший вид человечества. Пошлость — их профессиональная болезнь, как и чахотка. Это оттого, что они имеют дело с печатным словом, но воспринимают все с поверхности, не имея возможности вдуматься в то, что видят их глаза. У них в головах сохраняется накипь идей, слов, накипь гнусная. В этом отношении особенно характерен Борисов, у которого за чудовищной пошлостью чувствуется известный природный ум.

Из дневника одного убитого. Правильная мысль о том, что в армии необходимы небольшие, но постоянные меры поощрения. У нас так и делается, причем не только в армии. Жизнь-то вроде армейской. Этим компенсируется отнятая у людей свобода мысли, слова и передвижения, то есть свобода духа. Все живут под плащом равной несправедливости, все равномерно приближаются к идеалу — «четырем ромбам», но подобно математическому иксу, стремящемуся к бесконечности, никогда его не достигают. Но это неважно — равномерное движение к идеалу, более грубому, человек предпочитает случайностям пути к личному высокому идеалу.

Я начинаю примиряться с тем, что вот это и есть жизнь, а не бред, что так вот и живут до самой смерти и никакой другой жизни не будет. Что моя женитьба и есть настоящая женитьба, работа и есть та самая работа, воздух и есть тот самый воздух и т.д. И главное: писание и есть то самое писание. В этом отношении можно вполне успокоиться: нигде и никогда литература для себя не сольется с литературой для печати. Надо четко разграничить ящики стола: налево для себя, направо для всех.

---

* Инструктор-литератор, в мирной жизни литературовед. Возненавидел меня с апреля 1942 г., узнав, что меня приняли заочно в СП, а ему отказали.

Это нужно для душевной гигиены, иначе путаница, из которой никогда не выберешься.

25 февраля 1942 г.

Вчера и сегодня ночью работал в поезде-типографии «Фронтовой правды»*. Впервые видел весь процесс матрицирования и отливки стереотипа. Странно, что для того, чтобы произвести тоненький газетный листок, надо отливать свинцовые болванки, похожие на фугасные стаканы. Работали двое старых печатников с сорокалетним стажем, работали они скверно. Четко, беззвучно и бездарно. У одного из них лицо, словно матрица, в оспенной чеканке. Моя работа заключалась в том, чтобы разложить клише, проверить одну строку, которую перекладывали из верстки в верстку, и все — для этого я должен был провести бессонную ночь. Я лежал на огромных и жестких рулонах бумаги, изогнувшись, как пленка в киноаппарате. Хрустела резальная машина, шумел котел, в котором переплавлялись стереотипы, да изредка слышался матерный лай Рохленки, начальника типографии.

К семи часам все было кончено, мы пошли с Борисовым домой. На улице ни души. Луна смотрит из светового просвета на темном сером небе. Слепо шарит прожектор. Где-то очень далеко разрывы.

Ходил искать наборщицу. Она живет на самой крайней улице**, за линией, за разрушенной некрасивой, но, как всегда, поэтичной церковью. Я никак не мог найти улицу и постучался в один из домов, чтобы узнать, где она находится. Мне открыла заспанная девка в валенках на босу ногу и голыми коленками.

— Да она сгоревши,— равнодушно сказала девка и поглядела куда-то мимо меня. Но улица сгорела не вся. Я нашел дом наборщицы. Половину его занимал питательный пункт для раненых. Подлое неуважение к раненому бойцу. «Не давай себя, дурак, ранить, когда ты должен быть цел». Питательный пункт для «еще не раненых» находится посреди города, для раненых — на самой окраине. Я видел, как туда тащились хромые, с ногами,

---

* Русская фронтовая газета, в типографии которой печатали нашу «Soldaten-Front-Zeitung».
** ПУ Волховского фронта располагалось в эту ночь в Малой Вишере.

обвязанными тряпками, с забинтованными головами, руками на перевязи.

В доме тесно, раненые стоят в длинной очереди и ругаются. В темноте я наступил на одного. Он нехорошо закричал. Они все в шинелях без ремней, без оружия, вид опустошенный, жалкий и страшный.

Хозяева имеют вид людей, медленно умирающих с голоду, но при этом, когда я вошел, они ели горох с комбижиром. Они лишний раз подтвердили мою догадку, что для человека еда содержится во всем, даже в прутьях частокола и в снегу. Никто ничего не получает, не имеет запасов, не покупает, и все-таки едят.

Другое дело ленинградцы: Левошко, наша машинистка, полиглот и другие. Расслабленные и какие-то не от мира сего, кажется, что вся ткань их тела переродилась, стала податливой, прозрачной и квелой. Страшно представить себе целый город таких людей.

Если тебе дан приказ взять город, а в нем достать, между прочим, тушь, то ты можешь взять город и все-таки получить взыскание, если ты при этом забыл о туши...

26 февраля 1942 г.

В последнее время мне снятся вещие сны. Сны возмутительно прозаические и реальные. В них нет никакой фантазии, не только фантастики сна. Никакого смещения действительности и вымысла, которые любишь во сне. Так, например: мое возвращение домой и все те разочарования, какие будут у меня, когда я вернусь. Тут я накрутил, намудрил, намечтал; мне кажется, что моя значительность растет пропорционально моим страданиям; в действительности же — и в приснившемся мне нынче сне — ничего подобного нет, скорее наоборот. Сон был удивительно реальным, даже в деталях, и принес мне чувство пустоты наперед пережитого. Затем сон о бомбежке. Тоже без преувеличений, так же просто и страшно, как оно не раз бывало и, верно, не раз еще будет.

2 марта 1942 г.

Отправляли сухари и консервы в части прорыва Гусева. Один мешок развязался. Грузчики сразу же схватили по банке сгущенного молока и пачке сухарей. Шапиро сказал:

— Что же вы еще не берете?

Возмущение:

— Надо же совесть знать, ведь ребятам на передовую везем.

8 марта 1942 г.

Ну вот, так и живу. Суета. Мышиная возня. Игра в деловитость. Во всем преобладает показная сторона. Трудно понять размеры этого. Уродство какое-то! Казалось бы, где-где, но уж не в армии. И что же: главное тут не суть работы, а как подано. И так повсеместно. Хорошо поданный минимум предпочитается небрежно поданному максимуму. Листовки. То время, которое Шишловский* мог бы потратить на придумывание новых листовок, он тратит на подклеивание старых, давно отосланных, полученных и позабытых,— бессмысленный и обидный труд. И конца этому не видно. Рощин в каком-то сладострастном исступлении шлет все новые и новые папочки. «Еще одна папочка, и враг будет разбит!»

12 марта 1942 г.

— Пойдите на базу и принесите табурет.

— На базе табуретов нет...

— Не философствовать!..

«Не философствовать!» — этот крик летит над всем фронтом. Его орут крепкоголовые младшие лейтенанты, бывшие профессора и кандидаты наук из работников политотделов, эти последние особенно охотно и часто. Сморщившись от надсада, наслаждаясь собственной тупостью.

То, что на фронте тупость не только позволительна, но и узаконена как положительное явление, составляет для многих главную отраду фронтовой жизни. Ради этого окрика и приятного чувства, с ним связанного, все эти бывшие профессора и кандидаты готовы, чтобы война длилась сто лет.

Замначальника 7-го отдела Кравченко — тупица, лицемер и садист. Докторант географических наук. «Не рассуждать» и «не философствовать» не сходит у него с языка. А ведь, казалось бы, по долгу гражданской деятельности он мог бы свыкнуться с такими вещами, как «рассуждение». Представляю, как он должен

---

* Художник нашей газеты.

был мучиться на гражданке, когда ему каждый день приходилось «философствовать».

Эти мордастые холуи, случайно попавшие в науку, а сейчас вернувшиеся к тому, что было их настоящим призванием,— самое отвратительное, что есть на фронте.

— 10 папочек, 24 папочки, 40 папочек, черт возьми! Мы должны показывать нашу работу!!

Плохо, что лишь противотанковым расчетам засчитываются в актив уничтоженные танки. Нечто подобное должно было бы быть и в работе политотделов. Я бы завел так: каждая папочка — это такой-то отрезок времени, отнятый от дела агитации и пропаганды. За каждую папочку — взыскание Рощину, Кравченко. После десяти папочек — разжалование на один чин и т.д.

Корреспондент Бровман пишет только о поварах.

14 марта 1942 г.

Сижу и зверски расчесываю мучительно зудящее тело. Читаю «West-östlicher Divan» и другую лирику Гете. Прочту, запущу руку под мышку, извлеку вошь и к ногтю.

Уж если слишком донимают, подпаливаю рубаху под лампой. Если стихотворение слабо, зуд сильнее и борьба с гнусом ожесточенней; когда попадается действительно прекрасное — вошь почти незаметна.

Вот истинная, без дураков, оценка лирики.

Таким образом, я выяснил, что не очень много остается от Гете,— вошь сильно донимала, но вот «К Миньоне», «Der König in Thule», «Heiß mich nicht reden...» и кое-что другое — превосходные вещи, настоящий пиретрум!

Когда же дело дошло до «Дивана», паразиты меня буквально замучили.

Приехал с передовой инспектор по комсомолу. Рассказывал, что на переднем крае нет никаких укреплений. Так, только шалашики стоят из еловых веток. Он разводил руками:

— Ведь какие ленивые ребята, окопаться не хотят!

Это черта русского народа: не ценить свою жизнь. Слишком нас много — подумаешь, десятком меньше, десятком больше. Все мы слишком взаимозаменимы. Тем, кто думает, что мысль эта абстрактна, поскольку ничего подобного не может быть в психологии каждого отдельного человека, нужно учесть, что это чувство не столько врожденное, сколько воспитанное в нас государством. Воспитанное — в самом широком смысле, включая и то неуважение к нам государства, которое переходит в личное неуважение, в отсутствие уверенности в том, что ты действительно имеешь право на существование.

Храбрость и трусость. Когда бомбят, надо уходить в укрытие или в щели. В здании ПУ остаются лишь двое дежурных. Я побывал разок в подвале и разок в щели. Понял, что это не для меня. Я не выношу ни тесноты, ни скученности, особенно в темноте. Я стал всякий раз подменять одного из дежурных. Пошли разговоры о том, что я выставляюсь — хочу показать, какой я храбрый. Инструктор Алексеев сказал мне злобно: «Зачем вам этот выпендреж? Что вы хотите доказать?» А ничего, просто в щели и в подвале мне страшно. Даже без бомбежки. Но попробуй это объяснить. Я даже работать продолжаю во время налетов, настолько это меня не волнует. А при мысли о подвале у меня начинается сердцебиение.

Я суеверен. Вначале расстроился, а потом решил, что не суеверны только ослы и посредственности, которые с жизнью запанибрата и считают, что все зависит от их личной ловкости, сметливости и осторожности.

Воспоминание: в Калинине страшная, косоглазая и круглощекая девка пялила на меня буркалы, закусывала нижнюю губу желтыми резцами и собиралась сожрать, как кошка — мышь.

16 марта 1942 г.

По нашей улице ходят на лыжах партизаны*. Они одеты в чистые, стираные белые балахоны, укрывающие их от

---

* Это все ненастоящие партизаны, их так положено было называть. Они действовали в тылу противника. Немцы притворялись, что принимают их за настоящих партизан, и потому вешали.

макушки до щиколоток. Вокруг лба, запястий и щиколоток тесемчатые завязки. Партизаны кажутся горбатыми: на спинах, под балахонами — вещевые мешки. На груди чернеют стволы автоматов. Они выезжают на угол улицы и дружно замирают перед глазком фотоаппарата, затем снова продолжают разминаться. Ходят они как будто плохо, неумело, но чувствуется, что таким вот утиным шагом они могут пройти бессчетное количество верст. Среди них была девушка с серыми глазами и пятнистым румянцем.

В большинстве это ленинградцы, студенты института Лесгафта, но есть и коренники.

Встречается и другая разновидность партизан, тоже в белых, но только грязноватых халатах и в странных демаскирующих ушанках: с фиолетовым верхом и лисьей, вернее, под лису, опушкой. Непонятно, что это — верх продуманности и расчета: шапки будут сливаться с багряно-фиолетовым многоцветьем сосновой коры и весенней прелостью почвы, или же это скверное разгильдяйство: не было белого меха и поставили эту рыжатину.

Может быть, если бы у нас не были так «заобыднены» живые и подчас прекрасные явления (к примеру, партизаны), человек, от которого зависело сделать эти шапки, подумал бы, что шапка должна прикрывать голову юноши, пожертвовавшего своим личным счастьем для блага всех людей; может быть, он подумал бы о прекрасной и ужасной жизни, которую ведет этот партизан, и тогда расшибся бы в лепешку, но не выпустил такой губительной шапки. Но высокие слова заношены, за ними не чувствуется никакого живого наполнения, а на условное понятие можно и не такую шапку, а ночной горшок надеть.

Говорят: литература... А ведь все залганное в литературе — нашей литературе — рано или поздно обращается в живое бедствие...

17 марта 1942 г.

Мне последнее время не хочется писать. Может, и не стоит себя насиловать? Ведь мне — страшно подумать — заниматься этим всю жизнь.

В столовой — боевое пополнение, три новые подавальщицы из Москвы. Одна — кругложопая, с полными икрами, плоским миловидным лицом и слабым, жирным плечевым поясом, сразу заставила вспомнить, что вот уже два месяца мы без жен. Ощущение было настолько явственным и сильным, что Шишловский сказал с грубым раздражением: «На кой эту блядь сюда пустили...»

И все же ни я, ни мои сверстники не принимаемся «за работу». Целомудренное, деловитое, сухое поколение! Работу без кавычек мы принимаем всерьез и всерьез считаем, что на нее мы и должны ухлопать жизнь. Карьера, четкая и ограниченная,— вот смысл нашей жизни, и я чувствую, что мне тоже не избежать этого. Но хотелось бы скорее пройти положенные мне ступени и освободить душу.

20 марта 1942 г.

Сегодня наша переводчица Килочицкая, святая курица, подходит ко мне и говорит:

— Юрий Маркович, я хочу вас предупредить — о вас очень плохого мнения. Говорят, что вы циничны, развращены и к тому же трус. Мне больно за вас как за русского юношу.

— Любовь Ивановна,— сказал я,— к сожалению, это все святая правда.

— Но как же так? Я ничего этого не вижу.

— Вы слишком доверчивы. Умные люди проглянули меня в самую глубь.

Ну, насчет трусости это понятно — не хожу в убежище. Развращенность тоже — не ухаживаю за подавальщицами и машинистками. Но откуда — цинизм? Я ни с кем не общаюсь, кроме Шишловского, а он человек надежный и преданный в дружбе. К тому же между нами сроду не было циничных разговоров. Я даже не очень понимаю, что это значит.

Любопытный перепад: голубая душа и трусливый, развращенный циник. Интересно, как работает механизм общественного мнения? Кто-то должен дать первый толчок, но кто?..

Трусливый — это противно, но развращенный циник — в этом что-то есть. Я даже себя на минуту зауважал — лопух несчастный.

Вчера вечером играли в карты, пили спирт и болтали. Верцман шел только на рубль, ставил в банк рубль и бросил играть, проиграв рубль. Мы были возмущены такой скаредностью. Гуманист Мишин сказал:

— Что вы от него хотите, у человека нет желаний, он чувствует себя почти трупом.

— Да,— сказал я,— он чувствует себя трупом и хочет отложить на жизнь.

Шапиро сидел совершенно бледный, с блестящими глазами и неожиданно начал упрашивать Верцмана, чтобы тот отпустил его в армию за материалами, убежденно, страстно. Тот лепетал, что он человек маленький (он даже не подозревал, насколько был прав на этот раз), но Шапиро умолял не отказать ему в его просьбе. Потом он блевал и мы стаскивали с него штаны. Мне было забавно, что бывший строевик Шапиро такой же «нервяк», как я, иначе откуда такой надрыв?..

Мишин, в одном белье, пьяный, говорил о «Мистериях» Гамсуна и о том, как ночью спят все враги и всем наплевать на дневную вражду. Кеворкова*, уставившись на него, орала, что ей противно на него смотреть.

До этого Мишин говорил, что у меня квадратная жена и что если ткнуть в нее пальцем, то получится что-то не соответствующее его идеалу женской красоты. Ситуация, в которой во всех случаях оказываешься в смешном положении: и если реагируешь на это пощечиной, и если делаешь вид, что ты стоишь выше этого и любишь свою жену только за красивую душу.

Да, я наделал ошибок. Но это было правильно. Иначе я никогда бы не знал о возможности этих ошибок и не получил бы теперешнего опыта. Я думал, что дело важнее отношений, что начальнику импонирует правда, что надо отстаивать свою точку зрения, даже если ты в меньшинстве. Это кромешная глупость. Важны только личные отношения, начальству нельзя противоречить, не надо грубо льстить и не надо выбиваться из стада. Это все не для меня. Я могу слинять, сдержаться, отойти

---

* Корректор нашей газеты.

в сторону — не больше. На активную низость я не способен. Мне будет нелегко в любом человеческом обществе. И с этим ничего не поделаешь.

Все в жизни имеет ложный вес, ложную длину, все измерено неправильной линейкой, и в то же самое время это и есть правильный вес и длина, это точная линейка...

Великое равновесие жизни. Война будет идти до тех пор, пока равновесие не будет утрачено. Тогда спохватятся. А до того: люди привыкают к разлуке, к одиночеству, к бомбежке, к смерти, компенсируя это чем-то, достигают какого-то равновесия внутри себя. Когда выйдут наружу силы, которым уже не сыщешь компенсации, силы разрушения, которые окажутся сильнее не только одного человека, но и всех людей, вместе взятых,— тогда война кончится.

Я постепенно привыкаю к тому, что не увижусь более ни с кем из своих родных и близких, и только изредка хитрое подсознание говорит мне, что это суеверная страховка.

Когда ночью я вышел во двор, мне в сердце пахнуло чувство детского страха.

23 марта 1942 г.

Я написал в рассказе о том, какие замечательные люди здесь на фронте, на передовой, разумеется, а не в военных ведомствах. И тут же испугался лжи и мысленно сказал себе: ничего замечательного, люди как люди.

И то, и другое — пошлость. Второе — даже большая. Люди — бойцы и командиры, — конечно, в тысячу раз лучше, чем они же были в гражданской жизни: душевнее, грустнее, мягче. Вчерашний бандит и громила здесь, под давлением ожидания близкой смерти, обретает поэтическую мягкость обреченности. Надо видеть эту склонность к дружбе, откровенности, мужество, с которым они идут на смерть (не мужество, это чушь — относительное равнодушие), но в то же время помнить, что, сними с него военную форму, и он превратится в себя прежнего. Будет бить по головам людей на улицах, матюгаться, хвастаться, скандалить и хлестать водку. Поэтому не стоит прислушиваться ко всем этим патетическим возгласам: «Какие люди!», «Вы посмотрите, какие люди!», «Есть ли где такие люди!»... Дайте кончиться войне, тогда и увидим, кто есть кто.

Русский человек прекрасен на войне, потому что смерть рождает у него не страх, а покорную грусть и старинное «не поминайте лихом». Да и вообще при нашей жизни переход в иной мир не столь уж труден.

Вчера по улице пронесся грузовик с высоким бортом. В нем стоял немолодой боец в ватнике и с трехгранным штыком. А впереди, придерживаясь рукой за верх кабины, сидел молодой, выбритый до кости красавец немец. Он был без шинели, но даже не сутулился от ветра. Если таких осталось много, то война будет долгая. Но даже тех грязных и оборванных, которые нам попадались раньше, достаточно, чтобы затянуть войну. Ведь и у них хватает сил держать винтовку.

Мне нравится в нашей жизни то, что так легко можно заявлять во всеуслышание о своих нуждах — физических в первую очередь, и так просто перейти к хамству. Никаких околичностей, люди общаются друг с другом по прямой, а прямая, как известно, кратчайшее расстояние между двумя точками.

Мне снился печальный и жестокий сон: я отшлепал маленького щеночка так, что он упал на трамвайные рельсы и не мог подняться, а вдалеке звенел трамвай... Что это такое? У меня в жизни не было сходного переживания. Так, может быть, этот щенок — я сам?

Мы работаем. В соседней комнате плачет, стонет, кричит и сморкается наша низкорослая забавная хозяйка. Она получила извещение: на фронте погиб ее муж. Рядом с ней на кровати плачут, по-взрослому голосят и причитают ее маленькие дочки. Плачут безнадежно горько, потом поочередно выбегают во двор поссать и опять плачут, обращаясь друг к другу: «Ох, доченьки!», «Ох, мамынька!»...

И странно, в такие моменты вместе с болью чувствуешь какое-то облегчение, даже радость. Кажется, что еще одно страдание упало на чашу весов и теперь она перевесит чье-то равнодушие и война кончится. Ведь нельзя же, в самом деле, думать, что эти слезы напрасны...

Между прочим, лишний раз выяснил, что бывший строевой офицер Мишин в смысле трусости может дать всем нам сто очков вперед. Он, оказывается, в столовую ходит с невероятной мукой, потому что столовая — в районе бомбежки. Я понял, почему Хемингуэй столько занимался мужской трусостью. Это действительно основное содержание жизни мужчины: бороть и бороть это чувство. Тема великого насилия над человеческой душой. Трагизм современного человека: сердца мягкие и вялые, а поступки требуются такие, по сравнению с которыми подвиги Ланцелота — игра в бирюльки. Мужчина живет в вечном страхе: война, начальство, статьи, жена, борьба за существование. Мы все великие трусы и великие храбрецы. Мы имеем силу не сойти с ума, вернее, сойти с ума только наполовину!..

25 марта 1942 г.

Жизнь состоит из приливов и отливов. Надо уметь не обольщаться приливами, хотя и не бояться получать радость от них, надо уметь спокойно выжидать их возврата и тяжкие моменты отливов.

Я этого почти совсем не умею делать. Чуть прилив или даже тень прилива — я делаю вызывающие глупости; чуть отлив — впадаю в отчаяние. Трудно жить с такой кривой и спазматической душой.

Пришла черная весна... За один день была уничтожена длительная и упорная работа зимы.

3 апреля 1942 г.

У раскрытой двери землянки. Снег залетает. Холодно. Буду писать, пока не закоченею. Сегодня день моего рождения. Я почти всегда плевал на это и лишь дважды в жизни устраивал встречу, но сегодня мне хочется плакать, что в этот день я не дома, а шляюсь по изломанному, гнусно исковерканному снарядами лесу, под завывание и свиристение мин на передовую и обратно, причем совершенно бесцельно. Какая сволочь во мне заставила меня сменить милый любящий дом на этот унылый авантюризм мужской жизни!

Е.ж.б., то буду писать только об одном: не выходите из своей семьи, не обольщайтесь мнимой «широтой» мира. А может быть, вру? Приеду домой и с чувством счастливо избегнутой опасности начну славить мужественную мужскую жизнь? Ведь приятно втравить своего ближнего в ту же гадость, из которой сам с трудом выбрался!

Боже, избави меня от «ярко прожитой жизни». Как пахнут щеки жены утром, днем, вечером, когда она немного устала. Вдыхать этот милый запах, смотреть на ее пальцы; пусть мать ходит по комнате, рассказывает о своем детстве. Как двигаются домашние, что они говорят — нет, этот мир бесконечно богат и разнообразен, а в «широком мире» от скуки едва можно выдержать неделю...

Крест. На кресте с искусством бушмена нарисован танк. Надпись: «Иван Трофимыч Коростеньков погиб от руки фашизма. Брат».

Когда он снял шапку, у него оказалась бритая непрочная голова человека, который должен погибнуть в первом же сражении.

7 апреля 1942 г., Селищево

Чем больше я сижу в этой грязи, вони и страхе, набираясь вшей и впечатлений, тем сокрушительней, больней, печальней, пронзительней и милей встает передо мной образ мамы.

И мне приятно в то же время, что она сама не одобрила бы моей расслабленности. Она так умна и проницательна от любви, что хочет мне широкой жизни поверх разлуки и сильных, но маленьких перед всей жизнью сожалений о даром пропавших возможностях.

Татаринов*— холодный и любознательный человек. Все видит и всем интересуется, начиная от коробки из-под разряженной немецкой мины до глисты в помете на дороге. Иногда даже

* Инструктор 7-го отдела, бывший строевой офицер.

высказывает неглупые мысли за счет того, что знает очень много вещей, которые как-то невольно упорядочились у него в сознании, образовав подобие ассоциативного мира.

Здоровые люди от рюмки водки краснеют, перед боем чувствуют подъем, возбуждение. Я от рюмки бледнею, перед опасностью меня охватывает сонливый упадок сил.

БОЙ ЗА СТРАТЕГИЧЕСКУЮ ВЫСОТУ

— Атака начнется в тринадцать пятьдесят!..

Конечно, было и тринадцать пятьдесят, и четырнадцать десять, двадцать, сорок — а танков все не было. Артиллерия отговорила и замолкла. Куда девались танки? Их должен был отправить начальник штаба, но, оказывается, его видели... на лошади, мчащимся в сторону подива*. Начальник штаба должен был посадить на танки десантников. Он беспечно послал людей во вторую просеку. А танки стояли в четвертой. Люди пришли — танков нету. Ну, сели, покурили. Покурили — и ушли довольные. С этого все и началось. На танки посадили разведку. Танки пошли, когда противник уже успел оправиться после обстрела. Их встретили термитными снарядами. Наши все-таки ворвались в лес и закричали «ура». Пять блиндажей раздавили, а шестой никак. Из него и заклепали люки термитным снарядом. Четырех разведчиков сожгло на танке. Я их видел, когда их отодрали от брони и сбросили совсем рядом с НП. Они дымились и воняли горелым сладковатым мясом. У одного вместо лица страшная кровавая каша, торчат окровавленные мослы, у второго сорван череп и вырван весь мозг, и кожа с темени завернулась, как пергамент, на лоб, третий лежал кверху задницей. Штаны сгорели. Задница голая, вощеная и завиток кала. Распухшая мошонка. Мертвые сраму не имут, но эта унизительно похабная смерть невыносимо отвратительна и гнусна, от нее тошнит и нет никакой жалости — бешенство на то, что так унижают человека.

Итак, танки отступили. Пехоту расстреляли. А немцы сбросили с парашютом снайпера, который, казалось, опустился прямо на сосну и тут же стал обстреливать наш НП.

Мало этого, немцы пошли в контратаку. Четыре танка, за ними автоматчики. Они двигались прямо на НП. Вот так

* Политический отдел дивизии.

совсем недавно погиб журналист Михаил Розенфельд — вражеские танки разутюжили НП.

Замкомполка — он вел бой — приказал из личного оружия палить по смотровым щелям танков.

— Теперь я понимаю, почему он так бездарно провел бой,— спокойно и задумчиво сказал Татаринов. — Это сумасшедший. Клинический псих. Таких немало на фронте.

И как-то незаметно взял командование на себя. Наш правый сосед отсек автоматчиков, танки постояли, постреляли в нашу сторону, развернулись и ушли.

Из-под земли полезли трупы. Деревенские парни с простыми лицами и голенастыми ногами.

Жизнь начальства казалась Верцману полной какой-то глубокой и значительной тайны.

РАССКАЗ ТАТАРИНОВА

— Я ходил по лесу в тылах 52-й армии. Устал как собака. Выхожу к деревеньке. Деревеньки, собственно говоря, нет, немного навозу сбоку от дороги и две-три печные трубы. Вижу, землянка, вход завешен плащ-палаткой. Пересыльный санитарный пункт. А холод, метель — что делать? Я так устал, находолался, что решил зайти туда, переночевать. Захожу. Мерцает коптилочка, санитарка и человек двадцать раненых, тяжело. Стонут, скулят. А запах! Вонь такая, что свет меркнет. У одного перебита держательная пружина, и он все время валит в бинты и скулит при этом. Гной, гниение. Каждые пятнадцать минут кто-нибудь умирает. Если он близко от выхода, девушка его выносит, вернее, вытаскивает за ноги, а если в глубине палатки, так оставляет. У нее весь фартук в крови и в лимфатических выделениях, а лет ей девятнадцать. Но в землянке тепло. Я хватил винища и заснул. Проснулся в восемь. Вонища такая, что я даже вспотел. Этот, который в бинты валил, умер. Остальные распустились — смердят и стонут. Я выбрался и от воздуха почти лишился чувств.

8 апреля 1942 г.

Ночевали в деревне Вязищи. В избе, где мы остановились, была молодая женщина в юбке на молнии и тонких шелковых

38

чулках. Она держала на руках годовалую девочку. Шоферы, наполнявшие избу, рассказали, что женщина эта — жена летчика, погибшего в первые дни войны. Она бежала со станции Волхов, когда ее занимали немцы. Она остановилась в этой избе, восемнадцатилетний хромой парень пустил ее жить бессрочно и безвозмездно. Молодая женщина как-то ровно весела от слишком большого горя. Эту грустно-потерянную веселость я замечал у многих, все потерявших на войне. Только они по-настоящему ощутили эту войну и живут в ней, как в новом дому, по-новому, с другой душой, с другой силой, с другими чувствами. А мы еще пытаемся жить по старинке, как будто ничего существенного не произошло, не изменилось и мир остался таким же.

С черным костлявым крылом бурки за плечами, сдвинув баранью шапку на бритый затылок и дико вращая глазами, начальник АХО майор Ястребов выписывал гороховое пюре, пшено и вермишель.

20 апреля 1942 г.

Не помню, записывал ли я о так называемом «честном страже». Это было при ДОППе одной из дивизий. Нас остановил часовой. Мы сказали пароль и спросили его, есть ли какая-нибудь жратва в ДОППе.

— Этого я не могу знать,— ответил часовой,— мое дело маленькое: выстоять свои полсутки, и тольки.

— Неужто это все твое дело? — спросил Татаринов.

— Да, все мое дело, выстоял честно полсутки, и тольки.

— Ну уж и честно,— засмеялся Татаринов, который сразу все замечает.

— Ясное дело — честно,— ответил караульный, а потом вдруг продолжал с широкой русской тоской: — Разве у них что украдешь, у дьяволов. Любую мелочь — тьфу! грош ей цена — по сорока бумажкам разведут. Лучше не связывайся. Недавно два наших бойца банку консервов взяли, так обоим расстрел за хищение государственного имущества. А какое оно государственное, когда оно для бойцов. Ну их к черту, интендантов этих. У них херу возьмешь!..

Настоящий мученик.

От зависти он верил всему тому хорошему, что люди говорят о себе. Верил и пугался.

7 мая 1942 г.

Сегодня разбомбили дом Кеворковой. Она, маленькая, черная, похожая на распластанную мышь, выбралась из-под обломков почти голая, с иссеченным осколками лицом и телом, и бросилась по улице с криком:

— Хочу жить!.. Хочу жить!..

Потом мы шли с обеда и видели, как наш истребитель сделал иммельман, из него вошел в уродливый, непреднамеренный штопор, занył голосом раненого лося и врезался в землю. Зрелище печальное, скучное и невообразимо противное.

В год, который должен стать годом решительного разгрома фашистов, нас учат отдавать честь перед строем и «оттягивать грудку». Может быть, они готовятся к великому параду победы?

Рановато. Лучше бы нас обучили стрелять, хотя бы из наганов, которые болтаются у нас на боку.

Занятия проходят посреди центральной улицы. «Оттягивание грудки» то и дело прерывается немецкими самолетами, которые обстреливают нас из пулеметов. Мы быстренько форсируем канавы и залегаем в лопухах. Если так пойдет дальше, маскироваться мы, во всяком случае, обучимся. Впрочем, одна хорошая бомба может вмиг прервать эти полезные упражнения волховского ПУ. Хорошо еще, что на войне глупость взаимна, как вежливость в парикмахерской. Мы каждый день разыгрываем движущуюся мишень на глазах у немецких летчиков, а они никак не догадаются захватить, с собой даже фугаску. А вдруг догадаются?..

Будущее стало плоским, как задник декорации.

Человек устроен довольно прочно. Он состоит из жесткого, грубого мяса, но имеет несколько уязвимых родничков. Пока эти роднички не затронуты, человек может выдержать черт знает что. На него может обрушиться дом — он выдержит. Может разорваться бомба в трех шагах, сто семнадцать осколков вопьется в тело — ему нипочем. Но он может умереть, споткнувшись на апельсинной корке, выпив стакан холодной воды, упав с кровати.

Живу как собака, без мыслей о будущем.

Страшна только индивидуальная судьба, в массовом психозе участвовать не страшно. Грозящий тебе лично насморк кажется опаснее и непереносимее угрозы близкой смерти, если она грозит не тебе одному, а всему коллективу.

8 мая 1942 г.

Человек удивительно цепко держится за свои слабости, точнее, слабости удивительно цепко держат человека. Что произошло со мной? Я попал в новую, жесткую среду и первое время рыпался, пытался оказывать какое-то нестойкое — как теперь вижу — сопротивление. Оно шло не от скрытой во мне силы — а от испуганной слабости. И мне казалось, что эти качества — сопротивляемость и сила — останутся во мне навсегда. Но прошло время, прошел и первый порыв, и я опять остался со своей слабостью. И оказалось, что можно жить с Богом данной тебе сущностью. Иначе говоря, обстоятельства не изменяют человека, не вызывают в нем новых сил, а человек как-то умудряется жить опять со своим характером. Казалось бы, в такой грубой обстановке, как война, я должен был бы закалиться, стать жестче, грубее, определеннее, и одно время мне казалось, что так оно и есть. Ничего подобного: каким-то непонятным мне самому образом я сумел остаться прежним, слабым, робким, неопределенным, стойким лишь в одном — в своей слабости. Да и бывает ли, чтобы человек приобрел какие-то новые качества, если их не было в его душевной природе? Думаю, что нет. И если человек меняется, это значит лишь, что проснулись качества, таившиеся в нем под спудом*.

9 мая 1942 г.

Я мастер загонять себя в бутылку. Я занимаюсь сейчас каким-то психическим мазохизмом. Я уже наполовину сошел с ума. Я,

---

* Слабость, о которой я говорю, представлялась окружающим, как выяснилось после войны, упрямством, скрытностью, высокомерием. Ничего этого во мне нет. Просто я человек без стадного чувства .

как чиновник из «Палаты №6», создаю строго логический щемящий бред преследования. Любое слово, любой жест истолковывается с железной логикой маньяка как направленный к моему уничтожению. Самые разнородные слова, замечания, жесты, взгляды немедленно сцепляются с другими словами, жестами, взглядами, и получается цельная и страшная картина, в которой логически все верно и ложь лишь в том, что эти слова, жесты, взгляды установлены в связь.

Я совершенно истерзан; как гоголевскому сумасшедшему, мне хочется закричать простым голосом: «Мама, возьми своего бедного сына, пожалей его больную головушку!..»

Скорей бы прошло это состояние. Сегодня мне было трудно дышать, так все сперлось внутри меня.

Я едва успел дописать эти строчки, как вошел наш новый редактор Полтавский и сказал:

— Товарищ Нагибин (я умер), надо срочно составить листовку (я ожил, и даже слишком).

Сейчас я счастлив, все во мне поет. Надолго ли?*

У калитки старая дочь прощается с дряхлой матерью. У дочери желтые волосы с сединой, перекошенное морщинами лицо, за плечами большой мешок, в руке посох. Мать с тоскливо-вопросительным, как у большинства глухих, взглядом смотрит на дочь. Та говорит громким, дрожащим голосом:

— Прощай, мать, может, убьют тебя... Бомбов, бомбов, я говорю, много бросают.

Мать слушает и не понимает. Дочь приближает губы к самой ее ушной раковине, повторяет эти слова. Но мать не слышит. Дочь машет рукой и уходит по дороге...

13 мая 1942 г.

Нет, мы еще можем победить. Вчера выяснилось, что «строевые» занятия по отданию чести и «оттягиванию грудки» — простое недоразумение. Комиссар штаба спьяну подписал дурацкий приказ. Сейчас все отменено. Это произвело на меня большее впечатление, чем взятие какого-нибудь города.

---

* Вокруг меня происходило что-то дурное. Я ждал вызова в Особый отдел. Спустя много лет я узнал, что Верцман все время лил на меня помои в 7-м отделе. К счастью, дальше третирования, мелочных придирок дело не пошло.

Потом выяснилось, что с этим приказом не так все просто. Сталин в одном своем выступлении сказал, что «война продлится еще полгодика-годик». Истекал срок, назначенный вождем, и надо было готовиться к празднику победы. А то, что немцы занимали пол-России, умирал голодный Ленинград, — значения не имело, как вождь сказал, так и будет*.

Мне кажется, что у большинства воодушевление на войне проистекает от четкого сознания круга своих обязанностей. Большинство человечества жестоко страдает от неопределенности и сложности жизненных условий, своих обязанностей и т.д. Надев форму и соответственное число геометрических знаков на петлицы, они начинают твердо знать, что им необходимо делать такое количество несложных действий, чтобы иметь гороховое пюре, хлеб, оклад и равномерную прибавку в геометрических знаках. «Угнетенный» дух освобождается. Каждому среднему человеку хочется до предела сузить круг своих представлений, тогда они обретают свободу и силу. (Эта мысль содержит в основе нечто верное, но недодумана.)

Я живу распущенной, неопрятной душевной жизнью. Душевный мазохизм продолжается вовсю. Сейчас Верцман сказал: «Вас вызывает Полтавский». У меня сразу оборвалось сердце: кончено. Я перебрал в голове все возможности с быстротой, которую выработал во мне страх, и убедился, что это может значить только одно: с вами тут кто-то хочет поговорить... Это было для меня так очевидно, что я даже почувствовал спокойствие катастрофы. Являюсь. «Товарищ Нагибин, мы идем обедать, побудьте здесь, пока не придет Мишин». Пять секунд сладкого сердечного отдыха, и затем — Полтавский: «Там сегодня совещание, пусть Верцман позвонит и узнает, кому сегодня явиться». И снова бешено начинает работать страх... Если из этого не создастся в конце концов великой литературы, то жизнь просто говно.

При всем том мне очень легко быть счастливым. Меня глубоко радуют те мелочи, которые у более спокойных и благодушных людей остаются без внимания. Сегодня на улице я видел, как женщина поправляла чулки. Сперва на одной, потом на другой

---

* Так и стало, но через три годика.

ноге. Это меня удивительно обрадовало. Не от похабства; мне в этом жесте привиделся совершенно иной, чистый, спокойный — почему-то южный — мир, где есть солнце, женщины, вода и бесконечная, чуть ленивая легкость.

Но вместе с тем мне бесконечно трудно стать счастливым. Меня отделяет от счастья слишком сильное воображение. Во мне все время прокручиваются сюжеты с трагическим исходом.

Утомительный я для себя человечек!..

Сколько надо было вытерпеть этому батальонному комиссару, чтобы при его трусости дослужиться до такого чина. И сколько таких вот мучеников вокруг меня.

15 мая 1942 г.

Вчера вечером мы навещали Кеворкову. Она лежит в госпитале за стекольным заводом. Мы прошли большой заводской двор, полный разбитых машин и стекла, страшного в своей хрупкости.

Кеворкова лежит в палате вместе с мужчинами. Темно. В углу, между дверью и стеной, шевелится какое-то жуткое черное существо. Я здороваюсь. Она берет меня за руку слабой, цепкой ручкой и притягивает к себе. У нее поражено горло, она может только шептать, иногда грубо, надсадно откашливается. Я наклоняюсь и чувствую сильный запах гноя. Огромная, похожая на родимое пятно, синяя опухоль охватила половину лица. Бритая жалкая головка, на затылке чалма бинтов.

— Шишловский может пополнить свою коллекцию трупиков...— хрипло шепчет она.

— Что вы пустяки говорите,— отвечаю я, но меня почти тошнит от острого запаха гноя.

— Я совсем изуродована,— говорит она и начинает плакать.

Мы утешаем. Она откашливается, в горле ее что-то пульсирует, дергается, ей больно плакать, но и перестать трудно. В комнате темно, неуютно и страшно. Мишин просит меня зайти к доктору. Я обрадовался тому, что могу выйти из комнаты. Пока я искал доктора, затем говорил с ним о Кеворковой, я снова обрел бодрость и силу. Великая вещь — работа. Доктор — двадцатилетняя девчонка — без конца сыпала латинскими терминами. Я ничего не понял, но обилие латыни показывает, что дело плохо.

Я пришел, когда Кеворкова кричала:

— Я вся изуродована! Я навсегда урод!..

44

— Успокойтесь, я говорил с доктором. Вы отлично поправляетесь.

— Я знаю, мне легче, но я совсем изуродована. Я навсегда останусь уродом.

И она снова плачет, хрипит и кашляет.

— Увидите, у вас все пройдет и голос восстановится.

— Я знаю, что восстановится,— шипит она,— но я урод. Вы понимаете, я урод!..

Безошибочным женским чутьем она угадала это. И было безнадежно убеждать ее. Врач сказал мне, что у нее скривится рот, улыбка будет сползать на одну сторону.

Из-под одеяла выпала ее узкая нога с крошечной ступней. На Кеворковой надето мужское белье, другой смены нет в палате.

Перед уходом она уговаривает нас взять шоколадные кубики и сухари. Мишин правдоподобно возмущен. Кеворкова настаивает. Мы мнемся, наконец Шишловский со смешком берет кубики и сухари. Мишин явно разочарован, он рассчитывал, что Бела его переубедит. Но Шишловский малый не промах. Мы прощаемся. Шишловский умело и уютно поправляет ей подушки. Я прошу няньку перевести Белу в другую палату, здесь слишком накурено и дует от двери. Мишин целует Белу в лоб. Выходим. На мокром крыльце стоит раненый в подштанниках и рубашке. Он просит у нас табачку. Мы даем ему папиросу. Прямо перед госпиталем стоят могильные столбики. Маленькое местное кладбище предназначено, видно, напоминать раненым о бессилии медицины. Гнусное наплевательство на людей.

Обратно мы идем другой дорогой. Холодные хрупкие горы битого стекла остаются слева. Мимо нас проходит молодая девка в сапогах, с голыми икрами. Мы дружно глядим ей вслед.

1948

Мое анкетное существование весьма резко отличается от подлинного. Один из двух виновников моего появления на свет так основательно растворился среди всевозможных мифических отчимов, что можно подумать, будто я возник только из яйцеклетки. Но вытравить отца мне удалось лишь из анкетного бытия. В другом, в плоти и крови, существовании моем он непрестанно напоминает о себе. Когда, остановленный незримой силой на самом разлете своего жестокого существования, я впадаю в короткую непротивляемость — это пробуждается тщетно вытравляемое отцовское начало. Отец вяжет мне язык, не давая выговорить звонкой и нежной буквы «л», стягивает мою щеку в горько-покорную складку тогда, когда нужна совсем иная грима-са — ощеренная пасть зверя. Он уничтожает утром принятое вечером решение, подсказывает не звучащие в каждодневной душе слова, глушит голос, укорачивает жест*.

В конце концов, я обязан своему отцу ничуть не меньше всякого другого сына. В памяти твердо осталось несколько даров свободы, доставленных мне отцом. Раз это было, когда я, семилетний, был поставлен в угол немкой. Приход отца с работы извлек меня из трехстенной камеры с четвертой воображаемой стеной.

Раз пять или шесть приезд отца, работавшего на Шатурской станции, избавил меня от посещения школы. Это были замеча-тельные дни! Дни горячих калачей, яичницы с ветчиной, Рейсдаля и сосущих козлоногую женщину крошечных бородачей, на чьем месте мне так бы хотелось быть. В дальнейшем к этому приба-вилось более пьянящее и острое наслаждение, чем все сокровища

---

* Замечательный пример внушения и самовнушения. Как выяснилось в свой час: мой отец, Нагибин Кирилл Александрович, был расстрелян на реке Красивая Меча в 1920 г. «за сочувствие мужикам».

46

Музея изобразительных искусств, вместе взятые: напоенный музыкой и огнями ресторанный рай. Я никогда не имел так много женщин, как в те годы, я без конца нарушал седьмую заповедь, не было такого ближнего, чьей бы жены я ни пожелал и ни прелюбодействовал с нею в мыслях своих.

Напичканный Рубенсом, какао глясе и джазом, блаженно усталый, словно обладания были не только воображаемы, я ложился в постель, преисполненный горячей благодарности к отцу, щедрому источнику всей этой радости.

Никогда впоследствии не испытывал я такого полного, беспримесного счастья. Юность была отравлена страхом военной службы, молодость — изнурительным делячеством.

25 октября 1948 г.

Бывают такие дни, когда вдруг иссякают силы, позволяющие как-то, и не без искусственно подогретого интереса, переваливаться из дня в день. Тогда балдеешь от грандиозной ненужности своих страстишек и окружающего равнодушия. Тогда даже пить не хочется. И не всегда это скучный, пасмурный день, с утра награждающий тебя какой-нибудь мелкой пакостью. Сегодня небо было таким, как на цветных фотографиях журнала «Америка», мелкий, высвеченный солнцем дождик походил на весеннюю капель, все громкоговорители захлебывались футбольными страстями, и портной позвонил, что готов костюм. И все же это как раз такой день: будто с разбегу уткнулся лбом в стену. О сегодняшний день разбилось все мое нестойкое мужество. Может быть, подобные дни фиксируют очередное постарение? А потом приспосабливаешься, накапливаешь новые жалкие силы и живешь дальше?

11 ноября 1948 г.

Кончились праздники. С позором, под улюлюканье, насмешки, презрение, отчасти мною заслуженное, кончился пятилетний период моей жизни*. Кончился ли только, вот в чем вопрос, и что хуже? Наверное, все хуже: чем дальше идешь по неверному пути (мой брак с Валей), тем дальше уходишь от себя. Очевидно

---

* Чудовищный и унизительный от неравенства сил скандал с моим сановным тестем. (Прочел эту запись с величайшим спокойствием. 4 января 1954 г.).

все-таки, все подавляемое в человеке в конце концов, нарушив законы торможения и вытеснения, все равно прорвется наружу. Если Бог простит мне этот случай, обещаю раз и навсегда поскромнеть. Быть может, пережитое банкротство и оздоровляет душу, но не тогда, когда оно связано с унижением, а главное — страхом. Какие защитные средства изберет душа, чтобы сохранить меня в остаточной и новой целостности? Я бы справился со стыдом, но бессилен против страха. Настанет ли такой момент, когда, сев за эту тетрадь, я смогу написать, что избавился от душевной помойки, в какую я сейчас погружен?..

1949

С большим опозданием отвечаю на свой собственный вопрос: помойка осталась, но страха почти нет. Нет страха за содеянное, но и сожаления, кажется, нет. Урок на будущее.

Кончились праздники — а разве они были? Просто — сбился человек на рассеянном и полупьяном своем пути, а сейчас тоже сбился, но в иную сторону. Да и с чего сбился-то? Что-то очень давно не подмечал я тропки под ногами. Да и была ли тропка? Может, никакой тропки и не было?

Бывает лишь счастье найденной фразы, и еще большее — счастье найденной формы. Форма — это вовсе не внешнее, это ключ постижения. То, что не записано, не существовало. Незаписанные встречи, чувства, боли, радости — да их вовсе не было в моей жизни, а запись в дневнике очень редко дарит существование пережитому. Вечную жизнь дает лишь форма. Форма же одновременно и проверка пережитого. Добросовестно, сильно и ярко пережитое легко находит свою форму. Я никогда не сомневался в качестве таких переживаний моей жизни, как брак с Машей, фронтовые мытарства, страх войны. Маринка и почти все детство. Ценность их подтверждается легкостью, с какой они обретали форму на бумаге. Верно, что мой второй брак был лишен любви, он не рождает и не поддается форме. Хотелось бы многое проверить этим.

Литературная бездарность идет от жизненной бездарности. Ну, а как же с людьми нетворческими? Так эти люди и не жили. Действительность обретает смысл и существование лишь в соприкосновении с художником. Когда я говорю о том, что мною не было записано, мне кажется, что я вру...

Прошла сквозь жизнь еще одна ненужность: Алушта. Однообразен ключ последних лет моей жизни: водка и бабы. «Выпил пол-литра, ...бабу», — и так изо дня в день, из месяца в месяц, из года в год. Вот к чему свелась жизнь — дар и тайна Божья. Вот для чего я, двухклеточный, сопротивлялся усилиям матери, докторов, яду лекарств — всем попыткам задушить меня в первооснове. Наверное, у меня была тогда какая-то великая цель, если ни горячая ванна, ни касторка, ни хина, ни злые массажи, ни искусственные падения ничего не могли поделать с двумя слипшимися, лишенными всякой защитной оболочки клетками. Была эта цель и впоследствии, когда я, многоклеточный, уже не рыба и не кролик, а сын человеческий, сопротивлялся золотухе, желтухе, воспалению легких, кори, ангине, гриппу, желудочным болезням, стремясь выжить во что бы то ни стало. Мне кажется, что эта цель, ставшая осознанной, сохранялась у меня, двадцатилетнего, когда я оберегался от жизни для единственно настоящей жизни на бумаге.

Теперь эта цель утратилась, и я с изумлением обнаружил ядовитость окружающих людей. Прежде люди скользили по моей душе, нанося царапины не более глубокие, чем карандаш на бумаге, а сейчас они топчутся внутри меня, как в трамвае. С признанием серьезности и подлинности окружающих людей утрачивается единственная настоящая серьезность — собственное существование. Любовь к людям — это утрата любви к себе, это конец для художника.

Сейчас я стал таким же, как все — тепловатый, любящий, озабоченный и несерьезный. Цели-то нету.

О П.Селезневе — сын ларёчника, поднявшийся до вершин формальной логики.

О Коварском — Иов малоформизма.

О Кожевникове — Галилей, вбежавший в застенок инквизиции с криком: «А все-таки она не вертится!»

Я так давно не писал, что единственная форма, в какой я сейчас мог бы писать, это вопль Хемингуэя в рассказе «Снега Килиманджаро», вопль о том, что он не написал о том-то, о том-то и о том-то. Перечень с обозначениями — на большее не хватит. Нельзя позволять событиям жизни перехлестывать друг друга. Сперва рассчитаться на бумаге с одним и лишь тогда приниматься за другое.

8 сентября 1949 г.

У Старковских. Петр Иванович* был не по-актерски естественен и прост — из-за некоторой неловкости и натянутости. Затем позвонила из Минска любимая дочь Галя. И от радости, от вмиг прорвавшейся душевности, от безыскусственного родительского чувства Петр Иванович заговорил так, как я и ждал от него: с могучим актерским пафосом, со знаменитыми модуляциями в лучших традициях «дома Щепкина». Король Лир, Капулетти, Протасов и другие прославленные сценические образы заговорили его устами. На придыханиях, спадах и раскатах неслось:

— Дитя мое... Солнышко...

Самое поразительное, что Анна Степановна, с жалко бытовой речью портнишки, тоже обнаружила сохранившийся под напластованием лет трагический дар.

И не было больше бедной комнаты — притихший сумрак зрительного зала, и мы, восхищенные зрители, наблюдающие прекрасное рождение естественности в образе театральной декламации.

Хочется писать о чем-то первостепенном, но все происходящее, встречающееся и видимое, даже заинтересовав в первый момент, с приближением к бумаге начинает казаться чем-то неважным, провинциальным, второстепенным. Наверное, это плохо, хотя и объяснимо.

Сейчас я, главным образом, в снах определяю свое отношение к окружающему, свожу с ним счеты. Оттого, что я мало и редко пишу, я нахожусь с миром в каких-то до тупости простых отношениях. Только в снах появляется сложность, тонкость и вместе — высокая простота боли.

19 сентября 1949 г.

Угнетающее сознание собственного душевного огрубления.

---

* Дядя моей жены Е.К.Черноусовой, мейерхольдовский актер.

Особенно остро это почувствовалось на проводах М. Залегко-мысленничал все это то ли из самозащиты, то ли из душевной иссушенности.

В чем причина? Когда не можешь писать о страшном, жить этим страшным всерьез, начинаешь обороняться от него. Видно, я дозащищался до полной пустоты. Пустоты отнюдь не трагической, уютной, как подмышка, гнусненькой, как засаленная постель, комнатной пустоты.

Мужики в окопах грозились: «Вот зададим мы перцу бабам!» Приехали с войны, а силенок уж нет. Как бы и со мной так не случилось.

И еще — страх. Вот, пожалуй, самое неживотворное чувство. Из всего могут родиться слова: из грязи, пороков, ошибок и запоздалых раскаяний, но только не из страха. Даже из сильного, но короткого страха может что-то возникнуть, но не из постоянного, ровного, душного, как перина. А этот год так насыщен страхом, что даже не такая жалкая душа, как у меня, и та бы съежилась.

Читаю Светония. Цезари отнюдь не являют собой исключительности. Самые обычные мещане, поставленные в условия полного раскрытия своих характеров, страстей, темпераментов, вожделений. Насколько сильно заложено в человеке стремление до конца развернуть свой характер, если однообразно плачевные судьбы римских властителей никому не послужили предостережением. В том-то и страх, что это самые обычные люди, которым до поры позволено все делать.

25 ноября 1949 г.

Я скажу родителям: довольно, я выполнил свой долг перед вами. До тридцати лет я пронес себя сквозь войну, сквозь страх, сквозь пьянство — это ли не подвиг самосохранения! Растерялось многое из бывшего во мне, но я сохранил то, что нужно вам: свое тело до последней клеточки и даже более тонкую видимость человека. Довольно, мне тридцать лет, и я имею право на самоуничтожение.

Родители — про себя — «он пугает, а нам не страшно».

Дикая ирония: весь день восхвалять «бога», а ночью трястись от страха перед «громом небесным».

Халтура заменила для меня водку. Она почти столь же успешно, хотя и с большим вредом, позволяет отделаться от себя. Если бы родные это поняли, они должны были бы повести такую же самоотверженную борьбу с моим пребыванием за письменным столом, как прежде с моим пребыванием за бутылкой. Ведь и то, и другое — разрушение личности. Только халтура — более убийственное. Приятная, наверное, у меня личность, если мне необходимо во что бы то ни стало от нее отделаться.

Ужас халтуры — которого нет в пьянстве, дающем забытье и после того, как перестал пить,— особенно ощутим в те часы, когда лежишь в постели и не можешь заснуть. Это не фраза — страшно по-настоящему, пусто, щемяще страшно.

Но есть и другой взгляд на вещи. Стоит подумать, что бездарно, холодно, дрянно исписанные листки могут превратиться в чудесный кусок кожи на каучуке, так красиво облегающий ногу, или в кусок отличнейшей шерсти, в котором невольно начинаешь себя уважать, или в какую-нибудь другую вещь из мягкой, теплой, матовой, блестящей, хрусткой, нежной или грубой материи, тогда перестают быть противными измаранные чернилами листки, хочется марать много, много.

И все-таки я уверен, что при халтуре отмирают какие-то нежнейшие и самые драгоценные клетки мозга. Устойчивые, когда мозг раскален настоящим святым усилием, они разом загнивают при решении одной из «каждодневных задач».

ПОХОРОНЫ АНДРЕЯ ПЛАТОНОВА

Сегодня хоронили Андрея Платонова. По дороге на кладбище, возле клуба, я прихватил Атарова, беседовавшего со смертью в козлином манто — Ниной Емельяновой. Я прервал их в тот момент, когда Емельянова говорила тоном, в котором лишь электронный микроскоп мог бы обнаружить фальшь:

— Я творчески чувствую этот материал...

— Тогда делайте! — благословил Атаров, которому не страшен даже электронный микроскоп.

Наше рукопожатие и звучание первых слов были поневоле скорбными. Скорбь не была окрашена в личные тона, самая пошлая, традиционная скорбь, но все же Атаров испугался. Я это почувствовал по тому, как сразу огрубело его проникновенно-серьезное, чуть патетическое лицо.

Я имел бестактность сказать:

— Третья смерть на одной неделе.

— Почему третья? — спросил он резко.

— Митрофанов, Платонов, Крыжановский.

Он впервые слышал о смерти Крыжановского. Он жалел о том, что сел со мной в машину. Он стал похож на мясника. И вдруг лицо его опять стало глубоким, проникновенно-серьезным и патетическим.

— Это доказывает, какая у нас богатая литература,— сказал он и — о, умный человек,— тут же внес тот оттенок либерального ворчания, без которого его слова были бы лишены искренности: — Мы сами, черт возьми, не знаем, какая у нас богатая литература!..

Приехали в тот момент, когда гроб вынимали из автобуса. Я впервые был на похоронах, и меня коробило от неуклюжести

54

всех подробностей похоронного обряда. Зачем гроб такой тяжелый, когда в нем лежит такое легкое, бесплотное тело, что я один мог бы отнести его на руках к могиле? А здесь десять человек не могли управиться с каменной громадой гроба. Они чуть не грохнули его оземь и едва не перевернули вверх дном. По пути к могиле гроб наклонялся то в одну, то в другую сторону, и мне казалось, что бедное тело Платонова, не видное за какими-то зелеными растениями, непременно вывалится в снег...

Этого самого русского человека хоронили на Армянском кладбище. Мы шли мимо скучных надгробий с именами каких-то Еврезянов, Абрамянов, Акопянов, Мкртчянов, о которых мы знали только то, что они умерли.

Украшение похорон, Твардовский, — присутствие которого льстило всем провожающим Платонова в последний путь, — то ли изображая пытливого художника, то ли от крайней неинтеллигентности, которой все внове, с вдумчивым уважением разглядывал безвкусные статуэтки на могилах наиболее состоятельных Еврезянов и Акопянов.

Близ открытой могилы с деревянными уродливыми козлами — приспособление для спуска гроба — на скамейке, под заснеженным деревом, сидел страшный человек. Чудовищный по резкости черт и по величине профиль, совершенно съевший фас, был увенчан шапкой, в которой, верно, щеголял печерский антик в день предполагаемого торжества «правой веры». Из-под коротких рукавов кожаного пальто торчали худые огромные кисти, которыми человек охватил свое единственное колено, как последнее достояние. Человек этот не подходил ни под какую мерку, не имел отношения ни к кому и ни к чему на свете, и не из-за своей несовременности, хотя каменная дева с амфорой над могилой Еврезяна, почившего в 1783 году, казалась ультрасовременной по сравнению с этим человеком, а из-за своей вневременности и всевременности, что, в сущности, одно и то же. Впечатление от человека лучше всего передать словами одного из сородичей покоящихся здесь Абрамянов и Мкртчянов, который при виде жирафа сказал:

— Такой не бывает!

Рядом с человеком стоял юный поводырь с плоским, словно раздавленным лицом.

Не было ни одного признака в этом человеке, который поставил бы его в разряд постигаемых явлений. И лишь отсутствие одного признака — ноги — позволяло угадывать за всей этой инфернальностью быт: войну или несчастный случай. В расчете на это я ответил на поклон человека, не испытывая слишком большого страха, что навсегда лишусь благоволения Твардовского, Атарова и Ария Давыдовича, неизменного могильщика Союза писателей*.

Гроб поставили на землю, у края могилы, и здесь очень хорошо плакал младший брат Платонова, моряк, прилетевший на похороны с Дальнего Востока буквально в последнюю минуту. У него было красное, по-платоновски симпатичное лицо. Мне казалось: он плачет так горько потому, что только сегодня, при виде большой толпы, пришедшей отдать последний долг его брату, венков от Союза писателей, «Детгиза» и «Красной звезды», он поверил, что брат его был действительно хорошим писателем. Что же касается вдовы, то она слишком натерпелась горя в совместной жизни с покойным, чтобы поддаться таким «доказательствам»...

Плакал — над собой — Виктор Шкловский, морща голое обезьянье личико. Плакал Ясиновский, но только оттого, что все так хорошо получается: Платонов признан, справедливость торжествует, и, значит, он, Ясиновский, недаром «проливал свою кровь» на баррикадах семнадцатого года.

Затем вышел Ковалевский, старый мальчик, и сказал голосом ясным, твердым, хорошо, по-мужски взволнованным:

— Андрей Платонович! — это прозвучало как зов, который может быть услышан, а возможно, и был услышан.— Андрей Платонович, прощай. Это просто русское слово «прощай», «прости» я говорю в его самом прямом смысле. Прости нас, твоих друзей, любивших тебя сильно, но не так, как надо было любить тебя, прости, что мы не помогли тебе, не поддержали тебя в твоей трудной жизни. Андрей Платонович, прощай!..

Это было по-настоящему прекрасно, и каждый ощутил в своей душе — каюсь, я чуть было не сказал «стыд», — умиление и восторг, и чувство собственного достоинства. Вот можно же такое сказать! И никто не схватил Ковалевского за руку, и черный ворон не слетел к отверстой могиле! Лишь один Атаров,

---

* Человеком этим был замечательный писатель Борис Лунин, чья книга «Неслучайные заметы» вышла в Италии, а у нас печатались только отрывки.

вновь ставший похожим на мясника, верно, подумал: «Зачем я поехал?»

Потом гроб заколотили и неуклюже, на талях, стали спускать в могилу. Его чуть не поставили на попа и лишь с трудом выровняли...

Ковалевский хорошо и трудолюбиво, как и все, что он делал на похоронах, лопатой стал закапывать гроб. Я вспомнил, что сына Ковалевского зовут Йорик, и назойливо и банально мне в башку полезла пресловутая сцена из «Гамлета». И хотя все было грустно, просто и серьезно, я с упрямством убеждал себя, что отец Йорика — вылитый шекспировский гробокопатель. Я с трудом удерживал в себе смех, а потом мне стало так больно за мою сухость, бедность и бездарность, что я, не разобрав поначалу истоков боли, решил, что это и есть то чувство, которого я столько времени безнадежно ждал, и мигом успокоился.

— А Фадеев тут есть? — спросил меня какой-то толстоногий холуй из посторонних наблюдателей.

— Нет,— ответил я и самолюбиво добавил:— Твардовский есть.

— И где? — спросил холуй.

— Вон тот, в синем пальто, курит.

Кстати, о Твардовском. Один из лучших видов воспитанности — крестьянская воспитанность. К сожалению, она проявляется лишь в таких важных и крайних случаях, как рождение или смерть. Все присутствующие на похоронах евреи, а их было большинство, находились в смятении, когда надо снять, а когда надеть шляпу, можно ли двигаться или надо стоять в скорбном безмолвии. Твардовский же во всех своих действиях был безукоризнен. Он точно вовремя обнажил голову, он надел шапку как раз тогда, когда это надо было сделать. Он подошел к гробу, когда стоять на месте было бы равнодушием к покойнику, он без всякого напряжения сохранял неподвижность соляного столпа, когда по народной традиции должен пролететь тихий ангел. Он даже закурил уместно — словно дав выход суровой мужской скорби.

Когда комья земли стали уже неслышно падать в могилу, к ограде продрался Арий Давыдович и неловким, бабьим жестом запустил в могилу комком земли. Его неловкий жест на миг обрел значительность символа: последний комок грязи, брошенный в Платонова.

Наглядевшись на эти самые пристойные, какие только могут быть, похороны, я дал себе слово никогда не умирать...

На обратном пути я встретил Виноградскую, делавшую вид что она подурнела только что — от горя.

Мы вместе поехали домой.

А дома я достал маленькую книжку Платонова, развернул «Железную старуху», прочел о том, что червяк «был небольшой, чистый и кроткий, наверное, детеныш еще, а может быть, уже худой старик», и заплакал...

Вчера проводил М.*. Опять перрон, полутемный, невообразимо вонючий вагон, преувеличенно любезная просьба к соседям присмотреть за вещами.

Мы снова на платформе. Оказывается, когда провожаешь человека, которого жалко, последние минуты до отхода поезда не ползут, а промелькивают молнией.

На платформе жутко, как на большой дороге. Тусклый, печальный свет фонарей кажется светом месяца, люди — убийцами, а сами мы — обреченными на заклание.

В этот приезд М. я был чуть свободнее, чем прежде, больше говорил о себе, о своих чувствах, мыслях, но было в тоне что-то искусственное, нарочитая самоуверенность, даже когда я говорил о своем страхе, сомнениях, постоянной тревоге. И опять меня мучает эта фальшь сухого, бедного, слабого сердца. Пусть меньше, чем в прежние годы, но перед его отъездом я снова испытал постыдную радость скорого освобождения. И, без дураков, было больно на вокзале, хотя несколько мешали Ленины слезы, которые она обязательно хотела донести до мамы.

В М. сохранилась та широкая приимчивость и доброта, которых нет у нас. Мы все так носимся со своей злобой, так наслаждаемся взаимными обидами, так душевно охамели, что незаметно для самих себя превратились в мелких, узких людишек. Еженощный страх и ежедневные маленькие насилия над собой вытравили в нас то, что сохранил этот человек, прошедший дважды через то, чего мы так страшимся. Мы, располагающие взаимной поддержкой, относительной изолированностью существования,

---

* *Марк Яковлевич Левенталь*, которому я обязан намного больше, чем случайно зачавшему меня «другу русских мужиков».

растеряли почти без остатка ту умную, свободную человечность, которую сохранил он в своей жуткой провинциальной давильне, среди страшных свиных рыл.

А мы еще гордимся чем-то перед ним. «Он — склеенный», — повторяем мы с восторгом слова нашей слабоумной старухи. Он-то не склеенный, а цельный, а вот мы склеенные, да еще плохо, из остатков наших былых достоинств, нищего цинизма и липовой мудрости, самой тошной, пошлой мудрости страха. Мы обращаемся с ним с этаким превосходством людей сегодняшнего дня.

Все это не то. Мне хотелось написать о чем-то добром, добром, что пробудилось во мне с приездом М., но разучился я писать для самого себя...

31 октября 1951 г.

День такой скверный, что хуже не бывает. Для его ожесточенной гадости нужен был разгон, и накануне Я.С.* угостил меня «большим разговором» о моей бездарности. Разговор этот был так не к месту, так вразрез с настроением и так под руку, что его трудно простить.

Утром звонок из Кохмы — М. заболел. Неотвязная мысль о том, что крошечный человек мучается в гнусной Кохме в полном одиночестве, подлое ощущение своей дрянности и сухости — ехать-то мне не хочется. Затем поход к Цигалю — ненужный, выбивающий из колеи. Потом люди, один другого ненужней... Затем, словно впервые, увидел я Веру. Похожа на грязную половую тряпку, мятая, бескостная, такая дряхлая, что больно смотреть. Единственный упор в ее теле создал радикулит, искривив и выпятив какую-то кость в области поясницы. Кажется, исчезни этот упор, порожденный болезнью, и она сомнется, скомкается, как груда старого тряпья. Жалко ее очень, и ничего нельзя поделать. Так и будешь следить равнодушно (к сожалению, не до конца равнодушно) за умиранием близких людей. И нельзя ни просьбами, ни слезами, ни силой удержать их от смерти.

А вечером около забегаловки, куда я попал по милости своего безволия, пьяненькая, маленькая, не старая бабенка говорила, дожевывая кусок вареной колбасы:

---

* *Я.С. Рыкачев* — мой отчим, писатель.

— Я пьяная! Так ведь у меня выходной. Я, думаете, плохая? Нет, я хороший, рабочий человек. — И помолчав: — Пойдемте ко мне.

Сказалось это не из похабства, а из простого, искреннего желания и веры, что сегодня все будет у нее хорошо. Она совсем не была противна, хоть и убогая, жалкая. И я ее так хорошо понимал: выпила, разогрела сердчишко. Я бы пошел с ней, если бы не трусость.

Но страшен день был не людьми, даже не мыслями о М. — ощущением полного банкротства, и моего собственного, и тех, кого я люблю, банкротства, за которым один путь — в яму.

3 ноября 1951 г.

Сегодня я с удивительной силой понял, как страшно быть неписателем. Каким непереносимым должно быть страдание нетворческих людей. Ведь их страдание окончательно, страдание «в чистом виде», страдание безысходное и бессмысленное, вроде страдания животного. Вот мне сейчас очень тяжело, но я знаю, что обо всем этом когда-нибудь напишу. Боль становится осмысленной. А ведь так только радость имеет смысл, потому что она радость, потому что — жизнь. Страдание, боль — это прекращение жизни, если только оно не становится искусством, то есть самой концентрированной, самой стойкой, самой полной формой жизни.

Как страшно все бытие непишущего человека. Каждый его поступок, жест, ощущение, поездка на дачу, измена жене, каждое большое или маленькое действие в самом себе исчерпывает свою куцую жизнь, без всякой надежды продлиться в вечности.

Жуткая призрачность жизни непишущего человека...

Износились костюмы, обветшали декорации, стерлись слова, как старые пятаки, актеры смертельно устали — уныло, без увлечения и таланта, без темперамента и страсти, играют они в миллионный раз дрянной спектакль — «человечество».

Утро человека начинается бурной физиологией. Человек гадит, мочится, издает звуки, харкает и кашляет, чистит протухшую табачищем пасть, вымакает гной из глаз и серу из ушей, жрет, рыгает, жадно пьет и остервенело курит.

Насколько опрятнее пробуждение собаки.

Тяжелое хамство дремлет в моей груди.

Не осталось ничего, лишь скучная, бессильная злоба.

Ни один перезревший, прогнивший, источенный червями плод не был так достоин уничтожения, как нынешняя форма нашего существования.

Как измельчало представление о силе и универсальности человеческого гения! Леонардо да Винчи, предлагая свои услуги герцогу миланскому Лодовико Мора, писал: «Знаком с механикой, архитектурой, баллистикой, химией, астрономией, математикой, артиллерией, искусством вести оборону и осаду крепостей, пиротехникой, строительством мостов, тоннелей, каналов, а также могу рисовать и ваять наравне с кем угодно».

«К тому же,— добавляет историк,— Леонардо божественно пел, играл на лютне, сочинял стихи и музыку, гнул подковы, ломал в пальцах серебряные монеты, а также изобрел и построил первый летательный аппарат».

— Кажется, это человек способный,— рассеянно сказал герцог Миланский и распорядился принять Леонардо на службу.

За последние месяцы детское радиовещание передало три очерка Я.С.: о производстве фарфора, о строении биосферы и составе почвы.

— Знаешь, Яша,— сказала мама, озабоченно покусывая губы,— такая универсальность может показаться подозрительной. Человеку не дано объять столько вещей...

И что бы вы думали? Показалась! И перед Я.С. захлопнулась очередная кормушка.

Есть радиопередачи для молодежи, есть «Пионерская зорька», есть передачи для маленьких, для самых маленьких, для таких маленьких, что о них и говорить-то не стоит, и, наконец, передача для зародышей с эмбриональным названием «Тритутик».

1952

4 апреля 1952 г.

Вот и случилось то, чего я всегда ждал, как самого страшного, и все-таки ждал. Может быть, для того, чтобы узнать всю меру своей подлости, даже не подлости, а эгоистической наивности. И все же я никак не думал, что это так тяжело и настоящим эгоистом быть — кишка тонка. Утром, когда солнце пробивалось сквозь штору и комната была похожа на детскую,— пришла телеграмма: «Ваш отец умер сегодня ночью». Как будто при всех хлестнули по морде грязной метлой — ощущение, ошеломляющее по своей наготе и грубости. Как они осмелились написать слово «умер»?

А потом опять ужасное по безысходности чувство: где-то была допущена ошибка, все еще можно было исправить, страшная ошибка, когда мы вдруг выпускаем из рук жизнь близких людей. Настоящей, самоотверженной любовью можно удержать близкого, родного человека на земле, как бы он ни склонялся к смерти. Если б я поехал, если б он знал, что я его люблю, как я это знаю сейчас, какие-то неведомые силы удержали б его в жизни, несмотря на склерозированный мозг, несмотря на больное, усталое сердце. Я его предал. Он это почувствовал бессознательно и отказался от жизни. Все остальное делалось формально, санатории и больницы не спасут, если человек решил умереть.

И в этом смысле мое второе предательство — то, что я не поехал его хоронить,— уже не играет роли*.

Вот и кончилось то, что началось дорогой в Кандалакшу, когда я вновь обрел то странное, острое, непонятное, значительное, что заключено в слове «отец». Считается, что отцовское начало — сильное. Для меня это всегда было иным: мягким, страдающим, спасающим от последней грубости. Я должен быть ему

---

* Хоронить М. поехала моя жена Лена. У меня был рецидив того заболевания, каким меня наградила контузия.

62

благодарен больше, чем любой другой сын — своему отцу, кормившему, поившему, одевавшему его. Я его кормил, поил, одевал. В этом отношении мое чувство совершенно свободно. Но благодаря ему я узнал столько боли всех оттенков и родов, сколько мне не причинили все остальные люди, вместе взятые. Это единственная основа моего душевного опыта. Все остальное во мне — дрянь, мелочь. Но маленькая фигурка за колючей проволокой Пинозерского лагеря, маленькая фигурка на Кохомском шоссе, у автобусной остановки на площади Заменгофа, голос по телефону, слабый, словно с того света, душераздирающая печаль кохомских общественных уборных, проводы «до того телеграфного столба» и взгляд мне в спину, который я чувствовал физически, даже когда сам он скрывался из виду,— это неизмеримо больше, чем самый лучший отец может дать сыну.

Да и можно ли говорить о нем «отец»? Отец — это что-то большое и вне зависимости от своих качеств авторитетное; отец — это благодарность за съеденный в детстве, отрочестве и юности хлеб, это что-то обязывающее себя любить. Какой же отец мне этот крошечный, мне по плечо, слабый, незащищенный человечек!..

30 апреля 1952 г.

Впервые в жизни выезжал на рыбную ловлю. Когда стояли на берегу, Игорь обратил наше внимание на странную, «двухэтажную», как он выразился, лягушку. Приглядевшись, я обнаружил, что это две лягушки, слившиеся в акте любви. Он охватил свою подругу сзади, пропустив свои пухлые, детские, человечьи ручки ей под мышки. Казалось, он сцапал ее за титьки, головой прижался к ее плечу — поза, любимая Сомовым. Они то замирали, то принимались скакать, в лад отпихиваясь ножками. Этот влюбленный всадник обскакал на своей даме весь берег, по длительности своего омерзительного наслаждения они могли дать сто очков вперед любой, самой неистовой человеческой паре.

Это было так гадко и бесстыдно, что мысленно я дал себе слово никогда больше не жить с женщинами. Насколько прекраснее и чище раздельная любовь рыб.

О весне наговорено много красивостей, но самый точный и полный образ весны, всеобщего влечения, слияния и зачатия — эта скользкая зеленая пара. Весна — самое разнузданное время года, сплошное совокупление людей, животных, насекомых, деревьев, цветов. Весенний мир — гигантский бардак.

Но красиво! Деревья покрылись желто-зеленым нежнейшим пухом, на озере ярко-синий пояс воды обвил белое, в снежном налете, поле льда. И, показав потрясающую синь неба, проплыла журавлиным клином стая гусей. А за ними, совсем низко, размахивая крыльями, как пустыми рукавами, пронеслась тройка диких уток.

Игорь вскинул ружье. И я понял, что весна — это еще пора великого убийства. Свинцом, картечью, дробью, острогами, сетями истребляется одуревшее от любви зверье.

29 декабря 1952 г.

Похоронили Л.А.* За один день большая, полная, властная, добрая, требующая массы забот женщина превратилась в сморщенную куклу. Похороны были хороши своей сухостью и тем, что я впервые понял по-настоящему непробиваемое равнодушие людей друг к другу. И еще я понял, что нет более глубокой пропасти, чем та, которая отделяет человека любящего от нелюбящего. Мы все с одной стороны и Лена с другой были людьми с разных планет. Мы не совпадали друг с другом ни в большом, ни в малом. Жалкая потерянная фигурка Лены у хороших своей строгостью пироговских клиник не стала менее одинокой, когда ее окружили пять тумб: Я.С., мама, я, Лазарь и Немка.

Сейчас у меня такое чувство, будто по мне проехало огромное мягкое колесо. Кости целы, но весь я смят, скомкан и ни на что не годен.

Человек стареет только от несчастий. Не будь несчастий, мы жили бы до ста лет. Эти дни я чувствую себя таким безнадежно старым, что плакать хочется. Самое тяжелое во всех настоящих несчастьях — это необходимость жить дальше. Самый миг несчастья не столь уж невыносим. В боли, в муке, в слезах все же испытываешь какой-то подъем. Отсюда наше постоянное слоновье удивление: он-де замечательно держался. Не он держался, это натянувшиеся нервы его держали. Но вот наступают будни, а с ними и подлинная тяжесть беды. Тогда-то и становится страшно.

---

* Мать моей жены Елены Черноусовой.

Сейчас я кое-что знаю о том, что называют любовью. Это давящее, грубое и бестолковое чувство, быть может, скрашивающее тупую жизнь обывателя, но совершенно ненужное, лишнее и мешающее в жизни человека творческого.

Самое постоянное ощущение, сопровождающее мою любовь, — ожидание того, что меня, словно мелкого воришку, вот-вот схватят за воротник.

Все время сплю. Усталый, замученный дрянной, мелкопорочной жизнью мозг омывается сном, как ливнем. Только сейчас я узнал, как нездорово жил все это время, как отвык от своей тишины, в какой дальний вонючий угол забился от самого себя. Не на крутом повороте ломаешь башку, в маленьком грехе, становящемся повседневностью. Когда день превращается в цепь маленьких удовольствий: папироса, рюмка водки, баба, приятельский треп, случайная легкая книга, — не в бреду яркой вспышки, в мягкой лени теряешь себя. Все так просто понять, все так трудно исправить. Я как бы в рабстве у своего большого, жирного тела. Дождь для него — беда, тишина — беда, покой — беда, ему сладенького подавай каждый час, каждый миг. Загоняло меня брюхо, как официанта, то ему папиросочку подавай, то водочки, то кофейку крепкого, то бабу, то легкого чтения! Вот свинья-то!..

Дождь в Комарове. Мокнет, никнет, превращается в гамак волейбольная сетка. Мокнут невесть как попавшая в сад птичья клетка и ярко-голубой пластмассовый бритвенный тазик. Между соснами налились лужи, в каждой — флотилия шишек и мертвых игл.

В начале дождя сад запах сильнее, затем бесконечные потоки

воды словно смыли запах.

Набухают и лопаются пузыри в лужах, будто там дышит кто-то.

Очень желты доски под черными, напоминающими резину, кусками толя.

И хочется жить трезвой, бодрой жизнью, хочется снова видеть мир.

Она храпела, и в конце каждого выхрипа звучал звоночек.

Барон Мюнхгаузен ловил у экватора летающих рыб, закидывая удочку в небо. Порой крючок цеплялся за реи корабля, как за водоросли.

В один день голые деревья покрылись нежным желто-зеленым цыплячим пухом.

Рыбачка задрала юбку до самых подмышек. Бледно-зеленая вискозная рубашка плотно облегала крутой зад и толстые крепкие ноги. Подойдя к воде, рыбачка задрала подол рубашки, заткнув его за резинку трусов. Криком выгнав из воды своего мужа и другого рыбака, принялась вытягивать лодку. Ее вид нисколько не смущал рыбаков, не смущал меня. Трусы были телесного цвета, и рыбачка издали казалась голой до пояса. Вдохновленный этим зрелищем, я попытался написать рассказ о такой вот могучей дочери моря, но у меня ни черта не вышло.

Опять то же: нежная листва, запах проснувшейся земли и печаль своего непричастия.

Грозная, наполненная взрывчатой силой, будто проснувшаяся от зимней спячки, толпа у Сокольников.

В эту жутковатую, с мрачно-двусмысленным выражением, толпу пошла Ада* крутить свое бедное тело.

Очнулись нам подобные и затосковали о культуре, очнулась

---

* *А.В. Паратова* — артистка эстрады, впоследствии моя жена.

66

толпа и затосковала об убийстве.

Спектр толпы резко сместился к уголовщине.

Крутится Наташка по деревянной стенке своего фантастического ипподрома, крутится Ада на всех подмостках Москвы, крутятся, как белки в колесе, и все не выкрутят милости у судьбы.

Я пишу так мало не из лени, а потому что искренне меня действительно мало что трогает. Писать можно только высокие некрологи, остальное мелко и необязательно.

Приятно откупаться от жизни деньгами. Великий принцип чаевых должен быть распространен на все: на литературу, любовь, семейные отношения.

В сущности, я привязан не к людям, а к обстановке. В короткое время Гиппиус или другое четвероногое может заменить мне мать, жену...

И рыдать при виде каждой афиши...

12 июля 1953 г.

Нечего себя обманывать — я не хочу писать. Не то что активно не хочу, нет — рефлекс тянет меня к письменному столу, к карандашу, но мне не о чем писать, не для чего писать. Мне бесконечно утомительно написать хотя бы одну фразу — слова так трудно складываются! Да и ради чего должен я себя мучить? Моя душа заросла плющом, мохом, дроком и другими душащими растениями, которые от века символизируют запущенность, забвение, пустоту вечности. Что со мной сталось? Ранний склероз? Усталость мозга от дурной, мелкопорочной жизни? Или жалкая удовлетворенность полууспехом? Я.С. замечательно угадал хорошее настроение, в котором я переживаю свой нынешний распад. Что-то замораживается, окостеневает во мне. Скверное, маленькое, пошлое владеет всей моей душевной жизнью. Словно я уже свел все счеты с детством, юностью, зрелостью, деревьями, со всем болезненным, что тянуло меня к бумаге.

Чего я сейчас хочу? Баб? Нет, их и так было слишком много.

Водки? И ее было с избытком. Ложной лихачевской легкости? Чуть-чуть, не более, этот обман я тоже слишком хорошо знаю. Славы? Но по слабой тени ее я узнал, что такое наша слава, жрите сами. Денег? По-настоящему мне никогда их не хотелось. Но ведь я всегда жил в напряжении духа, подчас пустом, низком, направленном на малые дела, но я никогда не жил вяло, пассивно. Напротив, что бы я ни делал: писал, пил, развратничал, читал, — я все делал на пределе своих сил, все делал страстно. Я не выпивал, а пил мертвую, я блудил каким-то первородным грехом, я работал, как фанатик. Меня всегда надо было удерживать: от работы, от водки, даже от покупки туфель. На каком повороте выронил я лучшее в себе? Может быть, это просто нервный спад, ожидание каких-то перемен, не позволяющих браться за прежнюю жвачку? Но для себя-то можно! Для себя-то, как никогда, можно! Неужели я настолько опустился, что мой полууспех мгновенно заглушил во мне все настоящее, лучшее? Прожив тридцать три года с самим собой, я вдруг обнаружил, что имею дело с незнакомым человеком. А ведь когда-то я знал себя!..

Сегодня утром слышал разговор Веры и Лари*. Ларя рассказывала о том, как умерла их старшая сестра Саша.

— Поела, выпила полторы кружечки пива, попросила внучку: «Переверни меня на левый бок», — и сразу померла.

Вера коротко взрыднула — над собой, ночью ей было нехорошо. Ларя сказала:

— Катюха наша очень плоха, ногой не владеет, сейчас вовсе на лапу перешло.

Когда они прощались, разговор шел о твороге, но в подтексте было что-то очень трогательное, что я впервые почувствовал в их отношениях.

Потом Вера зашла ко мне.

— Старшая сестричка убралась. Теперь моя очередь.

После этого она с удвоенной энергией кинулась к соседям за молоком, в лавку за ста граммами кофе, к Фире за нашими рюмками. Мы с трудом удержали ее от поездки на рынок, в тридцатиградусную жару за пучком петрушки! Ей обязательно хотелось зажарить мне яичницу, сварить Лене кофе, выкупать Лешку. Инстинкт самосохранения. В этом беспрерывном кру-

---

* Ларя — сестра Верони.

жении — сила, держащая ее жалкое, дряхлое тело на земле. Предоставь Вероне покой — ее не станет в месяц. Самое здоровое для старика — жить в привычном напряжении сил. Отдых — для молодых.

Вечером разговор Лены с теткой по телефону:

— Ты договорилась о месте на кладбище?

Много умирают вокруг. Как старый сад, уходит назад в землю целое поколение. Но все, даже самые старые, уходят недоростками. Ни про одного нельзя сказать, что он покончил счеты с жизнью. Каждый лишь собирался начать жить, еще надеялся, ждал. Это умирают не старики, а дети, с детским легкомыслием, с детскими мечтами, надеждами, с детским неведением самих себя. Я бы хотел увидеть хотя бы одну смерть, подобную той, что описал Довженко в сценарии «Мичурин». Смерть человека, сделавшего все, что в его силах, изжившего свою жизнь, а не протомившегося в ожидании жизни. Если я завтра умру, неужели мне закажут настоящий, взрослый гроб? Двадцатисемилетний Лермонтов умер взрослым, шестидесятилетний Абдулов — мальчишкой.

Я смотрю на своих близких чуть отчужденно, как смотришь на поездных спутников, когда им приходит время сходить. Понимаешь, что близится конец короткому и милому поездному знакомству и ни к чему не обязывающей привязанности. Скоро они сойдут, и плевать им на тебя, которому еще продолжать путь.

Первой сойдет Вероня, она уже увязала кошелки, она уже в тамбуре. Кто следующий?

ПО ДОРОГЕ ИЗ КОКТЕБЕЛЯ (1953 г.)

Со скоростью девяносто километров в час вспарывали мы ночь косым лезвием фар. Кругом перекатывались валы тумана, шоссе тоже клубилось туманом. Казалось, весь мир, утратив свою вещественность, растекся мутным, голубоватым туманом. И вдруг резкий удар о переднее стекло напомнил о материальности окружающего мира. Странно это случилось: сперва удар, а когда все было кончено, я каким-то обратным зрением увидел на черном распах крыльев в левом верхнем углу стекла, панический трепет ослепленной птицы, скользнувшей через миг куда-то в сторону, в смерть. Это была дрофа.

И сразу вслед за тем на шоссе показался жалкий голенастый заяц с такими длинными задними ногами, что в первый момент я принял его за тушканчика. Он сидел вполоборота к нам, таращащ зеленые невидящие глаза. Острое и сладкое чувство пробудилось во мне: сейчас я задавлю зайца. Впервые в жизни сознательным и ловким усилием лишу жизни дышащее существо. Я давно мечтал утвердить себя каким-нибудь грубым, жестоким поступком. А с той минуты, как я ощутил близость Ады, желание это приобрело силу навязчивой идеи.

Зайцу некуда деваться, слепящий свет фар для него, как клетка, и все же я прибавляю скорость. Зайца уже не видно, он под машиной, но что это происходит со мной? Я делаю чуть приметное движение и пропускаю зайца между колесами. Теперь, если не будет толчка, — значит, все обошлось, заяц невредим. Жду этого толчка каждым нервом. Но бег машины ровен, лишь слышится слабенький удар о заднее колесо, удар не прямой, а по касательной. Резко торможу, заводя машину к обочине. Заяц лежит на шоссе. Он и не живой, и не мертвый. Какой-то очень длинный, словно растянутый, ощерились острые резцы, голова дергается. То ли он просто оглушен, то ли это конвульсивные движения уже мертвого тела? Я оттаскиваю его за уши к обочине, он странно тяжел, но ведь я не знаю веса живого зайца.

Мне хочется плакать, открыто, бурно, без стыда, как в детстве. Не зайца мне жалко, себя. Раз в жизни решившись на какой-то определенный, завершенный в себе поступок, я так и не сумел довести его до конца, в последний миг вильнул в сторону. Так и остался между жестокостью и слабостью...

Под вечер я вдруг засыпаю обморочной глубины сном. Я сплю яростно, со всем напряжением существа, я сам ощущаю свой сон как работу. В первые секунды этого сна я чувствую, как мой мозг во все лопатки удирает от яви с ее голосами, запахами, сумятицей ненужных дневных впечатлений. Затем я — на дне глубочайшей, черной ямы, где меня уже никому и ничему не достичь. И я так же физически отчетливо наслаждаюсь этой недосягаемостью. Затем — чертовщина мучительных снов. Сны в эти вечерние часы всегда скверные, подражающие чему-то реально пережитому и как-то гадко оголяющие сердцевину переживания. Их тема — почти всегда бессилие. Я догоняю — и не могу догнать, я говорю — меня не слышат, я хочу ударить — но рука не подымается.

Когда сон исчерпывает себя, я перехожу на полуявь. Я слышу все, что делается вокруг: голоса, звонки телефона, песий лай, грохот посуды в Верониных руках, но даже если происходящее требует моего вмешательства, я не в силах подняться с тахты. Да мне и не хочется этого. Странное ощущение покоя и счастья владеет мною в эти минуты. Счастье оттого, что слышишь шум жизни и остаешься в благостной непричастности к нему. Тут примешь все, даже смерть близких, в эти минуты ты выше всех привязанностей. Затем — невыносимая печаль пробуждения.

1954

В ДОМЕ ОТДЫХА (1954 г.)

Как же загнал я себя душевно, если мне приходится добровольно скрываться в этой крошечной, прокуренной и непроветриваемой одиночке! Не работать сюда я ехал и не отдыхать. Я слишком устал и для того, и для другого. Просто отсидеться — вот моя цель. В серьезный тупик я попал, и нечего скрывать это от себя. И главное, мне самому порой непонятно, почему я не могу все это прекратить. Боязнь обидеть — вряд ли, я обижал и сейчас могу обидеть кого угодно. Есть во всем этом что-то болезненное, что-то до того безвольное, что страшно делается. Ведь эта игра выхолащивает меня хуже водки, хуже курева, хуже всех пороков, вместе взятых. А чем дальше, тем труднее будет выкарабкаться.

Попробую разобраться в этом здесь, на трезвую голову. Если не пить и писать, то опять проснется тот здоровый инстинкт самосохранения, который вызволял меня из всякой дряни.

Простор был окутан голубоватой дымкой, будто курился еще по-зимнему крепкий снег. Тускло-голубой, снег был кое-где подернут твердой коркой, горевшей под солнцем золотой рыбьей чешуей. Все было зыбким в просторе: деревья, избы, темные стога сена. Ясно и резко светлели прозоры между далекими деревьями, казалось, будто за ними находится большая вода.

У выпуклого бока молодого, трехдневного месяца сверкала большая чистая звезда. С каждой ночью, по мере того как месяц рос и округлялся, звезда стремительно отдалялась от него. Она как будто хотела сохранить свою отдельность. Но вот она отошла так далеко, что потерялась среди других звезд.

Вероня очень мало переняла от нас. Она была слишком самобытная, резко очерченная натура. Единственное, что она переняла, — это умение находить сходство со знакомыми людьми у теней, пятен, следов копоти и плесени. И делала она это порой очень тонко. А если мама с ней не соглашалась, она сердилась и долго ворчала на кухне.

Почему-то мне это вспомнилось на вечернем перегоне между моей одиночкой и столовой.

Апрельскому снегопаду приходится потрудиться, чтобы хоть узенькой каемочкой украсить деревья. Хлопья падают густо и неустанно — большие, слепленные из многих снежинок, но влажные и непрочные. Прикасаясь к коре деревьев, уже набравшей живое весеннее тепло, они мгновенно исчезают — стаивают и неприметными струйками стекают вниз. Надо, чтобы снежинку, коснувшуюся ствола, тут же прикрыла вторая, третья; часть этого комочка стает, но часть сохранится белым мазочком на черной коре. Потребовалось около четырех часов неутомимого — голова кружилась при взгляде на окно — снегопада, чтобы тоненький бордюрчик лег на толстых сучьях, чтобы белой пудрой присыпало горбики серых, обросших сухой наледью сугробов.

Остренькие листочки молодой, только что распустившейся рябины.

Хрустально сверкающие закраины лесных луж.

РАЗГОВОР С МАЛЬЧИКОМ

— Я в третьем классе.

— Значит, тебе десять лет?

— Нет, я восьми пошел.

— Так одиннадцать?

— Нет, я во втором классе болел корью, свинкой и зубами, два года просидел.

— Значит, двенадцать?

— Нет, я весенний. Мне намедни тринадцать исполнилось.

Как трудно дается истина! А парень хороший, толковый, разговорчивый, в ушах — пуды грязи.

— Как живешь?

— Так себе! — Легкий вздох.— Помаленьку.

На окнах моих решетка, за окнами — часовой.

Только вера в то, что сам я чего-нибудь стою, мешала мне стать добрым. Я чувствую в себе те мягкие и упругие центры, которые вырабатывают доброту.

Вероня, обмочившись, плачет в своей комнате. Пес высунул член и, безобразный, тряпичный, валяется среди коридора. Он убирает срам лишь для того, чтобы наблевать у порога. Из Лены на кухне вываливается, шлепнув, как коровий блин, сгусток величиной с печень, затем она охлестывает ванну потоками крови. Мама вся во власти бацилл и микробов, тесня друг дружку, все новые болезни стремятся завладеть ее усохшим телом. И вся эта бурная физиология распада творится в спичечной коробке нашей квартиры.

После несчастий так же, как после пьянства,— состояние выхолощенной пустоты.

Ада слушала, слушала о моих бедах — я не старался смягчить краски,— всю кровь, все дерьмо, весь мрак этих дней вылил я на Аду. Тут мог бы растрогаться и палач, но не женщина, собирающаяся «устроить свою судьбу» . «Нет, видно, ты останешься с Леной», — вот был единственный вывод из моего рассказа, который мог быть назван «Новый Иов». Теперь мы можем подохнуть все, мы можем задыхаться, тонуть в дерьме и крови,— ничто не тронет маленького существа, стоящего на страже своих интересов.

Три дня на рыбалке, а по существу с самим собой, я совершенно извелся. Я начисто отвык от себя, мне невыносимо оставаться наедине с собой. Когда я вспоминаю, сколько мне приходилось быть с самим собой в войну, мне становится жутко. Скорее отгородиться от себя домом, электроприборами, Адой, дешевой литературной возней, скорее в привычную колею, в ней так тряско, что, слава Богу, забываешь себя.

Мы остановились в крошечной избушке на берегу озера, в

чудесной, библейской обстановке. Здесь, в этой тесноте людей и животных, родился Христос. Ведь, если верить голландским мастерам, маленький Бог появился на свет в сутолоке женщин, под кротким взглядом бычка и ягненка.

В комнате — десять квадратных метров — старуха, три ее дочери и пятеро внучат, кроме того — теленок, поросенок, собака да кошка. Я был уверен, что нам никак тут не поместиться, но пришла ночь и вся эта живность расползлась по углам и щелям, точно тараканы. Я был восхищен этим маленьким чудом, порожденным нуждой.

Сестры, кроме младшей, выглядят старухами, хотя им всем немного лет. Младшая — неприятна, она ходит в девушках и красавицах и потому изъясняется афористичным языком ею самой изобретенных полупохабных поговорок. Красота всегда лаконична. Помимо того, ее тон демонстрирует независимость и защищенность красавицы.

Старшую сестру муж бросил шесть лет назад — избаловался в армии, у другой сестры муж сидит по указу, сама она недавно вышла по амнистии; у третьей сестры, недавно погибшей под колесами торфяной «кукушки», мужа как бы и не было, но осталась девочка. Дети все разномастные и вообще очень разные. У второй сестры — девочка с рыжестью волос Тициановой Марии Магдалины, и вся она какая-то не по-русски утонченная, грациозно вялая. А мальчик — черный и кудрявый, как негритенок.

Авторитет властной, живой и неглупой старухи зиждется прежде всего на том, что она хоть как-то регулирует прирост населения на этом крошечном жизненном пространстве. Дочери на себя не надеются, отсюда их подчиненность матери. Если бы плотву не истребляли, не пожирали рыбы-хищники, она, при своей чудовищной плодовитости, омертвила бы весь водоем, лишив его кислородного обмена. Нечто сходное грозит и этой семье при всей бдительности старухи матери. Здесь уже и сейчас нечем дышать, под утро мне казалось, что я дышу сквозь портянку. Выходя помочиться во двор, я испытывал кислородное опьянение, очень похожее на опьянение винное. А эти живут и ходят на работу за восемь километров укладывать шпалы и рельсы на дорогах, которые никуда не ведут, по вечерам любовно причитают над своими детишками и даже сохраняют добро в душе к внешнему миру. Но интересно — когда старуха мать уехала в гости под первое мая, тут же обнаружилась внутренняя рознь, даже враждебность сестер. Сразу стало видно, что среднюю презирают, как бывшую острожницу, что младшая глубоко несчастна — все утро она проплакала без видимой причины,— что старшая только и думает, как бы бежать из этого дома.

Но вернулась старуха и опять заладила вокруг себя эту жалкую жизнь, угасли центробежные силы...

По ночам — мистерии острожного лова. Медленно и бесшумно движутся по воде две фигуры — мужчина и подросток. Прижимая шест к животу и паху, чуть откинувшись назад, подросток несет над черной маслянистой водой рыжий сноп огня. На воду ложится трепетный отблеск, и в этот отблеск, в свет бьет острогой мужчина. Запах древних курений летит над водой, и кажется, будто справляется какое-то ритуальное действо.

Так мне казалось, пока я сам не взял острогу в руки. И тогда по-иному все увиделось. Таинственный, немеркнущий факел стал орудием производства, порядком тяжелым и неудобным. На длинном шесте укреплена клеть — «коза», — набитая смольем, мелкорубленым сосновым корневищем; туда же подкладывают кусок старой покрышки или калоши — отсюда запах, запах смолы и горящей резины. Тишина же — вовсе не от ритуальной сосредоточенности, это условие работы, так же как и медленный шаг, и плавная сила разящих движений.

В связи с этим мне подумалось, что поэтическое и несколько высокопарное восприятие жизни идет от незнания и неучастия в деле жизни. Лучшее и самое правильное постижение действительности — это деловое с ней сотрудничество.

Природу воспринимаешь по-настоящему глубоко, не когда наблюдаешь, а когда трудишься в ней — охотишься, ловишь рыбу, хотя бы собираешь грибы. Я в эту поездку больше узнал о природе, чем за многие годы. Различные явления представали для меня в их взаимосвязи: ветер, ход и таяние льда на озере; крики чаек и клев рыбы, и многое другое впервые связались для меня в одну цельную картину природной жизни.

Я понял, что я чудовищно темен и некультурен со своим Прустом и Селином, и насколько же Игорь Чуркин более образованный человек, чем я. Я слышал хруст льдинок и сравнивал его с перезвоном стеклянных висюлек люстры, а Игорь за этим хрустом видит озеро и берега, со всем, что их населяет, какими они станут через несколько часов. Я слышу странный стрекозиный стрекот на озере и, бессильный его объяснить, рисую себе нечто высокопоэтическое, с оттенком мистики. А Игорь говорит: «Это делянка трется о прибрежную траву, видно, скоро пойдет нереститься в реку». И, ей-Богу, это куда лучшая поэзия, чем та, какую я могу сочинить от неведения.

И еще я понял, что многое в моем характере — плод ручной неумелости. Я не верю в удачу, не верю ни во что доброе в жизни, потому что сам неспособен создать даже простейший элемент добра — разжечь костер в поле или починить электрические пробки. Оттого, что я своими руками не расколол ни одного полена, не привязал ни одного крючка к леске — каждое несчастье представляется мне окончательным. В бессилии коренится и присущая мне в высшей степени пассивность — я беру, пока дается, но не умею ни удержать уходящего, ни даже отважиться на выбор; беру, что ближе. Я легче смиряюсь с несчастьем, с потерей, с бедой, чем это могло бы быть при моей нервной чувствительности, силе воображения и каком-то органическом умении страдать. Я по натуре — типичный паразит.

Из любого соприкосновения с жизнью, будь то простая рыбная ловля, я выношу простое и глубокое презрение к себе, ибо всякий раз убеждаюсь, что я не настоящий.

Мужик нес луч, и в масляную черноту озера летели искры, а из глубины озера навстречу им, в небо, летели другие искры.

Под вечер вода в озере белеет и огустевает, словно сметана. И, утеряв привычную стихию, чайки с отчаянными криками носятся над береговой кромкой.

Мордастый парень бросил пилу и с широкой улыбкой уставился на нашу машину.

— Мой позор! — сказала, вскинув голову, младшая дочь хозяйки.

Сегодня был у Н.Н.Кручинина и понял, что самое главное на

свете — это цыганский романс. Ни одно явление нельзя рассматривать сквозь слишком сильное увеличительное стекло, иначе все существование человечества можно пришить к цыганскому романсу, или гомосексуализму, или к межпланетным путешествиям, или к страху смерти.

Я никогда ничего не записывал о своих литературных успехах. Из скромности — подумал я на секунду, но вслед за тем честно признался: нет, просто в этом я могу целиком положиться на свою **память**.

Мама считает, что я — ничто, а она — «мать Нагибина». Сегодня, сидя в троллейбусе и глядя в окно, я увидел, как в широкой витрине магазина отразился наш троллейбус, ряд его окон, и в одном из них, совсем мгновенно, какое-то удивительно близкое, милое, дорогое лицо. От него пахнуло забытой нежностью детства, знакомыми огорчениями, молодой матерью, старой квартирой, бедными надеждами, деревьями, проколыхавшими в давних годах. Глаза мои увлажнились слезами... Это было мое собственное лицо.

Когда я ее целовал, ее темно-карие, пушистые глаза сходились у переносья в один огромный, нестерпимо черный, глубокий, мохнатый глаз.

Всю жизнь мною владело тоскующее, неутолимое стремление. Мир никогда еще не видел такого непоседу. Куда бы ни забросила меня судьба, моя душа томилась жаждой нового пути. Меня бесконечно тянула, звала за собой дорога. Где бы ни был я, близко иль далеко, в незнакомом ли городе, на севере или на юге, у моря или в горах, меня влекло, властно и неумолимо влекло, тянуло, тащило... домой.

Все странствия бесплодны. Ни один странник не достигает конечной цели своих исканий. Я также никогда не найду своего св. Грааля. Я никогда не мог насытиться до конца ощущением, что я дома. Моя недостаточно емкая душа бессильна вместить это слишком огромное наслаждение. И оттого мне кажется, что я всегда немного, на один полустанок, не доезжаю.

А ведь красиво! Вода в болоте цвета крепкого чая. С ольхи свешиваются мохнатые сережки, похожие на гусениц. Нежнейший желто-зеленый пух первой листвы осыпал деревья. Сухие всхолмья поросли соснами. Земля между ними покрыта мертвыми, ломкими иглами и прошлогодними, будто посеребренными шишками. И вдруг, обнаружив потрясающую высь неба, журавлиным клином проплыла в зените стая диких гусей и отразилась в реке. Затем над водой скользнул кречет, протрепетав среди белых барашков рваными рукавами крыльев.

КИСЛОВОДСКИЕ ЗАПИСИ (1954 г.)

Вершина человеческого оптимизма. Тридцать лет она возится с человечьим калом, мочой и харкотиной и с тихой удовлетворенностью называет свою работу «непыльной».

О верности самому себе. Неделю я прожил как благонравный больной. Неделя нудных походов на «Красное солнышко» по специальной, разграфленной, вымеренной тропе; неделя бессмысленных ванн и колючих душей, скучной, «лечебной» игры в теннис, неделя полупризрачного, искусственного существования, не давшего мне ничего в ответ на мои жертвы. И вот — бредовый день алкоголя, бредовая ночь с пьяной сестрой-хозяйкой, а наутро, словно в благодарность за возвращение к самому себе, мне, невыспавшемуся, немытому, нечесаному, усталому, еще нетрезвому, но чем-то счастливому, между двух санаторных гор открылся двумя белыми, чистыми, снежными вершинами Эльбрус. На одной вершине лежало сиреневое облачко.

Коллекционер снов, поняв, что сны такая же реальность, как дневное бытие, раз они дают реальность переживания, исхитрился создавать себе сны по заказу. Строил сон, как иные тщатся строить жизнь. Если заткнуть рот подушкой, создать духоту, сон окрашивается нестерпимой печалью конца, перед которой меркнут все печали яви. Сон навзничь дарит нестерпимую любовь; сон в скрюченном состоянии, с прижатыми к животу ногами, всегда дает увидеть и понять что-то домашнее. Многое зависит еще от времени суток, от прочитанного перед сном, от многих причин, которые мне еще неведомы. Все же я уже научился создавать себе сны по заказу, даже с заданными персонажами. Несколько любимых снов я умею вызывать безотказно.

Самый пронзительный, не истаявший с пробуждением сон я видел сегодня: несуществующую Ленину дочь, которую я так любил во сне, что и сейчас, спустя сорок минут после пробуждения, я чувствую в себе остаток этой, ни с чем несравнимой нежной силы. Я уже понял, что эта дочь — Ада, и сон мой читается проще простого. Но дело не в разгадывании снов, я этим почти никогда не занимаюсь, а в самом переживании, в том концентрате чувства, какое дает сон.

В сущности, я порядком надоел себе: нервный, суетливый, прокуренный и как-то принципиально слабый. Последнее — что-то новое во мне. Я — как щепка на воде, куда ветер дунет, туда и поплыл. Причем я делаю это с какой-то странной и необъяснимой убежденностью, что так надо. Что это значит? Что-то злое, а что — сам не пойму.

Жен любишь преимущественно чужих, а собаку только свою.

Как же душно было Уэллсу на нашей земле, если он додумался до такого божественно простого и учтивого ухода с нее, как пятое измерение, в мир, замечательный совершенством тел и открытостью любви. Неужели жена простила ему роман «Люди как боги»? Ведь его «пятое измерение» — это прежде всего мечта о совершенной доступности.

Наверное, я очень чистый человек, если наивнейший грех двоеженства так меня мучит.

От подшивки газет пахло так же, как пахнет в комнате Верони — непросыхающим подолом.

Снова вечерами с каким-то сладострастием бегу в сон. Ночной сон не радует и оттого не приходит долго, ибо за ним дневная явь.

Какой жалкий, какой обобранный человек Адин двоюродный, брат! Ему нет и сорока, но выглядит он на все пятьдесят. Лицо в глубоких и добрых песьих складках. Усталые, взболтанные глаза. Мечтает об отдыхе, но сам не верит, что в нем еще сохранилась сила отдыхать. С гордостью говорит, что у него «идеальный организм», если бы не склероз мозга — и это в сорок-то лет! Курит по пятьдесят—шестьдесят папирос в день и, как всякий слабый, безнадежно конченый человек, похваляется: вчера ночью выкурил всего десяток! Работает в Туве, где остро-континентальный климат: зимой холоднее, чем в Верхоянске, летом жарче, чем на Кавказе. Глух на одно ухо в результате небольшого мозгового кровоизлияния. Пьет здесь в Москве каждый день, понемногу, больше портвейн — стаканчика три-четыре. «Это,— говорит,— пока я в Москве, а в санатории пить ни капли не буду. Только спать, гулять, принимать хвойные ванны, читать, дышать морским воздухом. Вернусь как огурчик».

Нет, Алик, никакой морской воздух уже не прочистит ваши проникотиненные легкие, а книги недоступны вашему обызвествленному мозгу. Вы скоро умрете. Вообще все скоро умрут, и старые, и молодые, мир станет очень просторным.

Можно много говорить и думать о любви к чужой жизни, можно просто изойти от нежности к своим близким и своим далеким. И вдруг ненароком тронешь свои волосы, ощутишь под рукой собственную плоть, и до дна глубин проникает тебя чувство: как мелка, нестойка и несерьезна в тебе всякая любовь, кроме любви к себе — единственному.

Грустно, нервно в нашей квартире и очень пахнет мочой.

30 декабря 1954 г.

Все страшное, чего ждешь в жалкой надежде, что вдруг это не случится, приходит не рано или поздно, а всегда рано. Несчастье никогда не ждет третьего звонка. Вчера, гарцуя, как молодой конек, и прижимая к голове ушки, на улицу выбежал Лешка. Его выпустила мама в томной расслабленности, которой все позволено. Я был в машине и думал, что он полезет ко мне, и «домашнее» чувство на миг сработало в нем, он подошел. Но тут же взяли верх неумолимые древние инстинкты. Метнувшись прочь, он кинулся на детей, к счастью, никого не укусил. Затем он подбежал к актрисе Угрюмовой и, словно играючи, поцапал за икру. Затем весело, изящно отбежал в сторону. И тут инстинкт зверя погас в нем. Прижав уши, он с покаянным видом подбежал ко мне. Угрюмова с плачем и криками показывала мне разорванную ногу. У нее выедена почти вся икра, рана такая, что кулак можно всунуть. И все же я не в первый раз замечаю: пострадавшие менее пугаются своей раны, чем окружающие. Гордость, что ли, размерами увечья позволяет им так, в сущности, хладнокровно обнажать свои язвы? Я повез ее в травматологическую клинику, весь пол машины в кровавом студне.

Лешку, очевидно, уничтожат, а с ним и целый период моей жизни. Растравлять себя глупо, но это не скоро уйдет из памяти, когда он маленькой бородатой лошадкой Пржевальского гарцевал по квартире или, подражая взрослому Машиному псу, таскал в зубах щепочки в Нескучном саду, или, совсем крошкой, загнал корову в реку. Какое-то очень постоянное, очень надежное тепло уйдет из моей жизни.

И все грознее едкий настой мочи разливается по нашей квартиренке. Худо, худо.

Сегодня рано утром пошел в уборную по теплой, каким-то сонным теплом, квартире. Вера, сидя на кровати, читала «Огонек», не сегодняшняя — безумная, озлобленная близостью смерти и своей нечистотой, в которой неповинна, а прежняя, необходимая, всегда обо всем помнящая, нужная и утром, и днем, и вечером. А на стуле сладко потянулся и улыбнулся мне Лешка — не сегодняшний: страшный, жалкий и обреченный, а прежний, славный малыш, полный чистой доброжелательности ко всему миру. И так грустно мне стало.

Слишком жестокой стала моя жизнь. Жестокость с Леной, жестокость с Адой. Слабые люди — самые жестокие.

Лена в своей борьбе за меня способна на все. В эту борьбу ею пущены не только сердце и мозг, но и вся физиология, лимфатическая система, железы внутренней секреции. Мне кажется, что она может распухнуть, как гофмановский король пиявок, или почернеть, родить жабу или выплюнуть золотой. Она уже на грани чуда. Это не пустые слова, умудрилась же она похудеть на двадцать килограммов за полтора месяца! Умудрилась выпустить фонтан крови, услышать шепот сквозь три стены и сомнамбулически догадаться обо всем, что случилось в ее отсутствие. Разве может с этим бороться бедняга Ада с ее жалким арсеналом простых человеческих чувств?

Нет ничего более ненужного на свете, чем любовь женщины, которую ты не любишь.

Только вера в то, что я сам чего-то стою, мешала мне стать добрым. Я чувствую в себе те мягкие и упругие центры, которые вырабатывают доброту.

Некоторые вещи, которые в силу молодости, самоуверенности и легкомыслия казались мне не то литературщиной, не то наигрышем, начинают мною постигаться как душевная подлинность. «Мне противно идти домой» — сколько раз слышал я от разных людей эту фразу, даже сам говорил в пьяном кураже, но никогда не верил, что это можно сказать серьезно, потому что всегда больше всего любил свой дом. А вот сегодня я всей кровью, желудком, кишками испытал это чувство: мне противно идти в мои огаженный, опозоренный нечистотой, разнузданностью слов и жестов и непреходящей бедой дом.

Грязно, подло, вонюче уходит мое прошлое, мое детство.

История с Вероней и Лешкой навсегда унесла какую-то опрятность из моей жизни. Все так мерзко, так смрадно обернулось, что уже нельзя жить по-старому.

Гадко — вот единственное чувство, какое мною сейчас владеет. Все гадко, беспощадно гадко. Нельзя обнажать какие-то вещи, что-то надо знать поврозь, нельзя говорить об этом друг с другом, иначе наступает не животная — у тех все чисто, — а сугубо человечья разнузданность.

Я совершенно не умею налаживать с людьми отношения: или я их от себя отшвыриваю, или — куда чаще — позволяю садиться себе на голову.

У теноров короткая жизнь, как у собак. Почувствовал сегодня, слушая Лемешева в «Травиате». Помню Джека: мы оба были щенками, когда познакомились, он еще писал в комнатах, я —

только пошел в школу. Затем он начал меня стремительно обгонять. Он знал уже много жен, а я еще решал арифметические задачи, он был старцем, а я лишь поступил в институт.

Я впервые услышал Лемешева мальчиком лет одиннадцати, он пел в «Севильском цирюльнике». Тогда его еще не признавали старухи — завсегдатайки оперы, тогда еще не знали, как далеко пойдет красивый, маленький, худощавый, изящный человек с небольшим, но удивительным по тембру голосом. И вот я только начинаю становиться чем-то, а он уже кончился, он изжил себя, свою внешность, свой чудесный голос. Толстый, с подряблевшей кожей, почти безголосый, он еще пользуется у зрителей автоматическим успехом: хлопают, орут, надрываются, но это уже ничего не стоит, и он, наверное, сам знает это. Жизнь позади, отшумела, как дерево в окне поезда. Не знаю, заметил ли он свою жизнь, есть ли у него ощущение многих прожитых лет, мне его жизнь кажется коротенькой, как песий век: только что резвился щенком и уже хрипит старым, беззубым псом*.

Боюсь, что для меня «ренессанс» пришел слишком поздно. Я паразитирую на уже сделанном и уже почувствованном. Сейчас во мне лишь печаль и тщеславие. Тщеславие — куда менее животворящее чувство, чем страх.

Что значит вся история с Адой — до сих пор не знаю. Что-то возрастное. Что-то, не позволяющее тридцатипятилетнему человеку ходить в коротких штанишках, в которых его с грозным упорством заставляют ходить близкие.

Ценность происходящего в этой истории есть, она не пройдет даром. Но в конечном смысле, если таковой состоится, ценности не будет: нищая, взрослая жизнь семьянина.

Острый, как сердечный спазм, ужас, что лето уходит. Вот что я люблю «до боли и до содроганья» — лето. Я так люблю его, столько связываю с ним планов, решений, что уже не могу отважиться ни на что, когда лето приходит. Любое решение шло бы в ущерб другому, не менее важному и прекрасному, — лучше

---

* Я поторопился его похоронить. Это был короткий спад. Он похудел и снова вошел в форму. И пел прекрасно.

уж ничего не делать.

И ныне вместо Ленинграда, всех тайн Мещеры, рыбной ловли, моря и всегдашних радостей юга, вместо писания «о самом главном» и всех воображаемых побед — вонючая, грязная возня с гнусным сценарием и страшная, зловещая убогость Василия Журавлева*.

И где-то в глубине души я все время ждал, что тем и кончится лето.

Ленина обволакивающая привязанность и манящий холодок Ады. Побольше «отдельности» от людей.

Все самое страшное, что происходит с людьми, становится мне понятным наконец-то. И уже мелькает желание устраниться от жизни в рыбную ловлю. Почти каждый несостоявшийся человек находит прибежище в одной бедной страстишке — рыбалке, охоте, коллекционировании, картишках. Как мысль — это ничего не стоит: но как живое, сильное чувство — это серьезно. Прежде мне это казалось страшным, прежде меня влекло лишь широкое, полное существование, чуждое всякой «специализации».

Быть «большим» человеком — непосильно трудно, но и быть «полубольшим» — тоже очень трудно.

Мысль Я.С. об обезьяне, человеке и великом человеке. И не в шутку, а вполне всерьез: между обезьяной и просто человеком разница меньше, чем между просто человеком и великим человеком.

Еще одно свойство «высокого волнения любви». Когда оно есть — писать о нем не хочется. Когда оно уходит — писать о нем не выйдет. Так у меня бывает со снами. Сколько раз я ощущал во сне гениальность и во сне же думал: я об этом напишу, но пробуждение начисто отбивало всю сокровенную память о сне. Что-то было — высокое, удивительное, необыкновенное, но что — убей, не помню.

Все время на грани последнего несчастья. Щемит, щемит

---

* Кинорежиссер. Начал ставить мой первый фильм, но не справился и уехал в Китай создавать китайский кинематограф.

сердце, и никуда от этого не денешься, ничем не заговоришь, не засуетишь.

Каждой новой любви я приношу в жертву какую-нибудь бессловесную жизнь. Аде — зайца, Тамаре — корову*. Откуда во мне этот языческий атавизм? Слабый и робкий, я ни на один серьезный грех не могу решиться просто так, мне надо обрезать прошедшее. Лучше всего начинать новую жизнь с убийства, это кладет резкую грань между прошлым и настоящим, удивительно обновляет и освежает душу, выжигает привычное, домашнее, освобождает для «порока».

Слушал, слушал разглагольствования Тамары Н., актерской дуры, — ребяческое тщеславие, хвастовство, — и вдруг, в какой-то миг странное выражение слабости, обреченности на ее лице — и все увиделось по-другому: истинно талантливый, более — обреченный своему таланту человек. Все простилось, и страшная нежность.

Хорошо жить в лесничестве, под толстым боком Петровны**, в добром соседстве со многими животными: коровой, теленком, боровком, курами, гусями, утками, кроликами.

Прорвав темную наволочь неба, возникли рваные силуэты диких уток.

Счастье от затрепетавшего в выси мистического и живого утиного тела и розового выстрела в пустоту.

Деревья вокруг тебя качают добрыми головами.

Что может быть лучше — дубняк, тишина, безлюдье и огромный человек — Петровна, и человечьи страдания Герцена.

Летом меня преследуют желания: стать певцом, убить в поножовщине десять человек, покончить с собой из-за любви.

---

* Зайца я, правда, задавил, о чем есть запись, но корова, сама сунувшись под машину, отделалась ушибом.
** *Татьяна Петровна Дьяченко* — прототип героини из «Бабьего царства».

В крутом, поголовном хмелю убирается урожай на Курщине. По всем дорогам, ко всем живым огонькам рабочей ночи мчатся нетрезвые люди «толкать», «двигать», «руководить» другими нетрезвыми людьми.

Игорь Чуркин — вечный труженик развлечений.

В этом году я потерял много близких людей: Вероню, Лешку, Аду и самого себя.

У Гиппиуса — человека слабого и распущенного, но с ленинградским лоском, бывают минуты бурной физиологической радости. Я несколько раз слышал, как, нажравшийся и напившийся на чужой счет и везомый к очередному удовольствию, он разражался странными и не идущими к его скрытной сущности дикими утробными выкриками.

Ни от природы, ни от людей я не получаю конечного удовольствия. Каждое новое впечатление воспринимается как новое обязательство, невесть кем на меня налагаемое. И лес, и рыбалка, и восход солнца, и все, что может дать баба, — для меня полуфабрикаты, которым я должен придать некий конечный смысл. И это чувство всегда существует во мне, сопутствует каждому моему движению. Вот почему, вопреки утверждению Я.С., я все еще писатель. (Да когда я утверждал это, черт возьми? — Я.С.)

Снова очереди, снова исчезло мыло, снова смертная тоска надвигающейся героической поры.

В близости смерти мир стал очень населенным и добрым для Верони. Вернулись и покойный Богачев, и маманька; Ксения Алексеевна каждое утро поит ее вкусным, густым кофе. У ней самой множество забот: пришел Юра — надо готовить обед; хорошо поднялось тесто — надо ставить лепешки. В эти последние дни жизнь возвращается к ней в благости воображаемых забот, дел, вечной ее самоотдаче другим, в мнимой хорошести этих других, во всем, чем она жила, чему служила до последней не надорванной жилки, до последнего сосудика, доносившего кровь в ее бедный, больной мозг.

Я всегда считал Веронину жизнь высокой. Единственное, что делает человеческую жизнь высокой,— это способность полюбить чужую жизнь больше собственной. Так прожила Вера, и вся наша сухость, душевная бедность, грубость, жестокость не могли ничего умалить в ее подвиге. И сейчас, в полном распаде своего существа, она опять служит нам, она снова на посту, в последней муке опять забыв о себе.

Бегло о пропущенном. За это время произошло много жалкого, грустного, противного. Несчастная Вероня у Кати, пьющей опять запоем, в своем уже не распаде — разложении, остается трогательной. Когда у нее останется одна-единственная, последняя не пораженная клеточка мозга, в ней, в этой клетке, опять сосредоточится главное в ее жизни — мы. Так служить своему делу, своему творчеству, как служила Вера нам!

А рядом с этим настоящим — позорный дурман грошового тщеславия. Сам себе гадок. Даже писать трудно о той дряни, какую всколыхнул во мне этот несчастный писательский съезд. Как в бреду, как вполпьяна — две недели жизни. Выбрали — не выбрали, назвали — не назвали, упомянули — не упомянули, назначили — не назначили. Я, кажется, никогда не доходил до такой самозабвенной ничтожности.

И само действо съезда, от которого хочется отмыться. Ужасающая ложь почти тысячи человек, которые вовсе не сговаривались между собой. Благородная седина, устало-бурый лик, грудной голос и низкая (за такое секут публично) ложь Федина. А серебряно-седой, чуть гипертонизированный, ровно румяный Фадеев — и ложь, утратившая у него даже способность самообновления; страшный петрушка Шолохов, гангстер Симонов и бледно-потный уголовник Грибачев. Вот уж вспомнишь гоголевское: ни одного лица, кругом какие-то страшные свиные рыла.

Бурлящий гам булавочных тщеславий...

Кошмар засыпаний. Все дурное, болезненное, мучающее наплывает на меня с неумолимостью, какой я не в силах противостоять. Все, кого я предал: Мара, Вороня, Лешка; все, кого я обманул собой: Я.С., Лена, Ада, я сам прежний,— лезут в башку, копошатся в ней, терзают уставший, прокуренный, проспиртованный мозг, не дают ему укрыться в спасительном сне.

Как бы хорошо ни писалось на выброс — это все равно не мое, не настоящее писание. Ну еще пять—десять лет, куда ни шло, а дальше — страшно! Суть не в том — ч т о писать, а в том — к а к писать. Можно врать в сюжете — это не очень опасно, можно врать в идее — не беда; губительно врать в выражении своего чувствования мира. В моих рассказах на выброс даже птица летит не так, как должна лететь м о я птица. Служить можно любой идее, все они сомнительны, но служить своим оружием, своими средствами. Скальд воспевал ярда Скуле, хотя не верил в его дело, а верил в дело Гокона Гоконсена (к сожалению, Гокону нечем было платить за песни), но скальд пел своим голосом, а певцу ничего больше не надо. Если бы скальда заставили славить ярда Скуле на чужой манер, он бы сразу перешел к нищему Гокону.

После многочисленных рукопожатий на съезде ладонь пахла, как пятка полотера (у всех нечистые и потные от возбуждения руки).

Через столько веков в Грановитой палате вновь разыгрались дикие картины местничества. Только вместо Буйносовых и Лычкиных, Пожарских и Долгоруких драли друг дружку за бороду, плевали в глаза братья Тур и Михалков, Полевой и Габрилович.

Не забыть, как мы вскакивали с рюмками в руках, покорные голосу невидимого существа, голосу, казалось, принадлежавшему одному из тех суровых святых, что взирали на наше убогое пиршество со стен Грановитой палаты. Покорные этому голосу, мы пили и с холуйством, которое даже не могло быть оценено, растягивали рты в улыбке. (Основной банкет шел в Георгиевском зале, и нам он транслировался по радио.)

1955

5 января 1955 г.

Об этом можно было бы и не писать, но стоит написать, чтобы когда-нибудь перечесть и ощутить ход времени. Запись от 11 ноября 1948 года: «Кончились праздники...» — с какой тоской, страхом, злобой, болью, с какой серьезностью это писалось! Как сладко мечталось тогда о реванше и как мало верилось в этот реванш! И вот он наступил, почти так, как мечталось: при блеске огней, при звуках музыки, на глазах былых свидетелей моего позора: Байдуков с рюмкой, провозглашающий за меня тост, кухонное подобострастие Байдучихи, ручная Анна Николаевна, раздавленная Валя. Конечно, как мне и полагается, я увенчал триумф скотством, и еще немного, и превратил бы его в новое поражение: как всегда, победа пришла слишком поздно, став ненужной. И я думаю, в ней меньше моей заслуги, нежели равнодушия окружающих. Так, верно, всегда бывает во внешней жизни; редко чего достигаешь сознательным волевым усилием — созревшее и подгнившее яблоко само падает к ногам. Но будем благодарны жизни и за такие скудные дары.

Сейчас опять в беде: пучит брюхо, изжога рвет какую-то самую главную кишку, на которой все держится, и Ада не звонит.

Что б ни было, я должен быть благодарен Аде. Из-за нее я узнал целую область чувств, мне доселе неведомых. Более того, с незрелостью и самомнением младенца Заболоцкого я вообще не верил, что эти чувства бывают, и презирал тех, кто делал вид, будто их испытывает. Все это пало на меня: постоянная память об утрате, боль даже во сне, гнетущее, ни на миг не покидающее ощущение бытия другого человека.

В этой связи интересно было бы понять, что привязывает меня к Лене. Мне кажется, я просто «вработался» в свое отношение к ней, как вработался во все свое малоподвижное существование. Так же в свое время, только с чуть большим юношеским азартом, я вработался в Валю.

А с Адой совсем другое. С ней это похоже на то, о чем говорил Селин: полюбить чужую жизнь больше жизни своей. «Война!» — и раньше собственного страха мысль: а что же будет с ней? Вот то, что я пугаюсь за нее раньше, чем за себя, и есть то самое главное — новое,— что я получил от Ады.

От всех баб, которых я знал, не падало на меня и половины той нежности, доброты, глубочайшей душевной заинтересованности, как от одной Лены.

Был у Каплера. Я его знаю почти с детства, с Коктебеля. Тогда он поражал меня тем, что ходил по пляжу с высокой, белолицей, желтоволосой женщиной, казавшейся мне богиней. Сейчас она сгнила где-то на холоду, что странно: ведь на холоде сохраняются. Затем помню его на экзаменах во ВГИКе. Как завидовал я тогда его серым фланелевым брюкам и пиджаку из синей рогожки! С каким сладострастием неудовлетворенного тщеславия рисовал я себя на его месте: в этих штанах и в этом пиджаке.

И вот передо мною — седой и очень бледный, как будто вываренный в молоке, еще приятный, но внутренне скомканный человек. Тень человека. Да и никто не вернулся оттуда, сохранив свою первозданность. Никто, за исключением Мары. Но в Маре высокочеловеческое было заложено таким мощнейшим пластом, что вся жесткость, вся грубость, вся подлость и мерзость лагерной жизни ничего не могли с ним поделать. Я вдруг понял, что Мара — единственный подлинный герой, какого мне довелось видеть.

Мы все как глубинные рыбы, извлеченные на поверхность. Из страха давлением в миллион атмосфер нас перевели в разреженную среду жиденького полустраха. Наши души не выдерживают перемены давления — они не лопаются, как глубинные рыбы, но распадаются, разлагаются.

Сверхъестественная жалкость людей и невозможность не быть с ними жестоким. Иначе задушат, не по злобе, а так, как сорняк душит злаки.

ВИЗИТ К П.НИЛИНУ

Он был в рубашке с распахнутым воротом. Вся шея и спина, насколько мне было видно, усеяны наростами, как у ихтиозавра. Да он и вообще со своей парализованной ногой, из-за которой не ходит, а как-то влачится, ползает с перевальцем, со своим огромным туловом и отвисшей мордой похож на допотопное пресмыкающееся.

После бреда кривой болтовни теплый прощальный разговор в голом садике, окружающем заплесневелые коттеджи.

— Вступайте, старик, в партию! Вы будете крепче чувствовать себя на ногах, чувствовать локоть товарищей. У нас умная и горячая организация. Вот мы исключили Толю Сурова. Я ему говорю: подлец ты, мать твою так, что же ты наделал? Выйди, покайся перед товарищами от всего сердца, а не читай по бумажке, подонок ты несчастный! Так хорошо, по-человечески ему сказал, а он вышел и стал по бумажке шпарить. Ну, мы его единогласно вышвырнули. Вступайте, старик, не пожалеете! А как хорошо было с Леней Коробовым, он на коленях ползал, просил не исключать. Я сказал: ты преступник, Леня, но пусть кто другой, не я, первым кинет в тебя камень. Он рыдал. Оставили, ограничились строгачом с последним предупреждением... Вступайте, обязательно вступайте, старик!.. Вот скоро Мишу Бубеннова будем отдавать под суд. Знаете Мишу? Сибирячок, талант, но преступник. Скоро мы его исключим и под суд, настоящий, уголовный, туда ему и дорога. Вступайте, старик, в партию. Орест Мальцев — любопытный, право! Я не согласен был, когда на него накинулись за «Венгерские рассказы». Ну, поехал землячок за рубеж, подивился, как граф ест бифштекс, ну, и я бы на его месте подивился. Только надоело копаться в его половой жизни, все время заявления поступают. Не может человек тихо поёбывать, всегда с шумом, скандалом. А нам — возись с его грязным бельем. Вступайте, обязательно вступайте, старичок!..

92

Был у Верони, она очень плоха. Когда я пришел, она сидела почти голая на кровати и ела что-то со стула. Катя ее одела. Вероня все смотрела на стул, с которого убрали еду, а меня почти не замечала. Катя же, которая все это стало выгодно, говорила с фальшивым умилением:

— Смотри, как она тебе радуется, ну как она тебе радуется!..

Андерсеновские русалки, сменившие хвосты и бессмертие на две человеческие ноги и краткость человеческой жизни, умирая, превращались в серебристую водяную пыль. Мы также превратимся скоро в мельчайшую атомную пыль, но, в отличие от русалок, так и не став людьми.

Беда внутри меня, беда снаружи, ну как тут уцелеть!

Смысл любви состоит в том, чтобы с трудом отыскать бабу, которая органически неспособна тебя полюбить, и бухнуть в нее все: душу, мозг, здоровье, деньги, нервы.

Зачем делаем мы вид, будто что-то понимаем в других людях, когда нистолечко не понимаем в себе самих? Я поминутно делаю грубейшие ошибки в оценке своих поступков, намерений. Я никогда не знаю, что я через минуту сделаю или захочу сделать. Все, что происходит со мной, для меня полнейшая неожиданность; вся внутренняя работа, обусловливающая поступки, желания, замыслы, творится в кромешной тайне, которую мне не дано постигнуть. Я до сих пор не могу измерить себя даже грубейшими мерами, и вовсе не потому, что я такая загадочная натура, а потому, что все мы в смысле самопознания недалеко ушли от животных.

Опять тошнит от всего: от газет, обязанностей, своих близких и самого себя.

Вчерашний жест Любочки*, когда я ночью подъехал к ее окнам на машине. Страх, беззащитность, жалкая женственность этого жеста были совершенней самого великого искусства. Каждая эпоха наряду со всем прочим вырабатывает некий совер-

---

* В. Ее сестра, Вера Прохорова, сидела.

шенный, целиком характеризующий ее жест. Наша выработала особый вздрог ужаса.

Любимый город может спать спокойно, Верочке опять отказали.

Ночью оторвалось и полетело куда-то сердце. Я успел его поймать в самый последний миг, у границы небытия.

Если из каждого жизненного впечатления отбирать самое главное, самую существенную суть, то всю человеческую жизнь, день за днем, можно уместить в тоненькой ученической тетрадке. Живешь и полном смысле слова лишь отдельными минутами, остальное — то, что сценаристы называют «связками». Как на вокзале: важны лишь минуты расставания, когда сжимается сердце; остальное — бесконечные и нудные переходы.

Сегодня у Каплера в больнице. Миг жизни был, когда в окне клиники, мельком глянув в сырость двора, скользнула крупная, с великолепными и голыми плечами и грудью в голубом лифчике, молодая светловолосая женщина. То был миг острой, сильной, до перехвата дыхания, и бесконечной жизни.

Смотрел, смотрел на прекрасное своей добротой лицо Лены и вдруг понял, какое счастье — просто красивое лицо.

Мы — наша семья, наш очень маленький круг, жили далекой от всеобщего обихода жизнью. Оказывается, слова «донос», «доносить» значат не больше, чем у нас, скажем, «бездарно», «бездарь». Это нехорошо, но это вовсе не конечная черта; человека не перестают пускать из-за этого в дом, даже не прерывают с ним общения. Мы очень отстали от серьезной народной жизни.

Вероня сказала: «Пусть Юра сделает, чтобы мне весело было в серединке». Почему-то решили, что фраза ее — бред. А может, она просто помнит, где у нее находится сердце?

Мне кажется, я только сейчас начинаю становиться писате-

94

лем. Я по-настоящему полюбил людей. Самых разных, самых случайных людей я чувствую сердцем. Каждый человек стал для меня драгоценен. Тень доброты в людях трогает меня до сжатия гортани. Если это не маразм, то рождение новой души.

Сашке проломили голову в школьной уборной. Видимо, легкое сотрясение мозга. Когда он шел через двор, бледный, без кровинки в лице, его подташнивало, кружилась голова. Но вот на пути попалась ледяная дорожка, и, послушный законам детства, бедняга прокатился по ней.

Гадкая Танька, охваченная похотью, глухая ко всему на свете, кроме поздно проснувшегося в ней пола. Беспощадная и страшноватая дрянь. Баба делается испорченной не обязательно от многих мужиков, она может знать лишь одного мужа, отнюдь не развращенного, и с ним постигнуть все низины пола. Мужику это дается куда большим трудом.

Ужасная жалость к жизни и к людям, как перед смертью.

Во мне пропала защитная одеревенелость, не позволявшая мне прежде испытывать многие человеческие чувства. Я весь как-то обмягчал внутри и стал богаче.

Г.Г.Эверс — такой ли уж это бред? Мне кажется, тут много реального человеческого бреда. Да и Альрауне не так уж придумана.

Последние уродливые содрогания молодости охватили мое поношенное существо. Для окружающих это непонятно и гадко. Для меня тоже иной раз гадковато, но это от загнанности. Мы все загнанные, и любое проявление страстей кажется нам чем-то болезненным, неправильным, запретным.

Оскаливаются на меня за то, что во мне бродит жизнь, кидая меня в микроскопические загулы, в крошечное, сознающее себя небытие. Но ведь это ток крови, которую не окончательно заморозили прожитые годы.

И мои жалкие отклонения куда человечнее и, если хотите, красивее страшной замороженности какого-нибудь Н. или М.

Почему-то восхищаются Танькой и Наташей, этими заглохшими до цветения побегами, этими старушками недоносками, а не человеком, в котором пусть бедно, пусть жалко, но ноет жизнь.

Какая-то преждевременная несостоятельность охватила моих сверстников и людей куда более молодых, но я еще подержусь, я еще, насколько хватит полуотбитого обоняния, понюхаю жизнь.

Утреннее явление. Стук в дверь, нежный девичий голосок: «Мне Ю.М.». Кохомский призрак, дочь Галочки, та самая, которая посылала мне лесные орешки. Явление очень непростое, многоплановое.

Первый вариант. Доверчивая дурочка — орешки, память о том, что было лучшим в их жизни,— есть в Москве теплый очажок, бедная надежда маленьких, несчастных людей и т.п.

Наша грубость. Крики мамы. Ленино искривленное жалостью и причастностью к тайне лицо. «И кто-то камень положил»... «Не говорить маме?»

Второй вариант. Привкус шантажа. Испорченность, дающая понять, что для меня это опасно. Наша боевая решимость отстоять свое, в общем-то бедное, от жестокого посягательства. Последствия были бы плачевны: письма, просьбы, требования, доносы и т.п.

Третий вариант. Синтетический и наиболее точный, как и обычно в жизни, включает первый и второй варианты. И душевное, и корыстное, и нашу жалость, и нашу жестокость, от которой нам и самим больно. И самое неприятное то, что Лена стала мне на миг противна оттого, что ей — ради меня — пришлось сыграть роль вышибалы. Хорошо, что измученное лицо Лены сразу выбило из меня это мелкое и несправедливое чувство.

Как много грустно-человеческого было в этом визите. Настоящее понимание, а значит, и литература — это принять все элементы, а не те, что помогают построить ладненькую самозащитную концепцию. Принять тут и «мягкое», и «твердое», и высокое, и низкое, и чистое, и нечистое, а главное — ничего не осудить.

А до чего человеку хочется, до чего ему надо — обязательно осудить, обязательно вынести приговор! Художник не имеет права на подобную самозащиту. Но поступить — в прямом смысле действия — можно и должно было только так, как поступили мы.

Гамсун судился со своим жалким братом Педерсеном, пожелавшим называться тоже Гамсуном, и был тысячу раз прав. Каждого, самого маленького Гамсуна окружают мириады Педерсенов, желающих в той или иной мере стать Гамсунами. Обыватель обязан быть добрым, иначе он хуже гиены; художник обязан быть жестоким, иначе он перестанет быть художником. Но, будучи жестоким, он обязан сознавать свою жестокость и мучиться ею, иначе он опять же перестанет быть художником. Это основы писательской гигиены.

Оставила меня, как прислуга, предупредив заранее об уходе.

Ничего не могу делать, ни о чем не могу писать, ни о чем не могу думать. Пройдет ли это когда-нибудь?

На охоте. Опять отсчет дней, часов до возвращения. Опять Ада. Сейчас воспоминание о ней охватывает с такой же жуткой и душной силой, как боязнь замкнутого пространства.

Сейчас сидел за столом, ел пшенник с молоком, усталый после бредовой ночи, довольный тем, что вернулся, что есть передышка от охоты и истомляющих мыслей, и вдруг вспомнил Аду и заплакал сразу, будто слезы уже стояли в глазах.

У Ады нет почти ничего, за что бы ее следовало любить. Как же можно любить такого человека, как Лена, обладающего множеством достоинств? Ответ: меньше. И тут есть какая-то глубина, которой я не улавливаю.

При всем моем умении быть несчастным я никогда еще не был таким несчастным, как сегодня.

Главное — то, что ужасно, смертно устаешь от всего этого. Бежишь в сон, спать, спать, только спать, ничего больше не хочется, ни на что больше нет сил.

Русский человек врет, если говорит о своем стремлении к счастью. Мы не умеем быть счастливыми, нам это не нужно, мы не знаем, что с этим делать.

Перед поездкой в Кисловодск. Лицо Ады на вокзале, бледное, решительное лицо маленького солдата, пошедшего в свой последний, решительный и безнадежный бой.

«Жизнь ведь это только сон...» Зачем же так унижать сон? В сне глубина, ум, сила и чистота переживания, познание себя, твердая и мужественная печаль.

23 октября 1955 г.

Я должен помнить этот день. День, в который Ада поняла меня, приласкала, вернула мне силу жить дальше. Она показала столько широты, хорошести, умного сердца, столько изящества душевного, искренности и милости, что я со своей грубой, злой болью не стоил перед нею ни гроша. Я, конечно, не знал ее понастоящему, мне был дан урок высокой человечности, и надо, чтобы он не пропал даром. На всю жизнь запомнится мне день в маленькой комнате, полумрак, милая тихость Евдокии Петровны и самая вкусная гречневая каша, какую я только ел.

Мне было сказано: через полчаса. То и дело поглядывая на часы, я бродил по Пятницкой, шарахаясь от прохожих, от их ненужности и непричастности к моей боли. Я зашел в обувной магазин и чуть не разрыдался от убожества отечественных баретток, зашел в комиссионный, полный поношенной обуви, снова едва не вызвавшей у меня слезы. В том состоянии, в каком я находился, видишь себя во всем, жалеешь себя во всем: в ботинках, в умывальнике, в тротуаре, в гудке машины. Говорят о той растворенности себя в окружающем, которая якобы дает большое счастье, я этого в жизни не испытывал. Но боль, страдание в самом деле дает чувство ущербного присутствия во всем, населяющем мир. Эти дни боли я был карандашом, собакой, зубной щеткой, сумраком, я видел, как все, наполняющее мир, убого, несчастно, несовершенно, жалко, и узнавал свою жалкость, свое несчастье, узнавал во всем себя. Вот оно, мировое сродство.

Я ничего не ждал, ни на что не надеялся, я устал и озлобился от боли, я был пуст, как сгнивший орех, во мне даже не оставалось слов, и вдруг прекрасным движением Адиной доброты я получил назад весь мир, и себя, и слова.

И все же из двух возможностей потерять Аду: в грубом эгоизме и разлагающей нервозности нашей семьи или в браке с другим, не очень любимым ею человеком, — я предпочитаю вторую, как менее безнадежную потерю.

Нельзя понимать только свой характер, нельзя обладать христианским всепрощением только к самому себе. Надо понять и маленького беззащитного человека, без прочного дела в руках, без поддержки и опоры, которому, как в смех, в избытке давно все то, что другим, менее щедро наделенным, обеспечивает простое счастье, если не счастье, то покой, домашнее теплишко, надежность завтрашнего дня.

Из нас двоих виноват один я, пусть даже без вины виноват, но виноват и наказан во всю полноту вины перед ней и перед самим собой.

Если мне удастся сделать свою боль мягкой, я спасен.

Сегодня опять мука мученическая. Хожу среди людей, как призрак, ни с кем не вступая в контакт, со страстным ощущением собственной незримости.

Скользнула мимо, не задев во мне ни единого волоконца моего существа, полная, хорошая, добрая, серьезная баба из Свердловска. Я ее видел как будто на другом берегу озера, неясно, зыбко, порой и вовсе не видел, не слышал, не понимал, чего она от меня хочет. Странно, что она не почувствовала, что имеет дело с призраком, впрочем, иногда она, кажется, догадывалась об этом и спрашивала: где ты?

Далеко, очень далеко: в маленькой комнатке Динка грызет, слюнявит мяч, и скоро придет Евдокия Петровна, надо одеваться, и пора: отдано все, но то, что осталось, лишь усилилось, углубилось, обогатилось с этой утратой, оно рвется наружу, к писанию, книгам, другим людям, которые при ней были и нужны, и интересны. Даже ты, бедняга, была интересной и хоть немного нужной, тогда я не глядел сквозь тебя, как сквозь мутное стекло.

Порой я чувствую, что Мара должен быть предан вторично. Есть же такие обреченные люди, которых предают и прижизненно, и посмертно.

Самое горестное, самое глубокое переживание моей жизни творится в обстановке удручающей пошлости: «Комбайнеры», «Мурзилка», Турчанский и Гена Шапиро из литкружка, которым я почему-то должен руководить.

Я все время хотел почувствовать себя настоящим. Все мое существование наполнено было ложью, потому что я всегда был очень хорошо защищен, я никогда не страдал по-настоящему. Я натравливал себя на страдание, от которого тут же ускользал с помощью нехитрого защитного маневра. Я играл с собой во всякие игры: в признательность, в жалость, в любовь, в заинтересованность, но всегда где-то во мне оставался твердый, холодный, нерастворимый осадок. И смутно ощущая его в себе, я думал: нет, это еще не я, это еще не моя жалость, любовь, заинтересованность. И вот я в первый раз растворился весь, без осадка, я будто впервые за тридцать пять лет увидел себя. Ведь чтобы узнать себя по-настоящему, надо узнать себя жалким.

Есть такая убогая фраза: нас многое связывает. С нелюбимым человеком не связывает ничего: ни совместно пережитая смерть близких, ни годы, прожитые бок о бок, ничто не заносится ему на текущий счет. С любимой связывает все, пельмени ВТО, афиши, морщины на собственной руке, каждая малость полна после разлуки глубиной и силой, потому что любимый человек пронизывает собой все: теряя его, теряешь весь мир, который затем надо воссоздавать наново, наново обставлять пустоту, как обставляют новую квартиру.

Порой мне кажется, что, когда утихнет боль, я буду благодарен Аде за эту боль не меньше, чем за радость; быть может, даже больше. Пусть очень жестоко, очень мучительно, но она вырвала меня из топи мелкого преуспевания, которая засасывала меня все сильнее.

Хорошо бы печаль вместо боли, чеховское вместо шекспировского.

Когда это пройдет, я буду гордиться тем, что умел так глубоко чувствовать, я опять стану пошляком.

Жаль, что нет в человеке прерывателя, который бы перегорал от слишком сильного накала и размыкал цепь, спасая аппарат от гибели.

Страдаю тупо, невдохновенно и беззащитно, как пожарник, которого бросила кухарка.

Почему эти два года я не записывал каждый день Ады?

Пока можно и не записывать — э т и дни вернулись. Надолго ли?

Надо лишь не лениться писать хорошо. Не лениться писать, как Бунин.

Обозлился на смерть Верони, застигшую меня в разгар моей суеты.

Словно не было всех этих лет жизни — снова передо мной бледная, красивая и безнадежно тупая рожа Борисова. Этот человек не продвинулся ни на шаг, вот в таких, как он, заспиртовано все худшее, что было во времени*.

Сегодня мы с Адой случали карликовых пинчеров, ее Динку и крошечного, элегантного, черного Тишку.
Ада держала Динку за задние ноги и даже направляла пальцем красный членик Тишки. Меня это зрелище взволновало. Вспомнилось, как Лукреция Борджиа устраивала для своих любовников зрелище яростной любви лошадей. До чего же измельчало человечество! Вместо могучего, разъяренного жеребца — игрушечный Тишка, вместо крутозадой кобылицы — жалкий лемуренок Динка, вместо бешеной, великолепной похоти — муравьиная страстишка, и вместо тех неистовых наблюдателей — мы, бедные, запутавшиеся людишки, робкие в чувстве, и в слове, и в желании.

---

* В связи с новой попыткой надуть меня.

Здесь я понял с тайной радостью, что Ада совсем не эротична. Она по духу — женщина-мать. Она не побоится ради мужа никакой, даже самой грязной работы, не проявит брезгливости к его нездоровью, будет возиться с плевками и дерьмом, не перебарывая, не ломая себя. Словом, это наиболее близкий мне тип женщины.

Одолевают людишки, одолевают мелкие дела и заботы, блошиные страстишки. Все дальше ухожу от себя, теряю себя, свою единственно хорошую привычку — недопущение людей в себя.

«Мисюсь, где ты?» — хочется мне воскликнуть порой себе.

Когда-то — Вероня только заболела — я решил, что, если она умрет, я все отложу в сторону и напишу о ней книгу. Просто для себя и для тех, кто ее знал. И верил в это. Но вот она умерла — и никакой книги не пишется. Я пересказываю «Бемби», потом буду править повесть, может быть, напишу еще праздничный рассказ для «Вечерки». Или все запаздывает в жизни, по мелочам исчерпывает свою трагическую суть, или не надо верить в действительную силу скорби.

Уж больно мы все живые, живые и мелкие. Скорей бежать дальше, не останавливаясь, не задумываясь, дальше, дальше... А полезно было бы хоть раз до конца пережить, передумать кончину близкого человека, м.б., мы стали бы чуть добрее, чуть умнее с теми, кому еще жить?

А то ведь нехорошо: и для живых не находишь слова, и для мертвых.

Вероне, уже умирающей, то и дело казалось, что я возвращаюсь из школы. Надо меня встретить, покормить... Мы вернули ее умирать туда, где прошло почти все ее скудное и героическое существование, все вокруг напоминало ей о давнем, молодом, — понятно, что и нас она вспоминала молодыми, более трогательными, более мягкими.

И жизнь, и мы, вышвырнувшие ее из дому, к сестре, казались ей теперь мягче, заботливее.

— Разве у тебя кофе! — говорила она Кате. — Вот Ксения Алексеевна варила мне кофе!..

Так обернулись для нее бесчисленные стаканы кофе, которые она влила в маму за свою жизнь.

Я не шел ее навещать — от разбалованной слабости.

— Юра все работает,— сказала она и заплакала от жалости ко мне, предателю.

Наша скверна казалась ей в отдалении добром и милостью. У нее было не размягчение мозга, а размягчение сердца. А может быть, она, поняв, что мы ее предали, изыскивала для нас какие-то оправдания?

На каждом этапе жизни важно определить для себя главную беду. Я всегда плохо жил, мучительно, безалаберно и трудно, но это не мешало мне «низать слова», как любит говорить Я.С., иной раз даже помогало. Сейчас я теряю себя в мутной дряни, где намешаны: неудовлетворенное, подрезанное на первом разлете тщеславие, гаденький страх разоблачения в личной жизни, халтурное отношение к своим делам и обязанностям, которые меня в самом деле не занимают. Не нужно было мне соваться не в свою область, а уж сунувшись, нужно было извлечь ту единственную пользу, ради которой я затеял весь сыр-бор. Опять недоделал, опять не закрутил гайку на последний виток. Надо хоть сейчас взяться за ум: разделаться с тем, что я взвалил на себя, и, жестко отказываясь от всего лишнего, мешающего, опять стать писателем.

И не переставать думать о себе и об окружающем.

Изумительный, до костей продирающий каждым своим изгибом Ленинград и жутковатое очарование проходимца Гиппиуса, о котором почти тоскую.

Для памяти. Ленинград. Встреча с Соловьевым Леонидом, все так же похожим на набалдашник. Бредовые рассказы, противоречия на каждом шагу, распад сознания. Жена — урожденная баронесса Гинцбург, зубной врач. Дверь, открывающаяся прямо в неопрятную, с красной ситцевой подушкой без наволочки, кое-как застланную кровать.

Сейчас вдруг понял, что со мной происходит. Я просто-напросто снизил требовательность к себе. Я успокоился на том, что среди второсортных людишек моего окружения я еще кое-что. Я перестал соперничать с Прустом и Буниным, мои соперники — Брагинский и Радов. Я примирился с новой судьбой, а этого ни в коем случае нельзя делать, ибо это не облегчает, а отягощает жизнь, снижает шансы в борьбе за существование, делает до конца несчастным и негордым. Когда же я не смирялся с действительностью, я мог позволить себе с барственной щедростью человека, созданного для лучшего, находить и в ней порой свои «пригорки-ручейки», хотя бы ту же Татьяну Петровну и все то, где я совпадал в искренности с нужным.

Каждая баба, даже самая дурная, считает своим долгом что-то отдать понравившемуся ей мужчине, хоть какую-то частичную девственность. Одна из тех, кого называют «заверни подол», долго мучилась, что бы из остатков невинности мне подарить. Наконец, мило зардевшись, она сказала, что я первый мужчина, видевший ее зад.

УЕЗЖАЯ В ФИНЛЯНДИЮ. ЛЕНИНГРАД

Я очень любил ее на вокзале, где страшная толчея не могла заполнить образовавшейся после ее ухода пустоты. Я любил ее до слез на борту парохода, когда катера отводили нас от дебаркадера и вода была темной, печальной, тронутой странной желтизной, как перед концом света. Я любил ее в каюте под скрип каких-то досок и медленную качку. Я любил ее в автобусе, везшем нас по мокрому, неприютному Хельсинки. Я чуть меньше любил ее в Лахти, озаренном зелеными и красными огнями реклам, с витринами в сиреневом, дневном свете. Я перестал ее любить при въезде в тусклую, желтую вечернюю зарю на взгорбке близ Хяменлинны.

Привычка к постоянному обману заставляет наших туристов спрашивать о том, что и так видно, понятно.
— А. А., что это — мост? — спрашивает кто-нибудь при въезде на мост.
— Башня, правда, разрушена? — спрашивает другой, глядя на великолепно сохранившуюся башню.

Годовой надой на корову — 3 200 литров. Урожайность на

юге — 30 центнеров с гектара, за Полярным кругом — 25 ц/га. Пахотной земли — 2,5 млн. га. 44% хозяйств — от 2—5 га. 5% — свыше 25 га. Крестьяне, сдающие молоко, являются акционерами молочного предприятия. 300 литров — одна акция.

Отель «Ауланка» — Хяменлинна. Из окна виден пруд в окружении аккуратно подстриженных, почти круглых лип. Слева — парники и какие-то домики под красными, черепичными крышами, и пунцовая, без единого листика, рябина.

Впечатление от страны примерно то же, что и от Германии — царство прямых линий. Видимо, это характерно для Европы: прямизна всех плоскостей, из которых слагается материальный, созданный руками человека мир. Та же прямизна и в поведении, в отношениях между людьми, в общественном бытии. У нас же все очертания зыбки, у нас нет плоскости — либо впадина, либо бугор; вместо царства отвеса — царство кривизны, все горбится, западает, все волнисто, нечетко, лживо.

НА КОНСЕРВНОЙ ФАБРИКЕ

Я посмотрел на нее очень внимательно и нежно, когда она промывала в стеклянной ванне какие-то кишки. Я еще раз посмотрел и улыбнулся ей. Она тряхнула головой, и промелькнувшая мимо лица прядь скрыла ответную улыбку. Наша группа двинулась к выходу. Я оборачивался. Она подошла к стеклянной двери. Затем я увидел ее возле сгустков печени, идущей на паштеты, она провожала меня мимо запеканок, селитряно воняющей требухи, наконец, нас разлучил фарш...

1956

БЕРЛИН

Вокзал — чистота, пустота и какая-то незнаемая гулкость чужого мира. Стрелки, указатели, большие буквы: «H», «D», очень красная афиша на сером столбе — как будто так все оно и ожидалось...

Безлюдье разрушенных, полуразрушенных, уцелевших и восстановленных улиц. Странное и мучительное безлюдье, какое бывает среди декораций до начала съемок. Странен мир, созданный человеком, без человека. Тот город, что угадывается за сегодняшним, непривлекателен. Это на редкость непоэтичный город. Отель «Адлон», в котором мы остановились, всем своим обличьем, сумеречностью коридоров, лестниц и переходов наводит на мысль о мелких политических убийствах и грязно-скучном немецком разврате. Потом мне сказали, что этот отель в самом деле постоянно фигурировал и в скандальной газетной хронике, и в детективной литературе.

Поездка за город по красивой Шпрее*. Чудные, но какие-то необычные, «готические», вытянуто-заостренные дикие утки. Много катеров, байдарок, колесных пароходиков с вереницей баржей, на которых сушится разноцветное белье. Наш пароходик тоже колесный, с пьяным капитаном. Вкусный кофе в частной гостинице. Элегантный хозяин отеля, сам подающий гостям кофе и пиво. Наши удивлены — вот так капиталист!..

Вечером — Фридрихштрассе — пятнышко света в темноте, неоновое пятнышко подлинной Европы, единственное располагающее место в этом очарованном городе. Но и тут в рекламах, в шуме кабачков, долетающем на улицу, в редких парочках и еще более редких пьяницах — что-то ненастоящее, незаземленное, как в пассажирах на перроне и в привокзальном рестора-

---

* Река длиною в 382 км, на берегах которой расположен Берлин.— Примеч. ред.

не: сейчас поезд тронется и все разом опустеет. Да это, пожалуй, соответствует и внутреннему состоянию этих людей. Они не чувствуют себя здесь всерьез, навсегда.

Поездка в Тюрингию. Сосны с надрезами и стаканчиками под белыми ранами для стока смолы. Все сосны, тысячи деревьев, надрезаны и капают смолой в берестяные туесочки, похожие на бумажные стаканчики для мороженого. Все это дело рук одного человека — лесника. Один человек может сделать грандиозно много, если он работает на совесть. А у немцев это еще сохранилось. Там, где у нас не управляются десять разгильдяев, над которыми стоят еще двадцать бездельников, у них — один работяга. Взять хотя бы переправу через Эльбу в летней резиденции Августа Сильного. Стареньким, но очень опрятным катерком управляет такой же старенький, чистый немец. Он ловко, бочком проводит катер через реку, причаливает с поразительной ловкостью к пристани, набрасывает цепь на причальный столб, отодвигает железную дверцу и скидывает трап; он сам продает билеты, искусно выбрасывает сдачу из механизированной кондукторской сумки, помогает старикам и детям. И все это без суеты, без задержки, без лишнего слова. У нас бы на этой работе было бы занято человек десять: машинист, водитель, кондуктор, контролер, бухгалтер, счетовод, начальник отдела кадров, директор, профорг, секретарь партийной организации. А над ними стояли бы контролер из главка, контролер этого контролера и т. д.

Людей всюду, кроме Лейпцига, удивительно мало, но те, что есть, поддерживают необходимый порядок в хозяйстве своей страны. Порядок в речной службе, в гостиницах, в парках и оранжереях, в немногих действующих музеях, даже в развалинах. Восстановление идет крайне медленно — не хватает людей. Вместо восстановления разрушенных зданий всюду — и в Берлине, и в Дрездене, и в маленьких городах — создаются улучшенные «Песчаные»*. Вообще Песчаная — это символ нашего созидания. И не случайно все эти немецкие Песчаные носят название «Сталинских». Огромная Песчаная, возникшая в пустоте,— город Сталинштадт, тут плавят привозную руду на привозном коксе. Сталин-аллее — Песчаная, переместившая в Берлине историческое ядро города куда-то на окраину. То же и в Дрездене: хотя центр города представляет собой отличную

_____
* Улицы на северо-западе Москвы.

строительную площадку, его не трогают; строительство идет на периферии — целые кварталы Песчаных.

Чудесный Мейсен с горбатыми, то взбегающими ввысь, то падающими вниз улицами. На входных дверях — древние эмблемы города, что-то медное, покрытое зеленым окислом, а рядом кнопки электрических звонков. Вид с высокой площади на громоздящиеся в ладном беспорядке красные черепичные крыши, на Эльбу, стянутую поясом современного моста. Медные ворота, наглухо скрывающие тайну маленьких дворов. В витринах обычный набор: «вильдледершу»* на эрзац-резиновой подошве, зеленые, с грубым начесом, мужские демисезонные пальто, посредственное дамское белье и чулки, приводящие наших туристок в шоковое состояние. Красивая площадь перед ратушей, отданная детям: спортивные снаряды, площадки для игр, множество ярких разноцветных флажков. «Детей надо приучать к яркому, праздничному»,— сказала мне по этому поводу одна немка.

Наконец, Лейпциг, подавивший наши слабые туристские души тем, что мы сызмальства связывали с манящим, запретным и сладостным словом: заграница. Кабачок Ауэрбаха, где бывал Гете и где, по утверждению Гете, бывали и Фауст с Мефистофелем. Сцены из «Фауста» на стенах, гигантская бочка, медные клешни с электрическими лампочками, на застекленных стеллажах — книги отзывов в свиных переплетах и реликвии Гете: волосы его возлюбленной, долговые расписки, неоплаченные счета. Да еще — жерло подземного хода, прорубленного студентами, чтобы тайком посещать Ауэрбахскеллер...

1 мая... Сижу в гостинице. За моим окном трепещет флаг, красный с белым крестом. Не знаю, чей это флаг, и не уверен, что это известно вывешивавшим его немцам. Но немцам положено быть со всеми в любви и дружбе и демонстрировать это при каждом удобном и неудобном случае, поэтому они где только можно вывешивают флаги: русские, английские, французские, шведские, новозеландские, польские, зулусские, бушменские, марсианские. Это свидетельствует о мягкости и миролюбии их демократического сердца. Невдалеке безумолчно звучит пионерский барабан, и с главной площади доносятся голоса,

---

* Wildlederschuh (нем.) — замшевые туфли.

знакомые до зубной боли. Даже голоса становятся на один манер при тождестве строя...

Из какого сосуда ни пей мертвую воду, она может принести только смерть.

Из картин, виденных в музеях и замках (Цвингер пока еще закрыт), наибольшее впечатление произвело «Изгнание менял из храма» Луки Кранаха. Живописно вещь несобранная, но замечательная по характерам. Христос — это озверевший, неистовый еврей, сжимающий в мускулистой руке пук хлестких розог. Апостолы — синагогальные уродцы, от которых так и прет алчностью, честолюбием и уже нескрываемым желанием урвать как можно больше от Христова пирога. От Учителя и учеников крепко пахнет потом, мясом, кровью...

Всюду ощущается громадное уважение к своей стране, земле, ее прошлому, настоящему и будущему.

Очень хорошо делали «на плечо» и маршировали с четкостью, которая порадовала бы и Фридриха Великого, дружины по охране общественного порядка (кажется, так они называются). В их рядах, как выяснилось, находится немало эсэсовцев. Немцы охотно дают себя учить любезной их сердцу науке, охотно напяливают на свои плечи и до боли знакомые шинели, и, на худой конец, просто портупею. На первомайской демонстрации «ура» кричали только этим дружинам, чувствуя в них ядро будущих военных соединений.

Промелькнули Эйзенах, Гарц, Вернигероде. Мешанина видов, дат, имен. Под конец подвернулся какой-то Меланхтон. После битвы при Вернигероде он остановился с друзьями-соратниками в доме на центральной площади городка, о чем оповещает мемориальная доска. Рядом с домом, где пировал Меланхтон, старинное здание ратуши, где теперь танцзал. В этом здании есть кабачок, тоже очень старый, прокопченный и засаленный.

Когда мы ехали по Гарцу, по неправдоподобно прекрасному Броккену (там шабашили гетевские ведьмы и где-то поблизости базировался Мефистофель), я ничего не уловил, кроме беско-

нечных известковых и песчаных карьеров да замков графа Вернигероде. Насколько я понял экскурсовода, этот граф раздолбал
Мюнцера, что не мешает немцам чтить его память столь же
высоко, как и память крестьянского вождя, быть может, даже
больше, ибо немцы уважают победителей.

Крепость Вартбург под Эйзенахом. «Подожди, скала, — сказал основатель крепости, одолев отлогую кручу,— ты станешь
крепостью»,— отсюда и название Вартбург. Дети и новобрач-
ные подымаются к Вартбургу на осликах; когда-то на осликах
сюда подвозили воду. Я видел одну юную пару, совершавшую
подъем на четвероногом вездеходе. На месте новобрачного я бы
прежде всего не женился и уж во всяком случае не стал бы
утруждать крошку ослика грузом этой большой и безрадостной
бабы с толстыми, раскоряченными ногами.

Из крепости открывается прекрасный вид на окрестность.
Смотришь и понимаешь, что эту землю надо любить до слез.

В крепости скверная стенная роспись, кажется, Шика, —
деяния св. Элеоноры. В главном зале гигантская фреска, посвященная знаменитому состязанию миннезингеров. Побежден-
ный — Генрих фон Офтердинген (кошмар моих детских лет)
на коленях просит Элеонору даровать ему жизнь. Его горячо
поддерживает какой-то пожилой и неистовый венгерский бард.
Офтердингена победил молодой, медоточивый Вольфрам фон
Эшенбах, закладом же была жизнь. На переднем плане в позе,
соответствующей его яростной музе, — Вальтер фон дер Фо-
гельвейде. Не поймешь, то ли он подначивает палача в красном
скорее сделать свою работу, то ли присоединяет голос в защиту
Генриха. (Последнее, как я потом узнал.)

Еще мы видели столовую времен Элеоноры со щитами, шку-
рами, рогами, с гигантскими металлическими кружками, что и
поныне украшают каждый приличный немецкий дом; кресло с
откидным сиденьем, деревянный трон, камин. Покои Элеоноры внизу, каменные, до дрожи холодные, с золотой мозаикой.
Комната, где Лютер переводил Новый завет, одним махом обо-
гатив немцев новой религией, новым языком, новой граммати-
кой и, конечно же, новой войной.

Письменный стол Лютера, жесткое кресло, китовый позвоночник, служивший ему ножной скамейкой, изразцовый зеленый камин. Близ камина со стены ободрана вся штукатурка. По

преданию, сюда угодила чернильница, которой Лютер швырнул в нечистого. Поколения экскурсантов, темных, как первые обитатели крепости, ободрали на память драгоценную штукатурку.

Легенда возникла вот из чего. «Я борюсь с нечистым пером и чернилами», — сказал Лютер, к тому же на стене действительно была клякса. Служители не ленились восстанавливать эту кляксу, как дух Кентервилей восстанавливал кровавое пятно красками бедной Вирджинии.

Меня тут взволновало одно: когда Лютер работал, он видел из окна неизъяснимо прекрасный лик родной земли: тающие в голубой дымке взгорья, поросшие елями и соснами, склоны, сопрягающиеся так нежно и мощно, что спирает сердце. Ему, видно, хорошо тут писалось, если он мог за год отмахать свой гигантский и чудовищный по следствиям труд.

Весна в Тюрингии. Весна на склонах Вартбурга. Распустившиеся, нежно-зеленые листочки буков; лопнувшие, но лишь по крошечному бледно-зеленому росточку выпустившие, толстые, в детский кулачок, почки тополей; густая, более темная зелень елок — все проскpossible солнцем, нежнейшим запахом, все окутано каким-то истомным маревом, соединяющим зримое в одну цельную, не члененную на подробности, картину. И моя нервность от осязаемого бессилия передать все это на бумаге.

Прогулка по вечереющему Эйзенаху. Узенькие улочки и молодой человек, звонящий у какого-то подъезда. Позвонит раз, два, три, нетерпеливо и робко, и тут же отбежит на противоположную сторону, чтобы его увидели из окна. Улочки горбатые и прямые, и косо убегающие вниз, в тень надвигающегося вечера. Улочки, искривленные в самом конце, обещающие тайну.

Домик-музей Баха. Человечество играло и играет на всем, на чем только можно и нельзя: на дереве, на стекле, на бамбуке, на меди и стали, на кости, на коже бычьей и, кажется, на мочевом пузыре. Удивительный инструмент — водяное пианино, привезенное в Европу Франклином, с нежнейшим, чуть певучим звуком. Принцип простой: поет же бокал, если провести по его стенке влажным пальцем. Круглые цилиндры из грубого стекла помещены в сосуд, наполовину полный воды. С помощью ножной педали цилиндры начинают вращаться, прикосновения пальцев исторгают из них тоскующие, долгие, тихие звуки, которые медленно, словно неохотно сопрягаются в мелодию.

ВЕЙМАР

Верстах в пятнадцати от города, «под небом Шиллера и Гёте», находится Бухенвальд, самый «прославленный» из гитлеровских лагерей смерти. Лагерь сохраняется в том самом виде, в каком его застало освобождение. На воротах чугунная надпись: «Каждому — свое», и еще одна — «Право оно или не право, но это твое отечество». Здорово утешительно! Сразу за входом, слева, очередная могила Тельмана, здесь он был расстрелян. Бараков, где обитали узники, не сохранилось, но уцелел карцер. Узкий коридор, по обе стороны — камеры. Железная дверь, узкий глазок, задраенная дыра, через которую заключенным подавали еду и воду. Внутри — койка, где откидная, где обычная. В одной камере, где сидел какой-то пастор,— шандал с огарком свечи.

Другая постройка с высокой четырехугольной трубой, не без изящества отделанной деревянными планками,— фабрика смерти. Здесь находились печи. Перед каждой печью — железная тележка на колесах. На этих тележках к печам подвозили трупы, а иногда и полутрупы. Тут же помещение, где расстреливали. В стену вделан прибор для измерения роста. Планка, отмечающая рост, бегала по вертикальной сквозной щели. За стеной, против щели, стоял эсэсовец. Когда планка останавливалась над макушкой узника, он стрелял ему в затылок. Обычно пуля оставалась в черепе, но случалось, проходила навылет. Чтобы не видно было пулевых пробоин на противоположной стене, ее завешивали длинными ремнями. Чудесная предусмотрительность, напомнившая мне о целлулоидных мешочках, висящих над умывальником в дрезденской гостинице. Я долго ломал голову: для чего они? Оказывается, туда надо складывать выпавшие во время причесывания волосы. Их потом собирают и используют для набивки матрацев. «Так сладко спать на этих матрацах!» — нежно сказала мне коридорная.

На большом дворе — повозка, груженная камнями, в нее впрягали двенадцать провинившихся заключенных, которые должны были сделать по двору двенадцать кругов. Столб с крючьями — это уже для индивидуального пользования; к столбу подвешивали за руки, связанные за спиной; самый короткий срок — полчаса, некоторые выдерживали, но у большинства руки выворачивались из суставов, этих пристреливали.

Супружеская пара: комендант Кох и его жена Ильза. Кох был дважды приговорен к расстрелу своими же собратьями. В первый раз за то, что присвоил полтора миллиона золотых марок, конфискованных у богатых евреев, которые попали в Бухенвальд после покушения французского еврея на советника германского консульства в 1939 году. После вынесения приговора Коху дали возможность загладить свою вину и направили в Люблин, где он сперва устроил великую резню, затем создал образцовый лагерь смерти. Его реабилитировали, а вскоре наградили железным крестом. Затем Коха командировали в Норвегию, где он расстрелял ряд видных норвежских офицеров и схватил сифилис. Болезнь он обнаружил, вернувшись в Бухенвальд, и стал лечиться у двух заключенных врачей-коммунистов. Они его вылечили и в благодарность были расстреляны. Но пока шло лечение, Кох наряду с другими эсэсовцами сдавал кровь для фронтовых госпиталей. Поскольку у всех эсэсовцев одна группа крови, зараженная кровь Коха механически поступала в госпитали с ранеными эсэсовцами. Он заразил сифилисом сотни раненых. Не представляло труда установить, откуда поступает зараженная кровь. В Бухенвальд прибыла следственная комиссия. Врачи-коммунисты, расстрелянные Кохом, успели доверить тайну двум-трем товарищам, и в один прекрасный, действительно прекрасный день Кох был расстрелян в родном Бухенвальде и сожжен в печи.

Ильза Кох, судя по фотографиям, похожа на психопатологические типы из книги Кречмера: асимметричное, одутловатое лицо, маленькие глаза, тяжелый подбородок. Но говорят, что густые, неистово рыжие волосы делали ее почти привлекательной. Она любила скакать на лошади. Седло было усеяно драгоценными каменьями, в мундштук вделаны бриллианты, уздечка отливала золотом. Бывший сторож Бухенвальда сказал мне любовно и гордо, что скачущая фрау Кох «была прекрасна, как цирковая наездница». В лагере Ильза Кох ведала изготовлением дамских сумочек, бюваров и других изделий из татуированной человечьей кожи.

Ее посадили одновременно с мужем в 1944 году. После окончания войны ее предали суду как военную преступницу. Но, сидя в тюрьме, она соблазнила американского майора и забеременела от него, поэтому смертный приговор, который ей вынесли, нельзя было привести в исполнение. Вскоре она благополучно разрешилась от бремени и стала матерью американского гражданина. Генерал Клей немедленно выпустил ее из тюрьмы. Это вызвало взрыв общественного негодования, и Клею пришлось снова заключить Ильзу Кох в тюрьму. На этот раз суд приговорил ее к пожизненному заключению. Она отсидела около девяти лет и на днях была выпущена на свободу. Кажется, она уезжает в Америку. Неужто к своему другу-майору, терпеливо и преданно ждавшему свою маленькую Ильзу? По другой версии, она умерла накануне освобождения.

В музее Бухенвальда: гора женских и гора детских туфелек. Груда волос. Простреленное сердце в спирту. Блестящие, похожие на зубоврачебные, инструменты, которыми сдирали, а потом обрабатывали человеческую кожу.

В Бухенвальде работали крупные немецкие ученые, врачи. Они испытывали на заключенных противочумную сыворотку. Эксперимент долго не удавался, и в жертву науке были принесены более семи тысяч человек. Испытывали также воспламеняющееся вещество, необходимое для производства зажигательных бомб. Капля такого вещества прожигала тело до кости. Испытывали различные яды.

Бок о бок с лагерем находился парк, где прогуливались жены охранников и прочего обслуживающего персонала с детишками. При парке был маленький зверинец: медведи, волки, грифы-кондоры, орлы, лисицы, зайцы и прочее зверье, радующее детский глаз. «Сейчас Бухенвальд не узнать!— с мягкой грустью говорил мне бывший сторож. — Вам бы приехать к нам лет этак двенадцать назад, как здесь было красиво!»

Я еще забыл упомянуть о высушенной до размера картофелины человеческой голове, хранящейся в музее. Сушение производилось в горячем песке. Такие головы дарились особо знатным гостям, посещавшим Бухенвальд.

Водил нас по лагерю очень красивый, с прекрасной голубоватой сединой человек, бывший узник Бухенвальда. Он просидел здесь семь лет, знал и карцер, и дыбу, и чугунный каток, и, по-моему, еще многое другое, о чем не говорит. По образованию он историк, и хотя его давно ждет место школьного учителя, он никак не может расстаться с Бухенвальдом. Он называет свою прикованность к лагерю смерти долгом, но мне кажется, тут что-то другое: болезненное и жутковатое.

Он показал нам домик, где сидели Леон Блюм, Даладье и Мандель.

А затем, без перерыва, исторические места Веймара: дом Гете и дом Шиллера, памятник Шиллеру и Гете перед зданием театра, памятник Виланду и Гердеру, дом Листа, загородный дом Гете, усыпальница Карла-Августа и всей августейшей семьи; гробы венценосцев бесцеремонно сдвинуты в сторону, а на почетном месте установлены саркофаги Шиллера и Гете. Здесь запрещено разговаривать.

Хорошо вяжется одно с другим: Бухенвальд и эти исторические и культурные сантименты!

По улицам Веймара, мимо памятников, театров и консерватории, где дирижирует сам Абендрот, ездят на велосипедах мило одетые в замшевые штанишки, джемперы, яркие носки и замшевые туфли школяры со свежими, румяными лицами. Я глядел на них с мучительным чувством: Бухенвальд так близок к Веймару, они почти сливаются. Кем они станут, эти юные велосипедисты, при новой заварухе: палачами или жертвами? Кто будет Кохом, а кто тем, чья голова с картофелину? Впрочем, палачи и жертвы, это так условно. Те, кому суждено стать жертвами, станут ими вовсе не по своему свободному выбору, а по случайности, по невезению или родовой обреченности. По сути своей никто не предназначен быть жертвой, ведь и арестанты Бухенвальда делали за своих палачей половину их черной работы и делали бы другую половину, если б от них потребовали.

Гете не выдерживает соседства с Бухенвальдом. Все его Миньоны, Вертеры, Ифигении в Тавриде, Гецы и Лотты умаляются в карликов близостью простой и серьезной трубы Бухенвальда...

Заальфельд. Куда приятнее не мотаться с экскурсиями, а просто сидеть у окна и слушать шумы ночного города. Гортанные, тревожные вскрики подвыпивших молодых немцев, топот чьих-то тяжелых ног, щелк женских каблучков, тихую музыку, далекий, нежный всплеск девичьего смеха.

Кведлинбург. Нас поселили в очень старой, можно сказать, древней гостинице. Полы трясутся, а стены дрожат при каждом шаге, в коридорах из темных, некогда позолоченных рам глядят почти черные портреты, потолок в ресторане прокопчен, духи появляются даже днем. А за окном гостиницы городская площадь, и посреди нее весенняя елка — майбаум: на длинном шесте водружена молоденькая елочка, под ней висит еловый венец, похожий на спасательный круг. Вокруг елки расположились автомобили, очень старые, со спицами в колесах и багажниками, похожими на чемоданы. Современны в этих автомашинах только целлулоидные листки, закрепленные на радиаторах: воздух, обтекая листик, предохраняет лобовое стекло от мошкары и пыли.

Поездка в грот. Я накинул прорезиненный плащ, предохраняющий от сырости, и смело вслед за другими туристами шагнул в подземелье. С первых же шагов почувствовал, что добром это не кончится, но отважно шел вперед по узкому коридору и наконец добрался до первой пещеры. Хоть и подсвеченная невидимыми лампами, ничего красивого она собой не являла. Я двинулся дальше по еще сузившемуся коридору и вдруг почувствовал: конец! Ни усилием воли, ни разумом невозможно преодолеть то жалкое, нестерпимое, душное, истерическое чувство, которое не дано постигнуть тем, кому оно не присуще. Сохраняя остатки самообладания, я сказал громко:

— Нет, эта прогулка не для меня!— и сразу повернул назад. Кто-то крикнул:

— Там выключили свет!

Но я не обратил внимания на эти слова. Я благополучно добрался до пещерки, но там, в кромешной тьме, конечно, не нашел продолжения тоннеля. Я стал зажигать спички, но они тут же гасли то ли от сырости, то ли от недостатка кислорода. Еще немного, и я бы размозжил себе голову о каменную стену, но тут прибежал наш экскурсовод Петер.

— У вас плохо с сердцем?

Он включил свет и, схватив меня за руку, повлек за собой по коридору. Через несколько секунд я был на поверхности земли, в огромном благословенном просторе, с синим небом над головой. Нельзя передать, что это за счастье! Понемногу прошло мое болезненное состояние. Петер глядел на меня подозрительно; верно, решил, что я его просто разыграл...

Чудесная поездка в Шварцталь. Горы, поросшие необычайно прямыми, мачтовыми соснами, внизу, в долинах, красные черепичные крыши селений и городков. Долго ехали вдоль все сужавшейся речки Шварце. Речка мелкая, быстрая, порожистая. У камней — водовороты, которые издали кажутся снеговыми нашлепками. Множество мелких водопадиков, естественных и искусственных, — через воротца. По берегам: мельницы, лесопилки, мебельные фабрики. Небольшая сила реки используется до отказа.

Потом начались черные города. Черные — из местного черного сланца — дома под черными сланцевыми крышами; кажется, будто они носят траур по самим себе.

В одном из таких черных селений под названием Шене Альтмаркт, в черном магазинчике, продавалась моя книга «Юнге яре». Я сказал продавщице, что я автор. Когда мы уезжали, эта продавщица выскочила за порог с тремя подругами, чтобы показать им великого человека.

Видел на полях Шварцталя немца в замшевых туфлях, вельветовых штанах и фетровой шляпе со шнурком, сеявшего из лукошка под стать шадровскому сеятелю на старых бумажных деньгах.

ПЕРВАЯ ПОЕЗДКА В МЕЩЕРУ (1956 г.)

Из Ефремова в Подсвятье нас перевозила старуха с волчанкой, изъевшей ей все лицо, как ожогами, уничтожившей брови и ресницы. При этом у нее стан, как у молодой женщины, и красивые, стройные ноги. Старуха легко вела челнок по крупной, захлестывающей за борт волне.

На рязанской стороне, в хуторе, связанном весьма тонкими нитями с каким-то призрачным колхозом, стоит дом ее зятя. Он потерял на войне ногу, но со своей одной ногой куда увереннее чувствует себя на земле, чем я с двумя. Сжимая железными руками костыли, он день-деньской мотается по болотам, охотится, ботает рыбу, столярит, чего-то мастерит по дому. Ему все завидуют, ибо, занимаясь своим мужским и нужным делом, он избавлен от необходимости выслушивать скучные уговоры бригадира о выходе на колхозную работу. На работу все равно никто не ходит, но постоянные угрозы бригадира, его крики о прокуроре нервируют людей. Один из них жаловался мне ночью у озерного костра:

— Ну чего он орет: прокурор, прокурор! Нешто прокурор не человек?

Конечно, человек, и он охотится тут же рядом. Впрочем, всяко бывает, в один прекрасный день он отложит ружье и впаяет подсвятьинским стрелкам долгие сроки разлуки с озером Великим и с речкой Прой, где водятся такие крупные лещи. Но подсвятьинцы почему-то этого не боятся...

Намерзнув на вечерней зорьке — хоть бы один чирок подсел к нашим чучелам и подсадной,— я был в отчаянии от предстоящей ночевки в челноках. Мне было так знобко, так худо, что я отважился на робкий протест, когда мои железные и неумолимые спутники загнали челноки в осоку, объявив неверную, колеблющуюся зеленую зябь островом для стоянки. Они сжалились, и мы взяли путь к берегу. Мы двигались узким, длинным коридором между рядами камышей (хозяин сказал, что этот коридор проложили подсвятьинцы до коллективизации; в подтексте звучало — в ту пору люди еще были способны на серьезное коллективное деяние) и вдруг увидели в конце коридора рубиновую точку костра.

На берегу под дубом горел костер. Вокруг него разместились десятка полтора охотников. Они подкладывали в костер сучья, какие-то доски с ржавыми гвоздями, ветки можжевельника, сухую траву, горящую с потрескиванием, как порох. На дерновой скамейке, недвижный, как истукан, невозмутимо-величественный, словно идол, сидел генерал в полной выкладке, только без орденов. Плясал огонь на широких золотых погонах с крупными звездами, сверкали пуговицы кителя и золотой крученый шнур на околышке фуражки. Он сделал лишь одну уступку месту — прикрыл шею от комаров носовым платком, засунув его под фуражку, что придавало ему сходство с бедуином. Зрелище диковатое и очень отечественное — у генерала не оказалось специального охотничьего костюма. Но и выносливость тоже необыкновенная: он просидел всю ночь у костра, храня достоинство формы и погон, победив усталость и сон, а утром отплыл в свой шалашик, такой же прямой, несгибаемый, будто его насадили на стержень.

И вообще генерал был хорош. Он рассказывал разные истории и каждую непременно заканчивал, независимо от того, слушают его или нет. Выяснилось, что он участник гражданской войны, затем был где-то начальником милиции, потом снова воевал на всех войнах. Он рассказывал о панике в конском табуне и о том, как на него напали волки, о сибирском гнусе и как с ним бороться. Он принадлежал к той раздражающей породе людей, которые досконально знают то, о чем говорят. Я же всегда говорю на риск, не уверенный ни в едином слове, потому что все знаю понаслышке, и то нетвердо. С некоторой достоверностью я мог бы говорить лишь о своей душевной жизни, но об этом не говорят.

На рассвете я сидел в шалашике, дрожа от холода, и до боли в глазах пялился на темную, неуютную воду, на которой кочкой чернела подсадная и вертелись чучела, двоимые ситой. Подсадная казалась искусственной, так была она недвижима, зато деревянные и резиновые чучела резвились, как живые, и все время сбивали меня с толку. Затем возле подсадной возник еще один утиный силуэт, но это было так неожиданно и странно, что, конечно, я не признал в нем желанной цели и опоздал с выстрелом.

Потом, после часов мучительного ожидания, когда за спиной все ширилась желтая полоса зари, воды коснулся чирок и тут же понесся в сторону. Я выстрелил в пустоту, и отдача этого бессмысленного, жалкого выстрела была не только в плечо, но и в сердце. Всей остротой боли ощутил я свою жалкость, обобранность, никчемность.

Когда мы наконец отплыли домой, возле причала случилось чудо. Высоко впереди возникли две кряквы, или, как тут говорят, матерки. Они шли над кромкой берега и вдруг невесть с чего повернули прямо на нас. Я прицелился, нажал на спусковой крючок, но, конечно, забыл спустить предохранитель. Птицы метнулись в сторону, я неуклюже повернулся, скрутив болью спину, и наугад выстрелил. Не прекращая работать крыльями, одна из кряв косо пошла к воде и не села, а как-то плюхнулась на волну.

— Есть! — сказал одноногий егерь, и, хотя он принадлежит к породе ничему не удивляющихся людей, в голосе его прозвучало нечто вроде удивления.

Утка была только подбита, она нырнула и скрылась из виду. Мы поплыли за ней, она возникла среди плоских и сухих поверху листьев кувшинок, у самого берега. Я хотел добить ее, но она снова нырнула. Затем егерь обнаружил ее под береговым выступом, она забилась в осоку. Мы подплыли, и егерь охватил ее рукой, после чего размозжил ей голову о борт челнока.

Приехал в чудное место, в прекрасное сердце России — Мещеру, в даль от всего, что так измучило и надоело, и вместо радости, вместо высокого покоя дрянненькое, мельтешливое, подленькое стремление скорее бежать отсюда назад, в свою домашнюю скорлупу, вернее — в суету. Чего только не придумывает подсознание, чтобы человек мог поступать так, как ему хочется, а не так, как нужно. Любил ли я Аду сильнее, пламеннее и горячее, чем в эту поездку? Нет! А с чего? Да потому, что мне хочется домой, в коробочку Фурмановой. Страшно простора, тишины, себя один на один. А ведь я чуть было всерьез не поверил, что жить без Ады не могу. А не будь ее сейчас в Москве? Будь вместо нее Лена? Я бы проникся такой одуряющей жалостью к Лене, что так же отсчитывал бы медленные мещерские часы, так же убегал бы в сон, чтобы скорей проходил день, так же чувствовал бы грубую ненужность зари, птичьих голосов над озером, темной воды вровень с бортом челнока. А не будь их обеих? Мне бы до слез и бормотания захотелось бы лелеять старость мамы и Якова Семеновича сейчас, сию минуту. Желание бежать домой в единый миг способно превратить меня в самого страстного любовника, самого преданного мужа, самого нежного сына.

И все же едва ли можно объяснить просто слабостью или распущенностью то, что идет сквозь всю мою жизнь. Это какое-то очень глубокое нездоровье, таящееся за внешней моей схожестью с теми, кто умеет делать настоящее мужское дело. Это то, что так и не позволило мне стать взрослым.

Особенно тяжело переносится мною в отъезде мой любимый предвечерний час.

Жуткие рассказы о генералах, без устали повторяемые всеми подсвятьинскими охотниками, с каким-то древнерусским ехидством, исконной мужицкой ненавистью к «дураку енаралу». Одного генерала Анатолий Иванович опрокинул в озеро, за что тот хотел его подстрелить, да не смог, потому что у него револьвер «размок». Двух других тот же Анатолий Иванович уложил спать в ноябре под стог сена, а сам зарылся в стог. Ночью прихватил мороз, Анатолию Ивановичу хоть бы что, а генералы к земле примерзли. От земли он их отодрал, но руки у них так закоченели, что охотиться они уже не смогли. Кавалерийскому генералу, который приехал в бурке и папахе, веткой глаз выстегнуло, через это он тоже охотиться больше не мог.

Но круче всех обошелся с генералами отчаянная голова — Женичка, брат Анатолия Ивановича. Военный егерь подрядился с ним насчет совместного обслуживания генералов. Женичка предоставляет свою избу под генеральское общежитие, дает свои лодки, возит на охоту, за это получает чаевые, право охотиться в заповеднике и винную порцию. Приехали шесть генералов, охотились и все наградные егерю отдали. Женичку даже за стол не пригласили. Он на первый раз смолчал. Потом приезжают еще шестеро. Садятся ужинать, ставят на стол коньяк, егерю преподносят стопочку, а Женичке опять ничего. Он быстро сгонял жену за поллитрой, выпил духом, после чего с матом выгнал генералов из дому и все их постели и пожитки на улицу побросал. Перед всем миром опозорил генералов.

Самым же большим дураком из генералов оказался пожилой артиллерист. На первой зорьке он убил трех шушпанов, а когда пошел на другую зорьку, сказал: «Мне шушпанов бить неинтересно, больно они просты, мне бы парочку чирков». Он, и верно, подстрелил двух чирков, а шушпанов не трогал, хотя они подсаживались к самому шалашу. Вот дурак, так дурак!

Закат. На ветке висит ослепительная капелька солнца.

Анатолий Иванович презирает женщин. Попив из Великого воды горстью, он сказал: «Воняет, наверное, баба купалась».

Ливень подступал четкой белой полосой на воде, а над нами шел солнечный грибной дождь. Полоса придвинулась вплотную, отступила, снова подошла и, скрав солнце, накрыла жестоким дождем.

Шура скинула с печи красивую смуглую ногу в спускающейся до колен страшной, заскорузлой штанине. Такие же штаны на ее очаровательной, кокетливой, веснушчатой шестилетней Таньке.

Женичка деловито, холодно и ни к чему, уже после охоты, где он взял с десяток матерых, застрелил на дереве возле своего дома безобидного, доверчивого козодоя. Шура сказала: «Да он такой!.. Застрелит кого хошь, хошь котенка, хошь собаку...» Она не решилась добавить: «Хошь человека».

Я долго стоял на бугре, под елями, над широкой просекой, переходившей в поляну, и тщетно ждал знакомого мне по собственным рассказам, но никогда не слышанного вживе прокашливания вальдшнепа.

Я уже двинулся домой, и тут мне повстречался какой-то парень в картузе, с двухстволкой на плече. Он стрелял дроздов. Паренек показал мне настоящее место, на самой опушке. «Они тянут через развилку в чернолесье»,— сказал он. Это было как-то не по правилам, но слово «чернолесье» меня убедило. Я пошел туда, вспугнув двух-трех жирных дроздов, и стал под березками. Минут через пять, не поверив собственным ушам, услышал такое отчетливое, громкое, такое буквальное «хорх», будто его произносил человек.

Оглянулся и сразу увидел вальдшнепа. Как и все куликовые, он казался в полете куда больше, чем на самом деле, и летел он быстрее, чем я ожидал. Плохо прицелившись, я выстрелил. Он продолжал лететь и скрылся за деревьями. Но все, что может дать охота, я испытал.

Обратно шел на дотлевающий, пронзительно золотой закат, сперва краем леса, потом, оставив закат справа, черным тоннелем просеки.

Днем верхушки молодых берез рождают вокруг себя розовато-жемчужное облачко.

Весь вчерашний день и всю ночь бушевали грозы. Они заходили с разных сторон и разражались над нашим поселком. Здесь какой-то центр всех гроз Подмосковья. Когда ливень утихал редкими, гулкими каплями, небо окрашивалось в тускло-желтый цвет, будто за хмарной наволочью накалялись новые грозы. Потом небо проблескивало молнией, глухой раскат набегал волнами и, прежде чем он затихал, вспыхивал тонкий волосок молнии где-то совсем рядом, и небо раскалывалось вдребезги. Уже в сумерках прошла гроза с градом. Круглые градины ложились ниткой на дорожках сада, горками у крыльца и террасы. Пес выскочил наружу и, задирая морду кверху, ловил их на лету широко открытой розовой пастью.

К рассвету грозы стихли и запели соловьи. Утром в саду тяжело дышать от теплого, парного, крепчайшего запаха земли, травы и листвы, перенасыщенных влагой. За одни сутки вся природа вошла в зрелость, из весенней стала летней. Воздух гудит: жуки, шмели, мухи, комары, осы. Где-то рядом хорошо и трудолюбиво поет какая-то птичка. Сижу за маленьким желтым столиком в саду. Изжогу я задушил содой, но живот побаливает, колет в сердце. Мне тридцать шесть лет, и по физической сути я выносливая развалина. Все же погубит меня не водка, а тщеславие.

Божественная осень, какой не было с довоенной поры. Все горит золотом. Березы нежно и сильно желты днем; тепло, в розоватость,— в предвечернюю пору. Свеже-зелена ольха, осина обтрясла почти все свои красноватые листочки, зелены кусты, лозняк и огромные ветлы над Десной, их зелень чуть припудрена серебристым пеплом.

Пасется стадо на еще зеленой и густой траве. В лесу полно красноголовиков, пни покрыты опятами. Запах нежный и горький, изумрудно горят зеленя озимых. Листы слив чуть полиловели. Вечером — тучки мошкары в саду между соснами.

УСОЛЬСКИЕ И МЕЩЕРСКИЕ ЗАПИСИ

Между сосен не росла трава, вся земля была усеяна мертвыми ломкими иглами и прошлогодними, будто посеребренными шишками. Сосны, очень высокие, прямые, голые чуть не до самых маковок, казались обгоревшими.

Когда неосторожно сожмешь плотву, вытаскивая крючок, из ее брюшка выбрызгивается нежная, розовая, мелкокрупитчатая икра.

Отражение низкой оранжевой луны на воде было похоже на освещенное окно.

К вечеру вода в озере стала сизой и грозной.

В страшной выси проплыла журавлиная стая и отразилась в воде.

Ночью: рыболов встряхивал «паука», и мелкая плотва подпрыгивала в сети, словно серебряные монетки.

Шест гнулся от тяжести воды, которая тут же с сухим шелестом вытекла из сети «паука».

Старик опустил «паука» на воду. Плоское сетчатое дно не потонуло сразу, вода лишь вспучилась в ячейках сети. Тогда старик снова поднял и с силой опустил «паука». Вода хлынула в сеть и утащила ее на дно.

Дворная утка, дикая утка (Подсвятье).

Гриша, когда напивается, грассирует, как француз.

В кухне, у входа, лежала телячья шкура, черная, с белыми пятнами; под рукомойником стояла бадейка, полная тускло-зеленых огрызков малосольных огурцов, картофельной кожуры, размокших окурков, искрошенных червивых дубовиков и еще какой-то кисло воняющей дряни.

Анатолий Иванович обшил дом деревянными светлыми плитами, которые издали кажутся мраморными.

Подбитая утка стала колом, пустив ноги книзу и растопырив крылья, она словно тормозила падение.

В траве лежало раздутое твердое тело мертвой кряквы.

Подбитая кряква нырнула, затем вынырнула и снова ушла под воду, выставив наружу лишь кончик клюва. Волна не давала уследить за перемещением крошечного темного торчка, и мы на чистом потеряли подранка.

Утро пришло без зари. Перед восходом солнца посмерклось, будто настал вечер.

Девочка писала единицы и нолики, потом восторженно кричала матери: «Мама, иди, я тебе кругаля покажу!..»

Болотный лунь с маленькой, изящной головой очень медленно пролетел над шалашом.

Утка была ученая, шарахалась прочь даже от крика подсадной. Егеря по всему озеру поставили высокие вешки. Вешки отмечают места с рясой, которая намертво обвивается вокруг винта мотора. В сумраке вешки кажутся пальмами.

Названия: Липаный Корь, Митин Корь, Исаев Корь; Гостилово, Наумус. Пожань — острова луговые. Малая Пожанька. Кулички — луга, окруженные водой, где можно косить лишь в сухой год; в мокрый год там непролазная болотная топь. На пожанях косят в любой год.

Лесок на берегу — «косица», потому что на речной косе. Гонобобель — дурнава. Ежевика — чумбарика. Чирка зовут чиликаном за его тоненький, тоньше, чем у всех уток, голосок.

Чудесное выражение: озеро натихло.

Здесь же вдруг вспомнил Дашкины реченья: «Оделся, как от долгов», «Пусть деревянные фигурки обеспечат себя пылью, тогда я их вытру», «Нет, я не больна, но мне кругом чхается».

Живу на даче, гляжу на сосны, наверное, это и есть счастье, но я так не привык к счастью, что чувствую себя здесь словно на чемоданах.

Зубной эликсир сатаны.

Странная влюбленность Степки в маляров. Целый день с ними на соседней даче. Жалкий, в стружках, голодный, с опавшими боками. Спит невесть где, сторожит невесть кого. Лишь иногда прибегает с виноватым видом, стружки на заду, покрутит хвостиком, похлебает какой-нибудь дряни из миски и драпает назад. Вот оно, слепое чувство любви! Никакой логики, никакого смысла, никакого расчета, никакой правды и разума. Мне это знакомо.

Недавно была гроза. Молния угодила в дачу Червинского и спалила ее дотла, оставив лишь кирпичную кладку и груду битой, в окалине, черепицы. Кажется, это первый еврей, пострадавший от столь древней русской беды.

Наши левые художники зарабатывают направо.

Кто-то сказал, что Антокольский при Симонове — это умный еврей при губернаторе. Я считаю, что это, скорее, умный губернатор при еврее.

Жалкая история с предательством Солодаря. Его слезы на другой день: «Я не знал, что со мной происходит. Милиционер говорит: пойдите, потребуйте документы. И я пошел, как во сне». Представляю себе западного писателя, помогающего полиции и чувствующего себя как во сне. А у нас это так обыденно, что никто не удивился. Удивились раскаянию Солодаря и простили его со слезами.

В Малом Ярославце поставили памятник партизану 12-го года, Голубеву, — он на день задержал французскую армию своими малыми силами. Зря поставили этот памятник: если бы он не задержал французов, они на день раньше ушли бы из нашей страны.

Девчонка жила с собственным отцом; ей интересно было, как он себя при этом ведет. Когда он, сделав свое дело, но не в дочь, а в тряпочку, поднялся, то сказал: «Видишь, как папа о тебе заботится. Не то что твои испорченные мальчишки».

1958

28 мая 1958 г.

В смешанном редняке, пронизанном солнцем, высокие стволы сильных, набравших полную зрелость берез ярко блестели, отливая золотом. Родник сменился молодой березовой рощицей. Деревья стояли так тесно, что кроны их, смыкаясь, не пропускали солнца. Теплая жемчужная белизна стволов рождала вокруг них легкую дымку, матово-серебристое сияние.

Недавно вернулся из Ленинграда. Поездка поначалу была омрачена событиями на Ближнем Востоке. Это простерлось тенью на все пребывание там. Но было и светлое. Павловск. Грандиозные деревья, грязная и красивая Славянка, беседка Камерона, разрушенная молнией. И опять деревья: вверху, рядом, вокруг внизу, как море, только лучше моря. Чистота, тишина и свежесть. Конечно, это лучшее, что есть на свете. Но не хватает мужества жить только этим. Все на остренькое тянет: бабы, водочка. Счастье пребывания там портил реактивный истребитель, с гнусным воем проносившийся над парком. Назад ехали, отмахивая наступающие со всех сторон грозы, как барон Мюнхгаузен — дождевые капли тросточкой.

Чудо Михайловского парка. На зеленой траве — золотые полосы солнца. Золотые полосы под темными шатрами деревьев. Еще раз понял, какой прекрасный, истинно петербургский художник Остроумова-Лебедева. Еще я это чувствовал в Павловске и особенно в Царском Селе.

Сейчас зверская тоска о Ленинграде. Без конца в башке маячит: Петропавловская крепость, набережная Невы, въезд на Кировский проспект, арка со стороны Дворцовой площади, решетка Летнего сада. Пишу это просто от удовольствия повторять эти названия. А мог бы я по-настоящему написать о Ленинграде? Думаю, нет. Те несколько довольно общих строк, что я некогда написал, обладали чем-то. Но я слишком растворяюсь в ленинградской жизни, чтобы писать о ней. Тут нужен взгляд

127

немножко со стороны, больше спокойствия и меньше обалделого счастья.

Я долго путал свою влюбленность в Ленинград с влюбленностью в ленинградских женщин.

Когда я был в Ленинграде, нас обокрали. Из времянки украли мою кожаную куртку, халат Лены, мамин бюстгальтер, из сарая — несколько банок сгущенного молока, банку с вареньем и еще какие-то продукты. Банальное происшествие обрело терпкий запах жизни, когда выяснилось, что это сделал Дашкин любовник. А мы-то считали ее святой дурочкой!

После вызова в угрозыск Дашка вернулась совсем другим человеком. Она стала с нами наравне — ведь в ней обнаружились страсти, глубина и тьма особой, никому не подвластной судьбы. Она словно выросла и сама сознает это. Для приличия говорит о стыде, на самом деле горда, душевно расторможена, даже развязна, но по-хорошему, как человек, сознающий свою новую красоту и душевную привлекательность. Мы даже чуть поникли.

Как легко даются женщинам некоторые вещи, когда ими правит пол. Эта неопытная, робковатая девчонка вела себя на допросе с мужеством, стойкостью и самоотверженностью присяжной марухи, готовой ради кота пойти за решетку. Ни страха, ни колебаний, ни слабости. Насколько ее образ стал теперь богаче и человечней. Это самое интересное в жизни, и это стараются убить. В литературе уже убили, а в жизни покамест не могут.

Опять немыслимо ярки краски осени, тоска по Ленинграду и роковая бессмыслица моих нескончаемых дел.

Был на похоронах Зощенко, с которым познакомился с полгода назад. Панихиду скрыли, поэтому народу было мало. Впрочем, не так уж мало, если принять во внимание всеобщее охамление, равнодушие и его долгую опалу. Когда выносили гроб, переулок от улицы Воинова до набережной Невы был запружен толпой. Ленинградские писатели выглядели так, что печальное торжество напоминало похороны в богадельне. У всех лица пойманных с поличным негодяев, на плечах лохмотья. Было два выходца с того света: актер Мгебров и его жена. Они приплелись с Каменного острова, из Дома ветеранов сцены. У него штаны подшиты внизу сатином, вместо галстука — веревка, грязные серые волосы ложатся на плечи всей тяжестью перхоти, лицо трупа.

Зощенко отказались хоронить на «Литераторских мостках», по этому поводу вспомнили похороны Пушкина, также происходившие в тайне. Зощенко повезли хоронить в Сестрорецк. Было много бестактностей. У гроба Александр Прокофьев затеял дискуссию о том, был ли Зощенко предателем Родины или нет.

Жалкая, худенькая жена; жалкий, очень похожий на него сын, глупо и растерянно улыбающийся; жена сына — типичная кондукторша. Когда усаживались в головной автобус, она кричала что-то, напоминающее: «Граждане, местов свободных нет!..»

Каждую ночь у меня обрывается и стремительно летит куда-то сердце. С криком, вздрогом я просыпаюсь и ловлю его на самом последнем краю. Но когда-нибудь я опоздаю на малую долю секунды, и это непременно случится, это не может не случиться.

Когда я подошел к окну, воробьи разом вспорхнули с фанерки, усыпанной пшеном. Какой-то мир они просуществовали в воздухе черной, трепещущей тучкой и исчезли. С фанерки, подвязанной к березовому суку, осыпались в снег золотые крупинки.

Я оглянул сад. Слева, у крыльца, могучая, старая ель от нижних развалистых лап до островершка была усыпана красивыми, неведомыми в наших местах птичками. Одни, раздув грудное оперение нежно-сиреневого цвета, утопили в нем головки, другие, свесившись с веток в ловкой манере акробата-поползня, похвалялись изящными оранжевыми сюртучками, третьи, гомозясь возле ствола, посверкивали янтарными спинками; одна птичка чистила о кору носик, сама невидимая в хвое, она показывала лишь темно-бархатистые щечки, другая, устроившись на самом шпице, горела фазаньим многоцветием. И я странно долго верил этому райскому нашествию на бедный наш сад, пока не понял вдруг, что виной тому закатное солнце, упершееся в ель своими медными лучами. Это оно так сказочно расцветило воробьев, перелетевших на ель с кормушки.

1959

Съездил во Львов—Ужгород. Множество странных и острых впечатлений. Во Львов летел самолетом, в Ужгород ездил машиной через Карпаты. Во Львове в день, точнее, в ночь приезда ходил со своими спутниками и с В.Беляевым на знаменитое Львовское кладбище — «второе в Европе». Тут вообще все «второе»: второе кладбище, второй парк, вторая синагога. Эти прозвища лишь подчеркивают второсортность города, вместо того чтобы его возвеличить.

Кладбище огромное, залитое луной, с прекрасными аллеями и ужасными надгробиями, среди которых, как и полагается, выделяются своим пышным безвкусием памятники армянских священнослужителей. Шофер такси, везший нас на кладбище, рассказывал всякие страшные истории о бандеровцах, которые бесчинствуют среди крестов и могил: грабят, насилуют, убивают. Нас никто не ограбил, не изнасиловал, не убил, хотя вели мы себя довольно шумно: пили коньяк на могиле Ивана Франко и той девушки, что умерла на ложе в первую брачную ночь. У часовни, хранящей прах Бачевского, знаменитого фабриканта ликеров, мы сделали еще один привал и были замечены милиционерами. Нас разделяла кладбищенская решетка. Милиционеры поглядели-поглядели и пошли от греха подальше. А мы в другом, глухом конце кладбища перелезли через ограду и вышли на окраину города. А затем еще долго носились на попутных грузовиках к Юре — так, кажется, называется стоящий на холме, над городом, собор,— потом к Беляеву ходили допивать, наконец, домой, в пятом часу утра, в гостиницу, бывшую «Жорж».

Знакомство с Владимиром Беляевым, детским писателем, темнейшим человеком. Бесконечные рассказы о всяческих жестокостях. Повешенные, сожженные, ослепленные, разорванные между двух берез, ущемленные в расколотых топором пнях, подстреленные из-за угла, изнасилованные, зарубленные топором и шашкой — обычные герои его устных рассказов. Неважно живет человечество, особенно на окраинах, на стыке границ, всех тут тянет в разные стороны, у всех зудит в одном месте. Вообще «приграничье» — необычайно интересно, вот где начисто сдернута «ткань благодатная покрова».

А потом был божественный путь через перевал. Мы миновали грязноватый, некрасивый, бездельный, недобрый и все равно прекрасный своей былой причастностью к «нездешним пределам» Станиславов, затем долго ехали горной дорогой через Рахов и Мукачев в Ужгород. С десяток километров дорога шла впритирку к границе, точно повторяя все ее извивы. Мы видели поля, села Румынии, даже людей за неширокой здесь Тисой. Ночевали в Рахове на турбазе. Холод, насекомые, отсутствие уборной и умывальника. Странный шум чужих голосов. Часов в двенадцать ночи кто-то заказывал по телефону из коридора два с половиной литра самогону — оказалось, артисты Ужгородского театра, гастролирующие в Рахове. На другое утро мы жарили в горах свиной шашлык, пекли картошку. Кругом горы, еще бурые, но уже тронутые синими глазками альпийских фиалок и желтизной незнакомых мне цветочков. А потом — Ужгород, настоящий чешский городок, уютный, чистенький, с ресторанами, где играют цыганские оркестры и мадьярские джазы, состоящие, по уверению Беляева, сплошь из резидентов разных государств, в том числе Японии. Знакомство с писателем Тёвелевым — и вновь бесконечные разговоры о зверствах националистов, убийствах, удушениях, пытках, поджогах.

В центре города — книжный базар с участием закарпатских «письменников». Вот он, век наш!..

Ездили в старую ужгородскую крепость, также знавшую немало убийств на своем веку. Там под низким сводом въездных ворот лежит камень с углублением посередине — тут гасили свои факелы всадники, возвращаясь в замок после очередных набегов. Были также в роскошной синагоге, превращенной в концертный зал. Там выступала Нехама Лифшицайте, исполнявшая композицию по «Блуждающим звездам» Шолом-Алейхема.

Где-то между Раховом и Хустом увидел на перекрестье горных дорог плохонького мужичка в ватнике и стоптанных сапогах, пожилого, с пористым носом и ржаными выцветшими усами. Типичный такой рязано-владимирский обитатель. Был он, как полагается в предвечерний час русскому мастеровому человеку, под хмельком, шел по какому-то своему неважному делу и задержался, чтобы перекинуться словом со смуглым, цыганского вида парнем. Рядом румынская граница, кругом Карпатские горы, где обитают легконогие, сифилитические гуцулы, бандеровцы бродят, скрываются в каких-то щелях посланцы Ватикана — мировая кутерьма! А он стоит себе так простенько, будто на околице рязанской деревеньки, нисколько не удивленный ни странностью окружающего, ни тем, что его занесло в такую даль. А ведь это он виноват, что России пришлось расшириться до Тисы, вобрать в себя Прикарпатье и часть Закарпатья, захватить Мукачев и Ужгород, вклиниться в мягкое тело Средней Европы. Не по прихоти государственных деятелей сотворилось такое. Ему, мужичку этому, тесно, хоть он и не ведает о том. Я впервые так остро и отчетливо ощутил этот жуткий и неотвратимый центробежный напор, эту распирающую энергию великого народа, которому надо и надо расширяться, хотя и своего простора хватает с избытком.

ОДИН ИЗ РАССКАЗОВ В.БЕЛЯЕВА

Рассказывается это на очаровательной белозубой улыбке, по-русски, с чуть приметным украинским акцентом.

— После войны, точнее, в октябре 1946 года повстречал я во Львове дивчину... Глаза голубые, как озера... Хеть!.. На ресницы карандаш положить можно. На мадонну Сикстинскую похожа, честное слово!.. Познакомились. Ну, я сразу в КГБ — чтобы ей проверочку сделали. А там Пашка Косогуб, такой чудак, он у бандеровцев разведчиком был, душегуб, каких мало,— вот Леночка не даст соврать, сейчас демобилизовался, в райисполкоме работает. Так этот Пашка сразу взял ее в работу... Хеть! Раскололась в два счета. Племянница Деникина, связана с японской разведкой, участвовала в покушении на товарища Торбу. Полный порядок. Ей дали шлепку, после обменяли на четвертак. До самого пятьдесят третьего просидела... Хеть!..

— Ну, а потом что?..

— Как что?.. Полностью реабилитирована. Недавно во Львов вернулась. Но уже совсем не то, пройдешь и не посмотришь, вот Леночка не даст соврать!..

Беляев выпивал в доме старого друга, львовского профессора-филолога. Водки, как и всегда, не хватило, и профессор побежал за угол, в ларек. Беляев стал домогаться у его жены, пожилой женщины, чтобы она отдалась ему по-быстрому, пока муж не вернулся. Та пыталась его усовестить, но он вынул пистолет и пригрозил, что застрелит ее. Глупая женщина продолжала упрямиться, он выстрелил и попал ей в бедро. Она навсегда осталась хромой, а Беляеву вкатили «строгача». Его утешает лишь одно: на следствии выяснилось, что эта женщина — сестра убийцы Воровского. Все-таки Беляев не зря старался.

Красавица монахиня в Мукачевском женском монастыре. Гордое смуглое лицо, гордая стать, независимая, до вызова, поза во время службы в церкви.

ПОДМОСКОВЬЕ (май 1959 г.)

Вчера, взяв у соседа одноствольное ружье и единственный патрон, пошел в ближний лес на тягу.

Лес в полном смысле звенел. Я плохо знаю голоса птиц. Я узнавал лишь тонкий, острый свист синиц, странное клацанье дроздов, гортанные, тревожные переклики сорок; другие, самые нежные, самые мелодичные голоса оставались мне неведомы, хотя порой я видел исполнителей. Стройная, изящная птичка сидела на верхушке молодой ели, на светлом, вертикальном молодом побеге, и заливалась так самозабвенно, что подпустила меня вплотную. А когда наконец заметила, то перелетела на соседнюю елочку, опять на самую маковку, и продолжала с той же ноты, на которой я ее прервал. Жаль, я не знаю, что это за птичка.

Когда я шел к заветному месту, солнце достигло горизонта. Всю свою последнюю силу оно отдавало земле, покрыв ее горячим розовым золотом. А небо, по-дневному голубое, в чистых, белых, прозрачных облачках, питалось каким-то своим светом. Когда я уже стал в засаде, солнце село, земля накрылась спокойной, тихой тенью, а облака загорелись золотым и малиновым от невидимого уже солнца.

Я постоял немного, потом переменил место, миновав по пути глубокую балку, наполненную будто лиловым дымом. То был растворенный в низинном, вечерне-влажном воздухе отсвет лиловатых веточек ольшаника, усеянных набухшими почками. Из чащобы кустов, крывших дно балки, вырвались и прошли низом два витютня с такими обтекаемыми, стремительными телами, что они казались не живыми созданиями, а крошечными реактивными самолетами.

УСОЛЬЕ

Эта затянувшая свой приход весна спутала все «расчеты» и у животных, и у растений, и у птиц, и у рыб, и у человека. Такая путаница, что все очумели. Плотва-ледянка начала икриться прямо на лед, примерзший ко дну. Когда же лед неожиданно поднялся, а снег на берегу стал яростно таять, образуя ручьи и водоемы во всех впадинах земли, щуки ринулись на икромет в канаву вдоль железной дороги. Нестойкие протоки обмелели раньше, чем щуки отметались, многие оказались отрезанными от озера, рыбаки брали их чуть не голыми руками. То же случилось с язями, попавшими в плен к маленькому болотцу.

А с грязнухой вообще непонятно. Настоящего хода ее так и не было. Лишь в одном месте озера, неподалеку от устья реки, в жидком камыше, после шершавых самцов-молочников стали попадаться и зеркально-гладкие, уже пустые самки. А терки не было слышно в этом году, берега скучно молчали.

Деревья не распускались до середины мая, так и простояли голые, с набухшими почками. До чего осторожен растительный мир — он не поверил теплу ранних майских дней, не отдал зелени, и верно — целую неделю длились заморозки, даже снег выпадал...

ПО ДОРОГЕ К ПЕРЕСЛАВЛЮ

Долгая, долгая майская заря. Горизонт окрасился розовым, розовое растекалось все шире, затем высветилось небо, а луна стала белой, как снежок. Распустилось утро, а солнца все не было. Но вот озарились снизу розовым лиловые облака и над дальним городищем ослепительно засияла дужка солнца. Затем оно на глазах, буквально на глазах, стало вплывать ввысь.

1960

КРАСНАЯ ПАХРА (1960 г.)

Все началось в пору моего загула. В тот раз я зажег высокий костер. Горел и сгорал на этом костре только я сам, другие приближались и, чуть опалив волосы, отходили прочь. О, эти другие! Им все можно, все безопасно, все безнаказанно. Они тоже пьют, но не пропивают Парижа и Буэнос-Айреса, скандалят, но не на месяцы и не на всю страну, они размахивают руками, иногда шлепают друг дружку по щекам, но не так, чтобы под глазом зарубка, как на косяке двери — навсегда, они и любят, обманывая не жен, а возлюбленных, расплачиваясь ужином, а не душой. Я всегда в проигрыше. Я играю на золото, а мои партнеры — на орешки.

Позже ты шутила, что из меня вышел бы отличный олень, так сильны во мне защитные инстинкты. Да ведь это другая сторона моей незащищенности, гибельности. Я бы десятки раз погиб, сорвался с края, если б не безотчетно сторожкое, что следит за мной. Но во мне не хватило этого оленьего, чтобы шарахнуться от тебя...

Видит Бог, не я это затеял. Она обрушилась на меня, как судьба. Позже она говорила, что все решилось в ту минуту, когда я вышел из подъезда в красной курточке, с рассеченной щекой, седой и красивый, совсем не такой, каким она ожидала меня увидеть. Я был безобразен — опухший от пьянства, с набрякшими подглазьями, тяжелыми коричневыми веками, соскальзывающим взглядом, шрам на щеке гноился. Хорошим во мне было одно: я не притворялся, не позировал, готов был идти до конца по своей гибельной тропке.

Я долго оставался беспечен. Мне казалось, что тут-то я хорошо защищен. Уже была близость, милая и неловкая, были слова, трогающие и чуть смешные,— не мог же я всерьез пребывать в

135

образе седого, усталого красавца, — были стихи, трогающие сильнее слов, и не смешные, потому что в них я отчетливо сознавал свою условность; было то, что я понял лишь потом, — стремительно и неудержимо надвигающийся мир другого человека, и я был так же беспомощен перед этим миром, как обитатели Курильского островка перед десятиметровой волной, слизнувшей их вместе с островком.

Я понял, что негаданное свершилось, лишь когда она запрыгала передо мной моим черным придурком-псом с мохнатой мордой и шерстью, как пальмовый войлок; когда она заговорила со мной тихим, загробным голосом моего шофера; когда кофе и поджаренный хлеб оказались с привкусом ее; когда лицо ее впечаталось во все, что меня окружало.

Она воплотилась во всех мужчин и во всех животных, во все вещи и во все явления. Но, умница, она никогда не воплощалась в молодых женщин, поэтому я их словно и не видел. Я жил в мире, населенном добрыми мужчинами, прекрасными старухами, детьми и животными, чудесными вещами, в мире, достигшем совершенства восходов и закатов, рассветов и сумерек, дождей и снегопадов и где не было ни одного юного женского лица. Я не удивлялся и не жалел об этом. Я жил в мире, бесконечно щедро и полно населенном одною ею. Я был схвачен, но поначалу еще барахтался, еще цеплялся за то единственное, что всегда мог противопоставить хаосу в себе и вне себя, за свой твердый рабочий распорядок. Но и это полетело к черту.

Меня вызвали в Ленинград. Мы уговорились, что она приедет ко мне, но перед самым моим отъездом поссорились. И все же я верил, что она приедет ко мне. Когда поезд отошел от перрона, я запер дверь купе, в котором был один, и начал молиться. Последние годы я обременял Бога только маленькими поручениями: «сделай так, чтобы в коробке осталась хоть одна негорелая спичка», «сделай так, чтобы бензина хватило до дачи», «сделай так, чтобы мне подали карский шашлык»... Давно прошло то время, когда я вымаливал людям, животным и растениям долголетие, счастье, прочность, когда я был наместником Бога и смело ходатайствовал перед Ним за всех маленьких на земле. У меня не убавилось веры в Бога, убавилась лишь вера в его всемогущество. Я бы не стал молиться, если бы не знал, что она приедет. Я верил в нее и просил Бога не о многом: только помочь, только проследить, чтобы случайное недоразумение не помешало ей. «Миленький Боженька, сделай, чтобы она достала билет на завтра! Миленький, любименький Боженька, сделай, чтобы она достала билет на „Красную стрелу", на „Стрелу", не на дизель, одно мягкое место в „Стреле" даруй ей, милый Боженька!.. И чтобы она не опоздала на поезд, прошу тебя, миленький, любимый Боженька!.. Пусть дежурит Володя Готвальд, миленький Боженька, тогда такси придет вовремя, сделай, чтобы дежурил Володя Готвальд!»

Она думала, что я не ждал ее. А я так ждал и так готовился! Самое трудное было не позвонить, не дать ей этот единственный шанс к неприезду. Я принял меры и вечером предоставил свой номер двум подонкам и двум проституткам. Пока они пили, бесчинствовали и по очереди бегали в ванну, я сидел у телефона и щемяще чувствовал поэтичность черного лакированного ящика с черным, некрасиво извивающимся шнуром. Он через минуту мог дать мне ее голос. А этого нельзя, нельзя подсказывать судьбе. Ты приедешь, обязательно приедешь, если я буду тих, нем и покорен твоему выбору, твоему решению. Ровно в полночь телефон потерял свою власть надо мной, ты была в пути.

Теперь я стал строителем. Я построил для нее Зимний дворец и всю набережную, биржу и Кунсткамеру, Казанский собор и Гостиный двор, Петропавловскую крепость и Адмиралтейство, я так просто и сильно возвел здание Академии наук, чтобы по утрам его гладкие стены принимали на себя все солнце, я перекинул мосты через Неву и Фонтанку, поставил ростральные колонны и Александрийский столп, в расчете на его тяжесть ничем его не укрепив, чтобы только удивить ее; каждый парк я обнес решеткой, перебросил арки там, где дома мешали прорыву улиц к площадям. Я пренебрег только окраинами, потому что ей было не до них. Я так тщательно, кропотливо, широко и нежно создавал для нее город, что мне едва хватило ночи, и когда утром раздался стук в дверь, я открыл ей непроспанный, усталый, мятый, растрепанный, каким и бывает строитель, только что уложивший последние кирпичи.

Напрасен был мой ночной труд. Город оказался нам почти не нужен. К чему пышные декорации, для нашего накала достаточно просто сукон. К чему был Медный всадник, коль она была и Петром, и конем, и змеей под его копытом. Нам нужны были лишь мы сами да площадка — мой дочерна прокуренный номер, да зрители: пусть безотчетно, но мы сознавали, что являем собой зрелище — их в избытке оказалось с первого же дня. Помню, мне так нужно было заплакать в этот первый наш день. Заплакать оттого, что все свершилось, что она приехала, что Бог ничего не напутал, лишь вместо мягкого дал ей жесткое место, заплакать, чтобы откупиться от судьбы, да не прервет она начавшегося, но я умею плакать, лишь когда гибнут мои собаки. Я стыжусь слез, как громкой или слишком откровенной фразы. Я придрался к смерти Фатьянова — и разрыдался во всю грудь. Я плакал над собой и над нею, и оттого, что нам хорошо сейчас и что никогда больше не будет так хорошо, будет лучше, будет хуже, но так не будет.

Наши наивные попытки выйти за очерченный круг ни к чему не приводили. Зачем-то нас занесло в Эрмитаж. Я дурачился и строил рожи среди картин, ваз, доспехов, гобеленов от радости, что впервые могу не восхищаться, не изумляться, не подавляться назойливым преизбытком великих творений. То, что шло об руку со мной, живое, теплое, смеющееся над моим ломаньем совсем детским, тоненьким смехом, было настолько совершенней, бесконечней, увлекательней, что виртуозная мазня вокруг была мне, как здоровому лекарство. И глядя на обесцветившихся Матиссов и Гогенов, на Марке и Писсарро, утративших поэтичность, на мясную лавку фламандцев, где туши Рубенса отличаются от туш Снейдерса лишь тем, что они не освежеваны, на Ван Дейков, лишившихся печали, на беззубого Брейгеля и полинявшего Веронезе, я думал: вы вернетесь ко мне, когда минет моя пора и удача.

Меня тронула лишь Мадонна Литта, потому что в наклоне ее головы мне почудился на миг знакомый наклон, я задержался взглядом на Данае, вернее, на ее руке, лежащей на подушке, потому что так вот, локтем в подушку, тянется по утрам ее рука к ночному столику за сигаретами.

Эрмитаж был последним нашим отвлечением. Мы поняли, все это нам ни к чему, мы здесь лишь друг для друга, и наглухо отгородили себя от города с его красотами густой табачной завесой, ослеплявшей всякого, кто переступал порог моего номера.

Мы были тут, чтобы любить. И мы любили с таким доверием и близостью, словно родили друг друга, с ревностью, ненавистью, с боем, с чудовищными оскорблениями и обвинениями, с примирением, лучше которого ничего нет, с непрощением и всепрощением. Мы говорили ужасные слова в глаза друг другу, мы били друг друга только по лицу, мы лгали, но только чтобы причинить боль, потому что правда давала нам счастье, ничего, кроме счастья, и каждую ночь, рядом или поврозь, мы снились друг другу.

Мы были во всем равны друг другу, лишь в одном я был удачливей и богаче. Достоевский не читал Достоевского, Чехов не мог читать Чехова, Марина Цветаева никогда не знала горькой радости стихов Цветаевой, ты не знаешь, каково обнимать тебя, касаться твоих легких волос и, наполняясь горячей, туго рвущейся из оков жизнью, отдавать тебе эту жизнь, и счастья полной опустошенности, когда так легко не быть, потому что собственное бытие обрело куда более прекрасное вместилище — тебя, ты не знаешь.

Как многому научила она меня за эти короткие ленинградские дни. Я узнал, какое счастье в умалении себя перед любимой, какое счастье быть в тени любимой, чтобы все солнце, весь свет падали на нее одну. Не царем царицы быть, принцемсупругом ее величества, мужем лишь для опочивальни, а не для совета, не для соправления, не для разделения власти. Я так гордился, так восхищался ею, когда в битком набитом номере она читала свои стихи нежно-напряженным, ломким голосом и любимое лицо ее горело, — я не отважился сесть, так и простоял у стены, чуть не падая от странной слабости в ногах, и мне счастливо было, что я ничто для всех собравшихся, что я — для нее одной.

И еще она научила меня жалеть себя по частям. Сейчас я жалею свою руку и свою щеку, и каждый свой глаз в отдельности, и свою ногу, и свой толстый, вечно ноющий живот, потому что всем им приходилась от нее своя отдельная, особая нежность и у каждого своя потеря.

Но это позже, это сейчас, а тогда был Ленинград и восторг утреннего пробуждения, когда за окнами сумрак и горят фонари, и в пору не вставать, опять ложиться спать, и официантка Катя с ленивым глазом, прекрасная, как ты, несет мне омлет из тебя, масло из тебя, хлеб из тебя, кофе из тебя с твоим молоком.

Причастные, сами того не сознавая, чуду, как чудесно похорошели, облагородились мои низкопробные знакомые. Воришка и приживала Г. впервые открыл для себя жест, каким тянутся за собственным бумажником, жест, приближающий руку к сердцу; у дурачка П. глаза темнели печалью и незащищенностью, его глупость обернулась трогательным рыцарством; тяжелый грязнуля Ш. стал легок и изящен, как француз, и воротнички его сверкали белизной и крахмалом. Люди сбрасывали грехи, будто омылись в купели, и выходили обновленными, свежими, с ясной чистотой в глазах.

Мне думается, что, расставшись с нами, они недоуменно, темно и смутно ощутили утрату осенившей их на миг благодати.

Лишь одного приближение к нам не опалило очистительным огнем, не взволновало причастностью к таинству. Старый шут, словно на смех награжденный какой-то двусмысленной, кукольной молодостью, он один устоял в своей пошлости, кривлянии, порочности, мертвенной опустошенности. Но так оно и должно быть. Иначе он заслуживал бы прощения, а Иудину греху нет ни прощения, ни искупления.

Что было еще? Ночь в купе́ на обратном пути. Мы спали в такой тесноте объятия, в такой взаимной проникновенности, что были подобны сложенному перочинному ножу, каждый из нас был лезвием и ручкой одновременно.

И еще был ужас пробуждения. С той безошибочностью, с какой я всегда предчувствую дурное, я угадал, что вопреки обыкновению, вопреки слишком раннему часу, вопреки домашней традиции, согласно которой меня никогда не встречают, если я сам не прошу, меня будут встречать. Не из-за большой и проницательной любви, а из-за обостренного инстинкта самосохранения, проницательного, как любовь. Я пошел вперед, оставив ее с саквояжем и без денег на такси, полумертвый от растерянности и горя, чувствуя, как стыд, свою повернутую к ней спину. Но горе было во мне сильнее стыда, лучше так, чем вороватая ложь, лучше так, чтобы все неблагородство пало на одного меня, а ей осталась чистота потерянности и боли.

Конечно, мы перешагнули и через это, ведь нас вела своя необходимость. Несчастье пришло с другой стороны...

Как ужасно, терзающе в нашем высоком строе прозвучали бедные, с кухни, слова:

— ...И соседи начали коситься... И мама... Она говорит: пусть Ленинград был прекрасен, но надо же...

Что надо? «Надо» может быть только у меня, ибо от меня зависит жалкий, маленький человек, которого так непросто и так больно отослать назад в крысиную нору. «Надо» — не может быть у того, кто зависим, потому что тогда оно низость. «Надо» — может быть только у меня, потому что я — жертвующий, а не нуждающийся, дающий, а не берущий, потому что у меня «надо» не окрашено никакой корыстью. «Надо» может быть только у меня до той неизбежной поры, когда я все-таки отошлю маленького, бедного человека в его крысиную нору.

На прекрасной скрипке оборвалась тоненькая струна, и то, что пело, стонало, молилось, плакало,— мелко задребезжало: новая квартира... наладить жизнь...

С кем? С длинным мальчиком, выросшим из всех штанишек, но так и не ставшим взрослым; с цветочком на долгом слабом стебле, что уже начал клониться и будет клониться, пока не сломается. Ей, у которой в циркульно чистом девичьем овале творится порой такая печаль, такая беззащитность, такая понимающая нежность, что доступны лишь человеку, измочалившему себя о жизнь. Ей порой взрослость сердца и ума даны от Бога, словно дар провидения.

Отчего такая внезапная потеря высоты? Какая беда, какая порча случилась в том прекрасном, совершенном аппарате, что так щедро, легко и гордо тянул ее в высоту? Неужели — не вечно женственное, а вечно бабье, нище бабье, таившееся до поры, вдруг обнаружило себя?

Пусть так. Мне не поможет старая уловка.

Вот она мелькнула росчерком своей и девичьей, и женской фигуры в заснеженных кустах возле колодца, а вон она на ветке с московками и снегирями, вон прямо из сугроба улыбнулось ее скуластое, милое, нежное и вызывающее лицо. Ничто мне не поможет. Она проникает в комнату, ее так много, и это многое так властно, что сразу становится всем: столом, креслом, радиолой, тахтой, игрушечной заводной собачкой и другой собачкой, не заводной, листом бумаги, карандашом и моей пишущей ручкой, мне некуда деваться от нее, и я опять плачу.

Если бы разбился твой самолет, я бы до конца узнал, чем ты

стала во мне. Но бьются лишь мои самолеты. А твой в назначенный день и час доставил тебя, целую и невредимую, в руки твоего замызганного мальчика, длинные, слабые руки, способные тискать, мять, шарить, но не обнимать. Сейчас я стараюсь не думать об этом, а думать так, как если бы твой самолет разбился.

Самолет падает семь минут. Это время большее, чем нужно, чтобы разнуздалось все низкое, темное, все непотребное в человеке. Путь от примата до человека потребовал тысячелетия, для обратного вырождения достаточно этих семи минут. Я так ясно вижу и чувствую орущую, визжащую, дерущуюся, кусающуюся давильню, что закупорила сама себе прорыв в хвост самолета, будто сам задыхаюсь в ней. И я вижу одну фигуру, оставшуюся неподвижной, вовлеченную лишь в падение самолета, а не в человеческое падение, твою фигуру. Только побледнеет, только покраснеет твое дорогое гибнущее лицо, только сожмутся некрасивые детские пальцы, чуть вскинется рыжая голова, но ты не покинешь своей высоты.

А ведь в тебе столько недостатков. Ты распутна, в двадцать два года за тобой тянется шлейф, как за усталой шлюхой, ты слишком много пьешь и куришь до одури, ты лишена каких бы то ни было сдерживающих начал и не знаешь, что значит добровольно наложить на себя запрет, ты мало читаешь и совсем не умеешь работать, ты вызывающе беспечна в своих делах, надменна, физически нестыдлива, распущена в словах и жестах. Но ты не кинешься в хвост самолета! И я не кинусь, но лишь от слабости, которая отвратительнее всякой паники, в той хоть есть звериная правда действия.

Самое же скверное в тебе: ты ядовито, невыносимо всепроникающа. Ты так мгновенно и так полно проникла во все поры нашего бытия и быта, в наши мелкие распри и в нашу большую любовь, в наш смертный страх друг за друга, в наше единство, способное противостоять даже чудовищному давлению времени, ты приняла нас со всем, даже с тем чуждым телом, что попало в нашу раковину и, обволакиваемое нашей защитной секрецией, сохранило инородность, не став жемчужиной.

Ты пролаза, ты и капкан. Ты всосала меня, как моллюск. Ты заставила меня любить в тебе то, что никогда не любят. Как-то после попойки, когда мы жадно вливали в спаленное нутро боржом, пиво, рассол, мечтали о кислых щах, ты сказала с тем серьезно-лукавым выражением маленького татарчонка, которое возникает у тебя нежданно-негаданно:

— А мой желудочек чего-то хочет!.. — И со вздохом: — Сама не знаю чего, но так хочет, так хочет!..

И мне представился твой желудок, будто драгоценный, одушевленный ларец, ничего общего с нашими грубыми бурдюками для водки, пива, мяса. И я так полюбил эту скрытую жизнь в тебе! Что губы, глаза, ноги, волосы, шея, плечи! Я полюбил в тебе куда более интимное, нежное, скрытое от других: желудок, почки, печень, гортань, кровеносные сосуды, нервы. О легкие, как шелк, легкие моей любимой, рождающие в ней ее радостное дыхание, чистое после всех папирос, свежее после всех попоек!..

Как ты утомительно назойлива! Вот ты уехала, и свободно, как из плена, рванулся я в забытое торжество моего порядка! Ведь мне надо писать рассказы, сценарии, статьи и внутренние рецензии, зарабатывать деньги и тратить их на дачу, квартиру, двух шоферов, двух домработниц, счета, еду и мало ли еще на что. Мне надо ходить по редакциям, и я иду, и переступаю порог, и я совсем спокоен. Здесь все так чуждо боли, страданию, всему живому, мучительно человечьему, все так картонно, фанерно, так мертво и условно, что самый воздух, припахивающий карболкой и типографским жиром гранок, целебен для меня. Еще немного — и тревожная моя кровь станет клюквенным соком, и я спасен. Но ты пускаешь в ход свой старый и всегда безошибочный трюк. Ты выметываешь из-за стола толстое, сырое тело редакционной секретарши своим движением, с циничной щедростью ты даришь ей свою грудь с маленькой точкой, алеющей в вырезе — не то родинка, не то следок папиросного ожога, — и все идет к черту!

До чего же ты неразборчива! Тебе все равно, чье принимать обличье. Дача, окно в закате, оранжевый блеск снега, лоток с пшеном и семечками, выставленный для птиц, и поползень висит вниз головой, и снегирь то раздувается в шар, то становится тоненьким, облитым, и чечетки краснеют грудками и хохолками, и лазоревка надвинула на глаза голубой беретик. Но вот, вспугнув всю птичью мелочь, на лоток сильно и упруго опускаешься ты большой красивой птицей, измазавшей о закат свое серое оперение. Не розовая, розовеющая, ты принесла на каждом крыле по клочку небесной синевы. Ты поводишь круглым, в золотом обводье, глазом, клюв бочком, клюешь зерно, прекрасная, дикая и неестественная гостья в мелком ручном мирке нашего сада.

— Сойка! — грустно говорит мама, и она догадалась, что это вовсе не сойка.

Все вокруг лишилось своей первозданности, все стало отражением тебя, видится через тебя, ощущается через тебя, все полнится не своей, а твоей болью: и смертельная болезнь, и жалкость родных существ, и звери, и птицы, и вещи на письменном столе. Как это утомляет, как обессиливает — ежечасно, ежеминутно натыкаться на тебя!

О, не дели участи обреченного, не смотри зелеными глазами моей матери, не лижи меня тонким Кузиным язычком, не всплывай нежными скулами со дна каждой рюмки, оставь зерно под моими окнами сойкам, синицам, снегирям, не вселяйся в людей и животных, изыди из окружающих меня вещей. Раз уж ты ушла, то уйди совсем. Это же бесчестно, наконец!.. Словно для тебя существует честное и бесчестное, словно для тебя существуют правила игры. Ты играешь с открытыми картами, это высокая игра — я знаю,— но она так же сбивает с толку, как шулерство. Карты к орденам! Довольно, учись нашей общей, маленькой человеческой игре.

Это была странная ночь. Как будто черный ветер продувал комнату, все сметая в ней, унося прочь; он был огромен, этот ветер, он распахивал не форточки, а стены, и казалось, весь мир во власти чудовищного сквозняка. И я теснее прижимался к твоему узкому, худенькому телу, лишь в нем находя бедную защиту. То я был в яви и думал о том, что наши головы в последний раз лежат рядом на подушке, то проваливался в кошмар таких мучительно-бредовых сновидений, что они остались во мне частицей моей дневной муки: там путались морские коньки и человечьи зады, наделенные самостоятельным существованием — быть может, то были лица наших близких?— и еще какие-то мерзости, которым я не могу найти названия, ибо они были вовсе не тем, чем являлись, и я угадывал их вторую, скрытую сущность, но тут же терял угаданное, и было этих мерзостей, что зерен в гречневой каше, и я задыхался, я совсем погибал в их густоте. А затем, меж явью и сном, — этот черный, зримый острыми клиньями ветер, и невыносимая сиротливость, и спасение в твоих тоненьких ребрах.

И вдруг знакомо, но с небывалой еще силой рванулось прочь из меня сердце. Я вскрикнул и всем телом подался за ним, словно пытаясь удержать его в себе. И тут мне на грудь мгновенно, бдительно и крепко легла твоя чуть влажная от сна ладонь, маленькая и надежная ладонь, которой ты опираешь себя о землю, когда крутишь свои стремительные колеса. И сердце упало в твою ладонь и забилось в ней, и я мог жить этим его биением уже не во мне. Я заплакал, очень тихо, ты и не заметила, заплакал оттого, что никто не был мне так близок, как ты в эту минуту, и это уходит, и ничего тут не поделаешь.

Когда сейчас ночью обрывается во мне сердце, я уже не испытываю страха, не вскакиваю со стоном, ведь я знаю, что оно стремится к тебе в ладонь, и зачем мне его удерживать?..

МЕЩЕРА

Мы охотились, сидя в шалаше с круглым деревянным настилом, засваенным в илистое дно. Сложен был шалаш в жемчужно-припотелой сите, с бело-сотовой клетчаткой на сломах, из березовых веток, покрытых такой безнадежно желтой, сухой, мертвой листвой, что сжималось сердце.

Под настилом все время творилась какая-то кропотливая работа. Я слышал ее давно, но безотчетно, и заметил лишь потому, что егерь Анатолий Иванович совсем перестал интересоваться охотой. Он то колотил кулаком по настилу, то склонялся к воде, раздвигая ситу и что-то высматривая там, потом вынул свой большой складной, с фиксатором, нож и закрепил трехгранное, словно штык, шило. Этим шилом он наугад тыкал в воду, но суета под настилом не прекращалась. Я спросил раздраженно:

— Что там такое?

— Да крыса, — ответил он, — по хозяйству, видать, хлопочет.

И вдруг, закаменев красноватым лицом и сжав мужицкие бледно-сухие губы, он резко, от плеча, ударил шилом в пыльно-бархатистую воду, почти отвесно, под край настила. Вынув мокрую веснушчатую руку, он удивленно и разочарованно осмотрел трехгранное лезвие, провел по нему пальцами и посучил темными от пороха подушечками.

— Что за черт? — произнес он обескураженно. — И сукровицы нет...— Со всегдашней злобностью он сделал ударение не на том слоге. — Я ей в самое сердце ткнул, она на коряжку села, воздуха глотнуть...

Тут что-то пролетело, не то гоголь, не то луток, я вскинул ружье, опоздал с выстрелом и, странно готовый к тому, что это должно быть, опустил взгляд и увидел на своем сапоге мертвую рыжую водяную крысу. Из грудки ее текла не сукровица, а красная, яркая струйка крови. И, взбешенный, я заорал:

— Вышвырните ее!.. Сейчас же, черт бы вас побрал!.. Я ненавижу крыс!..

Я глядел в сторону, но знал, что он за хвост снимает ее с моего сапога, рассматривает и кидает в воду. А потом я увидел на волне маленькую, совсем не противную рыжую тушку.

— Она от воды и так съежившись,— говорил Анатолий Иванович,— а тут еще подобралась да в щелку и вышмыгнула на сушь...

— Как же она нас не испугалась?

— Нешто тут разбираешь — в смертной тошноте?.. — грустно сказал Анатолий Иванович.

А бедная человеческая крыса, которую я пронзил так же бессмысленно и точно? И она выползла помереть на моем сапоге, но отдышалась и взяла деньги на постройку новой норки и удалилась на двух бодрых лапках, как царевна-крыса из балета «Щелкунчик». Ну и что же? Не обманывайся — в маленьком сердце навсегда осталась незаживающая трехгранная ранка.

ИЗ ВЕНГЕРСКОГО БЛОКНОТА

В маленьком сидячем вагончике отправились мы в Дебрецен. Завтракали в вагоне-ресторане тремя тонюсенькими ломтиками венгерской колбасы и ломтиком ветчины, пили чай с лимоном из тяжелых, как ртуть, чашек. За колючей проволокой началась Венгрия. Кукурузные, картофельные поля, яркие озими, убирают капусту, большую, круглую, бледную. На всех мужчинах-служащих — своеобразные фуражки со скошенными, как у пуалю, затылками.

Гостиница «Золотой бык» — смесь старины с современностью. Здание — старинное, но внутри модерн, несколько омраченный гипсовыми фигурами под старину. Вестибюль построен фонарем, в стеклянную крышу этого фонаря упираются окна моего номера, очень убогого.

Обед — суп с вермишелью, очень острый, наперченный; телятина с розовым сладковатым соусом и кнедликами, яблочный пирог, к этому бокал светлого горького пива.

Гуляли по городу. Город поначалу производит такое впечатление, будто его вовсе нет, как нет многих наших районных да и областных городов. Но это оказалось ошибкой. Город есть, одноэтажный, в рослых деревьях. Он тянется очень далеко, и мы не достигли его окраины. Это город коттеджей. Большинство коттеджей стары, но встречаются и ультрасовременные: просто, строго, удобно, красиво — весь разум и опыт времени.

В гостинице на двери мужской уборной помимо надписей на четырех языках всемирно известные вензеля: WC, прибито пластмассовое мужское лицо с ярко-красными губами вурдалака; над женской уборной — пластмассовое женское лицо, розовое, синеглазое и тоже яркогубое. Эти лица обещают что-то большее, чем простые кишечные радости.

Вечером после ужина остались послушать будапештский джаз. Девка с голой худой спиной низким голосом пела, орала, хрипела, шептала, плакала какие-то джазовые псалмы, она даже свистела губами и в два пальца. Потом пел красивый, какой-то налакированный парень, и тоже здорово. Я запомнил один куплет:

Оле, оле на контрабас,
Пора, пора пуститься в пляс, —

или что-то в этом роде.

Двое суток в таком номере, как у меня, способны заставить человека многое пересмотреть в себе и в окружающем.

Мне по-настоящему не скучно только на даче, в близости письменного стола, родных людей и собак.

Был на кладбище. Мощные медные деревья. На многих гранитных и мраморных плитах покойники объявлены впрок. Например: «Елизабет Папп 1889 — ....». Остается лишь заполнить пропуск. Один старичок, похоронивший жену в 1936 году, вот уже двадцать четыре года оставляет место пустым. Сейчас ему сто пять лет. У бедных над могилами какие-то деревянные грибки. Много свежих цветов и ужасные искусственные венки и бутоньерки в виде сердец.

Большим спокойствием и ясностью веет от этого кладбища. Мне, по правде говоря, было бы скучно жить, если б я был уверен, что непременно умру и непременно в Дебрецене. Как ни тихо живешь, а все рассчитываешь на какую-то неожиданность.

А потом мы были в музее, где вся человеческая культура предстает в какой-то пошлой, захолустной миниатюрности. От скелета неандертальца до пейзажей местных абстракционистов путь тут необычайно короткий: минут семь, три зала.

Еще были в больнице, где прекрасный парк. Запах осенней листвы, чистые красивые халаты на больных и врачи, переезжающие из корпуса в корпус на велосипедах.

Университет. Великолепное белое здание с рекреационным залом на дне глубочайшего, но очень светлого каменного колодца — нечто вроде внутреннего двора среднеазиатских домов. Красивые, нарядные, очень юные студенты. Курить можно во всех коридорах, в стену вделаны железные пепельницы, воздух свеж, отличная вентиляция. От молодежи веет незамороченностью, неотягощенностью противоестественными условностями. От них требуется одно — хорошо учиться. Предполагается, что моральная основа у них и так есть.

27-го утром отъезд в Мишкольц. Скучная дорога, мутная и широкая Тиса. Равнинно и грязновато. Мишкольц — полугород-полудеревня, воздух полон копоти и серной вони. В вестибюле гостиницы — аквариумы с золотыми рыбками. Нетерпеливое ожидание обеда. Вообще я заметил: трапезы во время путешествий едва ли не самое привлекательное и волнующее. Понятно, почему Гончаров так много писал о жратве в своем

«Фрегате „Паллада"».

У стойки бара старуха пила пиво, деловито взбалтывая осадок.

Стоит задуматься над тем быстрым изживанием отчаяния, которое уже не в первый раз происходит со мной. В душевной жизни, как нигде, надо придерживаться талейрановского принципа: поменьше рвения. Не торопись складывать свою жизнь к чьим-либо ногам. Погоди, оглянись, может, это не обязательно.

Все остальные записи использованы в «Венгерских рассказах».

Недавно у меня была Комлякова, странная женщина с Игарки. Мы познакомились по письмам. Толстая, некрасивая, в очках, с дурной кожей и удивительно трогательная, даже женственная. Прощаясь, она провела пальцем по моему лицу — тихо, но твердо. Меня тронул и смутил этот жест слепой. После из письма я узнал, что она действительно слепнет (последствие контузии и нажитого в Игарке авитаминоза). Но почему это «ручное зрение» появилось у нее так рано? Я думал, оно приходит с полной слепотой. Или человек бессознательно начинает тренировать себя на это новое узнавание мира?

У нашей жизни есть одно огромное преимущество перед жизнью западного человека: она почти снимает страх смерти.

Голубая пробоина в сером, пасмурном небе.
Опять у неба стеклянный блеск, опять пришла осень.

Хоронили Шерешевского. Крематорий — единственное место на земле, где не чувствуешь себя чужим. Когда гроб опустили в дыру и мы вышли наружу, из труб черно и густо повалил дым. Как много надо жара, чтобы сжечь одного маленького еврея! И еще казалось, что Шерешевский клубами дыма уходит в небо, как джинн из «1001-й ночи».

Мельчайший снег был совсем невидим, лишь чувствовался холодком на носу, но даль молочно мутилась.

Мама прикормила птиц в нашем саду. Совсем рядом с окном воткнула в землю сук и к нему прикрепила фанерку. Дважды в день на фанерку насыпают подсолнухи и семена. Прилетают синички — московки и лазоревки — в голубых беретиках, поползни, чечетки с ярко-красными хохолками, снегири, воробьи, гаечки и даже сойки — розовобрюхие, с яркими синими полосками на крыльях. Снегирь сидит толстый, почти круглый, и вдруг от испуга весь утончается, вытягивается, становится меньше самого захудалого воробья.

В ДЕТСКОМ САДУ

Дети встретили меня ликующе: «Юрий Маркович!.. Юрий Маркович!..» — словно я рождественский дед. И тут же наперебой стали просить, чтобы я рассказал, как летал на самолете. Я думал, они спутали меня с Коккинаки. Нет, они звонили ко мне, и им сказали, что я улетел в Ленинград.

— А где вы живете? — спросил меня очень серьезный, с тонким лицом мальчик.

— В Москве, но большей частью на даче.

— На даче? — повторил он задумчиво и радостно добавил: — Там сейчас лето! (Дело происходило зимой.)

Он же спросил меня:

— А вы самый главный писатель?

— Нет, скорее наоборот...

— У них главных не бывает, дурак, — благожелательно объяснил ему приятель. — У них все главные.

Воспитательница рассказала им глуповатую историю собственного сочинения о двух друзьях-изобретателях, построивших подводную лодку. Свой дурацкий рассказ она иногда прерывала вопросами, этакий тонкий педагогический прием, вовлекающий ребят «в сотворчество».

— А лодку свою они сделали непроницаемой... Для чего, ребята?

— Чтобы пыль не набилась! — крикнул с места мальчик с коленками круглыми, как ядра.

Ребята старались усесться поближе ко мне. Один взял меня под руку, другой ухватил за карман, третий даже за воротник сзади.

— А если бы вы были моим папой! — упоенно сказала одна девочка.

— А если б моим!.. — тут же подхватила другая.

— Моим!.. Моим!.. Моим!..— полетело со всех сторон.

Вмиг я стал отцом двух десятков детей.

Одна девочка — она носила на рукаве повязку с красным крестом — не принимала участия в наших делах. Она все время лечила себя: ставила градусник, пила капли из бутылки с помощью пипетки и прямо из горлышка (конечно, капли воображаемые), выслушивала себя игрушечным нейлоновым стетоскопом. Она так мужественно боролась за жизнь, что это было даже величественно.

Когда я уходил, они все припали к окнам. Над Мытной улицей долго не умолкало прощальное, отчаянное: «Юрий Маркович! Юрий Маркович!..»

1962

Ночью пошел в лес. Полная луна размыто желтела в мутной наволочи, и тени деревьев на снежной дороге были жидкими, бледно-серыми. Полянки светлы почти дневным светом; красиво курчавы инеем ветки молодых берез. Холодный ветер не проникает сюда, в просеку. Я опустил воротник, отер надраенное морозом и ветром лицо и почувствовал, как намерзли ноги в коленях. И от этого собственного холода одуряюще сильно вспомнился холод Машиных ног, когда она приходила ко мне в Подколокольный. Она надевала чулки с круглыми резинками, верхняя часть чулка немного подворачивалась на резинку, оставляя незащищенную полоску тела. Эти чулки были мне добрым знаком, гарантией близости. И я так любил ледяной холод у нее над коленями, который долго-долго не исчезал в тепле постели. Она была уже вся горячей, лицо так и пылало, а на ногах оставались ледяные обручи. И как же я был тогда молод!

Сегодня снова мороз, небо чистое, и ровная, светлая, чистая луна покоится в широком ореоле, серебристом близ нее и розоватом по краю.

Прекрасные стоят дни: ярко-синие, солнечные, огнистые в закате. Ночи полны серебра и черного бархата теней.

Ночью пошел в столовую, что-то громко напевая и совсем забыв, что в большой комнате спит Сашка. И вдруг вспомнил и ощутил к нему такую жалость и нежность от жалости, что прямо сердце остановилось.

Со мной это случается изредка в последнее время. Возрастное это, что ли? Понимаешь свою жалость и обреченность и оттого так мучительно чувствуешь беззащитность и гибельность близких.

152

Я и в самом деле начал чувствовать свой возраст, чего не было еще год назад. Вдруг постигаешь с непередаваемо горьким чувством, что изменить что-либо, исправить, что-либо, искупить что-либо у тебя просто не хватит времени.

Страшно бывает, особенно по ночам.

Каждый раз, просыпаясь после дневного сна, я слышу пение птиц, то весеннее, бурное, радостное пение, что в майскую пору пронизывает, наполняет нашу дачу. И слышу я его не в первые минуты полузабытья, между сном и явью, а совсем проснувшись, в полном сознании. Слышу долго, минут пять, десять. Быть может, это признак склероза мозга, сужения или распада каких-то важных сосудов, или нарушение слухового аппарата, или что-то предшествующее смерти? Не знаю, но звучит это пение и красиво, и радостно, только чуть тревожно. Пишу это и снова слышу птиц за окном. Впервые это пришло ко мне не после сна, а в обычной вечерней усталости. Поют, поют соловьи, жаворонки, малиновки, зяблики, поют в ночном, заснеженном, скрипучем от мороза саду.

20 января 1962 г.

Печальная прогулка днем с Геллой. У меня повышено давление, болят затылок и лоб, перед глазами реет паутинка (Лена как-то сказала, что это от малокровия), да и сердце бьется вяло, отчего все тело лишено упругости. День серый, без теней и бликов, падает редкий снег.

Повстречали жалкого охотника с одноствольным ружьем. Оказывается, в наших местах водятся рябчики и зайцы. Но сегодня он ничего не убил, да и вчера тоже. Рябчики зарываются в снег, без собаки их не подымешь. У него, правда, есть собака, но плохо работает. Что-то все и все сейчас плохо работают: собаки, мое сердце и мозг, наши писатели и деятели, крестьяне, шоферы, водопроводчики, печники и печи, дверные замки и электрические бритвы, проигрыватели и магнитофоны, редакции и почта, и особенно — портные... Усталость, что ли? Усталость живой и мертвой материи?..

Хорош был лишь снегирь на ветке бузины, и тот улетел, едва мы его заметили, тоже не хотел сработать на радость нам.

Великое бесстрашие в авантюрной политике, в игре со стронцием, в попрании всех человеческих прав, даже прав желудка, и детский страх перед двумя строчками в рассказе, который никто не прочтет. Неужели литература действительно так могущественна?

3 февраля 1962 г.

Раньше зима, лето, осень и весна были для меня катастрофами, я ждал их, знал, что они придут, и все-таки трепетал. Теперь это просто времена года, а не грозные знаки моей судьбы, моей души.

Я.С., лежащий с повязкой на носу, с пузырьком, набитым льдом, на лбу, в предбаннике 4-го кабинета нашей поликлиники на виду у равнодушных людей. Для меня, сразу ослабевшего всем телом, с рухнувшим сердцем и трясущейся головой,— средоточие всей боли, всего страха, ужаса, жалости и любви, а для окружающих — даже не объект для любопытства. Люди дальше друг от друга, чем звезды во вселенной, те хоть шлют друг другу через миллионнолетия свой слабый свет.

Мне кажется, я стал так беспощадно загонять себя пьянством в неосознанном желании приспособить мой конец к уходу мамы и Я.С. О чем бы я ни думал, у меня даже в безответственности уютных ночных мыслей не получается продолжения без них. И вот что еще характерно: при всей своей мнительности, при столь развитом инстинкте самосохранения я вовсе не пугаюсь тех странных сердечных явлений, без которых теперь не обходится ни одна ночь.

13 февраля 1962 г.

На днях побывал в суде. Там дела не слушаются, а лишь переносятся. Перенесли и наше дело, после того как мы три часа прождали судьиху, задержавшуюся — я слышал это через дверь — у какой-то прихворнувшей Люськи. Отложилось и предыдущее дело об избиении. Оно откладывается в восьмой раз из-за неявки каких-то неважных свидетелей. Пострадавший, серьезный человек в усах, в вельветовой толстовке, в шубе с барашковым воротником и такой же шапке, по виду заводской мастер, старый уважаемый производственник, стоически пережил неудачу. «Ничего, ничего, мы доведем дело до конца»,— говорил он своей симпатичной, жалко-растерянной жене.

Его избил зять, муж дочери. Зять пытался выбросить его с пятого этажа, но не сумел и ограничился тем, что прошиб ему голову и сломал три ребра. Он тоже расписывался в судейской книге, бледный, с плоским, лопатообразным лицом. Свидетели были в отчаянии: восьмой раз вызывают их, и все без толку. Тут, как из ящика Пандоры, посыпались такие типические несчастья, что и нарочно не подберешь: у одной — обвалился потолок, у другой — некормленый ребенок в коклюше, у третьей — старуха мать умирает, четвертая — на сдельщине и теряет здесь заработок. Бабы орали, плакали, ругали на чем свет стоит и суд, и пострадавшего, который хранил ледяное спокойствие и достоинство. Похоже, этот жалкий процесс стал содержанием всей его жизни, он произвел на меня впечатление человека, живущего полно, целеустремленно, напряженно, интересно. Когда суд наконец состоится, в чем я, однако, не уверен, и его зятю дадут года два за злостное хулиганство, в его жизни образуется зияющая пустота.

Хорошие дни. Рано встаю, работаю до обеда, потом хожу на лыжах. Со мной собаки. Рома преданно и чинно идет сзади по лыжне, Пронька носится как угорелый, проваливается в снег, с трудом выкарабкивается и снова оступается в снежную глубину. Оказавшись сзади, он теснит Рому и наступает прямо мне на лыжи. Но отбежав далеко, поворачивается и смотрит, куда я направляюсь. Пасть открыта, в бороде сосульки, рожа до слез умилительная. Рома, как и подобает его почтенному возрасту, ведет себя куда дисциплинированней. Только иногда вываливается в конском навозе на дорогах. Мы решили, что это полезно для его шерсти. Снег намерзает у Ромы в подушечках лап, и когда мы возвращаемся домой, он стучит ими, словно каблуками на подковках.

Снег ярко-бел, а тени голубые, и березы начали чуть лиловеть нарождающимися почками, и много солнца. Вдалеке чернеют деревеньки, кричат сороки, алеют на кустах снегири, и надо твердо знать, что это и есть счастье, о котором я когда-нибудь вспомню с тоской, нежностью, болью.

(Вспомнил сегодня, перепечатывая эту запись. Немного минуло времени, а уже нет в живых ни Прони, ни Ромы, а Роминой хозяйки — все равно что нет в живых.)

Огорчают меня лишь злые мысли, вдруг вспыхивающие во мне на этих чудесных прогулках.

28 мая 1962 г.

Сейчас чудесный жаркий подвечер, мощно пахнут три ландыша, а на улице запах яблоневого цвета. Тюльпаны так широко раскрыли свои чашечки, что уподобились гигантским ромашкам, бесстрашно скачут возле веранды стройные скворцы, то загудит шмель, то заноет самолетом оса, то зажужжит большая муха с глянцевой зеленой спинкой, то ударится о стекло пулей на излете янтарный майский жук. Рай да и только!..

А в наполненном цветами, прохладно распахнутом на все четыре стороны доме мечется в сердечном спазме, с мокрым от слез, разбитым в синь мною личиком, в коротких штанишках и полосатой кофточке Гелла, исходят последней, предсмертной добротой к своим больным детям мама и Я.С., и я, пропичканный всеми лекарствами, несчастный и все же грубый, бедный душой от бесконечного пьянства, сижу и пишу эти строки.

Так я отпраздновал свою «великую» беду — неотъезд в Японию. Я давно начал этот праздник, ибо со свойственной мне зверьевой, сверхчеловеческой чуткостью уже месяца полтора назад угадал, что не поеду. И тогда уже я перестал писать, утратив все слова, кроме самых злобных. Я дошел до края, я стал чумой не только для близких: мамы, Геллы, Я.С., но и для всех, кто ко мне приближался. Я доконал жалкого, вечно пьяного Тольку. Я сломал даже партийного босса Виля*. Хватит, пора вернуть себе человеческое лицо.

Слова, слова, вернитесь ко мне, спасите меня!..

ПУТЕШЕСТВИЕ В ЯПОНИЮ

По мере того как очертания Фудзиямы становились все более зыбкими, я все тверже и яростнее наливался коньяком. Я

---

* Замсекретаря парторганизации СП.

еще суетился по инерции, а также из деликатности к моим доброжелателям и советчикам, но при этом твердо знал, что сегодня Япония мне уже не нужна. Я нашел свою Японию на дне рюмки — отличная, беспечная, пропащая страна! Ох, и попутешествовал я по этой стране. Всего четыре дня длилось путешествие, но я изъездил ее вдоль и поперек. Я подымался на все вершины, спускался во все пропасти, в жерла вулканов, нисколько не страшась встречи с дьяволом. Ну и японцы — вот народ! Теперь я знаю их как облупленных. Они такие же разложенцы, как мы, такие же алкоголики, как мы, но во сто крат грязнее, глупее, темнее и смраднее.

Когда Виль — имя-то какое! — вспоминает сейчас о минувшем кошмаре, его больше всего удивляет и смущает, что он танцевал танго и медленный фокстрот. Не то, что он спился, блевал, лез к моей жене и был унизительно вышвырнут ею из комнаты, не то, что он спал на глазах у всех с проституткой, намочившей на него и на диван, не то, что весь поселок оказался свидетелем его разложения, не то, что по дороге ему пришлось сцеживать блядское молоко в бутылку из-под пива, а то, что он танцевал западные танцы.

— Я же никогда не танцую! — говорил он мне с милым смущением, видимо, все остальное ему привычно.

Впрочем, он по-своему прав. Ведь за эту экспедицию он получил благодарность парткома и райкома: мол, не оставил беспартийного в трудную минуту жизни, а оказал ему моральную поддержку, твердой и теплой партийной рукой направил на путь истинный!

Ветер треплет деревья, гнет их чуть не до самой земли. Воздух черен. А на душе печаль и незначительность.

Писать о себе всерьез я все еще не могу. Страшен и мучителен я самому себе.

В конце апреля — начале мая был на охоте. До смерти не забуду, как рядом с моими ярко разукрашенными чучелами вдруг оказался некто, с долгой красной шеей и красной головой, с коричневыми крыльями и белым телом, живой, гордо и медленно плывущий в сторону подсадной. Шушпан — красноголовый нырок в своем брачном наряде. Я так волновался, что добил его лишь шестым выстрелом. На всех остальных селезней мне довольно было и одного выстрела.

Озеро имеет совсем иной вид, нежели в привычное для меня летне-осеннее время. Оно какое-то голое, не убранное зеленью. Сухие тощие камыши, сквозная мертвая сита. Шалаши сложены из еловых лап, вверху плотная крыша, чтобы не стрелять влет — можно подстрелить самку. А как выглядят мои серенькие знакомцы! Жалкий свистунок расцвечен, как павлин: головка коричневая, грудь белая, зеленые перышки в крыльях сверкают и перламутрятся. У свиязи красно-коричневая головка, у матерок — зеленая в прочернь голова, медная шея, светлые брюшко и грудь и яркая пестрядь на крыльях; лишь трескунок почти не изменился, только на голове белая полоска, видимо, трескунячьи дамы не любят пижонов.

Анатолий Иванович приметно огрубел душевно на официальной службе, что, кстати, не удивительно. Это никому не проходит даром. Впрочем, иногда он вновь становился хорошим и гордым. Охотники завели с ним за бутылкой пошлейший разговор о светлом будущем, о том, что жизнь его еще будет сказочно прекрасной. Это — в ответ на его мрачные рассказы о колхозном подсвятлинском бытии.

— А мне не надо другой жизни,— сказал он серьезно и твердо.— Я весь свой век прожил у воды, и что можете вы дать мне лучшего? Я свою жизнь ни на какую другую не сменяю, подавитесь вашим светлым будущим.

Я устал и записываю это торопливо и небрежно, но сказанное им прозвучало очень сильно. Все их рассуждения обернулись такой мертвой пошлостью, что, кажется, они и сами это почувствовали.

Потом был еще интересный разговор на завалинке возле избы Анатолия Ивановича. Праздники находили на праздники, Пасха перепуталась с Первомаем, и деревни вокруг упорно, невесело спивались. Я курил на пороге, когда почти одновременно ко мне подошли Дедок и Женичка, брат Анатолия Ивановича. Дедок — серьезный, благостный и трезвый; Женичка — напряженный, мрачный, как-то долго и не до конца пьяный. Они тут же заспорили, не помню о чем поначалу, но затем разговор быстро перешел на науку. Женичка науку отвергал.

— Наука, наука, какая еще наука! — говорил он своим вздорно-гнусавым голосом и как-то едко отхаркивал на землю.

— А спутник?— чуть робея перед пьяным, спрашивал Дедок.

— Ты видал, что ль, этот спутник? А я видал? А он видал? Кого ни спросишь, никто не видал. Глупость все это, выдумка для газет.

— Компас...— растерянно проговорил Дедок.

— Да это магнит, а не наука,— сказал Женичка, оплевывая все вокруг себя.— Да и его, может, лет сто назад изобрели.

— Это, пожалуй, верно,— согласился Дедок, сраженный Женькиной эрудицией.

Потом разговор, понятно, перешел на сельское хозяйство.

— Позорная наша жизнь,— сказал Дедок.— Я вон сто пятьдесят трудодней выработал, а мне приносят семь рублей пятьдесят копеек под расчет, да еще требуют в ведомости расписаться. Я говорю: не надо мне этих денег. Нет, бери, не задаром же ты работал. Просто насмешка какая-то. Ну неужели мой труд настолько хуже и ниже труда рабочего человека? Тот ведь за два дня столько получает, а я за весь год. А ведь мы хлеб работаем, хлеб, без него никакой жизни невозможно. За что ж нас так? Позорная наша жизнь, одно слово — позорная!..

— Это что! — сказал Женичка.— Я вон в армии командиром отделения был, мне велели политбеседу провесть: о положении на гражданке. Расскажи, мол, про свой колхоз, какие у вас успехи, чтобы молодые солдаты восчувствовали, как без них жизнь дома идет. Ну, собрал я отделение и говорю, что поработали у нас крепко, получили по стакану ржи на трудодень, еще сеном и маленько деньгами. Назавтра вызывают меня в политотдел и давай башку мылить. Так-то ты своих бойцов воспитываешь, антисоветчину разводишь!.. «По стакану ржи на трудодень», ишь... и пошли стружку снимать. В общем, вкатили мне восемнадцать дней губы. А за что? Вот ты, Дедок, скажи, был ли такой год, что б нам по стакану ржи на трудодень выдали?..

— И по зернышку сроду не давали!— откликнулся Дедок.

— Ну вот! Это я для политики подпустил, а мне же — гауптвахту!.. Правда твоя — позорная наша жизнь!— заключил Женичка.

На том и угас спор. Только Дедок, испугавшись своей откровенности перед приезжим человеком, стал скучным пономарским и несерьезным голосом бубнить, что, видать, так нужно для политики, для поддержания разных черномазых народов и опять же для науки.

А вечер был прекрасный, древнерусский, с багряным закатом, отражаемым всей гладью подступившего чуть не к самой деревне вешнего озера.

Мы с Анатолием Ивановичем поехали охотиться на озерко, но не на то, дальнее, где мы были лет шесть назад, а на ближнее, Петраково. Перетащив лодку через отмель, мы долго плыли полноводной протокой, затем оказались на широком разливе. Я думал, это и есть озерко, но Анатолий Иванович сказал: «До озерка еще далеко, это болото». Так здесь называют весенний разлив воды по заболоченной низине. Кругом творилось неописуемое: токовали тетерева, надрывались перепела, вдалеке заходился соловей, посвистывали чирки, потом заухал глухарь, затрубили журавли, и так нежно, прекрасно было мне посреди этого любовно озвученного весеннего царства.

Но охота обманула. На зорьке я подстрелил лишь одного чирика-свистунка. Потом, часов в семь, уже в дождь, мы переменили место, раскидали чучела и едва заехали в шалаш, как в метрах ста на чистом сел матерый селезень. Подсадная молчала, и я хотел уже выстрелить просто так, для разрядки, как вдруг подсадная издала нутряное, призывное: кря. Селезень сразу поднялся и перелетел к ней. Я видел, куда он должен опуститься, и заранее прицелился. Едва он сложил крылья и гордо выгнул медную шею с белым воротничком, как я выстрелил. Он даже не дернулся, сразу лег, утопив головку в воде.

— Не вышло поблядовать,— удовлетворенно сказал Анатолий Иванович.

После он рассказал мне, что бывают такие опытные кавалеры, что накрывают подсадную прямо с лета. Потопчут и прочь. Охотник боится погубить подсадную и обычно упускает селезня.

Воздух над озерком тошно душен. Среди деревьев в мелкой воде словно палая листва золотится. Анатолий Иванович подтянул веслом к челноку такой вот «палый лист», это оказался дохлый окунь, золотой от гниения. Зимой тут была запрещена рыбная ловля и рыбы задыхались подо льдом из-за нехватки кислорода. Когда лед сошел, все озерко оказалось в окоёме дохлой рыбы: лещи, окуни, сазаны. Это называется у нас охраной природных богатств.

Как противно похлопывает, скрипит и дышит внутренняя запертая рама, и задвижка ворочается в своем гнезде. Природа тоже осволочилась. Скажем прямо, это не лучший период моей жизни. Но ведь я одолевал и не такое. Нужно перетерпеть все это: неудачу и вызванную ею сонливость, работу над сценарием, от которой тошнит, скверную погоду и болгарские фильмы, идущие каждый день по телевизору.

6 июня 1962 г.

Тяжело происходит наше возвращение к тихой трезвой жизни. Мы прихварываем, много спим, разговор у нас не ладится. Нам скучно жить без надежды на грядущее перевозбуждение, забвение, на короткое безумие, за которым — нервный обвал, лунатическая выключенность из окружающего. Нелегко вечно трезвыми очами глядеть в лицо действительности, вернее, тому, что считается действительностью, а на деле является прямым ее отрицанием.

Когда дождь только начался, сирень запахла оглушительно, но сейчас не прекращающийся ни днем, ни ночью дождь словно смыл с нее запах. Я зарылся лицом в кисть, но она начисто лишена запаха, как дождевая вода.

Расцвел огромный оранжевый мак. Расцвел как-то мгновенно и широко раскинул нежные широкие лепестки. Кажется, что завтра он уже опадет.

Я пишу плохо, я не заряжен словами, как прежде. Видимо, не рождаются слова в такой усталости. Надо претерпеть это, надо, иначе — конец.

Лета, наверное, не будет. Ну что же, мы привыкли без столького обходиться, что обойдемся и без лета.

Днем светит солнце, но воздух холодный, к вечеру и по утрам холод прямо-таки собачий, спим с электрической грелкой. В саду пахнет сиренью, по вечерам ночными фиалками, но от холода какая-то робость в природе. Цветут оранжевые маки, желтые ирисы, лиловые анютины и «разбитое сердце», отцветают пионы, но в цветении этом нет летней щедрости, буйства, пряности; цветение вполнакала, вполсилы, неуверенное, жалкое, как и все в нашей жизни.

Я слоняюсь по даче, реже по саду. То в сотый раз прослушаю хулиганскую песенку Рики Зарайи, восходящей иудейской звезды, то старчески жалобный голосок Даниэль Дарье, поющей «Подмосковные вечера» и «Пуркуа», то прокручу Дорис Дэй, которую мне хочется полюбить из-за ее дороговизны, то прочитаю, ленясь заглянуть в словарь и оттого ничего не понимая, кроме похабщины, две-три странички Генри Миллера, то посюсюкаю над собачками, которых люблю сейчас меньше, чем обычно, то вдруг засну на террасе, в большой комнате или у себя наверху тяжелым дневным сном, после которого пасть отравлена выделяющимся из легких никотином, то сажусь к столу и лихорадочно, в который раз, пересчитываю свои доходы, то решаю, что я очень счастлив и мне не о чем мечтать, то весь обваливаюсь от горестного сознания своей ничтожности, малости и безвестности в мире, то равнодушно думаю о смерти, то озабочиваюсь каким-нибудь пустяком, и так проходит день.

Быть может, все это объясняется совсем просто. Я выбит из колеи резкой сменой жизненного ритма. Раньше я жил крутым чередованием пьяных загулов и неистово напряженной работой. Сейчас я не пью, я не прерываю будничного течения жизни мощью хмельного забвения, я все время с самим собой, со своим трудным, мучительным характером, со своей неудовлетворенностью и вечным ощущением не равенства тому, чем я должен быть. Наверное, должно пройти немало времени, прежде чем я научусь жить с тем тягостным и чужим человеком, которым являюсь я — трезвый.

Мой сон в грязной постели, запятнанной собачьей дактилоскопией, залитой чаем и кофе, с Геллой, которая по утрам становится фурией от неврастенической боязни недоспать, я называю «Морфей в аду».

Сейчас лучшее лето — зима, то есть пора, когда ты страстно ждешь лета, предчувствуешь его в каждой малости, строишь

162

тысячи планов, дрожишь от нетерпения, весь пронизанный летом. Но приходит лето, и ты чувствуешь растерянность, словно в первоклассном бардаке, куда попал в первый и в последний раз: надо выбирать, но на ком остановишь выбор, когда все так прекрасны, когда, выбрав одну, теряешь остальных? Так и маешься в страстной нерешительности до самого закрытия бардака.

Я слишком натренировался в «пространнописи» — она соответствует моему нерешительному, боящемуся завершения характеру. Теперь эта вязкость стала моим роком, я никак не могу избавиться от тягучей, страшащейся точки фразы, от длинного периода, от бесконечного описательства. Когда я начинал, то был куда лаконичней, скупей, современней. Мне кажется, что болтливость идет еще и оттого, что я обычно пишу не только о постороннем мне, но и о мало, плохо знакомом. Ведь я, в сущности, не знаю ни охоты, ни деревенского быта, ни природы. Стал бы я на десяти страницах расписывать телефонный аппарат? Конечно, нет. Я его знаю. Но я не знаю ни челнока, ни осоки, ни чирка, ни избы, и вот я топчусь возле них в тусклой и безотчетной надежде, что многословьем я как-нибудь зацеплю скрытую сущность предмета. Насколько лаконичней я в своем родном, настоящем писании: в дневниках, в письмах к Гелле, повести, некоторых рассказах о сокровенном. Там я знаю то, о чем говорю, и знаю, для чего говорю. Там каждый предмет пронизан моим отношением к нему. В писании на выброс я всегда должен отказываться от себя, должен творить мир, осененный моей добротой и благостной мудростью. Но во мне нет этой доброты и этой вонючей мудрости. Во мне есть только отчаяние, которое я должен загонять Бог весть в какие тайники. Отличие моих рассказов от сценариев лишь в том, что они велеречивей и написаны в прошедшем времени; человеческое — а значит, и художественное — содержание почти одинаково.

26 декабря 1962 г.

Подведем итоги в близости финиша этого странного и сложного года. Сделаем это по методу Моиза из «Бэллы» Жироду. Я издал толстую книгу в «Московском рабочем», но мой Трубников не вышел и вряд ли выйдет. Я написал кучу сценариев и заработал много денег, но сценарии, кроме короткометражки, пока что не ставятся, а деньги израсходованы. Я не поехал в Японию, но съездил в Грецию и Египет, побывал в Константинополе. Я написал три хороших рассказа, но лишь один напечатал, да и тот, как все у меня, прошел незамеченным. Я ездил в Прибалтику, но отдых был отравлен неопрятной четой Шределей* и гнусным письмом Орловского в «Литературке». Я виделся со множеством корреспондентов и разного рода приезжими людьми, но, за ничтожным исключением, их интересовала Гелла, а не я. Ярко вспыхнула Геллина звезда, но замутилась поднявшимся со дна болот гнилостным смрадом. Я упоминался в печати, но лишь как сценарист. У меня вышли книги в Голландии, Венгрии, ГДР, но я их не получил и потому не ощущаю их как реальность. Обо мне вышла восторженная статья в Италии, но книги, давно обещанной, все нет и нет. У меня вышла книга на Кубе, моя фамилия стоит на обложке, но заполнена книга на девять десятых Стельмахом, а я представлен крошечным рассказом. Я получил новую машинку, но разбил ее. Я купил в Египте куртку, о которой мечтал, но облевал ее и погубил. Можно считать, что год сыгран вничью.

Канун Нового года я встречаю в жалком виде: сценарии меня расхлябали, я хочу писать прозу и боюсь к этому приступить, не верю в то, что слова мне подчинятся. Уродливым призраком навис над моим ближайшим будущим мрачный безрукий гад**, чьи воздетые в проклятии обрубки поддерживают на манер Дарена два грязных типа. Я твердо уверен, что вся эта история кончится для меня наихудшим образом: скандалом, потоками клеветы, невозможностью печататься в ближайшие два-три года. Я не умею плавать. Я пытаюсь плыть так, будто вокруг меня водная стихия, а вокруг — тяжелая смесь дерьма и гноя. Мне не доплыть до берега.

Но задача передо мной все та же: научиться писать. Не знаю, научусь ли я этому, но уже ничему другому наверняка не научусь. И потому надо собрать остатки мозга и сердца и вновь сесть за старую науку.

---

* Кинорежиссер, поставивший "Ночного гостя", "Позднюю встречу" и др. фильмы.
** К.Орловский — прообраз Трубникова . Он травил меня в угоду своему постоянному певцу Я. Цветову.

164

А для этого нужно опять научиться спать. Сейчас сон накрывает меня не надежным, темным пологом, а тоненькой паутинкой, сквозь которую доносятся все шумы, все запахи, все трепетание ночной жизни. Это не дает отдыха голове, это окрашивает весь день какой-то сонно-беспечной легкостью. Надо спать глубоко, угрюмо-отрешенно, тогда и дневная жизнь обретет глубину, серьезность, сама запросится на бумагу.

31 декабря 1962 года, 12 часов дня

Сижу у окна. Солнце освещает высокие сосны. Снег на них чуть розоватый. Молодые сосны под окном накрыты уютной тенью. Их ветви выложены снегом, а снизу торчат иголки. Каждая ветка в отдельности похожа на гусеницу: пухлая спинка и множество тонких ног.

В восточной стороне сад погружен в жемчужную дымку, и небо там жемчужное, а на западе неярко голубое. Но старые сосны и в жемчужном тумане светлы вершинами. А на даче тепло, уютно стучит машинка Я.С. Внизу наряженная елка: серебряная канитель, стеклянные шары, птицы, рыбы из папье-маше, островерщек украшен красивым стеклянным шпилем. Там — мама с мытой, седой головой и черный Кузик, и добрый Рома, и порой заглядывает со двора Проня в жестко набитой снегом по завиткам шерсти. Хорошо пахнет борщом с кухни. Вот уж поистине уют в жерле вулкана! Как мужественны мы в этой жизни, как высоко несем свое человеческое в этом кромешном бреду. Ведь мы-то не слепы, мы все понимаем, а не сдаемся. Не знаю, как мои близкие, но я сдаюсь только ночью, когда засыпаю. Тогда меня душит ни с чем не сравнимый ужас, но я молчу о нем — это тоже мужество.

Только бы подольше стучала машинка в соседней комнате*, подольше б звучал внизу с годами грубеющий голос** — и все можно выдержать, ибо это — жизнь, настоящая, глубокая, не уступающая никакой самой великолепной жизни.

---

* Отчим Я.Рыкачев.
** Мать.

1963

1 апреля 1963 г.

Хотя это и пишется 1 апреля, но вовсе не в шутку.

Давно я ничего не записывал в этот блокнот: болел инфарктом. Тот самый звонок, которого я ждал с покорным, чуть тревожным и уверенным чувством, наконец-то прозвучал. Правда, я его планировал на исход четвертого десятка, ошибся лет на пять. Впечатление от пережитого вообще-то тусклое, незначительное. Быть может, оттого, что вокруг творился неистовый смрад, шло яростное уничтожение того немногого, что было дано после марта 1953 года, и мощно воняло трупом Сталина, собственный распад как-то обесценился, утратил значительность. При Сталине жизнь и смерть ничего не стоили, поскольку ничего не стоила нетворящая человеческая личность.

По правде говоря, я не очень испугался, да и сейчас почти не боюсь смерти, ставшей для меня куда более реальной.

Итак, инфаркт. Были сестры, были мучения с уткой, было желание курить, были маленькие радости: завтрак, обед, ужин, исчезновение полиартритной боли, но не было ни серьезной думы, ни серьезной муки, ни серьезности отношения к себе. Недвижный, я все же умудрялся убегать от себя во всякую чушь: в болтовню с сестрами, в патефонные пластинки, в Агату Кристи, в дремоту, в размышления о сценарных доходах — словом, все те же уловки, к которым я прибегал в полном здравии, чтобы уйти от рока. Инфаркт свободного человека — высокая болезнь, инфаркт раба — дерьмо. Самым стоящим в моей болезни была Катя, старшая медсестра. Она полна той замечательнейшей душевной серьезности, что сильнее грязной и подлой действительности, что отметает газеты со всей их вонью и подымает надо всем «золото человечье».

Сейчас живу странно: не курю, не пью, медленно двигаюсь.

166

Мало и плохо работаю, показываюсь врачу каждые десять дней и делаю анализ крови при каждом удобном случае. Паршиво! И все же порой мне кажется, что это ватное существование лучше прежнего хождения по краю. Но, конечно, надо было испытать прежнее, чтобы знать ему настоящую цену. Тех, кто не добрел, верно, грызет под старость сожаление: зачем, дескать, был я так осторожен, зачем сдерживал свои низкие порывы? Мне жалеть об этом не придется, я сделал все, что мог, и остановился не по благоразумию, а размозжив сердце.

Побольше бы охоты к писанию, и я был бы совсем спокоен духом.

Странно, иной раз о каком-нибудь паршивом кусте пишешь больше и слаще, чем о большом инфаркте.

11 апреля 1963 г.

Вот уже третий день, как началась весна. Осел снег, все будто прибавило росту: деревья, кусты, дома, заборы, скамейки. Колеи наполнились водой. Когда таяние только началось, снег даже окреп, на нем запеклась твердая корка, дневную талость схватывало ночью морозом. А сейчас нигде не пройти, проваливаешься по пояс. Небо голубое, прилетели первые грачи: большие, желтоклювые, родные. Как все прекрасно и трогательно в мире природы, как все грязно и мерзко в мире людей! Я не могу быть среди людишек: скучно, стыдно и не нужно. Водка делала сносным любое общение, без нее с себеподобными нечего делать.

Из последних сил борюсь с очумелостью. На моей стороне: снег, елки, небо, собаки; против — газеты, радио, сплетни и сплетницы всех мастей, телефон. Надо выйти из всего этого без потерь, с прежней нежностью и уважением к жизни.

5 мая 1963 г.

Я молодец — вопреки семейному здравомыслию съездил на рыбалку и на охоту. Наловил порядочно рыбы, застрелил семь селезней (один, правда, ушел в заросли, и мы его не нашли). Было прекрасно. Немного сложно из-за той неуверенности в своих внутренностях, какую я теперь постоянно испытываю, от непрекращающейся ядовито-жгучей изжоги, от неуклюжести

167

моего безобразно располневшего тела. Ну и неловок же я стал; я — прежде такой ловкий, гибкий, безошибочный в движениях. Я залезаю в лодку с повадкой пожилой, жирной, к тому же еще беременной бабы. Все это было бы совсем грустно, если бы не то странное смирение и готовность принять худшее, которые мною сейчас владеют. Быть может, так и положено после инфаркта, но у меня ощущение, будто я дисквалифицировался по всем статьям. Но опять же я не слишком этим огорчен. Есть даже что-то уютное в отрешенности и равнодушии моих последних дней. И удобство в этом есть, я был необычно терпелив в шалаше, спокоен, когда не клевало.

Я точнейшим образом разгадал характер начальника охотбазы Каширского. В тот первый раз, когда мы были там с Геллой, он, большой, седой, грузный, пузатый, заветренный, среброзубый, называл ее «дочкой» и окружал отеческой заботой, а я твердо сказал себе, что это эротоман. Так и оказалось. Его жена, прерывая себя короткими, злыми всхлипами, рассказала мне о двадцатилетнем кошмаре их жизни. Еще в Астрахани, в сайгачьем хозяйстве, он не пропускал ни одной бабы и девки на участке. Он был вынужден покинуть Астрахань, потому что ему грозило исключение из партии за разврат. Здесь его укрыли от расправы. Но, поджидая жену, он спутался с грязнухой судомойкой, а появление жены расстроило его свадьбу с какой-то теткой из села Барского. «Грязный, пустой человек,— говорила она о нем,— я думала, он хоть на работе хорош и строг, ничуть не бывало. Все знают про его грязные делишки, и никто с ним не считается. Он не может ни требовать, ни приказывать, на него все глядят с насмешкой и презрением. Свою зависимость от людей, свой страх он выдает за доброту и укоряет меня в злобе к людям. Я теперь всему знаю цену...»

Она знает цену всему, кроме одного. Когда в разгар этих страстных и тяжелых излияний к нам подошел Каширский, старый, безобразный, изолгавшийся и т.д., она глянула на него глазами влюбленной женщины.

Вечером озеро неправдоподобно натихло. Вода будто исчезла, стало два неба — одно вверху, другое внизу,— разделенные темной полосой леса. Вода розовая, простреленная остро-льдистой зеленой стрелой. Когда моторка шла по розовому, она оставляла за собой тоже льдисто-зеленый конусовидный след.

Зачем охотники так трудолюбиво, настырно и утомительно похабничают? Я этого не замечал прежде на осенней охоте. Неужели все дело в том, что весна, что селезни летят наизготове, высунув свои бедные трубы, что совокупление царит в природе? Это и свобода от жен, и запах пороха, дарующий лихость, и водочка трижды в день, и мужская компания создают атмосферу удручающей низкопробности, так не идущей к прекрасной весенней природе и бедным милым птицам.

Позавчера мы с Леной* глядели с поднебесья, с девятого этажа, как во двор из парадного сбежал об руку с девочкой в необъятный мир Сашка, окончивший школу и получивший аттестат зрелости. Сашка заслуживает этого аттестата вдвойне, еще в канун выпускных экзаменов он сделал женой идущую с ним рядом девочку. И неважно было в тот момент, что мир, лежавший перед Сашей, вовсе не беспределен, что он весьма узок и беден, этот жестоко обкорнанный для всех нас мир. Сейчас Сашин выбег в большой, открытый на улицу всем пространством двор был ничем не хуже выхода английского юноши из дверей Итона или Оксфорда, Саша, очень высокий, узкобедрый, широкоплечий, с добрым и красивым лицом, шел так хорошо, свободно, нежно, уверенно, молодо и счастливо, что у меня сжалось сердце и выступили слезы на глазах.

Я испытал восторг, зависть и пронзительную боль от быстротечности жизни и глубочайшее уважение к толстой старой Лене, так мудро, так серьезно послужившей великому делу жизни.

Хорош был и предвечерний час; в накрытый тенью двор падали горячие хлопья заката, пахло липовым цветом, мокрым тротуаром, и все было серьезно и полновесно вечерним успокоением, и никогда еще не был я так странно, слезно и кротко счастлив.

Опять появляется в доме Люська**. Странно, что в свое время я ничего не написал о ее самоубийстве.

Этот парень Олег, когда они расставались и все прощальные

---

* Моя бывшая жена. Саша — ее сын от первого брака.
** Домработница. Мы очень с ней сдружились.

слова были сказаны, и Люська, шатаясь на своих длинных, больших ногах, стала спускаться по лестнице со смертью в сердце, в слабой голове, во всем долгом и жалком теле, так этот парень Олег закричал сверху:

— Люся!..

Она остановилась, пораженная внезапной, последней надеждой. Он сбежал к ней и, задыхаясь, сказал:

— Люся, хоть мы и расстались навсегда, ты не должна забывать о своем обещании достать мне через Николая Никифоровича канистру для бензина.

Люся накупила люминалу по поддельному рецепту и отравилась. В два приема она приняла восемнадцать порошков.

Наша новая, не осененная еще ни одной трагедией квартира явилась местом действия такого традиционного, истинно русского, всегда прекрасного гибельного поступка.

А потом Люся тяжело и долго болела; она вконец сорвала свой бедный организм, вынеся из Склифосовского порок сердца, туберкулез и психическое заболевание. Сейчас Люся поправилась, остался лишь порок сердца, вышла замуж и опять сошлась с Олегом. Все очень по-женски, очень по-русски, очень по-литературному.

Одновременно с Люсиной серьезной и глубокой историей разыгрался фарс в духе вахтанговских цанни из «Принцессы Турандот». Евгений Сурков, этот гладкий, велеречивый и неизвестно почему неблагополучный человек, отравился люминалом в ответ на исключение его из редколлегии «Литературной газеты». И у него был Склифосовский, и психическое расстройство, и санаторий, и выздоровление, но какое все это дерьмо по сравнению с Люсиными делами!

Распространился слух, что умер Драгунский. Мертвый он стал мгновенно и так горестно, так мраморно прекрасен, так глубоко значителен, человечески привлекателен, так слезно нужен, что теперь его живое, вульгарное, источающее шумную, неопрятную жизнь существо просто непереносимо. Живой Драгунский в подметки не годится Драгунскому-покойнику.

Говорят, что умирающий начинает за собой «прибирать».

Вот я также с утра до поздней ночи прибираю за собой, не в физическом, а в душевном смысле. Я все время будто подвожу итоги, определяя ценность давних и недавних переживаний и людей, стоявших близко ко мне, и сделанного мною. Я словно пытаюсь оставить за собой порядок, чистоту, пытаюсь сохранить за собой лишь то, что было подлинно моим в этом мире.

29 августа 1963 г.

Был на прекрасной охоте в Калининской области. Надо ехать до Кимр, затем пятьдесят километров в сторону до Красных Выселок. Здесь находится база показательного охотхозяйства Росохотсоюза, гостиница, утиный заказник, загон с дикими кабанами, другой — с оленями, гараж и разные хозяйственные постройки. Отсюда мы двинулись грузовиком-вездеходом по чудовищным колдобинам и лужам до Лугина, где находится что-то вроде перевалочного пункта. Дальше шли пешком по мягкой, проминающейся земле вдоль узкой, заиленной, заросшей протоке километра два до канала. Отсюда — лодкой на моторе, а где и с помощью шеста, еще километров восемь. Одолели плотину, построенную бобрами; возле плотины, за лозняком, здоровенная бобриная изба. Старые бобры построили эту избу и отдали молодым, а себе начали строить новую.

Плыли мы ночью, высвечивая себе дорогу карманными фонариками. Раз-другой темными, округлыми, бескостными телами мелькнули у берега бобры. В глухой тьме добрались озерами — Петровским и Великим — до островной деревушки, где тоже находится база охотхозяйства: большая изба-пятистенка, а при ней старичок для обслуживания приезжих охотников. Старичок то и дело ссылается на свою темноту, непросвещенность, но разговаривает прекрасным тургеневским языком, изрекая свифтовские сарказмы о времени нынешнем и минувшем. Потом оказалось, что он был председателем сельсовета, в сталинские времена сел на десять лет, но через четыре года был выпущен и реабилитирован. Умница, хитрец, лентяй и неряха, он готовил нам ужасную уху и при этом с мнимой скромностью приговаривал: «Может, не потрафил?» Он ленился даже посолить уху, даже очистить рыбу, не говоря уже о специях, о которых он забывал, хотя все они были под рукой. Но играл он в доброго, рачительного хлопотуна, в заботливого, бескорыстного дедушку. Мне он на редкость пришелся но душе. Так прекрасно было его незлое презрение к нам, представителям погубившей его системы. Все остальные егери и служащие охотбазы были куда примитивнее и яснее в простой своей корысти.

Выделялся егерь с собакой. Чуть ниже среднего роста, почти квадратный, с втянутым животом и жестким мускулистым телом; волосы на крепкой голове светлые, редковатые. Очень моложав, хотя лет ему под пятьдесят. У него две дочери институт окончили, в Калинине жена, дом, хозяйство, а он пропадает на озерах, любит бродяжью жизнь. Появился очень картинно: сперва вбежал пес, великолепный дратхар, с башкой Бьёрнстьерне Бьёрнсона, только выражение умнее, печальнее и без глупой патетики. Затем донесся язычный мужественный баритон: «Тубо!», «Куш!», «Тубо, Фингал!», и в перезвоне металлических колечек охотничьей сбруи появился сам егерь: рубашка-ковбойка, на боку плеть до пола, на руке намотан кожаный поводок, на другом боку ягдташ и еще какая-то ременная петля, за спиной ружье в жестком чехле, пояс-патронташ туго обхватывал тонкую талию. Я с замиранием подумал: вот истинный знаток своего дела, бог охоты!.. В жизни все выходит по кривой. Этот егерь при всей романтичности облика и судьбы оказался вовсе не мастером-профессионалом, а скорее любителем с авантюристическим душком. Это сразу обнаружилось на охоте. Он все время терял собаку, не мог заставить ее искать подстреленную дичь, не мог подозвать, путал липовую стойку с настоящей, вообще производил жалкое и растерянное впечатление. Собаку он испортил, у Фингала дивный экстерьер, божественное верхнее чутье, отличная стойка. Но он не приучен отыскивать подранков и совсем балдеет, когда это от него требуют, и, что еще хуже, делает стойку не только на дичь, но и на всякую мелкую птичью сволочь и на перья растерзанного тетеревятником черныша. Он, бедняга, в том не виноват, вся вина — на романтическом бродяге.

Было и смешно, и грустно, что все огромное «показательное» охотхозяйство со всеми его службами, гостиницами, машинами, штатом егерей, парторганизацией, пьянством, заказниками, интригами, протоками опирается на худые ребрышки пожилого Фингала. Какое серьезное, глубокое, озабоченное выражение было у него, когда мы сошли с телеги на опушке леса, «полного» тетеревов! Как легкомысленны, не сосредоточены, пусты, хитры и незначительны лица сопровождающих его егерей! Фингал просто охотился, чуть неумело — не по своей вине,— но страстно, вдохновенно, неутомимо осуществляя свое назначение в жизни. Остальные тоже охотились, но при этом делали еще что-то свое, хитренькое. Главный егерь выслуживался перед охотоведом, чтобы сохранить свой пост, другой егерь выслуживался, чтобы перехватить этот пост, хозяин Фингала маскировал свое неумение и делал вид, будто он один на белом свете может управиться с такой прекрасной, но трудной и опасной собакой, как Фингал. Еще один егерь, местный житель, стремился лишь к тому, чтобы мы не разбили тетеревиный выводок. То ли он хранил тетеревов для собственной охоты, то ли для охотников-дикарей, здесь проходила граница угодий охотхозяйства. Еще один, совсем юный егерь, почти мальчик, был самолюбиво заинтересован в провале Фингала, ибо держал в деревне спаниеля и уверял, что тот нисколько не уступает лягашам. Я боялся, что удача привалит Уварову, а Уваров боялся, что мне.

Один Фингал чисто и прекрасно служил своему сердцу.

Когда мы ехали домой на телеге в кромешной темноте и какие-то плетни и столбы околиц норовили отбить нам колени, Костя*, потряхивая вожжами, орал на пожилого гладкого мерина:

— Н-но, лентяй!.. Н-но, бездельник, свола-а-чь... и блядун, наверное!..

На Сози. Как только мы с Уваровым разрядили ружья, с берега, метрах в трех-четырех от нас, начали срываться один за другим восемь тетеревов — целый, неразбитый выводок, и низом, тяжело, черно, вызывающе уязвимо уноситься к дубняку на другом берегу неширокой реки. Это было так чудесно, что и сейчас, когда я пишу об этом, все сжимается во мне от восторга и смертельного сожаления, что мы так опростоволосились. Я пытался зарядить ружье, но уронил патрон в воду. Тогда я смирился с неудачей, стал прятать второй патрон в патронташ, и тут из-под носа вылетел бекас.

В лесу я стрелял по коростелю, которого поднял Фингал.

* Начальник охотхозяйства, неудавшийся журналист. Славный человек, чересчур приверженный бутылке.

Коростель упал, но, видимо, был лишь задет, и Фингал не смог его найти. То же получилось и со вторым коростелем, которого сшиб Костя.

Фингал быстро находил наброды и делал стойку над густо пахнущим местом недавней кормежки тетеревов, уже забравшихся в крепь, откуда их не вытянешь никакой силой. Большинство ушло во мхи, но и в лесу оставалось несколько косачей с самками. Наши егеря чуть не наступили на такую пару. Тетерева ушли под прикрытием чащи, а егеря даром потратили порох.

Охота пропала из-за Кости, который запозднил наш выход от незнания и липового хладнокровия. Наша охота имела слишком много второго плана: инструктажа, совещаний, громовых распоряжений насчет ушицы и чая, каких-то ритуальных задержек, проработок нерадивых служащих, интриг и прочей вредной чепухи, порождаемой Костиным тщеславием и желанием показать, что он нисколько не жалеет о своем месте в журнале «Охота».

Опять съездил в Японию, и с тем же успехом. На этот раз все было еще грязнее по издевательству. Нас вызвали из Ленинграда, проткнули толстой иглой, вспрыснув холеру, — у меня были жестокие боли, поднялась температура; Гелла перенесла прививку легче. А затем нам сказали, что мы не едем, ибо сократили группу. Вранье на этот раз было совсем неискусным, ленивым, вялым. Скучно и противно все это так, что передать нельзя. И душно, душно, как в запертом чулане.

До Японии ездили на машинах в Ленинград, Псков и Пушкинские горы, затем через Гдов на Чудском озере опять в Ленинград. Здесь хотели задержаться, но нас срочно вызвали делать прививки. Усталые, обалдевшие, с тоской глядя на нераскрытые постели чуднейшего люкса, мы собрали вещи, сдали номер какому-то жутковатому инвалиду (по ночам «Астория» переходит в ведение инвалидной команды) и с печально и прекрасно пустынной площади Исаакиевского собора двинулись на Сенную и оттуда прямой дорогой в Москву. Грустно нам было, но и лирично, поскольку нам рисовался другой путь — в Японию, Индию... Но из всей экзотики нам досталось лишь по доброй противохолерной прививке.

В Пушкинских горах чудесно. Гигантские, невиданные мной ели, превосходящие стройностью и ростом мачтовые сосны, ели голые, как сосны, до самых вершин. Аллеи старых лип, дубы, заросшие прудишки, всхолмья древних городищ, тихие озера с заросшими заводями, огромные дали — какая-то совсем особая, чистая Русь. Недаром же слово «кривичи» с детства пробуждало во мне ощущение опрятности, образ белых одежд, кленовых свежих лаптей, лесного меда и лебедей в синем небе.

И ужасно позорно, под стать деятельности выездной комиссии по иностранному туризму, разносится по Святогорскому подворью, ставшему гостиницей, мутящая сознание вонь не чищенных со времен Александра Невского сортиров. Как умеют у нас все загадить, даже самое святое. Теперь мысль о Святых горах неотделима для меня от этой вони, мгновенно возникающей «в памяти носа».

Когда первая пуля попала Кеннеди в шею, он повернулся недоуменно и горестно к своей жене Жаклин и наклонил к ней свою бедную простреленную голову. Для президента, властного не только над своей страной, но и над всем миром, не оказалось в этот миг защиты надежней худеньких, трепещущих рук жены.

1964

20 января 1964 г.

В серый печальный день пошел на лыжах к обычному месту за лесной просекой и молодой лесопосадкой, к излучине той загадочной, стоячей, черной, красивой и нездоровой речушки, о которой до сих пор неизвестно: Десна это или какой-то ее приток. В эту речушку стекают фабричные отходы, поэтому она долго не замерзает. Но сейчас и ее сковало льдом и присыпало снегом. Лишь в одном месте подозрительная плешина: снега нет, а лед тонок, как пленка, и под ним ощущается нездоровая жизнь отравленной темной воды.

Удивили меня краски, богатые и насыщенные даже в этот бессолнечный, хмурый денек. Березы почти красны, ольхи на береговой круче черны, ветлы желты и розовы, ели тоже черно-бархатисты, а сосны зелены.

Сколько раз хожу на это место, и всякий раз по-новому ему радуюсь. Какая неисчерпаемость в этом скудном пейзаже!

На другой день опять пошел туда, проверить, откуда там желтое и розовое. Молодые прошлогодние побеги в нежной шкуре чуть желтоваты: игра солнечного света придает им розовости.

Я самая большая сволочь на свете. Мне позвонили в Москву и сказали, что заболел Проня. Но я пьянствовал и не прислал врача. Я подло придрался к тому, что в какой-то момент Гелла сказала, будто Проне стало лучше.

Врач приехал лишь на следующий день, сделал все ритуальные действия, и к вечеру Прони не стало.

Я ждал от себя чего угодно, но не такого подлого предательства. Я предал своего младшего бессловесного братика, доверившего мне свою жизнь, когда крошечным комочком, почти умещавшимся в моей варежке, он поехал со мной от теплого бока

176

матери. Хорошо же я послужил ему, хорошо выполнил свой малый долг.

Начало июня. Каждый день совершаю изумительные прогулки в лес. Места, открытые зимой, предстали в своем летнем, еще более прекрасном обличье. Боже, до чего же там хорошо! Лес полон птиц. Я слышал любовные переклики кукушек, какое дивное разнообразие интонаций и мелодий извлекают они из своего скупого: ку-ку! Вчера впервые в жизни я видел кукушку. Дятлы нахально долбят кору красными носами, не обращая на меня никакого внимания, они подпускают меня на расстояние вытянутой руки. Низом уносятся в чащу бурые коростели; сейчас поднялись на крыло молодые синицы и скворцы, под наблюдением родителей они осваивают высший пилотаж, их так много, будто кто-то швыряет пригоршнями из лукошка на просеку птичью молодь. Изящные сухопарые витютни то и дело пронизывают лес стройным полетом стрелы. И еще много каких-то совсем маленьких, незнакомых мне птичек, и так жалко, что я не знаю их имен. Еще я видел тетерку, сову, филина, чибиса — он плакался над полем и перемещал черные и светлые плоскости своего тела, а затем в полном отчаянии вдруг пал на клеверную стерню. В полях много стрижей и ласточек, в этом году небывалая населенность пернатыми полей и чащ.

И все, что ни видишь, поражает до слез, до спазма. Соловая лошадь с красиво откинутой гривой тащит воз с сеном. Колесо западает в колдобину, лошадь тужится, дергает раз и другой, подходит баба в голубой юбке и розовой кофте, тянет лошадь за узду. Мужик что-то орет с воза; красиво напрягаясь в темных потных пахах, лошадь выдергивает из колдобины воз, а во мне кто-то взрыдывает не от сочувствия к лошади — подумаешь, усилие для гладкой сытой рабочей животины!— а от наслаждения древней и вечной правдой всех свершившихся на моих глазах движений.

Стадо во время дневной дойки, маленькое «индивидуальное» стадо. Ленивый пастух под кустом строгает палку. Несколько женщин доят коров, молоко тонкими, серыми издалека струйками бьет в подойники. Коровы стоят тихо, как изваяния. А те коровы, чьи хозяйки запаздывают, тревожно, от всей глуби чрева, мычат. Но хозяйки их уже показались из орешника, и мычание становится почти нежным. И опять в горле слезы, как это просто, вечно и прекрасно! Без обязательств добиться от каждой коровы рекордного надоя, без клятв повысить жирность молока, не ради того, чтобы кое-кого обогнать, а по святому закону природы творится это доброе дело. Ни «лесенки», ни «подкормки», ни «автопоилки», ни «подвесной дороги», ни доски с соцобязательствами, ни почетных грамот — никакой шелухи, все просто и серьезно, как в библейские времена. Как прекрасен мир, которого не коснулись преобразования! Не надо ничего преобразовывать, не надо насиловать ни природу природы, ни природу человека. И все пойдет на лад, и будет жизнь, и будет вдосталь хлеба и молока, и человек освободится от вечной своей униженности.

Был на ленинградском кинофестивале. Семидневная грязная пьянка, от которой выздоровел в Пушкинских горах. Как же там хорошо, нежно и доподлинно! Опять Гейченко с развевающимся пустым рукавом черной рубахи, машет им, будто черный лебедь крылом,— младший брат андерсеновской принцессы: ему не хватило на одно крыло и оттого, вернув себе человечий образ, он остался на одно крыло лебедем. Опять Женя, еще более помолодевшая, с чуть припухшим маленьким лицом, точно рубенсовский младенец,— это память о Конецком, гробанувшем ее на машине. Опять заросший пруд в окружении высоченных мачтовых сосен, на их верхушках сложены гнезда цапель, но самих цапель мы снова не увидели, хотя трижды приходили на этот пруд и видели их пух и помет. Опять тихие плоские озера и плавающие на их глади непуганые дикие утки, и жемчужно-зеленые, щемяще родные дали, в которые глядел Пушкин.

У входа в усадьбу Михайловское на комле обрубленного ствола старой ели уложено тележное колесо, и на нем удобно и широко обвисло гнездо. В гнезде три аиста: папа, мама и дитя почти одного роста с родителями, но с детским выражением долгоносого лица. Отец несколько раз отправлялся в недалекие воздушные странствия, а по возвращении, будто самолет, идущий на посадку, делал круг над гнездом и выбрасывал, наподобие шасси, длинные красные ноги.

Гейченко угощал нас еще кисловатой грушовкой и сводящими челюсти терпкой кислотой, каменно твердыми коричневыми, а также рагу из утки, малосольными огурцами, чаем, кофе, своими рассказами о Пушкине, слабыми, наивными и все равно чем-то хорошими, и застольной беседой, живой, умело направленной, содержательной и облеченной в хороший русский слог. Тут и вообще хорошо разговаривают — причастность к Пушкину. что ли? — все, кроме сожительствующей сейчас с Гейченко бывшей школьной учительницы. В ней еще не побежден окружающим сладкозвучием развратный комсомольский жаргон. Пушкин заявляет о себе не только чистой, не омраченной советизмами речью, но и особой идиллической безнравственностью. Поэтичное Тригорское было борделем, тон задавал Пушкин, живший со старухой Осиповой, со всеми ее дочерьми, с сестрами Керн (в соавторстве с Вульфом), с дворовыми девушками в малой баньке в глубине парка, вообще со всеми существами женского пола, появлявшимися хоть на миг в Тригорском. Высокая порядочность здешних людей имеет тот же своеобразный пушкинский вывих: тут не противятся властным велениям плоти. Маленькая, худенькая, похожая на пятиклассницу Женя подряд путалась с тремя ленинградскими литераторами, беззаветно отдаваясь каждому из них и немедленно изменяя, едва вослед отъезжающему взвихрялась снежная пыль.

Гейченко с патриархальной простотой заменил уехавшую на юг немолодую жену бравой комсомолочкой. Она ходит в затрапезе, стирает и гладит ему белье, рубашки, стелет постель и называет за глаза Семеном.

В этой связи мне вспомнился круг П-вых, у них также царит эта старорусская терпимость в делах пола при необычайно высокой моральной требовательности во всех остальных отношениях.

Ужасны были в Святогорской роще наши спутники: задыхающийся грязный Шавров и стройное дитя века, педераст-недоносок Миша Чапов. Оба редкостно неосведомленные о Пушкине, возбужденные побочными обстоятельствами: первый — возможностью даровой жратвы, второй — девками и — горбатым, тонким носом чуемой — аморальностью, разлитой в воздухе, оба начисто неспособные хоть на миг выйти из своего века.

На лугу, коленопреклоненный, брился пастух, держа зеркальце перед собой и макая кисточку в озеро. А за ним пестрели сорочьей расцветкой хорошие грустные коровы; где-то кричала иволга и метался черным крылом пустой рукав Гейченко, и если бы не Шавров с Мишкой, то созревшее чудо свершилось бы, нам было бы видение; я уверен, мы его заслуживали!.. Недаром по-особому нервна была Гелла, она чуяла близость чего-то, но Шавров сообщил громким шепотом, что он «натер яйца», а Мишка воскликнул с неповторимо дурацким видом: «Во, фирма!», и чудо замерло у последнего предела.

А ночью в доме Жени, напоенном гостеприимством, печалью и одиночеством при всей его населенности, мы с Геллой, лежа на матрасе, читали жеребцовый дневник противного Вульфа. А потом нас кусали блохи, и Гелла, перенасыщенная электричеством так и не состоявшегося чуда, металась и неистовствовала на нашем скудном ложе, как ураган, и я не мог уснуть и все прислушивался к обмирающему, загнанному сердцу, а потом погасло электричество, и в дегтярной черноте меня оглоушил страшный приступ клаустрофобии, и Гелла кинулась за керосиновой лампой, и она горела у нас всю ночь, а за дверью молодые приезжие друзья Жени, чудовищно фальшивя, пели песни Булата и бренчали на гитаре, а потом легли спать вповал, по-тригорски, как в баньке, и я лежал, подавленный страхом смерти, и все ждал, когда Гелла начнет на меня писать, почти желая этого проявления близкой жизни, а потом вдруг настало утро, и я уже не боялся смерти и был рад, что впереди еще полдня Пушкинских гор, полдня Гейченко и что, быть может, сегодня мы наконец увидим цапель. Я вспомнил, что перед отлетом цапли становятся нервными и злыми, они обрушивают на каждого, кто подвернется, сор из своих гнезд, гадят прохожим на голову, и мне захотелось написать рассказ, где бы фигурировали эти цапли.

Мне и сейчас хочется назад в Святые — поистине святые — горы, но цепко держит на месте кинохалтура и давит страх остаться на бобах, и меркнет Пушкин в моей по-дурному озабоченной душе.

Надо всерьез подумать о себе, надо что-то жестко решить и что-то изменить в жизни. Нужен душевный досуг, столь ценимый Пушкиным, и чтобы в этом досуге рождались рассказы. Кино должно давать мне возможность бесстрашно и просторно писать рассказы, если же оно становится самоцелью, то на кой черт все надо?

Кончай с суетой. До чего дошел: увидел паутинку на дереве, услышал шмеля в полете и прямо обалдел — до чего населен и озвучен мир! А раньше ты его видел и слышал непрестанно. Но ведь для кино не нужна действительность, не нужны ни шумы, ни краски, ни запахи окружающего мира, вот ты и лишился почти всех пяти чувств.

Был на охоте. Привез четырнадцать уток и омерзительное впечатление об Анатолии Ивановиче. Как разложила служба этого самобытного и привлекательного прежде человека! Он был горд, сдержан, трезв, бескорыстен, смел и резок в суждениях. Он стал искателен, развязен, болтлив, хитро льстив, а порой груб, но лишь с теми, кто для него вполне безопасен. К тому же он стал пьяницей. В егерском деле он педантичен в смысле соблюдения законов до излишества, по небрежен и холоден в удаче. Он отвратительно спаивал моего шофера, чтобы потом посмеяться над городским человеком: «Я думал, что только в деревне дураки живут, выходит, они и в Москве водянки»,— говорил он, с издевкой поглядывая на пьяненького, но добродушного и жалкого Федотыча. Меня он послал матом, но тут же испугался, стал подлизываться, плакать, всячески изображать невменяемость.

Грустно мне это было и противно. И вспоминался он прежний, такой бедный и такой достойный, чистый, не тронутый общим гниением. Писать о нем я уже больше не буду, ибо тот последний и самый важный рассказ, какой нужно было бы написать, никто не напечатает.

У меня был очень плотный шалаш, я наблюдал уток по их отражению в чистой, недвижной, будто туго натянутый шелк, озерной воде.

Я стрелял но крякве, но промахнулся и угодил в желтый круг луны на воде.

Как давно я ничего не записывал. А за это время было много событий: поездка в Югославию, походы за грибами в лес, медленно и неуклонно погружающийся в осень, и первый заморозок — конец всему: цветам, грибам, траве, до сих пор не облетевшим деревьям, словом, всей радости еще длящейся летней жизни.

Еще одно лето кануло, еще тревожнее на душе за близких, за самого себя. С уходом лета душнее страх смерти.

Теперь я понимаю, зачем мне это новое мучительное и дорогостоящее строительство, зачем оно бедной, старой, усталой маме и больному Якову Семеновичу. В этом жалко и трудно растущем флигельке есть какое-то движение, развитие жизни, замершей в природе, есть какой-то обман времени и самой смерти, утверждение себя на земле. Но, конечно, и эту бедную радость пытаются отнять: строительство запрещают, грозят всякими карами, а недостроенный флигель страшен, как разрытая могила, и на душе все гаже, тревожнее и печальней.

Плохо мне сейчас работается, пишется без радости. Как ни странно, больше всего тревожит и огорчает меня недостроенный и находящийся под угрозой флигель. Так хочется, чтобы он был! Почему это многим писателям, как правило, наименее конструктивным, наименее способным устроить свое физическое существование, так страстно и жалко хотелось построить жилье: Джеку Лондону, Бальзаку, Дюма-отцу? Быть может, в этом зрилась некая победа над разрушительными, гибельными силами, живущими в душе? Любопытно, что никто в этом не преуспел. Самые горестные и невыносимые страницы жизни этих писателей связаны с домостроительством. Похоже, что я повторяю судьбу моих великих предшественников в более ничтожном, как и полагается, образе.

А еще мне плохо и тревожно из-за фильмов, которые могут дать мне долгую материальную, а значит, и душевную независимость, могут дать чувство реванша в той долгой, изнурительной борьбе, которую я вел с негодяями всех рангов и мастей, могут раз и навсегда широко распахнуть передо мной двери мира, а могут и погореть с треском, смрадом, копотью, вонью, надолго отбросив меня в грязные бездны неудачи.

Мне нужно спокойствие, чтобы снова неторопливо, без малейшей внутренней суеты приняться за рассказы, а я издерган ожиданием, предчувствием неудач, провалов, новых сложностей, на которые у меня уже не станет сил. Может быть, мне следует без торопливости и лихорадки пописывать югославские очерки, чтобы иметь хоть какой-то упор в пустом дне и чтобы не отвыкнуть окончательно от слов, а потом азартно стачать вторую серию «Директора» и надолго вернуться к творчеству. Года на три, а?..

Как прекрасно было в лесу до самых заморозков: тепло и сухо, к полудню даже жарко, и я снимал рубашку, и как хорошо пахло сухими листьями, грибницей! Мне попадались даже белые грибы, не говоря уже о подберезовиках и красноголовиках. Грибы в этом году на редкость хороши, даже подберезовые шлептухи не тронуты червями. Попадались еще маслята, но в последние дни только червивые, еще реже — волнушки, моховики и высохшие козлята. Много чернух, но я их не брал, валуев и особенно мухоморов с небывало красными яркими шляпками, опята мне совсем не попадались.

Вышли из чащи «зимние» птицы: синицы, поползни, сойки, скоро мы их увидим в нашем саду, где еще горят мертвые георгины.

Небывало пышна в нынешнем году рябина: и красная, и черная. Огромное количество красных, твердых, не очень вкусных яблок. Лето ушло, но до чего же, Господи, хорошо было жить этим летом, хорошо было неторопливо прощаться с ним, хорошо и сейчас присутствовать при тихой его кончине.

29 сентября 1964 г.

Странно, что смерть этого лета я ощущаю несравненно острее и печальнее, чем смерть Михаила Светлова, приключившуюся вчера. А ведь я знал его, пил с ним, принимал у себя дома, любил его как собутыльника, безвредного, милого, остроумного. И мы оба не виноваты в том, что его смерть воспринимается мной почти условно, как некое клубное «мероприятие», а засыпание леса, полей, сада — с великой и глубокой печалью.

Вот оно и пришло — самое скверное, самое страшное. Я не знаю, что там было, может быть, не так уж много, может быть, совсем немного. Но коль пусть даже такое возможно при мне, что же делали с этой несчастной женщиной, когда меня не было рядом, а она была так же пьяна? Каким стыдом, позором овеяна вся моя жизнь с ней?

Я никогда не думал, что мне будет так больно. Конечно, я ее любил и люблю, как не любил никого, и теперь мне придется жить без нее, и я не понимаю, как это будет. На сердце такая тяжесть, что впору кричать. Недавно я считал себя самым счастливым человеком на свете, хорошо хоть, что я знал это. Уж никогда не будет мне так полно, так интересно, так упоительно, как было с ней. Есть хорошие женщины, их не так мало, есть даже очень хорошие и трогательные женщины, но все это не идет в сравнение с ней. Она прекрасно и страстно говорила. Она была очень похожа на меня, даже в пороках, и я всегда понимал, что с ней происходит, хотя из педагогических соображений порой делал вид, будто чего-то не понимаю. Ее вранье не было враньем в обычном смысле слова, ей хотелось быть такой вот чистой, преданной, высокой, жертвенной. Она не была ни чистой, ни верной, ни жертвенной; дурное воспитание, алкоголизм, богема, развращающее влияние первого мужа, среда ли изуродовали ее личность, но ей хотелось быть другой, и она врала не мне, а себе, когда с пафосом уверяла меня в своей непорочности в отношении меня.

Это ужасно, то, что случилось, по невыносимой вульгарности, плоской грубости. Как справлюсь я со всем этим, да и справлюсь ли?

Почему все виды унижений выпадают мне на долю? Литературные, общественные, а вот теперь и личные?

Хорошо, что разбил ей лицо, хорошо, что разбил голову бутылкой Л., по крайней мере во мне хоть нет раздавленности. А в остальном — страшно, страшно. Нет желания жить. Все стало ненужным: дача, фильмы, книги, деньги, строительство. Полное банкротство. И странно, у меня нет настоящей злобы ни к Л., ни даже к ней. Жалость есть. Ей будет плохо, хуже, чем мне, она вконец опустится и погибнет.

Быть может, я должен был пройти мимо этого, ведь я отвечаю за нее. И я бы поступил так, если б был уверен, что это — от силы, а не от слабости. Ибо в первом случае жизнь могла бы наладиться, а во втором — полный раздрызг.

Что же делать? Может, постараться провести этот новый мучительный бой за себя с достоинством, пережить это со всей болью, без самообмана и ложного самолюбия, но и без соплей, без жалких поступков, чтобы, не стыдясь, вспомнить потом о самом тяжком периоде моей жизни?

Сегодня все еще хуже. Пошел гулять по обычному маршруту, но от всего — чудовищная боль. Желтый лес, навстречу идет стадо: коровы, овцы. Пастух тащит кнут по земле. Пролетели два стареньких сельскохозяйственных самолета. А из глаз точит и точит. Я действительно потерял то, что делало меня счастливым. Это не потеря женщины, все они взаимозаменимы, все, кроме одной-единственной. Очень редко бывает, что человек находит эту единственную женщину, но вот тогда-то потеря так страшна и невыносима, что хочется орать.

Идет снег на еще зеленые листья яблонь, на красные яблоки, на траву и сирень, на флоксы и георгины, на желтые березы. Я сижу с заплаканной рожей и думаю, как жить мне завтра и послепослезавтра, как перетерпеть!

А что, если она и впрямь душевнобольная? Ну и пусть живет рядом: больная, сумасшедшая, гниющая заживо. В редкие моменты ее просветления я все-таки буду счастливей, чем в светлой, трезвой, распрекрасной жизни с другой женщиной.

Если сходятся люди, которые любят друг друга, то у них все должно быть на жизнь и смерть, и нет такой вещи, которую нельзя было бы простить. Я чувствовал ее как часть самого себя, вернее, как продолжение себя. Совершенно естественно, что это продолжение должно быть наделено всеми моими отвратительными качествами: распутством, распущенностью, склонностью к оргиям и к пьянству, особой бытовой лживостью при какой-то глубинной правдивости натуры, гибельностью, неумением быть счастливым.

Один американский врач лечил, вернее, выправлял сумасшедших тем, что, не пытаясь проникнуть в существо болезни, прививал им нормальные реакции, нормальное внешнее поведение. Мне всегда это казалось страшной ложью. Ведь за этой «нормальностью» все равно остаются больные души, больная психика, омраченность которой загнана еще глубже. Уж лучше оставить больным их буйство. Нечто подобное происходит сейчас со мной. Я заставляю себя все делать как нормальный: есть, спать, гулять, садиться к столу и кропать что-то жалкое, выполнять свои многочисленные кино- и литературные обязательства, даже слушать музыку, но, быть может, легче и лучше было бы мне буйствовать, съехать со всех катушек.

Все время в памяти тот снежный, морозный вечер, когда мы вышли за ворота и она подпрыгивала от радости и поминутно падала, без неуклюжести, но чуть растерянно и обиженно, словно кто-то незримый подставлял ей ногу. Боже мой, как же мы были тогда счастливы и как же могли все это так пошло растерять!

Хорошо я сейчас живу, по расписанию, которого придерживаюсь с гетевским высоким педантизмом. Работа, прогулки, слезы чередуются с механической четкостью. Работаю в утренние, дневные, вечерние часы, гуляю три раза в день, столько же раз плачу, два раза в день сплю по пятнадцать—двадцать минут; от трех до пяти, в переломе дня, испытываю отчаяние, душное, как сердечный спазм; дважды в день как-то странно ликую от надежды, что выдержу, выживу, и наконец — смертная печаль предсонья, затем — клаустрофобия и бессонница.

Сколько же мне еще так мучиться, Господи? Неужели силой боли я хоть немного не выигрываю в длительности?

А можно так устать от тоски и душевной угнетенности, что это будет как выздоровление? Вот сейчас я вдруг почувствовал, что не могу испытывать боли, сил нет. Но, скорее всего, это ненадолго, отдохнешь — и опять все нахлынет.

Кажется — дай-то Бог! — все мои переживания начинают вырождаться в спасительную бытовую злобу. Этому помогло ее «высоко юридическое» письмо.

Я не записывал ничего почти два дня — добрый знак! Ужас расставания начинает, кажется, замещаться во мне здоровым чувством оскорбленности, злости и некоторым самозащитным ликованием. Если это правда, что творится во мне, а я еще не знаю — правда ли, то я на добром пути, надо бы не оплошать. Еще немного твердости и холода, и я буду навеки спасен. Я спасу себя от бездны сложностей, огорчений, неминуемых новых оскорблений, дурной молвы, от тайной злобы, которая неизбежно явится тенью вынужденного смирения, от «вторости», на которую я сам себя обрекаю своей деликатностью и любо-

вью к прекрасному дару плохого человека. Но если я опять под-
дамся, освободиться будет во сто раз труднее. Ведь к унижени-
ям тоже привыкаешь, как и ко всему прочему. Держись, старик!

Мы опять вместе.

1965

Как много случилось за месяцы, что я не вел записей. Последнюю я сделал, видимо, в конце октября или в начале ноября прошлого года, когда «Председатель» еще не вышел на экран. Все это время творилась мелкая, нервная, подлая, жалкая, изнурительная суета. Картину сперва просто решили не выпускать на экран, потом ее искромсали и пустили по клубам, но в день премьеры, даже в самый час ее опять запретили; мы выступали перед зрителями в кинотеатре «Россия», а по всей Москве сдирали афиши с лицом Ульянова, сдергивали натянутые между домами плакаты, извещавшие о выходе фильма, рушили фанерные рекламные стенды.

Картину в конце концов разрешили. Она прошла с небывалым успехом, истинно народным. Не знаю, имела ли хоть одна наша картина такой успех. Может быть, «Броненосец "Потемкин"», «Чапаев», «Путевка в жизнь». Ее просмотрели буквально все взрослые люди, ибо детям до шестнадцати лет на картину вход был запрещен. Почему? В картине нет никакой эротики, но есть правда о прошлом — да и только ли о прошлом? — а это пострашнее альковных соблазнов. Правда приравнивается к порнографии. Успех картины был настолько велик, что даже пресса, настроенная поначалу крайне враждебно, сдалась и начала хвалить, сперва сквозь зубы, потом взахлеб.

Счастья все это мне не принесло, но было забавно, азартно и порой весело. В одном мои ожидания не оправдались: картину не пустили за рубеж, мечты ездить с нею по белу свету рухнули. Мне фатально не везет с поездками, как будто уже не люди, а боги наложили вето на мои попытки увидеть мир.

(После моего выступления перед зрителями.)
— Здорово вы, Юрий Маркович, выступили,— сказал мне

шофер Михаил Гаврилович. — На таком низком уровне, что каждое слово понятно было!..

Но куда более важное, чем возня с «Председателем», случилось в нашей бедной семье: Я.С. разбил левосторонний паралич. Маленькое затвердение в уголке рта и легкая нечеткость речи, обнаруженные им самим однажды утром, к исходу дня обернулись кривизной лица — тромб.

Я не был на высоте в этом испытании. После неудачных попыток поместить Я.С. в седьмое, «кремлевское», отделение Боткинской больницы я запил. Тогда я еще не знал размеров бедствия, Лена скрыла от меня, что это паралич. Я жалел его покривившийся рот, смертельно сострадал этой малости, не ведая о худшем, панически боялся за себя, ни к черту не годного без него, и хотел пережить самое страшное в полузабытьи, полубреду.

Я измучил маму, всех близких, но не обманул судьбу. Когда я уже не мог больше пить и сознание вернулось ко мне, вместо успокоительных слов я услышал правду.

А потом был мучительный визит к Я.С. и новый уход в пьянство, столь же не спасительный, как и первый, и медленное выздоровление — мое. Впрочем, и Я.С. теперь лучше, насколько может быть лучше, когда самое страшное уже случилось. Мы радуемся тому, что он чуть двинул рукой, пошевелил пальцами ноги, сострил, отчетливее произнес слово. Новый источник радости возник в нашем доме.

На днях с дачи в Боткинскую больницу отправили П.Г.Антокольского с тяжелым инфарктом. По дороге лопнула шина, а домкрата у водителя не было. Машина долго стояла на шоссе, припав на лопнувшую шину. П.Г., полуопрокинутый, начал задыхаться.

А накануне он был у нас на Геллином дне рождения , но пил только лекарства. Правда, говорят, он все же хватил тайком рюмку коньяку и плясал, бедняжка, в Геллиной комнате, и сердце уже рвалось в старой его груди.

Из несчастий третьего сорта: жуткий распад Салтыкова. Ничего подобного по внезапности и неоправданности человеческого падения я не видел и даже не предполагал, что подобное возможно. «Председатель» свихнул его слабую душу и ку-

цые мозги, не омытые ни культурой, ни врожденной интеллигентностью, ни образованием. По самоуверенности, глупости,
ослиной тупости, копеечному вероломству, дикарской хитрости
и ледяному охамлению он мировой уникум. Интересно, к чему
все это приведет? Я, кажется, впервые испытываю чувство ненависти. У меня не было ненависти ни к Орловскому, ни к
Цветову, ни к Аркадию Васильеву*, я понимал неотвратимость
велений, двигавших ими, и как-то оправдывал их. Я даже понимал гнуснейшего выжигу и лицемера Борисова** и других негодяев, нередко встречавшихся на моем пути. Но Салтыкову нет
оправдания, ибо нет реальных мотивов для его метаморфозы.
Есть отвратительная неспособность узкой души и темного мозга
чуть выйти из своих пределов и оценить здраво происходящее.
Впервые зародившаяся во мне ненависть и возводит эту очередную киношную неурядицу в ранг серьезного душевного переживания...

МЕЩЕРСКАЯ ОХОТА

Яростно разлагается начальник охотхозяйства Петр Иванович. Когда-то я видел его мучнисто-розового — ну, прямо купец
Калашников, не соблюдающий спортивного режима — во главе
большой красивой семьи. Провожали старшего сына в армию.
Уже невестилась прекрасная дочь, юная Валькирия, озаряя присутствующих исподлобья взглядом серых тяжелых глаз; жена,
равная габаритами и крепостью белых мясов статуе Свободы в
Нью-Йорке, подавала дымящиеся блюда. Петр Иванович пил,
не пьянея, грустил, не впадая в уныние, был хлебосолен, широк,
ярок. Когда-то он сидел по уголовному делу, но легко верилось,
что он жертва культа личности.

Я видел его однажды у костра на острове, когда он готовил
уху, ловко, в два приема, сдирая с карасей их золотой чешуйча-
тый наряд. Я слышал его жуткий, леденящий душу вой, когда,
подражая волчьему гласу, он заставлял откликаться переярков.
«Есть у меня одна страстишка, — говорил он, — волчье племя
истреблять». И он почти истребил волков в Клепиковском районе.

Затем он стал охотоведом на вновь открывшейся охотбазе.

---

* Была, да еще какая! Не понимаю, с чего я вдруг так подобрел.
** Мнимый автор книги «Подвиг Севастополя», написанной мною.

Интригами, доносами, нашептыванием, подсиживанием он выжил сперва одного, потом другого начальника и сам уселся на трон. При тех начальниках, людях грешных, Петр Иванович отличался безукоризненным, спартанским поведением: был трезв, бескорыстен, суховат, точен, чуть печален, как опальный вельможа. Но вот он стал хозяином клепиковских вод и лесов и сразу развернулся во всю ширь. Он тут же спутался с Раиской, солдаткой, работающей на базе судомойкой. Это молодая, по-деревенски пригожая девка, с красивыми стройными ногами, заветренным, но смазливым лицом. У нее милый мальчонка лет четырех и злая несчастная свекровь, пытавшаяся поначалу бороться с распутством невестки, но потом махнувшая на все рукой.

Петр Иванович живет с ней открыто. Он возненавидел всю нашу компанию за то, что Раиска пила с нами, горланила песни пронзительным, глупым голосом, а потом обнималась в лесу — вполне целомудренно — с Георгием Семеновым.

Жена запретила ему переступать порог дома. Но все же недавно он переступил и заночевал у нее, за что был нещадно бит Раиской на глазах всех егерей и какого-то заезжего мелкого начальника. Сейчас у них снова лад и мир. Раиска науськивает его на егерей, и он злобно их преследует. Конечно, Анатолий Иванович сразу попал в немилость: по его вине пьяная Раиска пошла в рощу с Семеновым. Спасаясь от гнева Петра Ивановича, Анатолий Иванович пытался даже вступить в партию, но ничего из этого не вышло.

И вот что страшно: Каширский, прежний директор, не бесчинствовал так открыто и нагло, как Петр Иванович, не допекал служащих, не нарушал столь шумно заповеди о прелюбодеянии, и все же его спихнули без особых хлопот. Он не был доносчиком, отсюда его уязвимость. Петр Иванович — доносчик, и потому его голой рукой не возьмешь, он любезен начальству. Кстати, во всех областях жизни, в том числе в литературе, есть такие поразительно прочные люди, уцелевающие при всех переменах и поворотах, несмотря на все свои пороки и ошибки; это — доносчики, служители «святого дела сыска», теперь я в этом твердо убежден.

В ядовитой атмосфере охотхозяйства мой друг Анатолий Иванович продолжает неуклонно катиться вниз. Теперь, едва завидев меня, он уже прямо с порога орет: «Ну, привез?» — имея в виду водку. Он без спроса затаскивает к нам в комнату егерей, поит их нашей водкой, сует толсто отрезанные куски колбасы, котлеты — все это с каким-то даже подчеркнутым нахальством. А когда мы спим, он обшаривает наши рюкзаки, сумки и похищает бутылки. Обставляет он нашу охоту плохо, небрежно, мотор у него вечно неисправен, он запаздывает с выездом, в дождь не торопится снять с номера, ленится поискать угнанную волной утку. Зато деньги он принимает без прежнего благородного ломанья и вместо смущенного «Спасибо» холодно бросает: «Ладно!» Ко мне настроен претензионно, хотя я устроил ему неплохой заработок на киносъемках.

Охота все же удалась. За первую зарю я убил трех матерых селезней, а по пути домой в придорожной луже уложил в шестидесяти метрах широконосого.

30 мая 1965 г.

Совершил прекрасную поездку в уездную Русь. Поехал я туда только потому, что Уваров, сам уездный человек, спутал расстояния, он уверял, что всего-то нам пути семьдесят километров, а оказалось все двести. И это только машиной от Москвы от Бежецка, потом мы еще по реке плыли километров сорок, если не больше. Развращенный бюрократической, со всеми удобствами, мещерской охотой, я бы не отважился на такое путешествие, если бы заранее представлял его масштабы.

Мы отправились в путь светлым пасхальным утром и от Москвы до Бежецка не встретили ни одного трезвого человека. Шоферы, колхозники, лесники, какие-то военные люди — все, кого мы расспрашивали о дороге, были мертвецки пьяны.

В Бежецке, при самом въезде в город, охотников поджидала на водополье моторная лодка, рассчитанная на семь человек, а нас набралось вдвое больше. Все ринулись в лодку, едва ее не потопив прямо у причала, и моторист наотрез отказался везти нас. На край он брал восьмерых, что при сильном ветре и крутой волне представляло немалый риск. После долгих оскорбительных пререканий первыми покинули лодку мы, а за нами последовал генерал от авиации со своей свитой, остальные пустились в опасный путь.

Я почти не следил за ходом нудной баталии, настолько занимало меня происходящее на берегу. Сюда с огромной самодельной лодки две бабы и пять мужиков сгружали мешки, набитые репчатым луком. Бабы — колхозницы, мужики — складского обличья. Лук, конечно, с приусадебных участков, это я понял мгновенно, увидев энергичную, слаженную и серьезную работу всех участников лукового бизнеса. Люди работали за деньги, а не за палочки в тетрадке бригадира. Как отлично умеют работать даже наши разложившиеся, обленившиеся, полупьяные люди, когда есть реальный стимул! Мужики подставляли спину под тяжелый мешок, чуть приседали, пружинисто сгибая ноги в коленях, и валко, пошатываясь, несли груз на берег к пятитонному грузовику. Шофер со своим напарником, стоя в кузове, принимал мешки и укладывал экономно, впритык к другим мешкам. Никого не нужно было подгонять, каждый трудился не за страх, а за совесть. Одной из баб потребовалось на берег. Тут же молодой, справно одетый мужик подошел и, пригнувшись, подставил ей спину. Она села на него раскорякой, обхватив руками за шею. Он деловито и бережно перенес ее на берег, поддерживая за ляжки, но по неловкости высоко задрал ей юбку. Баба миловидная, нарядная: вельветовый синий костюм, пуховый платок, резиновые высокие ботики, — оказавшись на берегу, из приличия дала мужику тумака и пошла к плетню помочиться.

Потом она вернулась, одергивая юбку и уже на ходу выкрикивая какие-то приказания. Ее почтительно слушали. Она едет с луковым запасом в Ленинград, ее товарки надеются распродаться в Калинине, но, если не выйдет, махнут в Москву или в Новгород, расстояния для них не имеют значения. Каждой бабе торговая операция должна принести по семьсот рублей новыми деньгами; накладные расходы — рублей по двести, сюда входит оплата лодочника, шофера, грузчиков, проживание в чужом городе. Значит, чистая прибыль составит пятьсот рублей на рыло, немалые деньги для сельских людей, у которых гарантированный трудодень исчисляется 50 коп. в день. Если даже колхозник выработает триста трудодней в год, а это в полеводстве почти невозможно, он получит сто пятьдесят рублей. Жалкие, урезанные Хрущевым приусадебные сотки дают в три с лишним раза больше, чем изнурительный, от зари до зари, труд на колхозной земле.

Меня все это взволновало. Я как-то изнутри ощутил энергию этих луковых теток, энергию тех русских людей, что осваивали в свое время Сибирь, ее щедрые, девственные земли. Сельский труд может быть куда привлекательнее, разнообразней и живей фабрично-заводского, если люди не лишены частной инициативы. Ведь, помимо всего прочего, эти луковые тетки увидят чужие города, прикоснутся к незнакомой жизни, сведут новые знакомства, а может, и любовь закрутят — словом, встряхнутся душой и телом. В их деле есть и риск (у них все левое — лодка, машина, бензин, солярка), и азарт крупной игры, возможность большой удачи и поражения — короче, тут есть все, чем живо человеческое сердце.

Путь вам добрый, луковые тетки!..

С их лодкой, когда ее разгрузили, собрались в путь и мы. Лодочник, белобрысый симпатичный парень, согласился доставить нас на какой-нибудь необитаемый остров по пути на охотбазу, откуда нас неминуемо, рано или поздно, заберут. Сам он торопился засветло добраться домой. Он потребовал лишь полканистры бензина в смеси с автолом для заправки своей «Стрелы».

В последний момент к нам в лодку без спроса погрузилась генеральская компания. А едва мы отплыли, не на моторе даже, который упорно не желал заводиться, а на шесте, генерал со своей сворой перегрузился в «казанку» начальника охотбазы, неожиданно оказавшуюся в бежецких водах. Тут выяснилось, что новенький катер на тридцать мест, только на прошлой неделе доставленный на охотбазу, страдает полным параличом мотора.

Генерал и его свита скрылись в вечереющем влажно-зыбком воздухе, а мы еще около получаса слушали мертвые всхлипы не принимающего горючее двигателя. Но, как и всегда бывает, на самом пределе человеческого терпения, за которым — безумие, мотор чихнул, взревел, и винт забуровил воду. Мы поплыли вдоль растянувшегося по правому высокому берегу Бежецка.

Мы долго плыли мимо этого убогого, скучного до сердечного спазма городка, потом прошли под мостом, потеряли Бежецк из виду и обрели громадное пространство воды. Это не озеро — вешний разлив реки и впадающих в нее ручьев. Из воды торчат кусты, деревья, сараи; вокруг по косогорам лепятся деревни с высокими, красивыми, мертвыми церквями. Вода кишит ондатрами, они плавают, ныряют, забираются на ветви полузатонувших кустов и что-то жрут, помогая себе передними лапками. Они совсем не безвинны, эти крысы, они истребляют нелепых, слабых выхухолей, последних представителей древнего рода десманов. Кстати, мех выхухоля ценится много дороже ондатриного, и это преступление — подселять ондатру к выхухолю. Но кто-то совершил сию, чисто лысенковскую новацию, и теперь ничего не поделаешь — потрава зачислена по ведомости достижений.

На топких островках застыли кулички; размахивая крыльями, как скоморохи длинными рукавами шутовского кафтана, переваливаются из черного в белое в медлительном полете чибисы. Их тоскливые голоса щемяще звучат в тишине озера, когда в очередной раз глохнет мотор. И множество уток: кряквы, чирки, чернеть, гоголи, шилохвость, пеганки, крохали,— стаями, парами, в одиночку козыряют в воздухе или сидят на воде. Это и пролетные утки, чуть запоздало тянущие на север, и прибывшие сюда для гнездования, для серьезной оседлой жизни.

Уже в надвигающихся сумерках мы пристали к плоскому, унылому, совершенно голому острову. На берегу стоял краснолицый носатый старик в егерской фуражке и длинной, до земли, плащ-палатке, нагрузшей понизу глинистой грязью.

На берегу мы обнаружили его курень: шалашик, сложенный из веток, грязи, старых газет, камней и консервных банок. Возле очага привязан отличный русский гончак. Этому егерю предстоит жить на острове все десять дней весенней охоты. У него тут сложены в камышах шалашики, и он ждет клиентов.

Старик рассказал нам, как гонял лису его гончак, но взять не мог, лиса уходила в воду, и пес терял след. А ночью лиса душила почем зря уток. Егерь нашел ее нору с двумя выходами и завалил их камнями. Лиса задохлась в своем подземном логове. Меня примирило с ним то, что он, похоже, сам жалел об этой дерзкой, умной, ловкой лисе, так отлично морочившей его опытного гончака, но спасовавшей, как и все в природе, перед коварством человека.

Вскоре мы услышали шум мотора — это мчался за нами на «казанке» начальник охотбазы. Я был уверен, что о нас никто не вспомнит, и вдруг такая приятная неожиданность!..

К базе подойти не удалось из-за прибившегося к берегу льда. Мы высадились в стороне, против деревни Бежицы, и двинулись вверх по горбатому берегу, по его жидкой грязи, по жирной пашне, вязкой, как болото, через топкие ручьи, на все отдаляющийся огонек охотничьего домика. И небо сперва стеклянно зеленело, потом пасмурно притемнилось и, наконец, покрылось нездоровой сыпью мелких звезд. Идти становилось все тяжелее, у меня нехорошо прихватывало сердце...

Переночевав на базе — Михайловские горы называется место, — мы отправились на моторке к месту назначения. Это лесной кордон в сорока километрах от Михайловских гор. Плыли долго, мотор «Москвич» тянет хорошо, если в лодке не больше двух-трех человек. Опять шли мимо затопленных кустов и рощ, сараюшек, балаганов. Разлив — широченный, а мы словно пробирались по узкому, извилистому коридору. Но так это, в сущности, и было: мы все время искали русло узенькой Мологи, а когда теряли, то тут же садились на мель.

Много уток, куликовых и всяких других птиц. День пасмурный, с прояснениями. На полпути зашли в Еськово за горючим. Здесь — филиал охотбазы. На берегу мужики конопатили лодку, ловко и точно вбивая паклю в пазы деревянной лопаточкой. На костре медленно плавятся, превращаясь в жгуче-черное варево, комья смолы.

Гусь потоптал гусыню и, еще находясь на ней, оповестил мир о своей победе громким криком и всхлопами крыльев. Затем повторил салют на земле, только еще громче и ликующе. Вот так и должен происходить животворящий акт любви, а не тайком, не пугливо и застенчиво, как у людей. Пусть гремят золотые трубы, оповещая вселенную о новом соитии. Человечество, превосходя зверье в смысле всегдашней способности к совокуплению, много отстало в эстетике любовного дела.

Затем мы отправились дальше и часа через два зашли в тихую заводь, где стояли готовые к угону узкие, длинные плоты. В глубине берега на площадке, отвоеванной у леса, виднелись постройки лесничества.

Когда мы вошли в дом, плотовщики как раз кончали обедать. Стол был неопрятен, как бывает только в деревнях, — откуда это неуважение к месту трапезы? — завален грудами рыбьих костей, мослами, корками хлеба, огуречной мякотью и еще какой-то непонятной слизлой дрянью. Еще там громоздилась батарея опустошенных поллитровок. Плотовщики были крепко пьяны, но не настолько, чтобы отменить рейс. И попрощавшись истово с хозяевами и нами, пришельцами, плотовщики нахлобучили шапки, подтянули ремни на чреслах и двинулись в путь.

Семью составляли небольшие красивые люди: муж, жена, мать жены, далеко не старая, семилетняя дочь и полуторагодовик. Они были похожи на последних представителей какого-то вымершего племени. Все низенькие, стройные, с маленькими руками и ногами, золотоволосые, с нежной, слабо загорелой кожей, чуть заветренной у крыльев носа, с тихими, мелодичными голосами. Правда, младенец, показавшийся вначале таким цветущим, таким сдобным и пышным, на поверку вышел чуть ли не кретином: он не говорит, не стоит, не ходит, только ползает, противно двигая толстенькими, в перетяжках ногами, не умеет жевать, принимает лишь полужидкую пищу. Считается, что ему надо подрезать язык, тогда он заговорит и есть начнет нормально. Но мне думается, что все его дефекты взаимосвязаны и отражают какое-то одно, главное, становое повреждение организма. По частям лечить его без пользы. Мать и отец холодны к нему, они не хотели второго ребенка в своей слишком трудной жизни, это бабка настояла. Теперь он состоит на ее попечении. Она его кормит, поит, моет, укладывает спать на воле, под марлевым пологом, в избе он не может заснуть, играет с ним в мячик. Игра состоит в том, что младенец роняет с печи облезлый, выпустивший воздух резиновый мячик, а бабка подбирает и сует ему в руки. Ко всему, она любит этого жалкого кретина, восхищается его красотой, весом, размерами и тем, что он гугнит: «Буб-бу!», узнавая ее издали.

Теперь я понимаю, что и с девочкой, живой, грациозной, прелестной, тоже не все благополучно. Если она чего-то хочет, а ей не дают, она начинает трястись от гнева, ляскать зубами, холодеть в конечностях.

Хозяин дома — тихий, безответный человек, конечно, выпивоха. Он пошел на трудную работу в лесу ради того, чтобы получить паспорт. Документ, выводящий из крепости, единственная компенсация во всех моральных и материальных невзгодах, выпавших на долю ему и его семье.

Дом лесника — типовой. Представляю, сколько инстанций его утверждало! Он не пригоден для жилья: тонкие, щелястые стены осенью пробивает ветром, зимой — морозом: словно пакля, мохнатая изморозь заполняет пазы между досками, стены не засыпаны, верх не утеплен, потолок бел от инея, протопить дом невозможно, вода вымерзает в умывальнике, ведре, кадушке, даже в самоваре, хотя его оставляют на ночь горячим. Зимой, ложась спать, напяливают на себя все теплые вещи, валенки, рукавицы, повязывают голову шерстяным платком.

Прошлое лето им ужасно докучали медведи: повадились на огород, даже тропку проложили.

— Кажное утро,— жалующимся голосом рассказывала хозяйка,— прутся гуськом, дьяволы косолапые. Нахально так идут, будто знают, что их стрелить нельзя. Пасечка у нас была — разорили, мед сожрали. Овса мы немного посеяли — сожрали, просо — сожрали, ну никакого сладу нет. Я раз не выдержала, схватила палку и давай медведя по заднице лупить. Да разве его, черта гладкого, проймешь? Оглянулся, носом дернул да пошел вразвалочку со двора.

А еще с сообщением здесь плохо, разлив длится до июня месяца, и в апреле — начале мая опасно куда-нибудь плыть, того гляди льдинами затрет, а ближе к июню можно и на мель сесть, и в топь забраться, откуда самому не выбраться. Поэтому они и откладывают поездку к врачу.

Школы поблизости нету, и девочке придется пропустить учебный год, отец обязан еще сезон отработать на кордоне за паспорт, а потом он имеет право подыскать себе другое место. У них есть хороший дом в деревне, принадлежащий бабке, с садом, огородом, мебелью. Но чтобы жить в этом доме, надо опять стать колхозниками, и лучше перетерпеть стужу, одиночество, медведей, отсутствие медицинской помощи и прочие невзгоды лесного существования, но чувствовать себя полноправными (!) гражданами. Интересно, что прежде этот вопрос не стоял так остро для деревенских людей. Их скорее удручало экономическое положение, а сейчас вперед вышел моральный фактор. Ибо паспорт сам по себе вовсе не обеспечивает материального выигрыша. Семья лесничего тому пример. В колхозе им жилось лучше: сытнее, теплее да и веселее — клуб, кино, посидухи. Хозяин работал в колхозе шофером, значит, не за палочки трудился, шоферы получают зарплату, жена его заведовала сельпо. А они все бросили ради «документа». В этом проглядывает нечто, что лет этак через пятьсот может дать всходы...

Все же и эта бедная семья не уплатила бы положенной дани богу неудачи, если б у них не было истории, связанной с судом и тюрьмой.

Хозяйку осудили на восемь лет за хищение восьми тысяч рублей (новыми восемьсот). Она денег не брала. Ей подсунули накладную на десертное вино, которого она не получала со склада. Подпись ее подделали. Просидев десять месяцев в Бежецкой тюрьме, она по совету своих однокамерников написала заявление в Московскую прокуратуру. Приехали ревизоры, ее оправдали, присудив, правда, полтора года принудработ за халатность (эту часть рассказа хозяйки я так и не понял. В чем состояла ее халатность? В том, что она не заметила, как подделали ее подпись?). Она отбыла принудработы и получила справку о снятии судимости, а через четыре года районный суд пересмотрел ее дело и заставил выплачивать все восемь тысяч. Причем конфискованное у ее матери прежде имущество на сумму три тысячи семьсот рублей зачтено не было, прокурор забыл в свое время оформить конфискацию соответствующим актом.

Сейчас семья выплачивает по сто рублей (десять новыми) в месяц из пенсии хозяйкиной матери, которую придавила корова в хлеву. Вся пенсия, данная ей по инвалидности, составляет двенадцать рублей в месяц, рассказывая мне об этом, старая хозяйка, вообще-то веселая, радостная, отчаянно расплакалась. Не от жадности, от обиды, бесправия и беспомощности...

У меня был занятный егерь: краснорожий, глупоглазый, а на деле вовсе не дурак. Он из соседней деревни, доволен жизнью, вернее, нынешним ее поворотом, до какого-то очумения. Еще бы, чем не жизнь! Как служащий Максатинского охотхозяйства, он — при паспорте, следовательно, всегда может вырвать из крепости жену-колхозницу и двоих детей. Ему положена зарплата: пятьдесят рублей в месяц. В колхозе с недавнего времени ввели гарантированный трудодень: пятьдесят копеек. При усердной работе можно заработать трудодень в день, т.е. каждый месяц получать по пятнадцать рублей. Он, хоть и егерь, помогает колхозу, на круг у него выходит рублей семь в месяц. Им вернули отторгнутую от приусадебного участка землю, разрешили пасти корову на колхозном пастбище, посулили обеспечить покосом для личных нужд. Кроме того, еще налоги уменьшили. Все это, надо сказать, уже было, но спасение человеческого сердца в том и состоит, что вера его неисчерпаема.

Годовой бюджет моего егеря складывается таким образом: зарплата, трудодни — его и жены, отстрел лося (90 рублей, кроме того, голова и копыта, идущие на холодец), отстрел шести-семи рысей (14 рублей за рысь). Дети его собирают клюкву, которой здесь видимо-невидимо; клюква и лук — главные статьи местного экспорта. Если к этому прибавить, что он слегка браконьерит: то глухаря завалит, то тетерева, вальдшнепишку подстрелит, уточек парочку, да и сеточку забросит на язя и леща,— то жизнь у него просто выдающаяся.

Мы с ним ходили на вальдшнепа. Тяга была великолепная: девять вальдшнепов прошли надо мной, все на выстреле, но я безбожно мазал. У вальдшнепа угрюмое лицо, круглые, полные, как у спаниеля, глаза. Болотистая почва под ногами кишела лягушками. Они прыгали, спаривались, надсадно орали. Вскоре не слышен стал вальдшнепиный «хорк», кусты и травы сотрясались от чудовищного, страстного ора. Все вокруг было полно отвратительного шевеления, а в конце просеки в розовой грязце умирал день.

Вот я опять в Ленинграде, в номере «Астории». Из окна во весь рост и размах виден святой Исаакий Далматский, дом Мятлевых и скверик, где во время войны у семьи Гиппиус был огород. Вчера мне открылось одно мое заблуждение. Когда я в Москве думаю о Ленинграде, у меня спазм тоски, физическое ощущение боли от любви к нему. Когда я приезжаю, мне лень выйти на улицу. Нечто сходное происходит и во время поездок за рубеж. Я не потерял головы от счастья ни в Касабланке, ни в Афинах, ни даже в Париже. А глядя на скверные парижские фотографии, не могу поверить, что был там и остался жив, так он мне прекрасен. Видимо, когда притаскиваешь куда-либо свою грандиозную ненужность и сложность, все как-то депоэтизируется, меркнет перед утомительным напором собственной беды. Поэтому самое ценное не поездка, а тоска по ней, тоска по Ленинграду, Парижу и невиданной сроду Ниагаре. Из этого могут возникнуть «дивные звуки» (да и возникли — «Моя Венеция»), а не из туристско-гостиничного мыкания.

Надо умнее использовать эту тоску и не пытаться утишить ее бессмысленным паломничеством в Ленинград, Псков, Пушкинские горы и Париж. Самая лучшая заграница — мой письменный стол на даче.

И снова Москва. Дача. Мой бедный дом, который после заболевания Якова Семеновича как будто изгнил внутри. И вялая тоска.

Прячусь за сценарии и заявки на сценарии, за рецензирование рукописей и совещания от болезни Я.С., от страха за маму, от страха смерти.

И водка, и эти мои нынешние дела — явления одного порядка: только бы спрятаться от действительности, от себя. А писать даже мои жалкие рассказы — это иметь дело с жизнью, а значит, и смертью.

На поле грачи враз подпрыгнули, распластав крылья, и тут же опустились на землю.

27 июня 1965 г.

Пишу это, как ни странно, в Спа, курортном городе Бельгии. Сижу в сквернейшем номере: три кровати, жалкий шкафик непонятного назначения, столик с красной столешницей, два стула, крошечный умывальник, зеркало. Из окна непритязательный, но, в общем, приятный вид на дворик, поросший зеленой травой, на крытые черепицей невысокие дома и крошечное кафе-веранду не то с одним, не то с двумя столиками. Вчера я видел, как неторопливо, истово и фундаментально там обедали две пожилые четы. А быть может, это частный пансион. За верандой высятся ящики с пустыми бутылками, у каменной ограды веранды растут красивые цветы: туберозы, розовый жасмин, герань, пионы.

На крышах — телевизионные антенны, вдалеке зеленые склоны гор.

В городке казино, где выступают европейские знаменитости — Далида, Шарль Грене и местные «биттлы». Много симпатичных собак и оголтелых автомобилей.

До этого мы уже объездили крошечную страну Люксембург.

Сам город того же названия был бы вполне зауряден, если б не рассекающий его надвое громадный ров. По дну рва течет узкий, заключенный в каменное руслице ручей, по сторонам — аллеи старых деревьев, мощно взбирающихся по крутым стенам оврага: клены, ивы, ели, пихты, вязы. Здесь внизу на скамейках мы видели лишь одну-единственную влюбленную пару, тесно сплетенную конечностями, да двух дряхлых стариков.

Вообще Люксембург поражает своим малолюдством, город в дневные часы кажется вымершим; есть что-то устрашающее, в духе Брэдбери, в этой раскрепощенности городского пейзажа от людей. То ли город после нашествия марсиан или термоядерной войны, то ли некие мистические декорации, ожидающие наполнения из космоса. Приготовлено все: очаровательные коттеджи, прекрасные машины вдоль тротуаров, афиши и рекламы (особенно часто — полногрудой матово-смуглой женщицы в кружевном лифчике), ларьки с пестротой журнальных обложек, лавки, лотки зеленщиков с крупной клубникой в плетеных корзиночках, артишоками, бледной спаржей и краснорожими помидорами, светофоры, зажигающие поочередно в своих глазках то зеленого, то красного человечка, цветы, деревья, даже недвижные курчавые облака в синем небе.

Правда, в субботний вечер, накануне нашего отъезда, мы увидели тускло резвящихся люксембуржцев. Они ходили по улицам, ели жареный картофель из целлофановых мешочков, невкусное, какое-то сухое, прессованное мороженое, вяло атаковали двери кабаре с целомудренным стриптизом и двери немногочисленных кино. Во всем чувствовалось непроходимое бюргерство, приличие, заморозившее кровь.

Посольские работники говорили, что такова сущность здешнего народа: мещанские устремления к комфорту, уюту, достатку и тишине, способность до конца растворяться в необременительных служебных обязанностях, вечернем отдыхе возле телевизора и каникулярном кемпинге на берегу ручья. В Люксембурге нет рек. Мозель от стрежня принадлежит Западной Германии.

Любое увлажнение почвы привлекает к себе сотни туристов. У каждой лужи вырастает нарядный палаточный городок. Есть во всем этом что-то душноватое. Люксембург — не для людей, страдающих клаустрофобией. Впрочем, я забываю, что Люксембург распахнут во все четыре стороны света. Между ним и его соседями нет границ в нашем понимании. Лишь от Западной Германии его отделяет условная будочка при въезде на мост через Мозель и мирно покуривающий возле нее часовой. И все-таки Люксембург душен — людьми, малостью их привычек, стремлений, обычаев...

Живописная семья хозяев гостиницы, где мы нашли приют. Мадам — сухощавая блондинка со скипидарным запахом изо рта; ее муж — порнографический красавец в усах, кудрях, с большим брюхом под грязной сеткой; очаровательная четырнадцатилетняя дочь, влюбленная в красавца отца, угловато-грациозная, быстрая, как молния.

Мадам дьявольски ревнует своего мужа, который день-деньской ничего не делает, только болтается по ресторану или стоит в дверях, улыбаясь посетителям и проходящим женщинам. По ночам у них происходят шумные, бурные скандалы, мордобитие и, видимо, любовь. Они встают поздно, по утрам мадам тиха, вяла, расслабленно томна. В нежностях, которыми то и дело обмениваются отец и дочь, есть что-то двусмысленное, нечистое. Причем нечистота эта идет от дочери, отец бессознательно поддается ее игре с щекоткой и поцелуями.

Несмотря на телеса и забалованность, он не лишен какой-то сутенерской мужественности. Он лихо водит машину, властно покрикивает на рассыльных и зеленщиков, грубо отталкивает от дверей пьяного, высмеивает подвыпившего подростка, у которого заглохла машина, отбирает у него ключи и с дерзкой ловкостью отгоняет машину задом к поребрику тротуара.

Он катал нас ночью по городу, это навсегда останется одним из самых острых впечатлений моей жизни. Здесь все шоферы, даже женщины, водят машины на бешеных скоростях. Отличные тормоза и резина гарантируют безопасность — аварий здесь меньше, чем у нас. Хозяин гостиницы обладал черным, распластанным, чем-то напоминающим камбалу, крылатым «Меркурием-комета». Ездили мы в центр Люксембурга, в унылое чрево его пресных наслаждений, затем долго носились по окраинам, мимо военных служб НАТО.

Экскурсия в средоточие люксембургского виноделия на берегу Мозеля. Здесь все колонны имеют форму бутылок из-под сухого мозельского. Мы спустились в подвалы, где прохлада и капает со стен, где бродит виноград в чанах и где двое рабочих ловко наполняли бутылки бледно-желтой влагой и затыкали пробками с помощью механического пресса. Зарабатывают тут рабочие от 20 до 50 франков в час — это много. Водил нас по винным подвалам студент-юрист, учащийся в Нанси.

Потом мы были в Люксембургской Швейцарии и здесь осматривали полуразрушенный величественный замок XIII столетия. Наш гид, старуха голландка, потерявшая в двух войнах, навязанных Европе «добрыми немцами», всю семью и всех близких, вдохновенно импровизируя, давала нам пояснения. «Это — кладовая оружия», — говорила она, указывая на камин. «Это будуар», — и она показывала на малый каземат местного значения. Бедняга выпила за обедом лишний бокальчик мозельского.

По той же причине в Грюнвальде она начала прыгать и обрывать дубовую ветвь. Она давно не была на природе, фирма использовала ее только в Брюсселе. Она трогательно предана нам, милая, доверчивая и невежественная. Она владеет четырьмя языками, но по причине мозельского забывает все, кроме французского.

Мы часто проезжали загоны, где без привязи паслись коровы. Порода ост-фриз, высокая упитанность, могучее, полное вымя. В жаркий уклон для коровы величаво лежат на ярко-зеленых свежих лужайках. «Наши тоже лежат», — рассеянно сказал кто-то из туристов. «Да, — подхватил другой, — но по другой причине...»

Первый скандал. Он произошел между частью группы во главе с руководителем и Николаем Атаровым из-за выставки устарелого американского вооружения времен минувшей войны. Выставка открыта в честь годовщины освобождения Люксембурга от гитлеровцев. Танки, самоходки, бронетранспортеры, гаубицы, геликоптеры, понтонные мосты с наводящим устройством, палатки, устройства для радиоперехвата. Атаров начал орать, что это провокация, что мы «проникли на территорию военной базы НАТО». И хотя абсурдность, глупость его воплей была очевидна: на воротах двухаршинными буквами было начертано слово «Exhibition»*, каждый танк, вертолет, пушка были снабжены табличкой с их боевыми данными, — наш руководитель перетрусил, публично покаялся, обругал нас, своих спутников, восславил бдительность и политическую зоркость Атарова, а вечером с горя напился и опоздал на другой день к столу. Атаров вышел в идейные вожди. Вот почему при всем своем вопиющем бесплодии он может так долго и уютно существовать в литературе. Ему бы давно пора сдохнуть с голода, а он живет, не тужит, даже по заграницам ездит. Уже в Спа его подвиг бдительности был вознагражден двойным номером с ванной.

Пародируя его, я сказал, когда автобус по просьбе дам остановился посреди леса, что не советую им выходить, ибо возможны провокации, лучше справить нужду на месте. В результате — худший номер, без ванны и даже без умывальника.

Наш старый автобус с нежным именем «Балерина» вчера вечером ушел в Москву под водительством брата нашего шофера. (Едва переехав советскую границу, этот незадачливый брат раздавил насмерть человека.)

Воскресный день в Льеже, грязном, замусоренном, как Медина в Касабланке, неживописном и людном. Хорош лишь дворец князей-епископов XII века.

В итальянском квартале, особенно грязном и вонючем, мы видели, как бандерша заманивала парней в заведение. Она и нам сделала пальчиком, но мы, закаменев лицами, гордо прошествовали мимо. На углу мы все же отважились оглянуться — бандерша деловито опорожняла красное нарядное ведерко в водосток. Вид у нее был патриархальный, как у крестьянки в час вечерней дойки.

Насколько милое и трогательное впечатление осталось у меня от Намюра, Спа и других маленьких городов, настолько же противен Льеж. Здесь и Маас какой-то неопрятный, а люди опасноваты. Кажется, что в самом воздухе разлито нечто порочное и недоброе. Виной ли тому воскресный день, когда рабы, по выражению Селина, «гремят цепями», или базар, распространяющий свою нечистоту, бумажный и прочий сор по всему городу

---

* Exhibition (франц., англ.) — выставка.

вместе с запахом пива и дешевого вина, или переизбыток пролетариата (Льеж — крупный промышленный центр), или совокупность всех этих причин — не знаю, но здесь тревожно, неуютно и печально.

Тир. Стреляют с моста по гирляндам разноцветных грушевидных воздушных шаров, натянутых над водой речушки. Шары громко лопаются, когда их поражают свинцовые пульки. Я сделал семь выстрелов, и все мимо, к вящему огорчению Геллы, уверенной, что я меткий стрелок.

Сегодня мы вновь ездили в Льеж, и в обычной, будничной, деловой обстановке он мне понравился больше. Живой, многообразный, густо набитый человечиной современный город.

Мы навестили квартал проституток. Вместо традиционного красного фонаря — розовая неоновая трубочка, объявление, как на дверях магазина,— «открыто», «закрыто», «вышла». На иных дверях вместо объявлений повешены крошечные светофоры; зеленый свет соответствует «открыто», красный — «закрыто», желтый — «вышла».

В эти предвечерние часы клиенты были у немногих. Остальные дамы сидели в окне за книжкой или журналом. Но лучше бы им так себя не афишировать, их облик скорее гасил желание, нежели возбуждал. Лишь одна, совсем молоденькая, была ярко и сильно красива: рыжеволосая, с прекрасным, полным ртом и сиреневыми глазами.

В некоторых окнах можно разглядеть в полутьме кровать или широкую, низкую тахту. А вообще же каждое такое гнездышко любви считается баром, проституции в Бельгии нет. Лицемерие, напоминающее наши отечественные фокусы.

Помимо проституток мы видели сокровищницу кафедрального собора св. Поля и несколько хороших картин в Музее изобразительных искусств: «Синий дом» Шагала, какую-то набережную Марке, цыгана Марезеля, пейзажи Утрилло, да еще впервые меня тронул Синьяк.

Мне кажется, я наконец-то понял изнутри абстракционистов, вернее, тот зуд, который заставляет их испещрять холст или бумагу своими несуразицами. Я вдруг увидел в этом самовыражение.

В соборе мне понравилось, как переодеваются священники в

ризнице — словно актеры за кулисами: деловито, просто и быстро — публика не ждет!..

Вечером ходили в казино (Спа). Крупье обладал таким хищным и значительным лицом, словно соскочил со страниц «Волка среди волков». Великолепны артистизм и точность их феноменально отработанных движений. Игра идет некрупная, но люди отдаются ей до самозабвения, в основном старухи...

<31 декабря 1965 г.>

Кончается странный 1965 год. Подведем короткие итоги в сугубо личном плане. Начался год позорной историей с запрещением «Председателя», кончился — позорным изъятием меня из списка представленных к Ленинской премии. В промежутке было много всякой дряни вокруг картины. Но одно все же состоялось: я связал свое имя с лучшей послевоенной картиной. Теперь история советского кино читается так: от «Броненосца "Потемкина"» до «Председателя» — это все-таки кое-что.

Болезнь Якова Семеновича, ужасная и бессмысленная гибель Урбанского, разжалование Салтыкова в рядовые, сказочная поездка с Калатозовым по Норвегии, Швеции, Австрии, Италии, сказочная поездка Геллы во Францию, наша долгая ссора, с которой что-то кончилось в наших отношениях, Ленинград, Псков, Малы, Пушкинские горы, а до этого еще весенняя охота, Бельгия и Люксембург, выход новой и хорошей книги — нет, скучать не приходилось.

Этот год — переломный в моей жизни. Впервые я сам почувствовал, что мой характер изменился. Я стал куда злее, суше, тверже, мстительнее. Во мне убавилось доброты, щедрости, умения прощать. Угнетают злые, давящие злые мысли на прогулках, в постели перед сном. Меня уже ничто не может глубоко растрогать, даже собаки. Наконец-то стали отыгрываться обиды, многолетняя затравленность, несправедливости всех видов. Я не рад этой перемене, хотя так легче будет встретить смерть близких и свою собственную. Злоба плоха тем, что она обесценивает жизнь. Недаром же я утратил былую пристальность к природе. Весь во власти мелких, дрянных, злобных счетов, я не воспринимаю доброту деревьев и снега.

В определенном смысле я подвожу сейчас наиболее печальные итоги за все прожитые годы. Хотя внешне я никогда не был столь благополучен: отстроил и обставил дачу, выпустил много книг и фильмов, при деньгах, все близкие живы. Но дьявол овладел моей душой. Я потерял в жизненной борьбе доброту, мягкость души. Это самая грустная потеря из всех потерь, и вот об этом я не мог не написать, перед тем как ехать на встречу Нового года...

1966

Декабрь 1966 г.

Ровно год не вел я записей, если не считать путевых заметок. И то в Польше я почти ничего не писал, в Чехословакии вовсе ничего и лишь в Японии вел регулярно дневник. Все написанное там, а также в Бирме и Гонконге, вошло без остатка в мои очерки «Видения Азии», и нет смысла переносить в этот дневник целиком отработанный материал. Между тем не было дня, чтобы я не давал себе слова вернуться к записям. Но год миновал, а я так и не написал ни строчки. Боже мой, как стремительно летит время! Я так отчетливо помню последний день прошлого года, когда утром, перед отъездом в Москву, подводил печальные итоги. Да это же, без шуток, вчера было!..

Что сказать о годе 66-м? Поначалу он чего-то обещал, а кончается кромешным мраком. Я не написал ни одного русского рассказа, сплошная иностранщина, хотя тут были и настоящие удачи: «Страна Амундсена», «Мадемуазель», «Таинственный дом», «Повсюду страсти роковые». Азартная, не лишенная приятности работа над «Чайковским» одарила меня душевным подъемом на целый месяц. Раздражает вечная неполнота успеха. Даже беспримерный по шуму, треску, ажиотажу «Председатель» обернулся полнотой удачи лишь для Ульянова, мне же почти ничего не дал. А ведь я, в отличие от Салтыкова, ни сном, ни духом не причастен к гибели Урбанского. Нечто сходное повторяется сейчас с «Чайковским». Поездки перехватил режиссер Таланкин, ему же отошла часть моих денег, на мою долю остались лишь комплименты, которым грош цена.

Ну, а теперь давай утешаться. Была Япония, и Рангун, и видение Гонконга, и вся фантастическая поездка, давшая мстительную радость долгожданного реванша. От Вилли Андреича и очаровательной Бемби, и слова из трех букв, написанных калом

209

на двери дачи, до снежной Фудзи, ставшей поперек неба, — дистанция огромного размера!..

Продолжаю учиться самостоятельно писать, какие-то сдвиги, несомненно, есть. Будущий год должен стать годом окончательного овладения ремеслом. Смешно, что это пишет писатель, считающийся маститым.

Минувший год дал «Девочку и эхо» — под карзубую мою Витьку разные серьезные люди ездили за границу за призами и дипломами, посредственную «Погоню» и странный, печальный неуспех «Чистых прудов». Дал две книги, несколько публикаций в «Литературной России», «Огоньке», «Искусстве кино».

Не вел же я записей не столько от лени душевной, занятости и опустошенности, которой награждает слишком энергичная кинодеятельность, сколько из страха фиксировать на бумаге свою душевную жизнь, уж больно она безобразна, мрачна и тягостна. Страх смерти, страх за близких, оскорбленность, недовольство собой отвращали меня от дневника. Надо пересилить это в себе и вновь стать внимательным к своему дню и окружающему, к снегу и деревьям. И не надо бояться терять дни в чтении, думах, прогулках, рыбалке, охоте... Мне надо всерьез оздоровить отравленный кинохалтурой организм.

Я справился с теми задачами, которые себе ставил в плане литературной учебы. Но год можно считать прожитым не зря, если он принесет хотя бы три-четыре настоящих, полноценных русских рассказа. Это и будет моей ближайшей целью.

Прощай, 1966 год, ты был достаточно страшен, но не исключено, что я вспомню о тебе как о счастливой поре своей жизни.

1967

20 марта 1967 г.

В какой-то мере новогоднее пророчество уже сбылось. Первые месяцы 67-го года принесли мне долгую, противную болезнь, спазмы, пьянство, потерю писательского зуда, непрестанную тоску.

Живу страшновато. Жалкая и стыдная болезнь держит меня в состоянии если не униженности, то, во всяком случае, пришибленности. Это ужасно, когда к давлению времени прибавляется давление скверного недуга. Я нахожусь сейчас в состоянии какой-то душевной инвалидности. Из-за того что у меня все время что-то мелко побаливает и я боюсь увеличения этой боли и всех последствий, из-за того что я трушу хирургического вмешательства и все откладываю решение, из-за вечной возни с мазями — раньше светлыми и немаркими, а теперь черными, грязными — я стал убог в собственных глазах. У меня не осталось даже тех жалких, глупых гусарских мечтаний, что придавали мне бодрости в прежнее время.

А в доме плохо; здесь окончательно воцарились старость, болезни, глухота, душевное и физическое бессилие.

Корябание пером еще доставляет радость, но если и это уйдет, тогда конец. Надо, надо держаться за слово, как за спасательный круг, иного ничего не осталось. Идеи, мысли — чепуха; реальны лишь слова, их порядок, рождающий жизнь. Недаром же из всей беллетристики я могу перечитывать лишь Бунина. В подавляющем большинстве своих вещей он меня ничему не учит, ни в чем не убеждает, не обращает в свою веру — да у него и нет ее,— а просто дает дышать сеном, травой, женщиной, видеть звезды, тучи, деревья, бедных одиноких людей. Это серьезно, все остальное — поденки, лакейство перед временем и его «проблемами», назавтра уже не стоящими и копейки. Так, из раздражения можно поиграть в идейки, но литература всерьез — это радостный плач о прекрасном и горестном мире, который так скоро приходится покинуть.

Апрель 1967 г.

Мне трудно возвращаться к дневнику, как к брошенной любовнице. Чувствуется, что все равно толку не будет. И все же надо. Нельзя быть таким трусливым и бояться разговора с собой. Доколе же прятаться от себя в заграничные рассказики — наверное, тем они и раздражают Як. Сем.

До сих пор хожу на лыжах. Солнце сегодня стало луной за быстро бегущими облаками: идеально круглым, изжелта-зеленым, блестящим, но не ослепительным диском. Затем начался снегопад. Снежинки сыпались густо, но вяло — большие, влажные, подтаивающие на лету. Потом вдруг как-то ни к месту ударил жесткий, холодный ветер. Снежинки подсушились и стали больно жалить лицо.

Под деревьями утром снег был мокрым и напоминал постный сахар, меня это почему-то всегда радует. Быть может, оттого, что в детстве я обожал постный сахар. Не столько за вкус, сколько за то, что я покупал его на собственные деньги от продажи краденных на винном складе бутылок. С ветвей обтаивал снег, и сугробы были словно в оспенных знаках. Лыжня была твердой, как камень, и давала неприятно жесткое скольжение. На полях тошнотворно запахли химикалии.

13 мая 1967 г.

Я не «отстоял весны». Пропала охота, рыбалка — все. Вместо этого — адские боли, раствор борной, оксикорт, примочки, подофиллин, температура, неквалифицированные врачи. Сейчас середина мая, но уродливое бытие мое продолжается. Каждое утро и каждый вечер трачу на унизительную возню со своей хворобой. Как мне все надоело!.. Последние дни хоть в лес начал выползать, но до чего ж тяжело, натужно. Были спазмы: сердечные и мозговые. Даже давление, которым я так гордился, начало скакать, и благостный геморрой уж не обеспечивает его стабильности. В хорошем физическом состоянии продвигаюсь я к пятидесятилетию. Боюсь, как бы этот промежуточный финиш не стал окончательным. Я опять безобразно растолстел, и меня мучит изжога. Почти не пью, но и бокал вина, рюмка коньяку действуют на меня убийственно. Болит башка по утрам — это тоже новость,— изжогу не погасить никакой содой, вялость томит тело, и неохота работать. По-настоящему надо было бы поехать в какой-нибудь санаторий, но на это у меня тоже нет сил.

Утренний разлад усугубляется мучительным, скандальным и все равно жалким уходом Нины. Она беременна, работать не может, ей в замену нашли какую-то хорошенькую блатную, которая тоже не может работать, но по причине блядства и алкоголизма. Каждый вечер она удирает в деревню к сестре и там напивается. Утром тушит пожар нутра нашими соками. Когда Нина покидала дачу, где прожила восемь лет, все плакали, кроме меня. Я.С., рыдая, протягивал ей одной рукой деньги, другой — немощной — тянулся за распиской. Нина ушла на жизнь темную и страшную. Толя — альфонс-алкоголик — ей не поддержка, Толина семья ее не принимает, прописка кончилась. Жалко ее, но что поделать?..

20 мая 1967 г.

После мучительно жаркого дня, проведенного в Москве, в поту и в мыле, с почти замершим от жары сердцем, вдруг почувствовал сейчас, как из распахнутого окна, из неприметно наставшей темноты, резко и прекрасно повеяло, а затем ударило блаженной прохладой, вмиг остудившей тело, ожившей сердце, омывшей мозг. Вдалеке чуть слышно пророкотал гром. Ночью будет гроза, и я жду ее, как счастья.

26 мая 1967 г.

Сегодня в шесть утра пошел в лес. Совершил тот же круговой маршрут, что и накануне, но в обратную сторону: от высоковольтной к водокачке. Погода была хмурая, изредка падали крупные одинокие капли, синие просветы появились, лишь когда я подходил к дому. Но было тепло, а часов с восьми даже жарко, и я шел, расстегнувшись до пупа. Видел отдыхающее после утренней дойки стадо. Оно лежало в сумрачном березняке, неправдоподобно, даже пугающе тихое; овцы прижимались к коровам, продолжавшим и в дреме пережевывать свою жвачку. Пастух варил кулеш возле ручья, протекающего по дну балки. Вкусный дым просачивался сквозь орешник, и я сперва увидел этот дым, а много спустя обнаружил мудрое, доброе стадо. Поодаль бродил расседланный конь, и пощипывал траву.

Пели соловьи, но третьим составом, ученики, что ли? Настоящего боя у них не получалось. И все равно прекрасно, как и другие, по-прежнему неведомые мне голоса.

В этой записи нет ничего, кроме предостережения: посмей только, сукин сын, утверждать, что ты не бывал счастлив в эту сумрачную пору своей жизни!

Я шел лугами, старым, густейшим и высоченнейшим клеверищем и промок почти до пояса. До июня почти неделя, а уж все расцвело на диво, листва деревьев приобрела зрелый летний вид, и подберезовики появились, давно отцвели яблони, отцветает сирень. А вот зверья никакого не встретил, не то что вчера, когда на дорогу перед моим носом вышел большой серый, с желтинкой заяц и, присев на мощные задние лапы, долго приглядывался к чему-то впереди, не замечая меня. Вспугнутый, опять же не мной, а чем-то лишь ему виденным, заяц повернулся и шмыгнул в чащу.

Напротив моего кабинета к березе прибита скворечня. Время от времени в круглом окошечке появляется головка скворца, затем его шея, часть туловища, и вдруг, как спущенный с тетивы, он несется прямо на меня. Кажется, еще миг, и он врежется в стекло или влетит в комнату в распахнутую створку, но в последний миг он делает неприметный вираж и проносится мимо окна за угол дачи. Сейчас он пролетел так с кусочком хлеба в клюве и обронил этот кусочек. Зачем он вынес корм из гнезда?..

Вспоминаю, что Гелла купила мне в подарок ко дню рождения старинную игрушку: коробочку то ли из рога, то ли из черепахового панциря с круглой серебряной крышечкой. Стоит нажать пружинку, крышечка распахивается, подымается лежащая на боку птичка и начинает насвистывать песенку, хлопая крылышками. Птичка зеленая и пестрая, с ладным, будто облизанным тельцем. Мы долго гадали, что это за птичка. Не верилось, что старые мастера сделали птичку вообще. Решили, что это все-таки скворец. Но почему зеленый? И вот недавно, глядя из спальни на другой скворечник (мама во множестве развесила их по деревьям в этом году) и на его хозяина, сидящего на ветке, я вдруг обнаружил, что он зеленый. Вернее, кажется таким от зелени листвы, отражающейся в его блестящем наряде. Он черный на земле и в полете, но когда на ветке высвистывает свою песенку, то пестрядь его отливает темно-зеленым, как у нашей металлической птички.

Я возвращался с прогулки около восьми вечера. Солнце еще стояло высоко, но уже прицелилось к месту своего нырка за горизонт, небо вокруг него было млечно блистающим, дальше по горизонту оно туманилось жемчужной тенью, а в купах берез надо мной свежо голубело, как в погожий март. Сильный ветер, свирепствовавший весь день, начисто вымел все облака, и небо было чистым и каким-то усталым.

Сегодня опять наблюдал несущегося прямо на мое окно скворца и понял закономерность его полета. Деревья и провода от дачи к времянке оставляют ему для полета лишь этот узкий, с крутым поворотом коридор.

Был такой вот день в моей жизни — 4 июня. С утра я работал, а в полдень пошел гулять. Было солнечно и ветрено. Я прошел вдоль высоковольтной линии километра три и свернул не вправо, как обычно, а влево, потом еще раз свернул, но уже вправо, и пошел по просеке параллельно высоковольтной. Вокруг был густой, душистый лес. Воздух кишел мухами и какими-то не жалящими слабыми комарами. Орала кукушка, скрипели дрозды и носились над просекой, крупные, но еще худые. Я шел по заросшей колее и был счастлив, как и всегда в лесу, когда я один. Пересек поляну, посидел на поваленном дереве и двинулся дальше. Над просекой аркой изгибалась сломленная в основании старая обомшелая береза. Дальше открывалась вырубка — пни черные, в засохшем птичьем помете. Затем опять начался хороший, дружный лес. Я шел дальше и дальше, все такой же счастливый. Вышел на обширную поляну, откуда бескрайно распахивался простор. За дальним лесом находится Внуковский аэродром, туда летели вертолеты, туда снижались белые, сверкающие на солнце самолеты. Впереди, в низине, виднелась красивая, незнакомая мне деревня. Между мной и ею высилась небольшая квадратная роща очень высоких, пышных лип, конечно, искусственно выращенных.

Потом я оказался на широкой проселочной дороге, толсто накрытой мягкой розоватой пылью. Ветер подымал пыль и дымком гнал ее на озимую рожь. Вдалеке на взгорке пыль клубилась гуще и пышнее, и раз из розоватого облака выпорхнула стая грачей и опустилась на край поля. По ржи ходили шелковые волны, это определение довольно избито, но так точно, что лучше не скажешь.

Затем, такой же счастливый и невесть с чего гордый, я пошел домой. Пришел к обеду и газетам. В «Вечерней Москве» было объявлено о «скоропостижной, безвременной кончине бывшего главного редактора газеты, талантливого журналиста, скромного и отзывчивого человека Кирилла Александровича Толстова». Проще говоря — сорокадвухлетнего Кирки Толстова, моего товарища и собутыльника. Утром по телефону Ада рассказала мне, что накануне у нее была жена Кирилла Нинка с любовником; по традиции она сломала проигрыватель и украла у Ады маленький флакончик духов «Шануар». Разоблаченная Адой, она хладнокровно вернула ей духи. Свое распутство она оправдывала тем, что «Кирка наверняка блядует сейчас в Новосибирске». А он в это время мучительно умирал от инфаркта двух стенок своего бедного ожиревшего сердца. Так-то вот!..

29 августа 1967 г.

Опять непозволительно долго не делал никаких записей, а ведь сколько всего было! Рухнула Гелла, завершив наш восьмилетний союз криками: «Паршивая советская сволочь!» — это обо мне.

Я дал разворот, как в доброе старое время. Много сделано лишнего, но представление о мире, в котором я живу, у меня крайне расширилось. Прихожу домой и застаю Петьку в моей постели, в моих простынях, с девкой, подхваченной на улице. У нее красивая фигура, отличные ноги и асимметричное лицо: один глаз меньше другого. Девка без малейшего смущения приветствует меня и отправляется в ванну. Я иду чистить зубы, она совершенно голая стоит под душем и не делает даже машинального жеста, чтобы прикрыться. Потом она увязывается с нами на охоту, там спит с Краснопольским, а днем целует мне руки и говорит о своей любви ко мне и плачет, и уходит в лес, не встретив взаимности. Там ее с огромным трудом отыскивает Уваров, кроет страшенным матом, она жалко отмалчивается, а потом, когда гнев Уварова улегся, рассказывает, что читала по памяти мои рассказы деревенским ребятишкам. Она живет со стариком Шнейдером, нигде не работает, не учится. У нее есть отчим, выселивший из Москвы ее мать за тунеядство и проституцию. Они живут в одной комнате. Отчим относится к ней хорошо, что не мешает ему каждую ночь приводить блядей. Он так уродлив, что бесплатно женщины с ним не живут, мать была исключением, но чем-то не потрафила ему.

Когда мы вернулись в Москву, любовница Шнейдера после тщетных попыток навязаться мне стала говорить хамским голосом, звонить куда-то из всех автоматов (потом выяснилось, она звонила Петьке) и, наконец, потребовала доставить ее на стоянку такси.

14 октября 1967 г.

Плохо я живу. Болит, ноет нога, не давая заговорить себя ни токам Бернара, ни массажу. Гноится предстательная железа, обещая мне ужас районной больницы, серое, жесткое белье, халатик до пупа и арестантские портки, жидкую ячневую кашу, чудовищную вонь урологической палаты, вокзальную тоску, мучительные процедуры.

А Геллы нет, и не будет никогда, и не должно быть, ибо та Гелла давно исчезла, а эта, нынешняя, мне не нужна, враждебна, губительна. Но тонкая, детская шея, деликатная линия подбородка и бедное маленькое ухо с родинкой — как быть со всем этим? И голос незабываемый, и счастье совершенной речи, быть может, последней в нашем повальном безголосье, — как быть со всем этим?

Осталось одно — сжать зубы и все перетерпеть: боль, одиночество, больницу, неопрятность отвратительного лечения; измучить себя возней со своими дрянными хворостями, доконать в ненужной, фанатичной и малопроизводительной работе, а там видно будет. И нечего жалеть себя, подумаешь, какой гений погибает!..

Но худо, худо, и осень золотая и синяя, а делать с ней нечего. Боль и гной, и бородавки, и плохой, непрочный сон, и тоска.

Лена была обречена на несчастливую жизнь. У нее сразу все пошло нелепо. Мальчик-муж, ставший узником в двадцать лет, другой муж, уже незаконный, ребенок, считающийся внебрачным. Нелегальная профессия, вечный страх разоблачения, бесцельная мука со мной, хроническое нездоровье, болезненная толщина, вдруг обнаружившаяся неполноценностью Сашки, на вид такого здорового и сильного,— сколько беды выпало одному человеку! У нее был коротенький просвет счастья, когда я расстался с Валей и еще не нашел Аду, когда у нее доставало сил и легкомыслия забывать обо всем и радоваться жизни. И теперь она переживает жалкое подобие счастья — старый, больной, в парше и радикулите, я опять попал в круг ее бедной заботы. И сколько в ней доброты и даже легкости, способности радоваться и написанному, и сказанному, собачьим поцелуям и кошачьей ласковости. Как много носят на себе ее толстые старые плечи! И та холодная эгоцентристка еще смела презирать ее за лицемерие и фальшь. Конечно, в ней была фальшь — легко ли всю жизнь любить одного человека и мириться с его отчужденностью, любовью к другим женщинам, и не только мириться, но под конец понуждать себя к восхищению одной из этих других женщин. Надо было не фальшь ее замечать, а самоотречение, преданность, высоту сердца; жалеть ее надо было, плакать над ней.

Я занимаюсь сейчас кристаллизацией навыворот: отсекаю, отлущиваю от Геллы дурное, дико эгоцентрическое, холодно-жестокое, бестактное, даже подлое, а милые, невольные безотчетности: опущенные горько губы, беззащитную тонкость шеи, припухлость татарских глаз — дико и сумрачно глядящих из тайника — возвожу в ранг добродетелей. Но проблески милого в ней не имели отношения ко мне. Она меня ненавидела, да и не только меня — всю семью, даже наших животных. Мы были препятствием на пути к пьянству и распаду, она не прощала нам этого. Она не врала, когда говорила, что презирает меня. Она в самом деле презирала меня за ею же придуманное помешательство мое на ней. А у меня не было помешательства. Была, да и есть еще, любовь, но слепоты любовной нет и не было. Я все видел и все низал на нить, но ждал какого-то окончательного оскорбления. Я не хотел с нею расставаться и давал ей возможность избежать этого: не переходить самой последней грани, но она все-таки перешла. Если б я вернул ее сейчас, ее презрение стало бы ликующим.

Я выходил из леса, когда увидел на земле перед молодым ельником толпу сорок и ворон. Они все кричали, подпрыгивали угрожающе, словно играли в зловещих хичкоковских птах. И вдруг я увидел, что они неспроста затеяли свой базар: в центре круга скорчилась большая огненно-рыжая лиса. Мое появление вспугнуло стаю, птицы стали с шумом разлетаться. Обалдевшая от страха лиса очнулась, внимательно, задумчиво поглядела на меня, я мог бы пришибить ее палкой, и, вытянув хвост, метнулась в ельник. Мелькнула раз-другой рыжей шубой и сгинула.

Необыкновенные дни: тепло — до 15°, иногда ветрено, но чаще — неправдоподобно тихо, небо голубое, деревья почти облетели, мощно и сладко пахнет палая листва, в аллеях сухо, и трудно поверить, что на исходе последняя неделя октября.

Живу в бреду. Процедуры, уколы, полусон, неверие, что все бывшее и в самом деле было. Мощно справляю я тризну по Гелле. Над всем этим мрачно нависает поездка в Африку под израильские бомбы и ракеты. Зловещий клоун Анька творит дьяволиаду у кровавого ковра. Киносуета, киногрязь вторгаются в мой бред, как мелкие чертенята в шабаш взрослой нежити на Броккене. Тут же ремонт, запахи политуры и купороса, жалкие, потерянные собаки, милая, безмерно любимая бедная мама, жалкий, противный и тоже до слез любимый Як. Сем., вспышки памяти-боли о Гелле, Ленина жалость, Адина потерянность и симпатичность, мои тщетные попытки присесть к письменному столу, боль в заднице от ишиаса, геморроя и раздражения слизистой оболочки, урологическая больница — уголок ада, неквалифицированные, легкомысленные врачи, Изя с дрянной и удороженной невесть почему обувью, датский сыр (его съедают горы), необходимость все время что-то извлекать из таинственного маминого шкафа и вечная боязнь, что дальше будет еще хуже, — вот моя жизнь. Но покамест боязни и суета прикрыли меня от главной муки. Что-то ждет меня впереди?.. Надо придумать себе дальнейшую жизнь.

31 декабря 1967 г.

Вот я опять подвожу итоги прожитого года. Да полно, неужели прошел год? Я же вчера только подытоживал год 66-й. А поездка в Болгарию была куда раньше. Не говоря уже о поездке к Гейченко, то было Бог весть когда. И тем не менее... Это был, наверное, самый страшный год моей жизни. Я расстался с Геллой. Даже если когда-нибудь мы вновь сойдемся, это будет не та Гелла, которую я сперва любил, потом любил и жалел, наконец любил, жалел и ненавидел. Вернуться может лишь другая, похожая на нее женщина, но, какой бы эта женщина ни оказалась, она все равно будет хуже.

Румынская авантюра тоже дорого стоит. Я и сейчас не постигну своего поведения. Может быть, так и выглядит настоящее отчаяние, когда человек становится страшен и губителен для окружающих? Еще я скверно и унизительно болел и мучительно лечился. Еще Салтыков на последнем этапе испортил сильный фильм «Бабье царство», еще меня обманули Калатозов и Таланкин. Еще — двусмысленный успех «Суджанских мадонн», созданных в благородном содружестве... Ну а еще? Настоящая повесть «На кордоне», настоящий рассказ «Срочно требуются седые человеческие волосы» и несколько настоящих рассказов из книги детства. Все-таки год прожит не зря. Мне было из рук вон плохо, но написал я свои лучшие вещи. И потому — спасибо тебе, страшный 1967-й год...

1968

Познакомился с двумя представительницами юного поколения. Лариса — студентка четвертого курса филологического факультета МГУ, Жанна — слушательница курсов по подготовке в Иняз. У Ларисы отец штурман, все время летающий за рубеж, отец Жанны летчик-испытатель, недавно погибший при посадке нового истребителя. Ларисе двадцать два года, Жанна на год моложе. Лариса маленькая, мелко хорошенькая, с худыми ногами и высокой, полной грудью. От нее несет неврастенией, как из погреба сыростью. Бесконечные перепады настроения: то возбуждение, подъем, веселость с похабством, то резкий спад, подавленность, едва удерживаемое хамство. Сама себя объясняет «по Фрейду», хотя и не читала его. Всю жизнь их семья ютится в одной комнате, ей запрещено являться домой позже половины одиннадцатого, а в одиннадцать гасится свет, все ложатся, и ровно через четверть часа отец взгромождается на еще молодую, «страстную», по словам дочери, мать, и начинается любовь на полночи. И так всякий раз, когда отец ночует дома. Лариса научилась испытывать наслаждение еще в отрочестве, отзываясь на бурную и стыдную любовь родителей. «Казалось, отец имеет сразу двоих — мать и меня». Теперь к ним подключилась еще одна участница — младшая сестра Ларисы, правда, она прибегает к помощи мастурбации, о чем Лариса говорит с презрением. Но, похоже, она просто ревнует младшую сестру к отцу. Луи Селин со всеми своими ужасами может идти спать...

У Ларисы есть муж, по профессии экономист, по сути алкоголик, импотент. Водит баб на предмет извращений и не скрывает этого от жены. Она его любит, ревнует, хотя изменяет направо и налево. У нее бывают галлюцинации, вспышки дикого гнева, она исполнена редкого словесного бесстыдства и противоестественной откровенности. Едва познакомившись со мной,

221

начала сыпать такими непристойностями, что я диву дался. При этом манера избалованной маменькиной дочки, какой она вовсе не является. Но, быть может, причина в Жанне, с которой у нее двусмысленные отношения. В этом содружестве нерослая, но плотная, коренастая Жанна представляет мужское начало.

Жанна на редкость уверена в себе, деловита и неулыбчива. В лице — армянская грубость, и все же она не лишена привлекательности. Меня она поразила сугубым практицизмом, ясным и твердым взглядом на мир, взрослостью оценок и полным отсутствием юного тумана. Я чувствовал себя рядом с ней щенком, незрелым отроком, размазней. Два лица современной юности: полубезумная нимфоманка и богиня практицизма.

От Жанны я узнал, что Сережа наркоман, пожилая любовница вспрыскивает ему морфий. Она же сказала, что у братьев Зерновых в квартире вонь от затхлости дряхлых вещей и «бесконечного наяривания в два конца», — славно! У Жанны тоже был муж, но она оставила его, потому что несостоятельность сочеталась в нем с мистицизмом. Среди ночи он вставал, напяливал на себя черное кимоно и, угрожая жене ножом, заставлял клясться в верности. Иногда он слегка покалывал ее для убедительности, а раз довольно сильно поранил в шею.

Друг о дружке приятельницы говорят в таком роде: Лариса — «Представляете, мы спали с Жанкой на даче в одной постели, а у нее месячные вторую неделю льют, и тут еще под окна свиного навозу подвезли — ужас!» Жанна — «Лариса мужу отдалась, когда у нее крови шли, а он, лопух, поверил, что взял невинную».

И вот эту весну мы отстояли в боях!..

После рыбалки поехал к Ваське Борину на ночевку. Из дверей вышла его жена Нюра с каменным лицом. Не подозревая худого, я заорал радостным голосом идиота:

— Вы что, не узнаете меня? Да это же я, ваш старый друг и постоялец!

— Почему не узнаем,— ледяно отозвалась Нюра.— Очень даже узнаем,— и пошла в хлев доить корову.

Но я и тут не насторожился, мне вдруг подумалось, что это не Нюра вовсе, а ее старшая сестра. Как раз из баньки вышел сам Борин, красный, распаренный и страхолюдный. Он не заправил стекляшку в пустую левую глазницу, и звероватое, циклопье лицо его было ужасным, как в бреду. Вот он-то и в самом деле не узнал меня в первые минуты и был игриво любезен, как и всегда в предвкушении даровой выпивки. Но потом узнал и весь скривился от ненависти.

— Ишь ты, философ!— заплевался щербатым ртом.— Браконьером меня вывел, философ! Пет-ри-ще-вым!.. — и захлебнулся матом.

Все мои жалкие попытки оправдаться ни к чему не привели. А ведь я бывал у него после опубликования рассказа «Браконьер», и все у нас шло ладом и миром. Кто-то накачал этого дурака, вдолбил в его темную башку, что его оскорбили. А рассказ-то ведь берет Петрищева под защиту, и тот, кто разудил Борина, не мог этого не понимать. Нагадил кто-то из нашей братии, член СП,— по злобе и зависти, как обычно.

Борин кинулся в дом за топором. Мы дали задний ход и, сколзив через насыпь, позорно ретировались. Впрочем, особого позора тут нету. Борин — псих и не отвечает за свои поступки. Я сам видел однажды справку районного психиатра. Он вполне мог разбить топором машину, а то и голову своему певцу.

Мне это происшествие огорчительно. Теперь уже не поедешь в Усолье на весеннюю рыбалку. Но можно ли винить Борина, если Чухновский, возведенный мною в ранг не то что героя — святого, оскорбился сценарием «Не дай ему погибнуть» и опубликовал грязное письмо в «Журналисте». Что за странное свойство у моих соотечественников — ненавидеть тех, кто пишет о них с добротой и восхищением? Быть может, тут пробуждается сознание своего права, какого мы в обычных условиях лишены? Нельзя же считать случайностью, совпадением, что и Орловский, и Чухновский, и даже мои школьные товарищи, не говоря уже о Борине, восстали против написанного о них. Кстати, и Маресьев ненавидит Бориса Полевого, и Момыш-улы — Бека. Может, им всем кажется, что они еще лучше, чем их изобразили? Люди о себе куда более высокого мнения, чем можно вообразить. А вернее всего, они думают, что на них нажились, их обобрали. Да ведь нельзя же требовать с писателя платы, как это делают натурщики и натурщицы, вот они и хватаются за топор или за доносительское перо.

Вернулся из Ленинграда, куда ездил на машине. Ездил сложно, тяжело, пьяно, а кончил поездку трезво, нежно и печально, как в прежние времена, когда душа еще была цела во мне. И этим я обязан молодой женщине, чуть смешной и остро притягательной, рослой, с тонкой талией и тяжелыми бедрами, полными ногами и узкими руками, странно, как-то вкось разрезанными глазами и большим нежным ртом. Я прожил с ней после мелкого, пустого распутства пять таких дней любви, каких не знал во всю жизнь.

У нее странная (как и все в ней и вокруг нее) квартира на Мытнинской улице, возле Суворовского проспекта: гигантский зал, затем еще одна небольшая, вовсе не обставленная комната и кухонька, в которую вмонтирована ванна. У нее удивительно налаженное, оснащенное в мелочах хозяйство, но нет платяного шкафа и одежда висит прямо на стене, на гвоздях. Акустика двора такая, что ночью кажется, будто по квартире ходят люди, разговаривают, смеются, кашляют, харкают. Порой это ощущение достигает обморочной силы.

Наша любовь творилась в дни, когда над миром нависла угроза гибели, и я вдруг обнаружил в себе «красивого героя» из фильма «Хиросима — любовь моя», но это открытие не принесло мне ни гордости, ни счастья.

Давно я не жил так остро и нежно, без рисовки и ломанья, без мести кому-то, чистой сутью переживания. Спасибо этим дням, вновь включившим в себя и Петергоф, и Царское Село, и Павловск, и Эрмитаж, и ночной Ленинград. Алла вернула мне мой Ленинград, все, что было до нее, порой окрашивалось трогательностью, но не дорого стоило. Я думал, что еду за утками, а съездил за собой. На охоту же в северные места так и не попал, но ничуть о том не жалею.

За минувшие дни съездил по маршруту Загорск — Переславль — Ростов — Борисоглебское — Углич. Прекрасные церкви, в большинстве своем превращенные в картофеле- и овощехранилища, ужасные провинциальные города. И всюду: посреди монастырского подворья, под боком стариннейших палат, впритык к замшелой церковке — неуместный серый памятник Ильичу.

Ужасны запахи ростовского кремля. При входе разит человечьим дерьмом, дальше тебя овевают ароматы помойки, отсыревшей штукатурки, склепа, гнилой картошки и еще какой-то невообразимой прокисшей дряни. И нахально таращатся с плакатов слова Горького о бережи к старине, прошлому, минувшим дням родной земли. Безразличие, переплюнувшее сознательный цинизм.

В Угличе видели вечевой колокол, вернувшийся сюда из трехсотлетней ссылки. До этого колокол, призывавший народ к восстанию, был бит плетьми, подвергнут урезанию языка и отсечению уха. Сейчас он посмертно реабилитирован.

1 сентября 1968 г.

Произошло изгнание Нади. Без малого год длился наш странный союз. Я редко кого так унижал, третировал, как Надю. Расставание было под стать всему остальному. Вернувшись с рыбалки поздно вечером, я застал ее на даче. Еще утром все слова были сказаны, но она, видимо, на что-то надеялась. Она попросила отвезти ее на остановку. Я отвез. По дороге рассказывал ей о рыбалке, о Мишкиной дурости. Она вышла на темной, пустынной автобусной остановке, растерянно поглядела на расписание своими близорукими глазами и сказала: «Автобус скоро будет, поезжай». Я развернулся и, не сказав ни слова, уехал. Мне было жалко ее, но чувство свободы, раскрепощения перевешивало.

Интересно, смирится она с таким финалом или снова поведет осаду? Почему все окружающие так дружно ее не любят? Быть может, их оскорбляет, что окололитературная вертихвостка претендует на место Геллы? Или слишком очевидно ее старание окрутить меня? Или же просто людей злит, что ей достанутся мои жалкие богатства?

Ну а сам я был ли до конца искренен в своем поведении с ней? Конечно, меня раздражали ее бестактности в отношении Геллы, вернее, в отношении меня в связи с Геллой. Но вместе с тем это помогало мне побороть смертную тоску о Гелле. Я злился, а злость излечивает. И если б не Алла, я, верно, не порвал бы с ней даже после ее последнего, крайне неудачного и вульгарного рассказа о Геллином романе.

И все же она стала мне неприятна и вне связи с Аллой. Она причиняла мне боль и унижение своими бесконечными рассказами о Геллиной непорядочности, и в глубине души я знал, что когда-нибудь отомщу ей за это. Здесь я верен себе, ведь я почти всегда заставлял платить по счету. Мою боль, мою печаль, мое отчаяние она отравила унизительностью обмана, открыв его во всем объеме. Она превратила трагедию в фарс. Слишком уж она торопилась разделаться с памятью о Гелле. Вообще она чересчур форсировала наступление. Она совершила довольно типическую ошибку людей в отношении меня. Мое раздумчивое терпение приняла за слабость и податливость воска. Это, кстати сказать, и Геллу погубило.

Ездил в Суздаль. Наибольшее впечатление произвел Покровский монастырь, где измывались над бедными русскими женщинами. Прекрасно рассказывал местный старожил, учитель на пенсии, подрабатывающий в качестве гида, как сопротивлялась пострижению в монахини несчастная Сабурова, жена царя Василия. Ближний боярин царя ударил ее плетью по лицу, а другие бояре, не выдержав, закрыли лицо рукавом шубы. Бояре мне кого-то напоминают.

Чтоб избавиться от надоевшей жены и вступить в другой брак, царь Василий обвинил ее в бесплодии. Она же в пору пострижения была беременна его ребенком. В положенный срок мать Соломония родила мальчика. Его отобрали у нее и воспитали в каком-то монастыре. По преданию, это и был знаменитый атаман разбойников Кудеяр.

13 сентября 1968 г.

В поликлинике Литфонда почти со дня основания работала старшей медицинской сестрой О.А.Га-на. Она была стройной, с прекрасными ногами, которые при ходьбе ставила по-балетному — носки врозь. У нее было круглое, словно циркулем очерченное лицо со строгими глазами и редко улыбающимся мягким ртом. Держалась она прямо и строго, как классная дама, вся ее повадка, исполненная достоинства, исключала малейшую фамильярность. Ее уважали и немного побаивались. Поэтому я был несказанно удивлен, когда на другой день после гибели Урбанского она позвонила мне по телефону и, рыдая, обвинила в его смерти. Ей хотелось знать подробности. Я сказал, что готов сообщить ей все, что знаю. Она пришла на поминки не одна, а с верзилой-дураком, морганатическим супругом знатной вдовы. Я не сразу заметил, что она вдрызг пьяна. Мой жалкий лепет о причинах гибели Урбанского она не захотела слушать. «Погубить Женю... такого замечательного, красивого, доброго парня!..» И она рыдала все безутешнее, а затем впилась мне зубами в голую по локоть руку и выхватила кусок мяса. Я с трудом скрутил ее и уложил на кровать. Все еще рыдая и выхлопывая изо рта розовые от моей крови пузыри, она предложила мне себя, назвав все своими именами поистине с библейской простотой. Ее ничуть не смущало, что за дверью шли поминки.

На другой день она позвонила мне и сдержанно-вежливо извинилась за укус. И в дальнейшем она держалась так же строго, недоступно, как и прежде. Лишь однажды, когда я брал медицинскую справку для поездки в Судан, она вдруг сказала со странной, глуповатой улыбкой:

— Привезите мне маленького крокодильчика.

Я привез ей кошелечек из крокодиловой кожи. Она приняла его сухо, без улыбки, со сдержанными словами благодарности. Вскоре после смерти грозно-блудливой жены Николая Б. она сошлась с ним и, оставив поликлинику, уехала в Тарусу, где у него дача. Пожила недолгое время барыней, а потом надела лучшее голубое платье, сделала модную прическу и отравилась, оставив Б. записку: «Я же любила тебя, дурака, а ты ничего не понял». Б. поспешно смотался куда-то на юг и на похороны не явился, сославшись на плохое самочувствие. У О.А. оказалась двадцатилетняя дочь, о существовании которой никто не знал. Что стоит за всем этим? Шизофрения или другой душевный недуг? В здоровую основу ее бурных поступков поверить трудно. Но мне искренне жаль ее, в ней была прекрасная вневременность. А дурак Б. решил, что неотразим, и завел на юге сразу двух девочек школьного возраста, за что вылетел из Союза писателей и из партии.

Сегодня гулял по запахшему сентябрем, осенью лесу и заходился от счастья и печали. Бросив пить (надолго ли?), я удивительно остро стал чувствовать жизнь. Даст ли это что-нибудь для творчества?

Что дает мне силу жить дальше? Ведь я ни во что не верю, ни на что не надеюсь. Я твердо знаю, что любовь моя кончилась, следовательно, кончился и последний самообман. Просто — привык жить, вот и живу. Я знаю узость моих творческих возможностей — мне не потрясти зачерствелых душ современников. Впрочем, всерьез это никому не удалось. Мне даже известности перестает хотеться. Зачем надо, чтобы меня знало большее число тупых изолгавшихся сволочей? Отдельные люди бывают хороши, человечество — если принимать этот условный, ничего не означающий термин — во все времена отвратительно. Его умственно-моральный потенциал безнадежно не соответствует чуду его физиологической сути. Во все времена человечество делилось на одиночек, заслуживающих звания людей, и на массу болельщиков. Римское человечество заполняло колизеи, с жадностью нынешних «тифози» наблюдая битвы гладиаторов и пожирание христиан дикими зверьми. Средневековые болельщики перебрались на площади городов, где сжигали еретиков и разыгрывали пещные действа, в ту пору церковь взяла на себя миссию поставлять двуногим животным острые зрелища. Позднее человечество заполнило стадионы и ипподромы. Во все века зрители были одинаковы: безмозглые, худосочные, горластые, алчущие крови и забвения. Да они и не догадываются о своей человечьей сути. И, отделенные от них провалами космических пустот, живут и томятся духом, и рождают прекрасное Овидий Назон, Шекспир, Шиллер, Гете, Пушкин, Лермонтов, Достоевский, Пруст, Пастернак, Мандельштам, Цветаева. И гибнут, гибнут... Лишь одному Гете да́но служить примером, что и гений может преуспевать...

Зря пытаются бороться с хулиганством на стадионах — оно неизбежно, ибо возникло из естественной тяги толпы ко все более острым зрелищам. Постоянные раздражители теряют свое действие, дозы надо все время повышать. Футбольная и хоккейная борьба с ее сравнительно малой грубостью, редким членовредительством и вялым кровопуском уже не удовлетворяет сегодняшних зрителей, воспитанных на куда большей остроте и преступности социально-политической жизни. И зрители — обыватели — вносят свой корректив. Трещотки, медные трубы, факелы, безумные вопли, метание бутылок в игроков и друг друга, поджоги, страшные массовые побоища стали обычным явлением на стадионах. И почти никто не ходит трезвым на матчи. У нас возникла даже новая, весьма доходная профессия — собиральщик пустых бутылок на трибунах. И с этим ничего поделать нельзя, если только не разрешить игрокам самим пускать ножи в ход. Обильная кровь успокоит зрителей...

Каждый рассказ Бунина кажется написанным так, словно он единственный, другого не было и не будет. Очень много рассказов Чехова написано с позиции: а вот еще рассказ, не угодно ли?..

Все-таки одиноко я живу. Если бы Я.С. слышал, я не ощущал бы так своего одиночества, но к нему почти не пробиться. Мой глухой, лишенный металла голос почти не доходит до него. А через переводчика о многом ли поговоришь? Ко всему он еще агравирует свою глухоту, нарочно обессмысливает обращенные к нему слова, хотя зачастую мог бы без труда догадаться, о чем идет речь. Но он предпочитает обращать все во вздор.

А может, нынешнее — хорошая подготовка к тому великому, полному одиночеству, что ждет меня в недалеком будущем?

17 сентября 1968 г.

Получил прекрасное Аллино письмо, умное и доброе, читал его, когда позвонила бедная Надя, так жестоко обманутая в своих железных расчетах. Я говорил с ней неожиданно для себя мягко, почти нежно и только потом понял, что вся эта доброта была обращена к Алле и как бы по пути окропила Надю.

Мама говорит: Надя добрая. Похоже, что так. Но что такое доброта? Гелла добрая? Надя добрая? Первая измывалась надо мной, швыряла направо и налево деньги, дающиеся вовсе не просто и не легко, плевала на мое больное сердце, усталость, плохие нервы, на стариков, на дом, на собак, даже на собственного бедного, преданного Рому и все-таки считалась доброй. И справедливо в какой-то мере — она не тряслась над копейкой, была приимчива, широка, открыта, щедра на добрые слова и даже на жесты. И тут же могла стать холодной как лед, безнадежно равнодушной к тем самым людям, которых перед этим обласкала.

229

Надя тоже добра, в ней нет никакого ожесточения даже к людям, причинившим ей вред. Она не жадная, не расчетливая, широкая, способная к самозабвенным поступкам. Она была мне предана и вообще человек надежный, на нее можно положиться до известного предела. И при этом она хапуга, порой весьма бесцеремонная — до наглости. Она и бестактна до жестокости.

Но доконала ее — своей контрастностью —Алла. Вот где скромность, бескорыстие, щепетильность, деликатность — словом, все то, что начисто отсутствовало в бедной Наде. Алле присуща особая ленинградская прохладность при всем ее искреннейшем порыве ко мне. Во всем ее поведении есть что-то от свежего, чистого, припахивающего антоновским яблоком зимнего морозного дня. Что-то голубое, белое, искрящееся и удалое при всей сдержанности...

21 сентября 1968 г.

День рождения Якова Семеновича — семьдесят пять лет. Очень хорошие телеграммы от моих бывших баб. Развратная телеграмма из Союза писателей с пожеланием новых творческих успехов. Старых им, видите ли, не хватает! И прекрасное по чувству и слогу, какое-то дворянское письмо Солодаря.

Сегодня утром ходил за грибами. Над лесом, по правую руку от высоковольтной линии ворона преследовала молодого соколенка. Он уходил от нее, изящно планируя с перепадами высот, но ворона, злобная и настырная, хлопая большими крыльями, опять настигала его, пытаясь долбануть в голову. Соколенок не решался принять бой и только уходил. Но ворона не отставала, и так в борьбе они перелетели просеку и скрылись в блистании неба. И сразу же над просекой, но куда выше птичьего полета, я увидел бесшумное тело самолета. Он проплыл по синеве, скрылся за лесом, и лишь тогда возник отставший гул его моторов. Если бы я не видел самолета, то принял бы этот грозный бормот за глас Господен.

Когда я возвращался полем домой, лежащий в низине, за обширной долиной лес открылся мне морем — синим и вертикальным, как и всегда море издали.

Со смешанным чувством печали и освобождения я вновь и

вновь испытываю чувство полнейшей безнадежности — времени, личной судьбы, грядущего. Все ясно до конца. Никаких спасительных иллюзий.

2 октября 1968 г.

Сегодня ко мне приезжал Юра Б-кий. Еще одна скучная судьба. Ему уже тридцать три — возраст Христа, но успел он еще меньше. Полинял, пополнел, закалывает на темени остатки некогда золотых волос. Странно, я почему-то был уверен, что он рано облысеет, хотя, в юности у него были густые, прекрасные, легкие волосы. Кончилось забалованное детство, кончилась забалованная юность и все надежды, и обещающее начало актерской судьбы, и романтические метания из Москвы в Челябинск и обратно, из театра на режиссерские курсы и т. д. Теперь предел мечтаний — телефильм в новом телеобъединении. Выветрился юный пыл, и душа облезла, как голова. Есть жена-артисточка и золотое обручальное кольцо на пальце, есть квартирка, купленная родителями, есть упорство, настойчивость и бесцеремонность взамен былых добродетелей юности, и с этим он ухватит свой кусок черствого пирога. Скучища! Его мать, моя бывшая возлюбленная, вышла на пенсию в пятьдесят пять лет. А было ей во дни былые тридцать восемь, выглядела она на тридцать, а дерзости, готовности к неожиданным поступкам в ней было, что в двадцатилетней. Она была величественна, как кариатида, и столь же вынослива, ко мне безмерно добра, нежна и раскрыта всем лучшим, что в ней было.

А я? Какое впечатление произвожу я на давно меня не видевших друзей и знакомых? Может быть, столь же удручающее? Думаю, что нет, ибо я являюсь им в сиянии потиражных. В голубом и золотом этом свете не так видны синяки, шрамы, увечья, нанесенные временем. А главное, люди не догадываются, что внутри меня поселилось смирение старости. Их вводит в заблуждение то, что я так крепко держусь за свои пороки. Это кажется им силой жизни.

А Ю. Б-кий вдруг взорлил и — сгинул.

Очередное проявление административной грации: меня вычеркнули в последний момент из списка едущих на летнюю Олимпиаду. Причина все та же: морально неустойчив. Как же,

231

потерял жену и посмел жить с другой бабой. Да ведь стар я, ребята, заниматься рукоблудием! Сами бросают жен с маленькими и большими детьми и живут с секретаршами и сотрудницами «Литературки», врут отчаянно на каждом шагу, доносят, предают, подсиживают друг друга, давят людей в прямом и переносном смысле слова, но пользуются всеми радостями международного туризма, спецпоездок и т.п. А меня, не совершившего даже малой подлости и сделавшего не так уж мало хорошего окружающим, преследуют как волка, травят и убивают. И не видно этому конца. Каждый раз все начинается сначала, будто я сроду не вышагивал за рубеж. А ведь я объездил двадцать пять стран, написал на основе увиденного две книги и вел себя безукоризненно во всех поездках. Ничего не помогает, и убей меня Бог, если я понимаю причину этого!..

А до этого был Ленинград и чудесная Алла, и ее славная мать, и Павловск, и много нежности.

Сегодня бешеный ветер гнул деревья, обрывая с них последние листья. Как здорово работает природа — точно, целеустремленно, безошибочно, как Бунин.

Шел из леса и наткнулся на старуху с мальчиком, они искали дорогу на Фоминское. Хорошая старуха, настоящая, с иконописным лицом, стиснутым черным старинным платком. Такие старухи верны прошлому, все помнят, ходят в церковь, справляют престольные праздники, знают, когда Сретение, или Покров, или яблочный спас. И вдруг я с каким-то ужасом представил себе, что доживать век мне придется без таких вот старух, помнящих время моего предбытия. В конце моей жизни старухой будет Лена, не помнящая ничего, кроме того, что мне и самому известно. А что проку в такой старухе?

Вчера у Маши* было большое торжество — день рождения ее новоявленного супруга Толика. Пришли его однополчане в штатском. Казалось, орда уголовников, страшных люмпенов наводнила участок. Кроме того, были местные домработницы и Машина родня с Троицкой фабрики. Маша приоделась и выглядела, как помолодевшая Мерилин Монро. В начале торжества Машину сестру в кровь избил фабричный муж. Она долго пла-

---

* Наша домработница.

232

кала на террасе, приговаривая: «И никому-то я не нужна!» В это время остальные гости пели хором что-то испанское: «Топ, топ, кумарелла!» Потом Леночка выбежала с диким криком, что «папа Толя наступил на горло маме». Кто-то сострил, что поэты постоянно наступают на горло собственной песне. Леночку забрали на дачу и уложили спать в кабинете. Утром выяснилось, что это Маша наступила на горло мужу. Торжество продолжалось почти до обеда. Они раздобыли где-то допотопный патефон, запускали «Мучу» и ругались. Почему-то считается, что скандалы и мордобитие омрачают праздник. Вранье, люди собираются лишь ради скандала и драки, не будь этого, они сидели бы дома. В бесчинстве — кульминация, суть и катарсис сборища. И это не только у простых людей, но и в «нашем круге». Разрядка задавленных страстей...

И осень, и тем более весна всякий раз начинаются как бы впервые. И потому не надо бояться писать о них так, будто до тебя никто о них не писал.

Сегодня снегопад сочетался с листопадом. Казалось, что падают снежинки — белые, желтые, красные. Снега было больше, чем листьев, и потому он подчинил их себе.

Хорошо было в лесу: мощный шум, осиновые, вишневого цвета листья под ногой, распахнувшиеся во все стороны коридоры. А в поле зеленая трава и белые от снега дороги.

Видел, как сбиваются грачи в стаи, а когда возвращался с прогулки, они черным плотным облаком висели в небе. Облако пересыпалось в себе самом, расслаивалось, и слои двигались навстречу друг дружке.

Да, необыкновенно хорошо было в лесу. Я шел и подводил итоги своей жизни и неожиданно остался доволен ею. В наше чудовищное время я жил почти как хотел, это, конечно, чудо. И грех мне сетовать на малые неудачи. Надо окончательно изгнать беса мелкой суеты из души и доживать свой, теперь уже недолгий, век величаво, как екатерининский вельможа. Наши скромные пахринские небеса ничуть не хуже «пленительного неба Сицилии». Есть еще тяга к сочинительству, живы родители, есть два-три милых лица, и даже подумать есть о ком. Чем не жизнь?..

Отчего у меня вдруг стало так много свободного времени? Оттого ли, что я не пью и не опадают целыми гроздьями бездельные дни и мне не нужно пороть горячку, чтобы наверстать упущенное, оттого ли, что я научился растягивать работу во времени, не стремясь каждую вещь закончить с маху, но появилось время и для чтения, и для дневника, и для музыки, то бишь для прослушивания в стотысячный раз одних и тех же надоевших пластинок. И еще одно, главное. Гелла погасла во мне. Не совсем, правда, порой случаются вспышки боли, но не сравнить с тем, что было месяца три-четыре назад. Бывают и сейчас какие-то нехорошие странности. Так, недавно я поймал себя на том, что тревожно люблю Куклина*. Стоит мне вспомнить, как он проструился мимо меня по стене нашего дома, извиваясь худым телом и смятенно улыбаясь, элегантный, смуглый, костлявый, хрупкий, и странная нежность закипает в душе. То ли мне видится в нем мое начало с Геллой, то ли еще какая-то хитрая чертовщина, ума не приложу.

Алла, явись и прикрой меня своим большим телом от наваждений! Слишком много времени для раздумий — это опасно...

9 октября 1968 г.

Сегодня вдруг опять жуткая, душная злоба. Накрылась Мексика, а тут еще жара, чтение ужасного романа Викторова, да, видать, спазм назревал. Все вновь почернело для меня. Какая тоска — всякий раз все начинать сначала! Пиши заявления, ходи по инстанциям, натыкаясь всюду на ложь, хитрую уклончивость, лицемерие и тайную злобу.

И мне вспомнилось, как наши журналисты грабили магазин какого-то еврея возле бульвара Пуассонье. Тюками выносили шубы из заменителей, нейлоновые рубашки и носки, дамские костюмы из поддельной замши и кожи, обувь из синтетики, а платили как за один галстук или майку.

А когда мы уезжали из Гренобля, они с корнем вырывали выключатели, штепсели и проводку в отведенных нам квартирах, совали в рюкзаки бутылки из-под шампанского, оборудо-

---

* *Куклин* — новый временный сожитель Геллы.

ванные под настольные лампы, отвинчивали дверные ручки, розетки, замки, пытались выламывать унитазы. До этого они обчистили столовую, не оставив там ни солонки, ни перечницы, ни уксусницы, ни соусницы, ни бумажной салфетки. Но ни одному из них не было отказано в чести представлять нашу родину на Олимпийских играх в Мексике. Даже репрессированный вместе со мной известный спекулянт Т-н был реабилитирован. Впрочем, я тоже буду реабилитирован, но посмертно.

22 октября 1968 г.

Зловещий пропуск говорит сам за себя. Да, был срыв, и еще какой! А началось все с охоты. Мещера стала для меня проклятием. Там царит такая нездоровая, разлагающая атмосфера, что я не в силах ей противостоять. А.И. вконец разложился — он уже вино ворует, — встретил нас вдрызг пьяным, и тут началось!.. На утреннюю зорьку я не пошел, не мог очухаться, да и холодина собачий. Днем пил, а на вечерку потащился. И надо же — единственный из всех сшиб селезня в своем пере. Было порядком темно, и мы его не нашли в камышах, но утром Мишка съездил туда на моторке и привез моего красавца. Потом мы пили, не останавливаясь, три дня. Сперва в Мещере, потом в Москве. Пытаясь спастись, я вызвал Аллу. Она тут же прилетела, но я уже не мог остановиться и пил еще день. Затем с привычной, но оттого не ставшей милее, болью в брюхе отправился на дачу, в справедливый и жалкий мамин гнев и угрюмое молчание Я.С. Весь день промучился, потом стал отходить. Сейчас опять в форме.

Трезвый, холодный и достойный — прямо-таки лорд Горинг!— отдежурил на вечеринке у Толи Миндлина* Он праздновал новоселье. Тягостное впечатление: бабы, похожие на парикмахерш, их тупые, бессмысленные мужья, перевозбужденный Толя, ледяной Мыльников, милая Ариша со сплетнями из дворницкой — все было чудовищно. Пора бы уже запомнить — мне стрезва люди не только не нужны, а невыносимо тягостны, скучны, обременительны до страдания. Надо предельно избегать всяких общений. Спьяна же мне и черт — друг-товарищ. Но пить ради этого все же не стоит.

Я могу общаться с близкими, с Верочкой**, изредка со школь-

---

* Мой друг с детских лет, совинженер и журналист.
** *В. Прохорова* — преподавательница английского. Мой старый друг.

ными друзьями и с теми, с кем меня связывает дело. Этого вполне достаточно.

Если уж говорить всерьез, Толины гости были не хуже, а лучше других — приличные, незлые люди. И все же я чуть не плакал от соприкосновения с ними.

24 октября 1968 г.

А что, если попробовать взглянуть на свою жизнь со стороны? Ведь я как-никак писатель, и не исключено, что, сдохнув, сохраню для кого-то интерес. Кто знает, «как наше слово отзовется»! И вот этому грядущему читателю будет глубоко безразлично — пустили меня на Олимпиаду или нет, поехал я в Англию туристом или остался на Пахре. Он даже не поверит, будто для меня все это что-то значило. Он, глядишь, скажет: поменьше бы шлялся по белу свету — не может он без Люксембурга! — а побольше бы рассказов писал. Впрочем, и сейчас находятся люди, которые думают, что я кокетничаю, жалуясь на свои неудачи с поездками. Им кажется, что я езжу более чем достаточно и что вообще грош цена этим поездкам. Они не верят, что, написав «Заброшенную дорогу» или «На кордоне», я могу придавать значение ухабам интуризма.

А ведь, признаться, я сам не верил куда более серьезным страданиям, скажем, Мюссе, брошенного Жорж Санд, или Пушкина, ревновавшего жену. Мне казалось, что, создав «Лорензаччо» или «Ненастный день потух», нельзя придавать значение внешней жизни. Это глупость. Не было бы их литературы, если б они не умели жить «внешней» жизнью с интенсивностью чувств, превосходящей обычные человечьи возможности. Вот этого начисто не понимает Я.С. Он уверен, что жизнь писателя мешает его литературе. На деле же она является единственным материалом творчества. Жизнь вовсе не высокая, отвлеченная, умственная, а самая простая — с бытовыми невзгодами, слабостями, пороками, заблуждениями, страстями.

Возникла бы «Моя Венеция», если б я не огорчался до кишок своими неотъездами, если б умел царственно пренебрегать этими мелкими неудачами? Конечно, нет!

«Слишком жить стараешься, писать надо!» — сколько раз слышал я эту фразу от Я.С. А между тем лишь то, чем я жил, включая сюда все низкое, и дало мне материал для писаний. И тут ничто не пропало даром. Да и все писатели «старались» жить: и Пушкин, и Толстой, и Достоевский, и Блок, и Горький, и Бунин — еще как!— и даже бедный, больной Чехов старался жить из последних силенок, отсюда и страшная поездка на Сахалин, и не менее страшный брак с Книппер. У человека избранного порок не становится уютным, он мучает, терзает и превращается в творчество.

31 октября 1968 г.

Завтра иду разводиться с Геллой. Получил стихи, написанные ею о нашем расставании. Стихи хорошие, грустные, очень естественные. Вот так и уместилась жизнь между двумя стихотворениями: «В рубашке белой и стерильной» и «Прощай, прощай, со лба сотру воспоминанье». Но это не наша с ней жизнь, это **вся моя** жизнь, ибо то, что было прежде,— лишь вступление, а что стало после — эпилог, который недолго продлится.

Я всегда боялся жить не целеустремленно, а машинально, как сейчас живу.

Как боятся люди, что мне будет опять хорошо. Как все ополчились на бедную Аллу! И вот что печально — их старания достигают цели, между нами уже нет той откровенности, простоты и сердечности, что вначале. Алла чувствует противную лягушачью холодность моей семьи, я чувствую ее напряженность и недоверие.

1 ноября 1968 г.

Сегодня ходил разводиться с Геллой. Она все-таки очень литературный человек, до мозга костей литературный. Я чувствовал, как она готовит стихотворение из нашей встречи-расставания. Тут была совершенная подлинность поэтического переживания, но не было подлинности человеческой. Говоря о своей жизни, Гелла несколькими штрихами нарисовала прелестный образ бедного домика, под кровом которого невесть как собрались малые, жалкие существа: выгнанный хозяевами кудлатый пес, зеленые попугайчики, случайно залетевшие из Африки, брошенная матерью девчушка, наконец, сама Гелла, оставленная мною. Последнее не говорилось впрямую, но подразумевалось в общем образном строе. И все это бедное маленькое стадо не хочет умирать, цепляется за жизнь из последних силенок, жадно открывает голодные ротики, требуя зернышек. Хрупкая семейка, которую ничего не стоит раздавить одним пальцем. Но ведь там, среди этих беззащитных существ, имеется и весьма защищенное существо — проныра К., умеющий отлично обделывать свои второсортные литературные делишки. Вот в чем ложь или, вернее, литературность Геллиного поведения. Я-то был по-настоящему взволнован, хотя и не изображал казанского сироту. Основа нашего с ней чудовищного неравенства заключалась в том, что я был для нее предметом литературы, она же была моей кровью.

Русским людям все же приходится куда легче, чем евреям. Они живут в природе и в истории, а евреи только в социальной действительности. Вот почему им так безнадежно худо.

15 ноября 1968 г.

Недавно вернулся из Ленинграда. Там все разыгралось по знакомому сценарию: радость встречи, спиртоводочный восторг, адские боли в брюхе, ужасающее похмелье, отъезд. Потом только понимаешь, что ничего не видел, нигде не был, да и вообще не было никакого Ленинграда, а вроде бы просидел целую неделю в ЦДЛ.

Сейчас, правда, все было окрашено безмерной нежностью и заботой Аллиной семьи. Какие удивительные люди! Я и не предполагал, что до наших дней может сохраниться такая деликатность, доброта, широта, участие, понимание чужой беды, готовность простить. Они простили даже нечистую на руку Гульку, услышав повесть ее лагерных страданий. А та успела слегка обворовать их. Кстати, я впервые собственными глазами увидел акт профессионального воровства.

Доставая из кармана паспорт, я выронил на пол рубль. В двух шагах от меня находилась Гулька. Молниеносно схватила она журнал «Новое время», шагнула ко мне, уронила журнал так, что он накрыл бумажку, быстро нагнулась и забрала журнал вместе с рублем. Спрятав рубль за пазуху, она стала совать мне журнал, словно желая показать, что там ничего нет. Работа, в общем-то, довольно топорная. Но в данном случае иной и не требовалось, ведь речь шла о мелочишке. И если бы я в прямом смысле схватил Гульку за руку, ей ничего не стоило бы вывернуться: она просто хотела отдать мне упавший на пол рубль.

Но любопытно то глубокое волнение, какое я испытал при этой операции. Это было куда острее, чем если б подсмотреть чужую любовь. Впрочем, когда так случалось, ничего, кроме брезгливости, я не чувствовал. А здесь — какая-то сладкая тошнота подступила к горлу. Я понял, чем прекрасно воровство. За все в жизни приходится расплачиваться, ничто не дается даром: ни любовь, ни творческая победа, никакая малость. А вот тут, почти без усилий,— выигрыш, дар небес, Божий гостинец. До чего приятно хоть так обмануть безжалостную судьбу, жадных людишек, у которых снега зимой не выпросишь. Молодец, Гулька!..

У Аллиной матери, безнадежно старой, даже дряхлой, со слезящимися больными глазами, облезшей головой, вдруг случается совсем юное, милое, девичье лицо. И так легко представить ее двадцатилетней, на пороге жизни. Это не то что угадывается, это видно на мгновения, и я никогда не сталкивался с таким славным чудом.

Грозно стареющий Гиппиус. Он словно взял на себя функции портрета Дориана Грея, чтобы показывать нам, какие мы уже старые, безобразные, отвратительные.

«ТАЕЖНЫЙ ДЕСАНТ»

Чуть ли не в продолжение года я получал горькие, полные обиды на незадавшуюся жизнь письма от некой Стеллы Шишаковой из таежной глухомани. Самый адрес производил устрашающее впечатление: Жиганский район, поселок Убийцево или что-то в этом роде. Почти к каждому письму был приложен рассказ или вырезка из районной газеты. Неопрятной машинописи было больше. Рассказы, за исключением одного — вполне сносного, даже обещающего, откровенно слабы, беспомощны, порой неграмотны. Однажды письмо пришло с каким-то более прозрачным обратным адресом, кажется, из Томска,— Стеллу вызвали на слет собкоров. Затем опять — Убийцево. Я жалел Стеллу, сочувствовал ей от души, не ленился писать письма, полные советов и дружеских чувств. Однажды Стелла прислала мне разухабистое письмо с предложением «прогулять в Москве один из ее гонорарчиков», причем была сделана оговорка, что гулять мы будем вместе с моей женой. Меня это растрогало почти до слез, ее гонорарчика как раз хватило бы на чаевые швейцару. И вот Стелла приехала и после многих перезваниваний явилась. В отличие от других моих корреспонденток она не была старым чудовищем. Молодая, плотная, почти хорошенькая, очень развязная. Несколько насторожило меня ее знакомство с Анькой С., но оказалось, они просто землячки — обе из Днепропетровска. Через день-два Стелла вновь появилась, но уже в мое отсутствие. Оказывается, на нее неизгладимое впечатление произвел мой ночлежник Миша Ч. Она пришла ночью, пьяная, допила остатки Мишиной водки и попросила его снять штаны. С милой откровенностью она поведала ему в перерыве между любовными утехами, что мое мнение о ее рукописях ей интересно как прошлогодний снег. Она посылала их мне, чтобы «зафаловать» меня. Она знала от Аньки, что я разошелся с женой. «Понимаешь, такого гуся подхватить!» — говорила она Мишке, а потом просила, называя все на чистейшем матерном, творить с ней любовь как можно активнее. «Я таежная девочка, мне все спишется». Там у нее остался муж-лесничий, в Москве с родителями живет сын от первого брака, все это гармонично сочетается с матримониальными намерениями в отношении меня и плотскими утехами с красавцем Ч. Он сказал, что его чуть не вырвало от этой таежницы: плохая кожа, много лишних волос и беспрерывный мат. Завершила она визит выражением пламенной ненависти ко всем зажравшимся московским буржуям, включая меня и даже бедолагу Аньку С.

Это не помешало ей на другой день обрывать дачный телефон. Я не подошел. Не могу сказать, что все это меня огорчило, так куда забавнее, чем если б сюжет развивался в святочном благолепии, но некоторую брезгливую грусть все же ощущаю. Отовсюду прут страшные свиные рыла, а я все так же доверчив и все так же попадаю впросак. Но уж лучше ошибаться, чем заранее готовить себя на встречу со сволочью.

Сегодня на лыжной прогулке зимнее серое небо над лесом вдруг натекло тяжкой грозовой сизостью, и казалось, от леса стеной наступает ливень. Внезапно ливень обернулся густым

240

туманом. Все это было как-то не по-зимнему, и я ничего не понял в этих «отправлениях природы».

31 декабря 1968 г.

Снова занимаюсь сладостным и печальным делом: подвожу итоги минувшего года. Это был первый полный год без Геллы. Он начался с прекрасной поездки на Олимпийские игры, затем были Сирия и Ливан, затем провал — неожиданный и образцово хамски оформленный — поездки в Мехико. Год неожиданно обернул в успех, почти в триумф неудачу «Бабьего царства», оживил «Директора» и подставил мне ножку с новым сборником, задержав его выход. Напечатал: «На кордоне», «Срочно требуются седые человеческие волосы», «Чужое сердце», «Суданские очерки», пусть что-то было выругано, что-то осталось незамеченным — все равно эти вещи в моем активе. А главное, я впервые по-настоящему почувствовал **любовь читателей,** а это очень важно. В середине лета меня вдруг собрались прикончить за вечер А.Платонова, состоявшийся в конце 67-го. Выручило меня «Бабье царство», остальные участники вечера так легко не отделались.

В исходе года ко мне приехала — насовсем — Алла и умерла — тоже насовсем — бедная, маленькая и славная Зоя Константиновна*. Она позавчера забегала к нам выпить водочки, вся какая-то пятнистая, сморщенная, а сегодня ее уже нет.

Но итог этого года не исчерпывается личными обстоятельствами. Год был черен, позорен, смраден. Катись в помойку истории високосный шестьдесят восьмой! А что будет дальше?..

---

* З.К.Антокольская.

1969

11 января 1969 г.

10 января Алла переехала окончательно. С двумя телефонными аппаратами, кастрюльками, чашками, хлебницей. Одновременно прибыла еще ранее отправленная малой скоростью газовая плита, приобретенная Аллой в Ленинграде. Приезд этого агрегата вызвал куда большее волнение в доме, нежели прибытие моей новой и, верю, последней жены. Это невероятно характерно для нашей семьи.

Два дня у меня такое чувство, будто мое сердце закутали в мех. Помилуй меня Бог.

4 февраля 1969 г.

Я опять попал в какой-то душевный капкан. Схватило меня суетливым и щемящим ужасом и не отпускает. И пьянство нынешнее — это не прежнее доброе (хоть и случались скандалы) богатырское бражничанье, а что-то отчаянное, на снос, на гибель. Как соотносятся с этим обстоятельства моей сегодняшней жизни? Попробую разобраться. В личном плане меня несколько ошеломил вдруг наставший покой, истинный покой. Мне в самом деле не хочется разнообразия, «свежины» и жалчайших романтических приключений. Мне прекрасно, мило, нежно, доверчиво и любовно с Аллой. Но и тут я делаю с собой что-то дурное. Я словно боюсь забыть Геллу. Кстати, недавно я прочел, что подобное же происходило с Прустом. Он также боялся потерять тоску и боль по ушедшим людям. И я сдерживаю свое сердце, начинаю травить его тоской о былом, мешаю себе быть до конца счастливым. Но главная беда не в этом. Очевидно, я привык к остроте каждодневности, к перепадам и ежечасным катастрофам. Это не мешает тому, что мне искренно хотелось все время тишины, опрятности, порядка и покоя.

Тут вроде бы имеется какой-то психологический разрыв, но что поделаешь!

И кроме того, я решительно неспособен принять возвращение этакого стыдливого сталинизма. Я не могу включиться в круто замедлившийся ритм жизни. Чиновники, число которых все растет, не хотят ничего решать, и я среди них похож на человека, снятого со скоростью 16 кадров в минуту и вмонтированного в фильм, снятый на 24 кадра в минуту. Моя мельтешня, быстрота работы, желание так же быстро и точно знать ответ, как я выполняю задание, ставят меня то и дело в глупое и беспомощное положение. Я утратил чувство ориентации в окружающем и стал неконтактен. И никак не могу настроить себя на волну кромешной государственной лжи. Я близок к умопомешательству от газетной вони, я почти плачу, случайно услышав радио или наткнувшись на гадкую рожу телеобозревателя.

Я впервые не могу писать. Мне противно писать даже нейтральные вещи, когда нужны трубы иерихонские. Как пройти сквозь все это и сохранить себя? Ведь уже не раз доходил я до края. И тогда что-то менялось, и глоток чистого (не слишком) воздуха облегчал грудь. Верить цели и смыслу своего существования?.. Сейчас на месяц-два можно спокойно заняться Гагариным, рассматривая это как продолжение сценарной учебы, пьесой о цыганах с Ромом-Лебедевым. Завершить издательские и денежные дела и выйти к весне свободным от всех обязательств, договоров и всего мелкого, обременяющего душу.

А весной поохотиться, порыбачить, съездить в санаторий и обязательно предпринять поездку по стране, которая дала бы мне хотя бы пейзаж для будущих рассказов. И никаких сценариев больше! И к будущей зиме я справлюсь с собой. Сейчас для меня главный труд — это труд здоровья. И ни капли спиртного!

23 апреля 1969 г.

Многое случилось и ничего не случилось. Была Америка, поразившая шумным, восторженным холодом своих аборигенов, было завершение развода с тихой, печальной Геллой, было строительство сортира — страшное, кривое, чуть ли не с человеческими жертвами, подобно всем великим отечественным стройкам, была не завершившаяся и по сию пору гагариана с новыми мрачными откровениями, было много мелкой грустной суеты и нестерпимых спазмов ночами, насылаемых былым, было несчастье в Аллиной семье*, разрушилось — в который раз! — мое жалкое стремление к покою и уюту. Но не было ни одной стоящей строки, а значит, ничего не было.

Весну в этом году отменили — не будет ни охоты, ни рыбалки. Дичь и рыбу будут уничтожать лишь с помощью химических удобрений, фабричных отходов и никому не нужных плотин, от которых заиливаются и зацветают даже самые могучие реки — Днепр хотя бы.

24 апреля 1969 г.

Славный денек! Позвонил Уваров и сказал, что умер Муля Дмитриев** от второго инфаркта. Затем Нина Варакина сообщила, что у нашей соученицы, по всей видимости, рак желудка. Ее супруг Юра Павлов взял трубку и порадовал меня таким известием: он добился для меня допуска ко всем секретным документам своего института, чтобы я наконец перестал халтурить и написал настоящую вещь об ученых. Нас прервали. Я поспешил отзвонить, но его уже не было, пошел во двор скидываться на поллитру с монтером и водопроводчиком. На службе, сообщила Нина, его держат только из жалости. Он то и дело падает в обморок, ночами не спит, мечется по квартире, днем хулиганит. Сыновья с ним не разговаривают. У него ослепла мать, а Нинина мать умирает от рака.

Более чем достаточно для одного дня.

Был на похоронах Мули. После, когда мы наливали морды водкой в ЦДЛ, меня удивил своей мелкостью У. Он с проницательным видом говорил, что Мулина мать хотела снять рекламный навар даже с его смерти, требовала некрологов, речей и прочих почестей. Он не понимает, что Муля еще жив для нее. Ей казалось, что он порадуется и доброму некрологу, и добрым словам, произнесенным над его гробом, и цветам, и многолюдству, и прочим знакам внимания, которыми он вовсе не был избалован при жизни. Она служила сыну, и, быть может, он не остался глух к доброй суете матери.

---

* Тяжело заболела Аллина сестра Людмила Никитина.
** Молодой критик, сын моих друзей.

Завтра в пятый раз сочетаюсь законным браком. Не отболел, не отвалился струп, а я снова лезу на рожон. Поистине, каждый спасается, как может.. Впервые я делаю это по собственному желанию, без всякого давления извне, с охотой, даже радостью и без всякой надежды на успех. Я устал, я очень устал. Быть может, меня еще хватит на тот, главный рассказ, а потом нужен отдых. Серьезный и ответственный, с лечением, режимом, процедурами. Иначе я вконец перегорю. Меня уже страшит сложность фразы. Страшит усилие пригляда к окружающему, я стараюсь не видеть, чтобы не обременять мозг. Отмучаюсь праздники, закончу дела и возьмусь за дело самоспасения.

Г., уезжая, отечески обнимал Аллу в саду и наставлял терпению и твердости, столь необходимой для жизни в нашей страшной семье.

— Держись, старуха!.. Стисни зубы и держись!.. Не роняй нашей питерской марки!..

Он перестарался, забыл о самоконтроле: борт его пиджака отогнулся, и Алла увидела, что впалую грудь обтягивает мой белый шерстяной свитер с коричневыми замшевыми налокотниками, тот самый, что привлек его просвещенное внимание накануне.

— Это что еще?— сказала страдалица суровым голосом, вытягивая свитер у него из-под пиджака.— Ну надо же!.. А ну-ка, снимай немедленно!

— Господи!— нисколько не смущаясь, сказал мудрый советчик и хлопнул себя ладонью по костяному веснушчатому лбу.— То-то мне так жарко!..

Но его выдержка не спасла ситуацию: жалко и унизительно выглядело, как он стаскивал пиджачишко, стягивал свитер, потом напяливал пиджачишко обратно. Он сам почувствовал это и, не утруждая себя дальнейшим прощанием, кинулся к калитке. Уже оттуда он крикнул:

— Целую!..

— Юра проснулся!— сообщила ему Алла.

Он никак не отозвался на это известие и юркнул в машину.

Сегодня ездили на Троицкую фабрику за квасным экстрактом. Давненько я там не бывал,— впечатление сильное. То ли, отрываясь от действительности, невольно поддаешься газетному дурману, хотя я и не читаю газет, но дурман этот разлит в воздухе, то ли жизни души сопутствует представление о некотором внешнем прогрессе, но я никак не ожидал увидеть такой Тмутаракани. Что за люди! Что за лица! Что за быт! Все пьяны, хотя день лишь предпраздничный: и старики, и женщины, и дети — тот контингент населения, который больше всего страдает от бомб и напалма. Жалкая лавчонка — центр, вокруг которого вращается весь местный сброд. Народный мститель — полупьяный глухонемой пенсионер все время гонял меня с места на место. Машина никому не мешала, иначе б и без него хватило доброхотов, но куда бы я ни встал, он тут же подходил, тыкал пальцем в крыло, затем делал запрещающий знак ладонью и принимался махать на меня руками, как на курицу, только «Кыш, кыш!» не хватало. Я отъезжал, глухонемой, исполненный достоинства, ковылял дальше, озирая окрестность хозяйским оком, делал круг и вновь гнал меня прочь. Я сладко думал о том, как хорошо было бы двинуть его буфером и сломать ему ногу. А потом мне вспало на ум другое: а ведь кругом довольные люди. Они не обременены работой, у них два выходных в неделю, куча всяких праздников, не считая отпуска и бюллетеней, водки всегда навалом, хлеба и картошки хватает; они могут унизить владельца машины и обхамить любого белого, забредшего в их резервацию. Они ходят выбирать, могут послать жалобу в газету и донос куда следует — прав хоть отбавляй. Они счастливы. Им совершенно не нужны ни Мандельштам, ни Марина Цветаева. Все на самом деле творится по их воле. Как ни странно, эта мысль меня успокоила. Ужасен произвол, а тут все происходит по воле большинства, причем большинства подавляющего, так что виновных нет...

18 мая 1969 г.

Третьего дня присутствовал на читке своей пьесы в театре «Ромэн». Мои бывшие дружки-забулдыги остепенились. Чавалэ — все члены партии: Серега Золотарев — член партбюро, а Сличенко — так и вовсе секретарь партийной организации. Среди этих солидных, прочно стоящих на земле людей я выглядел каким-то кочевником.

Сходное чувство я испытываю в Доме литераторов, Доме кино, Союзе писателей. Все в чинах, все при должностях, наградах и аксельбантах, у всех взрослые, уклончивые, хмурые и хитрые морды. На меня поглядывают сверху вниз, почти как на неудачника. А как же иначе! Мне — пятьдесят, а никакой власти, и за плечами ни одного основательного поступка в виде доноса, предательства, уничтожения ближнего. Несолидно, Юрий Маркович, очень несолидно!..

Мама, стоит мне уехать, открывает какие-то гибельные изъяны в окружающем. Раньше я считал это роковым совпадением, сейчас знаю, что это делается сознательно, чтоб мне неповадно было в Москве торчать. На этот раз меня угостили диабетом бедной Дары*. Если нет под рукой хорошей болезни, устраивается поломка водопровода, сортира, газовой плиты, холодильника или телевизора. Но чтоб хоть раз обошлось без аварии, такого еще не бывало.

19 мая 1969 г.

Утром видел образцовый сев. Шел трактор с сеялкой и голоногой бабой-прицепщицей, за сеялкой — длиннющий шлейф птиц. Грачи, галки, скворцы умело и энергично выбирали зерна овса из неглубокой, чуть припорошенной борозды.

Явился поддатый Твардовский, к Солодарю было послано за водкой, и сейчас мама пирует с Ал. Тр. в каминной. Мама, что там ни говори, угодничает перед Твардовским. Зная мое отрицательное отношение к его непрошеным, нетрезвым визитам, все-таки пытается втянуть меня в эту тусклую вечерю. А так — не смей думать о водке. Видимо, считается, что с Салтыковым водка губительна, а с Твардовским — целебна.

А мне не нравится замаскированная нарочитой крестьянской вежливостью бесцеремонность его вторжений в любое время дня и ночи. Да и водку я могу пить, лишь когда мне этого хочется.

---

* Русская борзая.

247

В СП меня так же не любят, как не любили в школе учителя. И так же затирают, унижают и преследуют. Тут проявляется нечто стойко хорошее во мне, не иссякшее и в мои пятьдесят.

19 июня 1969 г.

Зафиксируем мгновение, которому вряд ли скажешь: «Остановись!» Сижу в саду, без четверти семь, громко и отчетливо кукует кукушка, кричат вороны, видимо, быть дождю, что и не удивительно, коль я собрался на рыбалку. Мама, весь день пролежавшая в постели с сильными сердечными болями, сейчас встала и пьет чай в компании Нинки, той самой, что писала, будто я отец ее ребенка. А Машка уходит, вот уж поистине — «мимолетное видение»! Понесет дальше свое худое тело без внутренностей — емкость, до краев налитую водкой,— бедную миловидную и жалкую девочку, дурака-мужа, спившегося под ее руководством. В саду громко пахнет сиренью — вместо всей погибшей сирени расцвел один громадный сказочный куст. На другом краю поселка, в одном из домишек «Костюковки» что-то делает в обществе странного человека Куклина и невесть зачем приобретенной девочки Гелла, между нами нет и километра, между нами сто миллионов верст. Сел на лавку рядом со мной Кузик* с седой, старой мордочкой, а два его друга лежат в земле под елкой, и холмик над их могилой почти сровнялся с землей. И мне смертельно грустно, будто там, под хвойным куполком, лежит моя жизнь.

Проваливаясь в собственное изглоданное раком крошечное тельце, прошла Фенька**, и тоже больная, бессмысленная, жалко-прекрасная Дара тупо кинулась на умирающую старуху.

Скоро из города приедут милая деловая Алла и Мишка с глупой бородой. И ко всему еще я председатель ДСК!..

А до этого был грустный Ленинград, наши вконец опустившиеся, признавшие свое поражение лжедрузья, по-прежнему ранящая архитектура и неистребимое чувство: что-то навсегда кончилось!.. Это чувство не оставляет меня и здесь, но дела, суета, мелькание лиц, книги, заботы приглушают его, порой дают вовсе забыть, но не надолго.

---

* Карликовая такса.
** Кошка.

Что-то кончилось, кончилось, и порой я знаю, что кончилось — все кончилось.

Все еще в саду. Кружатся два жука в солнечном луче под елками. Они кажутся ярко-алыми и загадочными. За спиной шум солдатских голосов: вывозят Машку. Грузят шкафы, стулья, кровати, «комбайн» и прочее Машкино имущество, нажитое у нас нерадивой службой. Леночка радуется — вниманию и сожалению провожающих ее более взрослых подруг, громадному фургону, поглощающему их нажиток, расторопной полупьяной солдатне, всей важности события. В саду отчетливо пахнет солдатом: сапогами, махрой, крепким потным телом. Впечатление такое, будто эвакуируют Эрмитаж или Лувр. Сколько материального родилось из моих грез.

22 июля 1969 г.

Боже мой, больше месяца минуло со дня последней записи, а где эти дни, куда они девались, на что ушли? Да, я что-то кропал, кончил повесть, написал очерк, но все это не настоящее, не до конца настоящее. А настоящим было одно: мамина болезнь, инфаркт, больница, забитые больными коридоры, страх и тоска...

В коридоре положили женщину с отеком мозга. Она была без сознания, голова с темным, почти черным лицом закинута за подушку. Одеяло сползло с нее, она лежала нагая, с белой полной прекрасной грудью, округлым животом и упругим лобком. Это скульптурно прекрасное тело дико контрастировало с мертвой головой. Стыдно признаться, я почувствовал что-то похожее на вожделение.

Геллы осталось всего сорок два килограмма. А где же остальная Гелла, где Геллин дым, он, наверное, носится в воздухе?

19 августа 1969 г.

Был на охоте, в Мещере, в Клепиковском районе, но не на озере Великом, а в Чубуковской заводи — это между Шигарой и Мартыном. Ездили мы теплой компанией: второй секретарь райкома Завражин, редактор районной газеты Наседкин, заведующий сельхозотделом Мишин и я. До выезда мы долго ждали

Завражина сперва у райкома, потом на широкой пыльной улице окраины Клепиков, наблюдая, как ребятишки играют в футбол. Трое на трое. Среди них было два сына завсельхозотделом, но играли они в разных командах, чтобы не передраться. Младший был хорош: крошечный Пеле в сметане, он демонстрировал филигранную технику и все время выводил на удар своего партнера — бездарного мазилу и после очередного промаха того, поддергивая широкие сползающие трусики, кричал:

— У, позорник!.. У, гад-позорник!..— и вновь самоотверженно кидался в бой.

По дороге к Дунину, что на берегу Чубуковской заводи, мы подсадили стройную, длинноногую девушку лет двадцати. На ней было городское модное пальто, короткая юбочка, лакированные туфли. Она из Рязани, работает на РТС и пробирается попутными машинами в Дунино, чтобы пригласить на свадьбу своей лучшей подруги дунинского батюшку с матушкой и кое-кого из причта. Подруга выходит за своего школьного товарища, который будет скоро рукоположен в священники георгиевской церкви. Приход достался ему после смерти отца. Ему двадцать семь лет, он окончил три курса педвуза и полный курс Троице-Сергиевской семинарии.

— Небось по стопам Никанора хочет пойти?— высказал предположение Наседкин.

— Может быть,— улыбнулась девушка.— Он иностранные языки знает.

Насколько я понял, отец Никанор был чем-то вроде министра иностранных дел при патриархе.

Потом я заметил, что, отвечая, она всякий раз наклоняла голову каким-то заученно-почтительным движением. Так выслушивают наставление духовного пастыря. И в ответах ее — быстрых, точных и при этом странно малоговорящих — тоже проглядывало научение. Это почувствовал и неглупый Наседкин и повел с девушкой соответствующий разговор:

— А подруга ваша где училась?

— Окончила медицинский институт.

— Как же она так?.. Пренебрегла образованием... Ради чего?..

— Они со школы дружили. Очень крепкая дружба была. Ее родители против брака, но она не послушалась. Любит.

— А вас ее пример не увлекает?

— Конечно, нет. У меня родители члены партии. Я комсомолка.

— Комсомолка, а взялась за такое поручение! Тебя же прорабатывать будут.

— Ох, будут!.. — Она зажмурилась, засмеялась, но ей эта проработка была совершенно безразлична.

И когда вышла из машины возле церкви и пошла к ограде, прямая, стройная, чопорная, то даже не оглянулась на своих спутников. Плевать ей было на нас из ее горних высей.

— Эх, жалко девку! — искренне сказал Наседкин. — Задурили ей голову. Черт, вот так мы теряем молодежь!..

И Миша, глядя на ее стройные ноги, согласился с Наседкиным.

— Да, жаль, что церковь отбирает такой кадр...

В ожидании охоты происходил обычный застольный треп, и я узнал много нового про Мещеру. Оказывается, Мещера из года в год теряет свое главное богатство — воду. Три самостоятельные мощные мелиоративные организации осушают этот водолюбивый край, никак не соотнося, не координируя своих усилий. Но еще большая опасность грозит Мещере с другой стороны: зарастают озера. Одно крупное озеро уже перестало существовать, исчезло с карты края. Сейчас на очереди Чубуковская заводь. Кто-то додумался для подкорма уток сеять дикий рис, и егеря широкими жестами шадровского сеятеля раскидали этот рис по озерам. Оказалось, он обладает фантастической способностью к размножению и невероятной устойчивостью к уничтожению. Утки щиплют рис, во все стороны летят зерна, немедленно прорастая и выпивая озерную воду. Единственный способ борьбы с зарослью — выдергивать руками с корнем, но чтобы таким образом очистить озера, не хватит всего населения Мещеры. Пока лишь одно Великое не подверглось рисовой заразе. Там достаточно ушков, извечного утиного корма.

До сих пор в верхах обсуждают проект одного ученого, предложившего сделать из Мещеры с ее могучей естественной поглотительной системой подмосковную свалку. Прекрасная мысль!..

А у клепиковцев в нынешнем году большие успехи: несмотря на гибель озимых от мороза, они думают взять зерновых — ржи и ячменя — по одиннадцать центнеров с гектара против восьми в прошлом году. «А какой был урожай до революции?» — спросил я Наседкина. Тот развел руками: «Не помню. Центнеров десять... Но мы-то все прошлые годы там два брали».

Попутно выяснилось, что на Рязанщине уничтожили всех свиней. Пропало сало. Откуда такая страсть к уничтожению природы и всех ее насельников? Казалось бы, должен быть некий миг задумчивости, за которым — помилование. Ведь дико, бредово — взять и уничтожить всех свиней. Ну там часть, куда ни шло. Нет, уничтожают всех. Видимо, тут проявляется какое-то коренное свойство системы: оперативность, неукоснительность уничтожения компенсирует бессилие в созидательных делах.

— Мещера должна стать курортной зоной,— уверенно сказал Наседкин,— и тогда будет давать государству миллионные прибыли.

— Так за чем же дело стало?

— Мы пытались подымать этот вопрос, но...— И он беспомощно развел руками.

Хорош был второй секретарь, молодой, лет тридцати шести, толстый, плешивый, веселый, очень неглупый, любитель выпить, похабник и заядлый стрелок. Ему во что бы то ни стало хотелось начать охоту до положенного срока. Спасовал он лишь поздно вечером, хватив чересчур много страшного сырца. Отдуваясь, он рухнул на койку, несколько минут материл себя за невоздержанность, а свой организм за слабость и неспособность побороть тягостные последствия возлияний, затем немного успокоился и спросил меня, знаю ли я поэта Федоренко, рязанского барда, и стал читать чудовищные по похабству и бездарности стихи. Мне запомнилось лишь одно четверостишие к Международному Женскому дню:

Пусть будет каждому не лень
В Международный Женский день,
Чтоб радовались наши киськи,
Получше наточить пиписьки.

Остальное было еще глупее. Изжога прервала декламацию. Я дал ему соды.

— У вас повышенная кислотность?

— А хрен его знает!— отмахнулся он.— Совершенно печень

не работает.

Тут появился еще один герой: рослый, с металлическими вставными зубами, горластый и самоуверенный, бывший секретарь обкома комсомола, ныне директор научно-исследовательского института в Рязани Фролов. Он с ходу поставил на стол бутылку сырца и положил нечто черное, страшное, по виду напоминающее копченый член платоновского быка. Оказалось, акулья колбаса. Когда псу, прекрасному доброму дратхару, предложили кусочек этой колбасы, он оскалился, зарычал и отполз прочь. Вот что едят рязанцы вместо свиного сала.

Охота была на пролет. Я сбил чирка, но найти его нам не удалось. То ли он оклемался и забился в камыш, то ли потонул, запутавшись в траве. Вся утка досталась Фролову, впрочем, немного пришлось и на долю Завражина, они заняли ключевые позиции и перекрыли весь пролет. И все же это было прекрасно: и вечерняя заря, и кресты дунинской церкви в прозрачном небе, и камыши, и лещуга, и чайки, и плеск карасей, и, словно подводный взрыв, удар щуки, и ястреб на недвижных крыльях, и желто-зелененькие камышовки, русские колибри...

29 августа 1969 г.

Почему все так трудно дается? Может быть, в этом и состоит смысл старости? Тебя перестает хватать на какие-то малости, притупляется внимание, нет былой цепкой предусмотрительности, ты не можешь уследить за мелочами, и все идет прахом. Сколько раз ездил я в Ленинград на машине, и всегда все было в порядке, а вот сейчас поехали и развалились по дороге. Неподалеку от Торжка застучал расплавившийся подшипник, вслед затем намертво заклинило мотор, и кончилось наше путешествие. Обратно ехали на буксире шесть томительных часов. А до этого успели познакомиться с той пьяной, циничной, грязной и смердящей сволочью, что является главным судьей и ценителем искусства, литературы, кино, всех моральных и нравственных ценностей, ибо называется **гегемоном.** Им все до лампочки, ничего не нужно, даже денег, если сумма выходит за пределы того, что можно немедленно пропить. Упаси Боже, заработать для семьи, для дома. Нет, их интересует лишь то или иное кратное от трешки — в зависимости от того, сколько уже выжрали в течение рабочего дня. Охотнее всего они продадут какую-нибудь краденую деталь — за литр, полтора максимум. Больше литра зараз не выжрешь, а домой нести — жена отберет. Наши щедрые посулы были им глубоко безразличны. Тут речь шла о деньгах, которые на водку в один присест никак не истратить. «А на хрена они нам? — говорили рабочие.— Будем мы тебе за так в послерабочие часы вкалывать. Что-о?.. Жене отнесть? Нашли дураков! Да подите вы с вашими деньгами к такой-то матери!»

Мы и пошли. Насилу уговорили отбуксировать нас до шоссе, где за пол-литра приобрели буксирный трос.

Но и в Москве с ремонтом очень сложно. Завязли мы тут Бог весть на сколько дней, а то и недель. Нет запасных частей, даже тех, что всегда были. Что случилось? Почему такое оскудение? Запахло дедушкой Сталиным, и все разом исчезло. Оказывается, Геллины стихи напрямую связаны с поршнями, кольцами и вкладышами. Так-то, братцы!..

30 августа 1969 г.

Почему-то у всех писавших о Чехове при всех добрых намерениях не получается обаятельного образа. А ведь сколько тратится на это нежнейших, проникновеннейших слов, изящнейших эпитетов, веских доказательств. Ни о ком не писали столь умиленно, как о Чехове, даже о добром, красивом Тургеневе, даже о боге Пушкине. Писали жидкими слезами умиления о густых, тяжелых, как ртуть, слезах Толстого над ним. Писали, какой он тонкий, какой деликатный, образец скромности, щедрости, самоотверженности, терпения, выдержки, такта, и все равно ничего не получается. Пожалуй, лишь Бунину что-то удалось, хотя и у него Чехов раздражает. И вдруг я понял, что то вина не авторов, а самого Чехова. Он не был по природе своей ни добр, ни мягок, ни щедр, ни кроток, ни даже деликатен (достаточно почитать его жесточайшие письма к жалкому брату). Он искусственно, огромным усилием своей могучей воли, вечным изнурительным надзором за собой делал себя тишайшим, скромнейшим, добрейшим, грациознейшим. Потому так натужно и выглядят все его назойливые самоуничижения: «Толстой первый, Чайковский второй, а я, Чехов, восемьсот восемнадцатый». «Мы с вами»,— говорил он ничтожному Ежову. А его неостроумные прозвища, даваемые близким, друзьям, самому себе. Все это должно было изображать ясность, кротость и веселие незамутненного духа, но, будучи насильственным, отыгрывалось утратой юмора и вкуса. Как неостроумен, почти пошл великий и остроумнейший русский писатель, когда в письмах называет жену «собакой», а себя «селадоном Тото» и т.д. Его письма к Книппер невыносимо фальшивы. Он ненавидел ее за измены, прекрасно зная о ее нечистой связи с дураком Вишневским, с Немировичем-Данченко и др.*, но продолжал играть свою светлую, благородную роль. А небось про изменившую жену, что похожа на большую холодную котлету, он о Книппер придумал! И какой же злобой прорывался он порой по ничтожным обстоятельствам — вот тут он был искренен. Но литературные богомазы щедро приписывают все проявления его настояще сложной и страстной натуры тяжелой болезни. Убежден, что живой Чехов был во сто крат интереснее и привлекательнее во всей своей мути и непростоте елейных писаний мемуаристов.

5 сентября 1969 г.

Пошел в лес. Еще идучи полем, приметил тучу, вернее сказать, некое притемнение в пасмурном небе, но не придал ему значения. А зашел подальше, чувствую — пропал. Даль задернулась не то белесым туманом, не то сеткой дождя, а весь лес просквозило страшным ветром. И желтые листья так и посыпались с деревьев. Я подумал, что ветер разгонит тучи. Какое там! Пригнал их навалом. И зарядил дождь, мощный, как из пожарной кишки. Я думал переждать его под березами, но с ветвей лило еще сильнее. Я плюнул и, не торопясь, пошел по раскисшей глинистой тропе домой. И чего-то мне стало счастливо, радостно. Я шел и, как дурак, смеялся...

Субботу и воскресенье провел на охоте. Самым лучшим там была луна на закате. Я впервые попал на охоту в полнолуние. Еще вовсю играл закат, когда появилась большая, сдобная луна и стала против уходящего солнца. Впрочем, она не стояла на месте, а все время подымалась вверх, накаляясь розовым и увеличиваясь в объеме. Она очень отчетливо рисовалась не кругом,

---

* Недаром Андрей Белый вывел ее в своем романе под фамилией «Яволь», что означает немедленное согласие.

а шаром, густо-розовым с синеватыми пятнами ее рельефа. Когда закат потух и остался едва приметный багрец за тучей, накрывшей горизонт, луна стала золотой и блестящей, и от нее в воду погрузился золотой столб. Опять же не полоса, а именно столб, колонна, нечто плотное, объемное, сферическое. По мере того как луна подымалась, колонна все наращивалась и стала несказанно величественной, как на портике храма Юпитера в Баальбеке. Но в какой-то миг, упущенный мною, когда она уже должна была подвести капитель под мой шалаш, вдруг резко сократилась и вскоре стала круглым пятном на воде: зеркальным отражением круглой лунной рожи. И наступил вечер.

Пенсионный Уваров стал куда жестче к людям: кроет всех почем зря — не боится. А раньше все были для него не без приятности, особенно начальство. Вот что значит независимость. Он и мою фотографию в последней книге — очень хорошую — обхамил. Надо же!..

Анатолий Иванович получил машину через Георгадзе, с ручным управлением. После обучения в Клепиках (я послал ему туда деньги, считалось, на хлеб) сдал на шоферские права, наездил по деревне двести километров и в пьяном виде разбил в лепешку свой «Запорожец», собственную башку и башку инспектора рыбхоза. Пролежал месяц на печи со свернутой шеей, лишился прав на год и вернулся к своим сетям. Но ненадолго. Вышедший из больницы инспектор рыбхоза конфисковал его сеть, отблагодарив за поездку. Скучная история, которую я заранее предвидел.

В Подсвятье загорелся электрический свет, а в озере Великом напрочь исчезла рыба. Одно с другим не связано, но странно, что технический прогресс идет непременно рука об руку с оскудением природы.

3 октября 1969 г.

Позавчера выступал в Доме журналистов. Неожиданно приехал Булат Окуджава с невменяемым В.Максимовым. Булат облысел со лба как раз до середины темени. Довольно густые, короткие, курчавые волосы плотно облегали затылок. Анфас они образуют вокруг его головы какое-то подобие темного нимба.

Булат избалован известностью, при этом неудовлетворен, замкнут и черств. Мне вспомнилось, как десять лет назад он плакал в коридоре Дома кино после провала своего первого публичного выступления. Тогда я пригрел его, устроил ему прекрасный дружеский вечер с шампанским и коньяком. По-видимому, он мне этого так и не простил. Во всяком случае, я всегда чувствовал в нем к себе что-то затаенно недоброе. Но не о том я хотел написать, а о том, что между двумя его выступлениями, как между двумя Геллиными стихотворениями, поместилась вся моя жизнь.

В профилактории недельное сборище одаренной столичной творческой молодежи: режиссеры, писатели, сценаристы, актеры, художники, музыканты, архитекторы. Неделя ленинской учебы: доклады, лекции, встречи с мастерами искусств, семинары, дискуссии. В мастера искусств попал и я, наверное, потому, что живу рядом. Меня попросили провести семинар кинодраматургов. Я пришел и вместо юных доверчивых комсомольцев увидел старых евреев, политкаторжан и цареубийц.

Основная задача устроителей — не дать «семинаристам» рта открыть, поэтому докладчик сменяет докладчика, просмотр следует за просмотром, одно мероприятие налезает на другое. И все же рты открываются, и отнюдь не для осанны. Свободолюбивый, с привкусом сивухи дух витает над этим сборищем. Любопытна и показательна в этом плане выставка картин. Уж как боролись за святой реализм, а ни одного полотна правоверного тут не встретишь. Тут представлены: «странный» реализм, примитивизм, сюрреализм и даже робкий поп-арт. А царит над всем горестный портрет Андрея Платонова с босыми ногами странника. Вот кто истинный святой этого сборища...

Вечером были на «Суджанских мадоннах», как и всегда произведших на меня впечатление почти стыдной дешевки, что не мешает зрителям утирать слезы. В антракте мне пришлось участвовать в маленькой тайной вечери, где все двенадцать апостолов были Иудами.

Себе: О, сделай так, чтоб я тебя опять полюбил!

Сегодня пошел в лес после долгого перерыва. Хорошо! Золото деревьев и зелень озимых за опушкой. Старухи собирают чернушки, выковыривая их из-под палой, уже загнившей листвы. Изредка попадаются красные мухоморы с плоскими крепкими шляпками. Повсюду валяются сопливые, скользкие, хотя в лесу сухо, мокрухи еловые, исходя какой-то животной гнилью. Пошел к моему дубу, он весь, до листика, облетел, а другие дубы сохранили свой наряд. Их густая, плотная, медная листва чудо как хороша под крепким осенним солнцем.

На обратном пути увидел в саду Костюковского то непонятное, никому не нужное и невесть с чего возникшее существо, что называют Геллиной дочкой. Исполненный автоматической печали, пошел подписывать счета и очередные премиальные Валентине Федоровне в контору, расположившуюся на зиму в грязнейшем доме Симукова.

Нет ничего страшнее передышек. Стоит хоть на день выйти из суеты работы и задуматься, как охватывают ужас и отчаяние. Странно, но в глубине души я всегда был уверен, что мы обязательно вернемся к своей блевотине. Даже в самые обнадеживающие времена я знал, что это мираж, обман, заблуждение и мы с рыданием припадем к гниющему трупу. Какая тоска, какая скука! И как все охотно стремятся к прежнему отупению, низости, немоте. Лишь очень немногие были душевно готовы к достойной жизни, жизни разума и сердца; у большинства не было на это сил. Даже слова позабылись, не то что чувства. Люди пугались даже призрака свободы, ее слабой тени. Сейчас им возвращена привычная милая ложь, вновь снят запрет с подлости, предательства; опять — никаких нравственных запретов, никакой ответственности — детский цинизм, языческая безвинность, неандертальская мораль.

Были у Тышлера. Грустная поездка по дрянной, слякотной, грязной осени. Пьяный, безумный, опустившийся Нисский на скамейке под окнами своей мастерской, давно уже запертой на замок. «Подайте рублик академику!» — почти как юродивый в «Борисе Годунове» просит Нисский. Старенькая Ирочка с букетиком астр поджидала нас у подъезда...

И вдруг — прекрасный, радостный, какой-то сказочный человек, которому никогда не дашь его лет, с чистой детской улыбкой, с детским любопытством к окружающему и детской безмятежностью. А вокруг — прелестный цирк его живописи. ТЫШЛЕР!

Я понял сегодня, откуда взялась его причудливая манера и как естественна, органична эта манера для него, насколько чужда она ломанию. Понял, почему у него все женщины, да и не только женщины, порой мужчины, дети и даже лошади носят на голове невероятные шляпы с цветами, флагами, скворечнями, а случается, так и с пиршественными столами и даже балаганами. В мелитопольском детстве его поразили бочары, носившие на голове тяжеленные бочки. Если человек может нести запросто бочку, то почему он не может нести праздничный пирог, флаг да и все остальное? Картины Тышлера поют всемогущество человека, который сам себе и цирк, и театр, и Ромео с Джульеттой, и балкон, и веревочная лестница. Как чист источник этого «вредного и чуждого» творчества, как истинно народен талант Тышлера! И сколько в этом восхищенного уважения к человеку, вернее, к людям. Сложный Тышлер на деле прост, наивен, доверчив и поэтичен, как кораблик или бумажный змей. И какая это цельная, чистая, прямая, святая жизнь!..

31 декабря 1969 г.

С 1-го по 26-е находился в Нигерии, на два дня ездил в Дагомею. Вся поездка записана подробно в моем «зарубежном дневнике». Приехав, заболел, простудился по дороге с аэродрома. Михаил Гаврилович забыл в моторе тряпку, ее засосало в радиатор со всеми вытекающими отсюда последствиями. Большую часть пути мы ехали с открытым капотом, на воздушном охлаждении. Но на бугре, неподалеку от дачи, машина не потянула, и мне пришлось остаток пути идти пешком. Было двадцать пять ниже нуля, а в Нигерии столько же выше, разница в пятьдесят градусов — многовато.

Сейчас выздоровел и, по обыкновению, занимаюсь подведением итогов года. Тут бы не умствовать, а плеваться, но жизнь учит смирению, и я без особого зла провожаю этот страшноватый годик. Мама перенесла инфаркт, Люся была на грани смерти, болела инфарктом и Антонина Александровна*, болела тяжело Лена, зато нам вернули Сталина. Пусть еще не целиком, но почин сделан. Год был насыщен Софроновым, смрадом доносов — тайных и явных, подозрительностью, недоверием, и материально стало куда труднее. Но человек живет не только в макромире, но и в микромире, а последнее не менее важно, особенно художнику. И для меня минувший год оказался благостен, год творческой концентрации и открытия в себе нового. Я написал свою лучшую повесть «Пик удачи» и лучший рассказ «И вся последующая жизнь». И напечатал свой самый странный рассказ «Среди профессионалов» и самый изящный «Фейруз». И лучшая моя книжка вышла — «Чужое сердце». А главное, я стал лучше писать, отчетливо лучше. Я уже у цели. И я люблю писать, я не истратился в приспособленчестве и халтуре. Я съездил в США, Нигерию и Дагомею, хорошо охотился и не утратил Ленинграда. И пить я наконец-то стал меньше и куда реже. Короче, можно было оказаться в худшей форме к вехе пятидесятилетия. Можно было и вовсе не доползти до него. А тем, что я дошел, именно дошел — не дополз, я обязан Алле. Своей внутренней бодростью, своим вновь проснувшимся интересом к культуре и ослаблением тяги к дряни я обязан целиком ей. И ей же, ее ясному, прямому и проницательному, без всякой бабьей мути разуму обязан я тем, что наконец-то стал реально видеть окружающих людей, видеть их такими, как они есть, а не такими, как мне того хочется. Хорошо, что все стало на свои места и кончились детские игры. Надо иметь мужество жить в действительности, а не в «грезах любви».

Дай Бог, чтоб ничто нас не разлучило с Аллой. Люди, даже близкие, даже любящие, так эгоцентричны, самодурны, слепы и безжалостны, что очень трудно сохранить союз двоих, защищенных лишь своим бедным желанием быть вместе. Но на этот раз я не дам изгадить себе жизнь.

---

* Аллина мать.

1970

Завершился акуловский цикл. Сперва пришел плоский пакет, там оказались акуловские фотографии и письмо от Ляли — милое, мягкое, женственное письмо с благодарностью за дачные рассказы. «Мне больно, что никто вас не поблагодарил, а ведь для многих из нас акуловские дни были лучшей порой жизни». И я, в который раз забыв, что нельзя вызывать духов былого, стал ей названивать, чтобы увидеться. Меня не остановил, не насторожил даже последний разговор с Лялей. Она не слушала моих объяснений, почему я не могу приехать в назначенный день, она говорила мимо меня, мимо моих слов, как заведенная, и не могла остановиться. И хоть речь ее была не только связной, но и квалифицированной в слове, я решил: она с приветом, и не ошибся.

Живет она на улице Короленко, напротив кожного диспансера, с которым у меня связаны такие приятные воспоминания. Деревянный домишко стоит в глубине заснеженного двора, куда я едва въехал.

Вначале я увидел лишь несуразную, полную женщину, нищенски одетую, в обставе нищенского жилья. Полторы комнаты, иными словами — комната с окном и темный чулан со стеллажами, на которых рухлядь альбомов и книг соседствует с рухлядью домашней утвари. В жилой (нежилой) комнате — лежак, письменный стол, стул, табурет, на стене — громадный натюрморт без рамы. Это даже не бедность, а то, что после бедности.

В лице хозяйки сохранилось что-то от той Ляли, которую помню, которую в нежном возрасте четырех лет заставлял целоваться за шоколадное драже. И вместе с тем это лицо жительницы другой планеты: губы все время пересыхают, а в уголках вскипает пена. В косых прорезях странно заваливаются темные, без блеска глаза. Разговор почти нормален. Трезвая жесткость характеристик отца, матери, теток, вообще всех акуловцев, сурово-горькое отношение к окружающему. Смущает лишь неконтактность с собеседником. Порой мне казалось, что меня нет и Ляля ведет разговор с пустотой. Она ничего не спрашивала ни обо мне, ни о моих близких, даже о маме, которую она знала и помнит. Слабый интерес был проявлен лишь к моему инфаркту, потому что сама страдает сердцем. И при всем том она добра, угощает, не знает, чем бы попотчевать, ставит на стол вино, какие-то настойки, соки, печенье, пироги, то и дело предлагает чай, кофе. Заставляет взять с собой черноплодную рябину, яблоки, какую-то рыбу. И все это у нее не покупное, а случайное: кто-то завез, забыл, оставил, прислал на праздники.

Свое несочувственное отношение к людям объясняет собственной страшной жизнью. Считает, что ее судьбу погубила мать, поместившая ее по материнской глупости в сумасшедший дом, в самый что ни на есть — в Сокольники. Там ее лечили шоковыми дозами инсулина, наградили сахарной болезнью да и сердце ей сорвали. Пробыла она там всего три месяца, а вышла полуинвалидом и потом, чуть не до последнего времени, состояла на учете в районном психиатрическом диспансере. Ляля считает, что всегда была совершенно здорова, лишь нервно возбудима. Мать ненавидит. Считает, что потеряла мужа из-за того, что свекровь проведала о ее мнимой психической неполноценности. Муж — эпилептик, от второй жены родил ребенка-полуидиота. Хороший клубок...

В ответ я пытался рассказать ей о своих нервно-психических недомоганиях, но получилось бледно и ее не заинтересовало.

Бедная, бедная Ляля — крошечная акуловская красавица!..

А судьбы у акуловцев оказались грустные, что, впрочем, и не удивительно, у кого они веселые? Хозяйка прошла через лагерь и ссылку и умерла в нищете. Дача была конфискована сразу после ареста хозяина, в начале тридцатых годов. Он умер в лагере. Лялин отец, шалопай, забулдыга и гитарист — он дивно пел под гитару «Мы на лодочке катались» и «Сирень цветет», — умер молодым, потеряв перед этим семью (потеря, по-моему, не слишком тягостная). Мура Муромкина — пенсионерка, муж погиб в войну, один из сыновей — с уголовными наклонностями, другой — пьяница. Галя — унылая старуха; остальные просто умерли. Колька Шугаев погиб на фронте. Странно, я как-то упустил Таню, о которой писал. Кажется, с ней все более или менее в порядке. Да, нечасты счастливые судьбы!..

20 февраля 1970 г.

Каждый день хожу на лыжах, но, пожалуй, еще ни разу не доходился до той усталой бодрости, как то бывало в прежнее время. Какая-то слабость не оставляет. И не поймешь, в чем ее корень: в сердце, в мышцах, в костях? Небесный пейзаж второй половины двадцатого века: большой ИЛ-14, идущий на посадку, в безумной высоте светлый крестик — ИЛ-62, тянущий за собой ватную дорожку, и белая круглая наивная луна между ними.

Падь оврага была сизо-синей, дымчато-сизой, вернее, и даже вблизи производила впечатление глухой стены. А на другой день она оказалась ярко-синей, как в марте, и все тени под деревьями и в лунках копытных следов в поле были ярко-весенне-синими, и стало ясно, что зима кончается.

И вдруг пошел снег, завернул мороз, зима началась сначала. Снег на деревьях сухо спекся и не отваливается даже при ударе лыжной палкой по сучьям...

3 марта 1970 г.

На днях шел на лыжах в березняке по ту сторону речки и вдруг услышал выстрел. Через некоторое время наткнулся на шофера из профилактория и двух его дружков из военного городка. У шофера за спиной висела двухстволка, а дружок нес за шею чирка-свистунка. Зазимовал подранок на нашей речке, возле спуска нечистот, где и в морозы вода парится, совершил невероятный подвиг самосохранения, явил некое биологическое чудо и был застрелен в самый канун весны.

7 марта 1970 г.

Вот и кончилась долгая Фенькина жизнь. Без малого пятнадцать лет назад ее принесла Даша крошечным черным комочком. Спаниель Степа, давно умерший, не принял котенка, и мы велели Даше вернуть его хозяевам. Ей было лень ходить, и она просто вышвырнула котенка за калитку. В тот вечер мы с Я.С. уезжали зачем-то в Москву. Степа пошел нас проводить к машине и вдруг стал яростно облаивать сугроб, а потом копать его лапами. В снежной могилке лежал, топорщась каждым волоском шерсти, наш котенок. Выброшенный Дашкой, он никуда не пошел, поняв темным и безошибочным чутьем, что его дом здесь, вырыл себе ямку, чтоб не замерзнуть, и стал ждать. И дождался. Мы умилились, почти расплакались, покрыли Дашку матом и отнесли котенка домой.

Началась бурная жизнь Феньки. С котами, свадьбами, родами четырежды в год, с бесчисленными котятами, которых безжалостно топили, — Фенька дня три орала, потом забывала, что они были, с мышами — домашними и полевыми, странными исчезновениями и появлениями, когда мы уже ставили на ней крест, с дружбой Кузика и бессильной ненавистью Дарки, с хорошей едой и свежим молоком, с любовью и уважением дома, с бельчонком, вскормленным ее сосцами, с пушистой дочкой Жанной, которой мы дали вырасти, с долгой, страшной, мучительной болезнью. У нее был рак, опухоль распадалась. У нее облез живот, задние ноги, кровоточащие, гноящиеся шишки изъязвили брюшко. Дарка перестала кидаться на больную старуху. Она почти все время спала в кресле или на нашей кровати, оставляя несмываемые следы. Мы не решались умертвить ее, хотя врачи вынесли свой приговор еще год назад.

Сегодня это было сделано. Укол в сердце «нашатырной иголкой», совсем как у Пастернака. До самой смерти мордочка у нее оставалась выразительной, умной, необыкновенно милой. У меня такое чувство, будто сегодня завершилась чья-то долгая, достойная и полезная жизнь. Даже жалости особой нету, как после смерти Мичурина, «все успевшего», по словам Довженко.

12 апреля 1970 г.

За это время вот что случилось: я перевалил за полстолетия. Произошло это без всяких стыдных сопутствий, чего я опасался. Моя официальная полупризнанность позволила мне избежать фальшивых клубных почестей. А моя несомненность для значительного круга людей возвела условность в ранг действительности. Это относится и к вечеру в Литературном музее, и к застолью в Доме актера, и даже к домашнему обеду с Карменом.

Просто удивительно, как в Доме актера все гости подтянулись, обрели высокую и добрую речь, растроганность жестов, какую-то даже красоту. Рекемчук был по меньшей мере графом, Петька — Тэном или Рескиным, и только Л. остался секретарем СП.

Ну что же, осилим печаль зримо и громко подтвержденного постарения и двинемся дальше.

27 апреля 1970 г.

Ну вот, прошла заветная неделя сплошных премьер, которую я так ждал. Я представлял себе какое-то окрыленное празднество, где я порхаю, всеми любимый, для всех удивительный, непостижимый — еще бы, столько нагваздать! — и трогательно милый. Это была одна из самых несносных недель в моей жизни — хамство, ненависть, злоба обрушились на меня со всех сторон. Я нахлебался дерьма. Надо же — настолько не понимать ни людей, ни времени. Все завершилось разрывом с Салтыковым, не выпускным за границу и хамским письмом Ильина. Так кончились праздники.

5 мая 1970 г.

Вернулся с рыбалки и узнал по телефону, что скончалась Антонина Александровна. Алла застала ее еще в сознании. «Какая ты стала красивая», — сказала Антонина Александровна при виде Аллы. Может быть, при всех муках это еще не самая страшная смерть. В бедном маленьком теле Антонины Александровны не было места для эгоизма, для дрянного старческого себялюбия, в ней жила лишь беззаветная любовь к дочерям, с которыми она пережила столько страшного и мучительного: блокаду, голод, неустроенность. Ей выпало немного счастья в жизни: никак не складывалась Аллина судьба (Ан. Ал. знала все про «Казанову» Колясина и тяжело переживала унижение дочери), а потом ее оглушила Люсина болезнь, превратившая цветущую женщину в полуинвалида. По-моему, она решила умереть, чтоб не пережить дочь. Слава Богу, она была счастлива нашим с Аллой браком, давшим ей помимо всего прочего и чувство реванша.

Странно, как только мы познакомились, я понял, что полюблю ее, и тут же во мне возникло мучительное ощущение ее непрочности, недолговечности.

Поездка на рыбалку с Петькой. Старость, печаль, симпатичность. Как ни удивительно, а он уцелел во всех испытаниях времени, наверное, потому, что тоже не до конца отрывался от природы.

Несколько иное впечатление Петя произвел, когда недели две спустя приехал на дачу после пьянки, но тут же стал — «во время пьянки» и одновременно — «перед пьянкой», ибо, уезжая от нас, разбитый, очумелый, стыдящийся своего поведения, он в ближайшем же магазине приобрел бутылку «Плиски», дабы расширить сосуды. Как он был надоедлив, суматошлив, жалок, глуп и настырен! Он всех целовал взасос мокрым ртом, приставал к Якову Семеновичу, до судорог ненавидящему пьяных, пытался играть в преферанс, не видя карт, за обедом в него не шла пища, а ночью, мучимый бессонницей, он кинулся на кухню и там что-то жрал из холодильника. Грустное и мучительное впечатление. Ко всему еще он хочет жениться на двадцатилетней девочке.

В прекрасном, благоуханном, нежно жарком лете творится дурная трагикомедия нашего ничтожного и горького существования. Новая жертва — Олег Феофанов. Его сняли с поста редактора дайджеста за то, что он делал журнал, который нравился читателям. Его, видимо, накажут еще, хотя он просто перепечатывал из других журналов прошедшие цензуру материалы. И все это происходит в дни, когда его шестнадцатилетний сын пытался отравиться из-за несчастной любви, лежал у Склифосовского, едва выкарабкался. А директриса школы, где учился несчастный мальчик, приписала случившееся онанизму.

Вот так и живем. До чего ж мы здоровенные, выносливые, закаленные люди! Богатыри! Геркулесы! Не сходим с ума, не погибаем от инфаркта сердца, легких, печени, от разрыва всех тканей.

23 июня 1970 г.

Сегодня совершил путешествие по нашей речке, к ее истоку. До истока, разумеется, не добрался, но километров через семь-восемь дошел до места, где она становится ручейком. По дороге миновал несколько живописных деревень, лежащих на холмах. На холме, соседствующем с цоколем одной из деревень,— погост с высокими, какими-то праздничными крестами и два новых ярких венка. Отдыхал по пути в развилке громадных, толстых стволов старой ивы, под стать баобабу. В мутноватой, освещенной солнцем воде ходят довольно крупные верхоплавки. Затем я вышел к другой, переломленной и полуспаленной молнией иве, усеянной грачами и сороками. При моем появлении они взлетели с громкими ругательствами. Сердцевина ивы выгорела до пол ее роста, но какая-то плоть дерева, видимо, сохранилась, коль ива все-таки не рухнула, хотя кажется, что она держится одной лишь корой. И крона сгоревшего дерева зелена, и даже один черный мертвый сук, не сук — головешка, пустил зеленый побег. Вот силища!..

Все время я испытывал чуть смешное волнение, даже замирание какое-то, будто и в самом деле шел по неведомым, таинственным местам. И все трогало, волновало: бычок, лежащий на скосе бугра, женщины, стирающие белье в речке, девочки, играющие в песчаной яме, мальчишки, рубящие лозняк для костра. Все казалось необыкновенно значительным, да и было таким на самом деле, ибо все это подлинная жизнь.

Что еще было?.. Ручьи, питающие нашу речку, и в них ручейники, муха, неотвязно вившаяся у моего лица и все пытавшаяся нырнуть в озерцо глаза, медовые запахи кашки, зарослей, следы животных у воды, синие стрекозы, заводи с лилиями и кувшинками и чувство жизни.

Совсем исчезла тишина в нынешнем просторе. Весь мой поход шел под аккомпанемент тракторов и самолетов. Ни мгновения тишины. Лишь когда далеко забираешься в лес, начинаешь слышать пение и щелканье птиц. Солоухин сказал мне, что в их владимирской глубинке то же самое.

20 августа 1970 г.

Съездил на охоту, которая открылась четырнадцатого августа. В этом году охота началась утренней, а не вечерней зорькой, как прежде. К моменту выезда на охоту, в половину третьего ночи, все егеря и большинство охотников были в дым пьяны. Какой-то сильно ученый человек — профессор, заведующий лабораторией, лауреат, свалился с мостков и чуть не утонул. Егерь тоже свалился, пытаясь его вытащить, утопил ружье. Егерь Виноградов проспал весь день на полу кухни, а проснувшись на другой день, сразу получил расчет. А.И. был пьян и омерзителен. На вечернюю зорьку опоздал — ездил за водкой в Тюревище, — и я охотился с разжалованным Петром Ивановичем на Шигаре, сидя в челноке, как в доброе старое время, под прикрытием камыша. Взял одного чирка. Шалаши А.И., которого тут не уважают, находятся в самом паршивом месте, где уток сроду не было. За две зорьки я одну подстрелил влет, другую подранил, в то время как остальные охотники взяли по пять-шесть штук. Я имел возможность попасть на хорошее место, новый директор, молодой интеллигентный парень, хотел посадить меня, куда надо, возле Салтного, но А.И. вмешался и все изгадил. Он конченый человек. Хуже других пьянчуг, в тех хоть проглядывает какое-то мужицкое достоинство, а он шут, затейник. Кончился, безнадежно кончился некогда гордый, самостоятельный человек. Водка и служба сделали свое дело.

Устарела моя охота по всем статьям. Нельзя ездить ни с таким ружьем, ни с такими патронами, ни с таким снаряжением, не говоря уже о егере. Уток стало мало, охотников много. У всех карабины, патроны собственной набивки, удобная маскировочная одежда. Пора мне кончать с кустарщиной и переходить в сегодняшний день. Да и стреляют они лучше меня, тренируются на стендах.

Вернулся с охоты подавленный. Неужели и это минет, как минули былые дружбы, привязанности, как минули Псков и Усолье, как почти минуло Михайловское? Чем тогда жить? А может, это правильно? Довольно цепляться за изжившую себя Мещеру с ее пьяной охотбазой, надо открывать другие пределы, другие просторы, забираться дальше. Есть Украина, есть север, есть Урал и Сибирь, а поближе есть Неро, надо обновлять пейзаж, иначе можно затухнуть. Я ужасно инертен и прилипчив к раз избранному месту. А между тем старые места в какой-то миг перестают быть источником информации. Ведь мне же не охота важна, а то, что ей сопутствует.

10 октября 1970 г.

Сегодня на «скорой помощи» увезли Якова Семеновича. Неделю он лежал с адскими болями в шее. Думали, радикулит,

268

но вызванный из Москвы врач делал таинственное и значительное лицо.

«Скорая помощь», светлая новенькая «Волга», стояла в саду под самыми моими окнами. Она казалась удивительно странной в такой близости от дома, среди осенних деревьев. Когда Я.С. внесли в машину, он сказал спокойным, глубоким голосом:

— Ну, пока до свидания, а там видно будет.

В этом была такая высота достоинства, что у меня дух захватило — се Человек!

Неужели все так и кончается? Так буднично, заурядно, словно бы между прочим? И почему все уверены в худшем, а мой тончайший инстинкт, мой аппарат предчувствия молчит? Или он выключился для самозащиты? Неведомо для себя самого я так спасаюсь от ужаса, боли, отчаяния?..

7 декабря 1970 г.

Вот так давно я ничего не записывал. А за это время вернулся из больницы Яков Семенович, у которого оказался обыкновенный шейный радикулит. Выходит, мой аппарат не отключался, а работал весьма исправно. Сам же я переболел нервами. Скверно, жеманно это звучит, а на деле такая же серьезная и трудная болезнь, как всякая другая, затрагивающая какие-то важные центры. Я задыхался, корчился от тиков, во мне плясала каждая клеточка мозга, каждая клеточка тела. Да и депрессия началась, как в давние, забытые дни. Но ничего, вылечился, на время во всяком случае. Жил по санаторному расписанию, принимал морские ванны, кучу всяких лекарств и при этом работал. Выкрутился.

Хороший вечер в ЦДЛ. Хорошо выступал сам, изумительно — Ульянов, достойно председательствовал Рекемчук, великолепно были приняты отрывки из кинофильмов, один рассказ смешно и трогательно прочитала Ауэрбах. Хуже приняли куски из пьес, о чем я так заботился, и даже великий Сличенко никого не взволновал. Алла была права: люди шли на меня, а не на цыган. Все моя проклятая скромность.

А потом скромно попировали дома. Было не пьяно и хорошо, дружно за столом. Даже Шредель не сумел изгадить вечер. Какой завистливый, неудачливый и противный человек! За всю жизнь не сделал на волос добра, а ходит с вечно обиженной мордой, будто все окружающие перед ним виноваты. А еще говорят, что люди не меняются. Еще как меняются! Другое дело, что о многих наших свойствах, заложенных в нас, мы и сами до поры не догадываемся, не говоря уже о посторонних. Тем не менее, когда это потайное, нечаемое или едва чаемое, выходит наружу, мы вправе говорить о перемене в человеке. Наверное, вся нынешняя пакость сидела и в молодом Шределе, но он не давал ее почувствовать, он был легок, смешон, почти очарователен в своей нелепости.

За это время произошла трагикомическая история с режиссером С. Пока мы с ним горлопанили и строчили сценарий о Комиссаржевской (главная роль, разумеется, предназначалась любимой супруге режиссера), сия супруга оставила своего талантливого мужа. С. умолял ее вернуться, валялся в ногах, все тщетно, и он отправился прямехонько в сумасшедший дом. Еще один вариант кинобреда. Я думал, что знаю уже все: предательства режиссера (разных видов), закрытие темы, казавшейся еще вчера самой актуальной, снятие режиссера с работы за избиение на съемках своего помощника, даже убийство главного исполнителя, не говоря уже о таких мелочах, как шантаж, попытка выбросить меня из титров, повальное пьянство группы, исчезновение героини по причине распутства и т.п. Оказывается, киношка не исчерпала своих возможностей. Теперь сценарий пойдет в сортир, ну и черт с ним!

А я угадал истинную суть отношений С. с его женой. В пору, когда он соловьем разливался об их взаимной любви, я сказал Алле, что она терпеть его не может и не пускает в постель. Так оно и оказалось. И когда они вместе ездили в Австралию, у них были раздельные номера в гостиницах.

Жена потребовала развода. С. пригласил ее в сумасшедший дом и здесь сказал, что даст развод, если она подарит ему один-единственный, последний день семейной жизни. Она сказала, что скорее умрет, чем окажется с ним под одной крышей. Тогда безумец начал орать, что опозорит ее перед всем миром, что человечество не видело такого гнева, что это будет его лучшая постановка и он превзойдет Феллини. Жена убежала в слезах. Через некоторое время он снова вызвал ее и сказал, что осознал свои заблуждения, согласен на развод (с психом нельзя развес-

тись без его согласия), если она проведет с ним одну-единственную ночь, самую последнюю. Она сказала, что не может дышать с ним одним воздухом, не то что... Он снова разорался,
еще громче прежнего. Пришел главный врач и приказал отправить страдальца в буйное отделение. Насилу Нечаев* выручил...

Просматривал книжку о литературной Москве: гравюры среднего качества и бездарный текст о домах, связанных с писателями. И как волнуют простые слова: «Здесь встречались Веневити-
нов, Рылеев, Погодин, бывал Пушкин». А ведь они не видели
ничего волнующего в своих встречах, им просто было интересно
друг с другом, вот и встречались. А иногда встречи не удавались
и они с трудом скрывали зевоту. И ни один из них не удивлялся
ни себе, ни окружающим. Исключение составлял Пушкин, ему
удивлялись, уже все знали, что он **Пушкин**.

А чем черт не шутит, может, прочтут потомки, что за одним
столом сидели Ульянов, Нагибин, Трахман, и тоже разволнуют-
ся. И удивленно подумают: а Трахмана зачем пустили?..

Забыл рассказать о том, что встретил на «Мосфильме» маленькую грязную шофершу с самосвала, оказавшуюся очаровательной таежницей Стеллой Шишаковой. А накануне пришло
письмо, начинавшееся так: «Вам пишет Ваша ученица Стелла. Я
теперь в Москве, работаю на личной машине, временно, для
накопления литературного опыта». Копит она опыт, как выяснилось, на самосвале, но и тут умудрилась наврать, что ее машину «готовят сейчас к Ноябрьским праздникам». Хороший финал
всей этой жалкой и противной истории. Да, она просила меня
написать предисловие для ее несуществующего сборника. На-
метку этого предисловия она мне вскоре прислала. «Я знаю Стеллу
Шишакову как талантливого журналиста и одаренного писате-
ля-рассказчика...»

31 декабря 1970 г.

Умерла Антонина Александровна — таков черный знак минувшего года. А по малостям он был даже удачен, но как-то не
хочется об этом писать.

---

* Главврач писательской поликлиники.

1971

14 марта 1971 г.

Был в Ленинграде, ездил в Пушкинские горы. Ну и пить там стали! Раньше так не пили. Сдерживал пример трезвого Гейченко, а сейчас дали себе волю. Под конец художнички пили в ночных аллеях, закусывая снегом. Хорош, хотя и по обыкновению театрален, был Гейченко в монастырской церкви при свечах. Он извинился перед Пушкиным, что не снял шапку, для него это всякий раз оборачивается простудой, болезнью. Проглядывало в нем чуть-чуть поповское равнодушие от надоевшей привычности обряда. И все-таки Гейченко хоть куда! Полон культуры, интереса, страстей. Живописен Юра Васильев, остальные все куда мельче. Вася Звонцов не так уж добр, как рисовалось, начал вдруг цепляться ко мне и получил по носу. Алеша Соколов — русский пропащий, шутейный человек. В Пете Фомине проглядывает чиновничье отчуждение. Андрей Мыльников — личность, масштабный и непростой человек. Свое благополучие он оплатил отказом от настоящего творчества, к которому был способен, от велений дара и обрел в этом, как ни странно, внутреннюю свободу. В общении мало интересен, хотя и приятен. Глубиной переживаний поездка не отличалась, как, впрочем, и прежде, за редчайшими исключениями.

О Ленинграде говорить нечего: печаль, глухая провинциальность и красота золотых шпилей.

28 июня 1971 г.

Мы пережили страшную неделю. После нескольких месяцев страха, сомнений, надежд, колебаний мама объявила раком шарик, катавшийся у нее под кожей на груди. И наша поликлиника согласилась с ней. И сразу же из скандала со мной, из

272

прелести и неуюта дачи мама перенеслась в 52-ю больницу, в хирургический корпус, и сразу стала мамой моей беззаветной любви, невыносимой жалости и сводящего с ума страха.

Сегодня ее оперировали. Я ушел в лес и в полдень начал высчитывать: вот за ней пришли, вот дают наркоз, вот режут, вот несут клочок плоти на анализ... Тут начиналась неизвестность, и лишь одно можно было сказать с уверенностью, что в два часа все будет кончено, так или иначе.

На этот раз пришло помилование. Опухоль оказалась доброкачественной, мама отделалась маленькой ранкой. Стоя в уборной на коленях, я благодарил Бога за избавление. А близким людям не мешало бы жить друг с другом так, будто у каждого из них подозревают опухоль.

29 июля 1971 г.

Произошло много всякого, в том числе крушение еще одной иллюзии. Позвонила Нина В. и попросила о встрече, крайне важной, «не откажи во имя дружбы!». Мы встретились в ЦДЛ. Я ждал просьбу о деньгах и на всякий случай приготовил пятьдесят рублей. Я ошибся, дело было посерьезнее. Она просила меня помочь чудному мальчику, сыну ее близких друзей, прописаться в Москве. В юности он совершил тяжелую ошибку — принял участие в вооруженном ограблении, отсидел десять лет, бежал и получил еще пять. Сейчас он вернулся после пятнадцатилетнего отсутствия и отсидел еще десять суток за нарушение паспортного режима. Ему определили местожительством Тарусу, а он думал зацепиться за Москву. Он так любит город своей ранней юности! Мальчик очень интеллигентный, славный, кончил заочно два курса института, хочет учиться. Я сказал, что сделать ничего не могу, давай, мол, лучше выпьем. Нина охотно согласилась, хотя и предупредила, что не пьет, потому что у нее перед глазами такой страшный пример, как ее муж, дошедший до самого края. Его устроили в Кремлевское отделение стационарного отрезвителя, но он бежал оттуда. Нина решила развестись с ним, живет в Малаховке, ей дали комнатку при Институте физкультуры.

Нина попросила разрешения пригласить мальчика, который доверчиво дожидается ее у подъезда ЦДЛ. А я сказал, что вызову Аллу.

Мальчик пришел — высокий, худощавый, загорелый, бритый наголо, с бледными неподвижными глазами уголовника. Приехала Алла и сразу уловила, что от мальчика пахнет тюрьмой, а она понятия не имела о его истории. Нисколько не обиженный, мальчик подтвердил, что именно такой дух исходит от него, и хладнокровно добавил, что это не скоро выветрится. Вскоре мы поняли и другое: то, чем вошла в него тюрьма психологически, не выветрится никогда. На вопрос Аллы, не было ли мокрого дела во время ограбления, он спокойно ответил: я во всем дохожу до края.

По телевизору передавали интересное выступление. В коридорчике рядом кто-то безобразничал, мешая слушать. Я пошел унять хулиганов, и мальчик тут же рванулся за мной с большим перочинным ножом в руке. По счастью, там оказались знакомые: Володя Луговой с приятелями, иначе могло бы кончиться кровью.

Основательно нагрузившись, мы поехали к нам, прихватив бутылочку вина. Совсем разнежившись, мальчик сказал, что в лагере он пристрастился к Дидро. Он взял с полки книгу и безошибочно открыл ее на очень подходящем месте: плох и мерзок тот хозяин, который не делится женой с гостем.

После этого я взял в спальню топор, а дверь задвинул стульями и креслом. Спали мы тревожно. Успокаивало немного, что добрая Нина сама усердно угощала мальчика и бегала в уборную делать туалет каждые полчаса.

Все встало на свои места. Пятидесятилетняя Нина живет с этим поклонником Дидро и хочет сохранить его для себя в Москве. Вот к чему пришла наша школьная красавица, муза Чистых прудов. Она еще успела наговорить Алле гадости про меня. «Как ты могла пойти за старика? Поживи с таким, как Вовик, никаких денег не захочешь. Твой-то небось уж не может ничего? Хочешь, я тебе парня устрою?..»

Меня же Нина все время укоряла морщинами, сединой, толщиной, мятым костюмом. Я выгляжу неизмеримо лучше и моложе ее, был хорошо одет, полон добра и снисходительности. Она же видела мятого, опустившегося старика, купившего за свои деньги молодую кобылу. Нина была страшна, как некоторые персонажи Бальзака или Диккенса, перевалившие за грань реальности или же достигшие высшей реальности. Когда она напялила на себя Аллин халат, в прорези выпучился ее серый квелый страшный живот. Так-то вот, певец Чистых прудов!..

Незабываемый день на станции обслуживания. Жара, лиловый котенок с расплющенным задом — машина переехала, его грязная серо-розовая мать, ложившаяся подремать только под колеса машин, сука Маня с дряблыми сосками и ее детки — жалкие червячки; возле их лежбища стоит консервная банка с ржавой водой, валяется громадная соленая рыбина; грустный весельчак, слесарь Петр Иванович, с тонким лицом международного авантюриста, единственный не вор на этой станции. Он заработал за день пять рублей — три за смену мне мотора, два за ТО. А работает он через день. Таким образом, заработок квалифицированного специалиста на этой станции равен семидесяти пяти рублям в месяц. Заработать же больше, пояснил он, нельзя — слишком плохая у них бригада. Молодые ребята — работать не хотят, украсть проще и доходней. Вот и хватают все, что плохо лежит. Петр Иванович просил посмотреть за его сумкой с инструментами, когда обедал бутылкой молока и ржаным сухарем. Работал он артистично: после делового движения подкидывал кверху гаечный ключ и ловил безошибочным жестом фокусника. Всех задевает, окликает, то и дело подбадривает дебелую кладовщицу: «Не робей, Раиса Петровна, я тут с палкой!»

Старый юрист в широких полотняных штанах с расстегнутой ширинкой рассказывал мне, как он охотился на кабанов в горах Кавказа. Вконец разрушенный человек с большим, бледным, потным, серьезным и неумным лицом.

С дерева, под которым мы сидели на скамейке, все время валились тяжелые, как ртуть, зеленые гусеницы. Петр Иванович называл себя Гегемоном, жара становилась все более нестерпимой, котенок терся о мои ноги искалеченным задом, и я вдруг почувствовал, что не хочу жить. И Алла, видимо, поняв это, схватила где-то такси и отправила меня домой, взяв все на себя.

9 октября 1971 г.

Умерла Нина К. Всеми забытая, подурневшая, опустившаяся, совсем как в старых романах. Девятнадцать лет назад в Коктебеле ночью на террасе я открыл ей груди, маленькие, нежные, с девичьими твердыми сосками, и мы целовались чуть не до рассвета. А на другой день она пришла ко мне на мансарду — буквально, я действительно жил на мансарде,— и началось то, что мне тогда уже казалось прекрасным, а не из дали лет. Потом все, конечно, стало хуже, тусклее, мусорное и увяло окончательно ровно через год. Но было, было... Ее подкосила щитовидная железа. Она подурнела, у нее приметно вылезли глаза, набухла шея, испортился характер. Она стала злобной, скандальной и попросту низкой. Писала доносы на своего бывшего мужа, выгнала из дома сына, осмелившегося жениться. У меня нет к ней жалости. Но если б я всерьез потрудился вызвать в памяти ее прежний образ, мне стало бы слезно.

Идут дни, месяцы, а я ничего не записываю. Ленюсь, боюсь коснуться в себе чего-то мягкого, больного. Нельзя так. Проворонил Поленово с Окой, кладбищем, где лежит Касьян Голейзовский, с красивым старым домом и плохой живописью, с красивым, не глядящим в глаза Федей Поленовым, смешно помнящим, что его род восходит к Рюрику и связан с Державиным, Львовым, Воейковым, с его нелепой женой-грязнулей и синюшным выпивохой Соковниным, с какими-то прекрасными старухами — почти призраками, и загадочными молодыми людьми, восстанавливающими по доброй воле порушенную старину, с лошадкой Васей, протащившей нас на бричке по кривым дорогам над Окой, и я не нашел в себе свободных сил, чтобы сказать обо всем этом не наспех, не между делом, а тихо и раздумчиво. Но об одном сказать я должен. Федя Поленов давно добивался штатной должности своего заместителя по хозяйству. Это дало бы ему возможность целиком отдаться научной работе и творчеству — он пописывает и даже выпустил крошечную милую книжку о родных местах. Наконец ему утвердили эту единицу, но где взять подходящего человека? Он, правда, давно уже вел переговоры с директором дома отдыха Большого театра, расположенного частично на территории поленовской усадьбы, но тому нужна была замена. Иначе его не отпускали. И вот во время нашего пребывания в доме-музее замена нашлась. На должность директора взяли «интеллигентнейшего парня, инициативного человека, с огоньком», короче говоря, Вовика, любителя Дидро и Нинки В.

Вот и приехал я сюда вновь, спустя одиннадцать лет. Тогда я был на пороге новой жизни. Венгрия оказалась минутной и радостной задержкой перед последним шагом к этому порогу. И сразу по возвращении из Будапешта началась новая жизнь, странная, радостная, горькая, унизительная, высокая, грязная, светлая, одушевленная, вьюжная, незабываемая и неповторимая. Затем еще раз, в разгаре своей новой жизни, по пути из Югославии, я взял такси и целый час кружился по улицам и площадям Будапешта, раннего, не проснувшегося, прекрасного. Теперь все у меня по-иному, но город по-прежнему радует и волнует. Я не позвонил ни стареющей, располневшей и огрубевшей Элли, ни легкому, осиянному человеку Владиславу, ни доброй Шаре, но воскресил их для себя через Дунай, набережные, гору Геллерт, маленькие кафе и скверик возле улицы Ракоци.

Город почти не изменился, только стал шумнее. В первые дни шум едва не закрыл от нас истинного лица Будапешта. Нас поселили в скверной гостинице возле вокзала. Окна номера выходили в какой-то трамвайный тупик. Похоже, что то была не просто конечная остановка желтенького трамвая, а трамвайное лобное место. Здесь железную плоть трамвая терзали, раздирали на части и рушили останки с громадной высоты на булыжную мостовую. Примерно каждые четверть часа происходила мучительная смерть трамвая. Трамвай умирал долго, медленно, как бронтозавр Рея Брэдбери.

А в Шиофоке, на Балатоне, миссию будапештского трамвая взяли на себя автомашины, паровозы, голуби, молодые горластые немцы и наши певучие соотечественники. Трудно отдать кому-либо преимущество. Машины сигналят надсадно и неуемно, словно все пользуются правами «скорой помощи», паровозы все время спускают пары — когда же они их набирают? — голуби особенно несносны. Я думал, что их грубое, вульгарное воркование — привилегия весны, ничуть не бывало — распаленный бормот не стихает и в разгар лета. Голоса их напоминают полуденное тремоло ашхабадских ишаков, но те орут раз-два в день, а эти безостановочно. Когда к вечеру замолкают голуби, начинают орать немцы. Они все время хрипло выкрикают имена друг друга, словно на бесконечной воинской перекличке, горланят песни, демонстрируя корпоративное начало. Наши просто «спевают» по три-четыре часа без перерыва, громко, упорно, с каким-то вызовом окружающим.

К этому надо добавить спортивный самолет, без устали выписывающий над пляжем вензеля, и контролирующие озеро вертолеты.

Я убежден, что шум города по меньшей мере столь же губителен для здоровья современного человека, как смог и выхлопные газы.

Над озером Балатон стоит прочный ярко-голубой свет, превращающий воду и небо в единую стихию.

Осень треплет деревья, обрывает с них последнее тряпье листьев. И вдруг синь во все небо, а по утрам все убрано снегом. К полудню снег стаивает и горят на клумбах последние осенние цветочки: астры, ноготки, фонарики. А над ними свешивается ярко-красный куст барбариса, и дивно зелена трава, и все ветви усеяны синицами, поползнями. Все, как и прежде, и все по-новому. Вот чудо жизни: ничто в природе не приедается, не утомляет повторами, все как в первый раз, даже с годами еще пронзительнее и невыносимо прекраснее.

А в каминной умирает Дарка. Кричит то «ой, ой, ой!», то «ай, ай, ай!». Почти уже не встает, а лицо безмерно милое, нежное, извиняющееся за то, что ей плохо, что она кричит и что все с ней так нехорошо получилось.

Яков Семенович все дальше уходит в свою спасительную глухоту, в свою изолированность. Он творит там свой мир, свои порядки, свои ценности, свои законы. Но иногда он принимает этот мнимый мир за действительный, и тогда происходит большая путаница, обиды для окружающих и опасность для предметов материального мира.

А у меня опять мое, осеннее. Послабее, чем в прошлом году, но тоже не радостно. Внешне все это выглядит мелкой раздражительностью, какой-то бытовой распущенностью, когда человек не желает поступиться никакими малостями своего скверного характера в угоду близким. Я это понимаю, но ничего не могу поделать с собой. Вот тоска-то! А если это будет прогрессировать, к чему я приду? К участи Мопассана? Недаром же покойный Минор находил в нас сходство.

Грандиозное заседание редколлегии «Нашего современника», превратившееся прямо по ходу дела в грандиозное пьянство. «Помянем Феликса!» — так это называлось. Недавно назначенный редактором «Молодой гвардии», наш бывший шеф, Феликс Овчаренко, тридцативосьмилетний красивый и приятный парень, в месяц сгорел от рака желудка. Незадолго перед смертью у него желудок оторвался от пищевода, он испытывал чудовищные боли. Мы вместе встречали Новый год. Он был с молодой, очень привлекательной женой, полон какой-то юной победительности и веры в будущее. Викулов сказал, что в гробу он выглядел дряхлым стариком.

На редколлегии, как всегда, прекрасны были В.Астафьев и Е.Носов, особенно последний. Говорили о гибели России, о вымирании деревни, все так откровенно, горько, по-русски. Под конец все здорово надрались. Я, конечно, разошелся и непонятно зачем отказался от премии за рассказ «Машинистка живет на шестом этаже». Из благодарности, наверное, что меня приняли на равных в этот сельский клуб. Продолжали мы втроем в ЦДЛ, а потом у меня до шести часов утра. Ребята и на этом не остановились. Кончилось тем, что Женю Носова отправили к Склифосовскому с сердечным припадком. Для меня же наша встреча явилась хорошим противоядием от моего обычного низкопробного литературного окружения.

14 октября 1971 г.

Вчера материализовался оренбуржец Иван Уханов. Он оказался небольшого роста, с разрушенной нервной системой. Увидев меня, он так разволновался, что весь задергался и не мог наладиться до самого обеда. За обедом, между закуской и щами, он угостил нас невероятной по неаппетитности историей, как деревенский знахарь спас его мать от язвы желудка. В рассказе участвовали стопка спирта и два ведра сине-зеленой рвоты. А в остальном от Уханова славное и чуть горестное впечатление. Подарил маме оренбургский платок, мне бутылку спирта, коньяк и Алле — шампанское. Смотрел на меня влюбленными глазами и таял от благодарности. Мне он казался крепче, увереннее, грубее и статью, и голосом, и всей повадкой. А это настоящая художническая натура — нервная, ранимая, беззащитная. Хорошо, что еще есть такие люди.

20 октября 1971 г.

Умер Мутовозов, учитель на пенсии из Пскова. Он писал мне замечательные, не бытовые письма с великолепными цитатами, которые я не ленился переписывать при всей своей расхлябанности и небрежности. Когда меня ругали, он вставал на защиту. Дважды посылал в «Литературку» умные, гневные, саркастические письма по поводу их хамства. Однажды его добрый и не полемический отзыв о «Пике удачи» был напечатан. У меня есть его карточка: большое, серьезное, хорошее, сильное и выносливое лицо. Он огорчался последнее время, что я ему не отвечаю. Но его письма и не требовали ответа: они давали пищу для размышлений, в них говорилось устами Мутовозова или устами других людей о творчестве, одиночестве, сути жизни и сути смерти. Я все ждал, когда смогу послать ему свою новую книгу и вот дождался — книгу получила дочь. А я почему-то думал, что у него никого нет и не было, кроме жены, умершей три года назад. Он умирал мучительно, от рака предстательной железы. В письме дочери мелькнула серьезная, глубокая и горькая отцовская интонация. И что меня обрадовало, дочь знала ему цену, знала, что он не просто учитель на пенсии, а необыкновенный, редкий и значительный человек. Он был вроде той английской старушки, которая писала письма разным высокопоставленным особам мира с советами по самым разным поводам. Ей никто не отвечал, и односельчане смеялись над ней. Но когда она умерла, на кладбище ее провожали все европейские монархи, американский президент, доктор Альберт Эйнштейн, Томас Манн и Хаксли, Пикассо и Чарли Чаплин. Мутовозов этим людям не писал, но те, кому он писал, никогда его не забудут.

Печальная судьба героев моего нигерийского очерка. Т., руководивший деятельностью Общества дружбы, за два дня до своего отъезда из страны напился до безумия, разгромил дом, побил посуду, сорвал двери и выбил окна. Юный Валерик К., тассовец, избил в пьяном виде консула и был отправлен на работу в Гану. Генсек, его заместитель и глава профсоюзов Нигерии посажены и ждут суда. Им грозят большие сроки. Камрад-чифа прокатили на перевыборах, и он утратил свой пост вице-президента Общества дружбы. Президент Общества, министр

280

Нок, проворовался, украл пятьдесят тысяч фунтов. Чиф-Аволова выброшен из правительства и находится под домашним арестом.

Таковы грустные итоги.

Умерла Марья Васильевна от рака пищевода. Два дня Петя плакал и пил у нас на даче. Один день я сопутствовал ему во всем, на другой день спасовал, и он уехал допивать в Москву. Был трогателен, мил, полон любви и благодарности и, по обыкновению, крайне утомителен. Он не спит ночью, бродит по дому, как дух Кентервилей, томится, мучается и все порывается куда-то ехать.

13 декабря 1971 г.

После Африки и Парижа. Чуть оглушенный, приглядываюсь к окружающему. Все люди словно разгримированы. Немножко жутковато, но и приятно, что видишь настоящие, а не нарисованные физиономии.

31 декабря 1971 г.

Ну вот, опять итоги. Годик будь здоров! Но сейчас, в исход года, у нас в семье все благополучно. Мама отлежала, по обыкновению, лето в больнице с подозрением на рак, оперировалась, облучалась, измучилась, но вышла здоровой. Люся несколько раз теряла сознание прямо на улице и в метро. Но все живы, и это главное. Впрочем, далеко не все. Умер Твардовский, раздавленный, облысевший от рентгенов, обезъязычившийся, в полусознании. Умер Коненков, осрамленный своей женой, превратившей его в записного щелкопера. Вообще многие умерли.

Я издал хорошую книжку, но, по обыкновению, ни одного отзыва не появилось. Был выпущен средний телефильм по «Перекуру». Напечатал хорошие рассказы. Особенно радует, что люди узнали о Борисе Семеновиче*. Это действительно очень здорово, и надо сказать, его афоризмы произвели на многих хороших читателей громадное впечатление. А сейчас я по-настоящему написал о маме, и это тоже важно. Мы сделали красивее нашу

---

* *Б. С. Лунин.* (См. о нем с. 54.)

дачу и привели в порядок квартиру. Я похудел и стал больше похож на человека.

Интересно съездили в Венгрию. Прекрасной оказалась поездка в Конго и в Париж через Габон. Пробил двухтомник в Гослитиздате, заставил платить себе лауреатскую ставку. Было триумфальное выступление в Политехническом музее, о каком можно только мечтать в юности. Как и полагается, все пришло с опозданием, но все-таки пришло.

1972

6 февраля 1972 г.

Вчера вдруг Дару страшно скрючило, она стала задыхаться, вытянув шею и странно изогнув голову. Вызвали ветеринаршу. Она сказала: сердечное, усыплять не надо, сама умрет. Ночь была ужасной. Дара все время кричала, звала Аллу. Когда Алла спускалась, кричала тише, порой замолкала. Просилась на воздух. Алла открывала дверь, и Дара втягивала в себя, вся содрогаясь, мерзлый воздух. Кузик истошно пищал, запертый в каминной. Утром Дару повезли в Москву на такси. Я видел из окна, как ее уводили. Она почти не могла идти, Алла тянула ее за поводок, а Татьяна Григорьевна подталкивала сзади. А уши были прижаты к голове — обычная Дарина вежливость к тем, кого она любила. И в свой предсмертный час она продолжала отзываться нежностью нам. Она умерла на руках Аллы — буквально — перед самой больницей. Там удостоверили ее смерть. Она умерла таким же морозным днем, как и тот, когда я привел ее в дом. Тогда у нас испортилось отопление, и Дара спала со мной под одним одеялом, и я чувствовал ее трогательно костлявое тело. Как серьезна собака в жизни человека, даже когда она просто так, не для охоты, не для охраны дома. Она окрашивает собой целый период жизни. Вот сейчас кончилась эпоха Дары.

9 февраля 1972 г.

Пора начать серьезно жить. Основания и возможности для этого есть. Я сохранил остатки здоровья, как это ни противоестественно, работоспособность, кое-какую память и любовь к писанию. И пишу я куда лучше, чем раньше. Я начинаю овладевать своим ремеслом. Надо лишь погасить в себе слабый пламень былой суетности и тщеславия, вернее, тщеславных обид, и еще можно кое-что успеть. И надо с железным хладнокровием и усмешкой относиться к мелким бесалиям разных Ильиных и иже с ним. Надо бороться с ними — спокойно, целеустремленно, но ни в коем случае не превращать эту мелкую борьбу в содержание своей душевной жизни. Больше величия. И не нужны мне лжетоварищи, лжедрузья. Уже круг. Достаточно двух-трех людей для общения. Время благоприятствует серьезности.

12 мая 1972 г.

И вот через шесть лет я снова в Варшаве. В той же гостинице. И то же странное впечатление от города, будто его нету. Пустыри, строительные площадки, площади, возникшие не исторически, а в результате разрушений. Кажется, что город вот-вот начнется, но он не начинается. Кремнев* уверяет, что город есть, просто я до него не добираюсь.

Были в гостях у Ежи Ставинского. Как непохож он на свои писания: гладкий, невыразительный, молчаливый, начисто лишенный юмора человек. Женат он на грузинке, родственнице Радам — режиссерше Амираджиби, просившей, чтоб ее называли просто Джиба. Насколько я понял, эта Джиба нимфоманка. Впечатление от их богатого дома осталось неважное. На другой день были у режиссера Лесевича. Он разыгрывает барина и гурмана без всяких на то оснований. Угощал нас всякой дрянью, наколотой на спички, и делал вид, что это невероятные изыски. Когда жена подала какое-то, весьма посредственное печенье, он отвесил ей поясной поклон и сказал с восхищенно-испуганной интонацией:

— Ну, Марья, ты превзошла самою себя!..

Бредовый полет в Краков. На аэровокзале у пассажиров отбирают все, вплоть до бумажников. Обыскивают, причем некоторых раздевают чуть не догола. Было несколько случаев угона самолета. А лететь в Краков всего тридцать восемь минут. И полтора часа предотлетной канители.

В гостиницах мест не оказалось, и мы ночевали в частном пансионе. В комнате нестерпимо воняло клеевой краской, простыни были мокры после стирки, зато утром превосходно пел соловей в саду. Были на фотовыставке «Венус-72», довольно интересной, и в музее живописи, из рук вон плохой. Музей, где находится «Женщина с горностаем», конечно, закрыт. В пол-

---

* *Б.Кремнев* — редактор «Мосфильма», автор книг о музыкантах, переводчик.

день выехали машиной в Закопане. Обедали в придорожном ресторане. Был безмясный день, и нам подали отраву, именовавшуюся «бигос» — тухло прокисшая тушеная капуста. В гостинице «Гевонт» нам отвели номер, выходивший балконом на скрещение двух центральных и самых шумных улиц. Мне это напомнило Будапешт, с той лишь разницей, что тогда мне не надо было работать.

И мгновенно нас объяла тупая скука курортного местечка в несезонье. Закопане — зимний курорт, летом здесь делать нечего. А горы? Да, стоят кругом со снежными вершинами, но ничего не говорят моей душе.

Казалось, что никогда не кончится Закопане, а уже пора собирать вещи. Без малейшего сожаления покину я свой мрачный, полутемный номер, набитый чудовищным грохотом скудного уличного движения, возведенного акустикой в ранг стихийного бедствия; расстанусь с убогими улицами и тускло, невдохновенно пьяными пешеходами — я нигде и никогда не видел такого количества пьяных, как в Закопане, — со стилизованными извозчиками, которым некуда ехать, с обряженными белыми мишками-затейниками, которым некого развлекать, и прочей невеселой чепухой. Запомнятся мне: единственная городская проститутка, которую мы постоянно встречали в кино, кафе, ресторане, просто на улице в макси-пальто, под которым лишь колготки и трусики, да натюрморт перед одной из витрин — какой-то пьяница оставил там ботинок, носок, коричневый мохеровый шарф и надкусанное яблоко.

Странствия продолжаются. Сегодня я переехал на улицу Аниелевича, главы восстания в Варшавском гетто, в частную квартиру, чистую, нарядную и комфортабельную. Хозяйка — старая, на редкость приятная дама с чудовищным склерозом. Ее замужняя дочь живет в Каире, муж умер еще до войны, и ее одиночество делят только старая черепаха да случайные постояльцы вроде меня. Что ни говори, а я доволен поездкой. Мне понравилась и сумасшедшая, азартная, лихая работа, с которой я справился на пять с плюсом, и даже мои скитания с места на место, и трезвость, в какой я тут жил. Но с удовольствием думаю о возвращении домой. Издали наша дачная жизнь, наш быт кажутся мне первоклассными. Пожалуй, я никогда не испытывал такого уважения к обставу своей жизни, как сейчас.

3 сентября 1972 г.

Приятная встреча в ЦДЛ. Антокольский пригласил меня за стол, который «держал» Евтушенко, но сам Антокольский не дождался моего прихода, напился и уехал домой. А я, проводив переводчика Лорана* в Дом дружбы и располагая некоторым свободным временем, воспользовался дружеским приглашением с обычной своей доверчивостью и наивностью. Компания сидела на веранде за довольно большим столом, кругом никого не было, видимо, Женя распорядился не пускать «черную публику». Он угощал своего боевого друга, корреспондента «Правды» во Вьетнаме, куда Женя недавно ездил. В подтексте встречи подразумевались подвиги, боевая взаимовыручка, спаявшая навеки правдиста и поэта, и прочая фальшивая чепуха. Но в глубине души Женя не очень доверял своему соратнику и нес антиамериканскую околесицу. Ахмадулина решила отметить мое появление тостом дружбы.

— Господа! — воскликнула она, встав с бокалом в руке. — Я пью за Юру!..

— Сядь, Беллочка. Я не люблю, когда ты стоишь, — прервал Евтушенко, испуганный, что Ахмадулина скажет обо мне что-то хорошее. (Испуг его был лишен всяких оснований.)

— Я должна стоять, когда говорю тост. Этой высокой вежливости научили меня вот они, — любовно-почтительный жест в сторону малолетнего супруга — сына Кайсына Кулиева. — Я пью за Юру. Пусть все говорят, что он халтурщик...

— Сядь, Беллочка! — мягко потребовал Евтушенко.

— Нет, Женя, я и за тебя произносила тост стоя. Так пусть все говорят, что Юра киношный халтурщик... — она сделала паузу, ожидая, что Женя ее опять прервет, но он внимал благосклонно, и Белла обернулась ко мне. — Да, Юра, о тебе все говорят: халтурщик, киношник... А я говорю, нет, вы не знаете Юры, он — прекрасен!.. — И она пригубила бокал.

Я тоже выпил за себя с каким-то смутным чувством, моему примеру последовал один Эльдар Кулиев. И я впервые по-на-

---

* Переводчик трех моих книг, изданных во Франции, участник Сопротивления.

286

стоящему понял, что вся эта компания терпеть меня не может. За исключением разве Эльдара. Наше недавнее знакомство с ним началось с того, что я за него заступился — какой-то пьяный хулиган хотел выбросить его из ресторана, и двадцатилетний горский человек испытывал благодарность к своему заступнику.

А Б.Ахмадулина недобра, коварна, мстительна и совсем не сентиментальна, хотя великолепно умеет играть беззащитную растроганность. Актриса она блестящая, куда выше Женьки, хотя и он лицедей не из последних. Белла холодна, как лед, она никого не любит, кроме — не себя даже, а производимого ею впечатления. Они оба с Женей — навынос, никакой серьезной и сосредоточенной внутренней жизни. Я долго думал, что в Жене есть какая-то доброта при всей его самовлюбленности, позерстве, ломании, тщеславии. Какой там! Он весь пропитан злобой. С какой низкой яростью говорил он о ничтожном, но добродушном Роберте Рождественском. Он и Вознесенского ненавидит, хотя до сих пор носится с ним, как с любимым дитятей; и мне ничего не простил. Все было маской, отчасти игрой молодости.

Жуткое и давящее впечатление осталось у меня от этого застолья.

22 октября 1972 г.

И еще перевернулась страница жизни — одиннадцать дней Норвегии. Прекрасной, сказочной Норвегии, в которой я ни черта не понял в свой первый приезд в 1965 году. Мещанство, бюргерство?.. Неужели ты еще не устал от окружающего разбоя, неужели не хочешь немного тишины, чистоты, порядка, честности? И такие ли уж они мещане? И у нас, и в Америке мещане куда страшнее, с привкусом уголовщины. А сколько тут свежих, заинтересованных, даже страстных людей! Нансен, Амундсен, Свердруп, Хейердал, Гамсун, Нурдаль Григ, Борген ближе к истинной сути норвежцев, чем трезвые, спокойные, расчетливые мещане, которых здесь хватает, как и в любой стране. Поэзия есть и в пьянице Хельмебаке, страстном политике, честном плохом писателе и борце за справедливость, в доценте Стейнере Гилле с неслышным голосом и крепыше переводчике Бьёрне, в полусумасшедшем поэте, переводчике, журналисте Мартине Наге, во многих студентах и преподавателях. И ни разу не ежились у меня лопатки в ожидании ножа.

Опасность исходила лишь от моего спутника, главного финансиста Госкомитета кинематографии, из-за которого я чуть было не остался в Москве. У него, как и у всех наших бездельников, было почему-то два отпуска, которые он хотел провести до последнего дня в Гагре. За это время у меня кончилась выездная виза, что обнаружилось только на аэродроме. Меня не пустили, а Финансист, которому в Норвегии делать ровным счетом нечего, улетел. С огромным трудом мне сделали новую визу и поздно вечером вытолкнули из Москвы с каким-то случайным финским самолетом. В Осло Финансист сразу и крепко запил. Он никуда не ходил, ничем не интересовался, а тянул в номере представительский коньяк и водку. Ко всему еще морду ему раздуло флюсом, и он говорил, что «лечится шнапсом». Ожил он лишь в канун отъезда и потащил меня в посольский магазин, где на все деньги купил удешевленной мохеровой шерсти: жена и дочь вяжут. «Если в аэропорту на шмоне засыплюсь, скажешь — половина твоя»,— предупредил меня Верховный страж кинофинансов, член коллегии Комитета. Да черт с ним, он мог быть куда хуже.

Но какая страна! В добрую и затейливую минуту сотворил Господь эту удивительную, так прекрасно растерзанную морем землю. Что за гениальная выдумка — фиорды, эти наполненные синей водой ущелья. Тут все дивно: и густые леса на юге, и каменистая голизна севера, и серые лишайники, и березы-кривулины. А деревянная церковь и кладбище на берегу Норвежского моря! А маяк на холме! На кладбище я увидел могилу с русским северным крестом под двухскатной кровелькой. Надпись: «ΔNMNTΡNN АНДРЕЕВNЧ КОЗЫРЕВ».

Его историю я узнал от вдовы Ксении Михайловны, живущей в домике неподалеку от кладбища. Он помор, бывший школьный учитель, сбежавший в Норвегию от царских властей. После революции домой не вернулся, новые власти ему тоже не пришлись по душе. А Ксению Михайловну ночью выкрали его друзья рыбаки и доставили сюда. К профессии учителя муж не вернулся: учишь, учишь добру, а вырастают бандиты, и занялся ловом трески, семги, селедки, охотой и фермерством. На здешней каменистой почве (это под Киркенесом) растут картошка

288

и кормовые травы, они держали коров. Жили хорошо, нарожали кучу детей. Мой тезка Юрий работает здесь смотрителем маяка, остальные разъехались по всей стране. Ксения Михайловна сохранила чистую русскую речь, но писать разучилась, поэтому так нелепа надпись на могиле. В других отношениях она совершенно онорвежилась и, рассказывая о недавней смерти мужа и своем вдовстве, смеялась до слез. Это характерно для обитателей северной Норвегии — говорить о несчастьях со смехом. Самозащита, что ли?.. Дети зовут мать к себе, но она не хочет перебираться на юг, ей будет не хватать шторма, который так чудесно заплескивает в окна.

На темной воде — туча уток. Тяжелые волны раскачивают их «полностью», по выражению Пастернака. И вдруг телефонный звонок. Очень неожиданный и даже жутковатый на краю света. Семидесятилетняя приятельница Ксении Михайловны хочет приехать на мотоцикле сыграть партийку в преферанс с болваном. Она живет неподалеку, в каких-нибудь двух десятках километров. «А вам не скучно, Ксения Михайловна?» — «Какой там, дня не видишь. То к сыну зайдешь, то сын — к тебе, то сосед нагрянет. Молоко из города привезут, продукты. А еще я работы набрала — занимаюсь художественной вязкой, обслуживаю чуть не весь Финмарк. А обед сготовить? Кошку накормить? На море сбегать? Телевизор посмотреть? Где же тут скучать?» И верно. А что, если жизнь в самом деле веселое занятие, и смерть тоже?..

Видел оленей в березовом лесу южнее Киркенеса. Вначале показалось, что лес стал гуще и ветвистей, а потом увидел движение этой новой поросли. И все внутри задрожало от восторга.

То и дело натыкаемся на нашу границу. В одном месте граница вбилась клином в норвежскую землю, разорвав реку, которая была в этом районе основным средством связи. Дело в том, что на левом, норвежском берегу оказалась заброшенная православная церковка XVI века, ну и разве могли наши власти, исполненные чистой веры, глубокой религиозности и уважения к историческому прошлому святой Руси, оставить Божий дом в руках басурман? Но здешние люди, похоже, верят в чистоте души этой наглой и лицемерной лжи.

А все-таки слаб человек без родины. Я это понял по Алексею — какой-то он хилкий, непрочный,— по тому, что слышал о наших беженцах и высланных. С другой же стороны, я это понял по отношению местных людей ко мне. «Пока есть такие люди, как вы, Россия не погибла» — и робкое, искательное заглядывание в глаза. Конечно, тут было личное отношение, я им пришелся по душе, что редко бывает, но мое обаяние хорошо подкреплялось бесстрашной пехотой, мощной артиллерией, танками, авиацией, очень окрепшим флотом и всей термоядерной мощью самого вооруженного в мире государства.

Ночное Осло в канун отъезда. Белые статуи в парке возле ратуши, блеск луны на воде, тихие суда, краны, дисциплинированные молочные норвежские хиппи, две страхолюдные, никому не нужные, очень вежливые проститутки у ювелирного магазина, ссора двух педерастов у «Шануара», фантастический автомобильный магазин, где на залитых таинственным светом кругах медленно вращаются дивные автомобили, воплощающие высшую красоту современности, омерзительный пьяный негр, затеявший яростную склоку с кротким таксистом, боящимся его везти, королевский дворец без ограды, да и без охраны, в парке, полном белок, загаженные голубями бронзовые Ибсен и Бёрнсон перед Национальным театром и грустная радость оттого, что все это было в моей жизни, было и уходит, уже ушло...

1 ноября 1972 г.

Ильин опять напомнил о себе после короткого перерыва. На этот раз, чтобы сорвать мне поездку в Колумбию — Венесуэлу с заездом в Нью-Йорк. Какой неугомонный, неленивый, душный и гнусный человечишко! И хорошо, истинно в духе времени, защитил меня оргсекретарь «большого» Союза писателей Верченко. После двух дней изнурительной беготни, звонков, надежд и томлений вот что я услышал:

— Группу сократили, и вас, как не имеющего отношения к ССОДу, отвели.

Группу сократили только на меня, но я-то как раз имею прямое отношение к ССОДу в отличие от прочно оставшегося в группе Холендро. Я активный член правления Общества СССР— Нигерия и всего лишь три дня назад провел там литературный вечер для африканских студентов. Верченко не дал себе труда выслушать, что я ему говорил при первой встрече, объясняя сложившуюся ситуацию. В одно ухо впускал, в другое выпускал. Невольно начинаешь уважать Ильина, тот врет квалифицированно, убедительно, он работает над своей ложью (над формой и содержанием), а этот мешок с мокрым дерьмом ляпнул первое, что пришло в его рассеянную башку. Когда я сказал ему, как обстоит дело, он растерялся, заморгал глупыми хитрыми глазами и стал расспрашивать ни к селу, ни к городу о встрече с африканскими студентами. Тут вошли три широкомордых якута и стали его взасос целовать. Он скрылся в их объятиях, потонул в поцелуях, надеясь там отсидеться, но я не уходил. Тут якуты заметили меня и хотели тоже расцеловать, но я не дался. Тогда Верченко поступил простейшим способом, он сделал вид, что меня не существует. Я мог остаться, мог ввязаться в беседу, он не видел меня и не слышал, меня не было, и, напуганный этой дематериализацией своего плотного состава, я тихо слинял...

Все, что случилось со мной, не ново. Но поражает незамаскированность подлости и та халтурность в исполнении, какой раньше не было. Уверенные в себе, в своей необходимости, сатрапы окончательно разнуздались. Я бессилен против них. Московский СП отдан на откуп Ильину, его даже не пытаются «поправить». Безнаказанность и безответственность входят в условия игры, иначе он «не ручается». Какой поразительный человеческий, вернее, античеловеческий тип создала эпоха! Эти гады налиты враньем, как гостиничные клопы — кровью. Уменье врать более ценимо в ответственном работнике, чем организаторские и другие качества. Нет, не умение врать, а готовность к безудержному, беспардонному вранью. И тут Верченко выше Ильина, потому что врет, не заботясь о мелком правдоподобии. И что противопоставить всему этому? Если б можно было подавить в себе «любовь к пространству». Как бы нахаркал я им всем в гнусные рыла! А для чего? Ведь это их не заденет. Взять их можно только страхом, а так, хоть сцы в глаза, все Божья роса. Грустно, грустно...

22 ноября 1972 г.

Когда все рухнуло? Как это ни глупо, после статьи «Литгазеты». Эта статья «рассекретила» меня для чиновников, для редакторов и даже для дураков читателей. Она показала прежде всего мою полную незащищенность. Оказывается, моя литературная дерзость ничем не поддерживается: ни любовью начальства, ни тонкими расчетами всеведущих органов. Она показала, что моя новая, необычная манера — явление упадка. За нею — субъективизм, отрыв от общих интересов, самоупоение. На этой почве — предательство моего однофамильца, сумского дедушки Нагибина. Ну а Ильину достаточно было убедиться, что за мной никого нет. Любопытно, что все предпринятые мной меры не помогли. Ни похвальная (заказанная сверху) рецензия Поволяева, ни прямая защита в «Знамени», «Москве», «Нашем современнике», «Литературной России» — ничто не произвело впечатления. Люди сделали вид, будто статей этих просто не существует. Мои лояльные сограждане, услышав в статье «Литературки» знакомый сталинский окрик, немедленно приняли его к сведению и не дали сбить себя с толку последующим несерьезным либеральным лепетом...

Нынешнее время отличается от недавнего лишь одним: отсутствием надежды, ибо уже пришла старость и нет пространства впереди и не дождаться перемен, да и будут ли они?..

Л.Б. уходит из Ленинградского отделения СП. Замучила бессонница. А причина бессонницы все та же — святое дело сыска. Одни считают ее стукачкой Шестинского, другие — стукачкой второго секретаря, а сам Шестинский — стукачкой Большого дома. Наверное, все понемножку правы, поскольку ее не могут не тягать с разных сторон: Шестинский требует информации, второй требует информации, а о Большом доме и говорить не приходится. Это не доносительство в старом смысле слова, сейчас все: и техника, и система управления — построено на информации. Но она человек старозаветный, вот и уходит, хотя сумела по чистоте и наивности привязаться к месту, к людям, даже к Шестинскому, на котором негде пробу ставить.

(Позднейшее примечание: Б. никуда не ушла, а «ушли» ленинградские писатели Шестинского. Она же прекрасно сработалась с тем, кто пришел ему на смену, а потом с тем, кто пришел на смену тому, кто пришел ему на смену... Похоже, милая Людмила Леонидовна повзрослела возле писателей и рассталась с былой наивностью.)

Очередная гадость: закрыли фильм о Домбровском. С той волшебной легкостью, с какой я не берусь отказаться от какой-нибудь третьестепенной работы. Труды, борьба, поездки, усилия множества людей, большие казенные деньги — все брошено кошке под хвост одним росчерком пера. Скучному, сонному Сизову* (не очень живой труп) лень возиться с политически сложной совместной постановкой. А что, если перестроить свою душевную жизнь по государственному образцу? *Может быть, я вырвусь из вечного напряжения, из тисков ответственности, из душного зажима сроков, которые — чаще всего — я сам себе ставлю?* Ничего не делать вовремя, надувать всех без разбора, избегать малейшего насилия над собой, не браться за то, что чревато хоть крошечными трудностями, не читать чужих рукописей, не помогать начинающим, не отвечать на письма, никому не давать взаймы, не исполнять просьб друзей, не выступать перед читателями, не участвовать в общественной жизни, относиться с полнейшей безответственностью и равнодушием к любому делу, если оно не для себя,— вот он, мой новый кодекс!

Давно пора что-то сломать в себе, дабы совпасть со временем. Никаких сантиментов, никакой жалости и сострадания к окружающим. Стать железным. Иначе меня загонят, зальют раньше естественного и уже недалекого срока.

Впервые без всякого подъема подвожу итоги минувшего года. Как всякий високосный год, он был ужасен. Правда, теперь каждый год — високосный. При этом наша бедная семья умудрилась никого не потерять. Страшная история с Я.С. миновала, сейчас уже можно сказать, без всяких последствий, я имею в виду последствия очевидные, кто знает, как отыгрался в каждом из нас пережитый страх.

В этот год случились две крупные пакости: статья в «Литературке», разнуздавшая многих в отношении меня, в том числе гадкого сумского дедушку Нагибина, и подлый поступок Ильина, лишившего меня Южной Америки и отбросившего в тухлую помойку прошлого. Ну а хорошее было? Было. Чехослова-

---

* *Н.Т.Сизов* — генеральный директор киностудии «Мосфильм».

кия. Частично Польша, хотя все завершилось закрытием фильма. Норвегия — это чистое золото. И потянулся оттуда хороший рассказ и неплохой сценарий, который все равно будет загроблен в фильме. Были повесть о Чайковском и лучшие мои рассказы — «Немота» и «Среди ночи»; были два рассказа в «Нашем современнике», и книжка вышла с рассказом, который понял один Астафьев (кроме Я.С., разумеется), это — «Среди профессионалов». И была отличная статья Н.Атарова обо мне в «Нашем современнике».

А еще было страшное лето, когда все горело и земля в лесу была гола, как волейбольная площадка, и всюду пахло гарью, и вереница смертей в этой жаре: Дорош, Бек, Смеляков, Кирсанов — как высоко, низко, лихо и страшно он умирал, чуть не до последнего часа в его пораженной раком гортани клокотали стихи; и два самоубийства было: одноглазого Досталя и Голубкова, которого я не знал. И самое больное: не стало прекрасного Драгунского, любившего меня своим чуть живым сердцем. Я перечел его взрослые повести — сколько в них добра, человечности, растроганности, таланта! Он хорошо жил: без искательности, без карьерных попыток, без подхалимства и приспособленчества. Он был самобытен, не растворялся в дрянной литературной среде, всегда оставался самим собою. Ох, как его будет не хватать! Кого же я забираю с собой в новый год? Никитиных — с глубокой нежностью, Петьку, Аду, Дравичей*, норвежцев, Сосинских** (самое милое из всего, что было), Уварова, Юрку Семенова, Толю Миндлина, ленинградских художников, ну и Гейченко. Есть и другие хорошие люди, но они далеки, есть великолепные, но к ним не продраться.

И умер «месье Поль»***, как я называл его, к вящему веселью домашних. Он знал, что обречен, когда мы гостили у него в Париже. Отсюда его молчаливость. Он молча нес в себе смерть. Ему оперировали предстательную железу, домой он уже не вернулся. Мадам, его жена, продает дом и переезжает в Ниццу, старший сын ушел в армию отбывать воинскую повинность. Враз распалось большое теплое человечье гнездо. У нас такого не бывает. Прежде всего потому, что нет гнезд. К тому же вдова,

---

* Дравич — польский литературовед, критик, переводчик.
** Сосинский — писатель-эмигрант, вернувшийся в СССР одним из первых (и последних).
*** Таможенник на пенсии, у которого мы пили с А.Кулешовым.

едва утерев слезы, начинает судиться с родственниками мужа из-за дачи, квартиры, машины и грошей на сберкнижке. Откуда-то появляются дети от прежних браков и кто-то внебрачный, но полуузаконенный и тоже требующий своей доли. Осиротевшая семья сразу включается в активную борьбу: заявления, адвокаты, сбор подписей, суды, апелляции, для скорби не остается времени. Выработался новый человеческий тип: несгибаемая советская вдова. Я все время слышу сквозь погребальный звон: «Такая-то прекрасно держится!» Хоть бы для разнообразия кто-нибудь держался плохо. Да нет, вдова должна быть в отличной форме, собрана, как легкоатлет перед стартом, иначе весь жалкий нажиток растащат дальние родственники, дети от других браков и полуслепая старшая сестра покойного, оказавшаяся почему-то на его иждивении, о чем никто не знал.

Прощай, год-гробовщик, год кладбищенский, пожарный, неурожайный, репрессивный, хулиганский. Ты не потеряешься среди других ушедших, твой мертвый оскал не забыть...

1973

Случилось некое библейское чудо: новый год оказался тоже високосным. Едва начавшись, он стал косить людей налево и направо, он так проморозил неукрытую снегом землю, что нечего и думать об урожае, и всем не везет, кроме преторианцев*. Добив Бориса Ямпольского, год отправил ему вослед еще с десяток писателей, художников, актеров и кинорежиссеров.

Преторианцы обнаглели и охамели до последней степени. Они забрали себе всю бумагу, весь шрифт, всю типографскую краску и весь ледерин, забрали все зарубежные поездки, все санаторные путевки, все автомобили, все похвалы, все ордена, все премии и все должности. Литературные Безбородки грозно резвятся на фоне всеобщей подавленности и оскудения. Мотаются с блядями по Европе, к перу прикасаются только для того, чтобы подписать чужие рукописи, на работу (руководящую) не являются, переложив все свои обязанности на крепкие плечи наглых помощников и консультантов, устраивают какие-то сокрушительные пикники, называя их выездными пленумами Секретариата СП, где вино льется рекой и режут на шашлыки последних баранов; путешествуют на самолетах, машинах, пароходах, поездах, аэросанях, вертолетах, лошадях, ослах, мулах, верблюдах и слонах. Объедаются и опиваются, а после отлеживаются в привилегированных госпиталях и отрезвителях. И снова пиры, юбилеи, тосты, все новые и новые наспех придуманные должности, награды. Вакханалия, Валтасаров пир, и никто не боится, что запылают пророческие огненные письмена, предвещающие конец этому распаду. Нет, они уверены, что это навсегда. Брешь между нами и ними будет расширяться с каждым днем. Отчетливо формируется новый класс. Черта ли мне до них? Я знаю, что живу не в свой век и не на своем месте. Но их

---

* Руководство СП и их любимцы.

путь для меня заказан, изнутри заказан, так что стоит ли тратить на них душу?

Но где-то в стороне от проезжих дорог, разбитых копытами першеронов Маркова, Чаковского, Алексеева и иже с ними, начинает натаптываться, покамест едва-едва, тропочка настоящей литературы. «Пастух и пастушка» Астафьева, «Доказательства» Тублина, рассказы Г.Семенова, «Северный дневник» Ю.Казакова, интересный парень появился на Байкале — В.Распутин, рассказы Г.Немченко, Бог даст, к ним присоединится Беломлинская (В.Платова), лучшая из всех, великолепный взрослый писатель пропадает в Балле, все лучше пишет В.Пикуль*, хороши очерки злобного Конецкого, но он может не развиться в писателя по причине узости души, и не сказал последнего слова Аксенов**. А Валерия Алфеева, а сколько неизвестных мучаются вынужденной немотой по всей громадной стране! Дай только немножко свободы, повторился бы золотой девятнадцатый век.

27 февраля 1973 г.

Вернулся после семнадцатидневного отсутствия и будто не уезжал: дела все в том же тусклом неустройстве, ни одна книжка не вышла, даже не стронулась с места, в кино — полный застой, в журналах испуг, неуверенность, шаткость. На столе — несколько писем, пересланных «Литературкой», злобных и грязных. Все, что идет от этого органа печати, пакостно.

В Псков ехали поездом. Ю. Васильев, Дравич, Толя и я занимали целое купе. В другом вагоне ехала Ася Пистунова с подругами, которых она подбила на паломничество к «божественному Семену», в его гостеприимный дом, где ее обожают. В дороге Юра, Толя и Дравич выпили бутылку «миндлиновки» (самогона с тмином) и четвертинку перцовки. Был хороший разговор с Юрой о многом, а под конец о Евтушенке, которого он откровенно презирает. Раньше он слова плохого не позволял сказать о Женьке в своем присутствии. Потом Дравичу стало плохо, его рвало, он без конца бегал в сортир. Наконец угомонился, залез на верхнюю полку, но там ему было душно. Он скатился вниз и заснул на полу, положив свою голую жалкую голову на мою полку. Его острая маковка упиралась мне в спину, мешая заснуть. Он был невероятно нелеп и горестен в этой грозной порче

---

* Тут я промахнулся.

** Он только начинался.

всего своего огромного организма.

А в автобусе, который вез нас из ночного Пскова в Михайловское, развалился сам автор «миндлиновки». Автобус остановили, и он долго блевал на дорогу. Затем вернулся с мертвым серым лицом и совсем выпавшим на щеку черным глазом.

Пьянство началось почти с самого приезда, но достигло апогея с появлением Алешки Соколова и Шамардина — пропившего свой неплохой бас, ныне работающего завсектором массовой песни в Ленинградском управлении культурой. Кстати, Шамардин пропил голос без всякой муки и сожалений, водка настолько важнее для него «дивных звуков и молитв», что тут, как говорится, и вопрос не стоял, кто кого. Шамардин сразу принял сторону водки против голоса, вдвоем они его быстро прикончили.

К вечеру Соколов отравился украденной из буфета Толиной настойкой, на этот раз полынной, и чуть не умер — буквально. Он шептал ссохшимися губами: «Господи, дай хоть жену увидеть... сынишку». Не помер. Весь день метался на коечке, плакал, стонал, жбанами дул воду из колодца, глотал лекарства, дважды терял сознание и холодел, а вечером встал на шаткие ноги, хватил рюмашку коньяка, приободрился и ночью опять надрался. Больше в состоянии трезвости я его не видел. Следующей жертвой «миндлиновки» стал Вася Звонцов, также незаконно приложившийся к спрятанной бутылке. Он недужил всего полдня, а потом восстановился перцовкой. Последней жертвой «миндлиновки» оказался богатырь Васильев. После этого решили оставшиеся бутылки не открывать, а с Толей серьезно поговорить. Неприятную миссию взял на себя Мыльников. И тут я понял, почему он один из всех сделал большую карьеру, это характер. Он учинил Толе настоящий допрос. Оказалось, Толя гонит из сахара, а не настаивает на травах ворованный технический спирт, как все думали. Но у него не клеится с очисткой. С Толи взяли слово, что он серьезно займется очисткой, с тем и отпустили совсем павшего духом винодела. А он, бедный, так гордился «миндлиновкой»!

Вообще ему не повезло тут, и, похоже, не в первый раз. Семен Степанович надумал с чего-то продать музею женино серебришко. Несколько старых вилок, ножей, солонку, и дел-то там рублей на шестьдесят, и хлопотно: от себя продавать неудобно, от жены — тоже, надо найти подставное лицо. Путавшийся у всех под ногами энтузиаст-отравитель показался Семену Степановичу наиболее подходящей фигурой. Толе было приказано оформить счет. Уронив глаз на щеку, Толя покорно уселся составлять эту липу. И сразу появилась красная, с горящими глазами Любовь Джалаловна: «Если вы это сделаете, Толя, я вас убью». Толя с бедным, перекошенным личиком побежал ко мне советоваться. «Скройся, — не придумал я ничего лучшего. — Исчезни с их глаз». Он так и сделал.

И тут его судьба сплелась с другой драмой. Любовь Джалаловна энергично принялась выживать из дома Асёну, как тут величают Аську Пистунову. Похоже, она ревнует ее к мужу, как ревновала в свое время к несчастной Гале. Ася в слезах заявила во всеуслышание, что уезжает. «Передайте Семену Степановичу, — присовокупила она, — что он теряет важный орган печати». Это звучало подловато, но чего не скажешь в сердцах. Она была ранена в душу, к тому же все это происходило на глазах подруг, которым она наговорила с три короба о своем выдающемся положении в доме «божественного Семена». Услужливый Вася Звонцов тут же передал ее слова С.С. (его хором просили не делать этого, но этот кряж, борода, фронтовик — баба и сплетник), того чуть кондрат не хватил. Аська действительно много для него делала, а у него тщеславие разыгралось на старости лет — будь здоров! За обедом я будто ненароком завел разговор: что-то Аськи не видно, а ведь она завтра уезжает. Не удивившись, как это гость покидает дом до праздничного торжества, и тем выдав себя, С.С. с фальшиво-простодушным видом сказал: надо бы у нее подарки забрать. Любовь Джалаловна сделала вид, что ничего не слышит. Все дружно уткнули носы в тарелки. Не получив поддержки от окружающих, я заткнулся.

После обеда я оказался свидетелем омерзительной сцены. Меня положили на диване в столовой, было тепло и тихо, пахло Пушкиным, я сразу крепко уснул. Проснулся от тонкого, пронзительного крика Любови Джалаловны:

— Семен, возьми эти деньги, только оставь мое серебро!

— Пошла к ебени матери! — заорал пушкинист. — Сует мне пятнадцать рублей, как мужику в бардаке!..

Меня ошеломил этот образ: в бардаке мужики суют деньги, а не мужикам, или он имел в виду мужской бардак?

В ответ — слезы, какой-то мыший писк. Л.Дж. выскочила из комнаты. С.С. пустил ей вслед хорошим матюком и тоже вышел. Когда через полчаса я встал, он увлеченно рассказывал группе завороженных слушателей о любви Пушкина и Ольги Калашниковой. За плечами у него мерцал слабый свет. А затем и он получил свою порцию крика и мата, когда с невинным видом осведомился у жены, куда, мол, запропастилась Ася Пистунова. Не хотелось ему терять дружбу «Литературной России». Но теперь пришел его черед безропотно принять на голову ведро помоев. Интересно разграничены у них зоны владения. В державе любви Любовь Дж. всевластна.

Атмосфера в доме создалась невыносимая. Толя боялся нос высунуть из мужского общежития, провонявшего сивухой, табачищем, солеными огурцами и ножным потом. Все озверело осаживались водкой. Слабосильный поляк Дравич не выдержал и бежал в Ленинград.

В день торжественного чествования юбиляра Ася все же проникла в дом, не без моего участия. Аська блестяще выступила на официальном вечере, засыпала С.С. превосходными подарками и от себя лично, и от газеты (в числе прочего первое издание «Вертера» с автографом Гете), и юбиляру неудобно было выкинуть ее из машины, которая повезла особо почетных гостей на ужин. Но уже возле дома С.С. исчез, пропал и его друг Звонцов, Аська осталась на мне. До сих пор не знаю, как мне удалось осилить зарыдавшую от бешенства Любовь Дж. Я и просил, и грозил, и говорил, что сам не войду в дом, если не пустят Аську, одним словом, она сдалась. Все остальное было делом Асиного апломба.

С нами гуляло здешнее начальство. Председатель райисполкома предложил подвыпившим дамам перед чаем: «Давайте выйдем в Михайловский сад и подышим витаминами». Что и было исполнено.

Надравшийся Алешка Соколов сорвал представление, которое было приготовлено им, Юрой Васильевым и Леной Шашко, но не испытывал на другой день ни малейшего раскаяния. Я вообще заметил, что в нем появилась какая-то ожесточенная наглость, чего раньше не было. При всем своем пьянстве он был человек деликатный, даже нежный. Это естественный процесс. Он знает, что обречен пить, и оберегает свое пьянство, как курица цыплят. И Вася уже не тот: хитрый и холодный, неприятно его потребительское отношение к Толе. А этот добряк чуть не весь год готовился к нынешнему торжеству, чинил и красил какие-то фонари, лудил самовары (Гейченко их коллекционирует), раздобывал настоящие тульские пряники с поздравительными надписями, гнал самогон и настаивал на разных травах, выпрашивал у отца книжки о Пушкине, потратил все свои жалкие денежки до копейки, с превеликим трудом скопил себе на службе свободную неделю и был холодно удален Гейченко раньше срока, хотя и Вася, и Лена Шашко оставались после отъезда основной массы гостей. Эта жестокость С.С. мне непонятна.

Что не устраивает здешних бойцовых людей в нем: его доброта, доверчивость, беззащитность, наивность или сосуществующее с этими прекрасными качествами пассивное тщеславие, удовлетворяющееся близостью с «великими» людьми? Или их просто раздражает, что он так упорно тянется к людям «не своего круга»? Но последнее естественно для Толи. Он с детства вращался в литературной среде, привык жить ее интересами, любить книги и картины. Это его настоящий обиход, а не техника. В технику его загнала война, военная служба, это не его, чужое, холодное, даже враждебное. И ведь он полезен хамящим ему людям. И не только тем, что дает им кров и харч в Москве, оказывает множество бытовых услуг. Он помог организовать Васькину выставку в ЦДРИ, заставил меня написать о ней; он свел Васильева с Поленовым, и тот пригласил его с семьей на все лето к себе в усадьбу, и Юра не только открыл для себя новый пейзаж, но и заработал деньги. Впрочем, Юра ведет себя в отношении Толи лучше других, даже написал его портрет, и очень удачно, что с ним не так часто случается. А сколько доброго сделал Толя для Гейченко! В ответ — свинство. И коренится оно, что бы ни говорили, в Толиной беззащитности.

Хорошее впечатление я опять вынес о Мыльникове. Тут есть и талант, и достоинство, и чувство товарищества, и чистота поведения, и глубокая серьезность. Дай-то Бог, чтоб не изменилось мое отношение к нему, чтобы не изменился он сам. Радостно, что есть он, есть его прекрасный дом с несказанным видом на Неву в оба ее конца, есть услужливая, ловкая и симпатичная Ариша, тихая (с чертом внутри) Верочка, есть то ощущение эстетического комфорта, которым веет от его семьи и которого почти не осталось в обобранном до нитки Ленинграде.

Но так ли уж безнадежно было пребывание в Пушкинских горах? Нет. Были прекрасные прогулки, поездка на санях в Петровское, гостевание у сторожа, потомка Ганнибала с пушкинской курчавостью в седых волосах, пушкинскими скулами и всем кроем лица. В избе с иконой и лампадкой висел большой портрет Пушкина, а рядом репродукция «Незнакомки» Крамского. Хозяин уверял, что это Керн. Стояла прялка с куделью, между ног сновала прелестная рыжая собачонка, смесь таксы, лисицы, медвежонка и ко всему с пушкинскими баками. А еще был звон гейченковской звонницы — он подбирает колокола для Святогорского монастыря и когда-нибудь их повесит, сломив сопротивление властей; было и несколько очаровательных всплесков самого Гейченко, напомнивших былое, когда еще он не был так признан, знаменит и разнуздан, — в рассказах, выходках, читанных вслух записях, шутках. Окружающие не блистали, даже Юра Васильев, хотя он был очень и очень трогателен, мил и добр. Вообще из отдаления все бывшее там уже не кажется таким безобразным. Но не стоит забывать о том, что порой там становилось душно и **гадко**. Многие считают, что С.С. долго не протянет, предстательная железа шутить не любит. Я на этот счет другого мнения, он крепко заряжен на жизнь, как-нибудь выкрутится. Дай Бог ему здоровья и многих лет, какой он ни на есть, без него жизнь станет куда тусклее и унылей.

В Ленинграде поразила своим дурным поведением Вика Б. Талант не связан с характером, в этом я окончательно убедился. Неожиданно симпатичен был Венгеров на милом вечере у Гиппиусов, да и Генька Ханин неплох. А норвежцы, приехавшие для переговоров по сценарию, меня разочаровали. Особенно режиссер Андерсен. Я знал, что он бездарен, но не думал, что он так мелок, самолюбив и туп. А мне-то он казался чуть ли не Христом.

Прекрасна бедная больная Люся. Очень хорош исполненный доброты, снисходительности, даже высоты Володя, мила и трогательна неудачливая, задержавшаяся в детстве при взрослом уме Марина. Хоть бы им немного везения. Почему хорошим людям всегда так плохо и так трудно?

В Москве — тоска застывших в неопределенности дел, гнусные письма-доносы, неясность во всем, раздражающие звонки, натиск ненужных людей и зловещее молчание нужных, за окнами опоздавший на целую зиму снегопад, ветер, и надо читать нудного «Дерсу» для очередной тщетной работы. И нет уже сил тащить застревающий на каждом шагу воз...

29 марта 1973 г.

Вчера вернулся из поездки по Италии. А предшествовали отъезду несколько дней с прекрасным Куросавой. Он говорил о том, как женщина несла по луне в каждом ведре с водой, о соседстве солнца и месяца на небе, об искусстве «Но», боялся и ненавидел меня как человека, предназначенного гасить все его озарения, а кончил растроганностью и доверием. С ним был продюсер, небольшой, изящный японец, который сказал на прощальном вечере: «Мы вверяем вам Куросаву, будьте бережны с ним. Он ничего не умеет, кроме одного — снимать фильмы. Он хрупок и беззащитен». От Куросавы веет отрешенностью от житейской дряни, и до слез трогает белый хрупкий шрам на горле под воротничком — след неудавшегося самоубийства, когда он думал, что с ним как с режиссером покончено. И вот откуда пришло спасение. Неисповедимы пути Господни...

Вечер у симпатичной Геллы в предродовом балахоне на бесформенном теле. Ее восхищение — искреннее — моим рассказом о Тютчеве. Странный мальчик Эльдар, пьющий водку из фужера. Неприкрытая бедность, которую не скрашивает подаренный мною старинный письменный столик. Гелла размягчена предстоящим материнством и все-таки немножко играет в беспомощность, нежность, какую-то всепрощающую любовь ко всем и вся. Надолго ли эта маска?..

А в Италию меня сперва не пустили. Всю группу, состоящую из третьесортных, безвестных киношников пустили, а меня вычеркнули. За что? Наверное, за то, что до этого меня не пустили в Колумбию и Венесуэлу. Я дал крайне резкую телеграмму в секретариат МГК (туристские поездки идут через выездную комиссию Московского комитета), и, о чудо, в последнюю минуту меня восстановили в группе. Не знаю, что тут сработало: телеграмма или чье-то заступничество. Все, что связано с зарубежными поездками, окружено такой непроницаемой тьмой, перед которой тайны мадридского двора — детская забава. Но я никогда не слышал, чтобы кто-нибудь, даже в частной беседе, усомнился в справедливости этого обычая, напротив, все, в том числе и потерпевшие, делают значительные, понимающие лица, мол, это дела такой государственной важности, что не нам с нашим жалким умишком пытаться их постигнуть. Да, судьба родины зависит от того, поедет или не поедет какой-нибудь засранец в туристическую поездку. И конечно, такое может решить в молчании ночи тайной лишь некий засекреченный ареопаг. А кто им дал право это решать? Какое их собачье дело, куда человек поедет за свои деньги? Зачем эти вонючие тайны? Но уж коль вы присвоили себе право распоряжаться передвижением человека в пространстве, так делайте это открыто, чтобы он мог в случае необходимости опровергнуть лживый донос, из-за которого вы отказываете ему в поездке. Но доносам верят безоговорочно, в особенности анонимным. И как же бывают поражены и оскорблены в своих гражданских и человеческих чувствах эти номенклатурные недоноски, когда сами оказываются жертвой доноса. А такое бывает, хоть и крайне редко.

Так, неизвестно почему мне сперва отказали, а потом пустили, и я прибыл в Рим в составе спецгруппы. Это нечто для меня новое. Спецгруппа делится на две подгруппы. Главная едет за казенный счет дискутировать с итальянскими кинематографистами, побочная за свой счет — подбадривать первых криками: «Молодцы! Молодцы», как на хоккее, а по окончании дискуссии совершит поездку по стране, в то время как казеннокоштные, разбив итальянцев, возвратятся в Москву. Забегая вперед, скажу: не разбили они итальянцев, осрамились, обгадились малоумки, умеющие только разводить трехкопеечную демагогию с трибуны Дома кино. А там были головы: Уго Пирро, Росселлини, Дзаваттини и др. По правде говоря, я толком не понял, что было причиной сборища. Похоже, Венецианский фестиваль. Мы участвуем в официальном, а передовые итальянские кинематографисты, в основном коммунисты (в Италии все коммунисты, даже папа), создали свой, прогрессивный контрфестиваль. Мы что-то им стыдливо дали туда, но, видать, еще большее дерьмо, чем на главный фестиваль, вот они и недовольны. Но, как и обычно бывает, причина спора вскоре потонула в частных разногласиях. Сыр-бор загорелся вокруг превосходного фильма Бертолуччи «Последнее танго в Париже», еще не вышедшего на широкий экран. Наши не только из ханжества, но и от искренней тупости третировали этот фильм как порнографию, итальянцы же считают его — совершенно справедливо — шедевром. У них из-за фильма идет ожесточенная идеологическая и даже политическая борьба, и мы, как положено, оказались в одном лагере с церковниками, буржуазными ханжами и охранителями. Это сводит с ума итальянцев, они до сих пор не могут понять, насколько мы консервативны, а в искусстве — так и реакционны.

После высокомерно-глупого выступления вконец исподличавшегося Юренева, — а ведь был почти человеком! — Уго Пирро воскликнул: «Бедняга Караганов, если у него такие теоретики!» — и в два счета оставил от Юренева мокрое место. На другой день в автобусе выяснилось, что многомудрый Сергей Герасимов понятия не имеет о содержании «Последнего танго в Париже». Он думал, что весь смысл фильма в эпатаже. Не слишком утруждая себя умственно, я все-таки решил немного просветить первого умника советской кинематографии. Да нет, говорю, это фильм на вечную тему: мужчина и женщина. О том, как хрупко мужское достоинство и как легко его может растоптать любое ничтожество в юбке. О бессилии настоящей любви и т.д. в том же роде. Каково же было мое изумление, равно и слышавшей наш разговор в автобусе Сони Карагановой, когда, получив слово на диспуте и потирая, по обыкновению, ладонью плешь, Герасимов начал самоуверенным и снисходительным тоном: «Вы не думайте, что мы не понимаем вашего фильма. Он на вечную тему: мужчина и женщина. О том, как легко растоптать мужское достоинство»... и т.д., слово в слово все, что я говорил ему по пути. Оказывается, его не устраивает лишь некоторый перебор натурализма да банальная концовка: «Это похоже на танцы апашей — Клер убивает Жако». Позже в Москве, в Доме кино, отчитываясь перед кинематографической общественностью о поездке в Рим и победной дискуссии с итальянцами, он последними словами крыл «порнографический, бездарный фильм Бертолуччи, призванный лишь щекотать нервы буржуа». Никаких «вечных тем» — это годилось для итальянцев, а своим надо «со всей прямотой». Вот такие пироги!

Но плевать на них на всех. Были Рим, Ассизи, Перуджа, Флоренция, Сиена, были, и не отнять у меня розовую башню Джотто, картин Леонардо, Микеланджеловых рабов (думается, из них хитрым карликом выскочил Эрнст), фресок Пинтуриккьо, Сиенский собор с площадью-ракушкой, Тиволи с фонтанами и куртинами, Колизей в сумерках... И снова, не с гневом даже, а с удивлением думаю: кто дал право Ильину и прочей сволочи лишать меня всего этого? А ведь чуть было не лишили. Спекулянтов, барахольщиков, которых не увести с флорентийского рынка, пустили без звука, равнодушных невежд и охламонов, не слышавших даже имени Джотто, пустили без звука, а меня опять пытались выбросить. И все-таки я был там! Безоружный и безвредный: ни связей, ни положения, ни чинов, ни наград, равно не умеющий ни скандалить, ни пресмыкаться, непричастный святому делу сыска, я все-таки был там. И как-никак это тридцатая страна на моем счету. Сейчас на очереди Испания, Австралия, Южная Америка. Кто знает, может быть, я пробьюсь и туда. Я хорошо подхожу к своему 53-летию: Италия, двухтомник, книга об Африке, встреча с Куросавой. И все близкие живы, и сегодня все здоровы. Слава Богу!..

8 июня 1973 г.

Недавно вернулся из Чехословакии. Опять была Прага, беспутный Иржи, татарский бифштекс, много пива. Карловы Вары с утомительным водопоем, процедурами, диетой, повышенным давлением, рваной и азартной работой, мучительным подсчетом оставшихся дней, короткий пражский отдых и возвращение домой. Новое то, что уже опять хочется в Карловы Вары. Странная штука: все, что мне невыносимо осточертело, сейчас кажется светлым раем. Может, оттого, что там я делаю хоть что-то полезное для себя, а здесь саморазрушаюсь? А главное, я всегда там хорошо и продуктивно работал, не дергался, не ждал неприятностей, нервы отдыхали. Я небось и представить себе не могу, каким нервным перерасходом оплачиваю я эту жизнь.

16 июня 1973 г.

Опять лес. Елочки опутаны грязной ватой ольховых сережек. И вся трава в этой сорной вате, так много ее никогда не было.

На листьях ольхи словно мелкие красные бородавки.

Васильки в молодой зеленой ржи, которая издали кажется сплошь синей.

Пропали чибисы, которые из года в год прилетали на болотце перед березняком. Много дроздов, дятлов, диких скворцов, сорок, трясогузок, ласточек и горлинок. Впервые видел в нашем лесу щеглов. Прибавилось чижей; какой чудный, ручной чижуля был у меня в детстве!

Видел посреди поляны лосенка. Наблюдал его долго-долго, а он меня. Потом он ушел в лес, но не скрылся, а продолжал смотреть на меня из-за куста боярышника. Похоже, я ему понравился. Он мне — тоже.

Дети, играющие в лесу, пристают:

— Дядя, покажите, как вы бегаете.

— Дядя, вы на рыбалку или просто так?

— Дядя, это на вас **такие** штанишки?

Причина — шорты, все еще непривычные для моих соотечественников, не только юных, но и старых. Увидев меня от своей будки, вахтерша дома отдыха строителей заорала:

— Ишь срамотища! Старый мужик, а бесстыжий! Чего задницу заголил?

Надо сказать, что шорты у меня длинноваты. Сама же сидит и куцем сарафанчике, и страшная, необъятная грудь выпирает даже из подмышечных разрезов, а толстые вены просматриваются не только на икрах, но и на ляжках. Но считается, что она одета прилично. Правда, в добрые сталинские времена на Крымском побережье женщинам в сарафанах не позволяли даже в волейбол играть. На редкость чистое и целомудренное было время. Сейчас куда свободней, но до шортов мы еще не дошли. Крепко сидит татарщина в русской душе.

Сегодня был странный гром в низком, сером, сплошь заволоченном тучами небе. Как могли возникать сухие электрические разряды в свисающих чуть не до самой земли влажных серых шмотьях? Но ведь за этой наволочью было небо — голубое и просторное, и там сшибались тучи, творя огонь и гром. То была гроза в верхнем ярусе неба.

12 июля 1973 г.

Вчера зашел далеко, в незнакомые места, откуда просматривается взлетная площадка Внуковского аэродрома, и вдруг увидел впереди поле, накрытое белой пеной. Ничего подобного я не видел, да и не ждал увидеть в скудном Подмосковье. И пока не подошел вплотную к полю, не понимал, что это за диво. Оказалось, чайные ромашки, гектаров десять покрыто ими. А за оврагом чуть меньшее поле сплошь синее — васильки. Это не обычные наши васильки, скромные цветочки, прячущиеся во ржи, а какие-то васильковые джунгли, кусты васильков в пол человеческого роста. И лежат себе рядком два дивных поля — белое и синее посреди такой неяркой России.

Позже местные люди объяснили мне невеселый смысл этого дива. Там было два клеверища, но колхозники не вышли на прополку, и сорняки задушили клевер. Между собой разбойники договорились, поделив зоны влияния. Печальный секрет красоты.

А потом ласка перебежала мне дорогу. До чего ж изящна, изысканна, жеманна и до чего ж свирепа! Я никогда не встречал в окрестностях ласок.

Лето меж тем уходит: в грозах, сменяемых зноем, а ныне в печальных затяжных дождях. Приметно укоротился день, и уже ясно, что то прекрасное и необыкновенное, чего ждешь от каждого лета, опять не случилось. И как странно, что в пятьдесят три я так же жду летнего чуда, как ждал в двадцать, тридцать. Но тогда все же что-то случалось, каждое лето приносило маленькое открытие — в окружающем или в себе самом. Теперь открытий не бывает. Верх счастья — новая лестница в дачном доме. А так каждое лето для нас — очередное жестокое заболевание или мамы или Я.С. И Алла не прочь скрасить лето мучительно прорезавшимся вкось десны — на старости лет — зубом мудрости. Летом активизируется кино, чтобы лишить меня и тени покоя.

Домбровский, как гоголевский всадник из «Страшной мести», затмил полнеба,— до чего надоел мне этот польский авантюрист, упорно, после всех запретов рвущийся на экран. Я могу загореться от любого, даже самого слабого огонька, но не могу затлеть от тусклых образов революционных демократов, или как там они называются. Я настолько чужд мнимостям, что даже терминологией не в силах овладеть. И затаился таинственный

Куросава, приславший неправдоподобно скверный, беспомощный вариант сценария. Какова будет разгадка этого сфинкса?..

Десять дней тому назад нас пригласили к Яковлеву «на Кинга». Этого несчастного льва снимает Эльдар Рязанов в советско-итальянской картине. Льва привезли в Москву на автобусе, почему-то не из Баку, где он живет у прославившихся на весь мир Берберовых, а из Алма-Аты. Насколько я понял, он там тоже снимался. Четыре тысячи километров по бездорожью много даже для человека, а не то что для льва. В наш поселок его доставили якобы для того, чтобы порадовать больных детей в сердечном санатории, на деле же, чтобы участвовать в телерекламе Яковлева. Реклама же послужит подспорьем двухсерийному фильму хозяина дома, который тот почти навязал «Ленфильму». Так что Кинга ждет путешествие на берега пустынных невских волн. В автобусе вместе со львом и Берберовыми прибыли папа Хофкин (отец писателя Яковлева), наиболее выдающиеся родственники, оператор «Ленфильма» и еще двое киношников. На заборе было написано: «Привет Кингу!» Лев был явно растроган. На встречу со львом были приглашены все наиболее уважаемые жители нашего поселка.

Лев, большой и несчастный, лежал под деревом в саду, его трогательно охранял крошечный файтерьер Чип. С одного взгляда было ясно, что этот печальный зверь — существо ущербное, больное, неполноценное. Так оно и оказалось. Он родился рахитиком, уродцем, и мать-львица хотела его ликвидировать, очевидно, в порядке искусственного отбора. Она успела разорвать ему бок, когда львенка отняли. Берберовы взяли уродца и выходили. Он переболел всеми видами чумок, инфекционных и простудных заболеваний. У него изжелта-коричневые гнилые зубы, которыми он все же уминает 8 кг парного мяса в день.

Живут Берберовы в двухкомнатной квартире, где кроме них и льва еще двое детей, бабушка, собака, две кошки и еще что-то живое — еле живое. Все, что они делали со львом, было подвигом в течение четырех лет, а сейчас началось нечто иное, весьма пошлое, с коммерческим уклоном.

Гадок и страшен был этот сабантуй. Поначалу лев развязал в людях все самое пошлое и низкопробное в них. Солодарь превзошел себя в пошлости, Кребс — в краснобайстве, Люся Уварова — в фальши, Жимерины — в палаческой сентиментальности Байбаков — в лицемерии и лукавстве, Яковлев — в жутковатой разбойничьей умиленности, я — в пьянстве. А позже было вот что: фрондеры вдруг почувствовали, что «с ними» можно жить, а стукачи и власть имущие ощутили прилив бунтарского безумия. Рядом с этим жалким-больным, но настоящим львом нельзя было оставаться собой обычным, надо было что-то срочно менять в себе, что-то делать с собой. И каждый постарался стать другим. Всех опалило чистотой пустыни, первозданностью. Происходило очищение львом. Жимерин плакал навзрыд, слушая рассказ Берберовой о детстве Кинга, Байбаков, утирая слезы с толстых щек, обещал Берберовым квартиру, дачу и мини-автобус. Люся Уварова предложила провести подписку в пользу Кинга. Хозяйка, «мама» Кинга, произнесла заученный монолог с точно рассчитанными паузами, взволнованными обертонами, своевременными увлажнениями глаз о горестной и поучительной жизни Кинга, спасенного человеческой добротой. Под конец плакали все, кроме меня. Я был просто раздавлен мерзостью этого шабаша на худых благородных ребрах Кинга. И вот что любопытно — я сказал Алле: «А вдруг Кинг возьмет да и помрет, и развалится весь берберовский бизнес». И как в воду глядел! Будь оно неладно, это провидчество.

Очумевшая от тщеславия и заманчивых перспектив семья выпустила льва из-под наблюдения. Они жили в пустующей по летнему времени школе напротив «Мосфильма». Льву отвели физкультурный зал, семья разместилась в классах этажом выше. Во время обеда с вином и тостами произошло следующее. Мимо школьного сада шел студент, и захотелось ему полакомиться незрелыми, дизентерийными яблочками. Недолго думая, он перемахнул через решетку, и тут его увидел Кинг. Лев выпрыгнул в открытое окно и с рычанием направился к ворюге. Тот заорал от ужаса и кинулся бежать. Кинг нагнал его, сшиб на землю и придавил лапой. Больше он ничего дурного ему не сделал, но проходивший мимо бравый милиционер, чуждый всем средствам информации и потому ничего не знавший о ручном льве, выхватил пистолет и разрядил обойму в голову Кинга.

Хороши все участники этой истории, кроме безвинного Кинга. Берберовы, которые так загуляли и забражничали, что оставили льва без надзора. Пусть он не опасен для окружающих, но окружающие крайне опасны для льва. Студент (вспомним старого русского студента-книжника, бунтаря, бессребреника, готового жизнь отдать за идею) — мелкий воришка, хулиган. Идиот-милиционер, умудрившийся ничего не знать о том, чем живет вся Москва: Кингом набиты газеты, о нем кричало радио, он не сходил с телеэкрана. Впрочем, милиционеру его неосведомленность принесла удачу: он награжден медалью «За отвагу». До чего дурной вкус — публиковать указ о награждении в газетах, ведь все москвичи знают, какого льва убил этот милицейский Тартарен.

На другой день сдох Чип, не переживший гибели друга.

Кинга похоронили на участке Яковлевых. На скорую руку собрали поминки. Две племянницы Яковлева обходили участников первого банкета и требовательно спрашивали вина и водки. Мы дали бутылку, но на поминки не пошли. Хоть бы удержались Берберовы от этого визита, зачем проигрываться до грязного белья. Их существование разом обесценилось, погас ореол, остались два скучных, заурядных обывателя. Да они и были обывателями, на миг поднявшимися над своей малой сутью, а сейчас вернулись к естественному образу. Накрылась квартира, дача, мини-автобус — повезло Байбакову, давшему поймать себя на приманку из сладких соплей. Берберовы получили по заслугам, ибо предали суть Кинга. А льва жалко.

Но жизнь сложнее и богаче, чем кажется. Вскоре нам прислали фотографии Кинга, сделанные в саду Яковлевых; набор, включавший и постороннее фото, где Кинг играет с голенькой дочкой Берберовых — снимок так и просится на обложку гнусного журнальчика «Лолита», — стоил четвертной. Оказывается, деньги пойдут на покупку нового льва для Берберовых. Затем последовала уже незамаскированная складчина, и мы имели низость в ней участвовать, хотя Берберовых нельзя подпускать к львам на пушечный выстрел. И льва купили, и какая-то часть этого льва принадлежит нам с Аллой: лапа, коготь, кисточка хвоста. И квартиру Берберовы все-таки получили, и дела у них опять как-то закрутились (кинохалтура в том числе). Но теперь все пошло хуже, вполнакала, окружающие догадались, что имеют дело вовсе не с природолюбами, а с хитрыми спекулянтами. У нас нет общественного мнения, которое создает и губит репутации, зато есть мощная система доносов. И полетели в разные руководящие азербайджанские инстанции (Берберовы живут и Баку) разоблачительные эпистолы. Чем все это кончилось, не знаю. Во всяком случае, на переднем крае советского гуманизма Берберовых я больше не встречал.

Конец сентября, дня и числа нет, как у Поприщина, в которого я постепенно превращаюсь. Безвременье, окостенение, остановка всякого движения. Со свалки выгребаются вонючие, полусгнившие отбросы и подаются на прилавок: ударничество, переходящие стяги, грамоты, ГТО, субботники, массовые проработки, холодные, в полусне митинги, кинохроника с комбайнерами и тучами половы и тупое, мрачное вранье. Растет и ширится раковая опухоль. Есть отчего прийти в отчаяние. Отсюда же всеобщий цинизм, гнилые усмешки, самоуверенность власть имущих, знающих, что от них ничего не требуется, кроме одного: не делать, не двигаться, не пускаться в объяснения, быть просто глыбой на пути всякого развития. Хороший гражданин представляется начальству в виде мумии. Отсюда такая любовь к парализованным — и в жизни, и в литературе, с ними нет хлопот. По идее, всем гражданам не мешало бы уподобиться Николаю Островскому — слепому паралитику. Это совершенный гражданин. Помаленьку к тому и идет. И как тут сохранить рассудок!

Спокойствие, выдержка, работа — таков наказ себе. И помни: твоя судьба не на дорогах международного туризма, а в литературе. Значит, смириться, сдаться, признать свое поражение? Я на это не способен. И никакой литературы не родится в униженной душе.

3 октября 1973 г.

Нет, не могу я признать, что так все и должно быть в моей жизни. Не из самолюбия, не из повышенного представления о собственной личности, просто я не вижу в этом смысла, объективного смысла. Я делаю в кино вещи, которые работают на наш строй, а их портят, терзают, лишают смысла и положительной силы воздействия. И никто не хочет заступиться. Даже не понимают, зачем развожу я бессмысленную суету. Может быть, это отвечает новому правилу, чтобы интеллигенция ела свой хлеб со слезой? То, что делается у нас, так несозвучно всему остальному миру, его устремлениям, его обеспокоенности, его серьезным потугам найти выход. Наш трамвай чудовищно дергает, и пассажиры поминутно валятся то ничком, то навзничь. А смысла этих рывков никто не понимает.

У меня никогда и ничего не выйдет. Одного смирения мало, нужно прямое предательство, активное участие в подлостях, нужно рубить головы стрельцам — так повелось еще со времен Петра. Боюсь, что с моей великой идеей: прожить жизнь до конца порядочным человеком — ничего не выйдет. Порядочным человеком я-то останусь, но жизни не проживу — загнусь до срока.

Почему бунтари так живородящи? Плодятся себе и плодятся, аж оторопь берет. Тут что-то есть. Какая-то биологическая игра, придающая особую силу семени. Стремление распространиться?..

А Саша с Аней* наркоманятся. Каким бредом обернулась судьба дочери полкового комиссара, уставного начетчика. Но в этом есть мрачноватая красота. А попробуй рассказать жизнь подавляющего большинства наших знакомых: ничего нет, не было и не будет.

15 октября 1973 г.

Сегодня весь день, за вычетом полуторачасовой прогулки и получасового сна, просидел за письменным столом над рассказом о Лескове. Пишется со смаком, что вовсе не гарантирует успеха. И все-таки ничего не осталось, кроме этого. И хорошо, что я так долго и продуктивно могу сидеть за столом. Раньше меня хватало лишь на три-четыре часа, а в молодости и того меньше. Что-то наладилось в башке.

А завтра в пять дня мы улетаем в Японию. Интересно, что нас ждет. Долетим ли? А если долетим, не угробимся, не окажемся в Китае, не взорвемся от пластиковой бомбы, то как встретит нас загадочный и несчастный Куросава и странный, улыбающийся, печальный Мацуи, и вся Япония, которая после книги Шаброля, деятельности ультралевых и некоторых собственных размышлений уж не кажется мне такой миленькой уютной

---

* Саша и Аня Галич.

страной, как после первой поездки. Хотя и тогда сквозь розовые очки, которые я на себя напялил, мне проблескивало что-то тревожное, что и отразилось в рассказах. Мне никак не удается представить себе образ предстоящего нам с Аллой двухнедельного бытия. Мерещится что-то тяжелое, мучительное и скучное. А почему, сам не знаю.

Может быть, я не понимаю Куросаву? Надо дать ему делать, что он хочет. Ну, на кой мне черт те куски, которые я не придумал даже, а взял у Перова или у самого Арсеньева? Авторское самолюбие тут ни при чем, а свое ремесленное умение я доказал. Надо отбить лишь то, что необходимо для постановки фильма. А в остальном уступить ему, сохранив, конечно, лицо. Беда в том, что я не стал до конца халтурщиком, которому на все наплевать. Но, может быть, у Куросавы есть какая-то своя правда, высшая, чем моя? Он не хочет делать увлекательного фильма, он хочет, чтобы люди смотрели историю дружбы русского офицера-ученого и гольда проводника с тихим сердцем? Тогда я зря его мучаю. Надо будет во всем этом разобраться в Японии. А здорово начальство скинуло на меня все дела с Куросавой. Вот ловкачи! Даже Аллу пустили, лишь бы я принял на себя удар...

Съездили, погрезили и вернулись. И опять уезжаем. Теперь в Польшу. Зачем? Наверное, надо. За время, минувшее с нашего возвращения, был мосфильмовский бред, положительная, но какая-то скверная, недобрая рецензия О.Смирнова на мой двухтомник, были т.н. «друзья», люди из другого измерения, многомного печали. Посмотрим, что даст нам Польша. Здесь, кроме работы и водки, нет ничего. Все остальное самообман. Надо использовать Польшу для возвращения к себе. Хотя бы на год.

1974

26 января 1974 г.

Впервые за всю мою жизнь я встречал Новый год не дома, а в чужой стране. Даже моя короткая и блистательная военная карьера точно уложилась между двумя московскими новогодними встречами. Я пошел призываться 1 января 1942 года и вернулся с Воронежского фронта, контуженый и больной, в конце того же года.

Новый, 1974-й я встречал в Варшаве, в доме режиссера Ежи Гофмана.

Дневника со мной не было, поэтому не подводил итогов. Делаю это сейчас. Можно было бы вообще этого не делать, но я не могу не проводить добрым словом год, который после многих мерзостей явил мне милость.

Прежде всего, это был первый год без больницы. Во-вторых, семьдесят третий исправил то, что испортил его предшественник. Я получил компенсацию за тот ущерб — деловой и моральный, который мне нанесла «Литературка». Роскошная статья Л.Фоменко в «Знамени», статьи в «Лит. России», «Огоньке» и «Новом мире» хорошо отметили и выход моего двухтомника и повесть о Чайковском. Вышла толстая книга военных рассказов. Напечатаны: «Где-то возле консерватории», «Сон о Тютчеве», «Надгробье Кристофера Марло», «Сентиментальное путешествие». Я съездил в Италию, Чехословакию, Японию и дважды в Польшу. Я вытащил Аллу за кордон, а это чего-нибудь да стоит. Была чудесная поездка в Японию, а два с лишним месяца в Польше так значительны, что об этом стоило бы написать отдельно. Написаны два новых сценария: «Дерсу Узала», «Иван да Марья» и вторая серия «Домбровского», оживленного моим упорством и счастливым явлением Богдана Порембы. Опубликован сценарий «Октябрь-44». Я помог Тублину, и это, наверное, наилучшее из всего.

315

Написал повесть о Чайковском (вторую), большой рассказ о Лескове, очерк о Куросаве и о Варшаве. Посмотрел превосходные фильмы: «Последнее танго в Париже», «Механический апельсин», «Кабаре», «Исчезающий пункт», «Свадьба», «Крестный отец», «Семь самураев», «Холодная кровь», любопытные спектакли по пьесам Ружевича, Мрожека, Ионеско, интересного «Гамлета» с Ольбрыхским, Ханушкевичем и Куцевной. Были хорошие кабаки в Италии, Японии и Польше. Хорошие книги: Ремизов, мемуары. Был Ленинград с театром Товстоногова, прекрасными рассказами Гейченко о Распутине, Николае II, царских министрах, симпатичным Тублиным. И если б не охватившая меня вдруг печаль, я рассказал бы с большей горячностью о минувшем годе.

НИНИНЫ ВЫСКАЗЫВАНИЯ

МАМА: У вас еще хорошие ноги, Нина.
НИНА: Какой там!.. Одни копии остались.

***

— Если упадет атомная бомба, останутся одни рувимы.
МАРИНА: Тогда и Рувимов не останется.

***

— Вам звонил Антрекот (Тендряков).

***

— Анка попала в рокфор (Анка-пулеметчица попала в кроссворд).

***

— Я так разволновалась, что пила аверьяновку (валерьянку — когда пропал Митя).

***

— Будем готовить Сицилию (саииви в связи с приездом гостей)?

1 февраля 1974 г.

Надо жить спокойно и широко. Хватит загонять себя, ставить в зависимость от всякой человечьей потери и свято помнить завет Талейрана: «Поменьше рвения». Пора энтузиазма и горения прошла для всех. Я один, как дурак из сказки, пру против общего движения. Вернее сказать — застоя. Побереги свой пыл для творчества, жертвуй всем, и собой в том числе, лишь для него, а не для кинодел и чужих забот. История с «Ивановыми» должна поставить точку всем иллюзиям, всякому доверию к тому, что говорится с трибун, и всякому бескорыстию. Я всерьез поверил, что нужен живой, человеческий фильм о рабочей семье. Во-первых, он никому не нужен, ну а уж если нужен, то от михалковского клана, а не от меня. И к тому же не оригинальный, а до стона банальный. Главное — не жить мелкими досадами, не думать о них, не травить душу. И еще: довольно благотворительности, довольно тянуть бездарных или малоодаренных людей в печать, в СП, в славу. Ну их к черту! Хватит «откликаться» на просьбы липовых друзей. Сколько раз твердить тебе одно и то же, расслабленный идиот! Обретай мудрую жестокость старости. Все доделывать, доводить до конца пусть останется моим принципом, но надо научиться отказывать: киностудиям, газетам, радио, друзьям, знакомым и сонму неизвестных претендентов на славу, которые почувствовали мою слабину и лезут, лезут... Есть истинные ценности: рассказы, книги, природа, поездки, Ленинград, музыка и два-три человека.

14 февраля 1974 г.

История — да еще какая! — библейского величия и накала творится на наших глазах. Последние дни значительны и нетленны, как дни Голгофы. Только Христос другой. Современный. Христос-74. Он не просил Отца небесного «чашу эту мимо пронести», а смело, даже грубо рвался к кресту, отшвырнув по дороге Пилата, растолкав саддукеев и фарисеев, всех ратников и лучников, отшвырнув прочь разбойников и прочую сволочь. Он рвался к кресту, как олимпиец к финишной черте. Бог да простит мне эту любовную насмешку. Он сейчас в безопасности, и я до слез рад за него. И, как всегда, по древнему человечьему обычаю прикидываешь к себе: а ты мог бы так? Да, но лишь в мечтах. И дело не только в отсутствии объективных и субъективных факторов, не в том, что тот характер закалялся в кузне самого Вулкана, и не в трусости, хотя клаустрофобия вяжет хуже всякой трусости. Не может быть бойцом человек, который не переносит запертой комнаты. И здоровым, я не был бы борцом. Я только писатель, ничего больше. У меня нет ясной цели, в этом главное. Куда и как идти — не знаю. Я даже не верю, что существуют цель и путь. Реально для меня лишь пастернаковское «искусство всегда у Цели». Все остальное крайне сомнительно. Но возблагодарим Господа Бога, что он наградил нас зрелищем такого величия, бесстрашия, бескорыстия, такого головокружительного взлета. Вот, оказывается, какими Ты создал нас, Господи, почему же Ты дал нам так упасть, так умалиться и почему лишь одному вернул изначальный образ? Может быть, Ты сознательно недосоздаешь нас, чтобы мы сами завоевали окончательное право быть человеком? Но не отпущено нам таких сил. Он, которого Ты дал отнять у нас, подымал нас над нашей малостью, с ним мы хоть могли приблизиться к высокому образу. Но Ты осиротил нас, и мы пали во прах. Теперь нам уж вовсе не подняться. Пуста и нища стала наша большая страна, и некому искупить ее грехи.

Храни его, Господи, а в должный срок дай место возле себя, по другую руку от Сына (о Солженицыне).

Сегодня были у Геллы. Много чужих детей, водки и возбуждения. Гелла в форме — хорошо играет обреченность, всепрощение, смирение перед скудостью жизни. Странен погасший, опустившийся Эльдар, который начинает свой кинопуть с того, чем кончил Салтыков. Галя К. похожа на пиковую даму: черна, суха, опасна. Очередная жуликоватая старушка ведет, вернее, разрушает утлое хозяйство Геллы. С нами был неистовый фотолюбитель Толя М. Был и герой дня Евгений в красной палаческой рубахе, сильно озадаченный своим подвигом: письмом протеста. Я начал было восхищаться им, и тут меня поразил Толя М.: «Неужели ты не понимаешь, что это согласованный протест? Это игра в свободу мнений, укрепление международных позиций нужного человека». Я сразу понял, что он прав, и мне стало стыдно за мою доверчивость.

20 марта 1974 г.

Не прошло и полутора лет, а вновь, как но нотам, разыгралась отвратительная история с очередным моим невыездом. На этот раз я даже предположить не могу, кто тут сработал. Мой старый друг Витюша вроде бы не мог высунуться, но что я знаю об их бесовских играх? Самый загадочный случай из всех. Плохо это, вредно для души, для усталых, перетертых нервов. А как пробиться к истине, как раскрыть эту тухлую тайну? Поверить трудно, что каким-то взрослым, имеющим собственную жизнь людям не скучно преследовать усталого, абсолютно безвредного, а работой своей полезного человека. Ведь для этого необходима шекспировская ненависть. Этим мог обладать Аркашка Васильев — масштабный подлец, отчасти Витюшка — чего-то он не может мне простить, презрения, что ли? Но последнюю неудачу трудно вывести из чьей-либо личной ненависти. А может, все дело в неком бюрократическом раскладе? Просто в кагебевской картотеке я принадлежу к категории, скажем, «Г». Почему к этой, а не к другой,— вопрос второстепенный. Скажем, по количеству написанных на меня доносов я и поставлен так низко. Эта группа является выездной, пока не происходит «ситуация Б». Ухудшение отношений с заграницей, усиленно враже-ской радиоактивности или некие чрезвычайные обстоятельства, как чей-то отъезд, враждебная кампания прессы и т.п. И сразу, без эмоций, без намека на недоброжелательство я попадаю в разряд невыездных. Потом ситуация меняется и я вновь еду, куда хочу. По-моему, я нащупал что-то очень похожее на правду. Иначе надо предположить, что только мною и занимаются все стукачи и все органы.

1 апреля 1974 г.

Мама становится невыносимо трудной для совместной жизни. Порой в ней появляется нехорошая завершенность литературного персонажа, а не живого человека, который всегда как-то зыбче, переменчивей, отходчивей. Что-то от матерей Ж. Ренара, Базена, Мориака. Ее неровное отношение к Алле принимает отчетливый характер ревности-ненависти. Для меня нет ничего ужаснее. Особенно невыносимо, когда мама, сцепив зубы, решает быть приветливой, это выглядит так натужно, неискренне и безвкусно, что меня корчит от стыда, жалости и боли. Игра в приязнь хуже откровенной и естественной злобы. Повезло же мне под старость: кошмар международный и кошмар внутренних дел.

15 апреля 1974 г.

Теперь я твердо знаю: каждый активно участвующий в современной жизни человек становится к старости невропатом.

Сохраниться можно, лишь живя, как Я.С. — в спасительной глухоте, избавляющей от громадного числа раздражителей; ограниченная параличом способность к передвижению тоже служит этой цели, а также выключенность из профессиональной жизни, т.е. из борьбы за существование.

Я — в общем-то, стойкий экземпляр «мыслящего тростника» — уже полностью закомплексован. Эти комплексы возникли из систематических неотъездов, кинолихорадки (хватает сердце, как только перешагиваю порог «Мосфильма»), из вечного ожидания подлого удара со стороны «Литературки», из напряженности прежней жизни, из боязни мамы. Я уже не тот легкий человек, каким был прежде, чуть ли не до пятидесяти лет, несмотря на все испытания и кошмар предыдущего брака. Я — омраченный человек. Мне водка не дает облегчения, не повышает настроения. Я надираюсь, чтобы очуметь, выпасть из окружающего, столь тягостного и непереносимого. По пути к беспамятству я мрачнею и озлобляюсь, а потом провал. Опамятываясь, я испытываю ни с чем не сравнимое отвращение к себе и острое чувство раскаяния, хотя, в отличие от прошлых лет, мне каяться, как правило, не в чем. Разве что нахамлю иногда Алле за то, что мешает пить. О выпивке, когда она становится неотвратимой, я думаю с жадностью и ужасом.

16 апреля 1974 г.

Сегодня замечательно свистели синицы. Я никогда не слышал, чтоб они так громко, музыкально и самозабвенно свистели. И я вдруг почувствовал всем, что во мне еще живо,— весна! А во мне не так уж много осталось живого. С домом, при всей моей любви и жалости к близким, порвались почти все связи. Они восстанавливаются лишь в болезни, опасности, угрозе смерти. Друзей у меня нет совсем, даже прежних — поддельных. Ленинград перестал быть городом моей души. Тяга к письменному столу, слава Богу, сохранилась, но что-то и тут надломилось. Не берусь сказать что. Я всегда торопился ответить на все возникающие вопросы, на этот раз повременю, отвечу, когда в самом деле пойму. Тщеславных иллюзий у меня тоже нет. А что есть? Алла. Привязанность к месту, где я живу, и желание сделать его красивым. Идея дома все еще сильна во мне. И есть тень надежды на какое-то чудо. Не так мало.

Любопытно, что другие осуществляют то, что я так злобно и скрупулезно придумываю во время своих летних шатаний по лесу. Осуществляют точь-в-точь, как будто они слышали мои мысли. И у них все выходит, черт возьми! Но меня должны вышибить с орбиты слишком большого — при всех оговорках — благополучия, чтобы я смог действовать с естественной, а не надуманной решительностью. А без этого сразу поймут, что ты играешь, а не гибнешь всерьез, и скрутят в бараний рог.

Дивная весна! И хочется кому-то громко крикнуть: спасибо за весну! — но кому? Бог упорно связывается для меня с неприятностями. Я отчетливо проглядываю Его мстительную руку в делах Ильина и ему подобных, но как-то не верю, что Он заставил светить солнце так жарко, небо так ярко голубеть, а землю гнать из себя всю эту сочную, густую, добрую зелень. Прости меня, Боже, но милости Твои изливаются только на негодяев, и мне трудно постигнуть тот высокий и упрямый замысел, который в это вложен.

12 июля 1974 г.

Не часто же обращаюсь я к этой тетради! Миновали Сингапур и Австралия, промелькнула Чехословакия, неопрятно прокатила через душу Польша, а я ни разу не вспомнил о белых листах, ждущих моих признаний. И ведь следовало бы сказать кое о чем. Ну, хотя бы о том, что с австралийским неотъездом я все нафантазировал: не было никакого «заговора». Был обычный бардак, равнодушие, нежелание расходовать деньги на «чужака». Вялое сопротивление, которое я довольно легко преодолел. О Чехословакии нечего сказать: душевно пустая поездка, с непервосортной работой, с полным охлаждением чешских «друзей». Поездка, из которой я не вынес ни одной серьезной думы, ни наблюдения, ни радости. Плохо себя чувствовал — давление, мало похудел, не встретил ни одного милого лица. Ну а Польша — большой разговор. Фальшивое радушие одних, каменное безразличие других, во всех тайное недоброжелательство, редко — личное. Исключение — загадочная семейка Клавы. Эти связывают с нами слишком серьезные жизненные планы, чтобы считать меня ответственным за все польские беды. Главное в этих планах: легкий отпуск, ставший для членов социалистического общества не только главным, высшим, но единственным смыслом жизни. Есть что-то жутковатое в той серьезности, глубокой озабоченности, трепете и тревоге, с какими люди ожидают наступления пустых, бездельных недель, сменяющих полубездельные недели обычного существования. И ведь знают, что, кроме водки, вредного загара и неопрятных связей, ничего ровнешеньки не будет. И все равно трепещут в ожидании и нетерпении. До чего же скудна жизнь! «Где вы отдыхаете?» — этот вопрос начинает звучать с апреля, вытесняя все иные жизненные вопросы. Он произносится без улыбки, с искренней заинтересованностью, какой мы в других случаях вовсе не проявляем друг к другу. Ах, как важен отдых для этих не усталых людей! Курортные знакомства становятся самыми ценными и значительными в человеческих отношениях. Раньше их принято было сразу рвать: «курортное знакомство» было знаком недолговечности, мотыльковой краткости. Сейчас эти знакомства длят изо всех сил. И зачастую вносят в них ту преданность, искренность и бескорыстие, что начисто ушли из нашей жизни. Тут есть своя глубина. Отпускное времяпрепровождение — единственное, что тебе не навязывается извне, курортная дружба не предписана тебе государством, как дружба народов, дружба поколений, дружба однополчан и однокашников, дружба внутри бригады коммунистического труда, спортивная дружба и прочие мнимости. Отпуск частично восстанавливает в человеке чувство собственного достоинства: он отдыхает по своему усмотрению, а не по распоряжению начальства, он едет куда хочет и как хочет, а не по командировочному предписанию и не по этапу — основные способы передвижения советских людей. И он встречается, с кем хочет, сколько хочет — обалдеть можно от такой свободы! Курортные знакомые — живой символ опахнувшей душу свободы. Они видели тебя принадлежащим солнцу, ветру, морю, а не начальству, профсоюзу, парткому, которые в любую минуту могут послать тебя, кавалера, остроумца, гуляку или мудреца, в колхоз на уборку сопревшего в земле картофеля или на овощной склад перебирать гнилые овощи. Да, в отпуске ты — человек, во все остальное время — крепостной. Поэтому не надо смеяться над отпускниками, лучше — плакать.

По приезде из Польши — ошеломляющее зрелище Я.С., вернувшегося из больницы, как из Освенцима. Даже Мара в Кохме при первой нашей встрече не был так страшен и жалок. Но Мара был неизмеримо более мужественным человеком. И удручающая непробиваемость мамы. И нескончаемый ремонт. И кислый, тошный запах «шпаклевицы». И ранящая мысль, что лето уходит, что оно уже ушло, опять не свершив чуда. И ком в душе.

22 июля 1974 г.

В пятницу вечером поехали в Зеленоград на встречу с городским активом и руководством в честь начала съемок фильма «Семья Ивановых». На сцене сидели актеры и — весьма неожиданно — Гелла, предполагаемый автор песен. Выступления, аплодисменты, цветы, и вот уже нас везут на трех машинах в какой-то хитрый домик на другом конце Истринского водохранилища, километрах в шестидесяти от Зеленограда. С нами мэр, два его зама, второй секретарь горкома. А там — уже накрытый роскошный стол, прекрасные, пахнущие смолой спальни — домик деревянный, скандинавского образца — и неработающие уборные — отечественная поправка к иноземному великолепию. Как это по-русски! Привычка «ходить» в овин, в лопухи. Без икры власть имущие за стол не садятся, а срать преспокойно ходят на двор. Начались тосты и речи, поначалу с потугами на торжественность, интеллигентность, затем все более разнузданные. Вскоре столом завладел мэр, так и сыпавший чудовищными по неприличию, примитивности и отсутствию юмора анекдотами. Считалось, видимо, что он умеет вести себя с богемой, куда огулом зачислили нас всех. Затем было прекрасное Геллино чтение, пронявшее даже залубеневшие души начальства, актерские глупости и по-народному хамоватая болтовня Нонны М., вошедшей в роль советской Ермоловой, а уже далеко за 12, под конец тяжелого застолья, неожиданный, хороший, серьезный разговор с мэром-похабником. Оказывается, самая главная проблема города-спутника, создающего что-то сверхсовременное и сверхсекретное, не в отсутствии каких-либо тонких материалов или оборудования, а в... невозможности искоренить проституцию. Танцплощадка — средоточие отдыха молодежи — была настоящим бардаком. Сюда приезжали из Москвы седовласые любители продажной любви на собственных машинах. Поскольку кругом шныряло множество комсомольских стукачей, сговор происходил молча. Приглашенную на танец слегка ошаривали рукой, и если под платьем не обнаруживалось ни лифчика, ни трусов, ее сразу вели к машине. Зеленоград вписан в девственный лес, так что далеко ехать было не надо. Все удовольствие стоило десятку. Девки, промышлявшие этим, были хорошо известны и патрулям, и милиции, но ведь у нас нет проституции, есть тунеядство, а под это их не подведешь, они все работают. Площадку закрыли, но сейчас открывают вновь, ибо увеличилось хулиганство, а проституция ушла в подполье и власти окончательно утратили контроль над этим социальным злом. Раньше устраивались облавы, порой удавалось сцапать двух-трех неработающих блядей, их с шумом и треском отправляли в исправительные колонии, что не производило никакого впечатления на оставшихся, но свидетельствовало о рвении властей. Беда усугубляется тем, что неподалеку находится школа повышения квалификации комсостава дружественных армий. Карманы этих блистательных воинов набиты бесшовными дамскими чулками, духами и прочен парфюмерией из валютных магазинов, а перед этим не может устоять ни одно женское сердце.

Другая проблема — ранние браки. На каждом заседании горсовета мэр вынужден благословлять на брачное совокупление, практически уже свершившееся, очередную шестнадцатилетнюю невесту с семнадцатилетним женихом. Дети должны иметь родителей, пусть и школьников.

9 октября 1974 г.

Когда мы возвращались из Болгарии со съемок «Ивановых», я сказал Алле с полной внутренней убежденностью: «Мы не увидим Кузика». В аэропорту Тамара первым делом рассказала, что Кузик в наше отсутствие заболел, приглашали ветеринара, тот вынес такое заключение: он стар и плох, но еще подержится. «Вот видишь!» — оптимистично воскликнула Алла.

Но когда мы подъехали к даче, я увидел на воротах клочок какой-то бумаги. «Это объявление о пропавшей собаке»,— сказал я. Кузик и до нашего отъезда пытался куда-то уйти. Но мы его всякий раз находили и возвращали. На этот раз он таки сумел уйти. Говорят, что на природе у собак восстанавливаются некоторые древние инстинкты. Видимо, собаки, охранявшие наших далеких предков, не считали удобным умирать на глазах хозяев. И бедный седой шестнадцатилетний Кузик, всю жизнь отличавшийся редкой деликатностью и добротой, не захотел досаждать хозяевам своей смертью. Но как он, полуслепой, почти лишившийся чутья, сумел отыскать невидимый лаз в заборе и такое укромье, где его не нашли,— уму непостижимо. Мне кажется, что он не ушел, а вознесся.

Какое это было милое, безвредное, преданное, ласковое, святое существо! Он не причинил зла ни одному насельнику мира. Однажды я пытался натравить его на огромную, чудовищно уродливую жабу, жившую в огороде и вдруг подползшую к самому крыльцу. Кузик обнюхал ее, помахивая напрягшимся хвостиком, и полюбил всем сердцем. Шестнадцать лет прожил он с нами, перенес две смертельные болезни: железницу и чумку, пережил Рому и Проню, Дару и Феню, изжил себя до конца и был взят на небо.

Вот и кончилось то, что началось так давно, кажется, в начале жизни, а на самом деле так недавно, что доставляло столько радости, а порой страха и смертной жалости, что было словно душой дома, его скрытой добротой, увы, на поверхности этой доброты почти не осталось.

30 ноября 1974 г.

Вчера выступал в Институте культуры в г. Химки. Это уже не Москва, а область, хотя институт стоит сразу за кольцевой дорогой. Но это не Москва и в другом смысле. Дворец культуры, в котором я выступал, — бывший клуб некогда преуспевающего, а ныне пришедшего в упадок колхоза; аудитория — по виду ученики ФЗУ и ремесленных училищ, на деле же студенты: будущие культмассовые работники, дирижеры любительских хоров, режиссеры народных театров, а на галерке — местная шпана не подмосковного даже, а уездного обличья. Да и все тут принадлежит не столичному укладу семидесятых годов, а послереволюционному Моздоку. Это укрепило мое ощущение, что мы сползаем в эпоху военного коммунизма — по фразеологии, одежде, пище, несытости серых лиц, какой-то странной наивности (в чем ее корень?), даже некоторому идеализму вконец замороченной молодежи.

Но не об этом завел я речь. На вечере появился отставной

полковник Рощин (у него оказалось имя: Семен Ильич). Да-да, тот самый волховский Рощин, который был моим первым фронтовым начальником, отцом-командиром, столь трогательно стремившимся отправить меня в лучший мир. Но почему-то я не вынес к нему такой ненависти, как к Кравченко, Полтавскому, Верцману. Что-то его отличало от них, какая-то чистота, даже наивность. Он гадил не со зла, а по наущению хитрых подлецов, угадавших его стремление подтянуть «штафирку» (это я), заставить его «понюхать пороху». Он посылал необученного, неумелого человека туда, где и матерому фронтовику пришлось бы нелегко. Он был жесток ко мне — иногда по-крупному, иногда по-мелкому, что куда хуже. Если я уцелел, то никак не его молитвами. Он серьезно уверял меня, что избегать ранения не стоит, это, мол, хорошо для репутации отдела. По раненым мы уже обскакали отдел агитации и пропаганды, и не мешало бы увеличить разрыв. Так сказать, не успокаиваться на достигнутом. Но подлости в нем не было. Больше дурости. Недаром же в моих рассказах и повести он прошел со знаком плюс, что обозлило одного ленинградского критика, тоже воевавшего под началом Рощина. Наша встреча стала моим реваншем, тем реваншем, о котором я вначале лишь беспочвенно мечтал, а потом ждал как вполне возможную реальность (не случайно же всплыл из мистической тьмы Татаринов), получив же, остался почти равнодушен. Все приходит слишком поздно: любовь, деньги, признание, известность, отмщение. Надо было послушать, как убежденно, от всей души расхваливал меня Рощин, как превозносил мои боевые подвиги, спутав меня, очевидно, с персонажами моих военных вещей: Ракитиным и Чердынцевым, с трибуны Дворца культуры. Он верит в написанное мною, как в воинский приказ или передовую «Красной звезды». Это подтверждает мою старую мысль о нереальности реальной жизни и всевластии литературы, которая вовсе не воспроизводит, не отражает, а **творит** действительность. Иной действительности, кроме литературной, нет. Вот почему наше руководство стремится исправлять литературу, а не жизнь. Важно, чтоб в литературе все выглядело хорошо, а как было на самом деле, никого не интересует. Нет иной реальности далеких волховских дней, кроме той, что придумал я (разумеется, в разрезе 7-го отдела). Это стало законом не только для Рощина, но и для Мишина, для

Килочицкой, для Кеворковой, для Татаринова и многих других. Они пожертвовали правдой собственных воспоминаний, чтобы принять высшую, литературную правду. И я в принятом ими варианте событий естественно стал главным и любимым героем. Они забыли даже то дурное, что делали мне. Они искренне убеждены, что всегда любили меня, гордились мною, самым боевым и лихим политотдельцем Волховского фронта. Насколько поэзия сильнее правды!

И все-таки хорошо, что вчерашнее было, хотя отчего-то грустно. Наверное, оттого, что все приходит слишком, слишком поздно.

А вообще было убого и трогательно. Бедный армянский мальчик называл меня, выступая, «снежной вершиной» и подарил выточенного из дерева козла; чтица читала из рассказов о Гагарине, студенты разыгрывали Трахманиану — по нашему фотоальбому, а пианистка, лауреат какого-то захудалого конкурса, играла в честь мою и Аллы. И была во всем этом любовь — запоздалая,— трогательно, глупо, грустно...

5 декабря 1974 г.

Ездили к Пете в Дедовск по Волоколамскому шоссе. Он купил там сруб — половину сильно недостроенной дачи, и поселился вместе с Олечкой, своей бывшей ученицей и возлюбленной. Поступок отважный и несколько диковатый. Нет ни воды, ни канализации, ни теплого сортира (влюбленные ходят в ведро), ни гаража, ни надежного подъезда к даче. Жить там суровой зимой — труд героический. Пете — пятьдесят шесть, он недавно перенес тяжелую операцию, теперь у него дырка в жопе, у Олечки — цистит, наверное, простудилась в ледяной дачной уборной, прежде чем научилась пользоваться ведром. Жратвы, конечно, поблизости нету, и ресторанов нет и собутыльников. С горя Петя отпустил усы, которые ему очень идут. Он похудел, осунулся, но внешне стал лучше, значительней. Красивый грустный стареющий мужчина — образ привлекательный. Старость не унизила, а как-то подняла Петьку, чего не скажешь о большинстве из нас.

И сейчас на душе печально и чего-то жалко: то ли молодости, то ли истаивающей жизни, то ли чего-то упущенного. Хорошо, что съездили, не поленились.

Смотрю на нового черненького щенка Митю и удивляюсь, почему не написал о его появлении в нашем доме. Случилось это два месяца назад, вскоре после исчезновения Кузика. Я сидел в кабинете, когда снизу раздался лай уличной собаки Ваксы, любимицы поселка. Сбежал вниз. Вакса явилась не одна, а в сопровождении крошечного черного сына. Полуторамесячный щеночек посмотрел на меня сонными медвежьими глазками и вдруг склонился в глубоком поклоне: попка кверху, правая лапка выставлена вперед и к ней косо посунута головка. У циркачей это называется «сделать комплимент». Я взял его, пушистого, теплого, и отнес в постель спавшей Аллы. Она проснулась, ахнула и тут же влюбилась в щенка. Я сказал ей, что Вакса привела его по объявлению: «Пропала маленькая черная собака. Нашедшему — вознаграждение». Вакса тут же получила миску борща и замечательную сахарную кость. Щенка общим семейным советом нарекли Митей. Вечером Алла вылавливала блох, резвящихся на его розовом голом брюшке. Спущенный на пол, Митя тут же сделал комплимент. Он то и дело всех приветствует и благодарит — на редкость любезный малыш. Старики его тоже приняли, мама горячее, Я.С. холоднее. Он — теоретик чувства и считает, что надо хранить верность Кузику. Мама, как и всегда, естественней, непосредственней. В общем, щенок пришелся ко двору. Атмосфера дома подобрела.

У меня гипертония. Теперь это ясно. К промежуточному финишу (55 лет) я подхожу тяжело и банально больным: ишемия и гипертония. Надо делать выводы. Есть три пути: плюнуть на все и жить, как жилось: напиваться, когда охота, изнурительно работать, ездить, куда заблагорассудится, — словом, идти смело и беззаботно навстречу недалекому концу. Это было бы прекрасно, если б знать, что ты идешь к настоящему концу, а не к параличу, идиотизму или кошмару последних лет Драгунского. Есть другой путь: повернуть свою жизнь на сто восемьдесят градусов — бросить пить и гулять, максимально сократить рабочий день, жить по строжайшему режиму, жрать лекарства и ездить по санаториям. Что-то останется: поездки, рыбалка, лес, книжки, музыка. Третий путь, самый легкий, самый трусливый и самый манящий: не делать окончательных выводов, «ограничивать себя» — как будто это возможно! — иными словами, грешить и каяться, злоупотреблять, а потом бегать к врачу, «проходить курс», поправляться и — опять в пугливый грех. Пока что я ближе всего к этому третьему пути. Жаль, что дом, за исключением Аллы, перестал помогать мне жить. Даже наоборот. Своей бессмысленной неукротимостью работает мне на гибель. Теперь я знаю, что такое незащищенный тыл. В сущности, кроме литературы, ничего не осталось. Да и было ли когда?..

31 декабря 1974 г.

Ну вот, опять итог, он будет краток и неутешителен. Я стал старым и чувствую это. Радости во мне нет ни на грош. Вечная боль в шее, скачущее давление, слабость, беспросветность окружающего и отсутствие всякой разрядки. Водка уж не спасает. Кошмар расплаты, словно отстой, — на дне каждой рюмки. Мама являет смесь Шекспира с Фрейдом. Я.С. вторит ей в ложно направленном инстинкте самозащиты. Дом перестал быть крепостью, ибо крепость эта внутри нас и она рухнула. Вне дома — выжженная пустыня. Иногда еще трогает книга, стихотворение. Порой, очень редко, притягивает письменный стол. Неутешительно. А ведь была Австралия с очаровательными людьми, ярко мелькнул Сингапур, были рассказы и стоящие очерки, но все обесценилось «закатом уюта и авторитета».

1975

За это время переболел гриппом, который, похоже, сидел во мне месяца два. Сейчас слабость, сопли, равнодушие, нежелание жить. Алла, выходив меня, заболела сама. Вначале перемогалась на ногах, сейчас слегла и, похоже, не собирается выздоравливать вообще. По-моему, это бегство от дома. Такое ощущение, будто все вокруг кончается, причем не в огне и буре, а в тусклом, медленном распаде, изгнивании. Раньше перемены приходили с громами и молниями, а сейчас тихое угасание. Но, может, я ошибаюсь? Просто нас измучила болезнь, мы устали, а потом опять наша жизнь наладится, натянется струной и зазвучит. Но как-то плохо этому верится.

20 марта 1975 г.

Сосинские. Странность поведения людей в отношении меня. Сосинский рассказал за столом с крайним преувеличением, хотя и голой правды было бы более чем достаточно, как ужасно напился я у него дома. Это сразу испортило все застолье, дало Я.С. прекрасный повод меня обхамить, а маме злобно обостриться. Я не верю, что Сосинский поступил так по наивности, неведению, глупости, недомыслию, нет, им двигало какое-то мстительное чувство, о существовании которого я и не подозревал. Моя внешняя форма, выработанная годами жесткой тренировки, вводит людей в заблуждение. Я кажусь беспечальным, самоуверенным, очень твердо стоящим на ногах и весьма знающим себе цену человеком. Поэтому так приятно меня обхамить. Если б знали, какой я на самом деле, ко мне относились бы много снисходительней. Но форма срастается с сутью человека, теперь мне невозможно вести себя иначе.

Ура! Я видел кукушку. Говорят, это к счастью, хотя у меня тут же начались всякие мелкие неприятности. Это было в лесу, что слева от высоковольтной, после внезапного дождя, промочившего меня до нитки. Я подходил к поляне, где прежде находилось озерцо, давно уже пересохшее, и вдруг услышал небывало отчетливое, ясное, не из чащи, не из-за деревьев, а в чистом, звонком просторе кукование. Оно было как приветствие солнцу, вновь наполнившему лес и засверкавшему в каждой капле. И тут я увидел кукушку совсем близко от себя. Она сидела на голом суку старой сосны, простершемся над полянкой, на самом конце и, сильно вытягивая шею, бросала свое «ку-ку». Потом она замолчала, странно встопорщила крылья, так что они образовали дугу; издали бурая, одноцветная, она казалась очень большой, но стоило мне спугнуть ее, как она разом уменьшилась вдвое и спорхнула с ветви чуть ли не воробьем. Я думал, что больше не увижу ее, но она всего лишь поменяла сосну. И вновь закуковала, а замолчав, пустила крылья дугой. Я вышел из леса с таким чувством, будто клад нашел.

Вчера был прием в японском посольстве в — честь окончания фильма «Дерсу Узала». Еще одной иллюзией меньше. Рухнули мои представления о «великом Куросаве». Все в один голос ругают фильм, который мне даже не показали. О Куросаве говорят так: старый, выхолощенный, склеротик-самодур, чудовищно самоуверенный, капризный, с людьми жестокий, а себе прощающий все промахи, ошибки и слабости. Он маньяк, а не рыцарь и даже не фанатик. Из-за его недальновидности и самоуверенности упустили золотую осень, не сняли те эпизоды, которые легко могли снять.

Прием был оскорбителен. Членам съемочной группы запретили приводить с собой жен, хотя все были приглашены с женами. Поэтому они дружно врали, что жена «приболела», «занята», «не в духах». Безобразная сцена в духе старинного русского местничества разыгралась вокруг стола, предназначенного начальству. «Иди сюда, чтоб тебя!..» — заорал на жену Сизов и, схватив за руку, буквально швырнул на стул рядом с собой. Я не мог подобным же способом усадить Аллу и добровольно покинул почетный стол. Меня никто не удерживал. О Мунзуке — единственной удаче фильма — вообще забыли. Он с палочками и миской риса устроился в вестибюле. Я нашел его и привел за наш стол. За него даже тоста не было. Пили за Куросаву и за Ермаша, похожего на чудовищного мрожекского младенца. Мацуи нас избегал, он же приглашал нас на премьеру, а поедут Ермаш с Сизовым. За полтора года совместной работы японцы научились подхалимничать перед нашим начальством почище отечественных жополизов. Куросава отнюдь не являет собой исключение, бегает за Ермашом, как собачонка. В умении подчиняться этой нации не откажешь. Он наврал, что понятия не имеет о моем очерке «Возвращение Акиры Куросавы». «Возможно, я просто забыл, — произнес рассеянно. — Столько было материалов...» А ребята из группы в один голос говорят, что он велел найти журнал с этим очерком, и переводчик читал ему вслух каждый вечер. Зачем он врет? А чтобы не чувствовать себя обязанным мне. Кроме того, этот очерк устанавливает между нами знак равенства, чего «император» Куросава не терпит. К этому примешивается неизбежная ненависть режиссера к сценаристу. Лилипучья мелкость!..

На этом паршивом приеме стало до конца видно: наше общество четко поделилось на две части — начальство и все остальные. Последним отказано даже в той видимости уважения, какое в послесталинские времена — по первому испугу — считалось обязательной принадлежностью восстановленной демократии.

Уродливо изогнутая перед Ермашом спина длинновязого Куросавы — это более значительно и показательно, нежели выход то ли впрямь плохого, то ли не понятого нашими «знатоками» фильма*.

17 июня 1975 г.

Разговоры о близкой войне. Вроде бы нет никаких оснований для этого, тем более что война — и не малая — только что состоялась и кончилась поражением Америки, отнюдь не мечтающей о реванше. Руководители по-прежнему играют в раз-

---

* Фильм получил «Оскара» и всемирный успех.

332

рядку, а простые люди чувствуют, что **она** рядом, и приглядываются к соли, спичкам и консервам на пустынных полках магазинов. Видимо, **она** созрела в душах. Война возникает вовсе не в силу каких-то не разрешимых мирным путем противоречий и конфликтов — разрешить можно все, а копится в глубине человечьей тьмы. Трудно сказать, созрел ли мир для последней, опустошительной войны, но люди чувствуют ее приближение в себе самих, они выдыхают войну вместе с углекислым газом, и потому так тяжело нагруз воздух. Если без дураков — людям хочется войны. Хочется не только генералам (им — меньше других, ведь чины и ордена регулярно поступают и в мирной жизни, а командовать, сражениями никто не умеет), а чиновникам, мелким служащим, бухгалтерам, счетоводам, инженерам, трудягам, земледельцам, молодым парням и многим женщинам. Устали от рутины, безнадеги, неспособности вышагнуть за малый круг своей судьбы, от необходимости отвечать за семью, детей, самих себя, рассчитывать каждую копейку и ничего не значить в громадности социального равнодушия. Вот почему бывают войны. Вот почему их нельзя предотвратить ни уступками, ни доброй волей, ничем. И как фальшива, как слаба и неубедительна всякая агитация против войны. В нее никто не верит: ни государства, ни отдельные люди. И какой серьезной, действенной, кровавой становится агитация в дни сражений. Об этом следует серьезно подумать.

Сегодня на прогулке. Посреди дороги лежала темная кучка. Присмотрелся — слипшиеся в ком мертвые бабочки, в основном белокрылые с черными полосками, но были и рыженькие. Другие бабочки, как завороженные, налетали на кучу, вонзали хоботок в трупы и сосали оттуда. Вскоре они складывали крылышки и переставали жить.

18 июня 1975 г.

Изгадилось наше лето. Каждую минуту — буквально — проносятся самолеты: реактивные — с Внуковского аэродрома, винтовые — охраняющие Калужское шоссе, сельскохозяйственные, учебные, и совсем низко, над островершками елей проходят с аэродрома на аэродром вертолеты. С утра звенят пионерские горны трех громадных лагерей, ликующий глупый мужской голос возглашает слова физкультурной команды, затем вступают в дело на весь день мощные радиоусилители профилактория строителей. Тишина умерла, а с ней и радость лета.

16 июля 1975 г.

Надо крепко подумать о сегодняшнем дне и не совершать тех ошибок, которые я себе позволил, исходя из ошибочной посылки, что мое имя что-то значит, моя работа как-то ценится и т.п. идеалистической чепухи. Невзрачный стукачишко из иностранной комиссии Союза киношников быстро сбил с меня спесь. А я всего-то просил две путевки в ГДР по плану индивидуального туризма. Он начал хамить с ходу, толком не выслушав моей просьбы. Впечатление было такое, будто он давно вынашивал мстительные планы и ждал только случая. А ведь я его и в глаза не видал. Он захлебывался в истерическом злобном восторге, повизгивал, как Митя у забора возлюбленной сестры, только от иного вожделения, руки у него тряслись, подбородок прыгал. Чем я ему так ужасно досадил? Большими потиражными, что ли? Прежде чем отказать в этой пустячной поездке, он заставил меня забрать старую открытку, в которой я в ответ на их же запрос, куда хочу поехать в предстоящем году, назвал Мексику. Я давно забыл об этой открытке, не придавал ей никакого значения, да и пришел по совершенно иному поводу, но он минут десять не мог расстаться с мексиканской темой. Затем, все так же захлебываясь от возбуждения, стал орать, что я не несу общественной нагрузки — на меня жалуется секция драматургов, что нечего сюда лезть, когда в Союзе писателей имеется своя иностранная комиссия. «Идите к Фоминой!— визжал он.— Идите к Фоминой!» Он отрезвел и сбавил тон, почуяв угрозу в моем ошеломленном молчании. А у меня просто в зобу дыхание сперло. Но трусливый гад перепугался и залепетал что-то заискивающее. А я все молчал, провалившись в черные дни Ильина и Аркашки Васильева. Впрочем, те гадили тишком да молчком, а этот пошел в открытую. У нас ничего не бывает просто так, чиновники отлично умеют держать себя в руках, да и не может у него быть такой обостренной личной неприязни ко мне. Нет, это санкционированное хамство, новый тон с «паршивой» интеллигенцией, вернее, весьма старый, добрых сталинских времен. Все возвращается на круги своя. Это надо знать и держать ухо востро и не входить в кабинеты «с душой, открытой для добра».

Ну а история с фестивалем, где первым номером идет моя картина «Дерсу Узала»? Все буквально балдеют, когда я говорю, что меня не пригласили на фестиваль. По всем законам мне полагалось бы входить в советскую делегацию. А меня даже гостем не пригласили, хотя с самого начала «Дерсу» был нашей единственной надеждой после всех многочисленных провалов. Мне плевать на их бездарное киноторжество, а вот на поездки не плевать, но, видимо, все это звенья одной цепи. Сейчас, когда я «заслужил у властей», на меня стали орать особенно энергично. Впрочем, нечто подобное было и после выхода «Председателя» и в семидесятом, когда почти одновременно на экран вышли три моих больших фильма. Выходит, права Алла: официальное непризнание усугубляется завистью частных лиц, считающих, что я краду из их кармана. Любопытно, что тем, кто признан властью, не завидуют. Ими восхищаются, рассказывают восторженные анекдоты об их богатстве и всех видах преуспевания: Михалков, Симонов. Но в отношении меня иное — а кто, собственно, позволил? Кто позволил, чтоб выходило столько больших картин, кто позволил столько зарабатывать, кто позволил так жить? А никто не позволял. Все добыто не «в силу», а «вопреки». Это непорядок. Куда смотрят власти? А властям я вроде бы не в помеху, скорее наоборот. Но им объясняют, что в помеху. Мол, дурной пример: не доносит, не подлит, не горлопанит с трибун, не распинается в любви и преданности, а живет так, что самому дипломированному стукачу завидно. Кто же тогда стучать захочет, подличать, жопу лизать? Вот меня и одергивают то и дело, карают без вины, унижают.

Успех Михалкова, Симонова, даже такой мелочи, как Юлиан Семенов, понятен, закономерен и ободряющ для окружающих. Таланта почти не нужно, но нужна решимость на любую пакость, причастность «святому делу сыска», неоглядный подхалимаж и беспощадность в достижении поставленных целей. Этими качествами, включая, разумеется, скудость дарования, наделены почти все лица, желающие преуспеть на ниве искусств. В победах вышепоименованных корифеев они видят залог собственного успеха. А мое поведение, моя жизненная линия им органически противопоказаны. Не хочется признать, что можно приобрести имя, деньги да к тому же моральный комфорт, брезгливо избегая всяких бесовских игр, отвергая причастие дьявола. Это приводит в ярость, а ярость толкает к доносам. Да, друг мой, ты поставил себе непосильную цель: прожить жизнь, оставаясь порядочным человеком. Именно **прожить**, а не протлеть, последнее куда проще. Порядочным человеком ты, Бог даст, останешься, а вот сможешь ли жить?..

23 июля 1975 г.

Завершилась еще одна утомительная ненужность — кинофестиваль. Устал как собака от сидения за рулем (шофер в отпуске), от обилия скверных фильмов, от собственных глупых ожиданий чуда. Ну вот, чудо вроде бы свершилось: «Дерсу» получил Золотой приз, но на моей судьбе если это и отразится, то лишь в отрицательном смысле: прибавит недоброжелателей. Сценарист и вообще пария, ему не перепадает даже крох, если, конечно, он не носит имени Михалкова. Тогда ему достается весь пирог, а крохи подбирает режиссер. Впрочем, со мной и так все ясно. Мне не выскочить из той ячейки, куда меня раз и навсегда загнали, какой бы успех ни выпадал моим фильмам. То же и в литературе: пишу я все лучше, а котируюсь официально все ниже. Если б я не высовывался, мне жилось бы легче. Но я то и дело оказываюсь на виду: то «Председатель», то «Чайковский», то «Дерсу», то четыре премьеры одна за другой, да и не все мои рассказы проходят незамеченными, иные вызывают шум, и в «истории» я попадаю: вечер Платонова, письмо в защиту осужденных, в защиту «Нового мира»... Не годится все это, нарушает строгий порядок жизни, заставляет усомниться в таких вечных ценностях, как доносы, оговоры, сервилизм, руководящие посты, лицемерие и фальшь.

11 августа 1975 г.

Мелькнули Ленинград и Усть-Нарва, и вот опять Москва, дача, кабинет и стол под зеленым сукном. В Усть-Нарве казалось хорошо: теплое море, солнце, песчаный, не слишком заселенный и загаженный пляж, опрятный коттедж в международном молодежном кемпинге, расположенные люди, а уехали — и вспомнить нечего. Пустота. Пожалуй, лишь утопленник с черным, как у негра, лицом запомнился. Куда милее Ленинград с Никитиными, их вкусным столом, покоем, ощущением доброжелательства. Это осталось в душе.

Нежданно-негаданно ко мне явилась дочка Тони Козловой, той самой, из Армянского переулка, что «отражена» в рассказе «Велосипед». Хорошая женщина тридцати шести лет, похожа на мать, которую я сразу вспомнил, едва глянув на нее. Тоня умерла давно, сорока пяти лет от роду. А Зина, сестра-велосичедистка, жива и здорова, и Нинка, младшая из трех сестер, наша малолетняя дворовая Мессалина, тоже жива. Она так и не вышла замуж, отдаваясь всю жизнь безраздельно спорту — альпинистка. Надо же! Так распутничать на помойке в нежном возрасте восьми-девяти лет, а прожить жизнь Дианы! И Борька Лабутин, бывший Портос, умер в сорок восемь от сердца. Был пьяницей и сухоруким.

И Беня, младший брат моего любимого Павлика, умер от рака горла четыре года назад, совсем молодым, он был намного моложе меня. Он жил вдвоем с матерью, которая не позволяла ему привести жену в дом. Он женился после смерти матери, но прожил с женой недолго и даже ребенка не успел родить. Когда мы к нему заезжали несколько лет назад — я не отважился зайти и послал Аллу на разведку,— ему оставалось жить меньше года. Мы не застали его дома, он ушел с женой в театр. Странно, что он не отзвонил и вообще никогда не делал ни малейшей попытки увидеться со мной. А я передавал ему приветы через Катю, Нинку Полякову. Какую странную, самоотверженную и коротенькую жизнь прожил бывший рыхловатый добродушный мальчик, казавшийся мне бледной тенью Павлика. Но ведь я так и не узнал его.

А вечером приехал жалкий, взъерошенный, несчастный Саша Черноусов и сказал, что у матери рак груди. Но писать об этом я не могу. То-то мне так тревожно было все последнее время, и не работалось, и не гулялось, и не думалось, и не читалось. Я-то ждал, что начнется депрессия, ан уже знал своим тайным мозгом, что Лену постигла беда.

25 августа 1975 г.

Вернулся из поездки в Иркутск — Благовещенск — поселок Гындинский. Рад, что съездил. Побывал на Малой Блиновской, ныне Чеховской, нашел дом, в котором мы жили, но ничего не испытал. В памяти все было иным, милее, наряднее, чище. Иркутск тоже оказался совсем не таким, каким помнился. Тот город был целен, невысок ростом, пригож, распахнут во все концы — много неба и солнца. Этот — тесен, ущелист из-за новых бетонных домов, совсем неживописен. Прежде Ангара естественно и просто сочеталась с городом, сейчас там наворочено каких-то каменных красот, что-то помпезное, ненужное, убивающее живое чувство. Далеко в реку врезается огромная танцплощадка. Старую решетку вокруг университета содрали. Город стал безлик, и настоящее не связалось с прошлым. Даже не верится, что это тот город, куда мы ездили с мамой в 1929 году через всю страну к Маре в ссылку. Тот город нам сразу полюбился, этот полюбить нельзя.

Поездка по Ангаре, а затем по Байкалу тоже не пленила меня. Много бамовской техники по берегам, много паровозов и товарных вагонов, скучные пристани. Как мне говорили сведущие люди, БАМ доконает уже отравленное бумажно-целлюлозным предприятием озеро. Нефтеналивные суда, которые будут пересекать озеро по всей длине, прикончат самое большое зеркало пресной воды в мире.

Любопытны были люди: Валентин Распутин, Глебушка, якобы утопивший Вампилова, Гена Машкин. Личности. Мы обедали в жалчайшей лачужке Распутина, которую он приобрел вместе с другой лачужкой-летником, развалившейся банькой и рухнувшими сараюшками на берегу Ангары в брошенной деревушке. Но железнодорожные пути отделили его от реки, и вид отсюда стал вовсе неживописен. Здесь Распутин проводит большую часть времени, здесь и пишет свои повести таким мелким почерком, что читать рукопись можно лишь с помощью сильной лупы. Свободные часы он коротает с Глебушкой, бросившим свою специальность инженера. Глебушка живет в распадке, рыбалит, немного охотится, огородничает. У него есть жена в Иркутске, научный работник, чуть ли ни доктор наук, он видит ее изредка. В смерти Вампилова он не виноват, просто в нем сильнее оказалась сила жизни. Когда их лодка опрокинулась вблизи берега, Глебушка стал истошно орать, и случившиеся на берегу люди пришли ему на помощь. Гордый Вампилов молчал, и в ледяной воде разорвалось сердце. Спасать надо в первую голову того, кто молчит. Машкин — пьяница, антисемит, хороший устный рассказчик, человек надорванный, но не чуждый душевных движений. У Распутина лицо похоже на сжатый кулак, он очень некрасив, плохо разговаривает и при этом так и пышет талантом и значительностью*.

Очень хорошо было в Добролете под Иркутском, в деревне, где купил избу Слава Шугаев. Лес, полный грибов, рябчиков, кедровок, быстрая, чистая Ушаковка, в которой я мальчиком «острожил» рыб вилкой; через речку перекинут висячий, раскачивающийся под ногами мост; утки на протоках. Слава одну застрелил. Кругом тайга — лиственницы, кедры, сосны, много цветов. Гряды хребтов — отроги Восточных Саян. Какая-то поющая тишина. В саду у Славы черемуха, усыпанная вязкими черными ягодами.

До этого Шугаев возил нас на фарфоровый завод километрах в ста от Иркутска, между Ангарском и Усольем. А дальше по железной дороге будет та самая Зима, где сорок с лишним лет назад шалавая женщина скинула одного из самых живописных шутов времени — Евтушенку-Распашонку.

Директор завода устроил пикник. Мы ночевали в тайге, на береговой круче, а название быстрой холодной речки вылетело из памяти. Зато я вдруг вспомнил, как называлась станция, на которой мы сошли: Половина, это как раз на полпути между Москвой и Владивостоком. Всю ночь мы провели у костра. Под утро директор завода разгреб жар по земле, накрыл его плащ-палаткой и предложил мне соснуть на этом непривычном ложе. Я лег, почувствовал доброе прочное тепло и мгновенно заснул. Температура воздуха была три-четыре градуса, я не был укрыт, но и сквозь сон чувствовал блаженное тепло. Так, наверное, и надо спать — под открытым небом и звездами, на тепле, идущем словно из-под земли. Мне очень понравилось выражение директора: «За костром надо ухаживать». Он и сам тонко, нежно, настойчиво, деликатно и упрямо ухаживал за слабым огоньком, то и дело умиравшим в сыром хворосте, пока тот не стал мощно гудящим пламенем. Занятен был громогласно рассуждающий и поминутно валящийся навзничь вместе с легким металлическим стулом Шугаев. Его голубые, без зрачков, холодные глаза жутковато белели в темноте.

---

* Все это давно кончилось. Погас талант, погас разум.

Через Благовещенск мы попали в поселок Тындинский, центр строительства, где скрещиваются Большой и Малый БАМ. Впечатление сложное. Есть, несомненно, что-то очень хорошее, молодое и горячее в этом деле. Но и российско-жутковатое тоже наличествует: много головотяпства, неразберихи, расточительства. Но без этого у нас ни одно дело не обходится. Мешает другое: назойливое предчувствие, что это комсомольское молодежное строительство неизбежно скатится к гулаговскому. Уже была попытка прислать заключенных, да начальник комсомольского штаба отбился. Но даже он не уверен, что его победа окончательна. А коли так станет, то грош цена этой величайшей стройке*.

Во всяком случае, я никогда не забуду комсомольского вожака — умного некрасивого и полного обаяния Вальку, прелестную Таню — девушку с гитарой, которая поет ею же сочиненные песни, и шофера Васю, влюбленного в нее (а она спит с комсомольским боссом), и тех крепких ребят, что сидели на моем выступлении, и шоферов, перемахивающих на тяжелогруженых «Магирусах» полуразрушенные мосты над вздувшимися бешеными горными речками.

В деревянной поселковой уборной было много стихов на стенах; запомнилось афористически краткое: «Хуй тому, кто злит шпану». А какой-то скептический ум так определил всю сортирную лирику:

> Бывая часто в месте этом,
> Я понял, братцы, все давно.
> Среди говна вы все поэты,
> Среди поэтов все говно.

Хорош Благовещенск, ставший против китайского города Хэйхэ. Красиво спланированный, с широкими площадями, огромными клумбами, очень зеленый, нарядный и даже какой-то веселый, несмотря на близость агрессивного соседа. Я был у пограничников. Там на стенах висят плакаты, учащие, как надо поступать с нарушителями границ. Приемы борьбы, удушений, ножевых ударов. Противником нашего бойца выступает некто узкоглазый в маоцзэдуновке. Хорошие иллюстрации к преслову-

---

* БАМ оказался очередной советской глупостью и липой.

340

той «дружбе народов». Вот на какой ноте оборвалась песня братской любви двух великих народов «Москва — Пекин».

Мы выступали у краснофлотцев Амурской флотилии, где я — беспартийный черт знает с какого года, раздавал комсомольские билеты нового образца и поздравлял счастливцев. Я даже в комсомоле никогда не состоял. Типичная хлестаковщина. В благодарность командующий прокатил нас на катере по Зее и Амуру. Фарватер проходит возле китайского берега. Даже невооруженным глазом — а у нас были и морские бинокли — хорошо виден город с улицами и домами, береговая суета: рыбаки тянут сети, женщины стирают белье, голый китаец медленно входит в воду, играют и плещутся в воде дети, готовят пищу на кострах, что-то мастерят. В городе не счесть высоких кирпичных труб. Каждой трубе соответствует жалкая печь для переплавки металлолома — печальный след «великого рывка». Мы так потешаемся над этой и другими китайскими глупостями, будто не совершали худших — да и сейчас совершаем. Ведь мы издеваемся над нашим собственным отражением в китайском зеркале.

17 октября 1975 г.

Ну вот, съездили в ГДР. Посмотрели на Рафаэля, Рембрандта, Вермеера и Тинторетто, погуляли по Веймару, навестили Эйзенах и Эрфурт и получили дома сполна за всю нашу вымученную беспечность. Мама была почти без сознания, во всяком случае, никак не отозвалась на наш приезд. (Боже мой, я писал это, еще не зная, что мама умирает, что я вижу ее в последний раз!) На другой день ее отвезли в больницу. Оказалось, болезнь крови. До сегодняшнего дня было все очень плохо, сегодня профессорша, привезенная Ирой Дыхно в больницу, дала надежду. Но тяжесть с сердца не сходит, боюсь поверить хорошему. А Лене сделали операцию — отрезали правую грудь и много мяса вынули под мышкой и ниже.

Не подготовлен оказался я к большим бедам. Не умею впустить их в себя и зажить их гулкой громадностью. Нарочно цепляюсь за мелкие неприятности, уводящие прочь от рока: очередная подленькая выходка «Литературки», хамство Викулова, за которым больше невоспитанности, чем злобы, шуточки СП. Я играю в обиду, злость, тоску, но все это маскировка иной боли, иного страха, иной смертной тоски. Напился страшно и без охоты, поднял давление — для чего? А чтобы очуметь, забыться, отгородиться от ползущего из всех щелей страха. Что-то сильно сдал я душевно, «сущее говно есмь», как говорил протопоп Аввакум. Писать надо и страдать надо молча, глубоко, сосредоточенно, и чтобы все становилось литературой. А то забаловался, сволочь, в легкой, щадящей жизни, малых успехах и ничтожных неприятностях. И рассредоточился внутренне, раскис, растекся, как дерьмо в оттепель. Довольно! Тебе скоро пятьдесят шесть — это старость, но еще не распад. Соберись для последней серьезной жизни, для последней серьезной работы. Довольно разложения. Довольно нытья. Ком беды растет, но надо идти дальше. Меньше снисходительности и жалости к себе, больше презрения к окружающим. В малой жизни — требуй и дерись, но не огорчайся неудачам. В большой жизни — мучайся, страдай, погибай, но в последний миг спасайся литературой. И дело жизни будет сделано.

23 октября 1975 г.

Каждый умирает в одиночку. До чего же это верно! Я раньше не понимал до конца этих слов Ганса Фаллады, вернее, понимал их слишком буквально. Мол, в последний час человек остается наедине с собой. А суть не в этом. Умирающего человека все предают: и близкие, и далекие, предают явно и тайно, не признаваясь в том самому себе. Я.С. уже предал маму, хотя еще есть надежда. Он сказал Алле, которая одна не предала маму (я тоже предал, если говорить начистоту, из самозащиты и того болезненного бессилия, что охватывает меня на краю): «Надо вызвать консультанта по крови, **для очистки совести**». Алла это уже сделала, и не для «очистки совести», а чтобы жила ненавидящая ее мама. А любящий муж, проживший с мамой без малого пятьдесят, говорит весьма хладнокровно и без обычных соплей: «для очистки совести». Значит, он маму уже похоронил. Это безнравственно, да и вредно для мамы. Я уверен, что, если усиливаться против смерти близкого человека, можно продлить ему жизнь, а то и вовсе прогнать смерть. Слова Я.С. работают против мамы. Но силен Я.С.! Какая мощь самосохранения! Это было бы величественно, если б он защищал таким образом какие-то большие ценности в себе, как Гете, запретивший говорить о состоянии больного сына. Но Я.С. охраняет всего лишь овсянку, обедик, развлекательное чтение и заграничное радио. Вот куда мы пришли. Много было дурного, эгоистического, несправедливого и почти безумного в нашем бедном доме, но таким леденящим холодом еще не веяло, как от одной фразы Я.С.

Алла среди нас, как белый ангел в аду.

Не надо бояться октября (речь идет о месяце, а не о символе), октябрь прекрасен, быть может, прекраснее всех месяцев года, даже мая. Май мучает надеждой, обещаниями, которые никогда не сбываются, октябрь ничего не обещает, не дает и тени надежды, он весь в себе. А за ним — тьма, холод, слякоть, мокрый снег, огромная ночь, конец. Но как красиво сейчас! Какое золото! Какая медь! И как чудесна зелень елей в лесу и лоз над рекой! И до чего же зелена совсем не увядшая трава. А над всем — чистое голубое небо. Тверда под ногой, будто кованая дорога, лужи подернуты уже не сахаристым, тающим ледком, а темным, непрозрачным и твердым. И великая пустота тихого, просквоженного от опушки к опушке леса: ни птицы, ни зверька, ни насекомого, ни шороха, ни писка, ни свиста. Сегодня я не выдержал и начал орать в лесу от непонятного счастья, как Комаров над морем.

Адски болит шея, отдается в голове. В душе — злоба на помойку, которую почему-то называют литературой, а вокруг золотой мир. И в сорока километрах отсюда мается на больничной койке мама, не помогающая себе против смерти. Если б у меня не болела так сильно шея и не скакало бы так грозно давление, я, наверное, сошел бы с ума.

24 октября 1975 г.

Был в музее на выставке «100 картин Метрополитен-музеума». Помимо гойевских мах, рембрандтовского «Старого славянина», чудесного Вермеера и Гальса там оказалась Галя Покровская. Та самая, с которой без малого тридцать лет назад познакомил меня Петя, а она, в свою очередь, познакомила меня с Леной. Я поначалу ее не узнал: старая, обрюзгшая, толстая, выцветшая. Она меня узнала сразу, хотя я тоже стар, толст и брюзгл. Но я не выцвел. Страшноватая встреча. Никогда я так отчетливо не видел, что катастрофа уже случилась. Она сказала с плак-

сивым лицом: «Знаешь, я потеряла мужа — Владимира Досталя». Режиссер Досталь, погибший на съемках лет пятнадцать
назад, до самой своей кончины был мужем Наташи Андросо-
вой, мотоциклистки. Она вырастила его детей, родившихся, разумеется, не от Гали Покровской. «Ты потеряла мужа Андросо-
вой? — спросил я. И добавил ей в утешение: — А у меня жену
бывшую оперировали». — «Какую?» — «Твою приятельницу
Лену». — «Эту шляпницу? — произнесла она с аристократичес-
кой брезгливостью. — Но она никогда не была твоей женой».—
«Была, да еще какой! И весьма долго — лет десять. Мы и сейчас
самые большие друзья. Праздновали Сашкину свадьбу, потом
защиту диссертации. А вы совсем не видитесь?» — «Я не могла
ей простить, что она отбила тебя у меня»,— изрек этот кроко-
дил на полном серьезе. Мне хотелось сказать, что Лена за одно
это заслуживает вечной благодарности. На самом же деле у нас
с ней ровным счетом ничего не было. Но в ее неудовлетворен-
ном воображении я такой же страстный любовник, как Досталь — верный муж. А потом она стала громко просить карандаш у посетителей выставки: «Умоляю, карандаш или шарико-
вую ручку! Мне надо записать телефон Юрия Нагибина». —
«Прекрати!» — сказал я. Но тут она разразилась таким дифи-
рамбом мне от лица «всей благодарной России», что меня за-
тошнило. Причина ее энтузиазма вскоре выяснилась: она пишет и хочет, чтобы я почитал. Вечно одна и та же песня.

Уродливая и печальная встреча с юностью.

27 октября 1975 г.

То, что сегодня сказала Алла, звучит как мамин приговор.
Вот оно. То единственное, чего я всю жизнь по-настоящему
боялся. И не верил, что это может когда-нибудь прийти. Да, не
верил, что мамы может не быть, что я допущу это.

31 октября 1975 г.

Почему вдруг, ни с того ни с сего у мамы отобрали ее комнату, мебелишку, уголок сада за окнами, ее флоксы, телевизор,
картинки, чашечки, овсяную кашу по утрам, кому это помешало, кто этому позавидовал?

1 ноября 1975 г.

Мама умирает.

2 ноября 1975 г.

Мама умерла.

3 ноября 1975 г.

Второй день без мамы. Как-то, в пору не самых худших отношений в доме, мама сказала Алле: «Когда мы (она и Я.С.) умрем, Юрке все равно будет нас жалко». Но догадывалась ли она, **как** мне будет, когда ее не станет? Если догадывалась, то ей не могло быть особенно больно во время наших довольно частых ссор в последние два года.

Мы сидим в теплой, уютной даче, а мамино тело лежит в морге, на холодном оцинкованном столе, накрытое рогожей. И ледяной холод.

Неужели ничего больше не осталось от мамы? Этого не может быть. Что-то осталось и витает здесь, и видит нас и наше горе. Иначе такой пустоты не выдержать.

4 ноября 1975 г.

Сегодня похоронили маму на Востряковском кладбище. Меня не пустили на похороны, сказав, что такова ее воля. Говорят, там прыгала белка возле могилы. Какие-то птицы сидели на дереве. И вот уже полдня мама лежит там, в мерзлой земле, совсем одна.

23 ноября 1975 г.

Три недели, как мама умерла. За это время я руководил семинаром начинающих писателей в Софрине, выступал на вечере памяти Кассиля, дописал большой рассказ, вел деловые переговоры по телефону, прочел кучу рукописей, написал сто писем, а в результате вновь плачу, как в первый день. Ничуть мне не легче, хуже даже. А мама лежит там, и, наверное, из-за морозов она до сих пор мама.

Я потерял совсем немного, всего лишь слово «мама». Я потерял все.

Слева все болит, наверное, от сердца. Единственный, кто умел изображать человеческие страсти, — это Шекспир. Остальные то ли стеснялись, то ли просто не знали, что это такое. Не испытывали. Им ведомы **чувства**, а страсти кажутся (в глубине души, никто вслух не признается) чем-то преувеличенным, натужным, искусственным. И вот что отличает меня от окружающих: во мне — страсти, в них — чувства. Отсюда и хулиганское письмо Я.С. Он думает, что достаточно наорать на меня хорошенько, чтобы я перестал «так безобразно и неопрятно страдать» и взял себя в руки. Никто не верит в библейское, уж больно все трезвы и хладнокровны. И как редко понимают друг друга даже самые близкие люди.

После ужасных дней почти беспрерывных слез, отчаяния, от которого мутилось в голове, галлюцинаций (мне показалось раз сквозь странный дневной полусон, что мама вошла в комнату, другой раз, опять же в забытьи, я принял за ее голос руладный голос Кирсановой), приступов удушья, клаустрофобии и гипертонии наступило во мне некоторое затишье. Я как-то обессилел страдать, да и лекарства, наверное, действуют. Первый день ни разу не плакал, яростно работал, гулял, думал о всякой чепухе. Выздоравливаю от мамы? Или это затишье перед новой бурей? Я устал, я ужасно устал.

А над мамой сейчас толстый белый снег. Вот и пришла первая не ее зима. И теперь все будет не ее.

Мне же вроде ничего теперь не страшно. Так ли это? Надолго ли? Да и надолго ли я сам здесь — с больным сердцем, гипертонией, сильным склерозом, разрушенной нервной системой и явно сдвинутой психикой?

Я убежден, что был ненормален все эти дни. Я слишком много, жадно, взахлеб говорил, я рвался говорить — ездил на дурацкие выступления, принимал молодых авторов, лишь бы трепать языком. Самоспасение? Попытка заговорить свою боль? Во мне даже что-то гениальное мелькало. Это говорили на семинаре.

Неправда, будто я теперь ничего не боюсь. Я боюсь за Аллу.

31 декабря 1975 г.

Тяжелый, хмурый, ветреный, влажный день — последний день года, когда не стало мамы. Вот и весь итог.

1976

Что делать? Что делать? Все хуже и хуже, мне. Такая пустота вокруг, такая пустота внутри — хоть волком вой. Ничего мне не хочется: ни писать, ни халтурить, ни гулять, ни пить, ни слушать музыку, ни читать. Особенно плохо, что не хочется писать, совсем не хочется. Да и не получится ничего, мозг неподвижен, и один-единственный образ маячит там — мамин профиль. Просто профиль, ничего больше, но, оказывается, этого достаточно, чтобы весь день быть на грани слез.

А тут еще — жалкий, резко деградировавший без маминого присмотра Я.С. и гарнир из мелких подлостей: хамские рецензии, киносвинство, ужасные газеты, от которых тошнит, ложь и смрад вконец распоясавшейся коммунистической мафии, бестактность и настырность людей, которым от меня что-то нужно, и полная безысходность.

Как ужасающе я сейчас живу! Да и живу ли? Прихлопнуло меня, как крысу в крысоловке поперек хребта. С мамой ушло что-то такое, без чего я оказался бессилен и пуст, как робот, из которого вынули машинку.

22 февраля 1976 г.

Что происходит с Я.С., ума не приложу. Господи, что Ты делаешь со своими детьми, зачем лишаешь их под старость, и без того трудную, всякого достоинства? Приоткрой хоть чуть свой «замысел упрямый». Может быть, не стоит так сложно готовить нас к уходу близких? Мы справимся, даже если они будут уходить чисто, опрятно, в тихом свете своего скромного достоинства. То, что Ты делаешь с ними, не облегчает нам разлуки, лишь марает душу.

Третьего дня были у Пети Суздалева. Помню, какое милое и горестное впечатление произвел он на нас с Аллой, когда мы впервые посетили его загородное, скудное, неприспособленное для жизни жилье. Хорошо было все: и молоденькая беспомощная подруга, и усы на Петином похудевшем лице, и свищ в жопе. Сейчас это крепкий кулачок, который превосходно отстроился за гроши, многое сделал сам, своими крепкими, поднабравшими мускулы руками, виртуозно решивший все задачи: не только строительные, но и моральные, казавшиеся вовсе неразрешимыми. Он ловко сочетал Олю со своей прежней семьей. Его дочь Катя и внук Митя, радость дедушкиных очей, проводят лето на даче — им предоставлен холодный верх. Оля тетешкает Митю и души в нем не чает, дружит с холодной и высокомерной Катей. Лена звонит на дачу, когда хочет, и через Олю спокойно вызывает Петю или дочь. Раз она даже приезжала, пила с Петькой водку и пьяной слезой поминала счастливое прошлое. С Олей Петька не расписался и, похоже, не собирается этого делать. Таким образом, он сохраняет квартиру и все московское имущество. Лену это тоже устраивает: в случае преждевременной смерти Пети дача отходит к ней. Оля же оказывается на улице, но никого это не заботит. Добрая и покладистая Оля покорно живет на таких вот птичьих правах. Петя тоже имеет свою заднюю мысль: спившаяся, полубезумная Лена с вечным процессом в легком недолговечна. Ее уход развяжет все узлы. А пока что он построил однокомнатную квартиру (все считали — для Оли) и отдал ее дочери. Катьке пришлось выписаться из старой родительской квартиры. Теперь очередь за «благодетельной природой». Но жизнь может сыграть злую шутку — и Ленка всех переживет, Олю в том числе. Вот будет смех в аду!

Но Петя верит в будущее, он чрезвычайно доволен своей жизнью, замкнулся в дачном уюте, машину держит в Москве, чтобы не было лишних соблазнов, ничего не пишет, не читает, днем строгает и пилит, по вечерам смотрит телевизор, берет свою бутылочку в день и скрепя сердце выполняет тот ритуальный минимум, который нужен для получения 500 руб. в месяц. Он абсолютно определился в своей буржуазности. Два человека определились до конца и стали счастливы: Петя и Гиппиус; Петя и внешне изменился: заматерел, окреп, лицо довольное, сытое.

Любопытная метаморфоза бывшего отъявленного гуляки, выпивохи и бабника.

Как жутко кричит Я.С. Не как человек, а как зверь, хотя звери не кричат от боли. Да и он кричит не от боли, это какое-то самоутверждение себя безобразием. Вонючая Фирка, кузина Бетта нашего дома, сделала свое черное дело: окончательно восстановила его против меня и Аллы. Своим криком он пытает нас.

29 февраля 1976 г.

Сегодня в ночь умер Яков Семенович. Мы уезжали на день рождения Ады, перенесенное, будто нарочно, по закону подлости, на двадцать восьмое. Он позвал меня: «Как вам не стыдно бросать на три дня больного, может быть, умирающего человека?» — «На какие три дня?» — злобным голосом сказал я, поскольку мы собирались завтра утром вернуться и Алла только что говорила ему об этом, но он то ли не расслышал, то ли не хотел слышать. «Ну как же? Суббота, воскресенье, понедельник...» — «А почему не вторник, среда, четверг?» — в той же раздраженной манере подхватил я. Он не понял. «Мы вернемся завтра утром»,— взял я себя в руки. «А почему Алла говорит?..» — «Да не говорила она этого. Она сказала, что в понедельник поедет по вашим делам». — «Я повторяю то, что слышал от Аллы»,— ничуть не смягчился Я.С.

И мы уехали. Ночью ему стало плохо — очередной приступ астмы, разыгравшейся после смерти мамы. Нина вызвала «неотложную помощь» и врача Екатерину Ивановну из профилактория. Они сделали, что могли, дыхание наладилось. Я.С. успокоился. «Ну, не будете больше кричать?» — спросила Екатерина Ивановна. «Нет»,— ответил Я.С. и улыбнулся. Он сдержал слово: умер во сне, на боку, не издав стона.

А если б мы были рядом? Может быть, мы дали бы ему тот импульс, который был необходим, чтобы остаться в живых? Может, наше отступничество доконало его? Кто знает? Во всяком случае, мы достойные кандидаты в убийцы. Сейчас чуть сдвинули простыню, и я увидел его лоб, лучшее, что было в его лице. Дальше не надо смотреть. Пусть так и останется в памяти — его чело.

Я.С. оказался выше меня. Он не ныл, не выл, почти не плакал, он просто не пережил маму. А какие жалкие пошлости говорил я на бумаге и про себя о его поистине смертельной скорби. Теперь вижу — высок был его исход.

Вот оно — я совсем один.

Дико подумать, но всей своей жирной тяжестью я опирался на жалкий, иссохший стебелек замирающей души Якова Семеновича. В моих сегодняшних соплях, поди, и страх за себя. Вот только когда кончилось детство и придется всерьез отвечать за себя. Не слишком ли поздно это пришло? Мне уже не стать взрослым.

Какой маленький, в червячка скрючившийся был Я.С. в смертной постели, как огромен, безмерен был он в моей жизни.

Когда Я.С. мучился в последнем страшном приступе, вконец надорвавшем его иссякшие силы, мы надрывали животики над шуточками Дудника и Брунова. Когда он задыхался и сердце его бешено колотилось, не справляясь с кровью, мы прямо-таки изнемогали от эстрадного остроумия. Когда он забылся последним сном, чтобы уже больше не проснуться, мы, нажравшиеся и напившиеся, утробно похохатывая, расходились по домам.

Зачем, Господи, Ты сделал меня участником такого жестокого фарса, зачем замарал с головы до пят кровавой пошлостью? Что значит в Твоих смрадных символах вся грязь, которой Ты сопроводил уход безвинного перед Тобой человека?

И опять лежит в промозглом морге родное, бедное, изглоданное старостью и болезнями тело, но сейчас все еще ужаснее. Мамин исход был чист, здесь же все опакощено. И я себе мерзок. И сводит с ума беспомощность перед всякой мелкой нечистью. Будь проклята поганая Фирка, это она накапала яд в глухое ухо Я.С.

Как уживались в Я.С. мужество и слабость, высота и низость, ум и поразительная житейская глупость, проницательность и слепота? Когда он родился, у его колыбели сошлись много добрых фей: одна дала ему громадный, всеохватный ум, другая доброту, третья мужество, четвертая абсолютный литературный вкус, пятая странный, но несомненный дар головного писания, шестая нравственную силу, седьмая готовность к самопожертвованию, восьмая бескорыстие, были еще девятая, десятая, одиннадцатая, двенадцатая, уж не знаю сколько, но последняя, которую, как полагается, забыли пригласить, свела на нет щедроты остальных. Она пошла испытанным методом усыпления, но не превратила Я.С. на пороге юности в спящего красавца, она усыпила в нем способность к деланию. Он, такой энергичный, деятельный, продремал всю жизнь, продремал себя, не дав хода ни одному из своих даров. Он не раскрылся как писатель, не состоялся как мыслитель, не совершил настоящего поступка, ни одного своего начинания не довел до конца (в «концепции» были поразительные угадки, но почему он не реализовал свое открытие?). И в этическом плане он заспал живую реальность в грязных снах, навеянных Фиркой. И ум ему отказал в решительный момент: он свято поверил мелкой авантюристке, паршивой втируше, метившей устроиться на мамино место, и оскорбил людей, свято ему преданных. Он, оказывается, и меня проспал, так ничего не поняв в человеке, прожившем бок о бок с ним почти пятьдесят лет. Его «держала» мама, как контрфорсы — готический собор. Не стало мамы — трухлявые стены рухнули. В долгом самозаточении он потерял связь с живым миром, с живыми людьми, не сознавал, где истинное, где ложь, руководствовался мертворожденными схемами и угодил в капкан вульгарной, фальшивой, пошлой и хитрой стервы.

Но вот что странно — я люблю не прежнего, сильного, прекрасного, героического Я.С., а последнего: несчастного и невыносимого, униженного распадом физическим и моральным. Да, именно этого Я.С. мне так невыносимо, до разрыва души жалко.

А все-таки я что-то не понимал, не понимаю до сих пор в Я.С. Всегда хочется найти четкую линию поведения, чувств, отношений и т.п. А линии этой нет. В человеке чаще всего уживается множество противоречий. Редки законченные мерзавцы (Ильин, Аркашка Васильев), не существуют рыцари без страха и упрека (даже Пастернак скиксовал в истории с Мандельштамом). Его (Я.С.) бедные рассказики, которые он вдруг начал кропать после маминой смерти,— почему я относился к ним так небрежно и высокомерно? Ведь сама попытка была мужественной, прекрасной, а новелла о Толстом неплоха и сама по себе. Я обязан был щедрее отнестись к ним, придать ему духу, уверенности, а не цедить брезгливую хулу или ленивое одобрение. Следовало внимательнее приглядеться к его поведению, понять, что им движет. Он не хотел примириться с ролью нахлебника. Но почему же раньше преспокойно мирился с этим? Мама защищала его достоинство. Он отдавал маме всю свою пенсию, остальное его не касалось. Но ведь он мог сделать некий символический жест, когда мамы не стало, без всякого риска для себя, ибо я никогда бы не взял его грошей. И опять же все было бы в порядке. Он сделал жест — неловко, неуместно, оскорбительно даже, науськанный Фиркой. Потом выяснилось: она ему наврала, что это идет от нас. Но почему он ей сразу поверил и не поговорил хотя бы со мной с глазу на глаз? Он готов был поверить всему дурному, что нашептывала Фирка. Вот откуда это пошло? Отчуждение его началось сразу, как не стало мамы, — это бесспорно. То ли его разозлило, что все силы были брошены на утишение моего отчаяния, а он оказался словно бы в загоне? О нем ни на минуту не забывали, но я тогда был больнее его. Он написал мне ужасное по грубости письмо, хотя, наверное, с наилучшими намерениями. И все же нельзя было так писать.

Он удивительно легко похерил все то доброе и самоотверженное, что видел от Аллы. Он мгновенно забыл, что Алла делала для мамы, как боролась за нее до самого конца. Против меня он ожесточился так, что оторопь брала. И как дурно он подумал о Люсе. Перед кончиной он верил лишь Фирке, Эде и своей равнодушной сестре. Жалкое мамино золотишко, включая и подаренные мне Вероней чудесные часы «Буре» (Вероне они остались от деда), он отдал сестре и Фирке. На сохранение, что ли? Видимо, опасался, что мы украдем. Фирка в очень некрасивой форме дала понять, что может вернуть свою воровскую долю, если... Мы с презрением отказались. Другие жулики затаились, скрылись, как не бывали. Таким образом, фамильные часы пошли Эдику, а мамины жалкие сокровища — Фирке. Это гадко и оскорбительно, это надругательство не только надо мной, но и над мамой, над Вероней, над всем домом. Но особенно мерзко породившее этот чудовищный поступок чувство. А может, в Я.С. взыграл голос крови?..

Жизнь иногда литературна до одурения. Фира разыграла историю кузины Бетты с точностью поистине изумительной. Жаль только, без финала, где всех обманувшая кузина умирает в страшных мучениях от какой-то таинственной, чисто бальзаковской болезни. Фиру постигла иная кара: скоропостижная смерть Я.С. не позволила ей захватить мамину комнату, что непременно случилось бы при нашей деликатности. И маминой сберкнижкой она не успела распорядиться в связи с уходом «единственного наследника», как окрестил себя в заготовленной, но не утвержденной официально справке Я.С. Осталось утешаться золотишком.

Нина*, настроенная последними событиями на философско-элегический лад, говорила Хельмуту**: «Я многое пропустила в жизни. Никогда не видела, как сжигают покойников в крематории». — «Еще увидите»,— проворчал Хельмут.

Нина о нашей соседке: «Да ведь она наркоматик».

«Жемчужное» опять не получилось, на этот раз с «Домбровским». На них не угодишь и лучше не стараться. Начальство «обиделось» за Парижскую коммуну. Не так я ее изобразил. Унизил. Французы довольны, их компартия преподнесла мне медаль «За правдивое изображение Парижской коммуны». Я передал ее Сизову для музея «Мосфильма», и он ее потерял. Сам Дюкло одобрил сценарий. Ничего не значит. Наши грамотеи знают лучше, как там всему полагалось быть. На обсуждении я сказал Павлёнку: «Если Коммуна была совершенна, почему ее так быстро и легко прикончили?» Он не знал, что ответить, и покраснел от злобы. Потом пробормотал: «Ее возглавляли исключительные люди...» Я перебил: «Вы только что смотрели картину, назовите хоть одно имя, кроме поляка Домбровского». Он этого не мог и рассвирепел еще больше. Теперь будет гадить. Мне нечего рассчитывать на удачу в кино. Если даже она случа-

---

* Старенькая домработница, хороший человек.
** *Хельмут Элков* — плотник, столяр. Эстонец. Один из лучших людей в моей жизни.

ется, ее похищают. Удачу «Председателя» отдали Ульянову, удачу «Дерсу» — Соломину, Куросаве, отчасти Мунзуку. Меня словно и не было.

Настоящий финал «Домбровского»: пьяный директор польской кинематографии Божим крадет со стола ресторана ЦДЛ, куда я пригласил всю съемочную группу, апельсины и конфеты. Украденное прячет в сумку, набитую тем, что он наворовал на приеме в польском посольстве. Он хватает под столом Аллу за ногу, клянчит у меня деньги и французское вино «Божоле» — с собой. Рядом исходит последним рыком глупый Поремба. На другом конце стола — головой в грязную тарелку — спит пьяненький бесплотный Домбровский — Малянович. Потом Алла на руках отнесла его в нашу машину, где уже сидел директор Божим со своими туго набитыми сумками. Он уговаривал водителя не ждать «всю эту шушеру», а везти его, большого начальника польской кинематографии. Жена Маляновича Малгожата Потоцка делала вид, что не имеет к происходящему никакого отношения. Так же вел себя довольно трезвый актер Шмидт. Сильны потомки Мицкевича! Впрочем, чему тут удивляться: польская кость тоньше, польская жила слабже; у них нет русской выносливости. В моральном отношении они нас догнали и перегнали.

4 марта 1976 г.

Все возвращается на круги своя. Как будто не было всех этих лет и дьявольской работы, и удач, и многих ответственных поездок, я опять должен начинать сначала. Как ни в чем не бывало, с прежней жестокостью меня в последний момент не пустили на бьенале, открывающееся показом «Дерсу Узала». Это случилось как раз в день присуждения фильму «Оскара». Небольшой довесок к премии.

Схема этого дела. Сперва мне сказали, что я еду один. По правилам «делегация» на бьенале состоит из одного человека. Потом выяснилось, что я еду со стукачом. В результате поехал один стукач. Эта история по своему классическому бесстыдству перекрывает все прежние. Видимо, дело обстояло так. Посылать одного стукача (из главковских работников) — неудобно, поэтому его пристегнули ко мне. В последний момент обнаружилось, что один лишний. Кого же посылать: беспартийного, ненадежного, политически не подкованного, идеологически невыдержанного Нагибина, у которого одно лишь жалкое преимущество: он автор фильма, или подкованного, выдержанного, своего в доску Потапыча. У Потапыча только один маленький изъян: он не имеет никакого отношения к картине, но зато сколько неоспоримых преимуществ. И едет Потапыч, и появляется в Вене, к великому удивлению хозяев фестиваля, которые приглашали сценариста. Потапыч ведет себя скромно, на сцену не лезет, зато исправно ест и пьет. И приглядывается к витринам вещевых магазинов.

Радостная неожиданность. Я опротестовал — довольно энергично — свой невыпуск и полетел-таки в Австрию. Конечно, я опоздал на торжественное открытие бьенале (какое гадкое слово!) и на премьеру своего фильма. Меня объявили, но на сцену никто не поднялся, после этого Потапыч сообщил руководителям фестиваля, что я внезапно заболел. К общему — и Потапыча в первую голову — удивлению, я так же внезапно выздоровел и явился в столицу Австрии. Что наши выгадали на этой истории? Очередную неловкость, косые усмешки все понявших венцев, презрение?.. Я побывал в домике Гайдна, в охотничьем музее, пообедал в прекрасной лесной харчевне. Потапычу выпало больше удовольствий, ну да Бог с ним! Все же я свое взял: была дивная Вена, дворцы и парки, был Пратер и Шёнбрунн, был Кремс и очаровательные маленькие городки, ночная Керстнерштрассе и Мариенхильфе, был университет и моя лекция под голубым потрясенным взглядом Сосинского, была на редкость удачная встреча со зрителями и милый ужин у Пассендорфера, много интересных фильмов, и Брейгель был, и Гальс, и чудесный Тинторетто, и Вермеер. А еще я выступал в посольстве и сдружился с некоторыми нашими работниками, мы гуляли по ночной Вене, пили пиво, разговаривали о прошлом некогда великой Австрийской державы. Так все-таки почему меня хотели лишить Брейгеля и Тинторетто, жирных венских скворцов, горячих колбасок с желтой горчицей и общества симпатичных людей? Почему не хотели, чтобы я прибавил уважения к марке «сделано в СССР»? Неужели я никогда не узнаю разгадки этой грязной тайны?

Странно, но «жемчужное» все-таки получилось. Не так, как оно мыслилось в радостном возбуждении одиноких лесных прогулок, а по-жизненному — с говнецом. Но я, как басенный петух, отыскал-таки в дымящейся куче свое жемчужное зерно, совсем крохотное, не очень ценное, но отыскал и не стал спрашивать: к чему оно?

«Оскар», поздравления, поездка на фестиваль, уважительные поклоны наивных западных людей, витийство перед зрителями, пресс-конференции, телереклама, запечатлели на пленку мою лекцию о Куросаве в киноцентре, а главное — некий почти неощутимый и все же реальный шумовой фон успеха — все это было. Маловато, с дымком и душком, как полагается у россиян, но было, было. Это ново для меня и занятно.

В эти дни, когда я так хорошо, при всех оговорках, съездил, а по возвращении отбил собрание сочинений — главное дело моей жизни,— когда уходят в производство две мои книги и брезжит новая заманчивая поездка, я развалился окончательно. И главное, давление в норме или около того, ничего не болит, сплошь «положительные» эмоции, а я все время на слезе (это началось еще в Австрии), в таком невыразимом сиротстве, какого не было по свежему следу потерь. Ужасная пора в моей жизни.

19 апреля 1976 г.

Надо вырваться из распада страданий. Мне осталось не так много. Хоть бы десяток стоящих рассказов написать, прежде чем откинуть копыта. Нельзя так душевно разлагаться. Я вижу несколько этапов в своем поведении со 2 ноября 1975 года. Сперва шок — я с дикой энергией написал большой рассказ («Чужая»), блистательно провел семинар молодых и несколько выступлений, это был какой-то наркотический подъем; после второго удара началось опамятывание, осознание случившегося и бегство в суету мелких дел, третьесортную работенку, московскую ничтожную суматоху — жалостная, недостойная, ничтожная мельтешня. Ныне я по-прежнему «в бегах», но каждый день чувствую, что мне никуда не уйти. И глушу себя водкой и пожираю собственную плоть. Не поймешь, что хуже: мельтешня, водка или самоедство. Все плохо, все вредно, все безвыходно. От себя не убежишь — это старая истина. Мог бы помочь большой труд, серьезный, важный, захватывающий, но посторонний моей сути — вроде «Председателя». Но такого труда нет, да и быть сейчас в кино не может. Литература же — соль на раны.

Моя ошибка: я оплакиваю те образы, которых давно уже не было. Я мог бы оплакивать их с тем же правом уже три-четыре года назад. Мама, из-за которой рвется в клочья мое больное сердце, умерла куда раньше смерти ее бренной оболочки.

С Я.С. еще сложнее, а может, проще. Был ли он вообще когда-либо? Не сочинен ли он весь мамой, причем сочинен так мощно, что он сам поверил в этот выдуманный образ и убедительно существовал в нем почти без срывов? Тут, как и во всех подобных построениях «на потребу», есть некоторая искусственность, но сама мысль содержит рациональное зерно. Надо додумать. Пусть это и плохо, я должен спастись любой ценой. Я могу еще что-то написать и должен вернуться к словам во что бы то ни стало, вырваться из гиблого болота засасывающей меня боли.

Сегодня под утро мне с удивительной отчетливостью представилась во сне фреска на перроне львовского вокзала. Это некий апофеоз Сталина и его соратников. Они стоят на вершине мраморной лестницы, а по ступенькам расположились советские граждане всех видов: рабочие, колхозники, ученые, спортсмены, летчики, моряки, старики, юноши и девушки, дети. В едином порыве они простирают к вождям руки, отягощенные плодами их труда: колосьями, шурупами, чертежами на ватмане, пробирками, футбольными мячами, виноградными кистями и кусками каменного угля. В связи с ликвидацией культа личности панно подновили. Подобно тому как старые богомазы писали Деву Марию поверх древнего Николая-угодника, вождей записали новыми образами. Сталин превратился в красивого строгого юношу в обтяжном белом костюме. Молотов — в чуть растерянного интеллигента: то ли молодого ученого, то ли бухгалтера, Берия — вовсе в бабу: зеленое шелковое платье, косынка на черных вьющихся волосах, брошка на пышной груди, Каганович обрел черты юного решительного воина, Калинин — спортсмена. Непонятно, почему одни советские люди так восторженно приветствуют других рядовых советских людей, отличающихся от первых лишь отсутствием плодов труда. Но главная прелесть не в этом. Из-под слоя новых паршивых красок пробилось старое едкое письмо: сталинские усы, очки Молотова, погоны и тяжелый нос Берии, жирные щеки Кагановича, бородка Калинина. Это символ нашего времени, до грубости точный.

Подозрительность, доносы, шпиономания, страх перед иностранцами, насилие всех видов — для этого Сталин необязателен. То исконные черты русского народа, русской государственности, русской истории. Сталин с размахом крупной личности дал самое полное и завершенное выражение национального гения.

30 июня 1976 г.

Приезжала Лена с Сашей праздновать Сашино 31-летие. Я второй раз вижу Лену после операции. Она выглядит хуже: постарела, подурнела, совсем лишилась зубов, очень поседела. Жаль ее мучительно. Да и не просто ее. Это образ моей износившейся молодости, длившейся очень долго. Вот так и промелькнула жизнь, а все казалось, что она вот-вот начнется.

Лена уже успела осложнить жизнь Саше, который становится совсем не плохим человеком, и Ларисе, которую мы до сих пор не разгадали, и себе самой. И вдруг, между прочим, тихим, без слезы и желания разжалобить голосом: «А сколько после **этого** живут?» — «Ирка Донская живет уже двадцать лет», — сказал я. «Ну, мне столько и не нужно. Хоть бы половину». Доигрались! И печально же мне вчера было.

12 июля 1976 г.

Сегодня шел по лесу и понял что-то важное для себя. Почему я бывал так резок, негибок, порой груб с мамой и Я.С., почему не делал скидок на их старость, болезни, ослабление всего жизненного аппарата. Я не хотел признавать, что они в чем-то сдали, я видел их такими же сильными, властными, твердыми и «опасными», как десять и двадцать лет назад. Я не признавал прав времени на них, и в этом было мое высшее к ним уважение.

1 сентября 1976 г.

Как мало времени минуло с последней записи, как много печального произошло. Умер, не достигнув 58, Миша Луконин. Лежит в Одессе с растерзанным сердцем Юрек Казакевич*. Если и выживет, будет полуинвалидом. От припадка к припадку переходит несчастный Шредель. А жена его рожает. И это тоже страшно.

6 сентября 1976 г.

Приезжали выступить на семинаре в профилактории Шугаев, Куняев и Амлинский. Зашли ко мне. Обедали. Шугаев надрался и спал на полу возле камина. Потом очнулся и пошел к Холендро, с дочерью которого сожительствует Амлинский. Там он произнес яркую речь, обращенную к Наташе: «Довольно путаться со старыми евреями, надо рожать хороших русских детей». Амлинский всю ночь не спал, принимал корвалол и говорил, что он вырос в православной семье.

31 декабря 1976 г.

Ну вот, и этот год кончился, год, когда не стало Якова Семеновича. Странный и тяжелый год, который я провел в полубреду. Нет у меня слов для этого года. Пусть уходит скорее.

---

* Польский актер.

1977

Около месяца пробыл в санатории 4-го управления «Русское поле». Стоит этот совсем новый санаторий в нескольких километрах от г. Чехова (б. Лопасня), посреди громадного березняка, на земле, некогда принадлежавшей Ланским. В трех километрах отсюда находится семейное кладбище Ланских. Чувствовал себя поначалу ужасно, и не только физически (давление поднялось из-за весеннего излучения берез, залитых солнцем,— научное объяснение забыл), но и душевно. В таком внутреннем захудальстве я, кажется, никогда не был. Потом пошла работа, березовое излучение уменьшилось от ненастья, и я несколько приободрился.

Наконец-то я так близко и подробно наблюдал не чешскую, не кисловодскую, а нашу среднерусскую весну. На даче это не удается — в лес не пройти. Сперва появились на дорожках необычайно медлительные, будто панцирные жабы. Затем, в первый же теплый солнечный день, все наливное весеннее озерцо обочь шоссе засинело лягушками. Сроду не видел я таких синих, будто облитых ярко-синей глазурью лягв, похожих на сказочных птичек. Вскоре появились в аллее вальдшнепы, а на мокрой луговине — чибисы. За воротами санатория в большой луже резвились две ондатры. Иногда они садились столбиком и поедали какой-нибудь побег, держа его в передних лапках, словно дудочку. Кто-то запустил в них пустой бутылкой, зверьки обиделись и ушли. Когда уже зацвели ивы и приоткрылись березовые почки, мне попался лосенок-годовик. Он пил воду на болотце и, услышав, а может, учуяв меня, стал выбираться из топи, высоко задирая голенастые ноги с круглыми коленями. Достигнув опушки, напрягся и стрелой понесся сквозь редняк. Я видел, как березы истекают соком, как расцвели медуницы, мать-мачеха, а на клумбах — нарциссы. И как выкатился узкий месяц в расчистившуюся лишь к исходу апреля синь и быстро стал набирать тепло. Теперь можно было гулять и ночью в клубящемся прозрачном серебре, которым он залил аллею.

Люди были значительно хуже природы. Наконец-то я столкнулся с враньем, превосходящим все известные литературные образцы. Моя соседка по этажу представилась мне как дочь знаменитого адмирала Исакова (члена СП). Лидия Васильевна, так ее звали, оказалась к тому же женой заместителя заведующего отделом ЦК, доктором архитектуры и специалистом по интерьеру. Мы стали гулять по вечерам вместе, она оказалась хорошим ходоком и большой любительницей моей литературы. У нее немалые литературные связи: она ближайшая приятельница Роберта Рождественского и его жены, друг Расула Гамзатова и многих других. Оказались у нас и общие знакомые: семья бывшего главного архитектора Власова, Наташа Баграмян, ее муж. Я узнал печальные новости: сын Власова, тоже архитектор, всеми брошенный, умирает на своей даче в нескольких десятках километров от «Русского поля». Она ездила к нему вместе с Робертом и Аллой, это была душераздирающая сцена. Наташа Баграмян чудовищно растолстела, спилась и разблядовалась до последней степени. У Лидии Васильевны огромные связи: она обещала освободить Аллу от всяких забот о хлебе насущном. Однажды, когда я окончательно изнемог от жестокой диеты, она предложила мне бутерброд с великолепной зернистой икрой — крупной, почти белой, прозрачной,— я не видел такой с детства. «Откуда это чудо?» — «Из Кремлевки,— тихо улыбнулась она.— Ведь мы же — контингент». Вот когда я впервые услышал это заветное слово, каким ныне обозначаются те лучшие, высшие люди, что допущены к кремлевским благам.

Она рассказывала мне о Фурцевой и Зыкиной, об их банных развлечениях, служении Лиэю и Амуру, о маршалах и адмиралах, о тайнах «мадридского двора», я слушал, распустив уши по плечам. Меня смутило однажды, что она не знает звания своего отца. Она называла его контр-адмиралом, а Исаков — адмирал флота, что куда выше. Она выкрутилась, сказав, что у старых флотоводцев первое адмиральское звание сохраняется при всех последующих повышениях. Я ей не поверил, но решил: баба, что понимает она в чинах и званиях? Запуталась она и в возрасте умирающего от рака Власова: выходило, что его покойная мать (я ее знал) родила своего единственного сына, едва достигнув одиннадцати лет. Это даже для Средней Азии рановато. В общем, будь на моем месте не такой доверчивый лопух, Лидия

Васильевна была бы разоблачена с ходу. Но мне ее странный и пленительный образ открылся только в Москве. В день моего возвращения из «Русского поля» позвонил Юра Борецкий, знавший Власовых с детства. Я сообщил ему горестную весть. Он удивился, расстроился, заплакал и катанул в «Турист» по Савеловской дороге, а вовсе не в сторону «Русского поля», где, по уверениям Лидии Васильевны, страдалец ждал близкой кончины. В саду, с лопатой в руках его встретил Власов, пребывающий в добром здравии. Кстати, он химик, а не архитектор, других же детей у Власовых не было. И тут, как нарочно, мне подвернулась Алла Рождественская. «Знаю такую, мы отдыхали вместе в Железноводске. Да, там был и Расул Гамзатов. Темная баба, мелкая авантюристка и подлипала, держитесь от нее подальше. Что-о?.. Мы были в «Русском поле»? А что это такое?.. Ну, знаете!.. Власовы? Мы живем в их бывшей квартире. Нет, мы были едва знакомы. Старики умерли, а сын, насколько мне известно, здравствует». И — одно к одному — звонит Гриша Ширшов. Я рассказываю ему о Тартарене в юбке. «Слышал я о такой! Она работает с моим приятелем. Секретарь комиссии... забыл название, в общем, по архитектурным диссертациям. Она — доктор архитектуры? Ладно смеяться — административный работник. Муж? Он по снабжению. В ЦК?! Да ты с ума сошел! Вот брехунья!» Тогда мы стали звонить виновнице торжества. Телефон оказался липовым — сплошь частые гудки. Вот уж поистине — сфинкс без загадки. Придумала себе аристократические связи, высокое положение, папу-адмирала и все прочее, чтобы придать себе значения и блеска в сердечно-сосудистом Версале. А сведения эти она собирает по санаториям 4-го управления, куда изредка проникает. Следующая ее жертва узнает много волнующего про ее приятеля (возможно, поклонника) Нагибина. Дешевый и опасноватый авантюризм, к тому же провокационный. А ведь она далеко не молода, у нее взрослые дети (они раз приезжали к ней), почтенный муж-снабженец. Она может здорово подвести и себя самое, и семью, и тех, с кем она водится, ведь трепотня ее вовсе не безобидна. Возможно, она далеко не всех угощает этими байками, а лишь избранных дураков вроде меня. Кстати, Рождественские ее сразу раскусили.

Кстати, о «контингенте». Прежде я не знал этого термина.

Так говорила о себе и своем круге Лидия Васильевна. Оказывается, «контингент» — это те, кто прикреплен к главной Кремлевской больнице, люди высшего сорта, люди со знаком качества. Контингент или вовсе не платит за путевки, или платит малую часть их стоимости, ему предоставлено множество преимуществ, о которых знает обслуживающий персонал. «Контингенту» замглавврача ставит на обложке курортной книжки крошечную букву «к». Отмеченным этой буковкой полагается общий массаж, всем остальным — местный. Им даются лучшие, дефицитные лекарства, лучшие часы на процедуры, в бассейн и в сауну; им — повышенное внимание врачей и сестер, право капризничать в столовой. Им все обязаны улыбаться, как бы они себя ни вели. На них запрещено жаловаться, но Боже спаси сестру и даже врача, если пожалуется «контингент». Я не «контингент» и привилегии получаю за мелкие взятки. И так не только здесь. Взяточничество — это дивная поправка к жестоким порядкам нашего четко расслоившегося общества.

30 мая 1977 г.

В субботу пошел на обед с датчанами (моими соавторами) в Дом кино. В дверях меня остановила дежурная. «Простите, вы куда идете?» — «В ресторан. Он что — закрыт?» — «Нет, нет! Скажите, пожалуйста, как ваша фамилия? Тут спрашивали». Пожилая женщина была очень смущена. «Нагибин»,— сказал я, начиная злиться. «Так вот вы какой! Будьте счастливы, милый, дорогой вы наш человек. Дай вам Бог здоровья, только бы здоровья!» Растерянный и сбитый с толку, я неловко пошутил: «А что — прошел слух, что я помираю?» — «Господь с вами! Как можно такие слова говорить? Вы нам дороги, вы всем нужны. Будьте, будьте очень здоровым и счастливым. И огромное вам спасибо...» Вот это было, и никуда тут не денешься.

29 июня 1977 г.

Сегодня, вернувшись на дачу после жалко-гадкой встречи с американскими писателями, я взял «Вечерку» и в маленькой черной рамке прочел, будто о смерти персонального пенсионера республиканского значения, что «28/VI скончался... Сергей Яковлевич Лемешев». Значит, вчера, и ни один человек не заикнулся об этом, хотя я перевидал за два дня кучу людей. Ни для кого это ничего не значит. А для меня его смерть в ряду главных потерь всей моей жизни. Боже мой, то, что началось весной 1931 года и прошло через мое детство, отрочество, юность, зрелость, старость, вчера кончилось. Все волнения, радости, огорчения, страхи, тревоги, бесконечное фантазирование о «великой встрече» — все кончилось. И мы с ним так и не встретились. Теперь я буду слушать мертвого Лемешева. Ни от кого не было мне столько счастья, сколько от него. И не будет.

И хочется пожаловаться маме, которой, представьте, тоже нет. Мне все кажется, что в трудную минуту, в очень трудную минуту мама окажется рядом. Нет, не окажется. Лемешев сейчас там же, где и мама. Они ближе друг к другу, чем ко мне. Грустно и нет выхода. А завтра опять настанет мерзость малых забот, ничтожных побед и ничтожных поражений, которые все-таки важнее побед. И ничему не учит даже смерть самых близких, самых родных и любимых людей. Суматоха повседневности глушит все лебедой-крапивой.

2 августа 1977 г.

Вчера поздно вечером вернулись из поездки в Вологодскую область. Хорошо. День ушел на дорогу, день на Вологду, три дня на Ферапонтов монастырь, Кириллов, Белозерск, день на возвращение. В Вологде осмотрели Софийский собор, собрание икон и кружев, Прилуцкий и Горицкий монастыри и самый город: деревянные и каменные особняки восемнадцатого века, архиерейские палаты, дом Батюшкова, дом адмирала Барча, церкви. По музею нас водила жена завсектором печати обкома партии Ирина Александровна Пятницкая, пятидесятилетняя, очень привлекательная женщина, с крепкой, стройной фигурой, темными глазами и темным грустным ртом, с хорошей речью, с какой-то монастырской тайной в непрозрачной и, видимо, страстной душе. Интересно и непривычно говорила об иконах и древнем русском искусстве.

В Ферапонтовом монастыре нас «допустили» к Дионисию, а других экскурсантов не допустили, сказав: повышенная влажность. И здесь блат, кумовство. И опять нас удивил гид — красавица Марина, выпускница Ленинградского Герценовского института, но сама, кажется, москвичка. Во всяком случае, сюда она приехала из Москвы с мужем-художником. Он самозабвенно малевал пейзажи, а она тем временем любилась с красавцем плотником из местных. Рослый современный парень с волосами до плеч, в яркой рубашке и джинсах. Но живет, без дураков, по-деревенски, в старой избенке вдвоем с матерью. Когда пришло время уезжать, Марина сказала мужу, что остается здесь. И осталась. Пошла работать экскурсоводом на 60 р. в месяц. Поселилась у своего плотника, через год родила сына. Свекровь в ней души не чает, еще бы — хороша да и хозяйственна, ворочает за двоих: боровков откармливает, птицу завела, деньги копит. Одно плохо: не расписывается с ее парнем. Тот с обиды попивать стал, в пьяном виде колотит Марину.

Дело в том, что брошенный художник не потребовал развода, и влюбчивая, но очень сметливая Марина поняла, что может сохранить и московскую прописку, и жилплощадь, и даже запасного мужа. Плотник любит ее без памяти, но дела его плохи. Смуглокожая, кареглазая, с ореховыми волосами, с упрямым неулыбчивым ртом, затаенная и самоуглубленная, Марина считается только с собой. Иногда она запирается в храме и молится со слезами и стонами Дионисиевой Богоматери, а на другой день рассказывает подругам солдатские анекдоты, которыми оскорбляет ее пьяный и страдающий плотник. Общественное мнение, которое редко ошибается, вынесло вердикт: Марина уедет отсюда, как только скопит достаточно денег, но к прежнему мужу не вернется, зачем ей нужен этот слабак?

Когда водит экскурсии, Марина надевает старинный, необыкновенно идущий к ее ладной фигуре сарафан. Не переступит порога храма в затрапезе, не причесанная и не умытая.

Кирилловский монастырь решил не отставать и тоже познакомил нас с яркой индивидуальностью. Нашим гидом была молодая женщина — заместитель директора музея по научной части. Она из местных, окончила Суриковский институт. Крупная, темноволосая, гладко причесанная, с хорошим, но очень суровым лицом. Монашеская строгость взгляда, тесно сомкнутые губы, скупые движения и горячая кожа. На ней холстинная кофта воспуск, длинная, широкая юбка — старинное одеяние, ставшее последним криком моды. К ней то и дело сватаются и здешние, и приезжие. Она всем холодно отказывает, а по вечерам в жарко натопленной келье, на перине, обнаженная, гладит себя крепкими ладонями по бокам, бедрам, груди и приговаривает: «Никому это не достанется, никому!»

Вечером наведались в Горицкий монастырь, где томилась в заключении Ефросинья Старицкая и, как я понял, была прикончена одна из жен Грозного. Монастырь красиво стоит на взгорке, отражаясь в Шексне, но загажен, как станционный сортир. И нет надежды, что в ближайшие десятилетия будет восстановлен.

На другой день ездили в чудесный Белозерск. Переправлялись на пароме через бывшую Шексну, ставшую Волго-Балтом. Видны верхушки затопленных деревьев. Могуч разлив воды, а судоходно лишь старое русло Шексны, размеченное бакенами, и громадные самоходные баржи вьются среди них, словно анаконды. Остальная вода ничему не служит, под ней сгинули заливные луга. На этих лугах паслись те самые коровы, чье жирное молоко шло на изготовление знаменитого вологодского масла. Нынешнее «вологодское» масло — липа, оно ничем не отличается от любого другого. Волго-Балт недавно создан, а уже приходится его углублять. В вялой воде неизбежно заиление. По той же причине гибнут Днепр, Дон, Волга, Зея, множество рек поменьше. Теперь в один голос говорят, что Волго-Балт был не нужен, достаточно было немного углубить каналы старой Мариинской системы, которая, как нежданно выяснилось, совершенство в инженерном смысле. А строилась она под наблюдением всеми осмеянного Клейнмихеля. Оказывается, не такой уж дурак был «Кленыхин», как окрестил его шутник Лесков.

Из Белозерска мы поспешно удрали, спасаясь от грозы, а она прошла стороной, едва покропив землю и чуть остудив жаркий воздух. Вечером я гулял вокруг Кириллова монастыря, который восстанавливается силами строительных студенческих бригад, а утром, еще раз наведавшись в монастырь, мы отправились под Ферапонтов на пикник. К нам присоединился поэт Орлов, ездивший проведать места своего детства. Он был очень оживлен, мил, читал стихи, даже выпил рюмку-другую, и кто мог подумать, что дни его сочтены. Надорванное сердце дважды горевшего в танке танкиста достукивало последние удары. Мы купались в мягкой чудесной воде, варили уху, потом раков с крапивой, пили местное кислое пиво.

На другой день в Вологде мне рассказали, как Древина, здоровенная потная баба, не лишенная поэтического дарования, задушила маленького, худенького, вдрызг пьяного, Богом отмеченного Рубцова. Она сделала это после очередной попойки в компании вологодских лириков, где Рубцов несколько раз оскорбил в ней поэта. Придя домой, уже на брачном ложе, упорный, как и большинство алкоголиков, Рубцов еще раз укорил Древину бездарностью. Гнев ударил ей в голову, и могучие руки сомкнулись на тонком горле грустного певца. Когда он, хрипя, лежал на полу, Древина опомнилась и выбежала на улицу. «Я убила своего мужа!» — сказала она первому встречному милиционеру. «Идите-ка спать, гражданка, — отозвался блюститель порядка. — Вы сильно выпимши». — «Я убила своего мужа, поэта Рубцова», — настаивала женщина. «Добром говорю, спать идите. Не то — в вытрезвитель». Неизвестно, чем бы все кончилось, но тут случился лейтенант милиции, слыщавший имя Рубцова. Когда они пришли, Рубцов не успел остыть. Минут бы на пять раньше — его еще можно было бы спасти. Недавно из тюрьмы (она получила семь лет) Древина прислала стихи, посвященные памяти Рубцова. «Поседею от горя, — пишет душительница, — но душой не поверю, что назад журавли не вернутся». Это перефраз рубцовских стихов. Звучит так, будто Рубцов ушел по собственной воле, но она верит в его возвращение и не перестает ждать. И, главное: психологически это понятно.

27 октября 1977 г.

Неделю провел в Югославии, где был однажды — в 1964 году. Никаких лирических чувств в связи с этим не испытал. И лица, памятные с той поры, не взволновали. Страна все так же красива и очень грязна. Вокруг лесов, рощ, селений, холмов — бордюр из полиэтиленовых мешочков, остатков жратвы, бумаги и прочего мусора. Малые народы, населяющие эту небольшую страну, люто ненавидят друг друга. Нам эта ненависть стоила поездки в Черногорию. Все уже было обговорено, но сербский СП наложил свое вето. Мы, дескать, московских писателей приглашали, а вы пользуетесь. Как-то не получается с социализмом. Не прививаются людям эти идейки, не соответствуют биологической природе человека. А вообще, будь поменьше портретов, — обычная западная страна второго сорта, с южным привкусом.

Самое сильное впечатление: встреча с Шушей и Мурадом, да и с выросшей в очаровательную девушку Хебой. Что-то сильно вздрогнуло в душе. Шуша и Мурад — худые, моложавые, погрустневшие. Шуша утратила свою густую красоту, но мила и трогательна. Она недавно сделала подтяжку, ей трудно улыбаться. Мурад поседел, но в остальном не изменился. По-спортивному подтянут: каждый день играет в теннис, бодр и свеж. Все было чудно: и придорожный ресторан, и домашний обед, и бесконечный кофе, и воспоминания, и ощущение ценности прожитой жизни, где не все исчезает бесследно. Как хорошо, что наша встреча состоялась! Мне помогли в посольстве. По-моему, это первый случай, когда ленивые, необязательные и безрукие кайфовальщики что-то сделали.

А потом я заболел. У меня был ночью бред, впервые с детства. Это случилось в странной экзотической гостинице горного городка Новый Пазар. Мне виделись длинные белые женщины, я громко кричал и проснулся от своего крика. В Белграде накануне отъезда у меня схватило сердце. Боль сосредоточилась в грудной кости и не давала заговорить себя нитроглицерином. Но, конечно, не была такой острой и мучительной, как в 64-м году, и быстро прошла. Видать, мелкий инфарктишко.

(*Более поздняя запись*: недели через две-три в Индии я узнал, что Мурад Галеб, посол ЕАР в Югославии, оставил свой пост в знак протеста против поездки Садата в Израиль. Редкий случай принципиальности в наше растленное время.)

27 декабря 1977 г.

Вчера сообщили: в результате несчастного случая скончался Александр Галич. С ним было много связано: лихачевщина, молодость, «котельная», моя очарованность им, ревность к Немке, гульба, знакомство с Адой, ленинградские вечера. Мы разошлись, вернее, нас развела Анька, из-за дурацкой истории с «Чайковским». Мне хотелось хоть раз увидеть его, что-то понять, связать какие-то концы, подвести итоги. Не вышло.

Что там ни говори, но Саша спел свою песню. Ему сказочно повезло. Он был пижон, внешний человек, с блеском и обаянием, актер до мозга костей, эстрадник, а сыграть ему пришлось почти что короля Лира — предательство близких, гонения, из-

369

гнание... Он оказался на высоте и в этой роли. И получил славу, успех, деньги, репутацию печальника за страждущий народ, смелого борца, да и весь мир в придачу. Народа он не знал и не любил, борцом не был по всей своей слабой, изнеженной в пороках натуре, его вынесло наверх неутоленное тщеславие. Если б ему повезло с театром, если б его пьески шли, он плевал бы с высокой горы на всякие свободолюбивые затеи. Он прожил бы пошлую жизнь какого-нибудь Ласкина. Но ему сделали высокую судьбу. Все-таки это невероятно. Он запел от тщеславной обиды, а выпелся в мировые менестрели. А ведь песни его примечательны лишь интонацией и остроумием, музыкально они — ноль, исполнение однообразное и крайне бедное. А вот поди ж ты!.. И все же смелость была и упорство было — характер! — а ведь человек больной, надорванный пьянством, наркотиками, страшной Анькой. Он молодец, вышел на большую сцену и сыграл, не оробел.

(*Более поздняя запись:* был на его могиле на кладбище Сен-Женевьев-дю-Буа. Саша лежит в одной могиле с какой-то женщиной. Не было мест на перенаселенном кладбище. Вот ирония судьбы — всю жизнь Анька вытаскивала его от чужих женщин, а теперь сама уложила в чужую смертную постель.)

29 декабря 1977 г.

Были на балу у норвежского посла. Первое впечатление: ошеломляющая элегантность всех присутствующих. Разобравшись и успокоившись, увидели: женщины одеты нормально средне, мужчины — просто смешно. На всех взятые напрокат смокинги пятнадцатилетней давности с узкими брючками и обвисшими плечами. Исключение — посол Гравер и несколько утонченных, нежноликих юношей. Каких-то уайльдовских юношей. И страшно, даже грозно на общем приличном фоне выглядела семья Эдмунда*. Как точно вылепило их время из двуликости, предательства, пороков, подлых, алчных страстей, алкоголизма и беспардонности. Он — скрюченный какой-то загадочной болезнью, отчего стал похож на доисторического ящера, пытающегося укусить собственное плечо, она — без грудей, в розовом девичьем газе, и дочь, только что снявшая гипс с ноги, которую

---

* Эдмунд Стивенс — корреспондент сперва «Нью-Йорк таймс», затем какой-то английской газеты.

сломала по пьянке, опухшая, отчего веснушки растеклись в пятна, — все трое, грешащие ежедневно каким-то первородным грехом, виновные во всех винах, прогнившие до последнего волоконца, но самоуверенные, нахальные, ничуть себя не стыдящиеся и всеми принимаемые. Что это значит? Зачем они честному дровосеку Граверу? Почему перед ними открываются двери приличных домов? Куда девались этика, мораль, просто брезгливость **там**? Тоже все выжжено страхом, усталостью, безнадежностью грядущей тьмы.

Поразительно равнодушие к культуре и литературе современных западных людей, особенно молодежи. Им ничего не надо, кроме быта, спокойствия, маленьких физиологических удовольствий. Какая литература? Какие проклятые вопросы? Какие идеалы? Не трогайте нас, дайте спокойно дожить — ничего иного они не хотят. Это ужасно!!!

А накануне Марина Влади проповедовала у нас на кухне превосходство женского онанизма над всеми остальными видами наслаждения. В разгар ее разглагольствования пришел Высоцкий, дал по роже и увел.

30 декабря 1977 г.

Ну вот, еще год миновал. Год, отмеченный снова утратой: не стало Лемешева. Как глубоко было во мне все, что связано с ним. Какие струны затрагивал он во мне, что значило его удивительное явление в моей жизни — все это надо будет продумать. И Саши не стало — тоже какая-то недочитанная страница. Из трех молодых людей, что в конце войны резвились в Центральных банях, остался я один. Если остался. Я в плохой форме — и физически, и душевно. Слишком много болею, слишком много думаю о дряни, слишком мало пишу — настоящего, а всякую дребедень катаю почем зря.

А что было: четыре неплохих рассказа, три очерка, поездки в Данию, Югославию, Индию. Главное — вышла долгожданная книга. Есть за что и поблагодарить этот мучительный год. Все-таки жизнь еще влечет, есть интерес к каждому наступающему дню, значит, не все пропало. Надо лишь больше беречь время, которого осталось так мало...

20 июля 1978 г.

Плохо, очень плохо катится к быстрому концу это лето, от которого столько ожидалось. Скверная погода, холод, много ненужных назойливых визитеров, мало леса, мало поля, цветов. Очередная гадость с поездкой. Не пустили в Норвегию. Почему?.. За какие провинности?.. Чья злобная воля постоянно вторгается в мою жалкую мышиную жизнь, не давая мне ни минуты покоя, терзает мое больное сердце, стискивает больные сосуды, треплет больные нервы? Кому и для чего это надо? Мое главное творчество — не рассказы, повести, очерки, статьи, а жалостные и — при всей кажущейся свободе, возмущении, гневе — унизительные письма. В письмах я выпрашиваю издания, поездки, защиту от критических разносов. Пусть я делаю это редко, очень редко, в крайних обстоятельствах, неизмеримо реже, чем другие, в собственных глазах я попрошайка и плакальщик. Вот чем я стал в канун шестидесяти лет. Вот цена моему самолюбивому стремлению остаться «порядочным человеком». Похоже, мой эксперимент не состоялся: нельзя считать себя уцелевшим во всеобщем нравственном распаде, если ты унижаешься перед негодяями. Ты этим возносишь их, укрепляешь в сознании собственного превосходства, законности своей власти над измученными человечьими душами.

А лето уходит. И я так боюсь первого желтого листа. Порой мне кажется, что я этого не переживу. Я так многого жду от каждого лета, что теряю его впустую; его истинные, весьма скромные возможности кажутся столь ничтожными перед величием смутно воображаемого, что пропускаешь их мимо себя, остается пустота...

В лесу вдруг остро вспомнилась встреча с Верой и Аркадием

372

Первенцевыми в «Русском поле» минувшим апрелем. Я не узнал ее и продолжал не узнавать, когда она подошла ко мне и спросила: «Юра, вы меня забыли, или я стала такой старой?..» И вспыхнуло: «О рыцарь, то была Наина!» Откуда в опыте юного Пушкина могло быть подобное потрясение?

Потом, в перерыве между двумя сериями «Тиля Уленшпигеля» я поздоровался с Первенцевым, пожав большую, вялую, бескостную руку. «Не могу смотреть Уленшпигеля!» — сказал он странным, плачущим, смущенным голосом и, волоча парализованную ногу, повлекся к дверям. Я встретил его впервые осенью 1939 года после нашего романа с Верой, когда она сделала из меня мужчину, у подъезда Клуба писателей. Двухметрового роста, загорелый, красивый, веселый, он сказал с добродушной улыбкой: «Знаю, знаю, как вы с моей женой гуляли!»

Что ни говори, а исход жизни по-своему интересен. Последний акт недолгого действия жалок, страшен, гадок, но не лишен какой-то поэзии.

12 августа 1978 г.

На днях был у В.Роскина. Он звонил чуть не' каждый день, и — деваться было некуда. Я боялся этой встречи. Боялся, что он будет заносчив и жалок и постарается всучить мне свою живопись. Я не хотел, чтобы на Оськину память наложилось что-то унизительное, недоброкачественное. Но все обошлось, даже осталось в душе чем-то трогательным. Он не собирался ничего мне навязывать, он даже мои упорные неподходы к телефону объяснил благородно: «Осины товарищи избегают меня, им будто совестно, что Ося погиб, а они уцелели». Это сказал ему Лева Тоом, о самоубийстве которого восемь лет назад Владимир Осипович не слышал. И еще: он забыл, что мы виделись с ним после войны на улице Мархлевского, у Осиной матери, недавно умершей. В нем немало сохранилось от прежнего, несмотря на его восемьдесят лет. Он так же худ и строен, изящен в движениях, хотя при резких поворотах его слегка заносит. Чуть-чуть дрожат руки, но он ловко справлялся с кофейником и рюмками. Прилично одет: коричневые, хорошо отглаженные брюки, коричневая шерстяная рубашка, узконосые ботинки. Он очень много работает и уже после выставки* написал с десяток полотен. Он

---

* Выставка — очень хорошая — была к его 80-летию.

облысел, отчего округлился свод черепа и голова утратила свою продолговатую форму. Теперь он больше похож на Оську. Купили у него после выставки мало и заплатили дешево. Практически он живет с женой на две пенсии: свою и ее. А ведь надо покупать краски, холсты, подрамники, содержать машину. Он впервые сел за руль в пятьдесят пять лет.

Но они как-то сводят концы с концами. У них хорошая квартира в одном из домов общества «Россия», раз-другой ездили за границу, отпуск проводят на Черном море, встречаются с друзьями. Роскин сказал, что не садится за стол без двух рюмок коньяка.

В нем стало куда меньше гонора, заносчивости, напряженного самолюбия, что отличало его в молодости. Правильней было бы сказать, что он вообще изжил в себе эти свойства. Он прост, скромен, исполнен достоинства и доброты. Прекрасно, с умом и любовью, говорил об Оське, которому, похоже, наконец-то узнал цену. Прежде он считал сына милым, беспредметно одаренным шалопаем. Мы многих вспомнили. Художник Лопухин, наш теннисный партнер, жив, а Джон Левин недавно умер. Я не знал, что накануне покончила с собой 87-летняя Лиля Брик. Она сломала тазовые кости и, поняв, что они не срастутся и ей грозит полная неподвижность, отравилась. Она оставила записку, что «никого в своей смерти не винит», а Катаняну успела сказать: «Я очень тебя любила». Она ушла гордо, без жестов. Лет десять назад «Огонек» разжаловал ее из любимых женщин Маяковского. Основание: Маяковский не мог любить жидовку. Он должен был любить прекрасную русскую женщину Иванову. Поэтому смерть Лили прошла незаметно.

Еще несколько лет, и поколение Роскина, поколение моей матери будет подобрано подчистую. Я поймал себя на странном свойстве: пока не исполняется ста лет со дня рождения давно ушедшего человека, я числю его среди живых.

18 августа 1978 г.

Съездил на машине по «Золотому кольцу». Загорск — Переславль-Залесский — Ростов — Ярославль — Кострома — Суздаль — Владимир — Москва. Перед Ярославлем заглянули (я ездил с Гришкой Ширшовым) в Карабиху — усадьбу Некрасова. Обычная липа: ни одной некрасовской вещи, все — «того времени». Потрогал старое ржавое ружье, висящее на стене, и подивился его весу. «Милицию вызвать?» — послышался тут же окрик молоденькой экскурсоводки. «Так уж сразу — милицию?» — спросил я. «Да, так уж сразу!» — нахально подтвердила девка. «А без милиции никак нельзя?» Тут она вдруг что-то смекнула про себя и заткнулась. До чего все граждане настроены на хамство, угрозы, репрессии! Казалось бы, у нас должно было возникнуть отвращение ко всякого рода насилию — какое там! Так и рвутся в экзекуторы. Этой славной девушке медово рисовалось, как вызванный ею милиционер крутит руки пожилому седому человеку и тащит в участок. Там избивают до полусмерти, после чего, обвинив в сопротивлении властям, подводят под указ о пятнадцати сутках, о чем сообщают на работу, где начинаются свои репрессии. Этот противный эпизод только и остался во мне от посещения приюта певца обездоленных и униженных.

Впечатление от Ярославля лучше. Город зеленый, светлый, сверкающий куполами, с чудным кремлем, красивой Волгой, старинными домами, не задавленными стеклянными башнями. Новостройки — по окраинам. В городском музее — великолепная выставка из частного собрания д-ра экономических наук Рубинштейна: первая треть двадцатого века. Тут много акварелей и карандаша театральных художников: Якулова, Исаака Рабиновича, которого я никогда не встречал на выставках, Вильямса и др. И прекрасные работы художников, оставшихся почему-то в тени; их фамилий я раньше не слышал и потому не запомнил. Но, ей-Богу, они нисколько не уступают «первачам». Русское искусство начала века куда богаче, чем мы привыкли думать. Просто кто-то успел выскочить до революции или в первые годы после переворота, а кто-то по тем или иным причинам, к творчеству отношения не имеющим, задержался и канул в Лету.

Из Ярославля мы рванули в Кострому, в образцовый совхоз «Костромской», где нам стараниями Гриши, курирующего этот совхоз по линии «Сельхозтехники», была приготовлена квартира. Гриша возлагал на этот визит большие надежды. С одной стороны, он хотел поднять свой престиж, с другой — нанести удар по моему скепсису в отношении нашего сельского хозяйства.

В образцово-показательном совхозе осуществляется великая идея о переводе сельскохозяйственного производства на фабричные рельсы. Высокоорганизованная кормовая база должна обеспечивать ежедневный прирост мяса от всего тысячного стада на определенную запланированную цифру. Рассчитано с математической точностью: столько-то килограммов сена, комбикорма, сенной муки, зеленой массы и т.п. — столько-то добавочных тонн говядины. Кроме того, в совхозе создана громадная птицеферма, где от каждой несушки получают триста шестьдесят яиц в год. Гриша обещал показать мне импортные машины, создающие бледно-зеленые цилиндрики прессованной сенной муки, мясо-молочное хозяйство, птицеферму с неистовыми несушками, поля и луга. Ничего из этого не вышло. От ужасных дождей раскисли дороги — не пройти, не проехать. Французский агрегат стал — сгорел мотор. Оказывается, хрупкая и несовершенная иностранная техника требует постоянного напряжения для своей работы, а на перепады отвечает тем, что выходит из строя. Картофельное поле похоже на рисовое, так залито водой. Картошка только начинает цвести — и это в середине августа, нечего рассчитывать даже на малый урожай. Травы и колосья полегли и так нагрузли водой, что смешно пытаться взять их косилками или комбайном. Хотели выгнать скот на пастбище, но тучные и тонконогие французские коровы вязли в топком грунте и ломали ноги. Пришлось нескольких пристрелить, остальных с великим трудом загнали назад в хлев. Собралось бюро обкома: что делать? Надои катастрофически падают, о нагуле веса и думать не приходится, хоть бы сохранить скот. Решили косить вручную. А где взять косарей? Настоящих мужиков в сельском хозяйстве не осталось, а механизаторы и руководство махать литовкой не умеют. Какую-то жалкую бригаду все-таки набрали. К своему неописуемому ужасу, туда вошел второй секретарь обкома, ловко махавший косой на собственном приусадебном участке. В общем, эта бригада напоминает тот скорбный отряд косцов, который собрал Пашка Маркушев в «Председателе». А ведь не успел фильм появиться на экране, как рецензенты принялись утверждать, что в нем изображен давно пройденный этап в жизни нашего сельского хозяйства.

Впервые на моей памяти Гришка омрачился. «Ну, если и тут не вышло, не знаю, что и будет», — сказал он так серьезно и горько, что стало ясно: никаких других идей в этой области хозяйственной жизни не существует. Дожди пришибли не одну Костромскую область, а все Нечерноземье.

С яйцами тоже беда. При мне директор совхоза звонил в Ростов: почему не шлют ракушечник, обещанный восемь месяцев назад. Курам не из чего строить яичную скорлупу. Ответ из Ростова был неутешителен.

Вечером в нудный серый дождик из низких волглых туч ударила гроза. Такого я еще никогда не видел. Обвальный ливень ворвался в редкие тонкие нити вялого дождишка, вмиг превратив территорию совхоза в костромскую Венецию. Когда ливень ушел с затухающим шумом, в нашу дверь постучали. Разумеется, мы не ждали гостей и были смущены. Оказалось — группа ленинградских студентов, присланная на уборку картофеля. Они ошиблись дверью. На Гришку жалко было глядеть.

На другой день познакомились с Костромой. Город невелик и невзрачен, во дни Кустодиева он был неизмеримо приглядней. Главная достопримечательность — ампирная каланча. Но хорош Ипатьевский монастырь, меж Волгой и ее притоком. Там похоронен Пожарский. В магазинах — серая ливерная колбаса, из-за которой убивают, сыр (!), овощные консервы, супы в стеклянных банках с броской надписью «БЕЗ МЯСА», какие-то консервы из загадочных рыб, которые никто не берет. Есть еще «растительное сало», помадка, пастила и сахар. Остальные продукты в бутылках: водка и бормотуха. Много пьяных на улицах и много печали во всем. Зашел побриться в парикмахерскую. Воняла мыльная пена, воняли руки парикмахера, вонял паровой компресс, нестерпимо вонял одеколон.

В Суздале мы съели ужасающий обед в «харчевне». Он до сих пор отрыгивается мне и снится по ночам. Я просыпаюсь с криком.

Из повести Л. Токарева: «Могилы больших человеческих умов хранит моя родная земля». Что правда, то правда: земля наша — могила для человеческого ума.

26 августа 1978 г.

У нас идет естественный отбор навыворот: выживают самые бездарные, никчемные, вонючие, неумелые и бездушные, гибнут самые сильные, одаренные, умные, заряженные на свежую и тво-

377

рящую жизнь. Все дело в том, что это не естественный, а искусственный отбор, хотя внешние формы его порой стихийны.

Болеет чумкой, и болеет жестоко, наш бедный черный Митенька. Из одной смерти Алла его вытащила: был отек легкого, но он сразу устремился в другую — чумная бацилла поразила ему мозг. Он почти не может ходить, шатается, лапки расползаются, падает на спинку. Все его маленькое тело исколото шприцами, он весь напичкан и, наверное, уже отравлен мощными шарлатанскими лекарствами, и с каждым днем ему все хуже и хуже. От бесконечных мук он озлобился и кусает до крови ухаживающую за ним Аллу. Смотреть на него невыносимо больно, но права врачиха: «Куда чаще не выдерживают хозяева, чем собаки». Учись у Аллы, скотина!

Здорово придумано: людей, не принимающих данной идеологии или — что чаще — искажений идеологии, считать уголовными преступниками. До этого не додумался даже Николай I при всем своем полицейском цинизме. Он называл декабристов «бунтовщиками», а не хулиганами, взломщиками, бандитами.

5 сентября 1978 г.

Пять дней Ленинграда. Ездили на машине. Обрадовал материал «Седых волос»*. Найдена очень хорошая, добрая интонация, обаятелен, как в своих ранних фильмах, но по-новому, по-взрослому, Алексей Баталов. Трогательна впервые снимающаяся Лупиан, и все другие на месте. Худенький Ефимов, некогда игравший солдатика-связиста в «Ночном госте», разжирел, заматерел и оказался отличным «Художником». Чудно поет свою песенку Ирэна Сергеева. По ходу съемок мы совершили на стареньком катере объезд всех ленинградских каналов. Я как будто наново увидел Ленинград. Город кажется куда более старым, значительным и подлинным, нежели с суши. Утро было по-воскресному малолюдным, к тому же на многих набережных нет автомобильного движения. Я чувствовал себя в Петербурге прошлого века. Город, который я прежде так любил, а в последнее время подутратил, вернулся ко мне. Правда, без фигур, оживляющих пейзаж,— эти окончательно выродились.

---

* Телефильм «Поздняя встреча»

Все страшнее становится Шредель. Огромный, брюхастый, с вываливающейся челюстью, с больными ногами, в которых умерли пульсы, с перспективой нищенства на старости лет. Мрачен почти всерьез. Игры осталось с гулькин нос, иссякло остроумие,— тяжелый, скучный, вечно брюзжащий и недобрый человек. Следить за ним интересно, жутковато и горько. Остальных и вовсе не хотелось видеть. Отношения вянут и умирают, если их не питает что-то реальное: совместная работа, помощь одного другому, единомыслие, общая любовь, общие пороки.

На обратном пути заехали в Берендеев лес, в то самое место, где когда-то заблудились. Набрали полную корзину грибов и опахнулись былым ужасом. До чего же там хорошо!

А сейчас — дача и дождь, и ненужные звонки, и уже проснувшееся раздражение на ожидающую меня ложь, уклончивость, мерзкое морочение головы — опять началась норвежская эпопея.

6 октября 1978 г.

Уж как не хотели пускать меня в Норвегию, а пришлось. Почему не хотели — не знаю. Донос? Скорее всего, но ума не приложу, что могло послужить для него поводом. И кому нужно доносить на меня?.. Написал письмо Маркову — серьезное и горькое,— подействовало. Все-таки сейчас можно пробиться к разуму власть предержащих, прежде это было невозможно. Впрочем, не исключено, что сработало другое — нежелание скандала. Но и тут участвует разум. Словом, приметен какой-то сдвиг.

Норвегия была прекрасна пейзажами и убога людьми. Самое яркое впечатление произвели дебилы (я посетил их резиденцию километрах в шестидесяти от Осло), в них есть самобытность и независимость. Остальные скучны и запуганы. Бацилла страха запущена нами. Норвежцы опасаются стукачей, доносов, телефонов и т.п. Порой у меня возникало такое чувство, будто я не уезжал. Вот что значит общая граница. Тоска и бездуховность сменили прежний подъем. И виной тому страх.

Причина моей нынешней художественной непродуктивности во мне самом, а вовсе не в сценарной замороченности, редколлегиях, самотеке, возне с молодыми авторами и назойливости так называемых друзей. Я сам источник суеты, придумываю себе неотложные дела, липовые обязательства, лишь бы не заниматься тем единственным, для чего родился: писать рассказы. Бороться надо с самим собой, все остальное не страшно.

Поездка в Москву на прием. Мы ехали по такой темной, непроглядной ночи, что аж оторопь брала. Уже не встречаются освещенные участки шоссе, нет света в деревнях, погружены во мрак новые районы Москвы (Теплый стан, Черемушки), даже центральные улицы столицы освещены вполсилы: фонари горят через один. Что случилось? Месячник экономии электроэнергии на смену месячника пристегнутого ремня? Богатая все-таки у нас жизнь, не дает застояться. Но ехать было трудно, тем более что аккумулятор включился в игру и не давал фарам энергии. И в домах черно, и черно небо, и черный дождь лупит в лобовое стекло, и черные люди выметываются из-под колес. Похоже, тут достигнут некий абсолют, нужный властям, но смысл его от меня ускользает.

10 октября 1978 г.

Вчера в полдень умер Антокольский. Он давно уже был очень плох: мозговые явления, чудовищная эмфизема, пробитое инфарктом, изношенное сердце, бездействующий желудок — в нем не оставалось ни одной здоровой точки. Но он знал часы просвета, что-то читал, даже какую-то работу делал — разбирал рукописи и т.п. Само умирание не было особенно долгим, но мучительным. Началось с того, что он упал с кресла, ушиб голову и потерял сознание. Ночью он снова упал, вернее, выметнулся из кровати и опять ушиб голову. И тут начались чудовищные боли в суставах. Он не мог найти такого положения, чтобы хоть сколько-то ослабить боль. К тому же он задыхался и у него раскалывался череп. Он якобы натер себе какую-то железку, и это отдавалось в голове. Он умолял врачей дать ему болеутоляющее или сильное снотворное, но те опасались, что это повредит его драгоценному здоровью. «Зачем вы мучаете несчастного старика? Как вам не совестно?» — кричал Павел Григорьевич. Но те хранили верность «врачебной этике». Время от времени забытье освобождало его от адских мук, затем все начиналось сначала. Толя Миндлин был у него накануне исхода и говорит, что смотреть на Павла Григорьевича было невыносимо, а Толя человек крепкий. Под байковым одеялом не было плоти, лицо, обтянутое пергаментной кожей, усохло в детский кулачок. Он давно уже ничего не ел: глоток чая, чуточку потертого яблока. Примерно за неделю до этого Толя читал Павлу Григорьевичу свои записки о Володиной гибели. Павла Григорьевича давно уже перестало трогать все, связанное с убитым сыном. Он сам сказал об этом Толе с легким и не смущенным удивлением. Видимо, поэтому Толя счел уместным угостить умирающего таким развлекательным чтивом. С холодной ухватчивостью Павел Григорьевич заметил неудачную фразу: «Разрывная пуля разорвалась во рту». Толя рассказывал, что Наташа — Кипса, старшая дочь Павла Григорьевича и наша приятельница с довоенных коктебельских времен, поражала всех своей выдержкой и толковой распорядительностью у тела отца, но, увидев Толю, отбросила палки-костыли, упала ему на грудь и разрыдалась.

Вот и ушел последний из «четверки», что так радостно соединилась в дружбе четверть века назад, когда на смену московской пришла «дачная» жизнь. Я помню, как радовалась Зоя Николаевна, что у всех «такие красивые дома», и как иронизировала над этим мама, считавшая, что красивый дом только у нас. Дружба стариков была настоящей, они любили друг друга.

Антокольский не дотянул трех месяцев до возраста Якова Семеновича*. Вот что значат злоупотребления: табак, водка, бабы, суета. Работа тоже укорачивает век, когда она взахлеб. А Павел Григорьевич все делал на пределе. А если серьезно, он прожил на редкость счастливую жизнь: без тюрьмы, без сумы, в известности, пришедшей рано, в единодушном признании (с одной маленькой осечкой в период «космополитизма»), во всеобщей любви; из двух несчастий, выпавших ему на долю: гибель сына и смерть Зои,— он извлек свои лучшие стихи, позволившие ему быстро успокоиться. Поверхностный, талантливый, ничем всерьез не омраченный, послушный властям без малейшего насилия над своей сутью, с жадным вкусом к жизни, людям, книгам, неразборчивый и отходчивый, он являл собой в наше мрачное и тягостное время некое праздничное чудо. К его детской постельке явились все феи — в полном составе.

Оказывается, за это время как-то незаметно умер бывший теннисист и многолетний узник Правдин, побив рекорды долго-

* 83 года.

летия. Люди, проведшие много лет в узилище, как правило, долго живут. Выключенность из житейской нервотрепки укрепляет организм и делает его маловосприимчивым к мышьей суете жизни, что возвращается вместе со свободой. Уходят последние красивые люди, остается та нежить, что искушала св. Антония на знаменитом полотне Босха.

17 октября 1978 г.

Вчера у меня в гостях был Мохаммед Маджуб, суданский поэт, некогда председатель суданского Союза писателей, что пригласил меня в 67-м году в Судан. С ним пришел и Абу-Баккар — египетский переводчик, женатый на русской. Баккар — малоинтересен, он настолько ассимилировался, что стал большим москвичом, нежели я. А вот старик Маджуб меня разволновал. Одиннадцать лет назад он приезжал ко мне вместе с Абдаласи, молодым молчаливым прозаиком с раздвоенным на кончике розовым носом. Я был на пороге новой жизни: только что освободился от Геллы, сблизился и расстался с Аллой, не ведая, что это моя судьба. Мне нужно было пройти через Любанчика и весь тусклый разгул, чтобы раз и навсегда соединиться с собой окончательно. И как все изменилось за эти одиннадцать лет! Не стало мамы и Я.С., Антокольских и Правдиных, уехали Кауль* и Мурад с Шушей, исчезли из моей жизни Россельсы, Галя Нейгауз, Окуджава, Салтыков, Левитанский, почти исчезла Лена и многие, многие другие.

Но у нас это — работа времени, а в Судане — самум африканских социальных страстей. Я видел по телевизору, как вели на расстрел однофамильца моего гостя, секретаря Суданской компартии. Он помнится мне толстым, большим, веселым, размашистым человеком, а на экране был худенький подросток. «А где Абдаласи?» — спросил я. «Умер».— «Отчего? Он же молодой человек».— «Не знаю. Взял да умер». Это было в стиле покойного, тот тоже не любил углубляться в подробности жизни. Бывало, я спрашивал его во время поездки по Судану: «Что это за птица, Абдаласи?» — «Не знаю. Просто птица».— «А журналист-инвалид, который ездил в коляске?» — «О! Хорошо!

---

* *Кауль (Тикки)* — посол Индии, друг нашей семьи.

Он женился, родил трех детей и попал под грузовик».— «А Хадиджа?» — спросил я с некоторым трепетом — мне очень нравилась эта молодая красивая писательница и деятельница обновляющегося Судана. «Пишет докторскую диссертацию. Литературу бросила. Общественную работу — тоже. Ее муж опозорился на весь Судан — украл экзаменационную тему, чтобы помочь дочери поступить в колледж». Попутно выяснилось, что муж красавицы Хадиджы педераст. А я, идиот, остановился на полпути, когда мы с ней сидели в машине на берегу Нила, уверенный, что она упоена своей брачной жизнью со смазливым богачом. Союз суданских писателей тоже умер, и Маджуб остался при своей малодоходной книжной торговле.

Перед расставанием он произнес прекрасную фразу: «Наступил час, когда все слова уже сказаны и остается только плакать».

19 октября 1978 г.

Позвонила Лена и грубым мужским басом, как Леля когда-то, сказала: «Вы будете смеяться, но Мура умерла». Мура, она же Мэри, жена Мити Федорова, Сашиного отца, моя юноше-ская любовь, сильно подвинувшая меня к пониманию сути женщины. Из-за нее во время войны Митька бросил Лену. Шестнадцатилетним я до глубокой ночи вышагивал с нею по аллеям Долгой Поляны в таком возбуждении, что непонятно, как я уцелел. Первая женская грудь, которую мне дозволили ласкать, первые колена и бедра — все это Мура. Аркадский пастушок, бля,— я спал в холодном росном саду, дрожа от стужи, чтобы поутру проснуться от Муриного поцелуя. Внезапно из чуть переспелой девушки Мура превратилась в роскошную даму. Стремительный этот расцвет не только не восхитил меня, напротив — оттолкнул. Она этого не понимала, убежденная в не-отразимости своих чар. Странно, ее по-прежнему тянуло ко мне, хотя она уже вовсю жила напряженной женской жизнью. Помню, как я водил ее в нашу школу устраиваться в десятый класс. Она была густо намазана, вся в кольцах, браслетах, на высоких каблуках, ее высокая крепкая задница вела отдельное, бурное существование. Мура сразила подвернувшегося нам возле учительской географа Ивана Дмитриевича Лосева, старого пьяницу и, как неожиданно выяснилось, пылкого кавалера. Он рассыпался перед ней бисером, уверял, что кончать она должна только нашу школу, где все преподаватели — кандидаты наук. Как ни странно, сам Лосев действительно был кандидатом — единственным на всю школу, к тому же автором учебника по географии. Мура кокетничала с ним, и вид у нее был такой блядский, что даже мне — слепому дурню — стало стыдно. По счастью, ее приметил наш директор, и когда я пришел к нему для переговоров, он сказал почти жалостливо: этой даме совсем не нужно среднее образование. Но Мура и сама это поняла. Вскоре она вышла замуж за журналиста-шпиона Клавдиева. Новая наша встреча произошла во время войны, когда я вернулся с Воронежского фронта. Мурин муж лежал в госпитале, тяжело раненный, она же, мало опечаленная, цвела яркой и довольно вульгарной красотой и охотно позволяла целовать себя. Я уже потерял Машу и ступил на путь греха, но что-то мешало мне сойтись с Мурой. А что — до сих пор не знаю. Скорей всего, память о ней прежней — долгополянской. Потом выяснилось, что в это время у нее начинался роман с Митькой Федоровым. Встретил я ее снова лет через десять в Доме журналистов, где она вела какой-то кружок, не то кройки и шитья, не то стенографии. За это время она из вульгарно-соблазнительной дамы превратилась в старую уродливую еврейку. Она сделала вид, что не узнала меня, я охотно поддержал эту игру.

И вот Мура умерла — в одночасье, от инфаркта. Не идет ей ранняя опрятная смерть. Она должна была пережить Митьку, пережить всех, расползтись, стать чудовищем, долго болеть, ковылять на распухших ногах, показывать соседям свои молодые карточки и, обезножив, спустить на сиделок накопленное Митькой имущество. И все-таки она была добрая баба. Все время хотела примирить Сашку с отцом, звонила Лене — настойчиво и серьезно. Но в Сашке воспитали такое ожесточение против отца, что из этого ничего не вышло. А Мура оказалась очень хорошей и преданной женой Митьке, но ребенка ему дать не смогла. Мир ее праху.

22 декабря 1978 г.

Были у Пети на дне рождения, которое на самом деле приходится на 19 декабря. Ему исполнилось 60, в газете «Москов-ский художник» опубликовано мое искреннее поздравление. Но Петю уже не интересуют никакие поздравления, он грозно болен. Что-то с печенью, очень плохое, видать. Он выглядит так ужасно, что это отражается на фальшиво-бодрых лицах окружающих. Он худ и желт, как голодающий китаец. Бедный, бедный Петух, неужели с ним действительно случилось самое страшное?.. И все же... В последней, тайной глубине старым людям всегда приятно, когда умирают их сверстники. Это — как в марафоне: еще один отстал, а ты продолжаешь бег к непонятной и недостижимой цели. Отвратительно? Да, но что поделаешь, если люди такие гады. И ведь это не мешает ни боли, ни смертной жалости, ни слезам, и я не знаю, чего бы ни отдал, лишь бы Петя жил.

31 декабря 1978 г.

Прежде я очень любил подводить итоги прожитому году. Для чего-то это было мне нужно? Для самоуспокоения, что ли?.. Сейчас во мне нет такой потребности, но надо заговорить зубы странному беспокойству, терзающему меня с самого утра. Так чем же примечателен минувший год? Я написал «Беглеца», «Один на один», «Лунный свет», «Замолчавшую весну», «Еще раз о бое быков» и неважный рассказ «Телефонный звонок». Написал хорошую статью о чеховской редактуре. Лихо выступил по телевизору. Два месяца провел во Франции и разлюбил соотечественников д'Артаньяна, был в Испании — это прекрасно, был в Норвегии — охладел и к этой стране, прекрасной лишь пейзажами. Много мучился с делами и неприятностями, с повышенным давлением, простудами, да и вообще чувствую себя неважно. Провел семинар в Софрине, одарил бедных ребят хвастливой игрой в доверительность, независимость, внутреннюю свободу. Ужасно, гибельно болел Митя. Умерли Атаров и Антокольский. Что еще вспомнить? Приезжала Елена Кохрам из Мичиганского университета, защитившая по мне докторскую диссертацию. Был вечер Сосинского, посвященный воспоминаниям о Цветаевой, я председательствовал. Получил несколько трогательных читательских писем. Что еще было?.. Отвратительная возня с детективным сценарием, Шредель едва не изгадил хороший фильм по «Седым волосам», гнусное Вороново с дивной лошадью, живущей ни от кого не зависящей жизнью. Но только сейчас я понял, как богат был этот год, как насыщен поездками, работой, телеигрой, борьбой, событиями, значительностью утрат. Я сравнительно мало читал, и все как-то случайно. Глубину переживания дали лишь роман Кортасара да вновь перечитанный Платонов.

Я еще вспомню этот год, когда пусть трудно, порой мучительно, но все получалось.

1979

7 июня 1979 г.

Был в США. Об американских впечатлениях написал все, что мог. А что не мог, отыгралось бессонницей, повышенным давлением, упадком сил, полубезумием.

Только что уехали от нас Сосинские: старик, Алеша, Сережа с чудовищной бородой. Парни мрачны, особенно старший, он погрустнел, постарел, никакой игры; младший еще пыжится: путешествует, блядует, играет в супермена. Оба зло утверждают: **там** жить нельзя. Старик радостно их поддерживает. Ему нигде не светит, но тут на него находится какой-то спрос. Читал удивительные письма дочери Цветаевой, адресованные ему. Особенно прекрасно письмо, посвященное смерти его жены Ариадны Викторовны. Какое чувство, какие слова и какая душа! Господи, что же Ты так извел русских людей, ведь они были ближе всего к Твоему замыслу? Неужели Ты американцев любишь?.. Но почему у нее не получилось с мемуарами? Может, она не может писать подцензурные вещи? Так бывает.

12 июня 1979 г.

Вчера после долгого перерыва был у нашего фантастического парикмахера Святогора Соломоновича Галицкого. Он сказал, что на недавнем состязании лучших парикмахеров всех поколений «положил молодежь на лопатку». «Это новая прическа? — кричал он, ероша мои неприлично отросшие седые волосы.— Это прическа середины XVIII — начала XIX века. И называлась «аристократическая», по-ихнему «гарсон-сазон». Так причесывались Пушкин и Лермонтов. Они, вы не думайте, были не такие уж дураки. И Чернышевский — тоже, и Белинский, может, слышали? Да и Тургенев, как сейчас помню».

Какой жалкий фарс — приезд Елены В.! И ведь этой трепачке удалось обмануть всех: и осторожного, испытанного в обманах всех родов, прожженного Феликса Кузнецова, и холодного проницательного Булата (он все же был обманут меньше других), и многодумного Трифонова, и меня, что не трудно, но, по чести, я все время подозревал липу. Это было какое-то животное чувство, а не мозговое понимание. Так же инстинктивно я невзлюбил Бобчина. И тут попадание. Но как роскошно — в смысле драматургии — был обставлен финал ее вояжа. В последнее, буквально самое последнее мгновение, когда багаж уже уходил, таможенницу осенило свыше, и она устроила грандиозный шмон, не побоявшись задержать отлет самолета. Добыча была что надо: рукопись Феликса, иконка за два рубля, какие-то письма. На самом деле все это выеденного яйца не стоит, но ведь у нас мало что делается всерьез, таможенники притворялись, будто ими изъята диссидентская рукопись, икона Феофана Грека и тайные послания сионских мудрецов. Погорели блистательные планы Е. Так ей и надо. Сколько форса было в Ирвайне, как презрительно обрезала она добродушного Мунира, и при этом все делала плохо, нечетко, необязательно. Мунир догадался, что она ничего не стоит. А я таки попался на ее апломб. К тому же меня сбило серьезное отношение к ней Феликса К. Уж он-то знает, что к чему! Да ни черта не знает, весь ум таких, как он, годен для местных низкопробных интриг, а вышел за ворота и обосрался.

Как нищ стал наш сад после минувшей зимы. Погибли яблони, сливы, ежевика, крыжовник, кусты жимолости, боярышника, часть сирени. Вымерзли розы и почти все остальные цветы маминого сада. Уцелела смородина, малина, два-три сиреневых куста. Грустно.

Что-то странное случилось с этим летом, я его не ощущаю. Я не слышу птиц, не вижу цветов, ничто меня не радует. При этом я с ужасом думаю о конце лета, считаю оставшиеся дни, но это скорей из страха перед зимой, долгой тьмой, закупоренным жилищем, иными словами, нечто клаустрофобическое. Может быть, я все еще не вернулся?..

Три дня тому назад отправились на старом нашем драндулете по знакомому маршруту: Москва — Ленинград — Псков — Малы — Пушкинские горы. По дороге видели пять страшнейших аварий. Преследовала мысль о раздавленной Шепитько и ее спутниках. Климов все бормотал во время похорон: *«Это мне старец мстит. Не надо было его трогать».* Любопытно, что обращение к распутинской теме не принесло успеха ни Пикулю, которому до этого все удавалось, ни Климову — картина на полку, жена — в ящик. Что касается последнего, то тут, мне кажется, произошла путаница в небесной канцелярии: Климов достаточно пострадал, а Лариса ставила фильм по другому Распутину — Валентину.

Ленинград всегда для меня прекрасен. Не подвел и на этот раз. Впервые видел дачу Безбородко, построенную Баженовым и Кваренги, и Кресты. Были у Пети Фомина в том же доме на площади Искусств, где жил Дорер. Замечательная квартира с высоченными потолками, просторная, прохладная даже в жару, с чудесными продолговатыми окнами, из которых виден Михайловский дворец и сквер с пляшущим Пушкиным. Набоков говорил, что аникушинский Пушкин пробует пальцами, моросит ли мелкий петербургский дождик. Хорошо живет эта художественная мафия. Дети у них все до одного оказались тоже художниками и уже все получили по мастерской. О квартирах и говорить не приходится. Родители этих детей с каждым годом работают все меньше, еще Мыльников трепыхается, остальные почти забросили кисти и карандаши. А зачем напрягаться? Искусство было для них средством, а не целью. Бедный Эрнст работал в котельной, пока его и оттуда не вышибли. Каждому свое.

Тягостная встреча в Малах. Дом Севки Смирнова стоит напротив хутора Фомина, где мы поселились. И вот, едва приехав, мы увидели двух голых мужиков в плавках, навешивающих ставни на соседнюю избу. И Алла — не я — первая узнала в одном из мужиков никогда не виденного ею Севку. Мне он показался слишком мизерным для псковского Буслаева. И тут фоминский пуделек подбежал, ласкаясь, к Севке, он оглянулся и увидел меня. Какое-то странное выражение появилось на его лице: смесь ужаса и стыда. Я пошел к нему. Одна нога у него забинтована — тромбофлебит, кожа горела, как в крапивнице. На обхудалом лице, обросшем совсем седой и редкой бородой, таращились старые выцветшие жалобные глаза. «Я болен, болен, я очень болен, Юра! — приговаривал он, по мере того как я приближался. — У меня незаживающие язвы на ноге, я весь в аллергической сыпи. Я ужасно болен!» Сделав над собой библейское усилие, как Тот — с прокаженным,— я поцеловал его в волосатый рот. Жалобы продолжались. Год назад он перенес тяжелейший инфаркт, ему хотят отнять ногу, но он не даст, ему нужны обе ноги, чтобы работать. Я сказал, что хочу познакомить его с женой. «Я сперва оденусь. Не пускай никого, пока я не оденусь. На меня нельзя смотреть. Нельзя!» —закричал этот, ни с кем не считавшийся человек и заковылял к избе. Я вспомнил, что он домогался, и, кажется, не без успеха, Геллы, но ничего не почувствовал. Потом он появился в заношенном тренировочном костюме. В мотне жалко трепыхались яйца, напоминая о былой бычьей мощи.

А ведь была дача, и литой золотобородый синеглазый гигант, хохоча, развешивал на ветвях деревьев бутылочки с виски, джином, коньяком, шоколадки и бриоши, и смуглая черноволосая красивая Шуша, с ходу влюбившаяся в него, смеялась так, что чуть не падала с ног. И все мы смеялись, радуясь невесть чему: мама, Я.С., Мурад, Тикки, Гелла, еще какие-то гости — до смерти было еще далеко...

Рядом с нашим хутором глубокий овраг, куда на ночь слетаются стаями дикие скворцы. За оврагом и густыми ореховыми зарослями — озеро, остаток древнего моря. На берегу озера старинная церковь, однокупольная, и звонница при ней. В этой церкви молятся эстонцы — православные.

Идет дождь. Неуютно и скучно. Не стоило ехать. Хотя свидание с Севкой по художественной беспощадности дорогого стоит. Ужинали мы у него в доме, принеся свои харчи. За столом он был сумрачен, замкнут, рассеян, хотя былая вздорность порой вспыхивала, но тускло, бессильно. И все те же счеты с Гейченко, и та же, тщательно подавляемая неприязнь ко мне. Последнее мне непонятно.

Любопытно, что Евтушенко тянется к Поженяну и к Конецкому. Он верит всему хорошему, что те о себе говорят, восхищается их отвагой, мужеством, решительностью. В его глазах —

это настоящие мужчины. Самое смешное, что он куда смелее, решительней и мужественней их. Но он видит их на капитанском мостике, с пистолетом за поясом, который они выхватывают так, «что сыплется золото с кружев, с розоватых брабантских манжет». Удивительная наивность и доверчивость в таком искушенном, испорченном, крайне взрослом человеке.

16 июля 1979 г.

Живем под сплошным дождем. Под дождем ходили в церковь. Был какой-то местный религиозный праздник, и со всех сторон в заброшенную деревеньку съехались эстонцы-сеты. У ворот церкви продавали ужасающие венки из пенопласта в виде розочек и лилий. Их вешали на кресты. Примчался из Пскова на собственных «Жигулях» какой-то энергичный человек с цветами в горшках. У входа в церковь стояла икона, которую время от времени старухи обносили вокруг храма. А другие старухи прошмыгивали под иконой, сподобляясь благости. А одна лихая бабка поставила икону себе на темечко и так промчалась вокруг церкви.

Церковь построена в XIV веке; в XVII поставили еще две главки, в XIX — новый предел, а в XX — некрасивую колокольню. На церковном кладбище похоронен парализованный мужичонка («болящий Матвей»), едва не выскочивший в святые. Он все деньги, скопленные за годы лежания, пожертвовал на храм. В прошлом году церковь обокрали, но ущерб восполнили за счет пожертвований. По причине дождя прихожане не надели национальных одежд. Батюшка очень старый, ему помогает пожилой эстонец, совмещающий в себе дьячка, пономаря и сторожа. Звонили колокола, это было самое лучшее.

Потом мы ездили в Псков, в мастерскую Севки. Видели чугунного качающегося павлина, которого он сделал для Русского музея, гигантскую люстру — для какого-то правительственного домика на Каменном острове и другую люстру для ресторана. Мощно и выразительно. Потом ездили к памятнику павшим воинам, сооруженному из стволов орудий; напоследок полюбовались гигантским прапором на кремлевской стене. Что ни говори, а за всем этим ощущается сильная и размашистая личность. Гостья Фоминых обмолвилась, что Сева не чуждается плагиата. И я тут же вспомнил, что недавно видел где-то фотогра-

фию памятника из орудийных стволов. Могу поклясться, что то
не был Севкин памятник, иначе я запомнил бы.

20 июля 1979 г.

Сегодня возвращаемся в Ленинград. Хорошо съездили к Гейченко. Он в отличной форме, что объясняется прежде всего отсутствием Любови Джалаловны. До чего все-таки жены, даже
любящие (особенно любящие), угнетают мужей! Гейченко не
узнать: он помолодел, игрив, гривуазен, подвижен, на щеках
румянец. А во все последние мои встречи с ним он был нервен,
сер, всегда чем-то недомогал и настроен на хамство. Из-за последнего я перестал к нему ездить, хотя меня он никогда не
задевал, выделяя вкупе с Мыльниковым из всех посетителей
Михайловского. А сейчас он был мил и разговорчив, как в прежние лучшие дни, когда еще только начиналась его слава, коей
мы немало споспешествовали. Склероз проявлялся лишь в по-
вторах, чего прежде за ним не водилось. И все же для 76-ти он
поразительно свеж умом, памятлив и смекалист. Он интересно
рассказывал про самовар, появившийся в России во дни «бого-
подобные Фелицы», и как после первого царского самоварнича-
ния вся знать кинулась приобретать самовары. Как демократи-
зировался самовар, пока не дошел до цыганского табора. У Гейченко есть покалеченный серебряный, а значит, очень знатный,
может, царский самовар. Но попал он к С.С. из цыганского
табора. Ревнивый цыган, заподозривший жену в неверности, но
слишком любивший ее, чтобы разделаться с ней по-цыгански,
изрубил ее любимый серебряный самовар и выкинул из шатра.

Очень точно он рассказывал о состоянии Пушкина в последний год его жизни. Пушкин прожил не одну, а десять, двадцать
жизней; по самому скупому счету каждый его год следует считать за два. Уходил из жизни очень старый, безмерно усталый,
задерганный и запутавшийся человек. Он был должен сто тысяч
рублей, отдать такую сумму он, конечно, не мог. «Пушкин хотел дуэли. Смерть развязывала все узлы. А насчет интриг двора,
травли — все это неимоверно преувеличенно. При дворе все
интриговали против всех, и никто не делал из этого трагедии».
И далее: «Он запечатывал жену. Она все годы их короткой жизни была беременной или рожала. Она бы и рада, да не могла
ему изменить. Но и себя он запечатывал, хотя не столь прочно.

Известно, какую роль играли бардаки в его жизни, а он наложил на них запрет. Отыгралось это тяжкое самоограничение романом с сестрой жены».

Хорошо рассказал о двух секретарях райкома. Первый — К., был комиссаром партизанского отряда, действовавшего в районе Пушгор. Он писал стихи: «Онегин в Сталинграде» и т.п. Был бессребреником, каждый день приходил к Гейченко, читал стихи и прозу (сейчас вышла его мемуарная книжка), рассказывал, рассуждал. А жена ведала райторгом и ужасно воровала. Раз Гейченко ехал с ней на грузовике в Псков. Она везла разные товары и бочку со спиртом. По пути трижды продавала по ведру спирта в деревнях и доливала водой. Ее бескорыстный муж попался на приписках и был с треском снят. Он пришел к Гейченко и попросил взять его на работу. Он давно мечтал о тихом культурном месте экскурсовода или кем-нибудь при музее. Гейченко готов был его взять, но тут ему позвонил новый секретарь Романов (а может, Румянцев) и сказал: «Хочешь со мной по-хорошему жить, гони его в шею. Хочешь ссориться — бери, но я тебя сгною». Настоящий партийный разговор. Гейченко не хотел, чтобы его сгноили, и отказал проштрафившемуся деятелю. Тот уехал со своей женой-воровкой в Псков и попросил там назначить его «по культуре». В этом ему отказали, но место дали: наблюдать за пастухом. Но К. оказался натурой еще более сложной, чем казалось: он соблазнил молодого, красивого, русобородого пастуха-придурка. Однажды их накрыли в момент любовного экстаза. Разразился чудовищный скандал. К. выгнали из партии. Бывший партизан, бывший секретарь, бывший наблюдатель пастухов уехал в Ленинград. Там он поступил на завод и постепенно выдвинулся, его сделали редактором газеты. Тут провал в рассказе. Или его восстановили в партии, или же не исключали, а дали строгача за сожительство с пастухом, а потом взыскание сняли. В прошлом году он умер, успев подписать сверку своей книги, но не увидев сигнала. Жена работает на том же заводе и пышет отменным здоровьем.

Меж тем новый секретарь не терял времени даром: мертвецки пил. Пьяный, он приезжал к Гейченко, но не для чтения стихов и прозы, а чтобы палить из личного оружия в Божий свет как в копеечку. Раз он промахнулся и вместо Божьего света угодил в ногу фельдшеру, незаконно ловившему карасей в пруду. Браконьер понял, что лучше держать язык за зубами, а стрелок пошел на повышение: начальство оценило его умение «держать дисциплину» во вверенном ему крае. Делал же он это исключительно с помощью увесистого кулака. Не успел он прибыть в Псков, как его назначили 1-м секретарем Архангельского обкома — карьера по своей стремительности и непостижимости напоминает карьеру поручика Киже. Он поехал в Архангельск. В поезде беспробудно пил, хвастался, куражился, буянил и разбил какой-то женщине голову бутылкой. В том же вагоне ехал инкогнито представитель ЦК, который должен был представить нового секретаря архангельским коммунистам. Он все видел и слышал, и Р. вышвырнули из партии на том самом партийном сборище, которое должно было «избрать» его первым секретарем. Ну а если бы представитель Москвы ехал в другом вагоне?.. Р. быстро опустился на самое дно и, не протрезвившись, помер в расцвете лет. Салтыков-Щедрин со своими глуповскими губернаторами может идти спать.

Были в Тригорском и во вновь отстроенном Петровском, вотчине Ганнибалов. От последнего осталось двойственное впечатление: само здание достаточно убедительно, но набито, как комиссионный магазин, чем попало: павловские прелестные стулья и современный книжный шкаф, великое множество буфетов, даже в коридорах; подлинных вещей почти нет. В Петровском встретили Галю, бывшую пассию Семена Степановича, постаревшую, скучную, исполненную какой-то горькой иронии. О Петровском говорит с усмешкой: «Может, так все было, а может, совсем не так». Похоже, она слегка презирает своего бывшего возлюбленного, на которого молилась. Гейченко предал ее, как предал и многих других: Асю, Сосинского, секретаря райкома К. и т.д. А липа вокруг Гейченко растет и ширится. Здесь доподлинно установили, что знаменитый портрет арапа Петра Великого, подлинник которого висит в Третьяковке, на самом деле изображает какого-то русского генерала, загоревшего на южном солнце. Черты лица под смуглотой чисто русские, и не было у Ганнибала таких орденов. Гейченко утверждает, что русские вельможи заставляли живописцев пририсовывать им лишние ордена. Возможно, что так оно и было, но не верится, что взысканный многими высокими наградами Ибрагим погнался за лишним орденком. И уж во всяком случае, не стал бы требовать от живописца придания ему русских черт. Тогда почему бы и цвет кожи не сменить? Но Гейченко хочется иметь в Петровском портрет арапа Петра Великого, и все! Впрочем, одной липой больше, одной меньше в проституированном мемориале — какое имеет значение?

Севка Смирнов подсчитал, что после праздника поэзии в день рождения Пушкина на территории заповедника остается 13—15 тонн говна, поскольку уборных нет. Аллею Керн так утрамбовали ногами экскурсантов, что стали помирать старые липы, помнившие шаги влюбленного поэта и его дамы*. Сюда закрыли доступ. Ель-шатер давно спилили, что-то недоброе происходит и со «скамьей Онегина». Говорят, что массовые празднества необходимы Гейченко, чтобы получать ссуды на совершенствование заповедника. А для чего его совершенствовать? Неужели для того, чтобы обвить дуб медной цепью, напихать в Петровское мебель из комиссионных магазинов, поставить часовню и мельницу не там, где следовало, и не тех габаритов? Ведь лучшая память Пушкину — сохранившийся неизменным пейзаж вокруг Михайловского: речка Сороть, озеро Маленец, курган Воронич, пойменные луга, лес, заветная сосна на бугре. И зачем нужны толпы пьяниц, которым нет никакого дела до Пушкина? Вся эта нездоровая шумиха творится Семеном Степановичем на потребу собственному честолюбию и тщеславию. Его сильной, деятельной, одаренной натуре со слабым творческим началом необходимы треск, блеск, праздники, успех. Власть тоже любит все это — имитацию культуры, и охотно пошла ему навстречу. Сейчас он хочет превратить заповедник в Международный центр пушкиноведения. Жульническая мысль, крайне соблазнительная для жульнической власти. Гейченко натура не трагическая, скорее шутейная. И все-таки с ним интересно, без него жизнь станет куда тусклее.

Некрасивая история с И.С.Козловским. Его больше не приглашают на пушкинские празднества, за то что он спел «Богородице Дева, радуйся» в Святогорском монастыре. Гейченко резонно сказал на бюро обкома: коль не возбраняется петь «Аве, Мария», то почему нельзя петь это по-русски? Присутствующие не поняли, что он имеет в виду, и великого певца забрако-

---

* Кажется, аллея Керн тоже придумана Гейченко.

вали. Восьмидесятилетний Козловский вкладывал душу в пушкинские торжества, пел перед многотысячной толпой, пел с детским хором, вносил артистизм в паскудное действо, был на редкость трогателен в своем энтузиазме. И ему дали под зад коленом. До чего же не уважают власти своих граждан, даже самых заслуженных, признанных. Одна промашка — мнимая к тому же! — и все насмарку: многолетняя служба, преданность, блеск таланта. Зато себе прощают абсолютно все: бездарность, некомпетентность, невежество, алчность, пьянство, аморальность.

Были в Печерском монастыре. Настоятель отец Гавриил нас не принял, хотя мы передали ему письмо от Гейченко. В монастыре противно: шизофренические слюнявые монахи, какие-то бабы разного возраста и назначения. Настоятеля, кстати, тоже обслуживает нестарая баба. Великолепные клумбы, дивные розарии, но все слишком пестро, не строго, не чинно; Богом тут не пахнет. Царит мирская суета, какая-то смесь из обмана, КГБ и психической неполноценности.

21 июля 1979 г.

Гулял по Ленинграду. Город мне по-прежнему щемяще люб, но стал чужим. Почти все дружеские связи оборвались. Кто умер, кто уехал, кто провалился в какую-то темную, непонятную жизнь. Зайти некуда, лучшие рестораны — при гостиницах, а туда вход по пропускам. И уже не подняться на крышу «Европейской», не посидеть в шашлычной, ставшей караван-сараем «Садко», не выпить рюмку коньяка под крошечный бутерброд в «Астории». Зачем это сделали? Чтоб не общались с иностранцами? Чтоб не спекулировали? Чтоб не жрали приличную еду, которой едва хватает для валютных гостей? Все это и привычная сладость запрета, способствующего съеживанию человеческого в человеке. Ведь нельзя же всерьез думать, будто эта мера последовала в результате пожара в гостинице «Россия». Другое дело, если сами подожгли, чтобы навсегда закрыть гостиницы для «посторонних». Это вполне допустимо — типичная сталинская уловка. Интересно, что еще можно отнять, в чем ограничить? Безумие хрущевских свобод кончилось. Теперь снова во всех издательствах ввели пропуска. Впрочем, раньше не было пропусков в «Молодую гвардию», «Детиздат» или «Огонек». А теперь только в «Художественную литературу» пускают без пропуска. К запретным территориям присоединились гостиницы и рестораны при них. Осталось ввести пропуска в общественные уборные, и будет достигнут идеал самого свободного общества в мире.

25 августа 1979 г.

Сегодня впервые поехал на Востряковское кладбище, на мамину и Я.С. могилу. Я не в силах передать то ошеломляющее чувство, которое испытал, увидев черный прямоугольник гранита в обводе серого камня и надпись: «Ксения Алексеевна Рыкачева, Яков Семенович Рыкачев». Значит, там действительно лежат мамины кости и урна с пеплом Я.С? Значит, все было всерьез, и они никогда уже не вернутся? Вот когда я понял, что они умерли. Мы положили желтые ноготки на холмик. У мамы в ее малом владении есть дерево — ракита. По кладбищу снуют белки и воруют еду с могил. Я и не знал, что до сих пор сохранился языческий обычай подкармливать покойников. Я знал, что так делала старуха Волошина, но относил это за счет ее ломаний. Вот что значит оторванность от кладбищенской действительности. Много палой шуршащей листвы. Хорошие рослые густые деревья. Не знаю еще, чем явится для меня это первое в жизни посещение родной могилы. Но чувство бездомности, возникшее со смертью мамы, вроде бы чуть поутихло. Теперь я знаю, где мне быть, где мое место. Я хочу туда. Я не заплакал, хотя слезы уже вступили в горло, мне вдруг стало хорошо у могилы. Я не думал, что так будет. Что-то сильное и важное произошло во мне, но что — я еще не знаю.

29 августа 1979 г.

Вчера утром умер в больнице не то от рака легких, не то от хронического плеврита Константин Симонов, не дотянув до шестидесяти четырех. Сказать, что я его просто не любил, было бы упрощением. Когда я с ним познакомился в 1935 году в Малеевке, я им восхищался. Он считался вторым поэтом Литинститута (первым был Шевцов, погибший вскоре в тюрьме; и тут Симонову повезло, если только он по-мичурински не помог стихийным силам), высокий, крепкий, полный победительной самоуверенности, хороший теннисист, прирожденный лидер. От

397

него все, без исключения, многого ждали, и он не обманул ожиданий. Мое восхищение им все росло. Мне нравилась его первая пьеса о любви, нравился его роман с красавицей Серовой (я встретил их в коктейль-холле в начале войны; Симонов был в военной форме, с огромным маузером на боку; Берсенев, приведший Серову, льстиво заглядывал ему в глаза); нравились многие его стихи, особенно «Жди меня», нравилось его поведение, несомненная физическая храбрость. Я не завидовал ему, что было бы простительно, а бескорыстно восторгался, радовался всем его премиям и наградам. Его образ — а с тем и мое отношение к нему — стал ломаться после войны. Из Лермонтова полез низкий советский карьерист. Романтический туман рассеялся, и предстал ловкий угадчик не больно сложных сталинских замыслов — националистических, антисемитских, антиамериканских. Окончательно рухнул он в космополитическую кампанию, став беспощадным проводником черносотенных идей Грибачева—Софронова. И Фадеев, и Сурков, готовые на все, и те отступились, а этот отважно пошел вперед и по горло измазался в крови и дерьме. Не остановился он и перед прямым доносом, посадив жалкого и противного Р.Бершадского. Я его возненавидел. Позже он вдруг обнаружил некоторый интерес ко мне, привлек в «Новый мир», что-то хорошее говорил обо мне Антокольскому. И при этом гробил мои рассказы; как он сам однажды выразился: «кидался на них», обложил меня на съезде за какой-то фильм, делал и другие подпольные гадости. Но Бог с ним. Все-таки он был целой эпохой нашей жизни. Словно огромный пласт отвалился. Умирал он на редкость мужественно. Он и жил мужественно, даже в подлостях им двигал не страх, как другими, а активное честолюбие. Оттого ему случалось и впросак попадать. Честолюбие разъело ему душу. Он был абсолютно аморален, начисто лишен сдерживающих центров, когда дело шло о его карьере. Провалился он, когда умер Сталин. Он был рассчитан на очень грубое сталинское время, и стоило обстановке усложниться, как он тут же влип. На траурном митинге он сказал, что на все обозримое будущее писателям светит только одна задача — воспевать деяния товарища Сталина. «Что он несет? — шепнул мне Я.С.— Это же самоубийство». И не ошибся — Хрущев запомнил симоновское выступление. Обернулось это лишением административных постов и недолгой ташкентской ссылкой, куда Симонов отправился добровольно. Падение Хрущева вернуло его назад. Он получил весь большой джентльменский набор званий и наград, но к руководящей деятельности не вернулся. И вот это для меня загадочно, ведь пострадал он «по причине Хрущева». Несколько раз возникали слухи о его высоких назначениях, но все оказывалось липой. А хотелось ему занять пост, ох, хотелось! Он ничего так не любил, как власть. Даже самую эфемерную, например, председательствовать на собрании. Он не гнушался вести перевыборное собрание групкома РАБИСа, я сам видел написанное чернилами объявление в вестибюле ЦДРИ. А он уже был смертельно болен.

И все-таки ушла незаурядная личность. Фантастическая трудоспособность, громадный организаторский дар, широкая и прочная одаренность во всех литературных жанрах, решительность и волшебная необремененность совестью. И — редкий случай для много зарабатывающего советского человека: он был щедр, не жалел денег, умел жить. После своего большого провала он несколько утратил ориентировку, стал кидаться из стороны в сторону, как-то пожух, и у многих открылись на него глаза. А ведь прежде на нем сходились все, за ничтожным исключением чистых и неподкупных душ, — советские люди привыкли склоняться перед властью и успехом. Он завершил свой путь цар-ским жестом, завещав «открытые поминки». Послезавтра весь СП будет жрать и пить за счет мертвого Симонова. (Опасаясь повторения Ходынки, секретариат СП крайне ограничил «свободные» поминки, нарушив волю покойного.)

Я на поминки, разумеется, не пойду, но все эти дни волнами накатывала прожитая жизнь: Малеевка, теннисный корт и молодая Тэма, Маша — невеста Матусовского, Гудзенко с совсем юной Ларисой* у меня на встрече Нового года в жалкой фурмановской квартиренке, Нина Кармен, только что расставшаяся с Симоновым и еще полная им, и многое, многое другое.

31 декабря 1979 г.

Ну вот, завершился и этот долгий, странный, хлопотный и счастливый для меня год. Начался он со жгучих морозов, мы даже не поехали в Дом кино на новогоднюю встречу, а потом была красивая кустодиевская зима, поездка в США, рабочее славное лето, чудная поездка по Италии, Ленинград, Псков, Малы,

* Будущая жена К. Симонова.

Пушкинские горы и страшное Дорохово, где я немало наработал, но так и не ощутил волнения от встречи с заветными местами моего отрочества и юности. До сих пор стоит на шоссе одноэтажное здание школы, где размещался наш пионерский лагерь, а дальше — Малеевка с Талочкой Залкой, Тэмой, бедным славным Кейхаузом, научившим меня вслушиваться в стихи, с грибными походами, спортивными баталиями; Малеевка — это наука страсти нежной, первое чувство ревности, это молодые мама и Я.С., это Оська во всем блеске, и странно — ничто не шелохнулось во мне. Возможно, оттого, что место очень изменилось: все застроено, заселено, загажено, исхожено, измызгано, и усталая душа промолчала.

А еще было лихое выступление по радио, хотя его и выхолостили, но сказано было столько лишнего, что все равно что-то осталось. Я рад, что сумел вытащить Кравченко из чухонского небытия, что помаленьку вытаскиваю Нину Соротокину, что и Наумов пошел в ход. Жаль, с Викой ничего не получается. Рад, что написал о Хемингуэе, о бабушке Лермонтова, о своей старости и об Америке. Год был насыщенный: отстаиванием себя, поездками, работой.

Будущий год должен быть чисто литературным: без кино, без журнальной суеты. Только рассказы. И надо больше записывать, много больше.

Из близких никто не умер — это чудо. Умер бедный Арнштам, о чем я узнал с запозданием, его жаль. Плохо распорядился он своей старостью. Галя Водяницкая, корыстная и до мозга костей эгоистичная, не была ему ни женой, ни другом, ни защитой, ни сиделкой. Он уходил в холоде и пустоте. Арнштам был добрый и растроганный человек, он все время плакал, как Железный дровосек. В жизни он знал три пламенные страсти: Водяницкая, Шостакович и поправки к сценариям.

И Столпера не стало. Но его уход подготовлялся загодя. Его сломало в пояснице, и он стал похож на уродцев Босха, в таком виде он попал в автомобильную аварию; окончательно искалеченный, он зачем-то развелся с женой, с которой прожил лет пятьдесят, и женился на женщине, с которой почти столько же лет находился в незаконной связи. Он был похитрей и посложней Арнштама, но, по нынешним меркам, тоже очень хороший человек. Теперь среди киношников таких людей не водится.

Холодные алкоголики или окаянные карьеристы. Сволочи. Все как один. Даже лучшие из них.

КОНЦЕПЦИЯ СПАСЕНИЯ МИРА

Поскольку демократия обнаружила свою полную незащищенность, безоружность перед тоталитарными режимами, во избежание ненужного кровопролития, во избежание кошмара термоядерной войны, которая и в самом деле может быть выиграна теми, на чьей стороне быстрота, оперативность руководства, аморализм, совершенная безжалостность (стало быть, демократии и уран не защита), следует поднять лапы кверху, сдаться на милость победителей. Ничего особенно страшного не случится: конечно, кого-то расстреляют, скорее для проформы, чем по необходимости, кого-то бросят в тюрьму, в лагеря (потом освободят), но народы сохранятся и станут единой братской семьей. Не нужно бояться, что русский народ станет гегемоном, ничуть не бывало, он сохранит, даже усугубит свою бедность, затравленность, свое безысходное убожество, ведь из всех побед этот удивительный народ выходил еще более нищим и плотью, и духом. А все, что накопил мир за тысячелетия своего существования, сохранится: прекрасные города, художественные ценности, музеи, памятники старины. Правда, положится предел тому, что, в сущности, давно не нужно: творчеству, дальнейшему движению культуры. Не будет ни искусства, ни литературы, ни свободы мысли, ни свободы слова. Так ведь без них проще. Зато останутся: спорт, телевидение, кино, пьянство и мочеполовая жизнь. Будет ограничена свобода передвижения, запрещены все формы протеста, несогласия с правительственными мерами, официальной идеологией, зато воцарится порядок — исчезнут гангстеры, мафия, экстремисты, террористы, все беспокойные элементы. Не будет ни правых, ни левых — однородная масса дисциплинированных и защищенных обитателей единого муравейника. Ни безработицы, ни боязни завтрашнего дня, каждый обеспечен работой, жильем, отпуском, медицинской помощью, высшим образованием, пенсией. Ни о чем не надо думать.

Что касается Америки, точнее, США и Канады, то им также нечего беспокоиться. Поскольку уже точно известно, что по таинственным причинам хлеб не растет в странах, лишенных гражданских свобод (вот величайшая загадка века!), а коровы не

401

дают молока, вся же остальная живность обнаруживает тенденцию к вымиранию; новому обществу, чтобы не сдохнуть от голода, придется выделить две наиболее преуспевающие страны из общей системы, сделать их житницей остального счастливого мира. А раз так, и США, и Канаде оставят некое подобие былых буржуазных свобод: многопартийную систему, выборы, подкуп избирателей и т.п. под строжайшим, но незаметным контролем, — для граждан все будет, как настоящее. Тем, кто перевыполняет план, будет позволено в День урожая линчевать негра за изнасилование белой женщины, хотя давно известно, что это белые женщины насилуют негров. И все — все, все в спасенном от гибели мире будут довольны.

1980

Как испохабился мир! Разве так выглядели страны Европы, когда четверть века назад я стал ездить за границу? Сколько было доброты, пусть поверхностной, доверия, легкости, нарядности, довольства. Мир казался ручным. Сейчас после девяти вечера опасно выйти на улицу. Как во времена средневековья. В Милане так и вовсе не выходят, а в Риме вечерняя жизнь сохранилась только в центре. В других городах ночь пасут гангстеры, бродяги, гомосексуалисты. Звучат выстрелы и взрывы, ежедневно газеты приносят сообщения о похищении детей и взрослых, убийствах полицейских, ограблениях банков, террористических актах, порче картин и скульптур, всевозможных проявлениях вандализма. Разбита «Тристиа», изрезан «Ночной дозор», взорван Версаль, искромсаны картины в нью-йоркском музее, брошена бомба в лондонской Национальной галерее, осквернен памятник Андерсену-Нексе в Копенгагене, похищена «Русалочка». Находятся поганцы, готовые оправдать все это бунтом молодежи против буржуазного миропорядка. Что у них, уши и нос дерьмом заложены, а глаза заклеены — не чуют, не видят, не слышат, откуда вся пакость?

Прочел Лимонова. Рекорд похабщины, но не оригинально. Тон и настрой Селина, приемы маркиза де Сада, лексика подворотни, общественной уборной. Как странно, что все уже было, даже такое. Как трудно создать что-то совсем новое. Сходным методом написана книжка Гусарова, только куда бездарней. Странно, но этот метод я давно предугадал.

5 января 1980 г.

Странно я себя чувствую. Сердце колотится оглушительно, что-то постороннее поселилось в левом ухе, усиливая резонанс кровяной толчеи. Беспричинная тревога, и вдруг, как обручем, стискивает голову. Но главное, этот стук мучительно раздражает, мешает сосредоточиться. Может, я подыхаю? Не хотелось бы до подведения итогов. Надо, чтобы вышло собрание и все прочее. Затем спокойно, неторопливо окинуть взглядом прожитое и сделанное и подвести черту. Любопытно, я не вижу себя в 1982 году. К этому времени отгремят «юбилейные торжества», выйдет собрание сочинений, сценарии, новые книги; ну а дальше что? Нет ни новых замыслов, ни даже смутных планов, интерес к «вечным спутникам» иссяк, к невечным — подавно. Может, кто-то внутри меня знает, что мне уже не о чем заботиться, что я исчерпал свои небольшие возможности? Хотелось бы все-таки увидеть итог своей работы, а там — как Бог даст.

3 мая 1980 г.

Вернулся из «Русского поля», где два дня прожил совсем один в огромном, таинственном, беспокойном по ночам здании. Что там творилось? Бесчинство привидений или вполне земное совокупление распоясавшегося персонала? Санаторий стал на ремонт, а меня оставили, чтобы компенсировать два дня, которые ушли на получение ордена. Мне не хотелось ехать, но я был назначен «спикером» от группы награжденных деятелей искусств, и главврачу было приказано отправить меня в Москву живым или мертвым и возместить потерянные дни любым путем. Это оказалось интересным переживанием — я имею в виду вальпургиевы ночи.

А до этого я вдосталь нарадовался весне, написал огромный рассказ «Дорожное происшествие», и другой рассказ «Мягкая посадка», прочел возвышенную книгу Швейцера об этике, хорошо встретил свой день рождения с Алой, Сашей, Петей, похудел...

Все сильнее чувство: я — сын человечества, а не какой-то страны, не какого-то народа. Там, где начинается национальное, кончается Богово, кончается этическое, кончается все. Африканский тамтам, узбекский бубен и даже русская жалейка не стоят того, чтобы в их честь ломать друг другу хребет. И как страшно и горестно, что русский народ начисто изъят из мирового общения. Изъят не чужой волей, а собственным невыговариваемым вслух хотением. «Культурные связи», туристические поездки — гроша ломаного не стоят. Наши за границей остаются в непроницаемой скорлупе злой тупости, неприятия ничего чужого, кроме уцененного барахла, ничем не оправданной спеси. Иностранцам в безмерной наивности кажется, что рус-

404

ские гостеприимны и общительны, а это смесь старинного, лишенного какого-либо чувства, атавистического хлебосольства и звериной хитрости. Русские низкопоклонничают перед иностранцами и ненавидят их.

7 мая 1980 г.

Вчера были с Аллой в Камерном оперном театре. Давали три одноактные оперы. Я пошел из-за Бриттена, но его представление для детей и силами детей было невообразимо гадко. Под скучную музыку неуклюже ломались толстые, перекормленные дети, лишенные тени обаяния. Наверное, сыновья ответственных работников. Они изображали пиратов. Внук Лемешева, на которого я возлагал все надежды, в этот день не выступал. Потом я решил, что этой постановкой Покровский «выкупил» гениальный «Дневник сумасшедшего» Лу Синя. Музыку — редкой силы — написал какой-то молодой нижегородец. Герой заклинает человечество покончить с людоедством. Сейчас эта тема модна на Западе, но как допер до нее Лу Синь? Видимо, люди всегда были одинаковы и всегда пожирали себе подобных. Превосходен молодой артист М.Белых в роли Сумасшедшего. Такого я и на Бродвее не видел. Инфантилизм Бриттена, позволивший номенклатурным детям выйти на сцену, протащил и страшное китайское действо. Зацепка в одной, часто повторяющейся фразе Сумасшедшего: «Спасайте детей!» Вот и появляются дети, играющие в пиратов. Правда, таких детей не грех и сожрать — уж больно жирны и наваристы. Может, Покровский нарочно все так подстроил?

А потом была «Бедная Лиза», взволновавшая меня тем, что Лизу пела Маша Лемешева. Я помню ее трех-четырехлетней крошкой, сейчас это маленькая, сухощавая женщина лет тридцати шести с клещеватым профилем бабы-яги. В свое время говорили, что она не лемешевская, отцом называли то Гамрекели, то Бейбутова; это чушь. Ее некрасивость вышла из красоты Лемешева: просто удлинились его нос и подбородок, но нет ни малейшего намека на тех черных и сладких южных людей. Сценически она была вполне терпима и пела для этого карманного театра более чем сносно. Она не бездарна, старательна и трогательна. Если б партнер ее не был так дубоват, опера получилась бы. А так — легкое чувство стыда...

405

За это время через нашу жизнь прошел Ричард Портер, в которого я буквально влюбился, когда был в США. Он показался мне образцом мужчины: мужественный, добрый, подтянутый, сдержанный и трогательный в своей заботе о приезжем (то бишь обо мне), с хорошим, чуть мальчишеским лицом. Образ его осложнился тем, что рассказала Зина: он автор двух ненапечатанных (талантливых) романов, друг-соперник миллионера Чика, одержимый желанием быть на равных среди богатых, разочарован в своей профессии. Все оказалось куда острее и мучительнее. Он человек с сорванной нервной системой. Нередко выпивка — а пьет он каждый день — кончается истерикой, слезным распадом. Так было в ЦДЛ, когда он вопреки своей воспитанности бросил там Аллу и Аду; так было в «Узбекистане» — он разревелся, вспомнив, что у сына-студента нет спортивной машины; так было на даче во время прогулки к висячему мосту. Вот тебе и супермен! Нас он почему-то считает людьми, принадлежащими к более высокому кругу, нежели тот, в каком привык вращаться он. Этого я вовсе не понимаю. Он странен, порой жалок и все равно безмерно симпатичен. Придуманный мною образ раскололся на куски, но мил он мне по-прежнему.

В прошлое воскресенье ездили в Пафнутьев монастырь под Боровском, где томился протопоп Аввакум. Я был в его камере, которую некогда так картинно описал. Потрясенный моим появлением, создатель и хранитель музея Алексей Алексеевич Антипов сказал, что помнит мой рассказ кусками наизусть и всегда читает экскурсантам, которые только что в обморок не падают. Одно мое высказывание приколото возле кельи, как плакат. Видать, у Аввакума не было клаустрофобии, в камере нельзя распрямиться даже человеку небольшого роста. Как гнулся и горбился здесь рослый протопоп! Неподалеку отсюда кончили свою жизнь боярыни-сестры Морозова и Урусова. Они похоронены в Боровске, но их могилы снесли, когда обводили садиком новое здание райкома, а плиты увезли в Калугу. Всюду хамство. Сильное впечатление произвел договор, заключенный мастерами-каменщиками с монастырем. Они наращивали два яруса колокольни нарышкинского стиля. Это смесь обязательств с требованиями, но насколько же первые превосходят вторые и сколько в них рабочей, цеховой чести, достоинства, уверенности в своих силах. Они берут за работу 110 рублей, но не сразу, а поэтапно. Называют день окончания работы — 7 июля, и ежели не сдадут все в величайшем порядке, красоте и прочности, то платят монастырю 200 рублей. Оговаривают дотошно все, как и когда перевезут их рухлишко от Ивана Великого, а равно и рабочий инструмент в монастырь, какой материал им потребуется и в каком количестве, упоминаются, естественно, и два ведра вина перед началом работы. Зато, если потом будут замечены в употреблении зелий или хождении в город по непотребному делу, подлежат большому штрафу или вовсе увольнению. Сравнить этих мастеров с нынешней пьянью. Вот, оказывается, каким был этот народ и рабочая честь его — я и представить себе не мог. Душа плавилась, когда я параграф за параграфом перечитывал этот удивительный документ. А подписаться смогли лишь четверо или пятеро, за остальных «руку приложил»... Без грамоты и науки, а как строили! Крепко пришлось поработать, чтобы лишить такой народ достоинства и умения.

7 июля 1980 г.

Вчера ночью вернулся из одиннадцатидневной поездки по маршруту: Ленинград — Шлиссельбург — Валаам — Петрозаводск — Кижи — Кондопога — Марциальные воды — Архангельск — Новые Карелы — Соловки. Весь путь проделан под эгидой милиции и непосредственным водительством Александрова. В дороге вел записи. Здесь зафиксирую коротко лишь самое главное. В Шлиссельбурге были расстреляны Александр Ульянов, Ипполит Мышкин и немало других лиц. Крепость разбита, восстанавливается медленно.

Валаам: прекрасная природа, полуразрушенный монастырь, где есть корпус для особо изуродованных войной — «самоваров»: безногих, безруких, с обожженными телами. Большинство из них добровольно обрекли себя на изгнание, немногих отказались принять жены. Сейчас их осталось десятка полтора, но пополнение приходит за счет искалеченных на производстве. Мощное впечатление произвел безногий у причала: рослый, прямоспинный, с чеканным неподвижным лицом. Его товарищи торговали корешками, похожими на женьшень, он ничем не торговал, просто торчал пнем, глядя в какую-то далекую пустоту. Рядом стояли деревянные утюги, с помощью которых он передвигается, бродила, вывесив розовый грязно-потный язык, большая черная собака, иногда она глядела на безногого, будто ожидая приказаний. Александров спросил: сколько до монастыря? Окружающие, как положено, начали путаться: десять километров, восемь, пять... И тут он четко отрубил: шесть тысяч пятьсот двадцать метров. Он точно вымерил это расстояние бросками своего обрубленного тела.

«С ним связана романтическая история...» — шепнула одна туристка другой.

(Я писал это, не подозревая, что встретил в лице калеки своего главного героя, что рассказ о нем вызовет бурю и станет переломным моментом в моей литературной жизни.)

Красивый город Петрозаводск, а Кижи разочаровали, уж слишком выставочный у них вид. Врать не стану: впечатление нулевое, хотя главная церковь очень хороша. Но там музей деревянной скульптуры, а рядом рыбный ресторан, пристань, полно туристов, и поэзия убита наповал. Потом были на Марциальных водах, где получили рекламный проспект, написанный чуть ли ни самим Петром. Оказывается, уже тогда имели исчерпывающее представление о минеральных водах. Видели водопад, скучную Кондопогу с прекрасной деревянной церковью, пытались найти Кравченко. Поздно вечером он примчался ко мне в номер, бледный, мокрый от волнения, с худым страстным лицом и маленькими дегенеративными ушами. Поначалу я принял его за радиотехника, но это прошло мимо него. Впечатление хорошее, но не прозрачное. Что-то с ним не в полном порядке: то ли он алкаш, то ли шизофреник, то ли непроявившийся уголовник.

Милиционеры водили нас в «Петровский» ресторан. Там некогда помещалась канцелярия неугомонного зиждителя России.

— Вам в пыточную? — любезно спросила директриса.

— Как всегда!— бодро ответили «мусора».

Нас отвели в крошечный уютный застенок, где по стенам висели кандалы, железные крючья, ржавые цепи. Оказывается, в петровские времена тут действительно пытали, так сказать, аляфуршет. Сейчас это любимое место отдыха высших чинов местной милиции. Обед был великолепен: с лососиной, сигом и т.п. Вместо счета директриса вспенила шампанское в продолговатых бокалах и сердечно поблагодарила «мусоров», что они не забывают ее скромного гостеприимства.

Очень хороша центральная площадь, созданная двумя длинными полукруглыми зданиями, где находятся все министерства и главные учреждения.

Из Петрозаводска вылетели в мрачный и раздрызганный Архангельск. Сейчас его энергично превращают в Новые Черемушки. Кое-где сохранились деревянные тротуары, но почему-то не радуют. Ужасно воняет говном, но местные жители так принюхались, что не замечают смрада.

В Карелах — великолепные избы дореволюционных зажиточных крестьян. Они могли перезимовать, не выходя из дома на мороз, все находилось под одной крышей: жилье, хлев, стойла, птичник, сеновал, амбар, погреба, кладовые, дровяные сараи и набитые всем необходимым сусеки. Здесь и пряли, и ткали, и шили, и плели кружева, и расшивали узорами скатерти, занавески, одежду. Пекли хлеба, готовили. Отапливались дома по-черному, дым уходил верхом. Жили серьезно, с верой и смыслом, огромными дружными семьями.

Из Архангельска отплыли в Соловки на пароходе, который шел с восемью остановками двадцать шесть часов. У нас была крошечная каюта со скошенным потолком. Нахлынула клаустрофобия, и я до полуночи простоял на обдуваемой холодным ветром палубе, где перепившиеся мужики травили за борт, на палубу и друг на друга. Около часа ночи я так намерз и устал, что перестал бояться своей каюты, вернулся туда, лег и сразу уснул. Мне помогла белая ночь, за окошком было по-дневному светло.

(Все остальные впечатления от Соловков подробно изложены в повести «Встань и иди», которую все никак не отважится напечатать «Дружба народов».)

13 июля 1980 г.

Домработница Нина о шофере Боре: «Нет, он не алкоголик. Он не жадный на вино. Полстакана выпьет, и все — ему хватит. Да сколько в нем мозга, в пигалице такой? Он от капли чумеет». Но Боря все-таки был настоящим алкоголиком и, надо думать, остался им. И оглушал он свой птичий мозг не полстаканом, а полбутылкой по меньшей мере.

23 августа 1980 г.

Удручающее ощущение пустоты. Мне всегда не хватало дня, сейчас я не знаю, чем его заполнить. Утро: работа вперемежку со сном проходит незаметно, потом наступает томление. Оживаю я при очередной кормежке или внеочередной чашке черного кофе. Почему так огромен стал день? Я не гуляю из-за ужасающей погоды, к тому же разгрузился от суеты малых дел: читки самотечных рукописей, писания внутренних рецензий, переводческих потуг, кино и возни с молодыми. И вот у меня избыток времени, а девать его некуда. И пью я сейчас редко, мало и тяжело. К тому же у меня охлаждение к музыке, которой я обжирался последние годы. Я читаю, но это не то чтение, которое становится вровень с жизнью. Талантливые, но однообразные романы Стейнбека, Ирвина Шоу, еще каких-то американцев и англичан, это так далеко от прежних сотрясений души Прустом, Джойсом, Жироду, Томасом Манном, Маркесом, Вульфом, Музилем. В этом ряду были и «Гроздья гнева», и «Жемчужина» Стейнбека, но последующие его романы куда жиже, слабее. Чем выше становится средний уровень мировой литературы, тем реже возникают книги-события. И внутри у меня пустота. Нет напряжения, нет главной темы.

И очень, очень плохо в мире. Всюду плохо, страшно, жестоко и кроваво. Чудовищное ожесточение овладело двуногими, кажется, понявшими, что они лишь притворялись людьми, и радостно соединившимися со своей истинной зверской сутью.

26 августа 1980 г.

Старость бедна свершениями, но не бедна открытиями. Я вдруг обнаружил, что все женщины, с которыми — чисто умозрительно — я мог бы закрутить роман, успели превратиться в грязных старух. Старость по-своему не хуже юности, но удовольствие от нее отравлено неотвязными мыслями о близком финале. Все ли люди боятся смерти? Неужели Сухаревич боится? А может, все его шутовство, пьянство, бесконечное толкание среди людей, невозможность хоть минуту оставаться наедине с самим собой — от лютого страха конца? У Пети рожа измазана паническим страхом смерти. У мамы это было, хотя женщины куда меньше боятся смерти и думают о ней, нежели мужчины. Я.С. испугался смерти, едва начав жить, то же самое было и с его братом. Судорожные писания Б.С. — попытка заговорить смерти зубы. Я долго обманывал себя тютчевским: «И страх кончины неизбежной не свеет с древа ни листа...» Самообман кончился.

6 октября 1980 г.

Женя Позина была в прошлом году в Гурзуфе и разговорилась с каким-то молодым человеком, экономистом по профессии, о литературе. Он спросил, кто ей нравится из современных писателей. Когда она назвала мое имя, лицо юного экономиста исказилось от ненависти.

— Он вам нравится? Да он же омерзителен!

— Чем? — удивилась Женя.

— Мы с матерью его ненавидим. Никогда не читаем. Слышать о нем не хотим!..

И т.д. в том же духе.

Это был Машин сын. Наконец-то проняли ее мои писания. Она простила мне все удары по матери, которую страстно любила, все насмешки над Асмусом, которого втайне ненавидит, но не простила рассказа «Где-то возле консерватории». Там бывшая жена героя, в котором легко узнать меня, таскает всю жизнь беличью, без конца переделываемую из говна в козюльку шубу. Этого женщина простить не может. А мне хотелось увидеть ее перед смертью и объяснить, почему я плохо писал о ее матери, о ее семье, даже о ней самой. Я не простил ее матери, что она отняла Машу у меня; я не простил Маше, что она позволила отнять себя. Но ведь за непрощением этим — любовь. И Маша понимала истоки моей злобы и не обижалась. Но затронуто самое святое — туалеты, и Машино сердце ожесточилось. В ненависти ко мне воспитала она своего сына. А жаль. Мне нужен был прощальный разговор с ней, слишком сильным было ее явление в моей жизни, чтобы все кончилось многоточием.

С некоторых пор я до странности остро стал ощущать мелкие сдвиги в каждодневном бытии. Вдруг мне пришлось одному переночевать на даче, и я ощутил это как захватывающее дух приключение. А ведь я терпеть не могу, когда Аллы нет. Но крошечная новизна, и я радостно потрясен, хотя ровным счетом ничего не произошло. Просто был один, прислушивался к скрипам, вздохам, стонам пустого дома, позже обычного погасил свет, раскрепощенно о чем-то думал. Моя жизнь стала чудовищно однообразна, как у холостяков Монтерлана. И как г-н де Коантре, я испытываю сердцебиение от самой ничтожной перемены.

Эта одинокая ночь подарила меня небольшим открытием: я сам придумываю себе заботы, чтобы уйти от главной ответственности. Отсюда моя чрезмерная обязательность, готовность отзываться на дурацкие просьбы, отвечать на все письма, вся эта, прежде неведомая мне игра в безукоризненность. Экий джентльмен без страха и упрека — беглец от самого себя, говно собачье! Когда во мне был настоящий напор жизни, плевать я хотел на всю доку алчного и неустроенного постороннего мира. А сейчас я отгораживаюсь мнимой участливостью от главных вопросов.

Ходил в лес. Поседевшие ивы над рекой, совсем зеленая молодь ольхи, взрослые деревья тоже зелены, но почти облетели, золото и медь дубов, желтые листочки обнажившихся берез на верхушках, голые осины — на земле истлевают вишневого цвета листья. Еще попадаются лиловые колокольчики и кашка, травы ярко-зелены. Голубое блистающее небо. Сойки. Сороки.

Минут через сорок уезжаю в «Загорские дали». Дозрел. Чудовищные перебои сердца, давление на «высшем уровне», шеи не повернуть, растолстел, как бегемот, задыхаюсь. Недавняя поездка в Баку меня доконала: и нервно, и по обжорной части. Но страшнее первое. Я и представить себе не мог, что достигнут такой уровень холуйства и подхалимажа. Разговор с начальством ведется только с колен. Чем не сталинское время? Пустословие и славословие достигли апогея. Никакого стыда, напрочь забыты все скромные уроки послесталинского отрезвления — разнузданность перед миром и вечностью полная.

Грибачев, как в лучшие дни «космополитизма», громил уже не жидов — давно разгромленных,— а тех, кто ныне мешает ему своей славой, талантом, популярностью: Ахматову, Цветаеву, Булгакова. Под видом защиты попранных интересов Горького, Маяковского и Блока. Грибачеву всегда тесно, даже в полупустом вагоне. А ни Горькому, ни Маяковскому, ни Блоку никто никогда не мешал. У Грибачева голая костяная башка, серое лицо, мертвячьи глаза.

Вслед за ним Софронов пафосно вещал, что он чувствует себя как дома на земле солнечного Афганистана, одобрял и благодарил гостеприимный и талантливый афганский народ, а потом хлопнул себя по лбу и залепетал растерянно: «Что со мной?.. Что я несу?.. Азербайджан!.. Азербайджан!.. Азербайджанский народ!» Если б он сам себя не одернул, все прошло бы тихо и незаметно. Во-первых, никто не слушает ораторов, во-вторых, нет ничего удивительного в том, если б Азербайджан с прилегающим к нему Афганистаном стал единой Афганской социалистической республикой по требованию трудящихся двух соседствующих братских стран. Никого такие мелочи не волнуют, не интересуют. Присоединили же мы в свое время свободное государство Танну-Туву к нашему большому теплому телу, и никто в мире этого не заметил. Какое дело сидящим в зале до какого-то там Афганистана, всех интересуют материальные блага, власть, премии, звания и чины. Бирюза вод давно схлынула, и обнажилось дно, а там говно, гниль, отбросы, скелеты и синюшные трупы. Простые люди знай себе приговаривают: «Лишь бы войны не было», а так на все согласны. Я думал, вздорожание водки их подхлестнет. Ничуть не бывало: перешли на подогретую бормотуху, плодоягодное, самогонку, добывают забвение из аскорбиновой кислоты, лекарств, политуры, пудры, каких-то ядов. Аполитичность полная. Всем на все насрать. Беспокойных не любят. Над полным покоем мелко пузырятся хищнические страсти «избранных».

1981

10 февраля 1981 г.

Опять пропущен большой кусок жизни. «Загорские дали», трагедия с Берберовыми (мы с Аллой — пайщики льва, растерзавшего мальчика и снявшего скальп с его матери), приезд Дидье и Рузаны, елка. Новый год, вааповская гнусь и глупость Гоцило, лесковский вечер, встреча с Мэтлоками, театр Евтушенко, странный Тублин, сильно сдавший творчески и морально. Вся семья Тублиных определилась в спортивные завхозы под видом тренеров. Полупарализованная Люсьена даже тетивы не может натянуть; и вот же — пестует робингудов из общества «Колхозник». Теперь Тублин любит меня подвыпившего, в жалковатом старческом молодечестве.

Почему-то не захотелось подводить итоги года, хотя по миновании год оказался не так уж плох: много работы (под конец я разошелся), поездок, встреч, наблюдений.

Наверное, я переживаю какой-то кризисный перелом. Возрастной, что ли? Я никогда уже не бываю счастлив тем беспричинным мгновенным счастьем, что постигло меня еще недавно после всех понесенных потерь, самым лучшим, единственно подлинным счастьем. Может, в этом и заключается старость? И вот что удивительно: предложи мне проснуться в былой, не слишком давней жизни, рядом с Я.С. и мамой, я бы отказался. Последние годы нашего «сосуществования» были плохи, фальшивы, порой страшны. Я тоскую о хорошем литературном разговоре, об энтузиазме молодого Я.С., о воспоминаниях, которым мы почему-то так редко предавались с мамой, но все это осталось в далеком прошлом.

Если сейчас я испытываю изредка короткий подъем, то лишь в одиночестве. При этом я ненавижу оставаться без Аллы и знаю одну-единственную молитву: дай мне уйти раньше Аллы.

Так и должно быть по закону жизни, но не мешает время от времени напоминать Богу об этом законе. Я боюсь смерти, но куда больше я боюсь пережить Аллу.

25 августа 1981 г.

Последняя запись была сделана в начале февраля. Странно, что мешает мне записывать? Внутренняя суета, боязнь оставаться с глазу на глаз с собой, просто лень или что-то более глубокое?

Лишь по горячему следу можно записать те мимолетности душевной жизни, те внезапные умственные ходы, что составляют самое интересное в дневнике. Когда же время упущено, остается лишь фабула жизни, наиболее ценное исчезает. Его словно и не было. И вот, зная все это, я месяцами не вынимаю из ящика стола свою тетрадь. Большинство записей я делаю после сильного разочарования, в тоске, упадке духа — не дневник, а жалобная книга. Вот и сейчас последует нытье.

Меня тягостно разочаровал Мунир, которого я успел искренне полюбить. Объяснить его метаморфозу я не могу, но он приехал совсем другим человеком, настолько другим, что возникала мысль о двойнике. Прежний Мунир был фундаментален, скромен, серьезен, чужд быту, скрупулезно обязателен, исполнен тихого очарования. Этот — мышиный жеребчик (он невероятно похудел, сузился, умалился), блядун, трепач, бесстыдный лгун, дешевка в каждом слове и жесте. Врет без переходу, ни одного обязательства не выполнил, неопрятно наследил с первых же шагов, никакого интереса к литературе и культуре, мерзкое юдофобство, уклончивость и темнота. Студенты его не уважают, девка намахала, дела никакого он не сделал, да и не стремился к этому. Но что за всем этим — убей Бог, не понимаю. Дик тоже скис на чужой территории, но остался человеком и мужчиной. Джордж и Бэлнап даже выиграли в новых декорациях, остальные были равны себе прежним. А этого как подменили. Полное фиаско. Айсор. Южные европейцы, сотворенные турецкими хуями, вообще не вещь. Он прямо-таки фонтанировал дерьмом, мне было стыдно перед Аллой за свою слепоту.

Такие люди, как Нина и Феликс Улинич, — неиссякаемый источник трагических сюжетов. Их старший сын, как всегда в пору подготовки к вступительным экзаменам в вуз, постарался обеспечить себе очередной провал. На этот раз он затеял развод с женой-стюардессой. Женился он на ней тоже в дни поступления в вуз, а через год между двумя экзаменами хоронил своего первенца. В ожидании формального развода они разъехались, у каждого началась своя жизнь. У Лены (так, кажется, ее зовут) появился жених-стюард, и она решила познакомить его с бывшим мужем. На старой квартире сошлись две компании: стюарда и Улинича. Выпили крепко. Жених-стюард, видимо, желая произвести впечатление на профессорских сыновей и дочек, стал перебираться с опасностью для жизни из окна комнаты, где пировали, на кухню. Как он это делал, понять невозможно, там нет ни балконов, ни карниза. Он вроде бы повисал на подоконнике, дотягивался до края кухонного подоконника и цеплялся за него. Дважды этот чудовищный трюк ему удался, на третий раз он рухнул с десятиэтажной высоты. Дочь артиста Дурова видела, как появилась в окне кухни идущая рука и вдруг исчезла. Она не сразу осознала, что произошло. До этого смертельный номер хотел повторить семнадцатилетний сын вице-президента Академии наук Велихова, но Улинич ему не позволил. Почему же никто не пытался остановить стюарда? Говорят, пьяны были. Но ведь младого Велихова не пустили. Почему не вмешалась невеста? Почему безучастны оставались его друзья? Во всем этом много темного. Но если высветить все до конца, окажется преступление, за которое следует привлечь к уголовной ответственности. По совершенно разным причинам все присутствующие молчаливо подбивали тщеславного дурака стюарда на его идиотские подвиги. Друзья — желая, чтобы он утер нос «интеллигенции», невеста — понимая, что он старается в ее честь, Улинич и его компания — в тайной надежде, что он хлопнется. Дело замяли «по причине Велихова-отца». Улинич со спокойной совестью не добрал баллов, стюардессу выгнали из авиации, мать погибшего обивает пороги юридических учреждений в тщетной надежде на возмездие, Дурову бросил красавец муж — то ли Божья кара, то ли случайное совпадение. Жизнь продолжается, только без двадцатишестилетнего дурачка стюарда.

Вышел мой очерк о Лемешеве в «Смене», и Ансимов*, как и

---

* Ансимов в своей книге оскорбил С.Лемешева, и я ему выдал по первое число.

следовало ожидать, развел вонь. Побежал в ЦК, где у него «рука» — Тяжельников: «Оскорбили, унизили, зарезали!» Заварилась каша. И сразу окружающие разделились на «чистых» и «нечистых». Среди последних — вдова Лемешева, омерзительная Кудрявцева. Муся и Галя наивно полагают, что это из ревности к Масленниковой, которую я возвеличил. Ничего подобного: из страха перед Ансимовым и его высокими покровителями. Свое предательство Кудрявцева украсила клеветой и подлой ложью. Но что меня ошеломило и крайне огорчило, так это поведение Маши Лемешевой. До смерти не забуду ее бледного, забрызганного злыми слезами и непреклонного лица, когда она лгала мне в глаза, что отказывается выступить в защиту очерка не из страха перед Ансимовым, а по высоте души всего лемешевского рода. Мол, так ее воспитали: не платить злом за зло, не обращать внимания на клеветников, не защищать себя от покушений дурных людей. «По-моему, вас воспитали не платить добром за добро»,— сказал я, но не поколебал решимости перетрусившего человека. Возможно, ее натаскал муж. До него мне нет дела, но как могла дочь великого артиста так холодно и легко предать память отца? И я вдруг понял, что незабвенный Сергей Яковлевич тоже не был образцом твердости и отваги. Но в нем все было легко и мягко, а в этой — материнская жесткость и мрак.

14 ноября 1981 г.

Странна мне моя душевная жизнь. Поразительная отчужденность ото всего. И непривычное чувство, что мне ничто не дорого, что я никого не люблю. За одним все же исключением — Алла. Хотя ее остылость, а то и грубость порой мешает непрерывности и этого чувства. А ведь я всегда любил и многое, и многих: охоту, рыбалку, поездки, Ленинград, собак, дачу, Аллиных родных, Лену, Аду, Лазаря, Петьку, школьных друзей, свое детство, безмерно любил ушедших, а сейчас холодная пустота. Может, это предсмертное? Я никогда не понимал фразы Блока, согласившегося — искренне и печально — с хамским выкриком кого-то из публики (в Политехническом музее), что он мертвец. В самые дурные и страшные минуты я чувствовал себя полным жизни. Может быть, это временное, возвращение старой осенней депрессии?

Как литературен был Блок! Он всю свою жизнь, каждый шаг, каждое переживание, каждый вздох облек в слово и поместил в стихи и пьесы, статьи, письма или дневник. Его жизнь можно было бы реконструировать день за днем; он был невероятно искренен, правдив, не играл с собой, не притворялся, не старался выглядеть лучше. В этом смысле его можно сравнить только с Пушкиным.

30 декабря 1981 г.

Это был год утрат. От разных причин — смерти, саморазоблачения, изживания своей сути — из моей жизни ушло множество людей. Не стало Ю.Трифонова, Наташи Антокольской, Гинзбурга, Григола Чиковани, почти захлопнулась дверь за Гнездиловой. Лена, видать, окончательно вычеркнула из своего затухающего существования; морально рухнул Гришка, разоблачил себя холодной злобой всю жизнь игравший в добряка Доризо, обратно проштрафился и закопал себя Гиппиус, мелким, трусливым поступком уронил сорокалетнюю дружбу Петька, отдалилась ленинградская родня.

1982

16 января 1982 г.

Вот и пролетела половина первого месяца нового и зловещего 1982 года. Неважные дни! Совсем как в старые добрые и омерзительные времена, они прошли в сплошном пьянстве. В промежутках — разговоры (сценарные) с Кончаловским, возня с редактурой, жадно-бесцельное чтение и мерзкое опамятывание, чтобы снова налить морду водкой. Что это на меня наехало? Может быть, меня опалили чужие судьбы, намечтанные мною для себя? Сколько раз создавал я для себя модели, но осуществляли их другие. И это было всегда болезненно. Не зависть, нет, а отвращение к себе, что не решился, не рискнул, опоздал. Но этот раз уже окончательно. Поезд ушел. Остается в должный час тихо лечь на Востряковском*. Хотя космическая пыль более вероятна как удел.

Мама, Я.С.! Где вы? Да и были ли вы вообще? Это о вас я так горько плакал? Это о вас я почти не вспоминаю ныне, а если и вспоминаю, то с сухой душой. Но хочется все-таки думать, что, пройдя через нынешнее отторжение, я снова соединяюсь с вашей невыдуманной сутью, которая наверняка и больше, и лучше, и светлее того, чем представляется мне сейчас. Вы очень постарались, чтобы я вас потерял; постарайтесь же, чтобы я вас снова нашел. Уж слишком пусто стало за плечами.

24 января 1982 г.

В старости все мучительно. Взяли щенка эрделя. Не ради сантиментов, а чтобы был на беззащитной даче большой, сильный пес. Уж слишком взыграла преступность в окружающем населении. И тяжело, тревожно стало жить. Жалко ревнивого и

---

* Ю.М.Нагибин похоронен на Новодевичьем кладбище.

глупого старого Митьку, который решительно не принял молочного, только что от матери щенка. Я не знал, что такое бывает у собак. Митька каждое утро обсикивает дачу, утверждая тем право владения, злобно рычит и уже дважды покусал крошку. При второй агрессии я погнался за ним, чтобы ударить, но, видимо, в последний миг подсознание скривило жест, и я со всей силой ударил по ребру дубового стола. Рассек руку до крови и сине-зеленой вспухлости. И малыша смертельно жалко, он такой непрочный, уязвимый, хрупкий и бесстрашный. В последнем он настоящий эрдель. Да и прошлое всколыхнулось. Я подозревал, что мне будет не просто с эрделем, но не ждал, что до такой степени. Вся наша бедная жизнь в коробочке на улице Фурманова, дивный, сумасшедший, погубленный нами Леша, Вероня с ее фанатической преданностью не слишком добрым людям нахлынули такой печалью, что места себе не нахожу.

Ложь, распад, безответственность, бесстыдство водят пышный хоровод вокруг меня. Что случилось с деликатным, даже совестливым Катиновым, десятилетиями относившимся ко мне безукоризненно, преданно, рыцарственно? И вот он показал мне красный обезьяний зад. Да и как можно не рухнуть служащему, зависимому человеку в условиях нынешнего ни с чем не сравнимого бесстыдства, цинизма, коррупции? Есть испытания, которым нельзя подвергать людей.

Я должен, не меняясь внутренне, найти какую-то систему внешнего поведения, чтобы не остаться на берегу в полном одиночестве. И так уже вокруг меня пустота. Мои старомодные правила приличий, обидчивость, стремление всегда держать нравственную форму отдалили от меня всех литературных людей, поссорили со многими редакциями, газетами. Я окончательно потерял среду. Но это еще полбеды. Я почти вывалился из литературного кузовка, как последний лишний гриб. И после активной, шумной жизни эта пенсионная тишина больно давит на уши. Видимо, во мне осталось еще немало сил для внешнего существования. А если поставить на нем крест? Если начать жить только в себе? Отринуть всякую суету? Пора бы! Дело-то идет к финишу.

К обычным страхам (Большой дом, «Детский мир», цензура, Госкомитет по печати, «Литгазета», гнусные критические бабы) прибавился еще один — пушкинисты. Только и слышу: пушкинисты с вас шкуру сдерут!.. Пушкинисты вам покажут!.. Пушкинисты такой крик подымут!.. Хранители пушкинской славы стали литературными дубельтами и бенкендорфами. Это вполне по-российски: давить окружающих тем, кто был символом свободы, независимости.

15 февраля 1982 г.

Болел, что-то кропал о Лемешеве, был у Роскина — сперва в мастерской, потом дома. Тут был привкус переживаний, насылаемых прошлым, еще трогающих меня.

«Терпение» взбудоражило людей. Позвонил мой старый недруг Зархи, выразил свой восторг и желание поставить по рассказу фильм. Не понимаю, что это: жест благородства или полного несчитания. Думаю, что второе. Равно как и звонок Юлиана по другому поводу. Они сильные, они на коне и плевать хотели на слабого, самолюбивого, инфантильного человека.

А я, правда, ужасно ослабел — и физически, и духом. Самоуверенность покинула меня окончательно. Последнее связано с тем, что я ничего не пишу. А вообще, оказывается, можно так жить: не прикасаясь к бумаге, не отвечая ни за что, не возлагая на себя никаких обязательств, никуда не торопясь, ни о чем не заботясь. Так жил Я.С. Так живет Сергей Антонов. Вот откуда его неизменно хорошее настроение. Я-то думал, он должен мучиться своим бесплодием, а он плевать хотел. Живет в свое удовольствие, с минимальным расходом сил, всегда под хмельком, внутренне совершенно раскрепощенный. Может, и Юра Казаков вовсе не трагическая, а уютная обывательская фигура? На винцо всегда есть — остальное трын-трава. Ко всему, их не забывают, подкармливают, переиздают, упоминают нежно, даже восторженно (из благодарности за молчание), к ним относятся куда ласковее, нежели ко мне. Они не конкуренты. Добровольно навесили замок на свой роток. От меня же вечно приходится ждать какой-то неожиданности; пусть чепуховой, вроде «Председателя» или «Терпения», но все равно это раздражает, я — источник беспокойства. Не случайно я так и не вписался в отечественную словесность. Вся моя активность, порой чудовищная, не сработала. Напротив, вызвала дружное, мощное сопротивление. Меня задавили в кино, ввели в строгие рамки «на воздушном океане», в литературе запихнули в дальний угол — дышать дают, но не более. Со мной была проделана серьезная и чистая работа.

Впечатление такое, что я вползаю в смерть. И вползу, если не стряхну с себя нынешнего наваждения. Человек умирает не от болезней, а от тайного решения не оказывать им сопротивления. Характерный пример: Симонов. Этот мощно заряженный на жизнь и работу человек почему-то расхотел жить.

9 марта 1982 г.

На днях приезжал Борис Кравченко. Худшие мои опасения начинают сбываться. Как и следовало ждать, он настоящий алкоголик. С шизофреническим отливом. Я не верю в необузданность моих соотечественников. Ежели это наличествует, то как симптом психической болезни, а не как черта характера. Он приехал по вызову ЦК ВЛКСМ пожировать жизнью. Так, в сущности, ему и было сказано, но имелось в виду, что его не связывают какими-либо обязательствами: погуляй по столице, сходи в театр, в музеи, повидай литературных друзей, навести журналы, издательства. Жест в отношении диковатого кондопогского паренька очень добрый и благородный. Но он понял приглашение по-своему. За все дни он не был ни в одном издательстве, ни в одной редакции, даже в ЦДЛ не заглянул. Он, правда, зашел в музей Пушкина — спьяну, но больше нигде не был. Весь срок просидел в молодежной гостинице, где сошелся с какими-то подонками, пил с ними и распутничал. В результате он просадил все деньги, обменял швейцарские часы на какую-то страшную самоделку, лишился фотоаппарата «Киев». Зато приобщился к продажной любви, которую щедро предоставляет приезжим комсомольская гостиница. В канун отъезда он наконец-то вырвался ко мне, к своему учителю и старшему другу. Разговора не получилось. Он был с тяжелейшего перепоя, хватался за сердце, тяжело дышал и дул виски бокал за бокалом, не разбавляя. Есть он не мог — отказала печень. Но сквозь весь его распад пробивались зазнайство и гонор. Он «мечтает» о Высших литературных курсах, на деле же о двухгодичной бесконтрольной жизни и вольном пьянстве вдалеке от семьи. Неинтересно повернулась моя долгая и упорная борьба за одаренного провинциального юношу, а ведь я вложил в нее немало душевных сил.

1 апреля 1982 г.

Приехал с повышенным давлением. Меня ждали «ребята»: Вениаминыч с трясущимися руками и посолидневший Горбунов. Поиграли в лихость и что нам сам черт не брат и как-то дружно опечалились своей старческой жалкостью. А я так и вовсе скис, видимо, давление поднялось.

Много перемен. Главврача сменили. Оказывается, он успел провороваться еще во время строительства санатория. Его погубил им же затеянный ремонт. Вот тут и обнаружилось, что многие дорогостоящие, импортные материалы не вошли в материальный состав кремлевской здравницы, а утекли налево. И почему-то сразу вспомнили, что он пьянствовал в сауне с черноглазой Людой, а потом катался голый в снегу. Ему сделали укор по партийной линии и перевели тем же чином в военный санаторий. И Люда ушла, но не по директорскому делу, просто муж получил работу в другом городе. Мой лечащий врач вышел на пенсию, свое отделение передал другому, а сам остался на полставке, отрабатывая ее полуусердием. Массажист-художник Юра перешел на работу в склад, туда же ушли муж Тани — электрик и барменша Вера.

2 апреля 1982 г.

Давление не снижается, вернее, снизилось чуть-чуть. Как я сюда рвался, а приехал — тоска. Выдерживать эту жизнь можно, лишь периодически выпадая из нее. Если же этот путь заказан, становится невмоготу. Существование без большой цели, без захваченности чем-либо для меня непереносимо. Я исчерпал ряд тем: прошлое, детство, природа, и сейчас рассказы возникают у меня случайно — от внешнего толчка, а не ползут, как фарш из мясорубки, от естественной и безостановочной работы душевной жизни. И вообще мне плохо думается и не работается сейчас. Но не давление тому виной, напротив, повышенное давление — следствие этого душевного кризиса.

3 апреля 1982 г.

Ну вот, докатился, дотрюхал до шестидесяти двух лет. Почти на бровях: с инфарктом, блокадой ножки, стенокардией, гипертонией, остеохондрозом. О глухоте и контрактуре я и не говорю. Наверное, я уже умер и существую искусственно — на лекарствах, каждое утро принимаю жменю. Не слишком живой труп. Но если я найду новую, важную для меня **тему**, то оплывшая свеча еще потеплится. Так просто я жить не умею, это вне всяких сомнений. Последняя надежда на лето. Калязин с торчащей из воды колокольней, а может, и северные городки должны мне дать заряд. Я еще способен радоваться человеку, интересоваться человеком. Но Боже упаси раззуживать в себе искусственный интерес к чему-либо. Это годится для кино, для разных литературных игр, но только не для прозы.

Скучно встретили день рождения. Позвали «ребят». Те почему-то ужасно стеснялись. У Вениаминыча «паркинсон» перешел в пляску св. Витта, а Горбунов потерял дар речи. Каждые десять минут звонила дежурная и предупреждала, что гостям пора ехать. Никогда подобного не бывало. Это не просто хамство, а игра в «наведение порядка». Новый главврач демонстрирует свою волю и власть. Воровал и валялся голым в снегу его предшественник, но репрессии обрушились на отдыхающих. «Так и во всем всегда», — писал Галактион Табидзе...

4 апреля 1982 г.

Читаю переписку Л.Толстого. Крепко же боялся он смерти, сколько ни уверял себя в обратном. И как хотелось ему преодолеть этот страх, порой он почти убеждал себя, что ничуть не боится и приемлет, и тому подобное, а внутри все дрожало жалкой дрожью. И Лесков боялся, а Фет так прямо с ума сходил от ужаса. Не знаю, как обстояло с этим у Достоевского, однажды уже перенесшего смерть. Толстой, Лесков, Фет не просто боялись смерти, все их существование в старости было наполнено предчувствием смерти, невыносимой тоской перед неизбежным. Скучная штука! А где же те деревья, о которых Тютчев писал:

> *И страх кончины неизбежной*
> *Не свеет с древа ни листа.*
> *И жизнь, как океан безбрежный,*
> *Вся в настоящем разлита...*

Похоже, что как раз сам Тютчев был таким деревом.

Письмо Горького Толстому (неотосланное): такое праведное, справедливое, умное, неоспоримое и... нищенское. Теперь-то мы знаем, чего стоили все эти пресловутые «жертвы». И как ни крути, а ничего, кроме личного самоусовершенствования, нету. Пусть утопия, но хоть безвредная, в отличие от остальных способов улучшить человечество — преступных и столь же тщетных. Впрочем, от самоусовершенствования есть какой-то толк: в мире становится чуть меньше мерзавцев, все остальные пути ведут лишь к усилению рабства. Глумились, глумились над философией Толстого, а он оказался дальновидней всех. А трудно ему было с окружающими. Никто ни черта не понимал, ухватывали форму, а не суть, все доводили до глупости, до мелководного расплыва собственного ничтожества. А рядом, кость к кости,— страшная мещанка шекспировского масштаба.

5 апреля 1982 г.

Разговор с профессором-нефтяником на дороге. Он худой, высокий, моложавый, с большим хрящеватым носом — копия Шеры Шарова, хотя сразу видно, что русский. Это довольно распространенный и едва ли не самый неприятный тип русских лиц. Но человек славный — открытый, горячий, заинтересованный, немного смущающийся. Все читал, помешан на советской литературе. Оказывается, как важно людям то говно, которое мы поставляем. Не в первый раз замечаю я повышенный интерес к творчеству В.Солоухина. В чем тут дело? Пишет он большей частью довольно обыкновенно, к тому же бессюжетно, о вещах вроде бы далеких от обывательского вкуса. Не Штемлер и не Карелин-змеелов, а захватывает читающую полуинтеллигенцию. Этому ведущему читателю он понятен и доступен и при этом всегда что-то открывает. Солоухин — настоящий полупроводник культуры. Он начинает с азов и приводит к чему-то простому, но не общепризнанному. Это то, что надо. Мой собеседник признался, что стихов Ахмадулиной он вовсе не понимает, но поддается шарму, манере чтения и всегда слушает ее по телевизору. Он ведет кафедру в институте и говорит, что нынешняя техническая молодежь, в отличие от молодежи пятидесятых, шестидесятых, начала семидесятых, ничего не читает, лишена каких-либо культурных страстей и вообще бездуховна.

Ищет лишь одного — удовольствия мига. Кажется, это и есть «ловить кайф» — одно из новых противных речений.

6 апреля 1982 г.

Прекрасная прогулка. Вышел после ужина. Над лесом стояла луна — белая на голубом расчистившемся небе (днем валила крупа). Я шел на розовый, а потом огнистый закат, сосредоточившийся в конце дороги. Ни единого отблеска не уделил он прозрачной глубине березового редняка, мимо которого я шел. В жемчужном воздухе березняка удивительно белы были стволы берез, каждое дерево стояло наособь, в своей отдельной красоте. И уверенно хороши были четкие темные полоски на стволах. Когда я повернул назад, розовое распространилось по всему небу, заполнило прозоры между деревьями, все лесные скважины, а луна, налившись золотом, поднялась высоко, загустив голубизну вокруг себя. И во всем этом ощущалось весеннее, и я давно не чувствовал такого счастья. Наверное, ради этого я и рвался сюда. Господь Бог здесь не мудрил: раскидал березняк по плешине, разломил его в одном месте болотом с двумя озерками, а в другом бурливый ручей пустил поперек дороги, и ничего больше не надо. И насиловать себя на писание рассказов, когда не хочется, тоже не надо. В старости все должно быть естественным.

7 апреля 1982 г.

Часто говорят о том, что «все вернулось на круги своя». И верно, многое в формах государственной жизни, политики, методах управления, пороках (и вверху, и внизу) стало один к одному с прошлым. Но все же одно новшество — и немалое — есть: выработался новый тип человека. Разумеется, этот тип вобрал в себя что-то от прошлого, но в целом он нов и являет собой нечто невообразимо омерзительное. Это сплав душнейшего мещанства, лицемерия, ханжества, ненависти к равным, презрения к низшим и раболепства перед власть и силу имущими; густое и смрадное тесто обильно приправлено непросвещенностью, алчностью, трусостью, страстью к доносам, хамством и злобой. Несмотря на обилие составных, это монолит, образец прочности и цельности. Об этой породе не скажешь, как о черном терьере, что она недовыведена. Тут все законченно и по-своему совершенно. Порода эта идеально служит задачам власти. Нужна чудовищная встряска, катаклизм, нечто апокалипсическое, чтобы нарушились могучие сцены и луч стыда и сознания проник в темную глубину.

8 апреля 1982 г.

При моем стремлении к затуманенности, к тому, чтоб не знать или знать не до конца, я был бы счастливей в другом веке, в другом пространстве. О мир Марселя Пруста!.. Но есть горькое удовлетворение в том, чтобы родиться и жить и, наверное, погибнуть тогда и там, где сорваны все маски, развеяны все мифы, разогнан благостный туман до мертво-графической ясности и четкости, где не осталось места даже для самых маленьких иллюзий, в окончательной и безнадежной правде. Ведь при всех самозащитных стремлениях к неясности, недоговоренности хочется прийти к истинному знанию. Я все-таки не из тех, кто выбирает неведение. Я не ждал добра, но все же не думал, что итог окажется столь удручающ. До чего жалка, пуста и безмозгла горьковская барабанная дробь во славу человека! С этической точки зрения нет ничего недостойнее в природе, чем ее «царь».

9 апреля 1982 г.

А луна, словно нет нефтяного остервенения, солдат в трюмах грузовых пароходов, обмана, зверств, убийств и грязной демагогии, поднимается в свой час в чистое прекрасное небо, сперва оранжевая с краснотцой, как апельсин-королек, потом золотая и, наконец, серебряная с призолотью, и березы с каждым днем наливаются соком, и желтеют цветы мать-мачехи на коротких тугих стеблях, и тянут на северо-восток журавлиные стаи над землей, которую мы превратили в свинюшник.

Я знаю, почему мне не пишется. Журавлиное затенилось во мне мелкими обидами, ползущими заботами, тусклой житейщиной.

Все, кого я ни читаю, — Трифоновы разного калибра. Грекова — Трифонов (наилучший), Маканин — Трифонов, Щербакова — Трифонов, Амлинский — Трифонов, и мой друг Карелин — Трифонов.

Жду поездку домой как величайшего праздника. До сердечного сжатия хочется увидеть Прохоренка — грязного, вонючего, в свалявшейся влажной шерсти и, наверное, уже забывшего меня. Неужели он действительно соединился во мне с Лешей? Я давно уже не могу так любить собак, да и не только собак. Но не хотелось бы, чтоб он стал каким-то фетишем, омываемым жидкой старческой слезой, как Кузик у мамы и Я.С. Отношение к собаке должно быть бодрым, веселым и товарищеским, иначе это гадость.

Читал Курта Воннегута, оказывается, не впервые. Читать легко, есть хорошие остроты, есть даже пафос, а в целом что-то дешевое, ширпотребовское. К сожалению, нашел здесь некоторые вещи, которые считал своим открытием, например: писать о переживаниях человека через те биологические процессы, равно и химические, какие в нем происходят. Обошел меня быстроумный американец.

Пока сидишь в этом загоне, все тебя обгоняют, и ты без устали изобретаешь пилу. Любопытно: я придумывал не только литературные приемы, сюжеты, новые ходы, которые в своей практике не могу использовать, но судьбы, ходы жизни, способы быть услышанным, но осуществляли все это — с большим успехом — другие. Я правильно думаю, но не отваживаюсь на поступок. И никто, кроме меня самого, в этом не виноват. Я лишен уверенности в себе, потому что слишком поздно спохватился. Старость не время для смелых начинаний. Особенно сейчас, когда стариков всесветно презирают.

Съездил на дачу, охраняемую Адой и Димой. Проня был бесконечно мил и сделал вид, что узнал меня. Нежно и смущенно покусывал мне руки. К обеду пришла Нина С. Впечатление странное. Похоже, утратилась внутренняя связь. Возможно, она считает, что я бросил ее на полпути. В какой-то мере так оно и есть, но в нынешних условиях, когда я ушел из «Нашего современника» и потерял свои позиции в «Литературной России», я практически ничего не могу для нее сделать. Я навязал ее всем, кому можно, но ведь кормушка-то маловата, а едоков много.

Жутковатое явление хромого Салтыкова с палкой, Ольгой, тощей, как скелет, и непременным Носиковым, который сейчас называется как-то по-другому, да к тому же еврей. Наверное, надо было сразу их завернуть, да не хватило духа. Боже, что стало с этим громилой, бретером, бабником и выпивохой! Какой жалкий, притихший, раздавленный человек. Талант, вернее, мощный режиссерский темперамент он пропил, размах необузданной личности укротил болезнью. А я-то не верил тому, о чем говорил весь «Мосфильм». До чего же плохо он собой распорядился. Я помню его совсем молодым, только что окончившим ВГИК. Он был похож на юного поповича — бледно- и чистотелый, крепкий, как кленовый корень, затаенно страстный. Он, кстати, и происходит из поповской среды. А потому началось стремительное разложение. Его хватило на две картины, в «Директоре» он уже эксплуатировал собственные приемы, лишь порой прорывался неподдельный темперамент. После этого он рухнул окончательно. Странно, что я не чувствую к нему сострадания. Он фальшив, двуличен, патологически скуп, лжив, коварен, но в кино немало людей куда хуже его. И он поставил «Председателя». Но мне казалось, что мы с ним что-то совершим, а он меня обманул. Видимо, я ему этого не простил.

12 апреля 1982 г.

Какой-то странный провал образовался в моей цельной, напряженной, расписанной по часам жизни. Я не работаю и не хочу работать. Наверное, все объясняется совсем просто: старость, переутомление, разочарование. Последнее объясняется полным отсутствием реакции на то, что я делаю. Если меня не кроют, то обо мне молчат. Я какой-то невидимка в литературе. При моей редкой литературной активности меня умудряются не замечать. Это, правда, не относится к читателям, которые отзываются — и весьма горячо — на все, что я делаю.

13 апреля 1982 г.

Читаю романы О'Хары, которого знал лишь по рассказам. Грубоватая работа, но читать довольно интересно. Он числится лидером второго ряда американской литературы. Как мало здесь

429

того, что мы, русские, считаем прозой. Но он, похоже, нисколько не заботится об этом.

14 апреля 1982 г.

Апрель поманил и, как всегда, обманул. После солнечных радостных дней резко похолодало, задул пронизывающий ветер, по утрам солонит инеем. Водяные лягушки не показываются, бурые лесные попрыгали по шоссе и, оставив там несколько трупов, скрылись. Ондатры не играют, кабанов и лосей не видать. Вроде бы пролетела однажды утка над болотом, вальдшнепов — ни одного. И как-то все закисло. Не получая радости от природы, я стал приглядываться к окружающим. Ни одного интеллигентного лица. Раньше так не бывало. Среди страшных свиных рыл непременно оказывался кто-то, отмеченный светом человека. Неужели все поумирали и поразъехались? Интеллигентные люди исчезли, как многие цветы и птицы. Единственная разница в том, что на них и не пытались завести Красную книгу. А ведь это еще скажется на жизни страны, ох, как скажется!..

15 апреля 1982 г.

Опять началась голубая весна. Ветер стих, температура до 10°, но почему-то знобко. Так бывает, когда еще не сошел снег, но он стаял давно, лишь в лесу остался пятнами с северной стороны у подножия елей, в овражках и ямах. Появились дрозды, сильно застучали дятлы, как советские люди в кризисные времена, вроде бы и соловей раз-другой тех-технул, но, может, это соловей моих склерозированных сосудов! А ночи темны, непроглядны, ущербная луна появляется поздно, когда я уже сплю.

Дочитал О'Хару и не жалею, что потратил время на толстенный том — есть пища для размышления. Американская жизнь дается им не в таком гротескном изломе, как у других, более изысканных писателей. Есть ощущение подлинности. Сейчас читаю немецких романтиков; это почти невыносимо, за исключением Гейне. У него много остроумия и очень современно по складу мышления. А ведь когда-то читатели сходили с ума от Брентано, фон Арнима. Другое дело — «Михаэль Кольхаас» Клейста или Шамиссо.

Наконец-то забормотали лягушки в вешнем озерце обочь шоссе. Но где-то в отдалении, ближе к лесу. Неужели я не увижу их васильковой россыпи? Зачем же тогда было ехать! Их голоса — гарантия весны. Лягушки придали мне бодрости, что-то серо на душе было в последние дни. И наконец я увидел вальдшнепа. Он невысоко, спокойно и не быстро пролетел, харкая, над шоссе и вдруг резко свернул в узкую просеку, где еще недавно шумел ручей. Ручьи перестали журчать дня два-три назад, сейчас они и вовсе исчезают, оставляя по себе сырые колеи.

Начал думать о Рахманинове, но вяло, нет и тени былой увлеченности. Как я был заряжен на него! Но полудохлый Сизов напрочь забыл о моем либретто, занимаясь делами лишь тех, кто ему опасен. От меня же исходит ощущение полной безвредности, так на кой ляд я ему сдался?

Перекатывая в башке всякую чепуху, я вдруг подумал об охлаждении ко мне «спутников жизни». Прежде я остро чувствовал их повышенный интерес, на этот раз — полное равнодушие. Я думал об этом, сидя на поваленной осине возле лягушачьего озерка. И тут со стороны санатория подгребла отдыхающая — немолодая и невзрачная женщина в огромной меховой шапке. Она осведомилась, почему я сижу, не худо ли мне, и зачем-то сообщила, что давление у нее 250/110. Из ответной любезности я сказал, что перенес инфаркт. «Люди с инфарктом по двадцать лет живут»,— утешила меня добрая женщина. В будущем году моему инфаркту как раз двадцать лет; что ж, у меня почти год впереди. И вдруг она сказала умиленным, проникновенным голосом: «Вы знаете, все такие довольные, что Юрий Нагибин тут отдыхает, до чего ж, говорят, повезло нашему заезду». Это интересно в том смысле, что я безмерно доверяю внутреннему голосу. Зачастую он управляет моими поступками. Надо быть осмотрительнее, не то наломаешь дров, безоглядно доверяясь тайному советнику.

Замечательные стихи Марины Цветаевой в архиве ЦГАЛИ. Какие краткие и какие емкие! Жестокий укор нынешнему безвольному многословию Ахмадулиной. Цветаева была безумным, но трезвым человеком с мускулистой душой, которой никогда не изменяла главная сила поэзии: способность сказать наикратчайше. Ахмадулина растекается, как пролитая на столешницу водка. Беда Цветаевой, если это беда, что она не создала себе позы, как Анна Ахматова. Та сознательно и неуклонно изображала великую поэтессу, Цветаева ею была.

18 апреля 1982 г.

Воскресенье. Пасха. Мой сосед по столу, завстоловой из Таганрога, ходил в деревню пасочки с куличом отведать. Но ни того, ни другого там не оказалось. Разжился он лишь крашенным луковой шелухой яичком. И парного молока дали ему выпить. Он сунул хозяйке трешницу. Соседка укорила ее: мол, негоже в святой день за угощение деньги брать. Та злобно выругалась и поспешно сунула трешку за пазуху. Богоносцы, мать их!..

Могло ли прийти в голову Цветаевой, когда она привязывала веревку в своем нищем елабужском доме, что в Большой Елабуге* когда-нибудь начнется ее культ. А он начался, не сверху, а снизу, и так мощно, что заставил считаться с собой. Единственный разрешенный в стране частный музей посвящен Цветаевой. Происходят Цветаевские чтения, в Театре киноактера идет пьеса «Марина Цветаева», то и дело устраиваются легальные и полулегальные вечера ее памяти, где звучат стихи и проза, вечера воспоминаний о «болярине Марине» и вечера, посвященные ее переписке. И словно кладбищенская трава, высоко поднялась на могильном холме сестры среднеодаренная Анастасия со своими фальшивыми, искательными, неискренними мемуарами.

Пример Марины, к сожалению, никого ничему не научил. Равно как и обратный пример Бабаевского, величайшего писателя сталинской эпохи, ныне тускло доживающего возле собственного трупа.

Все: государство, и народ, и отдельные люди — смирились с неизбежностью термоядерной войны. Иногда, приличия ради, делают вид, что не хотят ее, на самом же деле она пугает куда меньше, чем раньше призрак обычной пулевой, бомбовой вой-

---

* Имеется в виду СССР.

ны. Подбадривает сознание, что не придется запасаться солью, спичками и керосином. Да и вообще не будет никаких лишних забот. А жить, если всерьез, никому не хочется. Это — о народе. Начальство же думает отсидеться в великолепно оборудованных убежищах, дальше, по обыкновению, никто не заглядывает.

Я чувствую, как, гудя и свистя — курьерским поездом,— мчится время.

Повеяло скорым отъездом, и что-то стиснулось в душе. Не хочется уезжать. Дорого одиночество. А дача увиделась мне в ее хроническом многолюдстве, и сразу замутило. Здесь и вообще хорошо, но самое лучшее — изолированность. Я ни с кем не общаюсь, и люди поняли, что надо оставить меня в покое. Хоть я неважный мыслитель, но здесь мне думается широко и бескорыстно, а в привычной дачной жизни — только о «делах». Жаль, что весна такая холодная, но все равно тут прекрасно.

20 апреля 1982 г.

Я грел руку в кабинете физиотерапии, а по радио передавали концерт Лемешева. Русские песни в отличной записи. Его стали очень часто передавать, и я теперь верю, что поворот к нему произошел не без моего участия. Я навязывал его с присущим мне в таких делах фанатичным упорством, и это не могло остаться незамеченным. Я первым назвал его по телевизору, а вслед за тем и по радио «великим певцом», это подхватила Архипова, и сейчас стало чем-то само собой разумеющимся. Нечто подобное было и с Платоновым: я талдычил «великий», «великий», «великий». Вначале пожимали плечами, а недавно кто-то и «гением» обмолвился. По советским меркам, я никто: не Бог, не царь и не контингент, но и никто может многое, если он тверд, упорен и не боится ни показаться смешным, ни быть грубо одернутым. Кстати, я первый начал писать высоко уважительно о Фрейде и Сальвадоре Дали и, несомненно, помог изживанию похабного тона в отношении этих гениев. К сожалению, люди «с положением», которые могли бы очень помочь добру и культуре, плевать на все хотели и «завсегда стоят на страже только своих интересов», как говорил один герой Зощенко. Такого отсутствия бескорыстия и культурной заинтересованности, как сейчас, никогда не было. Волнуют всех только медали.

21 апреля 1982 г.

Поэзия и правда. Как разительно непохожи реалии римской истории на свое литературное отражение. До чего роскошно выглядят все события, последовавшие за мартовскими идами хотя бы у Шекспира, и до чего нудно, нерешительно, томительно разворачивались они на самом деле. Бесстрашные патриоты-заговорщики, пылкий Антоний... На деле же — жалкий, рефлектирующий, все время плачущий Марк Юний Брут и неуверенный, колеблющийся, болезненно нерешительный Марк Антоний. Смелым и сильным человеком был Децим Брут, но литература оставила его в тени, а бесстрашному Кассию поэты отвели второстепенное место. Поэзии нравились Марк Брут и Марк Антоний. Любопытно замечание Ферреро, что Антоний был «типичный интеллигент». Пьянство и разврат никогда не были противопоказаны интеллигентности, но этот интеллигент пролил крови больше, чем Нерон. Впрочем, может, у римских интеллигентов это было в порядке вещей. Впоследствии они стали лить чернила. Поэзия не помнила о пролитой им крови, она помнила, как ради женщины пожертвовал он вселенной, и возвеличила вконец разложившегося сподвижника Цезаря, пышно-гнилостную фигуру уже начинающегося распада.

22 апреля 1982 г.

Разговор с библиотекаршей и врачихой о «Терпении». Знакомая песня: так в жизни не бывает. Не может мать настолько не любить своих детей. Я рассказал о Зине Пастернак и Стасике. Никакого впечатления. Пробить советских людей, если они в чем-то убеждены, невозможно. И любви такой не бывает — талдычили они. А Ромео и Джульетта, Пенелопа и Одиссей, Антоний и Клеопатра, а весь Шекспир, а весь Достоевский?.. Аргумент не дошел. Обе хладнокровно признались, что не любят ни Шекспира, ни Достоевского. Вот в чем корень успеха мещанской литературы и моего покойного друга, который считался борцом с мещанством, на деле же был его певцом. Невыносимая духота! Я мог бы их убить.

Чудовищный снегопад. Снег даже не падает, а с бешеной скоростью косо несется к земле. Сквозь него проносятся ошалевшие вороны. Что будет с приготовившейся к расцвету природой? Окна как простынями занавешены.

23 апреля 1982 г.

Я, наверное, угадал про Рахманинова. Он не мог простить новой власти потери Ивановки и почти всех денег. Все свое он нажил неимоверным трудом, после долгих лет бездомности и бедности. Сквозь бесконечную трепотню «воспоминателей» о его бескорыстии, щедрости, бессребрености нет-нет да и мелькнет проговор, что деньги и материальные ценности очень много для него значили. Он любил дома, землю, капитал, любил прочность. И ради этого не щадил себя. Бетховен, как и все нормальные люди, не стремился к нищете, но не был меркантилен и поэтому мог написать «Ярость по поводу потерянного гроша». Рахманинов этого написать не мог, ибо ярость его была бы не музыкальной, а чисто бытовой, душной. Он томился по России, но не настолько, чтобы пожертвовать быстро нажитым на Западе богатством. По-человечески это понятно, и все же его ностальгические страдания раздражают. Уж коли ты так мучаешься, садись в поезд и поезжай домой. А деньги?..

24 апреля 1982 г.

Замечательное свойство советских людей — их ни в чем нельзя убедить. Сломав в душе самое важное, чтобы стать безоговорочными приверженцами государственной лжи, они компенсируют это предельной недоверчивостью к частным сведениям и соображениям. Быть может, это оборотная сторона рабского смирения. Нестарая и живая этажная врачиха Т. казалась мне человеком почти интеллигентным, современным, с неглупым, острым глазом. Но сегодняшний разговор с ней был ужасен. Я говорил о самоочевидных вещах — не с чем спорить. Она и не спорила, но и не соглашалась, роняя время от времени идиотские фразы, выражавшие сомнение с оттенком насмешки или вдолбленные ей в башку, не идущие к делу банальности правоверия. Она твердо защищала обжитый ею мир лжи от моего вторжения. Она не хотела, чтобы этот мир хотя бы шатнулся, чтобы хоть малый шелох потревожил его стоячие воды. Тут есть своя бессознательная логика. Этот огромный, внешне могучий и насквозь изгнивший нравственно мир должен оставаться нетронутым, иначе он развалится от малейшего толчка и погребет под своими неопрятными руинами столь же хрупких, пустотелых насельников. Т. оказалась ничуть не лучше ненавидимой ею красавицы библиотекарши — королевы воинствующего мещанства. Не верно, что «Терпение» обозлило лишь власть имущих, оно обозлило всех советских мещан, т.е. основную часть населения.

Любопытно, что Нина С-на в своем восприятии рассказа оказалась солидарна с тухлой мещанской швалью. Она сказала самое грязное и близко лежащее о рассказе, что «от него воняет поездным нищенством», имея в виду вагонных калек с кружкой и песней о Льве Толстом. На это не отважились даже такие подонки, как Феликс Кузнецов и Кардин. Вот в чем разница между нею и неистовой Викой*, ту рассказ пронзил насквозь. Как и Астафьева, как и Евтушенко. На таких вещах проверяется масштаб человека.

25 апреля 1982 г.

У меня начисто исчезло ощущение контакта, понимания, даже частных совпадений с окружающими. Я не последовал за своими согражданами в очередной круг морального ада, и мы утратили взаимопонимание. «Нет глупых людей», — когда-то — при всей парадоксальности — в этой сентенции была правда. Послесталинское похмелье благодетельно омыло мозги. Сейчас столь же справедливо прямо противоположное высказывание: «Нет умных людей». Те, кого в пятидесятые годы почти насильно втянули в ум, с облегчением рухнули в трясину совершенного идиотизма. И, почувствовав возвращенное право на глупость, за ними охотно потянулись люди, способные к мышлению и выбору. Так легче, куда легче! Ведь за этим — тайная и, увы, не осуществимая мечта человечества опуститься на четвереньки, освободить усталый, неприспособленный к вертикальному положению позвоночник. Физически это невозможно, а в плане духовном, интеллектуальном — сколько

---

* Виктория Платова.

угодно!.. Люди жадно наращивают броню глупости, спасительной для слабой духовной организации.

Наше время и строй выработали-таки новую этику. Ее продемонстрировал мой сосед по столику, юный завстоловой из Таганрога. Он был год на партийной работе и очень на ней вырос. Он говорит своим подчиненным: «Вы живете за счет народа, который обворовываете. Так улыбайтесь за это по крайней мере!» А еще он говорит: «Мы воруем, мы злоупотребляем, но давайте все же не выходить из рамок приличия, надо и честь знать». И еще: «Все же понимают, что завстоловой не будет без мяса. Но беру я на один обед, а не на два, и люди меня уважают. Другие тащут без стыда и совести, а я так не могу, мне еще вон сколько работать! Поэтому я все делаю с умом и по сове-сти». Вот какая теперь совесть: воровать умеренно. И он всерьез считает себя не только честным человеком, но и крепким молодым коммунистом. И другие считают его таким, ибо воруют прямо или косвенно все — снизу доверху. Мздоимство, воровство, злоупотребления всех видов приняли такие размеры, что государству с ними не справиться, даже если б оно захотело. Но оно не может всерьез захотеть, ибо хищения и обман входят в его существо, его структуру, без этого оно просто развалится. Этого никак не могли предвидеть гениальные мозги двух бородачей, заложивших теоретическую основу нашего общества, но об этом догадался в предсмертном отчаянии тот, кто на практике осуществил великую теорию. Как хорошо выглядит на фоне всеобщего распада наша высокоморальная литература, особенно поэзия — с ее показным нравственным максимализмом.

27 апреля 1982 г.

Разговор на прогулке с симпатичной гипертоничкой в громадной меховой шапке. Ей за пятьдесят лет, простоватая, работает на химическом заводе. Я спросил о ее семейной жизни. «Наверное, как у всех, может, даже лучше. Старшему сыну двадцать восемь, младший школу кончает». — «А с мужем какие отношения?» — «А какие могут быть отношения после тридцати лет? Никаких». Я думал, что она меня не поняла и уточнил вопрос. «А я о человеческих отношениях и говорю. О чем же еще?» — «Неужели такой долгий брак не сближает?» — «Еще чего!.. Детей вырастили, теперь мы вовсе друг дружке не нужны». Жизнью своей она в целом довольна, одно горе — сын никак не женится. «А что в этом плохого?» — «Как что — избалуется».— «Пьет?» — «Конечно!.. Не алкаш, может четыре месяца не пить, а потом неделю закладывает. Это еще хорошо!» На заводе, по ее словам, то и дело гибнут рабочие от неочищенного спирта и взрывов. «Все пьют: и рабочий класс, и начальство, и простые инженеры. Какая там охрана труда, какая безопасность, кто об этом думает? С утра у всех одна забота: где бы достать». У нее в руках чистый спирт, она — сила. Может за-ставить людей рабо-тать.

28 апреля 1982 г.

Разговор с Галей-барменшей, у которой прошлым летом утонул в пруду трехлетний сын. После этого несчастья они с мужем расстались. «А вы не собираетесь снова замуж?» — «Мужчины или пьют, или такие скучные и бессмысленные, что от них мухи дохнут. Пьющие все-таки поживее». Но связывать свою жизнь с такими живчиками ей почему-то не хочется.

Надо разговаривать с людьми, я совершенно не знаю сегодняшней жизни. Но общения с мужчинами не выйдет. Они либо пьют, либо несут фальшивый вздор, либо крепко молчат. Женщины куда открытей, искренней. Это понятно: их неизмеримо меньше сажали. Мне осталось два-три дня, а я уже начал собираться — от нервности, от нежелания уезжать, возвращаться к московской жизни. В таких случаях хочется уторопить неизбежное. Мне здесь **хорошо**. А если я и начинал томиться, то это от страха перед будущим, тоски по минувшему, старческой слабости. Надо хорошо прожить лето, что-то увидеть. Хотя всякое соприкосновение с действительностью лишь усугубляет чувство безотрадности, безнадежности, надо выходить в жизнь. В интонации людей появилось что-то, отроду не бывшее: убежденность в ненужности всего — брака, детей, работы, учения, какой бы то ни было деятельности. Эта интонация проскальзывает и у бодрой Таньки, отчетливо звучит у опечаленной Гали и у сделавшей свою жизнь химички, мастера цеха.

29 апреля 1982 г.

Разговор на дороге с учительницей, у которой учился сын покойного Якова Тайца. Странное дело, неплохой детский писатель Тайц родился сразу старым евреем, менее романтиче-скую фигуру вообразить нельзя, но по всему миру рассеяны вдовы, возлюбленные, дети и внуки Якова Тайца. Учительница почти все мое читала, обо всем все знает и хорошо выражает свои мысли. Пример: «Матадор втыкает в быков бандероли». А сын Тайца спился.

Как раздражали Рахманинова несобранность, разболтанность, непрофессионализм и неумелость окружающих его людей. Он был профессионалом высшей марки, скрупулезно точным в делах человеком, при этом нес бремя гениальности. А бездарные люди, его окружавшие (исключение — и жена и свояченица), вечно все забывали, путали, ничего не умели, да и не хотели уметь, на каждом шагу осложняли ему жизнь.

Синий цвет местных лягушек волнует, оказывается, не меня одного. Я считаюсь тут первым специалистом по этому вопросу, во всем, что касается лягушек, положено обращаться ко мне. Меня это дарит ощущением гордости. Сегодня две пожилые дамы высказали предположение, что расцветка лягв объясняется цветом воды. Даже в ванне вода с отчетливой приголубью. Сам-то я прежде думал, что они отражают синь неба и воды. Но недавно я узнал правду: оказывается, есть животные, которые весной приобретают яркую и красивую окраску, а потом возвращаются в свой обычный цвет. В их число входят и некоторые разновидности лягушек.

30 апреля 1982 г.

Почти все советские люди — психические больные. Их неспособность слушать, темная убежденность в кромешных истинах, душевная стиснутость и непроветриваемость носят патологический характер. Это не просто национальные особенности, как эгоцентризм, жадность и самовлюбленность у французов, это массовое психическое заболевание. Проанализировать причины довольно сложно: тут и самозащита, и вечный страх, надорванность — физическая и душевная, изнеможение души под гнетом лжи, цинизма, необходимость существовать в двух лицах: одно для дома, другое для общества. Самые же несчастные те, кто и дома должен носить маску. А таких совсем не мало. Слышать только себя, не вступать в диалог, не поддаваться провокации на спор, на столкновение точек зрения, отыскание истины, быть глухим, слепым и немым, как символическая африканская обезьяна, — и ты имеешь шанс уцелеть.

Лишь специальные люди запоминают то, что вы говорите. Остальные — из самозащиты, а также во избежание соблазна доноса — в одно ухо впускают, в другое выпускают. Сегодня атомщик Володя, объездивший весь мир, в разговоре со мной поставил рекорд умения не слышать собеседника. Только я — с присущей мне обстоятельностью — рассказал о нашей с Аллой поездке из Рима в Неаполь, как он произнес мечтательно: «Эх, вам бы в Неаполь съездить!» Я напомнил, что был там с женой в составе туристической группы. Через несколько минут: «Жаль, вы в Неаполе не бывали! Увидеть Неаполь и умереть!» В конце разговора он посоветовал мне в следующий раз непременно посетить Неаполь. В близости моего отъезда «спутники жизни» разъярились на разговоры. Но зачем им это нужно, убей Бог, не пойму. Они сразу превращаются в токующих тетеревов — я напрасно тревожу эфир. Может, их томит желание высказаться? Но я ни разу не столкнулся даже с подобием мысли. Им просто надо «пообщаться», чтобы потом рассказывать об этом дома и на службе. Все — пришла машина...

18 мая 1982 г.

Опять я оказался у развалин того здания, которое возвожу с редким упорством и невезением вот уже сорок с лишним лет. Впрочем, невезение играет тут не главную роль, хотя, несомненно, присутствует. Мой самый лучший и самый прозвеневший рассказ ругают и справа, и слева — редчайший случай, если не единственный. Феликс Кузнецов выступает в паре с Виктором Некрасовым. Пока еще трудно представить, как будет развиваться кишечногазовая атака. Для начала меня выкинули из кандидатов на Государственную премию, рассказ изъяли из «Роман-газеты». Вроде бы достаточно. Но надо знать их настырную ненасытность. Почему-то мне кажется, что это еще не конец.

Поживем — увидим. Главные пакости уже случились, остальное будет практически менее ощутимо. Скворцовы опять победили. Как бессильно добро, как мощна и победна мещанская злоба, охраняющая бдительно свои владения. И все же как точно я попал — в самое солнечное сплетение Скворцовым всех рангов и мастей.

Особой неожиданности в этом нет. А ведь они принимали вещи не менее чуждые: «Живи и помни», «Старика», «И дольше века длится день», «Дом на набережной», издевательскую повесть Соломко. Очень оживилась «Литературка». Снова можно плясать на моих костях. К чему-то приплели фильм «Берендеев лес», хотя он сделан не по моему сценарию, к тому же дружно одобрен и премирован в Карловых Варах. Но есть возможность лишний раз упомянуть мою фамилию в дурном контексте. Откуда такое постоянство злобы? Должна же быть причина. Но убей меня Бог, если я хоть отдаленно догадываюсь.

КАЛЯЗИН И ОКРЕСТНОСТИ

28 июня 1982 г.

Ехали сюда от Загорска, поворот в самом городе, за Лаврой, влево, в сторону «Загорских далей». Но они остались за каким-то изгибом дороги, и я не вспомнил где. Оставив чуть в стороне поселок Нерль, мы переехали реку того же названия и по грейдерному шоссе, порядком разбитому, кое-где потонувшему в грязи, добрались-таки до Калязина. Прошли его почти по касательной, но с какого-то бугра увидели, близко и отчетливо, полузатопленную колокольню, волновавшую меня с той давней поры, когда местная библиотекарша прислала грустный снимок. Оказывается, воды, затопившие собор и оставившие верхние ярусы колокольни, хлынули сюда очень и очень давно, когда строили плотину под Угличем. Странно, но колокольню эту подновляют как некую верхневолжскую достопримечательность. В этот первый раз она показалась мне почти черной. Уже вечерело, и мы, не задерживаясь, направились расквашенным вдрызг проселком в Исаково.

Здесь в разгаре сеноуборочная — индивидуальная, колхозная начнется через несколько дней. У Анатолия дом оказался полон гостей, точнее сказать, помощников: сестра с мужем из Калязина (она — бригадир на фабрике, он — шабашник, алкоголик), племянник из Горького — тоже бригадир; здесь же толкутся живущий напротив брат — механизатор с взрослым сыном, которому скоро призываться; эти двое тоже подсобляют Анатолию, поскольку своей коровы не держат. Недавно приобреченная Анатолием корова оказалась рекордсменкой, залила дом молоком. Пьют: Анатолий со старухой матерью, сестра с мужем и сыном, семья брата и еще на молокозавод сдают. Сразу было видно, что трудятся на сеноуборочной люди серьезно, с полной отдачей, поскольку для себя, а не на воздух.

Стал собираться дождь. Скорее закопнили раскиданное для просушки сено. Пошел дождь уже в темноте и зарядил на полтора дня. После по радио объяснили, что над Тамбовом завис циклон, управляющий погодой аж до Ярославля. Мы успели в сумерках немного порыбачить на Жабке (притоке Волги) — надергали крошечных окуньков, которых отдали кошке.

На другой день под непрекращающимся дождем сходили в церковь, стоящую на бугре в километре от деревни. Шли тяжело по жирной грязи, изредка по траве. Церковь недавно обворовали. Выпилили решетку в алтарной части, вынесли почти все иконы. Потом небольшую часть нашли и вернули, а за остальные уплатили по рублю за штуку. Такая щедрость объяснялась тем, что грабеж произвел местный оперуполномоченный, как говорят, при попустительстве старого батюшки. В последнее не верится: надо было скомпрометировать церковников, чтобы несколько обелить представителей светской власти. Никого не посадили, просто убрали из здешних мест.

Прислали нового священника, в отсутствие которого службу нес не рукоположенный поп из бывших армейских майоров, давший клятву, что если уцелеет в войну, то посвятит себя Богу. Клятву он выполнил, ушел по окончании войны в мужской монастырь, но был там на положении трудника, а затем уже, не знаю как, очутился здесь. Он помог новому попу заделать решетку, развесить новые иконы и уцелевшие старые, прибрать заброшенное церковное кладбище, подновить ветхий жилой дом и вместе с окрестными крестьянами вымостить двор булыжником и часть дороги до подъема, где не слишком закисает в дождь. Недавно он простудился, слег, и мы его не видели.

А с новым благочинным Леонидом Михайловичем познакомились и даже были приглашены в дом. У священника тонкое бледное лицо, нос с горбинкой, редкая рыжеватая борода, он немного похож на юного Крамского. У него гостит товарищ по Одесской духовной семинарии, он помогал вести службу, но в разговоре с нами участия не принял, куда-то скрылся. В церкви было пустынно: несколько дряхлых старух да кто-то из «десятки». Эти Божьи бабушки — все в черном — помогают по дому, матушка и дочь еще не приехали из-под Калинина, где у них хорошее хозяйство. Меня благочинный знал по рассказу «Огненный протопоп». Он часто улыбается, показывая кариозные зубы, разговор тихий, свободный, интеллигентный. По случаю Петрова поста в доме мясного не было, угощали вкусными пирогами с капустой, яйцами, вязигой и домашним крымским вином, присланным друзьями из Симферополя.

Беседу, в основном, поддерживал Гиппиус, у него с благочинным нашелся общий знакомый: видный епископ, с которым Гиппиус летел вместе из Афин. Сейчас он возведен в архиепископский сан, и по тому, как священник говорил об этом, чувствовалось, что он честолюбив.

Назад шли в полной темноте под усилившимся дождем. Промокли до нитки. Дома отогрелись горячим ужином, чаем из самовара и коньяком, который выставил, конечно, Анатолий. У нас был свой запас, но Гиппиус сделал такие страшные глаза, что я сразу осекся. Мне представилось, что Гиппиус замыслил какой-то добрый сюрприз, а он просто пожадничал. Отсладав, Гиппиус наорал на Анатолия, пытавшегося повесить нам в комнату две «картины» Васнецова. Смущаясь, Анатолий лепетал: «Да ведь нужно... для культурного отдыха». Но Гиппиус оставался неумолим: для «культурного отдыха» требуется одно, чтоб меньше смердило, где-то протухла вяленая рыба. Я сгорал от стыда. Поведение Гиппиуса было не просто бестактным, оно выдавало безнадежную душевную грубость, окостенелое хамство этого бывшего интеллигента.

В субботу дождь кончился, и мы целой компанией отправились в магазин, где Гиппиус попытался закадрить крепкотелую, ярко-смуглую продавщицу — бабу Анатолия, как я немедленно понял. Ловкая вышла история. Мы расположились в задней комнатке при магазине попить коньяку под чудесную «пьяную вишню», каким-то чудом оказавшуюся в продаже. Продавщицы выставили от себя лимон, сыр и хлеб. Немногочисленные посетители смотрели с теплым одобрением, полагая, что это ревизия. Взяточничество, блат всех устраивают, ибо помогают обходить злую тупость государства.

Гиппиус, хватив рюмашку, орал, чтобы Анатолий готовил ему нынче постель на сеновале, куда к нему придет красавица продавщица. Анатолий краснел, пыхтел, все не знали, куда деваться. Я шептал про себя: «Миленький Боженька, сделай, чтобы Анатолий ему вмазал!» Но богатырь-добряк все пережил в себе.

Когда я сказал Гиппиусу о его оплошности, он перетрусил, но не смутился. Некоторое время он держался в почтительном отдалении от Анатолия, потом снова обнаглел и даже пожалел, что не разжился адресом продавщицы.

Бедствие нынешней деревни — бездорожье. Современные могучие, с гигантскими задними колесами трактора расквашивают дороги, превращают деревенские улицы в грязевое месиво. Теперь нельзя пройтись с гармонью, поплясать у завалинки, даже полузгать семечки на скамейке у плетня. Топкая грязь простирается во всю ширину улицы, от забора до забора. В Исакове есть клуб, куда привозят хорошие картины, но ходят туда только голоногие подростки, другим не пробраться даже в сапогах.

Трактор — основное средство передвижения; на нем едут в поле, в гости, за водкой, на свидание, на рыбалку, на станцию. Автобусное движение то и дело прерывается. У Анатолия есть машина «Волга», но в тех редких случаях, когда он решается выехать, его тащат трактором на листе железа до шоссе. В колхозе имеются четыре лошади, которые мирно пасутся на крутых склонах приречных лугов. Но, будь их четыреста, они справились бы со всем немалым хозяйством, и сохранились бы дороги между деревнями и милые сельские улицы, заросшие муравой и цветами, на них звучала бы музыка, и люди ходили бы друг к другу в гости и в клуб, и не разбегалась бы молодежь из колхоза, где жизнь стала не просто сытой, а зажиточной.

Как сказала мать Анатолия: «Хлеба вдосталь, а сосуществование наше — мука мученическая». А как же иначе, если из дома только зимой можно выйти. Она считает, что Анатолий остался холостяком потому, что хорошие девчата из деревни бегут, а городская сюда за все сокровища не пойдет. У Анатолия дом забит вещами: четыре телевизора, а ловится только первая программа, с десяток радиоприемников и проигрывателей, в каждой комнате по электрической бритве, швейной машине и телефону — звонить можно только в правление колхоза. Шкафы ломятся от всевозможной одежды: кожаные пальто, куртки, дубленки, плащи, сапоги всех видов и фасонов (Гиппиус слямзил резиновые финские с коротким голенищем). Дом забит полированной мебелью. В длиннющем сарае — две машины, мотоцикл с коляской, лодочный мотор — узенькая заиленная Жабка так же «непроплывна», как дороги непроездны. Есть даже книга «Русская речь» для 5-го класса, но старуха мать изнывает от тоски. Анатолий слишком занят, чтобы скучать, но, случается, зимой воет волком — буквально.

Он и его брат, особенно последний, из породы беспокойных. Им случается тяжело расшибаться об окружающую косность. У них нелады с председателем — дальним родственником, который любит повторять: башку снимают за сделанное, за несделанное только журят. Его принцип, от которого он не отступится ни за какие блага мира,— ничего не делать. Юрий, брат Анатолия, дважды начинал строить дорогу на свой страх и риск, председатель в первый раз оштрафовал его за самоволку, в другой раз укатал на пятнадцать суток за хулиганство. И ни один голос не поднялся в защиту Юрия — беспокойные люди никому не нужны. Ведь если сделаешь одно, не предусмотренное начальством, то потребуют и другое. А кроме того, ты начальство подводишь, почему, мол, само не додумалось. Нет, сиди и не рыпайся и всегда маленько недоделывай, в следующий раз от тебя большего не потребуют. А план все равно будет выполнен — за счет приписок. Эту систему не расшатать, она стала сутью социалистического способа хозяйствования. Отбыв наказание, Юрий, по его словам, «стал фашист дорогам».

Посетили мы машинный двор и мастерские. Машинный двор частично заасфальтирован — руками неуемных братьев,— поэтому часть машин стоит на твердом, остальные тонут в грязи. С ремонтом плохо. Моторам автобуса полагается работать без ремонта до 32 тысяч километров (кстати, это смехотворно мало), но из-за бездорожья они выходят из строя после 8 тысяч.

Во всех емкостях разбросанной вокруг ремонтных мастерских техники поблескивают на солнце пустые бутылки, почему-то не принято уносить тару с собой. Работала кузня. Анатолий

445

поразился трудовому энтузиазму старого кузнеца, но оказалось, что тот шабашил. Вообще шабашников в деревнях завались: печники, каменщики, штукатуры, слесаря, разнорабочие. Умельцы, золотые руки, зашибают сотни и все спускают на водку и бормотуху.

Были на молокозаводе и чуть сознание не потеряли из-за нестерпимой вони. Деревенский нос вони не чует, принюхался в избе, в которой за век настаивается такая плотная затхлость, тухлота, прель, гниль, смрад немытого человечьего тела, кислая нечистота младенцев, духота животной шерсти, что проветрить избу невозможно и за десятилетия, хоть держи нараспашку все окна и двери. Но чем так пронзительно воняло у молокозавода, ума не приложу: скисшими выплесками проб в навозную жижу дороги?..

Я вдруг заметил, что деревенские очень плохо говорят. От былой емкой, краткой, хлесткой и меткой речи не осталось следа. Сейчас говорят коряво, неритмично и многословно, щедро заимствуя из городского жаргона самое пошлое: «я всю дорогу предпочитаю мормышку стрекозе», «не вкусно отремонтировали хедер», «мужики напились, настроились на подвиги, но мы с Нюркой сделали ноги», «мировенькие корочки» и т.п.

Вот уже третий день, как мы переехали в Калязин. Мы едва выбрались из Исакова, да и то с помощью Геннадия, чудом пробравшегося к нам из своей деревеньки в трех километрах от дома Анатолия. Еще немного — и тащиться бы нам на железном листе.

Калязин — плохой город, безнадежно унылый, неживописный, с подслеповыми угрюмыми домишками. Единственное, что в нем есть, полузатопленная колокольня — русский ампир. На дне водоема покоится затопленный собор, а еще тут взорвали прекрасный монастырь, достопримечательность и гордость заштатного городишки. Калязин неизменно хуже Кашина, куда мы тоже наведались.

В Кашине сохранились белые остовы церквей и монастырских подворий, купола, колокольни в окружении старых прекрасных деревьев: вязов, берез, лип, тополей. Тут создан в бывшей церкви (вернее, в соборе женского монастыря) очень хороший музей, которым руководит милая молодая женщина Вера Алексеевна. Музей закрыт на инвентаризацию, но директриса сразу узнала меня, позвонила, чтобы помещение сняли с сигнализации, и устроила для нас прекрасную экскурсию. Оказывается, тут недавно побывал Сергей Антонов — у него отец родом из Кашина,— забрел в музей, познакомился с Верой, и они вместе смотрели «Клуб кинопутешествий», который я вел. Антонов сказал, что непременно приедет сюда еще и привезет меня. И она в первый момент подумала, что Антонов выполнил свою угрозу. Но вместо печального и давно умолкшего прозаика она получила в качестве второго гостя рыжего живчика с необычайно быстрыми ручонками. Эти ручонки доставляли мне немало беспокойства, пока мы осматривали музей и особенно — запасники. Тонкие конопатые пальчики в рыжих волосках должны были обязательно повертеть каждую фигурку, черепок, камешек, иконку, потрогать гравюру, литографию, поласкать старинную мебель. Волк в овчарне.

Вера провезла нас но городу, показала местную здравницу, где мы испили по стаканчику целебной и довольно вкусной кашинской воды, а затем почти насильно притащила на день рождения к своей младшей сестре. Там мы познакомились с ее братом — капитаном милиции из Калинина,— он значительно и плохо играл на гитаре и еще хуже пел; мы прослушали «Живет моя отрада» и «Среди долины ровныя»; с невыразительной средней сестрой, с толстой уютной матерью, чья единственная гордость в жизни — принадлежность к ленинградским блокадникам; с хмурым, больным отцом и лучшей подругой — колхозной бухгалтершей. Потом к нам присоединился прилетевший из Калинина на сложную операцию молодой нейрохирург, ученик местной, спившейся после смерти жены знаменитости. Веру недавно бросил муж, судья мотоциклетных гонок со звучной фамилией Пискалькин, и я подумал, что нейрохирург — претендент на ее руку, но тут оказалось что-то более сложное. У Веры, на вид такой здоровой, крепкой, свежей, что-то с головой, она ни с того ни с сего падает в обморок, и хирург ее пользует. А ухаживает он вроде бы за колхозной бухгалтершей. Но Вера сама в этом не уверена, иногда ей кажется, что он вынашивает какие-то планы в отношении нее. Меня же этот провинциальный интеллигент и гений заинтересовал другим: за его сдержанной, полной достоинства повадкой угадывался какой-то скрытый порок — то ли он сталинист (сторонник твердой власти), то ли черносотенец, то ли поклонник Пикуля, то ли непроходимый мещанин, мечтающий о полном наборе материальных благ, источник которых в медицине, то ли наступивший на горло собственной песне алкаш. Он принял рюмок восемь, неизменно оговариваясь, что он «пас», поскольку завтра утром делает сложнейшую операцию на мозге.

Вера помешана на своем музее, дружит с бывшей свекровью, у которой, в основном, и живет ее сын (Вера часто ездит в командировки), держит очаровательного щеночка Кузю, похожего на головку одуванчика, и, по-моему, не может изжить в душе пленительный образ неверного Пискалькина. Он — коротышка, по-провинциальному фасонистый: расклешенные джинсы, пряжка ремня величиной с Бранденбургские ворота, обтяжная рубашка из махры и «кудри черные до плеч». Самолюбивый карлик, он бросил Веру, потому что она «всегда со знакомыми говорит о непонятном». Он взял простую, малограмотную бабу (учительницу начальной школы), которая, «по крайности, не задается», и катает ее на мотоцикле мимо бывшего женского монастыря, где перемогает свое одиночество слишком культурная Вера.

Я пишу все это в квартире, устроенной нам заботливым Геннадием, а Гиппиус умчался в Кашин. Судя по его предотъездной нервности и по тому, что он даже не предложил мне сопутствовать ему, в высохшей головенке роится множество планов. Тут и горячее, бескорыстное желание помочь музейным работникам разобраться в их запасниках, отделить, так сказать, злаки от плевел, и естественное любопытство матерого коллекционера к завали старины, и благородное мужское желание скрасить Вере ее одиночество — словом, все было ЗА поездку в Кашин (без меня) и ничего ПРОТИВ. Я, впрочем, и не собирался ехать, поскольку вечером у меня выступление в центральной библиотеке, устроенное библиотекаршей Анной Сергеевной, той самой, что некогда прислала мне фотографию затонувшей колокольни и заразила тоской по Калязину. А кроме того, я предпочитал, чтобы ограбление храма (пусть бывшего) происходило не на моих глазах. Гиппиус умчался, не обеспечив меня, вопреки традиции, дневным прокормом. Он был так нетерпелив и противно возбужден, что я и слова не сказал о нарушении им добровольных обязанностей.

Но мне бы хотелось вернуться к Анне Сергеевне. Это настоящая провинциальная интеллигентка, помешанная на книгах, с мужем-учителем, жалким бытом, этажеркой с заветными книгами (мы заглядывали к ней), извечными русскими иллюзиями о высшей справедливости, идеализмом и приверженностью к рюмке. Похоже, что они с мужем в свободное от занятий время закладывают с утра. Это вызвало брезгливое чувство у чистоплюя Гиппиуса, и когда она зашла к нам накануне договориться о моем вечере и вообще отвести душу беседой, он обращался с ней, как с побирушкой. Мне иногда кажется, что падет он все-таки от моей руки.

Анна Сергеевна невысокого мнения о Калязине, где родилась и прожила всю жизнь. По виду это город нищих, говорила она, а живут тут сплошь куркули. Кроме ковров, золота и хрусталя, их ничто не интересует. Стоит в магазине чему-нибудь появиться, рабочие места пустеют, весь город выстраивается в очередь.

По официальной статистике, Калязин занимает первое место в стране по преступности и алкоголизму. Это гнездо жадных, злых, вороватых, пьяных и темных людей. Число посетителей библиотеки снизилось за последние годы вдвое: со ста двадцати человек до шестидесяти в день. Из этих шестидесяти 90% берут только детективную литературу. Учителя ничего не читают, нет ни одного абонента среди местных педагогов. А чем они занимаются? — спросил я. Огородами, цветами — на продажу, некоторые кролями, свинок откармливают, кур разводят, конечно, смотрят телевизор — у всех цветные,— ну и пьют по затычку. Остальные жители занимаются тем же, но еще и воруют: на мясокомбинате в первую голову и на всех прочих местных предприятиях, всюду найдется что украсть. Это в школе ничего не возьмешь, кроме мела и карболки. Деньги есть у всех. Очень любят справлять — широко и разгульно — свадьбы, для чего на два дня снимают ресторан с оркестром, проводы в армию — водку закупают ящиками, а также советские праздники, Новый год и Пасху, хотя лишены даже тени религиозного чувства. Анна Сергеевна подтвердила мое глубокое убеждение в полной нерелигиозности русского народа. Недаром так тосковал Лесков по «тепло-верующим». У нас религиозным усердием отличались только сектанты, всякие хлысты, трясуны, прыгуны, скопцы, частично староверы, а нормальные православные смотрели (и смотрят) на церковь только как на развлечение, праздники же для них — прямой повод налить морды без упреков жен и угрызений совести. Единственный предмет разговора калязинцев — вещи, их приобретение. Духовная жизнь равна почти нулю. Это достояние нескольких доживающих свой скорбный век старых учителей. Есть несколько чудаковатых молодых людей, которые читают книги и журналы, а по ночам плавают к полузатонувшей колокольне послушать «эолову арфу» — там под сводами творится странная музыка, порождаемая воем ветров. Любимый поэт местной интеллигенции — Роберт Рождественский, на втором месте Евтушенко. К остальным равнодушны. Вот потолок лучших людей Калязина.

Интересна и показательна история Никольского, местного чудака, бессребреника, краеведа-любителя. Когда-то, еще до революции, он получил в наследство от бездетного купца неплохую, преимущественно духовного содержания библиотеку, кое-какую церковную утварь, иконы, всякие раритеты: древние черенки, изделия из бронзы, кости, камня, старые гравюры, литографии, несколько картин (купец был страстным, но безалаберным собирателем), а когда взрывали монастырь, местный архимандрит отдал ему все, от чего отказалось по лени и небрежности епархиальное ведомство: там было много икон в окладах и без, кадила, паникадила, священнические одежды, кресты, всевозможная церковная утварь. Кроме того, у самого Никольского было собрано немало старинных крестьянских орудий: борон, сох, цепов, веялок, лукошек, прялок, ткацких станочков, равно праздничных уборов, украшений, горшков, чугунков, светильников, зыбок, посуды глиняной, фаянсовой и деревянной и прочая, прочая. Он порывался создать краеведческий музей, но все потуги разбивались о каменное равнодушие начальства. Потом у него в доме случился пожар, в котором погибла часть библиотеки. Он так расшумелся, что начальство струсило и выделило ему какое-то бросовое помещение. Он привел его в порядок и развернул экспозицию, которой позавидовал областной калининский музей и сразу попытался наложить алчную руку, но получил могучий отпор от старого энтузиаста. Калязинские власти возгордились и даже раздобыли откуда-то для музея клык мамонта и таблицу, доказывающую, что и на верхней Волге Homo sapiens тоже произошел от обезьяны и медленно, но

450

верно подымался до высшей формы советского человека. Все шло хорошо, Никольский наслаждался исполнением своей давней мечты, но тут приезжие из областного центра люди, а за ними и местные любители старины стали слишком умильно поглядывать на камешки, которыми были усеяны оклады икон, ризы, архиерейские посохи и кресты. Они и так, и эдак подъезжали к Никольскому, но он был неумолим. И тогда вспомнили с ужасом, как можно было держать на столь ответственном месте какого-то шаромыжника. Никольского немедленно перевели на грошовую пенсию, а поскольку от огорчения его хватил удар и он стал почти беспомощен, определили в местную богадельню, где он быстро истлел. Замену ему нашли без труда. Охрану одного из предприятий местной промышленности возглавляла энергичная крепкотелая женщина с немалым партийным стажем. Бдительность ее не вызывала сомнений, такой можно доверить любой объект. Тем более что к этому времени успел вернуться после недолгой отсидки за мелкое мошенничество ее тоже энергичный муж. Его быстро восстановили в партии и назначили к ней экскурсоводом. Калининский музей, сыгравший немалую роль в падении проходимца Никольского, получил кое-какие экспонаты в благодарность, чем-то успело попользоваться местное начальство, но немногим, ибо бдительная чета первым делом повыковыривала все камешки из окладов, крестов и риз, ссыпала в берестяной туесок и закопала в надежном месте. После этого они бодро принялись распродавать остальные экспонаты: церковные книги — любителям, светские — в московские букинистические магазины, раритеты — разным коллекционерам (тут, кстати, и Солоухин прислал письмишко с назначением Анны Сергеевны его калязинским «эмиссаром». «Надо спасать народное достояние»,— писал что-то пронюхавший мошенник). Дошло до того, что кроме цепов, веялки, жернова и неподъемного мамонтова клыка осталась лишь таблица, изображающая, как питекантроп выпрямился в советского человека. Впрочем, нет, оставалось еще огромное, тяжелое, изумрудного цвета каменное яйцо. Но набравшая опыта чета понимала, что больно велика диковина, чтоб драгоценной быть. А вдруг она полудрагоценная? При такой величине, гладкости и красоте расцветки тоже может стоить немалых денег. Заведующая музеем смоталась в Москву, нашла бывалого человека, показала ему камень и предложила: если он урвет за него шестьсот рублей, то треть — ему. Бывалый человек, конечно, не поверил, что булыжник чего-нибудь стоит, но, потрясенный размером вознаграждения, взялся его оценить. Он легко нашел частника ювелира и, смущенно посмеиваясь, положил перед ним камень. Тот посмотрел, на несколько мгновений потерял сознание, затем кинулся в соседнюю комнату и позвонил в КГБ. С дивной быстротой примчалось три глухие машины с вооруженными оперативниками. Камень оказался легендарным изумрудом из креста св. Филиппа, митрополита всея Руси, задушенного Малютой по приказу Грозного. Тщетно разыскивали царевы шиши крупнейший в мире изумруд, не переставали искать его и в последующие века, но он как в воду канул. И архимандрит взорванного собора, конечно, понятия не имел, что владеет бесценным сокровищем. История изумруда до сих пор не открылась, но он занял почетнейшее место в Кремлевском хранилище. Энергичная директриса калязинского музея получила тринадцать лет, ее муж — три года, ему снизили срок за то, что он «добровольно», когда жена уже сидела, вернул властям туесок с камешками, доверенное лицо — два года, ювелир — благодарность. Музей сейчас закрыт на переучет жернова, цепа, веялки и таблицы роста человеческого достоинства. Откроют его, видимо, не скоро. Едва ли найдется новый Никольский.

Мало того, что воруют все рядовые граждане, тут периодически снимают, сажают, выгоняют из партии начальников милиции, прокуроров, следователей. Рыба прогнила от головы до хвоста.

Но, странное дело, на мой вечер, несмотря на сеноуборочную, отсутствие афиш, неучастие «партийного актива» (в райкоме вечер считали несвоевременным в связи с горячей порой), пришло столько народа, что все комнаты старинного особняка, в котором расположилась библиотека, не могли вместить желающих. Люди устраивались на полу, на подоконниках, на лестницах, в дверях. Было человек полтораста — и непонятно, откуда они взялись. Приехали из Исакова в грязнейших сапогах Анатолий и предколхоза и трогательно гордились своим недавним гостем. Анна Сергеевна, рыдая, произнесла вступительное слово, было много очень толковых вопросов, не оставлявших сомнения, что собравшиеся меня читали и зашли сюда не погреться. Я был удивлен, растроган и говорил хорошо. В разгар представления явились Гиппиус с Верой. Я сразу понял, что он в чем-то не преуспел. В музее находился приезжий специалист из Калинина, что начисто исключило уединение, на которое Вера никогда бы и не пошла, и крайне усложнило присвоение малых ценностей, но не исключило, ибо разочарование не было полным.

Мы пообедали у нас в доме, забрали манатки и поехали к Вере. Нам надо было возвращаться в Москву через Кашин, ибо старая дорога на Загорск стала непроезжей. Вера приготовила кофе, Гиппиус метнул на стол бутылку коньяка и коробку «пьяной вишни», я понял, что боевые действия возобновляются. А Вере хотелось разговаривать, отводить душу, а не ублажать старого таракана. Она интересно рассказала о последнем визите в Кашин Соломенцева, тогда еще Председателя Совета Министров РСФСР. Это было уже после перемены власти. Он примчался проверить на месте готовность скота к зимовке. Поскольку проехать можно было лишь в один пригородный колхоз, туда со всего района свезли сено и прочие корма. Он посмотрел и остался очень доволен. Спросил: не хуже ли в других, недостижимых местах? Его заверили, что там еще лучше, и предложили по обычаю распарить душу в сауне с коньячком, шашлыками и прочими радостями. Почему-то в русском представлении сауна ассоциируется с «хитрым домиком», где гостя ублажают на всякий манер. Он строго отказался и прочел оторопевшему районному начальству мораль: о сауне забыть, это разложение. Но не удержался от соблазна «стрельнуть» лося без лицензии. На это его гражданского самосознания не хватило. Нельзя же сразу обрубить все канаты. Знатный ревизор уехал с очередной липой, а обобранные колхозы и совхозы никак не могли вернуть одолженные на время ревизии корма. Вера рассказывала и другие замечательные случаи кашинской щедриниады, а Гиппиус изнывал от скуки и плотских вожделений. Чтобы освободиться от меня, он выставил вторую бутылку коньяка, которую держал в глубочайшем секрете, но сам охмелел, развалился, нес какую-то околесицу, клевал носом. Потом он демонстративно разделся до грязнейших, обвислых трусов и улегся спать. Пришлось прекратить разговор и последовать его примеру, благо шел уже четвертый час.

Уехали мы рано утром. Гиппиус был вполне свеж и совершил лишь одну оплошность: желая записать Вере свой ленин-градский телефон, вытащил по ошибке из бокового кармана кожаной куртки плоскую пачку пятидесятирублевок — было там не меньше тысчонки, а он все время делал вид, что тратит последний рубль, да и то мой — сдачу с последней заправки.

Я почему-то не сказал, что жили мы в Калязине в доме той бедной молодой женщины, чей муж замерз в двух шагах от деревенского дома ее матери, где она перемогала трудную беременность. Они поженились всего полгода назад, и на буфете до сих пор стоят свадебные фотографии. Местных жителей потрясло лишь одно, что он был совершенно трезв и упал в снег от сердечного приступа. Пытался доползти до дома, но потерял сознание и замерз. Спохватились лишь через две недели. Молодая жена думала, что он в городе на работе, а тут были уверены, что он загулял дома. Никто не беспокоился, пока вдруг не обнаружили у околицы деревни полузанесенный снегом грузовик — он был шофером. Тогда стали искать и наткнулись на замерзшее, каменно-твердое тело.

Вдова раз приезжала покопаться в своем огороде. Она до сих пор не разродилась и живет у матери. На вид — девочка лет шестнадцати, и так странен острый, гусиной гузкой, животик. Молчалива, застенчива, с тихим детским голосом. В этой горестной истории странно соединилась древняя Русь с техническим прогрессом наших дней. В свою древнерусскую смерть парень прикатил на мазовском грузовике. Не распространяюсь обо всем этом, поскольку написал и опубликовал (!) рассказ «Колокольня».

Еще мы были в Угличе (туда пароходом, обратно поездом), но это чисто музейные впечатления. А Калязин и колокольня мне снятся, и я плачу во сне не облегчающими слезами.

5 сентября 1982 г.

Познакомились на приеме с Ирвингом Стоуном, автором книг о Гогене, Джеке Лондоне, о колонизации американского запада. Ему семьдесят девять, очень бодр, легок, незначителен. В мастерской Бориса Мессерера он разозлился, увидев граммофонный модерн и гринвич-виллиджевские претензии. Пулей выскочил оттуда с таким злым лицом, что стало ясно — это характер.

А то он казался немудреным уютным дедушкой. Впрочем, я как-то не представляю себе его литературного масштаба. Наверное, хуже Моруа, а и тот не гений.

А печаль все растет.

И вонь сгущается.

Раз началось тотальное улучшение литературы, значит, дело швах. Хуже, чем мы думаем. Будь хоть малейшая надежда, занимались бы совсем другим. А тут: задернем шторки, пустим музычку и будем думать, что мы едем. Но чтобы Кавалер Золотой звезды вновь стал любимым героем, надо посадить двадцать миллионов человек. Впрочем, ради святого дела литературы начальство ни перед чем не остановится.

На втором монинском семинаре был парень Рустам Галимов — татарин, бывший детдомовец, рабочий, опубликовавший в «Новом мире» два милых стихотворения. Но на семинаре он присутствовал в качестве прозаика, хотя лучшим у него оказалось стихотворение о первом крике младенца. Мне удалось протолкнуть его в «Сельскую молодежь». Галимов мне понравился: хорошее лицо, искренность, даже неотчетливая, сбивчивая речь была обаятельна. И вдруг, отчего-то испугавшись за него, я сказал: «Если вы не погибнете, то станете большим писателем». Это произвело на него удивительно сильное впечатление, он взволнованно просил меня сказать, что проглянул я в его судьбе. «Вы умеете предсказывать будущее», — смятенно твердил он. Никакие разубеждения не помогали. Самое удивительное — я оказался провидцем. После семинара он бурно пошел в ход: публикации в периодике, книга принята издательством «Молодая гвардия», СП дал ссуду, командировку, на работе предоставили творческий отпуск, дали квартиру. Затем все стало рушиться. Он сломал нос заведующему отделом поэзии «Дружбы народов» (тот непочтительно отозвался о Блоке), сам был зверски избит в милиции, долго болел, мучился головными болями, но, едва оправившись, набил морду редактору поэтического отдела «Сельской молодежи» (опять же по причинам литературным). Разгневанный Попцов не стал обращаться в милицию, он сделал хуже: выбросил из номера цикл галимовских рассказов и накапал в «Молодую гвардию». Издательство вместо отдельной книжки оставило бойца при «маленькой на троих». Эта книжка недавно вышла, но Рустам не дожил до ее появления: в десять дней сгорел от лейкемии. Болезнь ускорила неотвратимое: начисто лишенный инстинкта самосохранения, он был обречен. У меня остался его замечательный рассказ. В отличие от злосамолюбивого Кравченко, Рустам был мягок и нежен; алкоголь лишал его остатков самоконтроля — очертя голову он кидался в бой за свои идеалы.

Приезжал Андрон с молодой женщиной Гизеллой. Она замужем за внуком недавно умершего миллиардера Гетти. Этот внук — наркоман, полностью разрушившийся к двадцати шести годам. Сейчас он лежит, парализованный, почти слепой, в своем доме в Лос-Анджелесе, под присмотром медицинской сестры. А отец его, тоже наркоман, объявленный недееспособным, догнивает где-то в Англии. В свое время история похищения внука Гетти и Гизеллы (тогда еще невесты) наделала много шума. Дедушка-миллиардер согласился уплатить выкуп, лишь когда ему прислали ухо внука. По освобождении молодые люди поженились. Гизелла родила мальчика — наследника миллиардов Гетти. Тут она завязала с наркотиками, но муж ее не мог, да и не хотел остановиться. К ней сватался знаменитый соперник Рейгана, губернатор Калифорнии Браун, но дело почему-то не сладилось. Боясь киднеппинга, она отправила сына к родителям в Германию (ее папа был егерем Геринга). Она очарована Андроном, а он — тем наследством, которое ждет ее сына. Сегодня очарованные странники вместе с наследником обедали у нас на даче. Обращенные Андроном в вегетарианство, мать и сын жевали зелень, а сам проповедник сыроедения обжирался рябчиками с хрусткой картошечкой. Над нашим скромным столом витали тени Гетти, Брауна, Геринга, наркоманов, гангстеров, Гизеллиной золовки-сифилитички, пытающейся ее заразить, Михалкова-пера, Кончаловского, Сурикова, Рахманинова, соединившего нас с Андроном, разных мультимиллиардеров и мультимилиционеров. Было интересно, гнило и гадко, как на балу вампиров.

16 сентября 1982 г.

Произошло возвращение Мунира Бсису. Мы встретились в ЦДЛ, где я угощал обедом венгерских киношников. Он изменился до неузнаваемости. Теперь он похож на постаревшего, облезшего,

456

утратившего всякое обаяние Бельмондо. Он уже не элегантен, у него длинные нечистые спутанные волосы, погасшие глаза, кариозные зубы, серая кожа. Он только что из Бейрута. Впрочем, всегда считалось, что он прямо с переднего края. Он и был с переднего края очередной любовницы. В блудливо-пьяном полузабытьи слонялся он по Европе, весьма редко сворачивая к родному очагу, где старая жена и куча детей. Но сейчас все без обмана. И это доконало его. Конечно, все претензии были сняты, мы поцеловались, он вытер слезы. На другой день он приехал в сопровождении очень неглупого переводчика Сережи. Грустный, растроганный. Когда выпил, немного повеселел, стал чуть-чуть похож на прежнего Муина. Удивило, что он помнит мельчайшие подробности наших встреч и случайных людей, которые здесь болтались. Оказывается, эти обильно политые виски встречи немало значили в его душевной жизни. В нем, как ни странно, стало больше литературного тщеславия, прежде оно почти не ощущалось. Но это понятно. Тогда он захлебно пил «из чаши бытия», сейчас для внешней жизни почти не осталось сил. То, что не забрали бабы и алкоголь, прикончили бомбежки.

Громили Бейрут страшно. Но все старались сделать с воздуха, в рукопашную сыны Израиля не рвались. Я думал, в них больше фанатизма. Но они предпочитали вакуумные бомбы с непредсказуемым полетом. Им противостояли «катюши» и что-то более современное, но далеко не последнего фасона. Тяжкая и безнадежная история. Плохо, плохо живет мир. Сколько прошло мимо нас людей «из-за бугра», и в каждом какое-то неблагополучие. Плачущий Портер, раздавленные Брещинские, охуевший Мунир, несчастный Муин, печальнейший Мурад, издерганная Гетти, растерянный Клавель, лесбиянка на службе гомиков Гощило, жалчайший Маджуб, даже преуспевающий Стоун не оставил впечатления уверенности, силы...

17 сентября 1982 г.

Прочел пакостнейшую поэму Евтушенко «Мама и нейтронная бомба». Советские читатели встретили ее с чувством глубокого удовлетворения. Мама-киоскерша не любит нейтронную бомбу, она любит обычную водородную, родную, свою. Такого бесстыдства не позволял себе прежде даже этот пакостник. И никого не тошнит. Вкус и обоняние отшиблены начисто.

В чем дрянность книг типа бажановского «Рахманинова», расхваленного на все лады нашей печатью? Если верить таким книгам, то у великих людей не бывает ни трагедий, ни несчастий, ни ошибок, ни заблуждений, ни дурных поступков. И никакой вины у них быть не может. Даже то, что Рахманинов эмигрировал, поистине фантастическим вольтом преподносится как любовь к России, как высшее проявление патриотизма. Рахманинов, подобно Шаляпину, Алехину, Бунину, Гречанинову и иже с ними, испытывал нечеловеческие муки вдали от Родины, эмиграция обрекла его на бесплодие, но возникает естественный вопрос: почему же он не вернулся? Сразу прекратились бы все муки, фонтаном забило бы творчество, но в каком-то мазохистском ослеплении ни один из названных страдальцев не подумал вернуться. Наверное, Бажанов при всем своем угодничестве не допускал мысли, что Рахманинов мог бы вернуться в советскую Россию.

Вчера были в гостинице «Москва» на приеме, который устроила в честь своих бывших любовников Ляля Малхазова. Лазарь драматизировал событие, сказав, что она прощается с жизнью, пораженная той загадочной и роковой болезнью, которая в литературе прошлого века называлась «неизлечимым недугом». Слава Богу, это оказалось не так. Она приехала в Москву, богатая ашхабадская старуха, пожуировать жизнью со своими сыновьями и невесткой. Сняла роскошный номер-люкс, вернее, апартаменты, и закатила поистине царский банкет. Ей хотелось показаться во всем блеске и собственной семье, и нам, бывшим кавалерам. Она потребовала, чтобы мы тоже явились семейно. Поскольку собак и кошек в отель не пускают, мне сопутствовала одна Алла, но Лазарь прибыл сам-четвертый — жена, дочь, внук, кстати, прелестный мальчик. Старшего Лялиного сына зовут Юрий, и, как ни дико, имя ему дали в мою честь, о чем говорится открыто. Оказывается, покойный Лялин муж профессор Лабок, бежавший в Ашхабад из города Ленина в пору «врачей-отравителей», чудовищно ревновал Лялю ко мне, не позволял ей ездить в Москву и требовал, чтобы сыну дали какое угодно имя, но только не Юрий. Ляля была верной и преданной женой, но тут она стала насмерть. И врач-отравитель вынужден был смириться. За несколько месяцев до его смерти Ляля принесла ему второго сына. На смертном ложе он взял с Ляли слово, что она не увидится со мной, пока не женится второй сын. Ляля поторопилась его женить, едва он вышел за порог школы, и сразу ринулась в Москву. Надо же, какую страсть я внушил студентке-первокурснице в далеком 1946 году!

Помог коньяк. Когда семьсот пятьдесят граммов заплескались в желудке, я вспомнил, как мила и трогательна была юная Ляля, литр золотистой жидкости исторг из меня слезы, а там ярко вспыхнули все, какие ни на есть, огни эмоций. Но если отбросить в сторону дешевый юмор, то это поразительно: она через всю жизнь пронесла память о романе, длившемся один месяц. Это было тридцать шесть лет назад. Мы не встречались, не переписывались, но она покупала все мои книги, вырезала мои фотографии из журналов и газет, расспрашивала обо мне всех приезжавших из Москвы людей и все про меня знала. По-моему, это более невероятно, чем любовь Анны к Павлу («Терпение»). А напиши — скажут: романтические бредни, высмеют.

Серьезность и качественность этой встречи подтвердились тем, что Юра стал нашим постоянным гостем на даче, между нами возникла нежность. А потом и младший Саша тоже стал другом.

Характер Рахманинова и манера поведения — защитная скорлупа души — созданы нищетой и унизительной зависимостью, испытанными в юности, и критической травлей, прошедшей сквозь всю жизнь. Чайковского, хоть поздно, хоть на исходе, увенчала всемирная слава, Рахманинову-композитору не удалось добиться даже относительного признания. Оно пришло к нему лет через тридцать после смерти. Он был омраченным человеком. Многие думали, что чопорный, похоронный вид — поза пресыщенного успехом виртуоза, а то была вечная печаль непризнанности.

Что там ни говори, а история с Лемешевым дорогого стоит. Мог ли я думать, что моя очарованность им двинется в сторону чуть ли не отвращения? Скорее земля начнет крутиться в другую сторону, чем я изменюсь к Лемешеву. Ан нет!.. Вначале он как-то странно съёжился в своей трусливой дочери. Доносительская деятельность вдовы Кудрявцевой (писала в Госкомитет печати, чтобы мне запретили выступать о ее муже), подлое предательство ею человека, обнажившего шпагу за честь Лемешева, тоже не украсили Сергея Яковлевича. Двадцать с гаком лет прожил он с этой женщиной, последние годы — в рабском у нее подчинении,— это не говорит в его пользу. Кудрявцева — монстр. Со слезами на глазах в присутствии Казанцевой, Аллы, Грошевой, Тимофеевой и ее мужа она умоляла меня заступиться за Сергея Яковлевича, гнусно обхамленного Ансимовым. А сейчас она «осуждает» меня за грубый тон моего ответа этому подонку. Лемешистки объясняют ее выходки ревностью: мол, она дико обозлилась на мои похвалы Масленниковой. До чего ж тухлые гадости говорила она в мой адрес Гале, когда та позвонила ей но телефону, чтобы призвать к порядку! А кто вытащил Лемешева из забвения, почти сомкнувшего над ним свой черный свод? И я первый назвал его по телевизору и печатно «великим», Архипова повторила, а сейчас это стало постоянным эпитетом. Я написал о нем так, как не писали ни об одном певце, я вновь сосредоточил вокруг него не просто интерес, а страсти. Даже люди равнодушные обращают внимание, как часто зазвучал он по радио. А сколько пришло писем!.. Да что там говорить, Кудрявцева должна Богу за меня молиться, а она злобствует, шлет по начальству доносные письма, распускает грязные слухи.

13 октября 1982 г.

Я до конца расшифровал историю с Кудрявцевой. Ни при чем тут ее ревность к Масленниковой, она не кривила душой, когда в ответ на Галины упреки сказала с пренебрежительным удивлением: «Да плевать я на нее хотела!» Но она хорошо знала, куда бегал жаловаться Ансимов, какие могучие силы поднял против меня этот пролаза и мерзавец, и трусливое сердце сжалось страхом перед грядущими карами, которые могут задеть краем и покойного Лемешева, и ее — беспомощную вдову. Тем более что ее наставница, старуха Грошева, испугавшись за свой сборник, напустила полные штаны и выбросила мой материал. Ясно, что дело пошло всерьез. Надо было срочно отмежеваться от меня и от моих грязных, клеветнических писаний, что и было сделано. Она потребовала от Госкомитета по печати раз и навсегда запретить мне писать о Лемешеве, не пачкать его моим грязным языком.

Впрочем, и это еще не вся истина. Рассвирепела она окончательно после маленьких рассказов в «Неделе». Махровой мещанке показалось, что я **унижаю** Лемешева. Ведь то же самое показалось и доброй Собакиной. Советские люди начисто лишены чувства юмора и простого человеческого тепла, вот почему их шокируют мои рассказы об исторических личностях. Говорить о них положено только с колен, увязая языком в патоке и меде. Мои соотечественники куда страшнее, чем я способен их вообразить.

24 октября 1982 г.

Сколько читал по Рахманинову, а образ не высвечивался, хоть плачь! Даже у Шагинян с ее глубокомыслием, изысканной лексикой и правом на интимность — пустота. Каким рисуется в мемуарах Рахманинов? На людях — молчун, суровый от застенчивости, среди своих — неуемный весельчак, сплошное очарование, прелесть, прелесть, прелесть!... Но ничего очаровательного и прелестного я найти не мог, как ни старался. Веселость обнаруживалась лишь в назойливых, неостроумных прозвищах и глупых присказках в духе недалеких чеховских персонажей. Много старческого умиления над внучками, боязнь сколь-нибудь серьезных разговоров, педантизм и безоглядная погруженность в быт. Понятно, что серьезный и глубокий Метнер только руками разводил.

А вот у Свана (англичанин, теоретик музыки, друг Рахманинова) мелькнул значительный и умный человек. Одно рассуждение о крайней ограниченности творческой личности чего стоит! О зашоренности творца, о его безнадежном эгоцентризме. Как свободно и сильно работала мысль Рахманинова! А до чего точно, проницательно увидел он семью Льва Толстого и весь перепут семейных отношений. Подтвердилась моя догадка, что Толстой углядел на нем ненавистный отсвет Танеева, к которому душно ревновал Софью Андреевну, и потому сразу невзлюбил. Тут коренятся все злые глупости, какие он обрушил на Рахманинова, дело вовсе не в желудочных коликах, как думал Чехов. Все у Свана умно и живо, наконец-то открылось, что Рахманинов не только бренчал на рояле с утра до ночи, лечился, зевал,

461

дурно шутил и благотворительствовал, а напряженно размышлял, глубоко жил, имел отношение ко всему окружающему, в корень видел людей, что он был крупной личностью. Тошнотворно вечное обмазывание великих людей сладкими слюнями. Но бороться с этим невозможно. Как в Англии существует теневой кабинет оппозиции, так у нас негласно признан теневой кабинет из ушедших гениев. Глава — Пушкин, 1-й зам — Лев Толстой и т.д. Номенклатура, контингент, руками не трогать!..

ВЕНГРИЯ

31 октября 1982 г.

Встали в 4.30, выехали в аэропорт в 6.00, приехали в 7.00, за час двадцать до отлета, уже объявленного. После этого до 14.40 длилась пытка с откладыванием рейса. Почему мы не летели — непонятно. Венгерский самолет прилетел из Будапешта минута в минуту и так же точно вылетел в обратный рейс. У природы все-таки есть плохая погода, но только для «Аэрофлота». Около 14.00 возле нашего самолета началась какая-то вялая, неумелая возня. Под брюхом у него крутились подвыпившие слесаря-мальчишки, вроде жэковских умельцев, долго не могли найти ключ от багажника, все друг на друга орали, но добродушно, потому что дело-то пустяковое. Казалось, что мы не на берегу воздушного океана, а на станции почтового тракта пушкинских времен. Ладно, в конце концов вылетели и даже долетели.

Погода в Венгрии, конечно, была отличная, а не летели мы, потому что пассажиров было мало, неохота керосин тратить. И вот первое разочарование: мадам Кальман с сыном, дочерью и женой сына улетали через несколько минут после моего прибытия. Верушка Кальман, видать, была красива в молодости. Ей семьдесят один, но она стройна, сухощава, элегантна, подтяжка и прекрасная косметика держат лицо, движения женственны и даже кокетливы. Сыну Чарлзу 53 года, высокий, лысоватый, хорошо одетый; он композитор, сделал оперу по «Фабиану». Сюда они приезжали на премьеру «Марицы» и на «Кальмановские дни». Они видели «Чайковского», «Дерсу Узала», встретили меня с энтузиазмом, недостаточным все же для того, чтобы поставить рюмашку. В фильме про незабвенного Имре заинтересованы морально — не очень, но материально — весьма. Впрочем, они планировали какой-то междусобойчик, сорванный «Аэрофлотом».

Отель у меня отличный, не хуже «Хаммер-центра», а но номеру так и лучше, но цены сумасшедшие, роскошествовать не придется. В общем, надо сделать работу и не длить искусственно своего пребывания здесь. Все стало недоступно небогатому и нечиновному человеку. В чем, в чем, а в смысле цен социалистический мир почти не уступает миру наживы. Ладно, надо дело сделать, остальное не так важно. Грустно, что у меня тут никого нет, как, впрочем, и во всем остальном мире.

1 ноября 1982 г.

Утром пришли: режиссер Габор Колтай, редактор Катя и переводчица Ольга. Обсудили программу. Они принесли кучу материалов. Режиссер производит впечатление человека рассеянного, несобранного или же что-то не решившего. Редактор деловита, серьезна, точна. У переводчицы обострение язвы, она нервна и раздражительна. По завершении переговоров Ольга наивно пыталась пристроить меня к дешевой посольской столовой. Разумеется, столовая давным-давно закрылась. Нам объяснили, что поесть советскому гражданину можно в столовой при комендатуре, в трех-четырех километрах отсюда, «если пустит солдат». В этом было что-то опереточное. Пообедали в кафетерии самообслуживания. Я видел, как одноногий калека примерно моих лет, извинившись перед дамой и деликатно улыбаясь, втиснулся с костылями за соседний столик и стал доедать чью-то еду. Незабвенный Иван Денисович, подголадывая в лагере, считал последним делом вылизывать чужие миски и знал, что скорее умрет, чем пойдет на это. Неужто этого калеку так допекло, или еврейский бедняк менее брезглив и щепетилен?..

С плохим обедом в желудке прошелся по улице Вацци — местный вариант знаменитой римской улицы «Сладкой жизни»*. Венгерская сладкая жизнь не так уж сладка. Товара вроде бы много, а купить нечего. Разговоры о буме, о всяких чудесах несколько преувеличены. Есть еда, что для социалистической страны уже чудо, есть посредственные вещи местного производства, импорт почти отсутствует (исключение: часы, электрические бритвы, обувь, возможно, парфюмерия), построено два-три новых отеля, много ремонтируют. Есть кабаре и казино, но

---

* Via Veneto.

это, как и рестораны с их фантастическими ценами, — для фирмачей и «частного сектора», который не так уж мал. Служащим и рабочим сладкая жизнь не по карману. В искусстве и литературе свободы неизмеримо больше, чем у нас, широкая и правдивая информация позволяет населению знать, что происходит в мире. Им сообщают факты, а не отношение официальной идеологии к этим фактам. Люди жалуются на растущую дороговизну жизни — словом, до Эдема еще очень далеко. Но Кадар позволяет себе порой ходить без охраны.

Был на Дунае в том самом месте, где когда-то прощался с Элли. Ничего не дрогнуло, как ни провоцировал я «движение души». Могучий эгоизм старости шутя гасит сентиментальные потуги памяти оживить прошлое. Вечером в ванне поразился безобразности своего старого серого тела. Какой же я стал сволочью в физическом смысле!

2 ноября 1982 г.

Звонила Алла. Перед этим я с омерзением вспоминал, как растерял все деньги у станции метро, когда покупал билетную книжечку. Я патологически беспомощен в практическом мире, это что-то мозговое. Потом люди без конца возвращали мне сотни и тысячи. Ничего не пропало. Аллин звонок, как всегда, был счастьем. Вот все, что мне осталось. И странно — лишь в последний момент я вспомнил о Прошке.

Смотрел «Королеву чардаша» — плод совместного безумия Венгрии и ФРГ. Итальянское сопрано и какой-то немчик — в главных ролях. Режиссер бездарен умопомрачительно: ни темпа, ни легкости, ни изящества, ни юмора, и потом — азбучная истина — нельзя снимать оперетту на натуре. Это ничуть не оживляет оперетту, напротив, подчеркивает ее искусственность и условность и напрочь убивает природу. Потом смотрели очень хороший фильм Габора Колтая «Концерт» об ансамбле Иллеша. Ансамбль имел ошеломляющий успех, объездил всю Европу, записал множество пластинок и распался из-за распрей руководителя-ударника с главным солистом Сираиом Левентой. Сторону Левенты взял второй солист и автор многих песен Броди. Но чувствуется, что дело не только в этой распре, а в том, что ансамбль начал утрачивать связь с молодежной аудиторией. Он перестал угадывать, что нужно молодежи. А молодежи все остоебенело. Габор подходит к сути дела там, где звучат стихи Петефи, но последнего шага не делает, не может сделать. Но и на том спасибо. Ради такого парня стоит постараться. И хоть в первом варианте поиграть мозгой. И главное — найти форму, дающую возможность для фокусов и для слез.

3 ноября 1982 г.

Смотрел «Мраморного человека» и страшноватый мультфильм о г-не N, от первого ожидал большего, уж очень все не мускулисто сделано, бесконечные хождения, пустая трата фильмового времени и крайне наивное изображение сталинизма.

Делал покупки с Евой, потом пили кофе с вкуснейшим тортом в уютном кафе кальмановских времен. Почему моим жалким соотечественникам недоступна даже такая малость? Мои записки по своей содержательности начинают походить на дневники Ники Романова*. Нет только сообщений о подстреленных воронах.

Будапешт хорош, прекрасны старые деревья, полноводен Дунай, но все это мало волнует. Город не виноват, его старания нравиться разбиваются о мою старость. Я чувствую себя хорошо, лишь когда занят делом, работаю. Все остальное или пусто, или докучно. Мне бы хотелось сблизиться с Будапештом, ведь когда-то я его любил.

4 ноября 1982 г.

Меня увлекает работа над Кальманом. Интересно решать разные литературные задачи, если ты не пророк, как Достоевский и Л.Толстой, а свободный человек, вроде Чехова. Он почти вровень с ними, но не гнул выи перед идеей, был внутренне божественно свободен. Только он мог сказать совершенно невероятные для русских литературных титанов слова: вот бы еще водевиль написать хороший, тогда и помирать не страшно. Я цитирую по памяти, но за точность мысли ручаюсь. А ведь он уже написал «Мужиков», «В овраге», «Степь», но почему бы не потешить себя самого и добрых людей? Окружающие — венгры в первую голову — крайне неодобрительно относятся к моему намерению писать о Кальмане. «Вы же серьезный писа-

---

* Николая II.

тель!..» Они презирают Кальмана за популярность, общедоступность, за то, что он не озадачивает, как Барток или Кодай; раз он им понятен, значит, недорого стоит. Люди охотно развенчивают тех, кто приносит наибольшую радость: Верди, Чайковского, Кальмана, Дюма, Джека Лондона; в Америке стало модно оплевывать Хемингуэя, французы третируют Мопассана, в грош не ставят Анатоля Франса. И у нас на какое-то время развенчали Пушкина. Сальноволосые студенты орали, что он в подметки не годится «гражданственному» Некрасову. Этот список можно пополнить Рубинштейном, Рахманиновым. Особенно беспощадно судят музыкантов. Нет ничего грубее музыкальной критики. Может быть, причиной тому чувственный характер музыки, разнуздывающий страсти?..

5 ноября 1982 г.

Я немного напоминаю «склочного немчика» Эриха-Марию Заузе из «Золотого теленка», который все время требовал работы в липовой конторе «Геркулес», не желая удовлетворяться банкетами и пикниками в его честь и регулярно получаемым высоким жалованьем. Моя неуемная и противоестественная жажда дела смущает, тяготит и настораживает гостеприимных хозяев. Уж не провокация ли это?.. Они предлагают мне сменить отель на еще лучший, устраивают просмотр за просмотром, не знают, чем угостить, предлагают заманчивые путешествия. Режиссер скрылся от греха подальше. Остальные тоскуют, мучаются, но к делу лицом не поворачиваются. У меня такое впечатление, что и Кате порекомендовали: поменьше рвения. Тут привыкли, что мои соотечественники приезжают «пожуировать жизнью» и пошмонать по магазинам. Они проявляют живейший интерес к моим вааповским заботам, покупкам, чревоугодию и делают холодное лицо, как только речь заходит о Кальмане. К тому же они чего-то боятся. Дороговизны фильма, осложнений с наследниками, социологической скуки, которую советский автор непременно нагонит в сценарий? Да и вообще им не хочется сотрудничать с нами. Это тягомотно и невыгодно. Мне сказали в посольстве: венгры считают, что с русскими нельзя иметь дела. Они боятся получить «Кальман на целине» или «Кальман в борьбе за мир». Я всячески стараюсь дать им понять, что такого не будет, но они мне не верят.

Иду на прием в посольство. Напялил черный блайзер и понял, что опять чудовищно растолстел. Боже, а ведь я был худым и стройным. Но хотел бы я вернуть молодость? Нет. Пусть все катится к своему естественному концу.

6 ноября 1982 г.

Прием прошел на высшем уровне. Я познакомился с Яношем Кадаром и провел с ним беседу о Кальмане. У меня не создалось ощущения, что постановка фильма об авторе «Королевы чардаша» вызвала восторг у очень умного, приятно ироничного главы государства. Я сказал ему об этом. «Нет, отчего же... Но вообще вы не должны ждать, что венгерская интеллигенция сойдет с ума от счастья, увидев Кальмана на экране. У нас многие считают его венским композитором. Или эмигрантом».— «Но ведь это не так. Легар растворился в стихии венского вальса, а Кальман остался верен чардашу». — «Докажите это,— опять улыбнулся Кадар.— А равно и то, что у него не было пристрастия к людям с двойной фамилией». Я заверил, что именно в этом вижу свою цель. «И поменьше сахара»,— сказал Кадар. «Мы вернем Венгрии ее блудного сына,— совсем разошелся я, потому что все время прихлебывал из рюмки.— У вас станет на одного гения больше». Он засмеялся и развел руками. «Благословите нас на подвиг». — «Желаю удачи»,— сказал он чуточку суховато. По-моему, я ему надоел, к тому же он не привык к возражениям при всем своем хваленом демократизме. Наш посол прислушивался к разговору с мрачноватым видом, что-то ему не нравилось, разумеется, во мне. Кадар двинулся дальше и заключил в объятия своего старого друга Чухрая, который заранее со всем согласен.

Сегодня ездили в очаровательный маленький городок Сант-Андре. Здесь живет много художников, скульпторов, гебистов. Интересна посмертная выставка М.Корач. Обедали в старом ресторанчике.

7 ноября 1982 г.

Разговаривал с критиком Палом (фамилию запамятовал). Это как бы приобщение к первоисточникам, ибо он не только современник Кальмана, но видел его раз-другой в Вене. На полном серьезе он угощал меня байками из книги Верушки, которую я уже прочел.

А человек милый и трогательный — почему-то захотел перейти со мной на «ты». Ни одной собственной мысли не высказал, ни одним личным наблюдением не поделился по причине отсутствия таковых. Я сразу уверился, что и от других «специалистов» по Кальману ничего не узнаю. Они стесняются говорить о нем хорошо, ведь «Венгрия — страна Бартока, а не Кальмана». До чего омерзительны спесь и узость малых народов. Австрия, которая когда-то была великой державой, не стесняется быть страной Моцарта и Штрауса, а Франция — Дебюсси и Оффенбаха. Шостакович рвался к оперетте, но расшиб себе лоб и тогда понял, что Кальман — гений, и сказал об этом вслух. А здешние лилипуты открещиваются от своего гения — хотя до сих пор слушают его с удовольствием, — они слишком серьезная нация и не хотят, чтобы их заподозрили в пристрастии к «красоткам кабаре». Идет великое мировое оглупление. Идиоты не только у нас, они завладели миром.

Узнал о болезни Иры Донской. Рак, задушенный двадцать пять лет назад, вернулся. Это конец. Но прожила Ира эти годы так, будто над ней не висел дамоклов меч. Она была на редкость мужественным и радостным человеком. У нас была «озарная», как пишут самые гадкие из советских писателей, любовь во ВГИКе. Оказывается, Марк Донской умер два года назад, а я и не знал. Так и не передал ему привет от племянника Дончика из штата Техас. Мы встретились с этим юношей в Остине, в студенческом автобусе. О Марке теперь все хорошо, умиленно говорят, вдруг оказалось, что он был самобытным, остроумным, находчивым человеком, а при жизни его дружно считали сумасшедшим.

Ездил осматривать «кальмановский Будапешт», от которого сохранилось на удивление много. Заходил в гимназию, которую он кончал, внутри она напоминает елецкую гимназию Бунина и Пришвина. Был в консерватории, украшенной по фасаду, на уровне второго этажа бронзовым Листом. По венгерской традиции «жизненное пространство» Листа носит имя не то Мора Йокая, не то Ади. Зато в честь Листа названа улица, связанная с Аттилой Йожефом. Пили кофе в любимом ресторане молодого Кальмана, месте сборищ актеров, журналистов, музыкантов, писателей, художников; напротив сохранился дом, где некогда находилась газета, музыкальным обозревателем которой был Кальман. К сожалению, Королевский театр снесен, а «то место, где находился», мало волнует. Обедали в чудесном старом ресторане, возле зоопарка. Здесь царит старинный стиль: вкрадчивые и ловкие официанты, величественный метрдотель, закованный в пластрон и жесткий черный фрак, тихая цыганская музыка, за огромными окнами прекрасные желтые деревья.

Потом перечитывал некоторые куски из воспоминаний Верушки. Все-таки это страшная стерва. Но история ее развода с Кальманом, а точнее, возвращения — для меня темна. Что заставило ее вернуться? Любовь к детям, как она пытается изобразить? Что-то плохо верится. Жуткий характер ее нового мужа, которого она совсем не знала? Думаю, что последнее. К тому же она успела хапнуть его деньги, и он стал ей не нужен. Правда, Кальман заставил ее эти деньги вернуть, о чем она сама пишет с поразительным бесстыдством. Она вернулась к Кальману, вторично оформила с ним брак и на радостях купила фантастически дорогое манто из платиновой норки. Значит, Имрушка не был так уж беден. А что, если вся история с французом была чистой авантюрой с расчетом выудить у него деньги? И Верушка, и ее мамаша были настоящими хипесницами. Свое первое шантажное мероприятие Верушка осуществила в пятнадцать лет, о чем сама рассказывает с очаровательной наивностью. Все было проделано безукоризненно, но прогорела она на порядочности Кальмана, в которую, очевидно, не верила. Она была глупа, невежественна и неразвита, но житейски востра, хитра, беспредельно цинична и необычайно красива. Все это плюс тридцать лет возрастной разницы между нею и Кальманом делали ее хозяйкой положения. Старость его была горестной.

Смотрел два фильма: полумаразматический Бергмана «Змеиное яйцо» с Лив Ульман; впечатление такое, что фильм сделан из отбросов — идей, декораций, реквизита, актерской биржи; и едва ли не еще более глупый — местный «Синдбад», на котором интеллигентные венгры буквально помешаны. Режиссер фильма Кухарчик был так потрясен собственным творением, что покончил с собой, поскольку дальше идти ему было некуда. «Синдбад» — это путешествие не в пространстве, а по женским промежностям. Свою тусклую одиссею герой сдабривает обжорством. Все это должно изображать зловещее обаяние и опустошенность венгерской буржуазии кануна первой мировой войны. Феллини для самых бедных. Но снято красиво, к тому же оператор угостил зрителей рыжей пиздой своей жены и еще двумя в темных колерах — и на том спасибо.

Завершился день в кафе «Жербо» (частная антреприза), где жрал сладкую венгерскую галушку, запивая дивным кофе со взбитыми сливками. Стоило жить!..

10 ноября 1982 г.

Когда я начинаю сочинять, то чудовищно, мучительно возбуждаюсь. Это и раньше бывало, но не в столь резкой форме. Сейчас во мне прямо все дрожит. Я внутренне мечусь, да и физически не нахожу себе места.

Был в гостях у Маргариты Петровны, русской, советской гражданки, вышедшей замуж за работника венгерского КГБ, бывшей артистки Московского театра оперетты. Она пела на венгерской эстраде, а потом обзавелась маленьким ресторанчиком, где была и хозяйкой, и барменшей, и по вечерам певицей. Исполняла она советские песни и романсы. В то время как Маргарита **сеяла** разумное, доброе, вечное в душах посетителей ресторанчика, муж это разумное, доброе, вечное **сажал**, — каждый старательно трудился на своем участке.

Маргарита Петровна рассказала мне о своей героической деятельности в грозном 1956 году. Кругом стреляли, а она — за стойкой — неутомимо пела советские марши, и посетители вставали, такова была сила правды, помноженная на искусство. В заварушке виноват отчасти Матиас Ракоши, объяснила Маргарита Петровна. Он приказал вырубить плодовые сады, а землю запахать под виноградники. Доходы от виноделия должны были обеспечить скорейшее развитие тяжелой индустрии. Это вызвало недовольство, чем не преминули воспользоваться наши враги. В результате было побито много венгров, расстрелян крупнейший венгерский революционер Имре Надь, а торопыга Ракоши отправлен в Советский Союз на теплое пенсионное доживание. Словом, все кончилось хорошо, чему немало способствовали мужество и вокал Маргариты Петровны и, надо полагать, бдительность ее мужа. И в эти трудные минуты она сеяла, он сажал.

Ныне она передала ресторанчик другой энергичной даме, построила в Сант-Андре дачу от трудов своих и перебралась туда с удалившимся на покой мужем. Теперь она поет только для своих, а он сажает фруктовые деревья. Очарованный ею, я щедро пообещал ей роль Верушки Кальман. Непонятно, что я имел в виду: даже в семьдесят с хвостиком Верушка не достигла распада нашей мужественной соотечественницы. По-настоящему в этом доме мне понравился старик пудель, бравший в рот туфлю, как только раздавался звонок у входной двери.

11 ноября 1982 г.

Был в издательстве «Европа» у главного редактора с бегающим взглядом и какой-то жуликоватой повадкой. Не понравился он мне. И я себе не понравился. Не дал отпора его ерническому, плоскому шутливому тону. Он принял меня за «партайгеноссе», что определило неестественный, деланный тон встречи.

Сегодня мне сказали, что умер Жан Маре (потом оказалось, что это ошибка). Я вспомнил о вечере, проведенном с ним за одним столиком в ЦДЛ. И вдруг меня грустно удивило, что я в его памяти начисто не сохранился. Как неравноценны люди друг для друга. И самое странное, что память обо мне будет куда долговечнее, нежели память о нем. О киноактерах забывают чаще всего еще при их жизни. Богадельня — царство забвения — удел актеров, а не писателей.

Похоронный марш (Шопен. Соната № 2) в нашем стеклянном, прозрачном лифте, заменивший шубертовскую «Песнь», обнадежил душу догадкой о другой кончине. Тут оказалось без обмана*.

Смотрел картину Бергмана «Частности семейной жизни» с Ульман и Биби Андерсен. Отличная картина. Почти без событий, без сколь-нибудь серьезных коллизий, а как смотрится! Жаль, что диалоги на грани пошлости. Мысли порой не вовсе плохи, но выражены на собачьем языке. Как играет Ульман! Бред семейных отношений — ее стихия, и она развернулась вовсю. А еще смотрел картину Вайды. В художественном отношении опять не Бог весть что, но впечатляет. Мощно использована хроника.

---

* Умер Брежнев.

Смотрел фильм Золтана Фабри. «Сколько-то слов из неоконченного предложения». Профеллиненное насквозь зрелище. Где-то в середине картины Фабри начал обретать свое лицо, и в результате получилось. Звериное лицо пролетариата, органически неспособного сблизиться с интеллигенцией. От двух последних виденных мною картин остается до дна прозрачная истина: есть власть и те, кто под ней. А кому власть принадлежит, не играет ровным счетом никакой роли. Какая разница с этической точки зрения, на чьи плечи и головы опускается резиновая дубинка. Замечательно все же жить в пору крушения величайшей и, надо полагать, последней иллюзии.

Опять меня таскали в Сант-Андре — местный Версаль. Осматривал выставку 82-летнего ветерана венгерского изобразительного искусства. Был кусок мозаики: черные жутковатые женщины в тягостно-напряженных ракурсах — сильное впечатление. Остальное — провинциальный абстракционизм и ташизм. Сухо, холодно, жестко, неинтересно. Сам патриарх еще бодр и разгуливает по улицам Сант-Андре. Оказывается, мне его показывали в прошлый раз, но я, по обыкновению, не расслышал.

13 ноября 1982 г.

Мир наполнен браком. Сплошь бракованное искусство, бракованная литература, бракованные зрелища, бракованная политика, бракованные распоряжения власть имущих, их действия, их уход. Все фальшь, бред, грязь, ни в чем ни тени правды, но все сговорились считать грубые подделки подлинниками. Я смотрел по телевизору похоронную церемонию. И церковь, и Бога запутали в свои сатанинские игры. Господи, как же Ты допускаешь это? И никому не стыдно. Все хладнокровно делают свой бизнес: преемники, осиротевшая семья, приближенные, родня. Финал истории счастливца доконал меня. Нет возмездия, нет отмщения*...

Был у Андраша, отпустившего бороду и усы. Визит довольно унылый. Пример не благородной и не похвальной бедности. Они

---

* Похороны Брежнева.

с женой зарабатывают достаточно, чтобы не жить так нищенски. Видимо, патологически скупы. Он правоверен до рвоты. Что за этим — глупость или страх, я не знаю. Он многосторонне неодаренный человек: преподает, переводит, поет в хоре, фотографирует, коллекционирует книги и пластинки. Пролаза. Пытался выкинуть мою переводчицу из предстоящей мне поездки в Печ, чтобы съездить самому, да и дочку прихватить. Я с трудом отбился. В нем есть что-то жутковатое, опасное, как в персонажах венгерских фильмов, которыми меня сейчас потчуют. Он живет в огромном старом и мрачном доме с внутренними верандами — железными и гудящими под ногой; глубокий, как колодец, двор приглашает кинуться в него вниз головой. В квартире его почти нет мебели, но не от богемного артистизма, от скупости и бытовой бездарности. При этом он очень оснащенный человек, но вся оснастка — говно: телевизор со спичечную коробку, хриплый, тянущий звук проигрыватель и под стать ему магнитофон, допотопный фотоаппарат, щелкающий до вспышки, одноствольное, чуть ли не кремневое ружье, транзистор, ловящий лишь одну станцию, по которой передают материалы из утренних газет. Ужасно невесело и неуютно у него было. Обед из бульончика с рисом и кусочка плохо прожаренного мяса был под стать всему остальному. Я впервые увидел здесь ту водочную тару, которую в старой России называли «мерзавчиком»,— сто двадцать пять граммов.

Он меня расстроил и почему-то напугал, и мне мучительно захотелось, чтобы рядом была Алла.

15 ноября 1982 г.

Простудился. Зачем-то решил вымыть голову, но мужского зала в гостиничной парикмахерской не оказалось. Потащился на ул. Вацци. С плохо просушенной головой, весь в соплях, я по ошибке пошел не в ту сторону. Решив, что все пропало, стал шляться по магазинам, углубляя простуду, и в конце концов купил рубашку хаки с погончиками чересчур воинского вида. Напялив эту рубашку, пошел на прием к замминистра культуры по кино. В беседе высоких сторон принимал участие директор студии, четвертый по счету, а еще один, самый значительный, скрывается в санатории. Но меня просили не отчаиваться, перед отъездом он явится мне и всему студийному народу. Для чего меня вызвали, я так и не понял, разговора не получилось, мысль моих собеседников пребывала в глубоком сне. А я слишком плохо себя чувствовал, чтобы молоть вздор. Попили холодного черного кофе, сдобренного рюмкой омерзительной сливовицы, и разошлись.

Вечером ко мне в номер приперся племянник Кальмана, музыковед, не выносящий оперетту вообще и творчество своего дяди в частности. Ему досталось слишком мало от громадного кальмановского пирога, что усугубило его критическое отношение. В разговоре он был крайне осмотрителен, «ни в чем не признался», но ненависть к Верушке все-таки ему не удалось скрыть. В конце куцей и невразумительной беседы, не давшей мне ничего, он попросил пригласить его в Москву. «Как это по-кальмановски!» — вскричал по его уходе Габор.

16 ноября 1982 г.

Ездили в Шиофок. Поглядели на дом, где увидел свет Кальман, на скучные железнодорожные пути, открывавшиеся из окна детской его взору. Сходили в Рыбный музей, там выделено помещение под кальмановский мемориал. Директор музея, приятель Габора, рассказал, что он яростно сопротивлялся созданию этого мемориала. Но все его протесты не были приняты во внимание, сюда притащили рояль Кальмана, что-то из обстановки, фотографии, ноты, предметы домашнего обихода композитора и его семьи — словом, все, что вышвырнули из дома Кальмана, когда там открыли музыкальную школу его имени. Посещаемость музея, признался ненавистник Кальмана, увеличилась втрое. Старое барахло, которого касались руки Кальмана, оказалось неизмеримо интереснее людям, чем все ихтиологические чудеса.

В лифте все еще звучит Соната № 2 Шопена.

Смотрел фильм «Жаворонок» о некрасивой девушке — очень хорошо и страшно, а также плохие ученические короткометражки Габора. Работать с актером он явно не умеет.

17 ноября 1982 г.

Был с утра в Театральной библиотеке, где помещается и архив. Там меня доконала престарелая тетка Евы Габор своей назойливой любезностью и неуемным архивным рвением. О Кальмане ничего интересного и нового не нашел. Там, кстати, имеется и мое «дело», содержащее несколько рецензий на «Суджанских мадонн» и фотографию Н.Зорской в роли Арсеньевой. После этого с максимальной бестолковостью, хотя создать ее практически было не из чего, добрался до своего отеля, где так же бестолково, ни с того ни с сего, всучил чаевые уборщице, никогда не убиравшей у меня в номере.

Ходил с Евой Габор к портновó, после чего в «Жербо» объяснял ей, всегда опаздывающей, всегда торопящейся, но работающей крайне медленно, причуды моего стиля. Она переводит для книги «Дорожное происшествие».

Вечером был на чудовищной «Марице». Полное отсутствие голосов, актерского дарования, ритмики, «пластики и культуры». Бездарно на удивление и масса пошлейших новаций, которых не было у Кальмана. Но по-настоящему потрясла меня публика. Сплошь уроды. Карлики, дебилы, хромые, парализованные, один со слоновьей болезнью, другой с «паркинсоном», у каждого третьего искривлены члены, вывернуты бедра; рачьи глаза, головы, как котел, на крошечном тельце — казалось, тут разгулялись Босх и Брейгель, наводнив театр страшными видениями своего больного гения. Оказывается, спектакль продан инвалидному дому, нормальные, здоровые люди на него не ходят. В зеркале отразился еще один урод — брюхастый, низкорослый, на коротких ногах — я сам. Если б это можно было ввести в фильм! Как бы сработал прием Бергмана из «Волшебной флейты». Вот кто сегодня ходит в оперетту. Но Кальман в этом неповинен. Чудовищное либретто, чудовищный текст, бездарная режиссура, никудышные актеры.

18 ноября 1982 г.

Смотрел плохой фильм «Сиротка» по плохой повести Мора и какую-то муру Габора. Водили меня в красивейший концертный зал Будапешта (не понял, для чего), а потом кормили раблезианским ужином. Вечером на телевидении смотрел отличную передачу о Кальмане, после которой наш фильм совсем не нужен. Разговаривал с редактором и вроде бы одним из авторов передачи. Говорить гадости о Кальмане, видимо, считается тут хорошим тоном. Я сказал ему об этом. Он самолюбиво вспыхнул, но промолчал. А через несколько минут с елейным видом и будто бы вскользь сообщил, что, готовясь к встрече со мной, проглядел несколько моих рассказов, конечно, самых маленьких. Я ответил, что он напрасно пренебрег единственной, быть может, возможностью приобщиться к культуре. Расстались тепло.

19 ноября 1982 г.

Сегодня смотрел нашу старую, военных лет «Сильву», которую вынес на своих плечах и вознес гениальный Мартинсон. Но и без Мартинсона она куда корректнее и привлекательней немецкой продукции.

Встречался с Чарлзом Кальманом в вестибюле нашей гостиницы. Он был с женой — загадочной и, наверное, очень интересной в молодости женщиной. Сказать ему было нечего, но он томим желанием погреть руки у нашего кинодела. Едва ли он унаследовал талант отца, но его деловую хватку — несомненно. О мамаше не заикнулся, боится, как бы она не перебежала ему дорогу. Но Верушка свое возьмет, тут не может быть сомнений*. А я точно угадал ее суть. Известный (не мне) композитор Ф... Собольчи (почему-то венгерские имена легче запомнить, чем фамилии) рассказал, что она подговаривала либреттистов Кальмана морочить ему голову, пока она не отоспит с любовником на своей половине. Собольчи был знаком с Кальманом, говорит, что тот был начисто лишен обаяния, дьявольски скуп. Мольнар велел официанту завернуть подливку к сосискам, чтобы Кальман захватил с собой в Вену. К началу второй мировой войны начисто кончился как композитор.

Ни один человек, с которым я познакомился в Будапеште, не потянул выше троечки. Лучше других — режиссер Габор.

20 ноября 1982 г.

Ездили к актрисе, которая знала Кальмана. Она живет километрах в пятидесяти от Будапешта, название местечка забыл. Она худощава, стройна, легка, ни малейшего признака склероза. Доживает свой век в том же доме, в котором родилась. Три комнаты, обставленные добротной мебелью ее дедов. В средней

---

* Верушка отказалась от полагающихся ей денег, отдав их родне мужа.

476

комнате, довольно неопрятной в отличие от двух других, догнивает ее девяностолетний брат. Он пьяница, комната пропахла кислым вином, повсюду пустые и початые бутылки. Сестренка спровадила его из дома к нашему приезду.

Старушка хорошо и тепло рассказала о двух встречах с Кальманом, которого чтит, как Бога. Она играла большую часть жизни в Сегеде, ее муж был художественным руководителем театра. Погиб в гитлеровском лагере. Потом она играла в Будапеште, снималась в кино, а выйдя на пенсию, вернулась на родину под Кечкемет, где родился Золтан Кодай (в один день с Кальманом). Он всюду родился, всюду умер, всюду преподавал и ныне смотрит отовсюду своими косыми глазами на умном, значительном и даже красивом лице. Самый народный, самый глубокий, самый венгерский из всех венгерских композиторов, слушать которого невозможно, уж слишком высокохудожественно.

В Кечкемете обедали. Последнее случилось после неудачной попытки съесть домашний гуляш в ресторане частного ранчо — с лошадьми, бассейном, сауной, теннисными кортами, гостиницей и тренерами. Содержит этот рай для небогатых западных, в первую голову американских туристов супружеская пара: инженер и манекенщица. Они хорошо зарабатывали, ей перепадала конвертируемая валюта, копили, ужимали себя во всем и начали с малого: ресторанчика с национальной кухней и цыганской скрипкой. Иностранцы попались на это дело: заработки стали быстро возрастать, появилась сауна, потом бассейн, теннисный корт, а там и лошадки с тренерами-наездниками. Сейчас предприимчивая чета дает хороший доход государству и сама отдыхает на Лазурном берегу и ни в чем себе не отказывает. Конечно, это подделка: лошади старые, корты неухоженные, обслуживание нерасторопное, в сортирах для обслуги грязь, вонь, нет туалетной бумаги. Но небогатым американцам кажется, что они на ранчо Ньюкомба, Эмерсона или Лейвера.

21 ноября 1982 г.

Был в Музее изобразительного искусства. Что понравилось? Портрет дамы в зеленоватых тонах кисти Гойи, весь Эль Греко, портрет женщины, приписываемый Вермееру, Тинторетто — не из лучших, хороший Веронезе. Тронул Корреджо, а любимейший Брейгель здесь малоинтересен. Рафаэль Эстергази — мимо.

Музей довольно богатый, но лишенный акцентов; кроме названных вещей все какое-то проходное. Импрессионисты, как всегда, радуют, хотя по-настоящему хороши лишь бляди Лотрека и женщина в черной юбке Мане.

Вечером был у художницы Пирошки Санто и ее мужа поэта Иштвана Ваша. Она иллюстрировала «Одесские рассказы» Бабеля и Катулла — превосходно. Техника иллюстраций — обмакнутой в золото тонкой кисточкой по черному фону, движением почти непрерывным. Пишет маслом распятие Христа и совокупления, из этого строго очерченного круга выходит редко. Есть еще портреты знакомых в виде конских морд. Так изобразил себя однажды Пушкин, о чем ей неизвестно, но, может, и врет. Она играла в дерзость полупризнанного таланта, пыталась меня озадачить, что довольно трудно.

22 ноября 1982 г.

С утра смотрел «Мефисто», венгерский фильм по роману Клауса Манна, с немецкими и польскими артистами в главных ролях. Это история морального падения его зятя, мужа одной из сестер, оставшегося в гитлеровской Германии. Он был крупным актером, когда-то принадлежавшим к «Рот-Фронту», при Гитлере сделал первоклассную карьеру. Он вроде бы ни в чем не виноват, помогал попавшим в беду, даже скрывал в доме какого-то еврея, но оказался кругом виноват, ибо вся его жизнь была обманом свободного мира, мол, при нацистах может быть чистое искусство. Клаус Манн поднял одну из самых важных и больных тем. Превосходен немецкий актер, игравший Рейхсминистра (Геринга). Добродушие, искренность, ласковость, простота, очаровательная улыбка, и вдруг — чудовищный хам, кровавый убийца. Этот фильм получил «Оскара». У нас его почти никто не видел, хотя он был в прокате. Не до него было: шли «Женатый холостяк» и «Влюблен по собственному желанию» — две махровые пошлости. Клаус Манн писал свой роман всей силой чувства, он был влюблен в своего зятя. Но — редкий случай — фильм лучше романа.

Ходил на Вацци, где купил носки, ремень, рубашку. Платил за тридцатифоринтовую вещь 300 или даже 3000 форинтов, повергая в смятение жуликов продавцов. Они немели, балдели, затем, решив, что это чудовищная провокация, мчались за мной с паническими криками по улице, чтобы вернуть сдачу. Я не потерял ни форинта, но уверился в своей неполноценности. Выпил двойной вкусный кофе, дав на чай его двойную стоимость. У официантки зуб на зуб не попадал от страха, но она справилась с собой и сдачу не вернула.

А семейка Кальмана здорово всполошилась, в студию идут грозные телексы со всех концов Европы. За музыку — плати, за биографические сведения — плати, за короткое лицезрение старухи Верушки — плати, племянника в Москву вызывай. Так в сталинское время обкладывали налогом корову: за молоко, за мясо, за рога, копыта, шкуру, хвост и ресницы.

23 ноября 1982 г.

Был в журнале «Надвилаг», где меня принял главный редактор. После короткого и маловразумительного разговора он пригласил меня на обед в старый ресторан с лучшей в Будапеште кухней. Перед обедом я успел записать большую программу на радио, точнее, две: развернутое интервью и маленькое рождественское выступление. Обед был губительно изобилен: аперитив, коктейль из креветок, венгерская уха и огромное сборное блюдо — гусь, телятина, свинина, печенка и богатейший овощной гарнир. Все это заливалось эгерским белым, от десерта я отказался, но налег на камамбер и рокфор под эгерское красное. Завершилось пиршество кофе с коньяком и тремя бутылками старого «Токайского» — сухого, полусухого и сладковатого. Меня отвезли в номер, где я угостил главного редактора шампанским, после чего переоделся и отправился, на «Дон Жуана» в постановке Любимова.

Это было скверно, оформление же полуукрадено у Ханушкевича (Гамлет»), та же бессмысленная машинерия, но у польского режиссера в том был смысл, а здесь никакого. Плохие и претенциозные мизансцены мешали слушать музыку Моцарта, голоса убоги, в общем — брак.

24 ноября 1982 г.

Смотрел «Войну звезд» — говно. Но поставлено технически лихо. Смотрел на студии телевидения документальный фильм о поездке Ратони и венгерского телережиссера в Хабаровск. Здесь они сняли опереточный концерт с помощью местных сил, кстати, весьма и весьма неплохих. Ратони ведет передачу, он омерзителен, его правда в ногах. Когда он начинает кочевряжиться в роли Бонни, то понимаешь, почему он был партнером Сонни Хонти и Латабара. Он обложил меня, как волка, в Будапеште: алчет соавторства по сценарию. Габор предупредил, чтобы я держался от него подальше, пока это мне удается.

Получил ужасающий костюм у портного и хорошую пару летних брюк. Этот портной тоже был при Кальмане, и квартира его кальмановских времен, и газеты на палках, и старомодная вежливость, вмиг улетучившаяся, когда ему почудилось, будто я недоплатил.

Ужинал в своем отеле, на веранде; старик флейтист тихо и нежно играл Шуберта и Бизе. Было хорошо, но тут появился какой-то корреспондент, чтобы узнать, зачем я взялся за Кальмана. Можно подумать, что Кальман домушник или форточник, а не творец дивных мелодий. Объяснить им ничего нельзя, они едва ли не тупее моих соотечественников.

25 ноября 1982 г.

Смотрел «Казанову» Феллини — кривой и нелепый фильм с прекрасным Сазерлендом в главной роли, с неплохой общей задумкой: история человека, которого ебли, а не который еб, жалкая история неудачника, обладавшего в жизненной борьбе лишь одним реальным оружием — неутомимым хуем. Еще он умел в молодые годы втираться в доверие, но и тут нередко попадал впросак. В лучших фильмах Феллини не прощупывался костяк сценария, впечатление такое, что его вел материал, но импровизационность корректировалась необходимостью; жирный, скучный «Сатирикон» был аморфен и невообразимо гадок (похоже, Феллини не давали покоя грязные лавры педераста Пазолини); в «Казанове» есть хороший сценарный костяк, но решение большинства эпизодов лишено волевого творческого начала. То это неудачное подражание самому себе, то смрадному Пьеру-Паоло, то Висконти, находок удручающе мало, и то они скорее литературного, нежели кинематографического ряда. Пазолини был осатанелый педераст, это придавало его картинам густоту и плотность. Феллини — стыдливый импотент, играющий в страсть, оттого все так у него жидко, несоблазнительно и натужно. Но никто не осмеливается сказать этого вслух.

Ольга перевела статью Кальмана. Он писал точно, серьезно, с превосходным знанием дела, отличным языком. Это был очень толковый, всегда знающий свою цель человек и талантливый во всем, за что ни брался.

Уже вечером давал в течение четырех часов интервью корреспондентке венгерской «Литературной газеты», сделавшей себе имя на том, что она последняя разговаривала с Трифоновым, которого здесь весьма чтят.

26 ноября 1982 г.

Сегодня был тяжелый день. Около двух часов записывался для телевидения — в Доме советской культуры. Там был стенд с большущей фотографией Симонова, я попросил его убрать. Пили кофе в старом кафе кальмановских лет и беседовали с журналистом Н. Очень самоуверенно и развязно он начал с набивших оскомину гадостей в адрес Кальмана: не смог писать симфонии, с горя стал лепить (гениальные) оперетты. Попросту деньги зашибать, потому что скупердяй был и хапуга. В белой ярости я сказал: а что бы вам так — написать «Сильву», «Баядеру», «Марицу», «Принцессу цирка», да хоть бы танго «Образ один, былое видение», разом поправили бы свои дела. Чем жевать сухой журналистский хлеб, размахнулись бы «Цыганом премьером» — и сразу бы домик в Сант-Андре. «Я не музыкант», — пробормотал он. «Ну да, вы пишущий человек. Так пишите фельетоны, они в Венгрии прекрасно оплачиваются». Он скис и начал нести те общеизвестные банальности, которые я знал уже на другой день по приезде. Журналисты, как и киношники, поразительно неосведомленные люди.

Потом был прощальный визит в дирекцию студии, где выяснилось, что Верушка Кальман через фирму затребовала 20 тысяч фунтов стерлингов за право использования музыки. А у студии есть только два фунта... ореховой халвы. Почему нельзя было раньше запросить фирму, представляющую интересы семьи Кальман? По-моему, с этого следовало начинать весь сырбор. Так бы и поступил любой частный предприниматель, но ведь в нашем безответственном и несерьезном мире деньги не свои, дело не свое, заинтересованности никакой и ответственности тоже*.

Был в гостях у восьмидесятилетней артистки оперетты, получившей высокий орден к своему юбилею. Фамилию, к сожалению, забыл. Она бы стала знаменитостью, если б не давившая всех, как блох, талантливая и беспощадная Ханна Хонти. Даже сейчас видно, что она была очень хороша и соблазнительна. От нее веет ароматом — не затхлостью — старого театра; дом (квартира) велик, наряден, обставлен старой хорошей мебелью, много картин и фотографий на стенах, много цветов. Она показывала нам фотографии и программки с автографами Пуччини (поверить трудно), Бриттена, Бартока, Кодая. Первый муж был видным театральным деятелем, замучен фашистами в лагере, как и муж той провинциальной актрисы, у которой мы были раньше. Сейчас вышла его большая книга. Она хорошо говорила о мужчинах, с которыми была близка; все они дискретно существуют в ее большой квартире, не мешая друг другу. Она чувствует порой их прикосновение к волосам, рукам, плечам и оттого не одинока. Тут не было никакой рисовки, она говорила искренне и серьезно. Пишет, не торопясь, мемуары, уверена, что успеет их закончить, прежде чем ее призовет Господь, в которого, похоже, не очень верит. Она до сих пор стройна и пластична, чуть неуверенно, но изящно подавала на стол. На ней были туфли с высокими шпильками. Желая показать, что такое балетное опереточное па, именуемое «шесть часов», почти осуществила это смелое движение. На прощание мы расцеловались.

Вдруг придумал новый сценарий о Кальмане: «Господин Шлягер и его наследники» — остросатирический, гротескный. Импровизируя ночью в номере гостиницы, смеялся до боли в брюхе.

27 ноября 1982 г.

Посмотрел «Трехгрошовую оперу» Брехта в постановке Любимова. Это несравненно лучше, чем «Дон Жуан», хотя, в об-

---

* Сейчас я во все это не верю. Они просто хотели отделаться от постановки. Верушка не разжилась ни форинтом.

щем-то, ширпотреб. Всех безмерно радует, что актер обозначает разницу между Гитлером и Сталиным лишь формой усов. Это возмущает правоверного засранца Шопрони.

Хорошо все-таки было. Теперь-то уж видно, что хорошо. Может быть, чуть перегружено, но это уж я сам виноват. До театра меня возили по городу. Видел римские развалины, точнее, раскопки, погулял по острову Маргит — золотому и пустынному. Был на телерепетиции новогоднего концерта, видел вблизи живого Азнавура, но от знакомства воздержался. Ведь это знакомство в одну сторону. Любопытно, что на этом богатом концерте — там была еще восходящая звезда немецкой эстрады и знаменитые австрийские комики — лучше всего прошла музыка заплеванного Имрушки Кальмана. Весь столь презирающий его зал встрепенулся. Перешиб он и комиков, и прославленного Азнавура, не говоря уже о восходящей звезде.

Неожиданно ко мне явился Янош, директор Дома культуры, молодой человек, под тридцать, элегантный, очень современный и довольно привлекательный. Он пришел «за правдой». Как жить и не потерять совести в нынешнее изолгавшееся, насквозь проституированное время? «Вам это удалось!» — говорил он с болью. Я пытался уверить его, что мне это удалось лишь частично и то в силу моей профессии, позволяющей не входить в тесные контакты с современниками. Я всегда знал, что в моем стремлении сохранить лицо порядочного человека вопреки всему есть дурной соблазн для малых сих. Но на родине я, кажется, никого не сбил с толка, попался чистый венгерский мальчик. И как только сумел он проглянуть это мое намерение? В общем, мне было стыдно, хотя — старая блядь — я не дал ему этого почувствовать.

Ужинал в отеле с Яношем и Евой — они сохранили лицо милых, деликатных и каких-то бессильных людей. Под занавес меня разыскал настырный Шопрони. Между делом попытался зацапать весь перевод сценария. Я отвел его притязания. Он помог мне собраться, сделал это ловко, умело, но дурного впечатления о себе не исправил. Нет более верного способа вызвать во мне стойкую неприязнь, чем давить на меня.

28 ноября 1982 г.

Вот и настал последний день. Габор на проводы не явился. К чему бы это?..

Вернулся из Венгрии — «без славы и без злата»: пропал в аэропорту (?) чемодан со всеми материалами, которые я так серьезно и старательно собирал целый месяц. Пропало все белье, почти весь наличный запас штанов и рубах, подарок Алле, тысяча мелочей. Славный финиш! Да, еще пропали материалы по Рахманинову, которые я невесть зачем таскал с собой в Будапешт.

5 декабря 1982 г.

«Я опять одинок». Прибыл в Узкое, о котором столько слышал, но никогда не бывал, хотя без числа проезжал мимо и видел за деревьями, в таинственной глубине, золотые купола усадебной церкви.

Двухкомнатный люкс слегка отдает кошмарным Дороховом. Вторая комната — спальня — так же камероподобна, мрачна, голостенна, давяща. Холодно. «Истопники запили»,— и это в академическом санатории, излюбленном пристанище лучших и самых важных государству умов России.

В башке толкутся мысли о пропавшем в аэропорту чемодане со всеми материалами по Кальману, не восстановимыми в Москве, и с рахманиновской папкой. Черт дернул меня тащить ее в Венгрию, думал: будет свободное время — хоть немного двину вперед застопорившийся сценарий. А я ее и не открыл. Нужно все это преодолеть. Кальмановские материалы мне частично восстановят в Будапеште, план я заставлю себя вспомнить, книжку Мусатова достану в библиотеке; кое-что, конечно, не вернуть: записи разговоров с его современниками, выписки из газет, наброски сцен, но тут уж ничего не поделаешь. С Рахманиновым проще, хотя и докучнее, надо опять погрузиться в трехтомники и двухтомники неутомимой Апетян. А еще лучше — сразу сесть за сценарий, ведь поначалу он совпадает во многом с моим рассказом «Сирень». А там, глядишь, я разойдусь и буду лишь заглядывать в апетяновские тома.

Сейчас ушла от меня врачиха: молодящаяся старуха, с тихой, неотчетливой речью и неожиданной кокетливой улыбкой. Сумасшедшая.

Вчера на даче была жутковатая сцена. Проня* почти употре-

---

* Эрдельтерьер.

бил Людину мамашу, которая не только не противилась, но была явно горда успехом у такого породистого кавалера. Надо кончать с подобного рода сборищами, хотя бы из уважения к месту, где я работаю.

6 декабря 1982 г.

Кончается второй день моего пребывания в Узком. Все-таки на старости лет всякая перемена обстановки трудна: какая-то если не физическая, то душевная акклиматизация неизбежна. Мне опять не пишется. Но нашелся чемодан (он якобы наведался в Прагу), завтра Алла привезет мне материалы, и я начну вкалывать. Конечно, интерес к Рахманинову перегорел во мне, да и не нравится мне схема, разработанная совместно с Кончаловским, но я же профессионал и обязан что-то слепить. А там начнется Имрушка, а это меня греет.

Сижу в столовой за одним столиком с финансовым работником, бывшим заместителем министра, а ныне профессором и членом-корреспондентом Академии. Вид у него, как говорили в старину, геморроидальный. Оказывается, государство доплачивает за мясо для населения какую-то баснословную сумму. Мне трудно в это поверить, ведь 90% населения вообще не ест мяса. Мы чуть было не вылетели из ООН за неуплату каких-то взносов. Вывернулись чудом. Оказывается, всякое наше финансовое кооперирование с иностранцами приносит нам чудовищные потери.

Читаю воспоминания об Олеше. Странное впечатление: все ходят вокруг да около, а ни человека, ни писателя не видно. Почему ушедших надо обмазывать патокой? В нем было много истинно прекрасного, чего не могли унизить ни вздорность, ни гонор, ни даже откровенная дешевка иных слов и жестов. Но все тщатся разодеть его, как рождественскую елку, и ничего не получается. Ни у Славина, ни у Никулина, ни у Шишовой, которая прямо из кожи лезет вон. Он выглядит у них пошловатым, а вот этого в Олеше начисто не было. Как ни странно, лишь один Лев Озеров сумел прикоснуться к его сути.

7 декабря 1982 г.

Как-то трудно вживаюсь я в местное необременительное бытие. Нашелся чемодан, чего еще желать? Живи да радуйся. А я чего-то сумрачен, скотина неблагодарная! Наверное, дело в старости, в сознании невозможности совершить неожиданный поступок, вырваться из той ячейки, куда меня насильно заложили. И мои слабенькие метания, больше внутренние, чем внешние, отсюда же. Когда нет настоящего упора в себе самом, ищешь его в чужих землях, в перемене мест, в поисках среды наибольшего благоприятствования. Отсюда мои санаторные скитания, броски в разные неважные города и веси. Но стоит мне куда-либо попасть, я начинаю с ума сходить по даче. А ведь дачи как средоточия покоя давно не стало: бесконечные, ненужные и большей частью отчетливо неприятные отечественные визитеры, ходоки из провинции, иноземные любители кавиара, обезумевший телефон, суета, дерганье. К этому прибавилась бешеная вражда собак, держащая в беспрерывном напряжении. А здесь тишина, бесшумно шаркающие академики, похожие на призраков, старинная мебель, прекрасные картины: голландцы и французы XVIII века, Кустодиев, Бакст, Остроумова-Лебедева, Головин, удивительно хороший Бялыницкий-Бируля, писавший обычно почти чистой сметаной. Здесь старый парк, каскад оттаявших нежданно прудов, бильярд с медалями, вышколенный ласковый персонал, разгрузочные дни и никакого телефона. Ну что — уговорил?..

8 декабря 1982 г.

Здесь с утра до вечера убирают, моют полы в коридорах, что-то передвигают, протирают, и все равно грязь. Много неопрятных нянечек, каких-то мужиков в ватниках и сапогах, которые лезут в столовую во время завтрака и обеда, омрачая изящество наших трапез и всего пребывания в бывшей вотчине Трубецких. Нет жесткой дисциплины 4-го управления. Но, видимо, академики предпочитают чуть липковатое, неопрятное тепло. А вообще-то я все придумал. Это чистое место, просто идет частичный ремонт, отсюда мужичье, бабы в грязных комбинезонах, ведра, отсюда и беспрерывное намывание полов, протирание окон, мебели.

Пишу «Рахманинова» точно по норме: пять страниц в день, и сам себе не верю. Отвык я от таких темпов. А тут — как в лучшие дни Салтыкова. Болдинская осень халтуры. Но халтура ли это? Ведь я испытываю какое-то волнение, порой до слез; я думаю о своих героях, даже гуляя; они мешают мне заснуть.

Халтура делается с ледяной душой, а я разогрет. И сильнее всего по-прежнему трогает меня «усадебный роман», столь противный Кончаловскому. Но ведь то был едва ли не единственный лирический вздох в холодной, обделенной любовью к женщине, слишком деловой жизни Рахманинова. Свою жену он никогда не любил, хотя ценил и уважал. Романа не было, сразу женитьба. Она-то его любила, но им двигал проницательный расчет художника, точно знающего, что ему нужно для плодотворной работы. Если он к кому-то поворачивался мягкой, незащищенной стороной, то это к сестре Наталии Александровны, с которой, наверное, жил. Но не исключено, что та была лесбиянка и с Рахманиновым ее связывала бескорыстная и преданная муж-ская дружба. Лодыженская — это обучение любви у взрослой женщины; Кошиц — безлюбая гастрольная связь с певичкой; трепет был лишь в юности — с Верочкой, и отсюда его лирическая нота. Легкую влюбленность он испытывал к старшей сестре Верочки — пышной Татуше, но, скорей всего, они сливались в его сознании. Надо обладать бездушием Михалкова-Кончаловского, чтобы плевать на сиреневые дни Рахманинова. Схема, навязанная им, искусственна и жестка, из нее выпадает мягкая материя — музыкант. Остаются социальные игры. Я должен делать, как чувствую, а там пусть кромсают, как хотят, если до этого вообще дойдет дело.

Приезжала Алла — усталая, заботливая и далекая. Последнее — что-то совсем новое в наших отношениях. Может, притупилось былое, острое, ножевое?..

9 декабря 1982 г.

Продолжаю писать, настроение повысилось, или, вернее, нервозность улеглась. Хожу гулять. Хороший парк, но, углубляясь в него, приближаешься к гнусному грохоту ясеневского шоссе; пошел в другую сторону — уперся в новостройку; кинулся прочь — и увидел знакомые очертания Профсоюзной улицы. Как-то забываешь, сидя в номере, что мы со всех сторон окружены Москвой, что мы — часть города. А когда вспоминаешь об этом, становится тошнехонько. Крепко я не люблю породивший меня город.

Дочитываю воспоминания об Олеше. Все из кожи лезут вон, пытаясь доказать, что он не лентяй и краснобай, а великий труженик. Но бездельник, прожектер, говорун и пьяница лезет из каждой сдобренной фальшью строки. А лучше всех написал о нем не Озеров, а убогий Рахтанов. Я и забыл, что существовал такой спортивный писатель — калека. Он что-то всерьез понял в Олеше, но его воспоминания явно обкорнаны. Грустное впечатление производят примеры стилистического блеска Юрия Карловича — «ветвь, полная цветов и листьев», — на которую все ссылаются, это ж просто безграмотно. И вдруг выяснилось, что он и сам это знал. Почему же никто к нему не прислушался? Танец Раздватриса «похож на кипящий суп» («Три толстяка»). По-моему, тут нет ничего гениального, вопреки утверждениям мемуаристов, но дальше идет просто безобразие: «Суп остановился» — это ж надо! Остается цыганская девочка, похожая на веник. Точно, хорошо, но у Жироду куда лучше встречается буквально в каждой строке. А Олеша мнил себя гением. Он считал, что «Зависть» — на века. Его уже нельзя читать (я говорю о «Зависти») прежде всего из-за абсолютно ложной, выдуманной проблемы. Это как «Инженеры Беломорстроя» у Я.С. — ни слова правды, заблуждение времени, жалкие, обреченные, искренние и тухлые интеллигентские попытки найти изюминку в железобетонном куличе диктатуры. Иное дело Платонов — этот сразу все понял и бил в яблочко. Но Платонов, похоже, Олешу не интересовал, он соперничал с ловким и насквозь фальшивым Катаевым. Впрочем, и Олеша не интересовал Платонова. Никогда, во время бесконечных ночных разговоров с Я.С., он не обмолвился о нем ни единым словом.

А как пошло выглядит злодейское время на страницах журнала «Для Вас»*. Какой-то всемирный нэп, а ведь уже затапливались бухенвальдские печи и колючая проволока окутала пол-России. И все же читать этот журнал мучительно: маленькая, гордая и счастливая своей самостоятельностью, своей бедной молодой государственностью страна так серьезно, мило и хорошо жила, не ведая ожидающего ее кошмара.

Любопытно: разразится невиданная катастрофа, погибнут страны, народы, бесконечные материальные ценности, а в далеком-далеком будущем люди будут жалеть о какой-то пропавшей странице рукописи, нам вовсе неведомой.

_____
* Журнал, выходивший в Латвии, когда она была самостоятельным государством.

Ездил выступать в Институт стали, но оказалось, что это общерайонное мероприятие Общества книголюбов. Зал вмещает 1500 человек, он был полон на 2/3, как мне и обещали, исходя из акустических свойств неудачно построенного помещения. Вечер прошел хорошо. Были подлые вопросы о «Терпении». Все-таки мне не понять озлобления, охватившего едва ли не добрую половину читателей. Я не скрыл от аудитории, что все люди, которых я люблю и уважаю, оказались «за» рассказ, а все, кого я не люблю и не уважаю,— «против». Зал был явно шокирован, но как-то рабски захлопал. А по окончании мне устроили буквально овацию, хотя я до конца сохранил малолюбезный тон. Раздал бесчисленные автографы. Потом смотрели «Позднюю встречу», которая всем понравилась. Мне же больше всего понравились песни Сергеевой. Странно, почему она так и не завоевала популярности, ну, хотя бы на уровне Визбора? До чего же таинственен секрет успеха! Ясно лишь одно — необходим привкус дешевки. Ведь Ахмадулина покорила аудиторию не стихами, действительно прекрасными, а ломаньем, лестью, игрой в беззащитность и незаземленность. И Женька, и Андрей, и покойный Саша, и Высоцкий. Любопытно, что несравненно превосходящий и Сашу, и Высоцкого Булат не достиг уровня их популярности, а нежная, странная Новелла Матвеева прошла и вовсе стороной. Песни Сергеевой удивительны, но они не вы-шли за пределы очень узенького круга. Так называемые простые люди — свиньи; порой — весьма умильные чушки, но все равно с сопливым пятачком, крошечными глазками, склонностью пожирать собственных детей, валяться в дерьме, а главное — без мозга и души.

Непонятно, как я все-таки держусь на плаву. Может быть, потому, что у меня много ширпотреба: детские рассказы, фильмы, телевыступления. Мои лучшие вещи — исторические — так и не стали известны. А вот чистопрудная слезница, останкинская трепотня, клуб кинопутешествий, «Председатель» дали мне популярность, для прозаика весьма редкую. Скучно чего-то!..

Я ждал Аллу не раньше пяти и ушел гулять. А вернувшись без четверти пять, увидел на столе в первой комнате яблоки, курагу и понял, что она приехала намного раньше. Расстроился. Прошел в спальню и увидел, что Алла спит в моей постели. Не знаю отчего, но я почувствовал к ней смертельную жалость. И сколько уже прошло времени с ее отъезда, а чувство это не проходит, засело, как кость в горле. Наверное, это не к ней жалость, а ко всему нашему, уходящему, ведь каждый мой день — потеря сил, здоровья, бодрости, желания, способности быть опорой другому человеку, веселости, хорошего настроения, бытовой легкости. Нам осталось без труда обозримое время быть вместе. А ночью мне приснился сон, как-то связанный с дневным переживанием. Впрочем, это нельзя назвать сном. Мне отчетливо и ясно представилось, что я проснулся и держу Аллину руку, крепко сжимая чуть пониже плеча. Она попыталась встать, но я помешал ей. Тут меня удивило, каким образом оказалась она рядом со мной. Значит, она отпустила машину и осталась на ночь? Но почему я не помню, как это произошло? Пока я раздумывал над этим, ее рука очень медленно, осторожно, словно не желая обидеть, выскальзывала из моих пальцев. Вдруг я резко поднялся и сел, свесив с кровати ноги. Никого не было. «Алла!» — позвал я, никто не отозвался. Здесь следует провал. Затем я ощущал себя спящим и очень тяжело дышащим. Я не знаю: то ли мне на самом деле трудно дышалось, то ли все это было сном. А может, это была попытка умереть во сне? О такой смерти все мечтают. Но я испытывал муку, и, наверное, все умирающие «тихо» во сне невыносимо мучаются. Что мы вообще об этом знаем?..

12 декабря 1982 г.

Ходил гулять. Опять испугался ревущего ясеневского шоссе. Странно, что это так сильно на меня действует. Побаливала нога.

Несимпатичный старикашка, все время висящий на коридорном телефоне, оказался приятнейшим человеком, академиком Косыгиным, автором более пятисот работ по геологии, главой величайшего в стране геологического комплекса. Он долго не мог взять в толк, кто я такой, когда нас знакомили. Потом сказал ошеломленно и словно с обидой: «Так это знаменитый писатель Юрий Нагибин? Какая досада, кабы знал, захватил бы книжки подписать». Потом мы с ним долго гуляли и очень интересно разговаривали о Дальнем Востоке, Сибири, геологии, Циолковском, Мичурине, Лысенко, пьянстве, истории Узкого, куда он начал ездить еще в двадцатые годы со своим отцом-профессором, современной литературе и семейной жизни. Все его мысли были интересны, и поражала откровенность, с которой он говорил о своем пьющем, никчемном сыне, о том, как у него, шестидесятисемилетнего, лопнул глаз, когда он слишком крепко стиснул грудастую проводницу в сибирском экспрессе.

Все время думаю об Олеше и силюсь понять, в чем неправда воспоминаний, хотя и у Рахтанова, и у Шкловского, и у Льва Озерова встречаются тонкие наблюдения, мысли. Наверное, беда в том, что мемуаристам хочется выстроить цельную картину его личности, при всех оговорках, что они на это не посягают. А в самом Олеше не было цельности, естественно, что он всячески сопротивляется превращению себя в монолит. Он был человеком с перебитым хребтом, весь в трещинах и пробоинах. С уязвленной гордостью, обманутым честолюбием, выродившимся в тщеславие. Отсюда каждодневные сидения в «Национале» в обществе подонков и дельцов, восхищавшихся каждым его словом. Считалось, что он невероятно требователен к себе, а он брался за любую халтуру. Другое дело, что она у него часто не получалась, а еще чаще, из-за пьянства и разложения, он не доводил ее до конца или терял почти законченную рукопись. Он был слабый человек с громадными амбициями, не очень большим, но оригинальным даром, в нем не было протяженности, как в Платонове, он навсегда остался таким же, как в своей первой книге «Три толстяка». Ни намека на движение, развитие, обновление. Всю жизнь играл словами, порой очень удачно. Сказал несколько точных и умных фраз. Многим кажется, что он загадка, а он скорее недоразумение.

Я видел сегодня за оградой нашего санатория отца с двумя девочками, все трое на лыжах. Жители новостроечного Ясенева, счастливая семья на воскресной прогулке. Я испытал настоящий ужас при виде них. Вот так живут на полном серьезе довольные жизнью миллионы людей, и ничего иного им не надо. И в положенный срок отойдут, не испытав даже секундного сомнения в том, что действительно жили. Под серым низким небом, среди серых безобразных домов, плохо одетые, набитые дурной пищей, вконец изолгавшиеся и ничуть не страдающие от ежедневной, ежечасной лжи (к детям это относится в той же мере, что и к родителям), гомозятся тупые роботы — удивительное творение системы, взявшейся осчастливить человечество и обернувшейся особой формой анабиоза, от которого нет пробуждения. Это мои читатели: отец записан в библиотеке на «Терпение», от которого его вырвет, девочки изучают в школе «Зимний дуб», а внеклассно читают «Рассказы о Гагарине». Стоило жить, работать стоило!

13 декабря 1982 г.

Работаю тяжело. Не увлекает меня это писание. Перегорел после двух срывов: первый — на многие годы, второй — всего лишь на месяцы, но эти месяцы стоили прежних лет. Вот в чем ужас нынешнего бардака — он убивает всякий энтузиазм, всякую увлеченность, а только так можно что-то сделать. Андрон сумел раззадорить меня прошлой зимой, но канитель, которую развел полудохлый Сизов, погасила занявшееся пламя. Редко работал я так холодно и безучастно. И все-таки надо довести дело до конца, хотя все кончится — чует мое сердце — на промежуточном финише.

Встретил на крыльце вернувшегося из города Косыгина. Он, вспомнив наш недавний разговор, счел почему-то нужным подтвердить свои прежние утверждения, что Циолковский — провинциальный мечтатель, а Мичурин — полная липа. Лысенко же — шизофреник. Прощаясь, он сказал, что по-прежнему любит дам.

14 декабря 1982 г.

Сегодня ездил с Аллой в Москву. Впечатление кромешное, и так хорошо было вернуться сюда, в бывшее гнездо Трубецких, ныне кукушкино гнездо. Москва в такую погоду страшна, как ад. Малолюдна, черна, облезла, безобразна, похожа на голую, гниющую заживо старуху — особенно в новостроечной части.

Алла — милая, родная, упрямая, скрытная и непробиваемая в своих решениях и представлениях.

А пишется все так же — без божества, без вдохновения. Все остыло. А ведь я плакал, рассказывая Заседателевым и подлинные, и придуманные подробности биографии Рахманинова. И так же будет с Кальманом, ибо системе органически противопоказан всякий энтузиазм.

15 декабря 1982 г.

Получил письмо от Кравченко. Его провалила приемная комиссия СП РСФСР. Как он пишет — со слов знакомого писателя,— из ненависти ко мне. Очень похоже. Я благословил его первую публикацию, устроил его на семинар, опубликовал Открытое письмо к нему в «Литературной учебе», его первая книжка вышла с моим предисловием, а вторую он наивно посвятил мне. Счет: 17 «против», 3 «за» — случай почти небывалый. Как и обычно, почти никто из членов комиссии его не читал, и такой дружный отпор! Конечно, били в меня, за что им ненавидеть жалкого рабочего парня из Кондопоги? Какая жестокость, какая низость — вот лицо сегодняшней литературы.

Получил хамоватое письмо от Молотилова. Я был уверен, что он быстро испортится, и особого огорчения не испытал. Другое письмо — от Заворотчевой. Она пишет, что в Тюмени сделали вид, будто никакой премии Ленинского комсомола она не получала. Это тоже характерная черта гнилого времени.

Массажистка рассказывала мне про отдыхающих. Из года в год сюда приезжал крупный математик, член-корреспондент Казарновский, получивший миллионное наследство из Америки. Он был эксгибиционист и без устали демонстрировал персоналу свой увядший член, а было ему под восемьдесят, так что зрелище не отличалось внушительностью. Он делал все от него зависящее, чтобы его застали голым посреди комнаты или в распахнутом халате. Когда он стал проделывать сходные трюки с престарелыми женами академиков, его перестали сюда пускать. Но через некоторое время сняли запрет. Он стал щупать нянечек, сестер, врачих, подавальщиц, но от демонстрации своей мужественности по мере сил удерживался. Администрация и коллеги сочли его достойным амнистии. Несмотря на богатство, одевался он нищенски: обтрепанные брюки, драные локти, худые ботинки. Это хорошо гармонировало с сальными волосами и серым немытым лицом. Он был уникумом не только в «сексе», как с удовольствием говорила массажистка, а во всем, за что брался: превосходно играл в шахматы, виртуозно на бильярде, танцевал, водил лихо машину, не-

493

смотря на глухоту, молниеносно решал кроссворды. Он ездил в Ясенево на танцплощадку, чтобы пощупать девок, но как-то в дождь свалился в кювет и охладел к танцам. На редкость начитанный, он помнил имена всех героев, все подробности сюжета, память у него была не только на цифры и ничуть не слабела с годами.

16 декабря 1982 г.

Приезжала Алла. Она проявила великую проницательность, сказав, что наш санаторий сродни богадельне. Отчасти так и есть: здесь постоянно живут без путевок, сдавая свою академическую пенсию, на всем готовом, под неусыпным наблюдением врачей и сестер два древних старца: академик Виноградов и член-корреспондент Машков (?). Первый не встает с постели, второй (при нем болтается фиктивная жена-полудурка, дочь его умершего друга) разок появился в коридоре в образе гоголев-ского мертвеца из «Страшной мести» — весь в прозелень и т.д. Жена его с утра до ночи гоняет чаи с персоналом, не вылезает из каптерки, но, говорят, завела однажды шашни с каким-то профессором. Похоже, что и академик Пейве примеривается к их образу жизни. Мне почему-то кажется, что Узкое кончит домом для престарелых. Тем более что рядом строится новый корпус. Все старожилы относятся к нему с ненавистью.

Вечером смотрел бредовый фильм «Взятие Рима» — лжеисторический. В этой галиматье не постеснялся сняться Орсон Уэллс. Впрочем, в мире никто ничего не стесняется, если пахнет деньгами.

17 декабря 1982 г.

Работал. Гулял. Дошел до Профсоюзной и опять обалдел, что я в Москве. Никак не могу к этому привыкнуть.

Сегодня вторично восстал из гроба старец Машков. Он появился в коридоре в черном до пят пальто, черной фетровой шляпе с огромными полями и калошах. Редкая, седая, с зеленцой борода струилась до пояса. На глазах дымчатые очки, издали кажущиеся яминами черепных глазниц. Он и не думал выходить на улицу, а оделся так основательно для коридорной прогулки. Общительный Косыгин в оленьих унтах бесстрашно вступил с ним в разговор.

Кончил 1-ю серию, начал 2-ю. Много и крепко гулял по неживописным окрестностям Узкого. Впервые пригляделся к церкви, чьи купола светили мне из глубины немосковского простора. В стену вделана очень свежая, хотя и полуторавековой давности, икона Божьей матери. Церковь странная, я такой никогда не видел: сквозь незнакомые формы проглядывает русское барокко. Она завершена постройкой в последний год XVIII века, когда Узким владели Голицыны. Потом я выяснил, что церковь построена в украинском стиле. С нее Наполеон наблюдал отход своих войск по роковой Калужской дороге.

Сегодня — субботник. Я спросил свою ненормальную врачиху, в чем ее участие. «У меня свободный день, а я приехала и измерила вам давление», — совершенно серьезно ответила она. Все шутовство, все несерьезно. «Тогда и меня следует считать участником субботника, — сказал я. — В неурочное время я дал измерить себе давление». Она минуты две размышляла над моим ответом, и проблеск сознания озарил омраченный мозг — она молодо, весело рассмеялась и ущипнула меня за локоть. «Хорошенький, глазки блестят. Небось тюбик триампура хватанул?»

Смотрел итальянский фильм «Мы так любили друг друга» с Нино Манфреди, Гасманом и Сандрелли. Режиссер Скола. Говно — необычайно сложно, изысканно сервированное. Потом играл на бильярде и, проигрывая, злился до темноты в глазах. Почему-то, когда я играл хорошо, то принимал проигрыши спокойно; сейчас, играя плохо, я бешусь от каждого поражения. А ведь все дело в том, что я плохо вижу шары и лузы. При этом случаются дни, когда зрение словно крепнет и появляется былая хлесткая кладка. Едва ли это связано с давлением. В «Русском поле», где у меня давление космонавта, я играю обычно хуже всего. А злость, несомненно, связана со склерозом. Я всегда ненавидел склеротическую злобу, и вот она постигла меня.

Прочел любопытные мемуары Хвощинской, дочери знаменитого некогда князя Голицына («Юрки Голицына»), сорванца, забияки, донжуана, героя Севастополя, камергера, друга Герцена, ссыльного, а главное, создателя и дирижера лучшего русского народного хора. О нем стоило бы написать.

19 декабря 1982 г.

Похоже, что дня и числа не было. Это воскресенье как-то сразу выпало из памяти. Точно знаю, что писал сценарий, гулял, разгружался и играл на бильярде. Но что-то еще было. Да, я дочитал книжку Гершензона о грибоедовской Москве. По-настоящему интересны лишь отрывки из превосходных писем Марии Ивановны Римской-Корсаковой, с которой Грибоедов списал своего Фамусова. Да, прообраз Фамусова — женщина. Бывает и наоборот: прототип прустовской Альбертины — его шофер и сожитель. Мария Ивановна, ничуть не догадываясь о том, была настоящим художником. Чего стоит хотя бы фраза о ее детях, которые «все из одной квартиры». Удивительные письма писала она в действующую армию своему непутевому и довольно противному сыну. Чудным, образным языком внушала она ему подлейшие правила лести, низкопоклонства, угодничества, без чего «не сделаешь кариер». Но образа грибоедовской Москвы у Гершензона не получилось; книжка какая-то вялая, безмускульная, словно ему было лень ее писать.

Ночью не мог заснуть и взялся за мемуары дочери старика Аксакова. Злобная баба, влюбленная в своего брата-рукоблуда Константина, омерзительная сектантка, ненавидящая «западника» Тургенева и льющая горючие слезы о подлеце Николае I, убийце Пушкина и Лермонтова.

20 декабря 1982 г.

Тут работает, а точнее сказать, бездельничает любопытный врач — единственный мужчина в медицинском персонале: толстый, с усами и подусниками, как у старых царских генералов. Он отлично играет на бильярде (особенно хорошо кладет в середину на тишайшем ударе, а это высший показатель класса), доводит партию до победы и... проигрывает. Я догадался: он боится стрессовых состояний у своих партнеров. Оказывается, эти старые грызуны-академики чудовищно амбициозны, тщеславны и мстительны. Поначалу он простодушно всех обыгрывал, и многие ученые мужи перестали с ним не то что разговаривать, а раскланиваться. Об этом мне сказала массажистка — мой главный информатор.

496

И что-то есть в Узком от тревожной атмосферы романов Агаты Кристи. Тут хорошо убивать. Для этого созданы все условия — двери не запираются изнутри, что крайне раздражает меня. Невидимки полутрупы, их безумные жены, странные, со сдвинутыми мозгами врачи, слишком долгие коленчатые коридоры, какие-то таинственные ходы и лазы, двусмысленный уют, вынашивающий злодеяние,— в этой теплой гнили непременно должно что-то случиться.

21 декабря 1982 г.

Дочитал мемуары Аксаковой, но так и не обнаружил ни ее хваленого ума, ни высоких душевных качеств. Злая, узкая баба, вся во власти идей и правил своего брата Константина, но без его души, горячности и жалкости. Душная штука — точка зрения. Равно — позиция, учение, вера. Насколько человек привлекательнее, шире и свободнее без них. Нужны доброта и неукоснительное следование нескольким заповедям: не убий, не укради, не донеси, помогай по мере сил людям в беде и верь, что жизнь и есть конечная цель. Ты будешь и сам в порядке, и не утомителен для окружающих. Наличие теории у Толстого мешает мне приблизиться к нему; Достоевский не был так зашорен, и уж подавно — Лесков, пока не впал в подражание Толстому. Как дивно свободен был Пушкин! Вот с кем никогда не тесно, не душно, до чего же раскрепощенная, вольная, безбрежная душа! Но в правилах человечности, чести, любви к свободе, ненависти к насилию Пушкин был менее тверд, чем Аксаковы в приверженности к вымышленной народности, правда, он не горлопанил о своих убеждениях, как Константин. Из всех Аксаковых самым свободным был глава рода Сергей Тимофеевич, в нем превалировал художник, причем художник Божьей милостью, а дети его лишь тужились в стихах и публицистике. Им без теории, без веры была бы полная хана — третьесортные литераторы, а так — место в истории, в литературе, почти бессмертие.

Лишь Толстому сошла с рук приверженность к «теории». Его спас громадный, ни с чем не сравнимый дар. Но когда он превращается в чистого мыслителя, то нисходит до уровня Владимира Соловьева, а может, на ступеньку ниже.

Не случайно я так боюсь самых коротких дней — 22—24 декабря; так мучительно жду, чтобы они скорее миновали. Я ужасно плохо себя чувствую в эти дни: мне грустно, горестно, сбивается дыхание, ноги болят и наливаются тяжестью, плохой, нервный сон с щемящими и уродливыми снами, тягостное пробуждение и ожидание чьей-то смерти.

Я впервые сосредоточился на своем ожидании этих дней, на своем дурном самочувствии и понял их взаимосвязь. Так что моя боязнь дней, когда зима переламывается на лето, имеет вполне реальную причину. Но есть ли этому медицинское объяснение?

Ездил к Мышему стричься. У Аллы, по обыкновению, болел и пучился живот. В столице мира нет кишечного промывания. Впрочем, для контингента оно наверняка есть, но мы не контингент.

У Мышема, как всегда, был кофе с коньяком. С отвычки я опьянел и начал трепаться. Аллу это раздражало, хотя она старалась не показывать вида, остальным было просто скучно. Мои обветшавшие истории и старомодные умозаключения никому не интересны. Я становлюсь мастодонтом. Но приспосабливаться к сегодняшнему времени я не умею. Лучше помалкивать и жить в своем мире.

Много работал. Не гулял. Дочитал Аксакову. Между строк проскальзывает, что Пушкина они тоже не любили. Духотища. Хорошо хоть старик был не таким. А славянофильство — куда большая гадость, чем я думал.

Вечером ко мне зашел Михаил Адольфович Стырикович, энергетик, действительный член Академии наук. Ему за восемьдесят, а память, как у юноши. Он помнит всех спортсменов за последние пятьдесят лет и всех киноартистов. Вдоволь наговорились о теннисе. Он и сам до сих пор дважды в неделю играет на закрытом корте «Динамо». Он дал мне журнал с очерком о новой чемпионке, беглой чешке Навратиловой. Я по фотографии решил: мужик, так и оказалось. У нее есть постоянная любовница и подруга баскетбольного роста, с лошадиным лицом. Навратилова выступает в двойном амплуа: в одном она являет активное, в другом пассивное начало. Любопытно, что на Западе этих вещей нисколько не стесняются. Знаменитая Билли-Джин Кинг сообщила в печати, что кончает с бисексуальностью и целиком переходит на мужчин. Навратилова не последовала ее примеру, она счастлива любовью с женщинами. Оказывается, это любовь пальцевая по преимуществу, к иным вариантам прибегают редко, в состоянии крайнего экстаза. Я вдруг всем своим существом ощутил, что это не моя действительность. Конечно, и в моей были и рукоблудие всех видов, и лесбос, но об этом помалкивали. Лучше или хуже нынешняя откровенность — не знаю, но это не мое.

25 декабря 1982 г.

Сегодня гулял куда легче, чем во все последнее время. День прибавился, и мое состояние сразу улучшилось.

Много и хватко работал, читал, играл на бильярде почти сносно. У меня новая соседка — чудовищно уродливая старуха, скрывающая свои года и делающая вид, что она еще хоть куда. Языковед, член-корреспондент Академии наук, из Ленинграда. Неглупа, болтлива, порой остроумна и невероятно хвастлива. Массажистка сообщила мне, что ученая дама никогда не была замужем и что это ее больное место. Гордится тем, что совершенно не знает советской литературы. По-моему, врет. Если уж она о «Змеелове» слышала, то, наверное, кое-что знает. «Универмаг» и «Змеелов» — бестселлеры.

Смотрел бездарнейшую картину «Мексиканец в Голливуде» с чудесными вставными эстрадными номерами. Сценарий до того плох и разболтан, что диву даешься. Что-что, а говно всюду умеют делать.

Заезжала по пути на дачу Яхонтова с толстой «молодогвардейкой», которую я знаю лет тридцать, но не помню по имени. Они захватят Аллу и поедут в Обнинск к умирающей Гнездиловой. Чуда не случилось, Ирине Михайловне остались считанные дни. Я надписал ей книгу. Бедная, бедная Ирина Михайловна! Она так гордилась всем: и характером, и внешностью, и привычками для счастливой семейной жизни, а ничего у нее не вышло, и вот теперь эта ранняя страшная смерть от рака позвоночника.

Алла нарядила для Яхонтовой елку, будет кормить их обедом; я почувствовал, что сухой, сдержанной, затаенной Зое Николаевне это приятно.

26 декабря 1982 г.

Работал. Разгружался. Играл на бильярде с переменным успехом. Дочитал книгу о Нелидовой. Какой неожиданно милый и трогательный образ! Оказывается, она даже не была близка с Павлом и очень дружила с императрицей, оказывая ей множество услуг. А в Павле была сломлена, исковеркана благодарная рыцарственная натура.

Заменившая ее стараниями интригана-брадобрея Кутайсова Лопухина была в том же роде, только мельче характером и куда глупее. Но Павла тянуло к хорошим, добрым девушкам. Нелидову не назовешь даже миловидной, Лопухина красива, но обе — добрые русские девушки, преданные и любящие. Нелидова была очень маленького роста, что льстило низкорослому Павлу. Рядом с ней он чувствовал себя большим и сильным и любил ей покровительствовать, исполнять все ее просьбы. Он предал Нелидову, когда ему сумели внушить, что она сильнее его и вертит им, как хочет.

В доброе старое время лицемерие было под стать нынешнему. Автор книги пишет о «преждевременной кончине Павла», будто не знает, что его удавили шарфом. Распоряжения Павла нарочно оглуплялись, чтобы вызвать к нему ненависть и презрение. Придворная дама нарушила этикет. «Намыльте ей голову!» — сердито приказывает Павел графу Палену. Тот велит принести таз с водой и прямо на ассамблее хладнокровно намыливает голову визжащей от ужаса даме. «Плохи разводы на деревянных частях», — замечает Павел полицмейстеру Архарову, имея в виду будки и шлагбаумы. Тот это прекрасно понимает, но велит разукрасить все деревянные дома, заборы, ставни, мосты черно-желто-красным государственным узором. Обыватели скрипят зубами от злости и честят императора на чем свет стоит. Позднее ту же самую методу применили к Хрущеву: сеяли кукурузу на Таймыре, сдавали в мясопоставку ишаков и т.п.

27 декабря 1982 г.

Прочел рассказ дочери Козловского в «Москве» — слащавая мерзость. И какой страшный журнал, под стать своему редактору — сентиментальному палачу.

Просматривал творения Екатерины II: бездарные назидательные комедии, фальшивые письма к разным знаменитым людям, насквозь лживые — к невестке, холодные — к сыну, а также — полемику с Новиковым. Хорошо кончилась эта литературная пря: крепостью и ссылкой царского оппонента, совсем в духе отличного наровчатовского рассказа «Диспут». С царями не спорят.

Листал «Портреты русских писателей» дореволюционного издания. О Лескове уже после его смерти не набрали и одной страницы, зато о Короленко написано едва ли не больше, чем о Льве Толстом, о Бунине — меньше, чем о Вербицкой. О Михайловском и Добролюбове больше, чем о Пушкине. Левое направление со времен Белинского всегда царило в русской литературе. Поэтому о Тютчеве набормотана какая-то легковесная чепуха, Фет чуть ли не изруган, а Минаев и Плещеев возвеличены. И тут мы не оригинальны. Все дурное переняли от старой России, не взяв ничего хорошего.

28 декабря 1982 г.

Кончил черновик сценария. Возни еще много, но самое мучительное осталось позади. Почему я не пляшу от радости? Едва ли хоть одну работу делал я с таким нежеланием, с таким внутренним протестом.

Ездил на прием в исландское посольство. Мое телеинтервью имело большой успех в Норвегии. Его называют острым. Об этом мне говорил не только норвежский, но и датский корреспондент. За моим столиком оказался бельгиец, много и любопытно рассуждавший о «новом курсе». Большой оптимист. Он, правда, умолчал, какими методами будет насаждаться добро.

Ночевал дома, где пока еще неуютно, поскольку продолжается суперперестройка ванной комнаты. Вымыты, но не натерты полы, не убран строительный мусор. Проня безмерно обаятелен. Я его так люблю, что все время мучаюсь страхом, как бы с ним чего не случилось. Прав был покойный Иосиф Виссарионович, что любви не место в жизни серьезного человека. От любви делаешься слабым. А бедный старый Митька упал в обморок, когда меня увидел.

Повесть «Поездка на острова» опять передвинули — на второе полугодие. Сами себя запугивают. А вещь как раз в жилу, но кому это докажешь, коли правит страх, а не разум.

В санаторий вернулся перед обедом и как-то не вписался в здешнюю жизнь, которую успел полюбить. Обязательно приеду сюда через год, а может, в ближайшее время выберусь, дней на десять, это просто, и не нужна курортная карта.

Сегодня был милый, хороший разговор с женой академика Цитовича. Она большая, грузная, но лицо славное, даже красивое и на редкость доброе. В восторге от «Терпения», говорила о нем со слезами, Стырикович подарил мне «Конец Казановы» Цветаевой — чудесный подарок.

30 декабря 1982 г.

Перечитывал, правил сценарий. Читал про С.Трубецкого, ректора Московского университета, брата владельца Узкого. Этот брат постоянно жил в богатейшем украинском имении и в Узкое даже не наведывался, передав его младшему брату. Философ В.Соловьев был близким другом Трубецкого, часто гостил у него и скончался в одночасье в помещении нынешней бильярдной.

Настроение смутное. Здешнюю жизнь я исчерпал до дна, но и на дачу не тянет. Отчасти из-за недоделанного ремонта, отчасти из-за того, что невыразимо тоскливо погружаться в однообразие привычной жизни с литературными неприятностями, одними и теми же неинтересными людьми, надоедными письмами, Аллиным недомоганием, которое меня удручает издали, а вблизи совсем добьет, с Митькиной злобой, хрупкостью Прониного существования, зависящего от калитки и проезжих машин.

Вонюче все и тускло. Милые Галя и Муся, но ведь нельзя

же жить их восторгами, вареной курицей с «рысью» и «Старым замком» и радостными сообщениями, что меня упомянули в «Дейли ньюс». Все остальное просто не стоит ни гроша. Здесь было хорошо, насколько вообще может быть хорошо в наше время.

31 декабря 1982 г.

Отъезд несколько смазал хорошее впечатление об Узком. Я, оказывается, должен был убраться накануне или до завтрака, но Алла уверила меня, что путевка по 31-е включительно. Началось с того, что появление мое в столовой вызвало панику, но все-таки меня накормили — без обычной любезности. Затем мне предложили очистить номер и перенести вещи в каптерку.

Потом началась какая-то мышиная возня. Врачиха, делавшая вид, что не узнает меня, директор, его заместитель, старшая сестра носились по коридорам, заглядывали в мой старый номер, пшебуршили, создавая тревожную атмосферу ЧП. У меня даже возникла мысль о насильственном выдворении из санатория. Тщетно названивал я Алле — ускорить присылку машины за мной было невозможно. Эту нездоровую атмосферу вокруг меня почувствовал лингвист-азербайджанец и предложил пройти к нему в номер. Он жил в «кошкином доме», в стороне от главного корпуса, охваченного паникой. Что-то тонковат оказался слой здешнего гостеприимства. Подумаешь, какое несча-стье, ну, задержался человек на час-полтора, есть из-за чего так суетиться. Но лучше бы я уехал вовремя...

Азербайджанский ученый рассказал хорошую историю об Алиеве. Команда «Нефтяник» играет из рук вон плохо, ей грозит переход в низшую лигу. Алиев вызвал к себе команду вместе с тренерами и два часа вправлял им мозги.

— Любит спорт? — спросил я.

— Нет.

— Любит футбол,— высказал предположение Косыгин.

— Нет.

— Любит команду,— догадался Стырикович.

— Нет. Любит поговорить.

— Ну а подействовала накачка? — спросил я.

— Они играли очередную игру с «Пахтакором». Тот тоже плохо выступает в этом году.

— Ну, и накостыляли ему?

— Нет. Проиграли четыре — ноль.

— Вот те раз? А чем тренер это объяснил?

— Сказал, что не повезло...

1983

КАЛУГА (январь 1983 г.)

Жизнь сделала еще виток, и я снова очутился в Калуге для участия в цикле вечеров. Тогда меня встречал культурный парень Заграничный (Евтушенко использовал его редкую фамилию в «Ягодных местах»), на этот раз в роли культуртрегера оказался отставник с рабьей повадкой, скрывающий хамскую полканью душу.

Любопытным оказалось посещение дома-музея Циолковского, куда я почему-то — и совершенно напрасно — раньше не заглядывал. Наверное, опасался, что потону в елее. Напрасный страх. Никакого елея и в помине нет, впечатление страшное и горестное. Нашим гидом был директор музея, внук Циолковского, журналист. Он сразу сказал главное: дед был страшный человек. Фанатик и деспот. И шизофреник — последнее я вытянул из него с великим трудом. Проговорившись в главном, он прямо-таки зафонтанировал разоблачениями. Старший и одареннейший из сыновей Циолковского покончил самоубийством (цианистый калий), потому что мучительно стыдился пустых, как он полагал, занятий отца, считал их бредом самоучки и провидел в чем-то схожем собственную судьбу. Еще один сын покончил с собой в шизофреническом припадке, а еще один как-то подозрительно «надорвался». Мужское поколение все оказалось нежизнеспособным. Одна из дочерей умерла в 24 года от чахотки, другие прожили бедную и тусклую жизнь. Свою бабку внук назвал «мученицей». Циолковский давал на содержание семьи ровно половину жалованья провинциального учителя, другую тратил на издание своих брошюр. Он считал, что все беды его жизни компенсируются пиром идей, без устали осенявших лобастую голову. И тут он едва ли ошибался. Он был гениальный утопист и, как все утописты, порой попадал в яблочко реальности. Глухой, с самодельными «слухарями» (жестяными рупорами, которые приставлял к уху), он страдал от непризнания, но ни разу не усомнился в себе.

Его станки, его жалкие подзорные трубы, его философские трактаты, его обсерватория на покатой крыше, особая лестница, дававшая 0,5 секунды экономии при спуске, его старый велосипед «Дукс» и коньки-нурмис, его работоспособность, поистине неукротимая, железный характер в быту, весь обстав с деревенской печью, роялем конца XVIII века, скудной мебелью — все это составные части или косвенные признаки великой личности. Он конструировал вполне реальные дирижабли, так вроде бы и не нашедшие применения, но научные провидения его были поистине невероятны. Как мелко, бытово изобразил его Евтушенко в своей повести, как бедно сыграл в скучной и бездарной картине Саввы Кулиша. Жалко, что трагическая судьба и непомерная личность сразу стали достоянием ничтожеств и халтурщиков.

Он все-таки дожил хотя бы до частичного признания (наград, чествований, газетных статей) — редкий случай в судьбе гениальных чудаков. Куда чаще слава осеняет неучей (Мичурин) или авантюристов (Лысенко). Жаль, что Циолковский так измазан сладкой слюной...

Были мы в Музее космонавтики, который после вашингтонского чудо-музея производит жалчайшее впечатление. Там имеются крошечные шары-кабины, в которых месяцами в неправдоподобной тесноте болтаются полуинтеллигентные люди, приземляющиеся прямо за стол «Голубого огонька». У меня создалось впечатление, что для производства этих кабин используются старые валенки. Там отовсюду торчал войлок, из которого валяют от века русские валушки.

Полкан таки обнаружил свою волчью суть в последний вечер, когда по его нераспорядительности наша экономистка едва не опоздала на выступление. Выручили ее и его мы с Геннадием. А потом он грубейшим образом набросился на меня и моего спутника, местного архитектора, у которого я пил чай. Он живет в том же доме, что и клуб. Мы пришли загодя, но Полкан, видать, не спустил паров. Я покрыл его отборным матом и уехал не попрощавшись.

Сегодня мне сказали, что в каком-то захолустном военном (?) госпитале, в полной заброшенности, умер Юра Казаков. Он давно болел, лежал в больнице, откуда был выписан досрочно «за нарушение лечебного режима», так это называется. Вернулся он на больничную койку, чтобы умереть. Вот и кончилось то, что начиналось рассказом «Некрасивая», который он прислал мне почтой. Я прочел, обалдел и дал ему срочную телеграмму с предложением встречи. В тот же вечер он появился в моей крохотной квартире на улице Фурманова, в доме, где некогда жила чуть не вся советская литература. Сейчас этот дом (историче-ский в своем роде) снесен, а на месте его пустота. Помню, он никак не мог успокоиться, что в нашем подъезде жил недолгое время Осип Мандельштам, а в соседнем — жил и умер Михаил Булгаков. С напечатанием «Некрасивой» ничего не вышло (рассказ появился, когда Юра уже стал известным писателем), а с другими рассказами Казакова мне повезло больше. Я был не только разносчиком его рассказов, но и первым «внутренним» рецензентом в «Советском писателе», и первым «наружным» (раз есть внутренний, должен быть и наружный) рецензентом на страницах «Дружбы народов». И не только первым, но и на долгое время единственным, кто его книгу похвалил. Критика с присущей ей «проницательностью» встретила Ю. Казакова в штыки.

Мы подружились, вместе ездили на охоту, где Юра всегда занимал лучшие места. Он даже пустил про меня шутку, что я люблю сидеть спиной к току. Впрочем, так однажды и было. В Оршанских Мхах разгильдяй егерь оборудовал только один шалаш. «С-старичок, — мило заикаясь, сказал Юра. — Ты ведь не охотился на тетеревов, а я мастак. Дай-кась, я сяду поудобней». Через день на утиной охоте нам опять пришлось довольствоваться одним скраднем. Юра сказал: «С-старичок, ты утей накололошматил будь здоров. А я впервые. Дай-кась мне шанс», — и сел «поудобнее», так что я опять оказался спиной к охоте.

Литературная судьба Юры, несмотря на критические разносы, а может, благодаря им сложилась счастливо: его сразу признали читатели — и у нас, и за рубежом. В ту пору критическая брань гарантировала признание. Мой друг не ведал периода ученичества, созревания, он пришел в литературу сложившимся писателем, с прекрасным языком, отточенным стилем и внятным привкусом Бунина. Влияние Бунина он изжил в своем блистательном «Северном дневнике» и поздних рассказах.

Он никогда не приспосабливался к «требованиям», моде, господствующим вкусам и даже не знал, что это такое. Правда, одно время вдруг принялся сочинять для «Мурзилки» правоверные детские рассказики, но чаще всего делал это так наивно неумело, что в редакции радостно смеялись, и он следом за другими. Слово было дано ему от Бога. И я не встречал в литературе более чистого человека. Как и Андрей Платонов, он знал лишь творчество, но понятия не имел, что такое «литературная жизнь». И она мстила за себя — издавали Ю.Казакова очень мало. Чтобы просуществовать, пришлось сесть за переводы, которые он делал легко и артистично. Появились деньги — он сам называл их «шальными», ибо они не были нажиты черным потом настоящего литературного труда. Он купил дачу в Абрамцеве, женился, родил сына. Но Казаков не был создан для тихих семейных радостей. Все, что составляет счастье бытового человека: семья, дом, машина, материальный достаток, — для Казакова было сублимацией какой-то иной, настоящей жизни. Он почти перестал «сочинять» и насмешливо называл свои рассказы «обветшавшими». Эти рассказы будут жить, пока жива литература.

Мы почти не виделись, но порой меня настигала душевность его нежданных грустных писем. Однажды мы случайно встретились в ЦДЛ. Ему попались мои рассказы о прошлом и, что случалось не часто, понравились. Он сказал мне удивленно и нежно: «Ты здорово придумал, старичок!.. Это выход. Ты молодец!» — и улыбался беззубым старушечьим ртом. Значит, он искал тему, искал точку приложения своей вовсе не иссякающей художнической силы.

Я стал шпынять его за молчание. Кротко улыбаясь, Юра сослался на статью в «Нашем современнике», где его отечески хвалили за то, что он не пишет уже семь лет. Убежден, что за Казакова можно было бороться, но его будто нарочно выдерживали в абрамцевской запойной тьме. Даже делегатом писательских съездов не избирали, делали вид, что его вовсе не существует.

Мне врезалось в сердце рассуждение одного хорошего писателя, искренне любившего Казакова: «Какое право мы имеем вмешиваться в его жизнь? Разве мало знать, что где-то в Абрам-цеве в полусгнившей даче сидит лысый очкарик, смотрит теле-визор, потягивает бормотуху из компотной банки и вдруг возьмет да и затеплит „Свечечку"».

Какая деликатность! Какая уютная картина! Да только све-чечка вскоре погасла...

Казалось, он сознательно шел к скорому концу. Он выгнал жену, без сожаления отдал ей сына, о котором так дивно писал, похоронил отца, ездившего по его поручениям на самодельном мопеде. С ним оставалась лишь слепая, полуневменяемая мать. Он еще успел напечатать пронзительный рассказ «Во сне ты горько плакал», его художественная сила не только не иссякла, но драгоценно налилась...

Ходил прощаться с Юрой. Он лежал в малом, непарадном зале. Желтые, не виданные мной на его лице усы хорошо гармо-нировали с песочным новым сертификатным костюмом, наде-тым, наверное, впервые. Он никогда так нарядно не выглядел. Народу было мало. Очень сердечно говорил о Юре как-то слу-чившийся в Москве Федор Абрамов. Назвал его классиком рус-ской литературы, которому равнодушно дали погибнуть. Знал ли Абрамов, что ему самому жить осталось чуть более полугода?

Не уходит из памяти Юрино спокойное, **довольное** лицо. Как же ему все надоело. Как устал он от самого себя.

ПОЗДНЯЯ ЗАПИСЬ (*в виде исключения сделал перенос*).

Мы упустили Юру дважды: раз — при жизни, другой раз — при смерти. Через несколько месяцев после его кончины я по-лучил письмо от неизвестной женщины. Она не захотела на-зваться. Сказала лишь, что была другом Ю. Казакова в последние годы его жизни. Она написала, что заброшенная дача Казакова подвергается разграблению. Являются неизвестные люди и уно-сят рукописи. Я немедленно сообщил об этом в «большой» Союз писателей. Ответ — теплейший — за подписью орг. секретаря Ю. Верченко не заставил себя ждать. Меня сердечно поблагода-рили за дружескую заботу о наследстве ушедшего писателя и заверили, что с дачей и рукописями все в порядке. Бдительная абрамцевская милиция их бережет — совсем по Маяковскому. И я, дурак, поверил.

Недавно «Смена» опубликовала ряд интересных материалов,

посвященных Юрию Казакову, и среди них удивительный, с элементами гофманианы или, вернее, кафканианы незаконченный рассказ «Пропасть». А в конце имеется такая приписка: «В этом месте рассказ, к сожалению, обрывается. Злоумышленники, забравшиеся в заколоченную на зиму дачу писателя, уничтожили бумаги в кабинете. Так были безвозвратно утрачены и последние страницы этого рассказа».

Что это за странные злоумышленники, которые уничтожают рукописи? И как забрались они в «заколоченную на зиму дачу», которую так бдительно охраняла местная милиция, а сверху доглядывал Союз писателей? Что за темная — из дурного детектива — история? И почему, наконец, никто не понес ответственности за этот акт вандализма и гнусную безответственность? Много вопросов и ни одного ответа.

Летом 1986 года мы с женой поехали в Абрамцево, где с трудом разыскали все так же заколоченную, теперь уже не на зиму, а на все сезоны, дачу посреди зеленого заросшего участка. В конторе поселка пусто, немногочисленные встречные старушки, истаивающие над детскими колясками, не знали, где находится милиция, а в соседнем абрамцевском музее Казакова едва могли вспомнить. Какое равнодушие к писателю по меньшей мере аксаковского толка!

Мрачная, заброшенная дача произвела гнетущее впечатление каких-то нераскрытых тайн.

УЗКОЕ

13 марта 1983 г.

Опять я в Узком. До этого заезжал к Асе Пистуновой. Только сейчас я понял, зачем так срочно ей потребовался. Она получила сигнал новой книги и между делом, исподволь готовила меня к написанию рецензии, что и произошло в свой час. Но поскольку она взялась написать предисловие к моему сборнику в «Роман-газете», дело было тонкое. «Кукушка хвалит петуха за то, что хвалит он кукушку» — этого следовало избежать. Поэтому заход шел из глубины старой дружбы, каких-то беспредметных жалоб, лирико-драматической фальши. Тогда я об этом не догадывался, но впечатление осталось мутное и скорее неприятное. Ася искренне хорошо ко мне относится, я ей за многое благодарен, и все же после каждой встречи с ней остается дурной осадок.

В Узком — божественная тишина и ощущение — обманчивое, — что здесь меня не достанут. Вспомнилось лесковское «воздухец кушать». Так я «кушал» эту тишину. Жалко, что тишина не осеняет больше дачу. Мы живем шумно — и в прямом, и в переносном смысле слова.

14 марта 1983 г.

Прочел замечательную рукопись Этингера о девяти похоронах, свидетелем которых он был. И стыдно стало писать про Имрушку. Полезно так вот, со всего размаху стукнуться самодовольной мордой о стену, залитую кровью. А то ведь и совсем в свинью превратишься. Среди этих похорон — есенинские, сталинские, шукшинские и, пожалуй, особенно сильно, — похороны Высоцкого в позорные дни Олимпиады, когда были растоптаны армейскими и милицейскими сапогами все принципы Кубертена.

То, что Этингер дал свою рукопись мне, совершенно незнакомому человеку, — огромный и многозначительный факт доверия.

15 марта 1983 г.

Сегодня закончил сценарий о Кальмане. Вместо ожидаемого облегчения дурное и раздраженное состояние. Давление?.. Вроде бы нет, хотя проверить не могу. Моя знакомая сумасшедшая старушка отсутствует, а если будет проверять другой врач, давление немедленно подскочит. Но я чувствую, что все в норме. Скорее всего, разозлил рассказ Аллы о том, как изуродовали в «Новом мире» «Болдинскую осень». Редакторша сказала, им «самим стыдно». Так зачем было корежить, почему не предоставить порчу цензуре? Так нет же, охота перед цензурой выслужиться, вот, мол, какие мы бдительные. А на цензуру — сегодняшнюю — все равно не угодишь. Так, кстати, и оказалось впоследствии: рассказ едва-едва отбили, выкинув еще кучу абзацев и фраз. А если б «Новый мир» не усердствовал в сокращениях, больше бы осталось.

Митька продолжает кидаться на Проню. Он или что-нибудь

ему повредит или сделает злобным. Пока что безмерная доброта Прони превозмогает Митькино ожесточение, но так вечно продолжаться не может. А до чего хочется иметь в доме по-настоящему доброе существо! Но хватит ли духу оплатить Пронину доброту уничтожением Митьки? Откупленный у злости такой ценой, противен станет Проня. А уж как гадки себе самим станем мы! Это безвыходная ситуация, такое случается в жизни куда чаще, чем мы думаем.

16 марта 1983 г.

В духе главного цензора Красовского: ночь благодарения св. Марии Египетской прошла хорошо. Но проснулся в состоянии злом и нервном. Не выходит из души обида на журнал, предавший мой рассказ. Но, пожалуй, еще хуже то, что кончилась работа. Для меня спасение только в работе, пусть плохой, пустой, ненужной, но в работе. Иначе такой мрак охватывает, хоть волком вой. Но у меня нет сейчас темы. Вернее, тема есть: князь Юрка Голицын, но я к ней не готов. Писать же в том ключе, который я недавно нашел, — занятие пустое, тогда уж лучше писать в стол. От такой вот, до конца честной и нереализуемой работы я, по правде говоря, отвык. Гулять я окончательно разлюбил, не только из-за ног и задницы, но уж больно безотрадные мысли лезут в голову посреди чуждой суете и фальши природы. У меня не осталось никаких иллюзий. Гадость всюду. Историческое чтение помогло понять, что русская жизнь извечно была замешана на беспощадной жестокости и приторной лжи в отношении властей.

17 марта 1983 г.

Вчера за мной заехал Андрон, и мы отправились на дачу. Он предупредил Аллу, что ничего, кроме гречневой каши, есть не будет, поскольку обожрался на отцовском банкете. Алла учла это и приготовила громадное блюдо рябчиков с жареной картошкой, кроме того, были овощи, обжаренная в сухарях капуста, мороженое и кофе. Да, и гречневая каша, к которой Андрон не притронулся. Он налег на рябчиков и сожрал не меньше восьми штук, в той же раблезианской манере разделался с овощами, капустой, мороженым, кофе, хорошо пил коньяк, но наотрез отказался от сушеной дыни, прочтя нам целую лекцию о несовместимости дыни с другими харчами. В обаянии ему не откажешь. И он, конечно, умен, довольно культурен, разогрет неустанной заинтересованностью в происходящем. Если б он не был Михалковым, я решил бы, что он не бытовой человек. Но поскольку он Михалков до мозга костей, этого быть не может, просто сейчас он глубоко запрятал бытовую алчность. Надо решать иные задачи.

Мы играли в диалоги, и он меня переговорил. Он неизмеримо лучше информирован, а в том, что лопочу я, много интеллигентского идеализма, что он мгновенно усек. Но было интересно, как в театре на умной и хорошо исполняемой пьесе. Горестно для меня отсутствие собеседников. Я вынужден разговаривать сам с собой, а это почти то же, что с самим собой заниматься любовью. Алла очень редко соглашается включить мозг. Когда она это делает, получается интересный и точный разговор, потому что Алла очень умна, но крайне умственно ленива. Аллин ум высшего качества, ибо он изнутри, из «брюха», а не с поверхности мозга. Но она не часто балует меня беседой. Остальные — просто идиоты. Или практические умники, что столь же скучно. Хорошее получилось застолье. Даже этому ледяному человеку не хотелось уезжать.

18 марта 1983 г.

Ездили в посольство смотреть картину. Забыл название. «Подружка»* или что-то в этом роде. Соль в том, что Дастин Хофман играет бабу. «Тетка Чарлея» на новый лад, но с феминистской идеей. Преобразившись в женщину, он понял, насколько женщина бесправна в капиталистическом обществе, за все ей приходится расплачиваться пиздой. Нам бы эти заботы! Скука смертная. Но американцы веселились, как дети, и одновременно сочувствовали идее. Мы сидели в ряд: Алла, я, Щедрин, Плисецкая, Мессерер, и ни один из нас не улыбнулся, и все мы дружно злились на хохочущих американцев. Картина уже представлена на «Оскара». Грустно, что людям даны безграничные возможности, а они лепят пирожки из говна. Но, видимо, это то, что нужно впавшему в маразм и ничтожество человечеству. От искусства решительно не хотят тревоги. Я это окончательно понял

---

* «Тутси» («Милашка»).

в Узком. Когда показывали серьезный и глубокий итальянский фильм «Оружие», зал почти опустел к середине картины, с затхлого егоровского фильма «Отцы и дети», кроме меня, ушло не более трех человек. И это академики! Мне вспомнилось селиновское: «Старые грызуны в пальто». Симпатичные в большинстве своем люди, но какие захудалые, душевно и умственно вялые! Конечно, есть исключения: один Этингер чего стоит, да и Стырикович и Косыгин — интересные личности. Но, скажем, своеобразие Мишустина или Черенкова — чисто бытового плана, к культуре никакого отношения не имеет. Когда говорят о своей профессии, всегда интересно, а за пределами этого — бытовизм и узость.

20 марта 1983 г.

Мой режиссер все более обрисовывается как Казанова-83. Он вовсе не фанатик кино, каким я его считал, а фанатик сладкой западной жизни. Ему все равно, как сделать свою судьбу — через кино, через бабу, через убийство. Ниточка семьи еще держит его, но, думаю, он скоро ее оборвет. Ставить Рахманинова он не будет, ну и Бог с ним. Зато было интересно.

Толя Миндлин переживает свои звездный час. Выходит его материал о сыне Антокольского. Дыхание тайного писателя ложится на стекла вечности. Я рад этому и рад, что помог его успеху. Хоть что-то получилось.

Чудесные документы в «Русской старине». Написанные невероятной чиновничьей вязью (какие головы надо было иметь, чтобы хоть что-нибудь понять!), они посвящены розыску двух чиновников 14-го класса: Пушкина и Коноплева, чтобы вручить им «решения по делу»; Пушкину, как я понял, о снятии полицейского надзора. С величайшим хладнокровием в бумагах без конца повторяется: «Пушкин и Коноплев... Коноплев и Пушкин». Вот она — Россия.

Хорош и документ, выданный отцу М.Ю.Лермонтова в подтверждение дворянства. Во-первых, он выдан на ЛЕРМАНТОВА, во-вторых, бьет все рекорды неграмотности. И самое замечательное, что подписали его предводитель тульского дворянства и еще четыре потомственных дворянина. А выдан документ для поступления Михаила Юрьевича в Московский университет.

514

Оказывается, место дуэли Лермонтова точно не установлено. Не до того, видать, было. То, что считается местом дуэли, высчитано профессором Висковатым на основании показаний бывшего крепостного мужика, отвозившего Лермонтова к месту поединка, но за давностью лет почти все запамятовавшего, и общих соображений: чтобы не видно было с дороги и т.п. Словом, и тут Россия недоглядела.

21 марта 1983 г.

В России обычно путают слово с делом и за первое взыскивают, как за второе. Это последняя мысль, осенившая меня в Узком, с тем и отбываю.

«РУССКОЕ ПОЛЕ»

4 апреля 1983 г.

Приехал в «Русское поле». Накануне встречал на даче день рождения. Были, как говорится, все свои, что не помешало мне надраться, как среди чужих. Поэтому впечатления первого дня были притушены. Холодноватой оказалась и встреча с «ребятами», не удосужившимися занять мне место за своим столиком. Я оказался в компании каких-то необычайно радушных, речистых, компанейских и темноватых типов. Оба отменные бильярдисты, преферансисты, шахматисты, галанты, выпивохи, трепачи и оба — особенно ведущий в паре — чем-то опасны. Мне с ними неуютно. Толстый круглолицый еврей из провинции попроще и посмирнее, его высокий, длиннолицый, довольно интересный русский напарник — проходимец и шкода высокой марки.

5 апреля 1983 г.

Второй день чисто животной жизни. Сейчас, в полночь, не могу вспомнить, чем был заполнен день. Дулся на бильярде. С евреем я еще могу играть, но долговязый несопоставим со мной по классу, это виртуоз. Играл с Горбуновым в пинг-понг — еще хуже, чем обычно. Вечером мои соседи подбили меня на преферанс. В последний момент длинный занялся бабами, даже не извинившись перед партнерами. Третьим оказался старый отставник, который все время подозревал меня в жульничестве. Я дал ему достойную отповедь, но, выведенный из себя, тут же совершил ошибку при записывании вистов, чем подтвердил его гнусные подозрения. Вечно со мной так. Сейчас играют по каким-то новым правилам, мне вовсе неизвестным. Из-за этого я, также сев на практически неуловленном мизере, продулся. Играли по маленькой, но для меня это не имеет значения, я не мог бы разозлиться сильнее, проиграй тысячу рублей. Как же я выдохся, ведь прежде я выигрывал во все игры, в которые играл.

Читаю «Русскую старину». Удивительно цельный народ для внешней беспорядочности, расхристанности, многоликости. Цельный и на редкость однообразный внутри себя: смесь раболепия с вечным беспокойством, что ближнему чуть лучше, чем тебе. И ничего не сдвинулось за века в его мутных глубинах. Все та же ленивая, непроспавшаяся, равнодушная ко всему на свете, рабски покорная и при этом вздорная пьянь.

Вечером испытал острое чувство счастья: Алла благополучно долетела в Минводы. Немного же осталось у меня: сорокавосьмилетняя больная женщина. Немало осталось у меня.

6 апреля 1983 г.

Животная жизнь продолжается. Все утро вожусь со своим старым недужным телом. Пошел гулять и угодил под дождь. В кровь стер ноги. Сыграл две-три партии на бильярде. По-моему, я стремительно превращаюсь в цензора Красовского; еще немного, и начну писать об «отправлениях» и снах. Впервые я не мучаюсь от своего безделья. Все-таки напряжение было велико в последние месяцы. Лишь бы эта обманчивая беспечность не обернулась раскаянием, острым недовольством собой, тоской. Даже в прошлом, бесплодном году я что-то записывал по Рахманинову.

7 апреля 1983 г.

Прошел сильный дождь, и синие лягушки, боясь промокнуть, спрятались в воду. Видел горностайчика. Он бесстрашно резвился на опушке леса, сразу за кюветом шоссе. Бегал, струился змейкой, залезал в дупло, выглядывал оттуда, зыркая глазками, но то ли не замечал меня, то ли пренебрегал этой опасностью, хмельно наслаждаясь весной.

516

Тут меня настиг В.В.Горбунов. В который раз поразился я неспособности советских людей слушать собеседника. Он не закрывает рта. Когда я пытаюсь что-то рассказать, его запертое на все замки лицо отдаляется, зримо истаивая. Область его точных знаний очень узка: история, замкнувшаяся на Ленине. Но тут я хоть получаю какую-то информацию, большей частью мне ненужную, все остальные его речи — «парки бабье лепетанье». Но у него есть больное место, и стоит кольнуть туда, как он сразу прекращает свой бормот. Надо спросить о недолеченном алкоголике-сыне, которого он мучительно любит. Он боится, избегает этой темы, но в силу какой-то внутренней порядочности считает своим долгом дать требуемую информацию, при этом никогда не врет. Его сын, наконец-то женившийся на женщине, с которой прожил много лет (она противилась оформлению брака из-за его пьянства и пошла на это лишь после того, как он провел курс лечения в стационарном отрезвителе), бросил работу клубного художника и стал грузчиком в мебельном магазине. Вновь пример того, что родители наказаны в своих детях. Он неплохо зарабатывает, левача, разумеется, и Горбунова это глубоко оскорбляет и печалит. Папа с утра отправляется в ИМЭЛ, склоняется над многомудрыми фолиантами, а сын тащит на хребтине через черный ход буфет из разрозненного за взятку гарнитура. Жену грузчика эта деятельность бывшего художника ничуть не смущает, она даже отнеслась снисходительно к недавно постигшему его срыву. Впрочем, чья профессия почетнее: отца или сына — еще вопрос.

Вечером меня поймал Кривицкий. Он далеко не глуп, наблюдателен, очень зол, не лишен литературной одаренности, но все эти качества заслонены непомерным тщеславием завзятого говоруна-остроумца. Тут в нем даже что-то наивное проскальзывает, почти жалкое. Прежде я ничего подобного в нем не замечал, завороженный своей юношеской памятью об умнице майоре, лучшем украшении «Красной звезды». Алла научила меня читать окружающих. Слепое неприятие мамой и Я.С. почти всех, кто появлялся на нашем пути, равно как и слепое приятие немногих и обычно наихудших, ничего не давало для понимания людей. Алла может ошибаться, если судит по первому впечатлению, по нерассужда-

517

ющему чувству, но стоит ей приглядеться к человеку, и она раскалывает его, как Щелкунчик — орех. Она чужда как самообмана, так и снисхождения. Для этого нужно немало мужества.

8 апреля 1983 г.

Сегодня опять попал под дождь. Болят ноги: от обуви, радикулита, массажа и плохого кровообращения. Хожу плохо, через силу и никогда уже не буду хорошо ходить. Утром был чудовищный туман с гарью — на соседней свалке (тут ей самое место) жгли старые покрышки.

Мало птиц, мало живности, главную весну я пропустил, она началась в двадцатых числах марта теплом, солнцем, синим небом.

Читаю роман австралийской писательницы, имя которой не в состоянии запомнить, «Поющие в терновнике». Отдает Томасом Вулфом — молчаливый брат Франк, без всякого сомнения; чем-то напоминает «Предательство Мери Драмм» и даже «Унесенных ветром», но есть и свое, порой романтичное до глупости, порой острое, проницательное, глубокое до изумления.

Растительная жизнь продолжается. И я не думаю приступать к «Юрке Голицыну». Колоритный образ князя-хормейстера не тревожит меня даже во время пустых одиноких прогулок. Такого еще не бывало. Похоже, что старость действительно существует.

9 апреля 1983 г.

Я оказался малопроницательным читателем. Роман Маккалоу — при всех издержках — произведение замечательное. Оно создано на редкость сильным чувством, верой в каждое свое слово и той наивностью, без которой нет настоящей веры. Только почему детей в западной литературе так часто тошнит? Началось это, по-моему, с Дос Пассоса, имевшего сильную власть едва ли не до второй мировой войны; на новых писателей он влияет через своих последователей и подражателей. У меня было нормальное тяжелое детство, но наблевал я впервые в юности с перепоя. На моих глазах лишь однажды вырвало знакомого мальчика, когда он вывихнул ногу. Может быть, это действительно присуще тонким «субтильным» западным детям?

518

Заметил за собой одну особенность: я бываю удивительно неловок, порой нелеп с людьми, которых не люблю, но скрываю это. В основе своей я человек точных движений, что воспитано во мне спортом и самолюбием, дома я крайне редко совершаю неуклюжие поступки. Но, Боже мой, что я творю среди тех людей, которых внутренне отвергаю! Даже иной раз оторопь берет. Сегодня, очутившись в лифте с группой отдыхающих, я десять раз нажимал кнопку второго этажа, на котором мы и сели в лифт. «Лифт перегружен!» — объявил я и, дав сойти какому-то человеку, снова надавил на кнопку с цифрой «два». «Лифт вышел из строя!» — сказал я глупо-торжествующим голосом. «Разрешите, я нажму»,— робко попросил один из отдыхающих. Я подвинулся, пожав плечами, он нажал, и мы поехали, кому куда надо. А в Дмитрове, поперхнувшись варенцом, я оплевал всех сидевших за столиком. Борис Можаев, который и без того меня терпеть не может, весь обед обтирал бумажными салфетками свой жалко-модный костюмишко. Сходным подвигом я отметил юбилейное торжество «Нашего современника». Надо призывать себя к «повышенной готовности», когда я оказываюсь в кругу гадов.

10 апреля 1983 г.

Прошел пустой воскресный день, холодный, но ясный.

Пошел гулять после обеда. На раннем закате солнце стало громадным розовым шаром, медленно покатившимся сквозь редняк в его прозрачные глуби.

Дочитал «Поющие в терновнике». Роман оказался о трех поколениях одной австралийской семьи, и третье поколение, казалось бы, наиболее близкое автору, получилось значительно слабее двух других. Действие переносится в Европу, которую автор знает поверхностно, более из книг, чем по собственному опыту, здесь все пошло из вторых рук. Художественной необходимости в третьей части не было, все нужное для того, чтобы свести концы с концами, можно было уложить в одну большую главу. Уметь вовремя остановиться — как это важно!

Все более удивляет меня Горбунов. Он чего-то крепко испугался и сейчас прикрывается мнимой глухотой, как Голова в «Ночи перед Рождеством». Это позволяет ему вести разговор, как он того хочет, т.е. избегая всех острых углов, обходя «больные» вопросы и отказавшись даже от робкого мышления. Его разговор — это поток стерильной информации, почерпнутой в отделе «Смесь» (или «Разное») в таких первоклассных органах печати, как «Вечерняя Москва», «Неделя», «Московская правда», «Работница», «В мире книг». К «Литературке» он охладел — слишком остро, из толстых журналов изредка ссылается на самый реакционный «Наш современник». Еще он пересказывал мне грязную рецензию на замечательную книгу Федорова, которого не принимает*.

11 апреля 1983 г.

Кривицкий с фальшиво сообщническим лицом сказал, что у нас общий враг. Мне по глухоте послышалось «друг», и я фальшиво умилился тому, что нас еще что-то связало в этом опасном мире. С большим трудом мы выяснили, что речь идет о подонке Кардине — назойливой платяной вше, куснувшей меня на этот раз в «Вопросах литературы». И там кто-то ненавидит меня, я давно догадывался об этом, но никак не могу взять в толк, кому и чем я досадил. Они постоянно делали вид, что меня не существует в литературе. Они никогда не обращались ко мне, кроме одного-единственного раза, и то это сделал по неведению сын моего приятеля Афанасия Салынского. Материал провалялся год, но настойчивый сын Афони все-таки его провернул. Я все это замечал, но почему-то думал, что к открытым враждебным действиям они все-таки не перейдут. Статья же Кардина, судя по всему (читать ее я не стал), некий рекорд хамства, выходящий за рамки литературы. И вторично он противопоставляет мне Распутина, что попросту неприлично. Жаль, что Распутин не кончал высших женских курсов, он должен был бы ответить прохвосту, что неприлично стравливать уважающих друг друга писателей. Ударили «Вопли» по «Терпению», что совершенно для них безопасно в связи с поднятой Кузнецовым травлей этого рассказа. Кстати, настойчивое примешивание Распутина к «расправе» со мной — холостой выстрел. Я очень люблю Распутина, считаю лучшим нашим писателем и до слез жалею его бедную, прекрасную, вторично пробитую негодяями голову**.

---

* Придет время, и он прекрасно поймет Н.Ф.Федорова (1828—1903), и всех русских религиозных мыслителей, и самого себя.

** Ныне мое отношение к нему в корне переменилось, как переменился и он сам.

Меня занимает иное: дружный и яростный натиск, которому я подвергся спустя год после опубликования рассказа. Что за этим?.. И почему меня вдруг отдали на растерзание всякой швали? Кому-то я крепко насолил, только непонятно кому. Рассказ все же не предан анафеме. А Кривицкий, призывая меня мстить Кардину, когда-то объявившему всю историю с 28 героями-панфиловцами советским мифом, в глубине души ликовал. Я живу один в люксе, а он с женой — в обычном номере,— разве этого недостаточно, чтобы желать человеку мучительной смерти?

12 апреля 1983 г.

Погода окончательно испортилась. Небо затянуто безнадежной ровной серой пеленой, моросит, плотный туман оставляет лишь первый план заоконного пейзажа, дальше непроницаемая муть. Бар начинает играть слишком заметную роль в здешней жизни, надо с этим кончать.

13 апреля 1983 г.

Вышел наконец Толин материал в «Науке и жизни» с моим предисловием или послесловием — еще не знаю. Но дело не в этом. Состоялось то главное, чему Толя отдал столько сил и терпения: вернулся в мир милый, тихий, прекрасный мальчик с длинными, всегда полуопущенными ресницами. После Оськи откуплен у вечности еще один далекий спутник лучших дней жизни, Володя Антокольский.

Кривицкий продолжает травить меня Кардиным. Его совершенно не устраивает, что я решил плюнуть на это. Он все еще ненавидит Кардина за пережитое когда-то короткое унижение, хотя сразу успел посчитаться с ним. Разоблачив панфиловцев, Кардин объявил, что не было залпа «Авроры» и взятия Зимнего. При активном участии Кривицкого он поплатился за свои исторические откровения тем, что не печатался восемь лет. Но Кривицкий вновь жаждет крови, хотя и доволен, что меня обосрали. И он начисто не может понять, что я считаю борьбу с Кардиным ниже своего достоинства. Если мне когда-нибудь придется походя лягнуть его, как уже было однажды (как выяснилось, Кардин плохо держит удар), я его пну, но отвечать всерьез — много чести. Дело в том, что Кривицкий, всячески понося Кардина, стоит на том же уровне.

14 апреля 1983 г.

Хмурый, мрачный, холодный день. Лягушки попрятались, птиц не видно и не слышно, но в какой-то миг на прогулке стало хорошо. Почки давно уже набухли, но сейчас зазеленели какие-то маленькие деревья. Боже, как немного надо для счастья! Но тут зарядил дождь, и я в который раз промок до нитки.

Читаю детективы: Гарднера с его надоевшим гением адвокатом, остроумнейшего Пера Вале и др., прервав ради этого знакомство с биографией Канта, который, став на какое-то время русским подданным (Кенигсберг был захвачен нами), подписывал свои письма полупьяной курве Елизавете «ваш нижайший раб Иммануил Кант». Конечно, Россия никогда не входила в круг европейских государств. Чистейшая Азия, и все попытки Петра вырвать ее из азиатской колыбели ровным счетом ни к чему не привели. Я только сейчас понял великую ценность «Восковой персоны» Тынянова.

Чуть не забыл: перед дождем видел одинокого журавля.

15 апреля 1983 г.

Большое гулянье. И чего я так разошелся — ума не приложу. Как с цепи сорвался. Налившись по затычку, сделал предложение руки и сердца барменше, пытавшейся в этот торжественный момент обсчитать меня на двадцать пять рублей. Заводил меня Кривицкий, но он же, надо отдать ему должное, помешал ограблению, хотя и злился, ревнуя, что мое предложение было воспринято всерьез. У барменши накануне была помолвка, что не помешало ее челу притуманиться от перспектив неожиданно открывшихся возможностей. Тут мне стало скучно чегой-то, я потащился в бильярдную, вслепую сыграл партию и каким-то образом выиграл. Затем в полубреду добрался до своего номера и заснул богатырским сном. А началось гулянье с проводов Горбунова.

16 апреля 1983 г.

Валялся все утро в постели, благо никаких процедур не было, а у меня разгрузочный день. Немного погулял после обеда, читал и с отвращением вспоминал о своем распаде. Вечером зашел обеспокоенный Кривицкий — есть в нем человеческое, — принес чайную заварку, сахар и два печенья. У меня было несколько шоколадных конфет, и мы устроили роскошное чаепитие. Все мои похмельные недуги как рукой сняло. Вспомнили о вчерашнем сватовстве. Клянусь небом, Кривицкий не до конца был уверен, что это шутка. Когда же я его высмеял, он стал врать, что говорил не от своего имени, а как бы от лица барменши — вылетело из памяти ее имя. В циничном и ушлом еврее сохранилась удивительная наивность. И я знаю ее истоки — он не изменял своей кошмарной Циле.

А перед сном я узнал, что умерла Наталия Николаевна Антокольская, за день до получения журнала с материалом о ее сыне. Насколько мне известно, не осталось никого, кто бы носил эту фамилию. Она потеряла обоих детей, мужа, зрение, но не потеряла душу, она жила сердцем до последнего дня, ждала встречи с сыном, смеялась, радовалась, но заснула и не пробудилась. Мир ее праху. Ей никогда и ни в чем не было удачи.

17 апреля 1983 г.

Воскресенье. Длинный, скучный, пустой день. Звонил своим редакторшам, а также Ирине Богатко, чей скучный, не сулящий удач голос давно не слышал. Законченная шизофреничка Светлана Васильевна («Роман-газета») решила, что звонок мой вызван не беспокойством о книге, а желанием пообщаться — тяжелое заблуждение, — и стала гнусаво кокетлива. Богатко источала засахаренный мед, похоже, что ей опять засветил договор в Гослите.

Гулял хорошо, сперва обычным маршрутом, потом лесом, неприметными тропками. Читал о Канте и который раз пожалел, что нет у меня хотя бы паршивенького законченного гуманитарного образования, уж больно многого я не знаю — хотя бы терминологии, методики доказательств научных истин, каких-то необходимых изначальных банальностей. До всего приходится доходить «своим умом» — это утомительно. Ко всему еще глаза заболели, как у того солдата, что поймал триппер: «Мочусь, аж резь в глазах». Новая напасть!

Писать по-прежнему не хочется, хотя какие-то мыслишки порой мелькают в башке. Умиляет позиция автора «Жизни Канта», нашего соотечественника и современника, он считает, что исповедуемая им философия «подтверждена жизнью»! Что да, то да.

Как тонка пленочка вежливости у местного персонала. Все эти сестры, нянечки, официантки, сторожихи только и ждут повода, чтобы излиться дерьмом. Этим бедолагам следовало бы доплачивать за вынужденную вежливость, как на вредном производстве; ну, хоть бы молоко давать.

18 апреля 1983 г.

Опять трудовой день с крепким массажем, электрофорезом, зубоврачебным кабинетом, тугой подводной струей.

Ходил гулять. Вышел теплой, солнечной синей благодатью, вернулся под проливным дождем. Как только я не простужаюсь?.. Не высыпаясь ночью, много и тяжело сплю днем. Мысли злые, мелкие. Худею я на этот раз плохо, может быть, ко всем диетам, разгрузкам и прогулкам надо еще тратить мозговую энергию, чтобы сползали килограммы? После ужина чудесно гулял по заполняющемуся сумраком лесу. И все-таки без работы я не я: тусклый, подавленный и самому себе скучный человек. Беда в том, что я уже не могу, как прежде, делать любую работу, а лишь то, что мне интересно. Порой мне кажется, что судьба настойчиво толкает меня к себе: займись своим, истинным, тем единственным, ради чего ты появился на свет, довольно убегать от себя в рассказишки, рецензии, телевыступления, кинохалтуру. Ну заберись в себя поглубже, поройся там и выдай на-гора, что хранится только в тебе. Неужели ты впрямь готов довольствоваться своей полуизвестностью, уютом дачи, избранничеством приемов и поездками в Венгрию? Очнись!

В левом ухе у меня начались какие-то странные всхлипы: противные и до того громкие, что мешают заснуть. Я решил, что это начало конца: кровь в сузившихся, обызвестковавшихся сосудах уж не верещит весенними птичьими голосами, а вопит, стонет, захлебывается. И вдруг я понял, что это стоны любви — за стеной ёбётся ежевечерне немолодая пара. Открытие принесло немалое облегчение: оказывается, я еще не хочу подыхать. Но я слишком рано возвеселился духом — пара эта давным-давно уехала, а во мне стонет стиснутая кровь.

19 апреля 1983 г.

Уж не впервые посещает меня мысль, что я не хотел бы вновь увидеть маму, а тем паче Я.С. Мне кажется, что между нами механически продолжатся те дурные, отчужденные и недобрые отношения, которыми омрачались последние годы совместной жизни из-за слепой и безнадежной маминой ревности к Алле и склеротической, злобной тупости Я.С. Нам нечего сказать друг другу: я лишь уверился еще сильнее в том, что вызывало мамину ненависть, а я не верю, что даже пребывание на небе, вблизи Господа Бога, могло смягчить и вообще как-то изменить такой характер, как у мамы. И смогу ли простить Я.С. всю ту темную низость, которая в нем таилась и так омерзительно обнаружила себя на исходе? А вообще хотел бы я увидеть кого-нибудь из ушедших? Да, Мару, Якова Григорьевича, Вероню, Павлика, Оську, Лялю Румянцеву, даже Кольку Шугаева. Но с теми, с кем я прожил жизнь, так до конца и не разглядев их, мой разговор оборвался задолго до расставания. Их отношение ко мне давно стало потребительским, под конец неприязнь Я.С. распространилась и на мою литературу. Даже мое горе вызывало у него отвращение. Он, как это ни дико звучит, нацелился на жизнь, когда мамы не стало. Впрочем, это частый до банальности поворот душевной жизни вдовца, но мне думалось, что Я.С. выше. Ничуть не бывало. Он всерьез занялся «делами наследства», решил экипироваться и, по-моему, взять Фирку если не в законные супруги, то в метрессы. Эта старая гнилая блядь внушала ему, что он может как-то узаконить свои «права» на часть дачи, пользуясь Аллиной деликатностью и моим отчаянием после смерти мамы. Его нечистоты и предательства я ему не простил. Людей, особенно близких, теряешь обычно на земле, а не с их уходом в мир иной. Бывают, конечно, исключения, но редко. При жизни потерял я маму и Я.С. При жизни потерял Лену, Машу, «англичанок», Славу Рихтера, Шределя, Салтыкова, Казакова, Конецкого, Поженяна, Немку, всю семью Мельманов и, наверное, еще многих, кого сейчас и вспомнить не могу. Коса, отсекающая близких и нужных, куда чаще в руках у жизни, а не у смерти.

Какая мощь — Гете! Прекрасен Шиллер — адвокат человечества, но рядом со старшим другом он какой-то заморенный. А того хватало на все: на творчество, науку, размышления, карьеру, баб (на них особенно), на светскую жизнь, путешествия, пьянство, лечение, на беспрерывную мощную игру страстей при полном внешнем порядке. Вот это человек! Ближе всего к нему по всеохватности, творческой воле, уму, напряжению человеческих потенций любого рода наш Пушкин. Любопытно, что бурное кипение и ненасытность принято называть гармонией. Но Господь не дал Пушкину Гетева века (о подобных вещах человек тайно сведом), и ему приходилось торопиться. Поэтому он суетливее, нервнее, ему не хватало самоуглубленности, о многом он должен был догадываться, а не познавать длительным изучением, и гениальность его была чисто художественной. Гете же, подобно Леонардо, обладал и научным гением. Они соотносятся — Гете и Пушкин, — как зрелый муж, достигший полного расцвета, и юноша, вдруг ощутивший взрослую усталость. Пушкина не убили, он ушел сам, поняв, что исчерпал себя и согнулся под гнетом быта. Неужели Гете придал бы хоть какое-то значение жеребцу Дантесу, светским сплетням или долгам?.. А теперь о другом: Пушкин, как он ни громаден, чисто русское явление, Гете — европейское, мира в нашем понимании тогда просто не существовало.

Странный день, тяжело начавшийся (впрочем, теперь для меня тяжело начало каждого дня), а в исходе подаривший беспричинное чувство счастья. После кино я вышел пройтись; луна стояла над пустырем довольно чистая, хотя и перечеркнутая стежкой облака, пели птицы, раз-другой щелкнул соловей, но от непрогревшегося днем асфальта тянуло холодом, подымался туман, из леса наддавало студью — уюта в пространстве не было, а я стал по-щенячьи счастлив, как в далекие, прекрасные времена. Может быть, просто давление стало 130/70 и нормализовалась — ненадолго — работа сердца? И никаких тайн, простая, примитивная физиология. Когда-нибудь так и будут описывать все происходящее с человеком. Вместо психологической околесицы — анализ мочи, кала, данные спидометрии, кровяное давление, пульс, кардиограмма. И читатель будет понимать, что при таких-то показателях герой обязан был развестись с женой или написать донос, или сделать небольшое открытие, или приголубить внука, или поехать в Кинешму.

Читаю Апдайка «Беги, кролик» — неинтересно; напряженный в дурном смысле, душный стиль, приевшиеся персонажи, все какое-то непривычное. Он весь истратился в «Кентавре».

Серьезные люди русские классики. Толстой, садясь за «Войну и мир», обложился Кантом. Придет ли в голову кому-либо из нас ради творческих целей раскрыть книгу по философии, погрузиться в какое-либо учение, а главное, переживать поиск философской истины как глубоко личное дело? Алексеев, мучающийся над Шопенгауэром или хотя бы Плехановым, Стаднюк, ушедший с головой в Бердяева или Маркузе; никто из них в Ленина-то сроду не заглядывал.

22 апреля 1983 г.

Рослый дубатол, с которым я играл на бильярде последние дни, казавшийся мне на редкость неприятным, глупым и надутым, оказался симпатичнейшим человеком, очень начитанным, склонным к культуре, любознательным и добросердечным. Рассказал интересно о церкви, которую он открыл в окрестностях. Он приехал сюда на машине и каждый день отправлялся куда-то в простор, хранящий следы былой помещичьей жизни: полуразрушенные усадьбы Гончаровых, Ланских, Васильчиковых, старые церкви и погосты, въездные, ныне никуда не ведущие ворота с частью стены, конюшни, превращенные черт знает во что. В какой-то лощине, не проглядываемой с шоссе, он наткнулся на церковь XIX века, которую селяне возвели в честь князя Мещерского, освободившего их от крепостной зависимости. Князь был в плену в Туретчине и дал зарок Богу, что отпустит крестьян на волю, если будет ему избавление от нехристей. Бог помог князю бежать из басурманского полона, и он отпустил своих крестьян. А те возвели церковь и на мраморной доске запечатлели нравственный подвиг князя. Случилось это всего за год до освобождения. Поторопился мирской сход, что бы потерпеть маленько — избежали бы расходов.

Начал читать Дос Пассоса «42-я параллель» и «1919». Я и забыл, насколько это хорошо. А вернее сказать, не знал никогда, ибо читал это в незрелую отроческую пору. Вот откуда пошли приемы «папы Хема», это все Дос придумал. Да и Фолкнер у него попользовался, не говоря уже о мелкой сошке. Крепкая рука, совершенная беспощадность и нелюбовь к людям. У него не было никаких иллюзий и ни тени сентиментальности, которой не чужд Хемингуэй. Все серьезно до конца и безнадежно. Но до чего американские писатели любят писать о запахах! У меня осталось впечатление, что США — страна без запахов. Во всяком случае, там не пахнет еда и не воняют люди, как во всем остальном мире. А писатели все стараются что-то вынюхать в своем стерилизованном мире. Может быть, их томит почти полное бездействие одного из органов чувств? Они чувствуют себя обделенными по сравнению с европейскими коллегами. Вот и делают вид, что им аж сопатку сводит от многообразных и нестерпимых запахов. А какие там запахи, кроме тех, что источают бесчисленные одоранты: для подмышек, для рта, для ног, для рук, для сортира, для ванной, для кухни, для спальни, для белья, для паха, для жопы, для мозгов.

Вернулась та весна, что подразнила в марте и надолго скрылась. Враз зазеленели тополя, а потом в два приема распустились березы, сперва молодые на открытых местах, а потом и старые, в лесном массиве вовсе цветут мать-мачеха и медуница, а из садовых — нарциссы и тюльпаны. Распелись во всю грудь птицы. Полная луна в сине-серебристом ореоле. Хорошо!

Звонила Алла. Что-то она расклеилась. Сказала о «слезливом настроении» — впервые. Видать, не бывает все путем. Я рассказал, что Прошка не захотел жить без любимых и объявил голодовку. Это ей понравилось, смеялась.

25 апреля 1983 г.

Весна продолжает радовать. Кроме ольх и дубов, все деревья зелены, но ольха тоже подошла к расцвету. Дивный ярко-зеленый мох заполнил щели в плитняке, которым выложены лесные аллеи. А трава зримо прет из разогретой по-летнему жарким солнцем земли. И как все пахнет: земля, трава, стволы и особенно — листва берез. Такую весну я пережил здесь лишь однажды, в свой первый приезд в 1977 году. Наверное, потому я так сразу и навсегда привязался к этому месту.

26 апреля 1983 г.

Текут сказочные дни. Жарко, солнечно, все цветет, неистовствуют птицы. Когда я возвращался с вечерней прогулки, уже в виду проходной санатория дорогу перебежал дивный замшевый лосенок. Бедняга уткнулся в невидимый за кустарником забор, повернулся и во все лопатки дунул назад. Я видел его темные испуганные глаза.

Нечистый потащил меня на последнюю картину В. Рогового (ныне покойного) «Женатый холостяк». До чего неизящно, натужно, несмешно и необаятельно! Но отдыхающие довольны: не заставляет ни думать, ни переживать. Так мне сказала одна полуинтеллигентная отдыхающая. Советские люди с образцовой бережностью охраняют свой мозг и душу от всяких ранящих впечатлений и загадок. А может, люди впрямь чудовищно устали от вечной замороченности, очередей, транспорта, пленумов, демагогии, обмана? Хочется одного от зрелища: чтобы не учили, не воспитывали, не запугивали и не жучили. А хорошая развлекательная продукция западного кино до них не доходит — это для закрытых просмотров. Их «Римские каникулы» — «Женатый холостяк», их Уайлер — Роговой, их Одри Хепбёрн — Теличкина, если не хуже. Винить надо не воспитуемых, а воспитателей. Даже в рабьей своей покорности простые люди не виноваты. А виноваты — изначально — безмерные пространства, холода, снега и ветры России, где человек не мог притереться к человеку и стать общественным животным. Русские люди (в массе своей) ненавидят, презирают и боятся друг друга. И на эту неизбывную сердечную тягость навалилась свинцовая доска окаянной власти. «Не хотим серьезного!», «Не хотим сложного», «Не хотим больного!», «Хотим сладких помоев!», «Ну, а уж коли о серьезном, так чтоб — подделка, чтоб не трогала и не ранила...»

27 апреля 1983 г.

Приезжала Наталья Бондарчук с договорами. Ее не пустили. У главной проходной оказалось сразу два стража: главврач* и начальник охраны. Документы, договоры, объяснения, ссылка на великого отца — ничто не помогло. Строгость этих ответ-

---

* Какой-то бывший начальник 4-го управления.

ственных и бдительных людей особенно привлекательна на фоне того, что из буфета не вылезают полупьяные проходимцы из Чехова, из каких-то воинских и милицейских частей, родственники и знакомые отдыхающих. Я подоспел буквально в последний момент и вырвал ее из цепких рук охранников. При этом мне было строжайше указано, что она должна уехать автобусом в 18.10, т.е. через десять минут. Я едва успел подписать восемь экземпляров договоров. Поговорить о деле времени уже не оставалось. До чего же это противно! С приходом нового главврача атмосфера здесь стала куда хуже. Он помешан на двух вещах: охране и окраске скамеек в ярко-зеленый цвет. Типичный русский администратор, тяготеющий к террору и мелким переделкам, именуемым «переустройством». Ничего хорошего он не сделал, лишь разогнал лучших работников, усилил охрану, почему-то увеличив этим число посторонних на территории санатория, и замазюкал непросыхаюшей краской все скамейки, так что сесть стало негде.

В условиях нашей тотальной несвободы все мелкие ограничительные меры особенно невыносимы. Мы привязаны за каждый волосок, как Гулливер у лилипутов, к удручающему слову НЕЛЬЗЯ. Каждый, кто причастен хоть к малюсенькой власти, думает лишь о том, что бы еще можно было запретить, какие еще путы наложить на измозженных запретами граждан. После короткого, точно рассчитанного безумия Хрущева, ликвидировавшего лагеря, освободившего всех политических заключенных, открывшего двери в мир, были только запреты и ограничения данного им.

28 апреля 1983 г.

Прошел дождь, и то ли от перемены погоды, то ли в близости нежеланного отъезда я съехал с рельсов. Стал задыхаться, и давление, похоже, подскочило. Как не полезна мне обычная дачно-московская жизнь, сколько в ней опасных раздражителей! А ведь ничего страшного мне не грозит, никакие сколь-нибудь важные литературные дела сейчас не решаются, а безотчетная тревога приняла отчетливый образ недомогания. Есть что-то страшно вредное для моего организма в самой структуре повседневной жизни. А что можно сделать? Подальше от любой суеты. Как только что-то становится обременительным, докучным — спокойно отходить прочь. Да ведь легко говорить, а всяк человек своему нраву служит. Не отступлю я с легким сердцем, не попячусь от пасти хоть и не бумажного, да и не мясного тигра. Ну а если порассуждать зрело, с учетом моих, почти иссякших физических возможностей? Что прибавит мне еще один напечатанный рассказ? И два, и три, и четыре, и десять?.. Если это не «Терпение» и не «Встань и иди», то ничего — ровным счетом. Как писал Вс. Сахаров, «...ну, написал Нагибин еще один хороший рассказ, кого этим удивишь?» С другой стороны: что бы я ни написал, из моей ячейки мне не дадут выпрыгнуть. Изменить в моей внешней жизни может что-то лишь киноудача. А на это рассчитывать не приходится. Там все места заняты. И наконец, зачем надо пробивать оголтело каждый новый рассказ? Пусть лежит и ждет своего часа, сколько уже раз так бывало. Спешить некуда, дети от голода не плачут. Надо просто **писа**ть, держась как можно ближе к себе. И читать. И думать. И **в**споминать. И пребывать в жизни, а не в бесплодной погоне за литературными миражами.

29 апреля 1983 г.

Завершается еще один жизненный цикл. Здесь было хорошо, очень хорошо. И спасибо Господу Богу за такую весну. Порой я чувствовал себя настолько счастливым, что орать хотелось. Как дивно гулялось и по никогда не надоедающей дороге от санатория до Шумиловского шоссе, и по сыроватому пахучему лесу, изрезанному быстрыми ручьями, и по ночным тропкам санатория. И как хорошо читалось в тихом, опрятном, хорошо проветренном номере, где никто не мог меня сцапать, сбить с панталыку телефонным звонком, настичь письмом, телеграммой или рукописью. И как хороши было одиночество и ощутимая каждой клеточкой полезность процедур. Я похудел хорошо, месяц прожил с нормальным давлением, сократил количество лекарств, которыми буквально закормила меня Алла, дал отпуск душе, вернее, той ее части, что ведет мои литературные дела. Я не нажил тут никакой серьезной думы, но поверхностно думал о многом, а это тоже полезно.

30 апреля 1983 г.

Жду Геннадия. Вчера здесь мелькнула толстая журналистка, которая семнадцать лет назад брала у меня интервью на даче. Я этого начисто не помню, но она так точно описала тогдашнюю дачу, всех домочадцев и собак, что, несомненно, так и было. Очевидно, в ее жизни это оказалось чем-то более значительным, чем в моей. Я не встречал такого интеллектуального темперамента. Она потрясена «Терпением», в восторге от многих других моих рассказов, что крайне расположило меня к ней, и все-таки через полчаса за черным кофе я был умственно измочален ею. Сейчас она безработная при высокопоставленном отце. Ее выгоняли из всех журналов и газет, где она работала, потому что не могли выносить ее умственного превосходства, помноженного на неутомимость. Об этом мне сказала ее приятельница, спокойная, молчаливая женщина, сидящая в столовой за соседним столиком. Она так же неуправляема и безудержна в умственном смысле, как герой Гарднера, жирный Генри — в эмоциональном. Интересный феномен.

День холодный, неприятный. Вдруг после многих лет покоя «вступило» в поясницу. Иссякло благо иглоукалывания? Или это нервный протест на возвращение в родные пенаты? Ну и нервная же я сволочь!..

ПРОПУЩЕННАЯ ЗАПИСЬ

Почему-то я ничего не написал о своем скандале с Кривицким из-за Михалкова. Это случилось дней десять назад во время тихой прогулки по территории здравницы — Кривицкий плохо ходит, хотя пьет по-прежнему хорошо. До этого мы уже подумывали о строительстве «моста дружбы» в духе Манилова и Чичикова. Он был на юбилейных торжествах Михалкова и умиленно рассказывал о них. Особенно тронул его тост юбиляра за жену, крепко покоробивший, как мне известно, всех остальных участников банкета. «Вот Наташа, — сказал растроганный чествованием Михалков, — знает, что я ей всю жизнь изменял и изменяю, но она уверена, что я ее никогда не брошу, и между нами мир-дружба». Я сказал, что никакого мира и никакой дружбы между ними нет и в помине, что Наташа жестоко оскорблена его поведением, что у нее происходили омерзительные объяснения с его бывшей гнусной любовницей и что тост его гадок. Кривицкий аж перекосился от злобы. «В чем вы его обвиняете?» — сказал он дрожащим голосом. «В данном конкретном случае всего лишь в вызывающей безнравственности». — «Вот как! А вы, что ли, лучше его? О вас не такое говорили!» — «Оставим в стороне то, что я значительно раньше развязался с этим. Но когда я блядовал, то не руководил Союзом писателей, не разводил с трибуны тошнотворной морали, не посылал своих девок за государственный счет в Финляндию и Париж и сам не мчался за ними следом через Иран. А он развратник, лицемер, хапуга, „годфазер", способный ради своего блага на любую гадость». — «Кому он сделал плохо?» — «Не знаю. Но он слишком много хорошего сделал себе самому и своей семье. Его пример развращает, убивает в окружающих последние остатки нравственного чувства, он страшнее Григория Распутина и куда циничнее. Это о нем. Вам же в наших дальнейших разговорах, если они будут, я самым серьезным образом советую избегать трамвайного ораторского приема: „А ты кто такой?"» Впервые я увидел, что он растерялся, нет, грубее — струсил. Он испугался такого оскорбления, на которое надо ответить жестом, а на это у него просто нет сил. Он не знал лишь одного, что на подобное оскорбление старого человека я не пойду. Мне сразу стало его жалко, я смягчил тон, и он довольно быстро пришел в себя. В словах он стал осмотрительнее, но волевую ярость в защите Михалкова набрал быстро. А я вдруг понял, откуда это идет, и потерял всякий интерес к разговору, который и поначалу-то не больно занимал меня. Он привык быть холуем у сильного хозяина. Вначале карьеры он холуйничал перед Ортенбергом, редактором «Красной звезды», затем долго был рабом Симонова, рабом восторженным, без лести преданным, вяло, но исправно служил Кожевникову, а выйдя на пенсию, вдруг остался без хозяина. А это ему непривычно и страшно. И он выбрал Михалкова и притулился к нему, дряхлая, почти беззубая дворняга.

Михалков никогда не вызывал во мне ненависти, скорее — чуть брезгливую симпатию, я сам был удивлен своим упорством в споре. Оказывается, мною двигало одно из тех странных провидений, которые порой озаряют меня. Недавно я узнал, что Михалков опасный и злой человек, что добродушие в нем и не ночевало.

Похоже, за меня взялись всерьез. Для предстоящего пленума нужны не только положительные, но и отрицательные примеры. Ведь оружие должно на чем-то оттачиваться и надо «одержать победу». Литература так съежилась, так оскудела (одни умерли, другие уехали, третьи замолчали, четвертые засахарились в совершенной покорности), что ничего годного для борьбы, разоблачения, втаптывания в грязь, кроме моего «Терпения», не осталось. Конечно, маловата вещица, но если долго ею заниматься, то люди забудут, что речь идет о средней величины рассказе. Расчет подтвердился: уже сейчас многим кажется, будто, раздирая мышцы, исходя кровавым потом, рушат исполина. До чего же от всего этого несет сталинщиной!

А может, нужна последняя встряска перед кончиной, нужно испытать мощное — пусть дурное — содрогание жизни, прежде чем настанет окончательная тишина? Иных перемен, иных переживаний я ждать не мог: передо мной всегда высилась неодолимая стена.

По правде говоря, я не понимаю, почему мною так распорядились, ведь я сделал много полезного с точки зрения государства. Я вполне годился для того, чтоб быть принятым на вооружение. Но власти — я же сам писал — не нужно союзничество, нужно рабское подчинение, а во мне этого не чувствовалось. Это единственное объяснение. Никого так легко не отдавали на растерзание, как меня. А прекращали его только в том случае, если кто-то сверху вдруг говорил: хватит! Мне подсказывали правильный путь: покорность, смирение, отказ от собственной личности. То, что я не жалуюсь, не взываю о помощи, раздражает даже наиболее снисходительных ко мне. Это игра не по правилам, хуже того, презрение к власть и силу имущим.

Оказалось, что друзей в литературе у меня нет. Еще одной иллюзией меньше.

Умер Ляпидевский. Герой Советского Союза № 1.

Умерла, не дожив дня до выхода журнала с очерком о погибшем в начале войны сыне, Наталия Николаевна Антокольская, прекрасная русская женщина. Она пережила и Павла Григорьевича, и дочь-калеку, ослепла, но не сдалась, не согнулась, не озлобилась. Ей выпало единственное грустное счастье за долгий век: в исходе дней получить назад дряхлого, больного, задыхающегося, хромого, полубезумного Павла Григорьевича, которого любила всю жизнь. У нее был литературный дар, но она не напечатала ни строчки, она была создана для большого и теплого семейного гнезда, но и в этом ей отказали. Но главная мечта ее осуществилась: Павел Григорьевич дотлевал при ней. Как везло на людей грешному, слабому, с легковесной душонкой Антокольскому: Марина Цветаева, Наталия Николаевна, Зоя, по-собачьи преданная Варя и шофер-нянька Николай Михайлович.

Отвратительно, что «ждут указаний» для продолжения жизни духа. Сейчас все духовное выключили, как электричество в пустой комнате. Мы живем без литературы, без искусства, без цели и без... Президента. И никого это всерьез не волнует, особенно — последнее. Можно отменить всю систему государства, оставив только диктатора и охрану, ничего не изменится. Можно закрыть все газеты, журналы, издательства, музеи, театры, кино, оставив какой-нибудь информационный бюллетень и телевизор, чтобы рабы не слонялись без дела, гремя цепями. И конечно, должна быть водка, много дешевой водки. Она не замедлила появиться, и благодарный народ нарек ее «андроповкой». Теперь стало до конца ясно, что у нас все играют на народной жизни.

ВЕНГРИЯ

5 июня 1983 г.

Вместе с «душой Тряпичкиным» — Аршанским прилетел в Будапешт. Встречали нас только представители венгерского «Инфильма». Из объединения, с которым я начинал работу, не было никого. Я уже знал, что фильм из-за огромных расходов на откуп «биографических материалов» у семьи Кальмана сократился до односерийного, но не знал, что и объединение во главе с профессором К., и сам Габор Колтай предали меня. Они отказались от сценария, не успев прочесть его, и Габор уже снимал рок-оперу о св. Иштване.

В Будапеште 28°, духота, как в Рангуне. Поселили нас в отеле

535

«Форум», бок о бок с «Атриумом», где я жил в прошлый раз. «Форум» — того же класса, но в нем нет прозрачных лифтов, где играют Шуберта в светлые дни и сонату Шопена — в траурные.

Мы сразу отправились на прогулку, но быстро вернулись домой. Будапешт — в этой части — очень плохо освещен, почти безлюден. Воскресенье истекало последним часом, а жизнь и работа начинаются тут очень рано. Мы разошлись по номерам, и сразу же нахлынула тоска. С фильмом плохо, теплой встречи не получилось, город не принял меня.

Решил заставить себя думать о чем-то хорошем. Москва вспоминалась дурно: суетой, литературными неудачами, газетно-журнальной травлей, массой обременительных ненужностей. Память о недавнем школьном вечере была слишком щемящей. Ничто не волнует меня так сильно, как встречи со школьными друзьями. Но я неизменно впадаю в какой-то полутранс, и часы проносятся мимолетно, оставляя в душе тоскующий след, как будто истаивает медленно надрывная нота. И тут я вспомнил об Орле, где в мае записывал телепередачу о Лескове, которую сам же сочинил. Об этом думалось хорошо, хотя и там оказалось немало разочарований.

В Орле поставлен гигантский мемориал Лескову, занимающий целую площадь. Посредине в кресле восседает монументальнейший, уже пожилой, заматерелый и грустный Лесков, а вокруг на высоких постаментах расположились его главные герои: косой тульский Левша, Очарованный странник, пожирающий ошалелым взглядом пляшущую перед ним Грушу, божедомы, Тупейный художник, причесывающий свою горькую любовь — крепостную балерину, леди Макбет Мценского уезда у позорного столба. К мемориалу относятся: гимназия, столь недолго удержавшая в своих стенах не преуспевшего в науках гения русского сказа, соборная церковь, где он молился и бил поклоны; отсюда же берет начало улица, по которой он ходил в судебную управу в пору недолгой службы. На снимках мемориальное творение отца и сына Орешкиных выглядит очень соразмерным и пропорциональным, я думал всю передачу провести на площади, благо что в проспекте горделиво указано: к Лескову можно прийти только пешком, движение городского транспорта вблизи памятника обрывается. Поэзия и правда! Бронзовые фигурки персонажей оказались крошечными, с бутылку из-под шампанского, никак не соотносящимися со своим громадным творцом. Вот как получается, когда Отца и Сына не осеняет Дух Святой — не хватило третьего Орешкина. Совместить же меня с бронзовыми куколками — дело вовсе невозможное. Да и ненужное: по площади каждые две-три минуты с лязгом, скрежетом, звоном проходят трамваи, проносятся грузовики с оторванными глушителями, тарахтят мотоциклы. Несмотря на присутствие высокопоставленной милиции (на редкость бессильной), удалось записать лишь несколько фраз начала и концовку, все остальное пришлось перенести в кабинет Лескова, сохраненный его сыном и биографом Андреем Николаевичем в кошмаре ленинградской блокады и позднее перевезенный в орловский дом-музей. Кабинет в прекрасном состоянии, украдено лишь два Боровиковских (сомнительных) да несколько икон. Если б не гипертонический криз (я выехал машиной в Орел при давлении 180/100), то было бы упоительно вести передачу за столом, на котором лежали локти творца «Соборян».

Дом Лескова почему-то входит в комплекс «Музея Тургенева» — и посмертно обхамили Николая Семеновича. Рядом с музеем «дом Калитиных» — это что, из «Дворянского гнезда»? — со старым парком. А за парком — глубокая щель, где ютился Несмертельный Голован. Внизу протекает живописный и неожиданно полноводный Орлик, в излуке, на той стороне — слобода, где родился Леонид Андреев. Все тонет в сиренях, воздух так густ и прян, что кружится голова.

В тургеневском музее самое замечательное — размещенные здесь кабинеты Фета, Бунина, Леонида Андреева, Пришвина и Новикова (автора «Пушкина в Михайловском»). Вещи все подлинные, никаких «заменителей» тут не признают. У Фета кабинет просторный, барский, с великолепной павловской мебелью: комфорт, уют и удобства; кабинет человека, поздно выбившегося в большие баре и вознаграждающего себя за прежнюю обобранность. И до чего ж беден и жалок на этом фоне парижский кабинетишко Бунина, доставленный сюда из Пасен, куда мы с Аллой ходили поглядеть на его дом. Крошечный письменный столик, под стать ему креслице с истертой обивкой, железная кроватка с тощим одеяльцем — как нище жил величайший словотворец века, лауреат Нобелевской премии, наследник Чехова! И снова контраст: грандиозный кабинетище Леонида Андреева из его финской дачи. Разгул нуворишества. Колоссальные, тяжеленные кресла с двухметровыми прямыми спинками, непомерный стол — смесь терема с модерном в пропорциях добряка Гаргантюа. Конечно, нерослый Андреев страдал манией «грандиоза». Дальше — эклектичный, из случайных вещей кабинет Пришвина, человека вовсе не кабинетного, не городского, и вдруг решившего обставиться под классика, для чего понадобился зачем-то высоченный деревянный фонарь из сюрреалистического спектакля. Он перехватил его в комиссионном у какого-то режиссера. О кабинете Новикова говорить неинтересно, как и о нем самом.

На обратном пути мы заехали в Спасское-Лутовиново, имение Тургеневых, полюбовались отлично сохранившимся домом, бильярдом, помнящим меткие удары Фета, знаменитым кожаным диваном в прихожей, на котором после охоты заснул со свеженьким романом «Отцы и дети» в руках утомленный Лев Толстой, навек обидев хозяина дома.

Но лучше всего был сад. Дивные, прямые, как стрела, «темных лип аллеи», среди них — посаженные самим Тургеневым, чудесные шатровые древние ели, много-много ясеня — здесь проходит его северная граница; на ухоженных дорожках — чересполосица солнечного золота и бархатистых теней деревьев; залитые светом лужки и полянки; таинственные, дикие, чащобные, заручьевые, уже не садовые, а лесные заросли, где, по слухам, водится всякая нечисть. Божественная тишина, нарушаемая лишь пением птиц, божественный настой цветов, трав, древесной коры. Удивительная гармоничность и умиротворенность во всем, этот мир создавали умные и бережные руки. И вдруг мощно, вольно, во весь голос ударил соловей. Как странно, что, обладая такой усадьбой, такими липами, ясенями и соловьями, Тургенев невылазно торчал в Париже у юбки Виардо. Давно не испытывал я столь полного и совершенного счастья, как в этом саду. И сейчас, вспоминая о нем медленно, тягуче, будто мед переливал, я спас себя в томительный венгерский вечер и заснул счастливым.

6 июня 1983 г.

Утро началось с явления темного человека Юрия Александровича, с которым я познакомился в первый приезд. Он числится представителем «Совэкспортфильма» в Венгрии, но, как и подавляющее большинство его коллег, занимается чем угодно, кроме навязывания инородцам наших скверных фильмов. В тот раз он прицепился ко мне, как волчец, чтобы я выступил перед нашими «оккупационными» войсками. Он именно так сказал, оговорившись совсем по Фрейду. У меня не было ни минуты свободной (равно и желания), и я как-то сумел отвертеться. На этот раз ускользнуть не удалось, он прибыл в гостиницу с готовыми пригласительными билетами на встречу со мной во Дворце советского культурного центра. Но, конечно, Юрий Александрович не местный Сол Юрок — это так, между делом, а служит он главной заботе нашего дружелюбного и доверчивого государства. Он и во время войны был шпионом, по слухам, очень радетельным. Но с той героической поры спился, постарел, опустился, утратил мобильность.

Забегая вперед, расскажу о его появлении в Москве в дни Международного кинофестиваля. Он позвонил мне сразу по приезде, чтобы условиться о встрече с венгерской делегацией у меня на даче. Потом еще несколько раз звонил мне и Аршанскому, дабы не вышло какой осечки, ибо встреча, по его утверждению, имела важное политическое значение. Замешанная в высокую политику, Алла расстаралась на славу: венгров ожидал роскошный ужин, все виды напитков, гурии, блаженство рая. Но в день встречи он как в воду канул. Приехал «душа Аршанский» с женой — Гурией, а ни Юрия Александровича, ни венгров не видать. Потом дошли слухи, что его видели вдребедину пьяным на клеенчатом диване гостиницы «Россия» — в одном из коридоров. Очухался он около девяти часов вечера, позвонил сюда, сказал, что сейчас едет, но не мог запомнить адреса, в чем честно признался. «Да, говенные мы организаторы!» — самокритично приговаривал он. Я предложил ему заменить множественное число на единственное, что задело его чуткую душу: вопреки обещанию он не перезвонил. На том и закончился вечер советско-венгерской дружбы.

Почему так поторопились с устройством моего выступления, мы выяснили в то же утро в посольстве. Принявший нас советник по культуре сообщил, что отношения с венграми ухудшились. Они все сильнее тянутся к американцам, ходят на все их мероприятия, а наши игнорируют. Эта встреча устроена в расчете на мою популярность в качестве автора сценария о Кальмане, которого венгры терпеть не могут. Венгерское кино обратилось к военной теме и выдало на-гора большой фильм об уничтожении нашими войсками их 5-й армии, поспешавшей на выручку Паулюсу. После этого в газетах появились крайне недружественные высказывания венгерских молодых людей в наш адрес. Для них оказалось полной неожиданностью, что мы так лихо и беспощадно уничтожали их отцов и дедов. Мы заявили официальный протест и против фильма, и против газетной кампании. В ответ фильму присудили высшую премию. «Вы понимаете, что в сложившихся обстоятельствах совместный фильм о Кальмане приобретает особое значение, — заключил советник и добавил: — Надо опровергнуть утверждения венгров, что с русскими вообще нельзя иметь дела». Не сказать, что все это звучало ободряюще. Заодно я узнал, что фильм передан в другое объединение, другому режиссеру, а Габор вовсю снимает легкий мюзикл о страстях св. Иштвана.

Выступление мое прошло на диво блестяще. Зал был полон. Присутствовали писатели, переводчики, газетчики, артисты, музыканты, студенты, замшелые, впрозелень, старухи и цветущая юность. Убей меня Бог, если я знаю, чего они приперлись. Правда, в разговоре выяснилось, что эти люди либо читали меня, либо видели мои фильмы: «Дерсу», «Чайковского», «Красную палатку» и, что меня особенно поразило, «Председателя». У нас он до сих пор запрещен для демонстрации по Центральному телевидению. С русскими, и правда, трудно иметь дело.

Принимая душ перед обедом, я вторично в жизни грохнулся в ванне, свернул спину, но уберег голову. Чтобы домыться, я прибег к помощи специального пупырчатого коврика, препятствующего скольжению, и так проехался на нем, что едва собрал кости.

Обедали в очень милом летнем ресторане, но у меня сильно болели грудь, ребра и рука, и я отказал себе в лишнем аперитиве. «Душа Аршанский» немедленно последовал моему примеру, хотя выпить ему хотелось до рези в глазах. Он во всем видит подвох и забивание свай под губительный донос: «Вот я — воздержался, а зампред „Совинфильма" осадился водкой...»

За обедом венгры продолжали помаленьку врать о внезапных

переменах, постигших наше общее дело, так что я окончательно утратил представление, что за всем этим лежит.

7 июня 1983 г.

Познакомились с директором объединения Бачо и новым режиссером Дьёром Палашти. Бачо, видимо, неглуп, остер, очень самолюбив, хочет играть роль, из фрондирующих. Палашти куда проще, человек милый, упрямый и с репутацией остряка. Свое участие в кальмановской страде он объяснил так: меня втянули в это дело, поскольку у меня репутация режиссера, способного сделать фильм из телефонной книги. Я тут же сказал, что мне угадывается в нем прямо противоположное умение. Бачо недобро усмехнулся, он, похоже, не понял, что я имел в виду.

За кофе разговор пошел мягче, доверительней, но что-то они крутят, а что — не пойму. Опять я услышал, что «мы нация Бартока, а не нация Кальмана». Опять жевали жвачку на тему: Кальман кинулся в оперетту, потому что у него не пошло дело с серьезной музыкой. Я спросил, известно ли им, что Шостакович всю жизнь мечтал написать оперетту, не раз брался за дело, но лишь однажды с великим напряжением выдал ублюдочное творение, быстро сошедшее со сцены. Поняв, какой это тяжелый хлеб, он провозгласил Оффенбаха и Кальмана гениями. Венгры остались при своем: написать симфонию трудно, а оперетту легко. Это разные одаренности, надрывался я. Великому Толстому не написать было юмористического рассказа на уровне Ильфа и Петрова. А мастера советской сатиры и юмора обратились к Остапу Бендеру вовсе не потому, что обожглись о советских братьев Карамазовых. Но разве вдолбишь такое людям, которые органически не понимают природы творчества и природы одаренности. Они и представить себе не могут, что творческий акт, породивший «Сильву» (именно «Сильву», а не оперетты Оскара Штрауса или Оскара Фельцмана), не уступает качественно тому, что явил ноктюрны Шопена или симфонии Брамса. Просто разные ипостаси единого Божьего духа.

Ко всему, им противно, что автор фильма о венгерском композиторе, пусть и мало ценимом, — русский. Это понятно, хотя и мелочно. Меня, к примеру, нисколько не раздражает, что Клаус Манн написал роман о Чайковском.

Другое их рассуждение: Кальман не народен, потому что не

народна цыганская музыка с ее вершиной — чардашем. Народными считаются только те древние истоки, которые питали Бартока и Кодая. Тогда не народен и Чайковский, ибо он не спускался до рожковой музыки, но много брал от старого городского романса. Цыгане пришли в Венгрию три века назад и не остались тут кочевниками, как в России, что не мешало Пушкину, а позже Григорьеву, Полонскому и — особенно — Блоку пользоваться цыганскими мотивами в своем творчестве, они прочно осели на земле (я сам бывал в цыганских деревнях), их искусство, их мелодии проникли в венгерскую кровь. Справедливо говорят о венгерско-цыганской музыке, о ее влиянии на Листа, Брамса и др. Палашти путает ресторанных цыган с таборными и оседло-сельскими. Утверждать, что чардаш не народен, равносильно утверждению, что не народна вся русская музыка, написанная не крюками. Непредсказуемы ходы судьбы, кто бы мог подумать, что мне придется с пеной у рта, до срыва сердца защищать Кальмана от его соотечественников. На кой черт мне все это сдалось?

8 июня 1983 г.

Встреча в Министерстве культуры с заместителем министра по кино Сабо. Это один из тех чиновников, которых народная молва снимает с поста чуть не каждый день. Такие обычно держатся дольше всех. Опять утомительные рассказы о том, что Габору было не совладать с Кальманом, поэтому его отфутболили на легкую темку о св. Иштване. А затем — чудовищный, изобильный, острейший, разрушающий печень обед.

Долго разговаривал с Палашти в его красивом доме в Буде. Высоченные потолки, широченные окна, в которые ломятся усыпанные крупными спелыми ягодами ветви черешен. Как задавленно, темно и тесно мы живем! Режиссер не пьет, не курит, не ухаживает за женщинами, не путешествует, не заражен коллекционерством и тягой к культуре, он не охотник и не рыбак и уж подавно не игрок; все заработанные деньги вкладывает в дом. Это его единственная страсть. «Я прихожу сюда, обретаю эту тишину и счастлив». А зачем ему тишина? Какой в ней смысл? У него некрасивая симпатичная жена с антикварной лавкой, дающей много больше, чем вся его режиссура. Есть дочь-невеста. Скоро будет свадьба: она кончает театральный институт и выходит за-

542

муж за молодого актера. Сказала, что они дня не останутся со «стариками» под одной крышей. Придется снимать им квартиру в Пеште, что повергает счастливого отца в пучину отчаяния не столько морального, сколько материального толка. Дочь ни за что не хочет сниматься в его фильмах, он объясняет это ее щепетильностью, думаю, что начинающая актриса просто не хочет портить себе репутацию. В хорошую историю я влип*.

Ужинали в частном ресторане под открытым небом, на площади в Буде, где дымчато-голубой взгляд новорожденного Палашти впервые столкнулся со светом и где позже он кончал среднюю школу. Этому месту суждено стать мемориалом великому постановщику «Кальмана». Ресторан был частный. Хозяин, молодой парень, сам подавал на стол из уважения к жене Палашти, к ее коммерческому гению.

9 июня 1983 г.

Магазинный день. Перед тем как мы рванулись в мнимо изобильный мир торгового Будапешта, к нам зашел интересный молодой человек Потер, производственный директор нашего нового объединения. Он категорически потребовал назвать ему день начала съемок, показать павильоны и т.п. И это при не написанном еще сценарии. Я уж на что не деловой человек, а и то понял, что это арапский номер. Палашти занят какой-то халтурой на телевидении, и ему нужно тянуть время, имитируя деятельность. Но «душа Аршанский», старый производственник, был на высоте и в два счета сделал дурака из этого хвастуна. Тот понял, что попал не на трепача чиновника, а на матерого специалиста, и поджал хвост.

Промучившись по жаре весь день, мы кое-как отоварились и после прекрасного освежающего бассейна при гостинице отправились на прощальный обед в Буду, в лучшую ее часть, возле «Хилтона», где мы когда-то останавливались с Аллой. За жареной форелью венгры принялись врать, что Палашти надо время, чтобы ознакомиться с материалами, а то мы сейчас в неравном положении. Я сказал, что это положение сохранится впредь, ибо материалы существуют лишь на немецком и русском языках, которыми Палашти не владеет. Тогда местный Аршан-

---

* В дальнейшем я стал о Палашти (режиссере и человеке) куда более высокого мнения.

ский — Пал, которого я неизвестно почему держал за приличного человека, стал нагло врать, что он переведет для Палашти книгу Веры Кальман (350 страниц) за три дня, книгу Эстеррейхера (230 страниц) за 2 дня, а Мусатова — в обеденный перерыв. Тут даже нашим гостеприимным хозяевам стало совестно, и разговор замяли.

Попутно выяснилось, что сценарий у них до сих пор существует только в подстрочнике, поскольку Шопрони дали на перевод пять дней и он даже с помощью другой моей переводчицы ничего лучшего сделать не мог. «Вы же сами настаивали на Шопрони», — неблагородно укорили меня. А я не настаивал вовсе, я дал Еву Габор, сказав, что Шопрони может ей помочь. Студия сама обратилась ко мне, поскольку они не знают ни одного литературного переводчика с русского. «А почему сценарий до сих пор существует лишь в двух экземплярах? — спросил я. — Почему с ним не ознакомили Ольгу, нашу устную переводчицу? У вас же есть ксерокс». На это они вообще не смогли ничего ответить и предложили выпить. Я отказался со зла, чем глубоко огорчил Аршанского. Без меня он не отважился на рюмашку. Под конец я их вообще обхамил. Они предложили мне в наш последний день поработать с режиссером, на что я ответил решительным отказом. Мы не можем работать с ним, пока он хоть что-нибудь не узнает про Кальмана или хотя бы внимательно прочтет сценарий. Я торчу тут почти неделю, а он не потрудился хоть как-нибудь приблизиться к Кальману. Я поеду с Аршанским на Балатон. По-моему, они испытали некоторое облегчение. Значит, не будет новых споров, резкостей, взаимных уколов и неудовольствий, грязного рабочего пота, будет сладкий «фан»* на лоне природы.

10 июня 1983 г.

Провели день на Балатоне. Купались, загорали, обедали, плыли паромом на полуостров, где осмотрели старый монастырь. Там есть модернистская скульптура св. Иштвана — из жести, талантливо сработанная.

Когда американцы снимали там какой-то фильм, городские власти приказали прибрать территорию возле монастыря, чтобы

---

* Fan (англ.) — развлечение, веселье, забава.

не срамиться перед культурными янки, и местные радетели первым делом свезли на свалку эту скульптуру, сочтя ее железным утилем.

Под вечер неожиданно появился чего-то перетрусивший Палашти с Ольгой. Мы долго разговаривали на открытой террасе кафе. Я предложил им приехать в Москву и там составить подробный поэпизодный план сокращенного сценария, чтоб я мог делать его уже наверняка, по прямому адресу. Палашти всполошился, испугался, расстроился и заявил, что в Москву он ни за что не поедет. Из его лепета выяснилось, что он считает Москву каким-то вертепом, новым Вавилоном, Содомом и Гоморрой, Лонг-Айлендом и Пляс Пигаль в одном лице, что в этом вихре развлечений, наслаждений, сладостного порока, дионисийского культа невозможна никакая работа, даже малая сосредоточенность, и его, тихого, непьющего человека, недавно перенесшего инфаркт, просто сметет этот ураган. Тогда я пригласил их к себе на дачу, в сельскую тишину, на полный кошт. Неуверенно, испуганно он согласился.

И приехал, и это стало началом моей гибели...

18 июня 1983 г.

Провел неделю в Венгрии, где Кальманиана, похоже, рухнула по причинам, мне не понятным. Самое характерное для нынешнего времени — совершенная неясность мотивов происходящего. Все покрыто канцелярским таинственным мраком.

Отношение весьма прохладное, и не только из-за кинонеприятностей. Венгры косятся в сторону, ставят фильмы о своих погибших на Дону героях и проявляют удивительное равнодушие к нашим воздушным поцелуям.

В проулочке возле Вацци — бедного женского рая — я увидел группу низкорослых, плохо одетых людей, которые выскочили из автобуса и вмиг создали очередь у маленького магазина, хотя в соседних был тот же невзрачный набор товаров. Я узнал моих знатных соотечественников. Они не представляют, что можно что-то купить без очереди, этого не принимает замученное сознание. Они поторопились создать знакомую реальность, чтобы поверить в чудо покупок.

Старуха Кудрявцева нанесла мне удар под ложечку. С помощью своего родственника, секретаря Калининского обкома, добилась от высшего начальства запрещения моих рассказов о Лемешеве. Маленьких, исполненных любви и нежности рассказов. Хорошо это выглядит в конституционном государстве, без устали бубнящем о законах и законности. Мера в духе Николая I, запретившего писать Чаадаеву.

Состоялось великое мероприятие, столь трепетно ожидавшееся всеми причастными российской словесности. Но что-то не заметно просветления в изождавшихся душах. Мелкая дрожь продолжает колотить редакторов и издателей, все так же мутен и уклончив их тусклый взгляд.

Не ликуют и рядовые труженики: реальная зарплата уменьшилась на одну треть в связи с сокращением премиального фонда.

Правда, есть и хорошие стороны: справедливость торжествует. Щелокова и кубанского разбойника вывели из ЦК за допущенные ошибки. Каждый ошибся на миллионы государственных рублей. Щелоков до того наошибался, что его жена покончила самоубийством. Впрочем, ходят слухи, что он сам ее прикончил, чтобы свалить на нее вину; кроме того, слабонервная женщина требовала, чтобы он вернул все награбленное.

У Гали Б. тоже много ошибок, связанных с бриллиантами. Но она получила 200 рублей пенсии и пьет мертвую на даче и с распухшей мордой стреляет на личном пруду полудиких уток.

Что-то непривлекателен этот новый виток нашего бытия. Он не сулит даже обманчивых надежд; недаром вопреки обычной доверчивости советских людей к приходу новых руководителей не возникло ни одного доброго слуха. Все ждут только зажима, роста цен, обнищания, репрессий. Никто не верит, что поезд, идущий под откос, можно вернуть на рельсы. Странно, но я ждал чего-то разумного, конструктивного, верил в серьезность попытки восстановить утраченное достоинство страны и народа. Слабые следы такой попытки проглядывают в угрюмо-робкой деятельности нового главы. Но он не того масштаба человек. Ему бы опереться на те созидательные силы, которые еще сохранились в народе, на интеллигенцию, на гласность, но он исповедует древнее благочестие: опираться надо лишь на силу подавления. Это дело гиблое.

Хорошо сегодня утром спалось под грозу. А в кратких опамятованиях под раскаты такими ничтожными казались и критическая брань, и злые интриги Верки Кудрявцевой, и вся трусливая возня, в которую выродилась литературная жизнь.

Характерно для великого равнодушия, объявшего моих соотечественников, для молчаливого признания мнимости всех утвержденных ценностей, что о внезапной смерти 82-летнего А.Суркова, неотделимого от эпохи, мне за весь день слоняния по редакциям никто ничего не сказал. А это значит: не поэт, не человек ушел, а свалился фанерный лист с изображением какого-то сановника. Ну и что? Другой поставят.

С Трифоновым так не было, даже с полузабытым Ю.Казаковым не было. Это проверка истинной ценности литераторов. Нечто подобное, но уже в гомерических масштабах происходит с нелитературными смертями. Уходит благодетель человечества, борец за мир, величайший герой на поле брани и на ниве созидательного труда, а всем до лампочки. Через день уже никто не помнит, что он был.

О великих решениях, призывающих, помимо всего прочего, к простоте и ответственности, к прямому и честному разговору с народом, говорили на обычном выспренно-ледяном, помпезно-казенном языке, исключавшем серьезность преобразований. Либо уже не могут говорить иначе, чем на языке пышно-бюрократической лжи, либо кому-то хочется скомпрометировать и принятые решения, и лежащую в основе их инициативу.

Я прошел по самому краю своего жалкого существования, по узенькой полосе, за которой обрыв. Нервную, вредную работу с Палашти я соединил с гриппом, который перенес на ногах, и с пьянством. Грипп сперва ударил меня в грудь — отчаянно болел пищевод, каждый глоток давался с неимоверным трудом, — потом обложил горло налетами, потом дал чудовищный гипертонический криз, приступ остеохондроза — спать не мог — и, наконец, предельное обострение стенокардии. Легкий дискомфорт в области солнечного сплетения перешел во все усиливающиеся болевые схватки. Затем боль стала неотвязной и не давала заглушить себя жменями нитроглицерина. Хорош был и фон: сперва — мозжащий холод, затем — паркая, душная жара с грозами, воздух перенасыщен электричеством, которое потрескивало в кончиках пальцев. Склонен думать, что никогда еще не был я так близок к финишу, и нет уверенности, что все обошлось. Нет, я еще не готов к смерти. Мне хочется увидеть и новые свои книги, и пластинку, и хоть какую-то картину из всех заделанных. И еще мне хочется видеть Аллу. Расставание со всеми другими людьми мне не будет трудно, ведь Лены уже нет. Столько прожить и не нажить хотя бы одной дружеской привязанности!.. Ну, это не совсем так. Были Павлик и Оська, и Саша Галич, и еще были друзья, да скурвились. А иные связи, некогда сильные, не поймешь почему, ослабели: Верочка, Любочка, Слава.

Ходим на просмотры в Дом кино. Грустно. Кроме профессионально крепкого фильма Лидзани, ничего, хотя бы пристойного, не было. А ведь какие имена: Трюффо, Коппола, Кастеллани, а маразм такой, что не знаешь, плакать или смеяться. Больше тянет к первому: жалко, что все так развалилось и унизилось в лучшем из миров.

Горделивое сообщение в фестивальном журнале: «Завязываются тесные связи с кинопредпринимателями Мозамбика и Мадагаскара». Это ж надо додуматься!..

Провал полный, а газеты бьют в литавры, как во время страшной Олимпиады. А кого, собственно, обманывают? Весь мир знает о полном падении давно уже опустившегося фестивалишки, ну, а мы-то подавно знаем. Никто из больших актеров не приехал. Ни одного имени. Нельзя же серьезно относиться к Раджу Капуру. А на прежних фестивалях бывали Де Сика, Феллини, Лоллобриджида, Куросава. Это мероприятие стерто с кинематографического глобуса земли.

16 июля 1983 г.

Позавчера были на концерте Евтушенко, посвященном его пятидесятилетию. Тут повторилась история, стрясшаяся со мной в Зале им. Чайковского; только в более гнусном виде.

Чингиз Айтматов читал поздравление, хорошо и тщательно составленное. Это чувствовалось по отдельным фразам, достигавшим нашего слуха. Остальное пропадало в звуковой каше, заваренной испорченным микрофоном. Чингиза дважды хлопками, криками и топотом ног сгоняли с трибуны — не из дурного чувства, но хотелось слышать, что он говорит, и публика требовала исправить микрофон. Этого так и не удалось сделать. После второго провала он покинул сцену, весь какой-то обмякший и разом постаревший. Женя не был столь подавлен. Хорошо поставленным голосом он попросил извинения у «своего друга Чингиза» за шалости техники и, не задерживаясь более на нелепом происшествии, уверенно начал читать. Но и у него случился сбой, публика начала орать: «Дальше от микрофона!», «Ближе к микрофону!» Не теряя хладнокровия, Женя сказал: «Эдак с ума сойдешь: дальше, ближе, дальше, ближе. Слушайте как есть». Тогда публика сама стала находить в громадном караван-сарае те места, куда долетали слова. Какой бардак! Почему ни здесь, ни в Зале Чайковского, ни в Большом Кремлевском дворце во время кинофестиваля не проверили предварительно аппаратуру? До чего же всем на все наплевать. И главное, никто за эти безобразия не расплачивается.

Кстати, выяснилось, что мой двухчасовой вечер в Академии им. Фрунзе, так долго готовившийся, прошел под онемевший микрофон. Но военные люди бровью не повели: сидели, не шелохнувшись, и, возможно, были рады, что им не морочит ослабевшее сознание чей-то настырный голос. Беззвучие было роскошно оформлено: мне вручили грамоту, стопку военных книг, памятный вымпел, вынесли устную благодарность, угостили коньяком. Потом еще прислали фотографии и хороший денежный перевод. Словом, моя деятельность в качестве Великого немого была высоко оценена. Может, это новое направление в идеологической работе? Ведь у нас форма начисто оторвана от содержания. По форме идет напряженная культурная жизнь, но содержания никакого, оно поглощено беззвучием.

А стихи Женя читал плохие и длинные. И даже старые его стихи, казавшиеся по памяти свежими, больше не звучат. Нищие мыслишки, ничтожные слова, убогие рифмы и, главное —

тягуче, тягуче, как патока. Это чисто эстрадная поэзия, теперь уже нет никаких сомнений. Но и такая имеет право на существование в век поп-арта.

Хороша была старушка с букетом — «прорывающая ряды». Скорей всего, Женя нанял ее за трешницу, уж слишком неправдоподобно, гротескно она выглядела: бабушка-«тролльчиха» полуметрового роста. Женя преклонил колено, поцеловал лягушачью лапку и прижал к груди скромный букет. Публика отнеслась со сдержанным восторгом к этой явной показухе. Женя ничего не стыдится.

На второе отделение мы не остались, я неважно себя чувствовал. Пропустили и банкет, где в положенную минуту раздастся: «Я подымаю бокал за удивительную русскую женщину, за Василису Премудрую, Марфу-Посадницу, мою вторую маму, Нину Сергеевну Дристунову, заместителя директора ресторана "Окунь"». И тогда присутствующие с облегчением поймут, что банкет не подорвет благосостояния торгового дома «Евтушенко и сыновья», ибо шпроты с задранными хвостами, плавающие в желто-зеленом машинном масле, колбаса из нутрии и прочие разносолы доставлены бесплатно премудрой женщиной из ресторана «Окунь» и никому, кроме государства, ничего не стоили, равно как и славное винцо в оплетенных бутылях, присланное благодарной Грузией, чьих звонких сынов Женя перепирает на язык родных осин. Сам же виновник торжества в таких случаях потягивает персональную «Изабеллу», которую держит под стулом.

1 августа 1983 г.

Вот уже неделя, как я мучаюсь обострением ишемической болезни (так, кажется, это называется по-научному). Сперва были кратковременные схватки, потом они превратились в мучительные, ничем не снимаемые приступы. Наконец стало так неуютно, что я дал повести себя к Орлову. Правда, местная кардиограмма, которую делали на аппарате времен Анны Иоанновны, ничего плохого не показала. Более совершенная аппаратура Орлова показала небольшое ухудшение, подтвержденное американским прибором стоимостью в двести тысяч долларов. Я видел на экране собственное, как-то гибельно содрогающееся сердце. Тяжелое впечатление. Орлов ничего угрожающего не обнаружил и дал нормальное, вполне консервативное лечение.

Но мы-то и сами не лыком шиты. Еще до визита к нему мы нашли кудесника, который курсом сухого голодания брался вернуть мне мое спортивное сердце, юношескую стройность, давление космонавта. Волшебного человека звали Гелий Константинович Казеев, он был похож на чертика-домоуправа из «Альтиста Данилова»: мышиный жеребчик с острой бородкой, до дерзости самоуверенный, фанат своего метода, как сейчас любят говорить, с ореолом авантюризма, которым отмечена вся буйно разросшаяся доморощенная медицина. Его конек — голод. Считается, что он спас Маратова. Может быть, так оно и есть, ибо он пользовал его после курса, который Дима прошел у Орлова. Со мной же этот эскулап сыграл в отчаянную игру: он подготовил меня к голоданию тем, что вывел из моего организма все соли, прежде всего калий, с помощью тюбажей и чудовищных клистиров, кроме того, продержал меня на строжайшей диете, а в заключение отменил все лекарства — гемитон, индерал, валиум. Наконец, после горячей ванны настал голод. При этом я обязан был вести обычный образ жизни: немного работать, гулять, встречаться с людьми. Исполнительный и послушный, как всегда, когда вверяюсь чужой воле, я поработал, почитал, послушал музыку и поехал осматривать храмы. Если б я дал себе труд разобраться в том щемящем чувстве, с каким глядел на город, на прохожих, ощущая драгоценность каждого усталого лица, то наверняка бы понял, что умираю. Но мне не хватило какой-то малости. Уже на пути домой мы проехали мимо полуразрушенной церкви, где на паперти дремал старик сторож, а над ним красовалось объявление: «Подгонка мужских брюк по фигуре». Ради этого уничтожили старинный храм. И вот тут мне стало грустно воистину предсмертной грустью.

Едва вошел в квартиру, позвонила Таня Гутман, снимавшая меня накануне для документального альманаха. Я испугался, что нужны пересъемки, и почувствовал тесноту в области грудины. Но Таня кинула оливковую ветвь: все в порядке, никаких пересъемок. Боль отпустила. Минут через десять снова начало щемить, все сильней и сильней. Я обжирался нитроглицерином — ни черта не помогало. Вызвали Гелия. Он дал мне грелку на грудь, проделал несколько шаманских пассов, требуя, чтобы я «освободил анус», «освободил средний таз». «Хоть сейчас, — сказал я, — но где он находится?» — «Не отвлекайтесь!» —

приказал чародей, видимо, сам не слишком твердо знавший местонахождение «среднего таза». Лучше мне не становилось, скорее наоборот, и Алла настояла на вызове «неотложной помощи». Тут Великий целитель здорово струхнул, стал мелово-бледен и очень говорлив. Речистость его усилилась с появлением медицинской бригады. Он заговаривал мне зубы, чтобы я его не выдал. Почему-то ему подвернулся на язык поэт и резчик по камню Виктор Гончаров. Можно было подумать, будто мы для того только и встретились, чтобы обсудить унылое творчество этого художника. Если бы я умер в те минуты, то с именем Витьки Гончарова на устах. Только этого не хватало, и я напрягся против смерти.

Наконец боль прошла, и бригада, сделав электрокардиограмму, показавшую отсутствие инфаркта, убыла. И немедленно заяц превратился в льва. С невероятным нахальством Гелий обвинил Аллу в отмене всех лекарств. Он, видите ли, прописал **споловинить** их. Беспардонно призывал он меня в свидетели: «Вы же еще спросили, как расщепить дробинку индерала». Как будто я знаю, что такое индерал. Гелий уже видел себя на скамье подсудимых и подбирал способ защиты. А мы бы его пощадили, даже если б он отправил меня на тот свет. Я — во всяком случае. Но — низкий человек — он всех меряет на свой аршин.

Саша Черноусов, очевидно, вызванный Аллой, заметил, что, выводя из меня жидкость, Гелий лишил мой организм защитного калия. Целитель ответил чудовищной грубостью. Саша побледнел, но все же удержался от зуботычины. «Гелий, — сказал я слабым голосом, — где брат твой Калий?» Он диковато глянул на меня, поскольку Священное писание знал не лучше медицины.

Аля Кузнецова (она тоже была вызвана на подмогу), читающая много периодических изданий, сказала, что метод Гелия — симбиоз врачебных советов из «Недели», «Здоровья» и «Работницы». На другой день Мария Марковна припомнила, что основополагающее начало теории Гелия взято с суперобложки книги «О вкусной и здоровой пище». И вот этому ученому мы с Аллой детски доверчиво вручили мою непрочную жизнь. Взбешенная этой безответственностью, Люся кричала в телефон, что я чудом уцелел. Могу сказать одно: я шел на этот эксперимент, как на Голгофу, мое нутро сопротивлялось новаторскому лечению изо всех сил. Но Алле уж очень хотелось меня вылечить, а чего не сделаешь для любимой женщины.

Сейчас лежу, пришибленный, конечно, читаю про Гитлера, декабриста Кривцова и его братьев, слушаю Имрушку. Весь день у нас милые Муся и Галя. Алла, бедная, ужасно растеряна и подавленна. Я попросил позвонить Гелию и отказаться от его услуг, узнав предварительно, сколько мы ему должны и как передать деньги. Ожидавший совсем иной расплаты. Гелий тут же охамел, назвал Аллу «истеричкой», а Сашу и Алю — «гоп-компанией», но при этом великодушно согласился «продолжать курс». Тут Алле слегка изменила врожденная сдержанность.

10 августа 1983 г.

Почему я в таком ужасе от «окружающей действительности»? Разве нынешняя Россия настолько хуже той, какой она была во время Гоголя, Герцена, Салтыкова-Щедрина? Хуже, конечно, куда хуже. Россия всегда была страшна, но во мраке горели костры — те же Гоголь, Герцен, Салтыков-Щедрин. Сейчас костры потухли. Сплошной непроглядный мрак.

13 сентября 1983 г.

Были неделю в Венгрии. Вылетели вовремя, приземлились вовремя. Надо же!.. Отель «Атриум» с прозрачными лифтами очаровал Аллу. Шли стенания на тему: «Ну, Мышкин, создал ты жизнь для Алиски!» Я воспринимал ее восторги спокойно. И оказался прав. Приятный человек Палашти сказал приятным голосом, что я-де слишком послушно выполнил все его пожелания, и дал мне набросок своего сценария — невероятную пошлость. День на Дунае несколько поднял Аллин дух, но турне по магазинам подорвало ее веру в социализм даже в венгерском исполнении. Барахла навалом, а купить нечего. Мнимо хорошая, на деле недоброкачественная — на жиру — ресторанная еда, вспучивающая брюхо горой, шизофреническая болтливость Ольги, фальшь Габора, заключительная накладка с гостиницей и чудовищный отъезд (будапештский аэропорт самый страшный в мире) — довершили картину. Чуда не свершилось. Уезжали без слёз. И все же их жизнь несравнима с нашей. И дело не в продуктовом обилии, не в легком быте, а в самосознании граждан, в отсутствии черной, все разъедающей лжи и одуряющего страха.

4 октября 1983 г.

Ну вот и случилось то, чего я мучительно боялся, обманывая себя с редким и удивительным искусством, что минет меня чаша сия: цензура с абсолютной категоричностью зарезала мою повесть «Поездка на острова». Противопоставление Церкви государству, антитеза: власть — интеллигенция, «невольно напрашивающиеся параллели», Малюта в образе советского человека — вот пока то, что я знаю. Цензура обнаружила свой антисоветизм: я вовсе не вкладывал такого смысла в исторические параллели. Идея моей повести: нет зла большого и зла малого, зло, оно всегда зло, и стыдно пасовать перед малым злом, когда наши предки шли против зла великого. Очень здоровая и вполне современная мысль. А что, если побороться? Даст это что-нибудь, кроме нервотрепки? А может, подождать, когда решится с книгой — чем черт не шутит? А если не шутит, то уже терять нечего. Но боюсь, что все попытки отстоять повесть — жалкое донкихотство. Время портится стремительно, и уже завтра мне будет казаться диким, что я вообще сунулся с этой повестью. (Так оно и оказалось.)

17 октября 1983 г.

Вонь крепчает, духота усиливается. И странно, что я все это предвидел. Я ждал, что рано или поздно они обрушатся на историческую литературу. Так и случилось. Роль застрельщика взяла на себя, разумеется, смрадная «Литературная газета». Если захлопнется и эта дверца, то писать будет не о чем. И какая во всем тупость! Мой «Рахманинов» — до неприличия к месту сейчас. Пошла новая волна драпа, в самый раз показать, как жалка участь беглеца, как терзает душу ностальгия. Но меня так ненавидят, что плюют на собственную пользу, лишь бы нагадить мне.

Может, я чего-то не понимаю, не чувствую, не вижу себя со стороны? Мне кажется, что я тихо, уединенно живу, ни во что не лезу, никого не трогаю и только работаю, в стороне от тех путей, на которых раздаются чины и награды за каждый промежуточный финиш. А для литературной сволочи мое поведение — бревно в глазу. Я невольно оттеняю их низость, подхалимство, интриги, непрестанную грязную суету, злобную грызню вокруг Христова гостинца. Ведь, ко всему, я еще довольно много и часто печатаюсь. «Зачем ты хороший, когда я плохая?» — эта жалоба андреевской проститутки звучит во всем, что говорится и умалчивается обо мне. Совсем непросто остаться приличным человеком в наше время, даже такой пассивный подвиг дается кровью.

18 октября 1988 г.

Разговор с Сизовым о «Рахманинове». За день до этого — странный звонок Сергея Михалкова. Смысл звонка в том, чтобы я канителил как можно дольше со сценарием. Видимо, тянуть надо около двух лет, чтобы его успели переизбрать на съезде писателей. С сыном-беглецом он провалится, с сыном, работающим над новым фильмом, да еще о Рахманинове, — спокойно пройдет. Совершенно неожиданно Сизов сказал, что решили дать Андрону постановку без всяких предварительных условий, т.е. без обмена его вольного паспорта на общенародную «крепость». «При сложившейся ситуации... — бормотал Сизов. — Тарковский, Любимов... куда же еще!.. Пусть поставит картину, там видно будет!..»

Мудрое решение. Слишком мудрое, чтобы осуществиться.

Реакция «папы Шульца», которому я позвонил вечером, была непонятна. Он стал разговаривать, как пьяный конюх, с матом — в адрес шалуна сына, его парижской семьи и т.д. Это было совсем непохоже на первый — сдержанный и любезный — разговор. Алла догадалась потом, что все это предназначалось для других ушей, ведь я звонил к нему на дом. Мат выражал его гражданский пафос и вместе — давал выход восторгу. «Пусть ставит настоящий фильм, мать его, а не всякое говно! Что он там навалял, в рот его так, какую-то видовуху сраную. Хватит дурить, работать пора. Не мальчик, в нос, в глаз, в зад, в ухо его!..» Это все о блудном сыне. Библейское возвращение блудного сына решалось в другом ключе. Кстати, тут возвращения так и не состоялось (мудрое решение отменили), и Михалков не смог возложить руки на запаршивевшую голову странника сына и омыть ее жидкой слезой из ослепших от горя глаз.

26 октября 1983 г.

Каждый день гуляем с Люсей от одной смердящей очистительной системы к другой. Никогда не думал, что их столько в нашей округе. Путь наш пролегает лесом по-над ручьем, мимо бесконечных свалок, оврагов, превращенных в помойки, неопрятных следов летних пикников. Господи, как засрали твой мир! Как загадили чистоту под деревьями! И горестно-смешно выглядел лесник, озабоченно помечавший сухостой для санитарной порубки.

Говночист военного городка крикнул из своей говенной будки жене, возящейся у плиты в фанерной кухоньке:

— Скоро обедать будем? Больно вкусно пахнет!

— Да я и не начинала жарить, — отозвалась жена.

Это ему так сладко говном пахнуло.

Мне иногда кажется: люди согласны про себя, что достойны уничтожения.

27 октября 1983 г.

Смотрел сцены из разных спектаклей, а также концертные номера полупризрачного еврейского театра. Мощное впечатление оставил худрук: жирноватый, большеголовый, волосатый иудей, который все умеет и все делает блестяще: играет на рояле, поет, пляшет, лицедействует, разговаривает, хотя последнее — с какой-то провинциальной спесью. Он сам москвич, и все актеры москвичи, а театр считается биробиджанским — очередной вольт наивной, бессмысленной, непонятно на кого рассчитанной хитрости. Изумительная музыка — мелодичная, изящно-печальная, какой-то нескончаемый нежный стон; поразительно пластичные танцы, а «Лошадка» — такой номер, равного которому нет в мире. Ко всему еще «лошадка» дивно одета женой Ильи Глазунова: поперечно-полосатое трико с меховыми вставочками подчеркивает гибкость молодого, упругого, ловкого тела артистки. А плюмаж на гордой головке, а чудный хвостик над круглой улыбающейся попкой! Я не видел более эротического зрелища, причем без тени похабства. Впечатление такое, будто побывал в сказочной стране. Неужели это можно увидеть у нас, в нашем тупом и мрачном городе? Какое дерьмо рядом с этими странствующими евреями театр Любимова — плохие актеры, надсадная, заимствованная режиссура, копеечное поддразнивание властей. А «лошадка» вообще над властью, она отрицает ее каждым взбрыком, вскидом полосатой попки, встрясом плюмажа.

На днях случайно узнал, что толстый худрук был любовником жены теннисиста Лейуса, который задушил и расчленил неверную. Говорят, расправой над изменницей Лейус спасся от валютного дела, грозившего ему куда худшими неприятностями, ибо задушил он частное лицо, а долларовой спекуляцией обесчестил государство.

8 ноября 1983 г.

Дорогие папочка и мамочка. Ваш сын, которого вы так легкомысленно зачали в 19-м, так серьезно пытались выкурить, а по нежелательному появлению на свет пылко возлюбили, готовится стать атомной пылью.

Дико, родившись при извозчиках, свечном свете в деревнях, керосиновом — на даче, умирать от нейтронного взрыва. Наука чересчур быстро развивается.

Так ли «блажен» тот, «кто посетил сей мир в его минуты роковые»? Думаю, что ответ должен быть отрицательным.

Как горестно и страшно, что где-то за Марьиной рощей медленно и неотвратимо уходит Лена. Она почти без сознания, бедная. Но, слава Богу, не чувствует боли, если только мне не врут. Господи Боже мой, и до этого пришлось дожить. А ведь были улочка Фурманова и Лопухин переулок, и маленький дом на Остоженке, и молодость, и жалкие радости посреди кромешного мира, и не, оставлявшее меня желание, что не помешало мне поступить с ней так жестоко.

Дробно и много сплю. Выносливости никакой. Над самой пустой работенкой, вроде рецензии, просиживаю больше недели. Скромная повесть о капельмейстере Голицыне, давно задуманная, представляется непосильной тяжестью.

557

Сразу, без разгона началась зима. Со вчерашнего дня валит густой снег, метель. Порывы ветра сдувают снег с деревьев, и он вскипает каким-то дымчатым облаком, закрывая даль. Гулял по неуютному нашему микромиру, видел перепуганную за своих сыновей Дашку. У нее был вид матери времен войны, конечно, не плакатной, а истинной, горячей от боли. Все делают вид, будто никакой войны нет. Война идет уже не первый год, бессмысленная до помрачения рассудка, и убивают каждый день мальчиков, да не просто убивают, а калечат, ломают позвоночники камнепадом, оскопляют и ослепляют, зверствуют — с полным правом народа, подвергшегося коварному нападению. Какое сметенное лицо было у жалкой Дашки! А протестовать она должна против нападения на Гренаду, о которой никогда не слышала. Те же, что слышали, уверены, что это навязшая в зубах светловская «Гренада, Гренада, Гренада моя!».

Она сказала о том, что стало ясно и мужичью: «Ничего у энтого не вышло, народ уж ничем не проймешь, воруют, пьют и прогуливают по-прежнему». И все-таки наш новый Заибан не теряет надежды привести народ под конвоем в светлое будущее.

Читаю прелестные письма дочери Марины Цветаевой. Как глубоко проникла Марина Ивановна в своих близких, как пропитались они «духом Цветаевой». Они и думали и говорили по-цветаевски. Ну, предположим, у дочери это наследственное, а у сестры — там, где она на подъеме? Ее легко спутать с Мариной, а ведь она человек бытовой и порядком осовеченный. Аля же просто дубликат матери. Ее письма к Пастернаку — это неизвестные письма Марины Ивановны; совсем по-Марининому звучит обращение «Борис», а налет влюбленной требовательности и вся игра на равных, на которую Аля не имела морального права! Видимо, спасая остатки своей личности, Эфрон пошел в шпионы и террористы, вступил в партию. Хоть через подлость, через убийство, но сохранить что-то свое, мужское, ни с кем не делимое. Он не просто негодяй, он фигура трагическая, этот белоглазый Эфрон.

Марина Ивановна и Ахмадулину на какое-то время подмяла под себя. Та общалась с Ахматовой, не обладавшей этими змеиными чарами; поэтически, казалось бы, делила себя между двумя, на деле же была в полном плену у Цветаевой, у ее интонации, даже синтаксиса. И спаслась приверженностью к Лиэю, как называл это божество Аполлон Григорьев.

Интересно, каким психологическим трюком сумела Ариадна Сергеевна обелить для себя отца? Ведь она, в отличие от матери, обязана была все знать. Анастасия Ивановна — просто старая советская приспособленка, приживалка с горьковского подворья, но Аля — другая, чистая. Как ловко умеет человек оставаться в мире с собой и договариваться с Богом!

Наши бездарные, прозрачно-пустые писатели (Софронов, Алексеев, Марков, Иванов и др.) закутываются в чины и звания, как уэллсовский невидимка в тряпье и бинты, чтобы стать видимым. Похоже, что они не верят в реальность своего существования и хотят убедить и самих себя, и окружающих в том, что они есть. Отсюда такое болезненное отношение баловня судьбы Михалкова к премиям. Медали должны облечь его тело, как кольчуга, тогда он будет всем виден, тогда он материален. В зеркале вечности наши писатели не отражаются, как вурдалаки в обычных зеркалах.

Сегодня, гуляя, видел, как возле магазина какой-то щуплый и задиристый мужик сшиб с ног другого и неумело, размашисто лупил его по башке, шее и спине. Тот не пытался встать с покрытой первым девственным снегом земли, рядом лежала его фетровая шляпа. Впечатление было такое, что он не возражал против этих вялых и не слишком болезненных побоев. Окружающих экзекуция тоже не занимала. Когда же усилок отошел поздороваться с другими алкашами, притащившимися в магазин, пострадавший поднялся, нахлобучил шляпу и с грязной спиной деловито зашагал по своим делам, тяжеленькая авоська оттягивала ему руку. Ни возмущения, ни обиды в нем не ощущалось. Водка («андроповка») осталась при нем, бутылки не побились, и он бодро шагал к своему уютному, теплому дому, глава семьи, отец и муж, старый производственник, отличник труда и обороны, строитель коммунизма.

А до этого я видел, как двое подростков третировали своего товарища. Уж не знаю, чем он им не угодил, но они время от времени пытались сшибить его с ног, а когда он отбегал, кидали в него чем попало. Он все принимал как должное. Мне мучительно видеть даже не самое издевательство, а гнусную покорность жертвы. Русские люди всегда знают за собой какую-то вину и безмолвно принимают наказание.

14 ноября 1983 г.

Прочел роман Булата Окуджавы «Свидание с Бонапартом». Странное впечатление. Написано, несомненно, умным и талантливым человеком, а что-то не получилось. Раздражает его кокетливая игра с языком, который он недостаточно знает. Но дело не в этом, среднехороший редактор без труда устранил бы все огрехи. Он не может выстроить характер. Все герои сшиты из ярких лоскутьев, словно деревенское одеяло, ни одного не ощущаешь как живой организм, и налиты они клюквенным соком, не кровью. Много хороших описаний, превосходных мыслей, органично введенных в ткань повествования, а ничего не двигалось в душе, и самоубийство героя не только не трогает, а вызывает чувство неловкости, до того оно литературно запрограммировано. Так много написать и ни разу не коснуться теплой жизни!..

17 ноября 1983 г.

Позавчера выступал на заседании Клуба книголюбов, посвященном Асиной «Книге книг». Минут двадцать говорил о ней так, как никто не говорил ни о Сафо, ни о Жорж Санд, ни об Ахматовой и Цветаевой. Под конец чувствую, что становлюсь смешон вместе с моей героиней, в крайне осторожной форме сказал о чрезмерном захлебе, с каким она пишет о всех деятелях культуры, независимо от их величины и значения. Нельзя же писать об унылом Перове теми же словами, что и о божественном Леонардо. Это то, что Чехов называл «хмелеть от помоев» (о Стасове). Из всего мною сказанного Ася запомнила только эти слова и смертельно обиделась. Но я рад, что сказал. Ася открылась мне с неожиданной стороны: подхалимка и деляга. В разгар прений ввели под руки в дым пьяную старуху Прилежаеву. Она кутила в связи с присуждением ей премии Ленинского комсомола. Гиньоль! Ася только что на колени не стала при виде этой фантастической комсомолки.

После этого Ася и «Ювочка» Яковлев в ресторане подымали

кубки во здравие комсомольской праматери. Оказалось, что умный, талантливый и честный Яковлев глубоко презирает Асю и не может взять в толк, почему я с ней вожусь. Она платит ему тем же: стукач, убийца, бездарь. Вообще советские писатели и «ученые» в области искусства относятся друг к другу, как челядь: каждый истово презирает другого, считая коллегу разбойником и вором и не понимая, как только барин его терпит.

Ася мне недавно сказала: «Это я с тобой такая милая, а вообще-то я стерва». Тут не было ни игры, ни преувеличения. Покончено еще с одной иллюзией. Чистая и восторженная энтузиастка оказалась обычной карьеристкой.

А ЦДЛ по-настоящему страшен. Грязные, засаленные, старые официантки-жулябии плохо и хамски обслуживают грязных, скупых, злобных оборванцев—жуликов от литературы.

Возле стола администраторши сидел некто страшный с плохо забинтованной головой. Торчали неопрятные клочья ваты, бинт был захлестнут и вокруг шеи, жалко, по-собачьи глядели из серой марли насмерть раненные глаза. Это писатель, которого я по ошибке принимал за спившегося, постаревшего и охромевшего Калиновского. Официантка сказала мне, что ему сделали какую-то чудовищную операцию и сейчас он очень страдает, что никто не хочет водить с ним компанию. Я и раньше не замечал, чтобы он был окружен друзьями и поклонниками, но ему кажется, что прежде все искали его общества. Он бесконечно жалок, но и противен в своем унижении. Случилось несчастье, заползай в нору и зализывай свои раны, зачем ты навязываешь другим свои язвы, нельзя требовать от измученных людей подвига доброты, сострадания и небрезгливости. На кого я злюсь — на него или на себя, что не уподобился доброму самаритянину?

Замечательная встреча с Камшаловым в «Молодой гвардии». Обдриставшись на «Председателе» (вместо того чтобы помочь нам отметить двадцатилетний юбилей фильма, он сделал попытку запретить фильм, ставший классикой), Камшалов испугался моего появления в редакторском кабинете. Держался льстиво, робко и предупредительно. Но когда, прощаясь, я по ошибке взял его чемоданчик вместо своего, точно такого же, раздался железный окрик (следователя, прокурора, конвойного): берите свой! С перекошенным лицом он вскочил на ноги. Я со смехом сказал, что использовал старый кинотрюк, дабы узнать его тайны. Он не улыбнулся. Что-то волчье появилось в его широкой, наигранно простодушной морде. До чего же художественно завершенным было это самораскрытие.

А все дело было в том, что его кейс был набит бутылками водки.

УЗКОЕ

21 ноября 1983 г.

Приехал в Узкое. Тут все осталось неизменным, только «Березы» Бакста переместились с одной стены на другую. Те же нянечки, те же сестры, та же безумная, с горящими глазами Татьяна Александровна, тот же пузатый врач Борис Семенович у бильярда, той же серой мышью скользнула с чайником в руке фиктивная жена девяностолетнего математика, те же ученые шаркуны-оборванцы в коридорах — одуряющее ощущение, что время остановилось. Есть в этом что-то жуткое и вместе — привлекательное. И охромевшая библиотекарша ничуть не изменилась после больницы, и по-давешнему несу я в номер мемуары Хвощинской. Наверное, это хорошо, недаром англичане культивируют такую стабильность, считая, что она сохраняет нервную систему, но в нашей жизни — неизменной и неподвижной в целом и утомительно динамичной в мелочах — это производит давящее впечатление.

Спал плохо, в кошмарах снов легко вычитывается страх за Аллу, снова вверившую свою жизнь коварству воздушного океана.

22 ноября 1983 г.

Опять бездельничал. Играл на бильярде, ходил в парикмахерскую. Понял, почему парикмахеры самые глупые и пошлые люди на свете — они никогда не выключают радио. Это была странная парикмахерская — из фильма ужасов. Меня обслуживала сонная расползшаяся старуха в глубоком склеротическом маразме, усиленном глухотой. На самое простое движение она затрачивала несколько минут. Томительно и страшно было смотреть, как тяжело давались ей такие несложные действия, как

562

налить воду в стаканчик, направить бритву, повязать салфетку. Но работала вполне уверенно, еще раз подтвердив, что склероз щадит профессиональные навыки. При этом она была мрачно-игриво настроена и все пыталась выяснить, зачем я бреюсь и стригусь ни с того ни с сего. Жену небось ждете? Я сказал, что жена улетела в Армению. Значит, дамочками санаторными увлекаетесь? Нашим «дамочкам» я гожусь в сыновья. Не может этого быть, у вас кто-то есть. Время от времени она отлучалась в прилегающее помещение, чтобы покалякать с девушкой-гигантом. То была парижская Рита из Венсенского леса — «самая большая женщина в мире». Она носила короткое платье, из-под мятой юбки обнажались чудовищные ляжки, каждой достаточно, чтобы построить женщину средней упитанности. А лицо красивое и разговор нормальный. Потом откуда-то возник парикмахер вдвое толще ее, довольно молодой, видимо, ее брат. Кто же производит таких монстров, какие Голиафы? Мне было здорово не по себе, не люблю, когда меня заигрывают в броккенские игры. Ну вот, сказала моя парикмахерша, сдирая с меня «пеньюар» — так красиво называется грязноватая простынка, — теперь и к дамочкам можете идти.

23—24 ноября 1983 г.

Ходил гулять и вышел к Ясеневу. Одуряющее однообразие девятиэтажных коробок. До чего плохо и бездарно устроились люди на земле. Животные заняты поиском пропитания, устройством логова и сезонной любовью. Человек, в конечном счете, занят тем же, только любовь не лимитирована. Отличают нашу жизнь от животной, делая ее значительно хуже, лишь водка, папиросы и телевизор. Животные не знают войн, мы же беспрерывно воюем, а в антрактах измышляем новые, все более зверские способы уничтожения друг друга. Но нельзя же думать, что причина войн коренится в том поверхностном отличии от животных, которому мы обязаны нашим пороком. Нет, природа выдумала нас для познания самой себя. Делаем мы это, как и все остальное, из рук вон плохо, и природа нас время от времени убирает — то с помощью нашествий, то войн, то стихийных бедствий, и нанимает других, столь же бездарных слуг. Похоже, сейчас могучий органический и неорганический мир постигло полное разочарование — институт, именуемый «человечество», будет закрыт навсегда. А земля, отмывшись в воздушном океане, поплывет дальше в своей изначальной чистоте.

Сколько бы ни орали о сохранении мира, сколько бы ни проклинали войну, а на дне души никому не хочется пропустить термоядерный фейерверк. Такого зрелища не было и не будет. К тому же так приятно, что тебя никто не переживет, а главное — получат по заслугам зажравшиеся, те, кому достался весь пирог.

На всех балконах многоэтажного Ясенева развешаны жалкое, заношенное, проссанное белье, половички, коврики, какие-то цветные тряпки — печальные флаги полной капитуляции.

Четверг не подарил мне никакой серьезной думы. Верстка вышибла меня из колеи. Тяжело править набор книги, обреченной на растерзание цензором. (Так и случилось: из двадцати пяти печатных листов осталось шестнадцать.)

Ходил в лес. Много лыжников — по-спортивному хорошо одетых, очень умелых, длинноногих. Это все-таки совсем иная юность, чем выпавшая мне на долю. Мы были под стать приютским детям из убежища им. Андерсена-Нексё: полугодные, низкорослые, неухоженные оборванцы. И как странно, что я совсем не знаю нынешних молодых, они дальше от меня, чем австралийские аборигены. От их опрятного облика веет вызывающей бездуховностью.

(В этот день — как я узнал лишь в канун Нового года — скончалась Лена.)

25 ноября 1983 г.

Вожусь с версткой. Настроение неважное. Ходил гулять с доктором биологических наук — океанологом, дамой средних лет, объехавшей полмира, избороздившей все моря и океаны. Почему-то от нее не веет свежестью пространств. Она не лишена мозгов, даже симпатична, и все равно — духота. Поразительная неосведомленность во всем, что не связано впрямую с ее делом. Считала, что учителем Нерона был Аристотель (!). Никогда не слышала ни о графе Баранове, ни о рок-опере, сводящей с ума всех московских образованцев.

Но вышколена на диво. Ни одного вольного высказывания, все по газете, полный отказ от собственного мнения, умение выключать слух, если разговор вдруг «уклонился» в сторону. По-

564

моему, мы близки с созданию образцового гражданина социалистического общества. Головы, души, моральные ценности — все сдано на склад и едва ли когда востребуется. Поразительное свойство у таких людей: говорить без умолку ни о чем. Смысл этой трепотни — не дать коснуться серьезных тем. Этих картонных людей ничто не мучает, не заботит, у них нет сомнений, колебаний, желания хоть как-то разобраться в окружающем. Они запрограммированы, как роботы. Этим оплачено право беспрепятственно ездить за бугор; и какого черта они рвутся туда, где им все не нравится? Ну и сидели бы в своем раю. Ведь не только из-за джинсов, ползунков, дамских сапог и электротоваров рвутся эти праведники за кордон, хотя магазины и стоят на первом месте. Естественный для человека порыв к свежему воздуху превратился у нас в источник дополнительного угнетения, обуздания и принуждения. Ради того чтобы ездить, люди идут на отказ от собственной личности, на немоту, на предательство.

26 ноября 1983 г.

Неожиданно явилась Надя и привезла с собой симпатичного болгарского журналиста Любена Георгиева, Олю Кучеренко и какую-то рыжую бабу из Грузии. Оля поразительно хорошо сохранилась. Ей лет пятьдесят пять, а у нее легкая, стройная фигура, нежный цвет гладкого (без подтяжки) лица, живые блестящие глаза. Беспредельный эгоизм замечательно сохраняет молодость. Смерть мужа, уход любовника, общее неблагополучие — ничто не коснулось забронированного сердца Оли. Надя не так юна и прелестна, но человек добрый, даже растроганный. Сказала, что помнит каждую малость наших далеких дней. Странно, но я запал в некоторые души. И еще есть в ней хорошее — она несет с собой праздник. Ее Москва — это не вонючая помойка, которая так пугает нас с Аллой, а дивный город, исполненный веселья, тайны, соблазнов. Я понял, как мог терпеть ее чуть не целый год. Она — с карнавала, а все остальные мои знакомые — из морга. Они просидели у меня часа полтора, мы не пили, только разговаривали — легковесно, поверхностно, но тепло осталось. Даже чем-то поэтичным пахнуло — безбытным, беззаботным. Болгарин привез прекрасно изданное в Пловдиве «Царскосельское утро», которое я тщетно пытался получить через паразитарный ВААП.

Все-таки тяжеловато мы с Аллой живем. Наши сборища почти всегда надсадны, не легки и не веселы, и слишком много оберегающих указаний, профилактической опеки, напоминающей о старости, болезнях, расплате за легкомыслие. Наверное, так нельзя, хоть изредка надо быть беспечным.

27 ноября 1983 г.

Дурацкий день. Три с половиной часа у меня сидела журналистка из «Известий», и я бесстыдно, в который раз, талдычил о школьной дружбе, об измене футболу ради литературы, о советском рассказе, который поддерживается только изнемогающими усилиями Соротокиной и Наумова. С огромным трудом удержал на устах готовое сорваться имя Беломлинской-Платовой, которую все считают моей выдумкой. А она — номер 1. Зачем я так растрачиваю время и силы? Что у меня — вторая жизнь в запасе? До прихода журналистки я два часа правил другое интервью — для «Семьи и школы». Великий воспитатель, Песталоцци, сукин сын! А потом поездка в Москву, возня с версткой, никому не нужное выступление, повесть заброшена. А все дело в том, что я беспокоюсь за книгу, за новые рассказы, за все литературное будущее, поэтому мне кисло, неуверенно пишется, поэтому меня тянет к сублимации работы. Надо взять себя в руки. Вечно я куда-то заваливаюсь: то в кинохалтуру, то в телерадиовыступления, сейчас вот интервьюерная горячка. Как мне не стыдно срамить своим равнодушным бормотанием детство, мать, школьных товарищей, Чистые пруды? Нельзя же так опу-скаться.

28 ноября 1983 г.

Сегодня гнилой день: дождь не дождь, какая-то квелая сечь из серого, упавшего на деревья неба, гололед. Сразу стал хуже себя чувствовать. Не сердце, даже не давление, а слабость, бескостность какая-то, не было сил пойти погулять. Но работать силы были, и я полдня просидел над интервью, а полдня — над мерзким режиссерским сценарием Палашти. До чего же упрямый и душный человек! После всех разговоров, скандалов, ссор, объяснений опять все сделал по-своему. А может, я зря на него злюсь? Он просто не может иначе. От совершенной неспособности выйти из своих пределов. Он от чистого сердца разводит всю эту низкопробщину. Как только у меня прорывается высокая нота, он затыкает уши и старается заглушить меня голосом ярмарочного Петрушки. Но есть, конечно, и чисто режиссерское стремление к самоутверждению, неистребимая ненависть к сценаристу. Тоска зеленая!.. И непонятно, что делать. Все слова сказаны, все доводы приведены, все оскорбления выплюнуты, остается плакать или... плюнуть. Все же я сделаю последнее усилие: избавлюсь от самой махровой пошлости. Вторая половина, где он сблизился с литературным сценарием, куда опрятнее.

Качество интервью зависит на девяносто процентов от того, кто его ведет, на десять от того, кто его дает. Катаеву в «Известиях» здорово повезло. С ним имел дело талантливый и умный журналист. Недоброе и фальшивое катаевское брюзжание обрело тон достоинства, которое начисто отсутствует и в его жизненном поведении, и в его нынешних писаниях.

29 ноября 1983 г.

Ездил в Москву. Сквозь чудовищный туман, мокрядь, серую склизкость. Мрачный путь. Мрачный город. Мрачная, полуразрушенная ремонтом квартира. Удручающие послания из Союза писателей: какие-то призрачные отчеты, никому не нужные обсуждения, бесконечные перевыборы в недейственные органы. Впрочем, так ли уж все это никому не нужно? Достаточно открыть бюллетень МО СП, чтобы убедиться в обратном. В результате липовых мероприятий, пустого шума, грязной суеты зачинщики этих «мероприятий» разъезжаются по разным странам Европы с мифическими целями и реальной пользой для себя, своих жен, детей и внуков. Плащи, кожаные пиджаки, вельветовые джинсы, магнитофоны, ползунки — вот навар пленумов, заседаний, совещаний и перевыборов. На фоне этого циничного разгула уничтожают гнездо Пастернака, и никому, кроме надорванной Ахмадулиной, до этого дела нет.

До чего убого выглядят наши издательства и редакции журналов. Сразу видно, что они непричастны серьезной жизни контингента, тех, кто пользуется кремлевской больницей и кремлевской столовой. Марков, Бондарев, Чаковский, Иванов и иже с ними не затрудняют себя посещением издательств и редакций, что приходилось порой делать даже Шолохову, не говоря уже о Симонове или Льве Толстом. Они все имеют с доставкой на дом, и печатают их в иноземных типографиях, на веленевой бумаге, и облекают шагреневой кожей. Фантастически изменилось наше бытие, в котором прежде при всем ножебойстве существовало некое подобие этического начала (пусть лицемерное), сейчас — откровенный разбой.

30 ноября 1983 г.

Наша грубая, примитивная и назойливая пропаганда достигает цели. «Врите, врите — что-нибудь да останется», — мы взяли это на вооружение. Нет ничего проще управления с позиции силы, особенно когда этой силе ничего не противостоит. Талдычь без конца одно и то же, рассудку вопреки и правде наперекор, и народ, ослабленный страхом, с бациллой рабства в крови, примет эту ложь за истину, большей частью — искренне. Ну а для тех, кто не сразу принял, есть удавка. Так всех убедили, что американцы умирают от голода. Массажистка мне на полном серьезе сказала: «У нас денег полно, а купить нечего, а у тех все есть, а купить не на что». Потом, правда, добавила задумчиво: чегой-то безработные одеты больно хорошо. И снова провалилась в свой рабский идиотизм. Народу и не нужно другого строя. Как испугались в исходе шестидесятых тощего призрака свободы и с какой охотой кинулись назад в камеру, где не надо ничего решать, не надо выбирать, не надо отвечать за свои поступки, где все отдано надзирателю, а твое дело жрать, спать, срать, гулять, трепаться о погоде с однокамерниками, мечтать о выпивке и отрабатывать легкий, необременительный урок. Воистину — быдло. Был ли когда-нибудь народ, настолько покорный, безмозглый, доверчивый, несмотря на все обманы? И все-таки это не врожденная безмозглость, а сознательный отказ от ума — из страха перед удавкой.

Наконец-то из ножен извлекли самое старое и заслуженное оружие: бдительность. Неважно, что оно проржавело, затупилось, другого нет, вернее, есть, но оно не по руке пасущим стадо. И ведь сами отлично знают, что оружие это легко обращается против тех, кто его поднял, но окостенелый рассудок не может изобрести ничего нового. Бдительность, экономия, оптимизм — три цвета нынешнего времени. На деле же: подозрительность, разгильдяйство, обреченность.

Выступал в Калининграде. До этого продиктовал Ахмадулиной письмо по поводу пастернаковской дачи. Умеет она очаровывать и обманывать людей. Эта интонация плавящейся доброты, беспомощности, доверия, мольбы о снисхождении, и из темных зрачков нет-нет да и глянет дьявол. Я чувствовал по телефону этот нечистый зырк. Но люди, видевшие ее лишь в искусственной душевной прибранности, наотрез отказываются верить в ее холод, жестокость, самомнение, беспощадность ко всему, что не она. Ох, и умеет же она обманывать!

В Калининграде все обычное: смесь убожества, трогательности, энтузиазма. И ужасно много некрасивых людей, особенно женщин. Как выродился физически русский народ!

1 декабря 1983 г.

Сегодня услышал последние светские новости. Группа грузинских юношей и девушек (в большинстве — дети привилегированных родителей) пыталась угнать самолет. Убиты несколько человек команды, кто-то из пассажиров, трое угонщиков, один вроде бы застрелился. Всего погибли восемь человек. Расстрелян директор крупнейшего Елисеевского магазина. Директор Смоленского гастронома застрелился сам. Еще трое выдающихся московских гастрономических директоров арестованы. Есть и достижения: снижены цены на бриллианты, меха, ковры и цветные телевизоры определенных марок, которые никто не брал, потому что они взрываются. Последнее — просто накладка. Что-то перепутали. Зато по некоторым «Ракетам» можно смотреть третью программу.

Вообще за торговлю взялись крепко. Но если подымать ее таким образом, то надо расстрелять всех, без исключения, директоров, завмагов, даже овощников из пустых смрадных палаток, потому что все воруют. Не забыть и пивников, почти официально разбавляющих пиво. И, разумеется, всех работников общественного питания.

Если же распространить этот метод лечения общества на другие сферы, то надо казнить врачей, в первую голову хирургов, получающих в лапу за любую операцию, ректоров университетов и директоров институтов, а так же членов приемочных комиссий — без взятки к высшему образованию не пробьешься, прикончить надо работников ГАИ, авторемонтников, таксистов, театральных, вокзальных и аэропортовских кассирш, многих издательских работников, закройщиков ателье, жэковских слесарей и водопроводчиков, всю сферу обслуживания. Если же кончать не только тех, кто берет взятки, но и тех, кто их дает, то надо ликвидировать все население страны.

По счастью, внимание нашего руководства, как всегда, устремлено на литературу. Главное — исправить литературу, ибо она вечна, а жизнь бренна и скоротечна — черт с ней.

2 декабря 1983 г.

Говорил по телефону с несчастной Репиной. Хотел узнать, вышла ли моя рецензия. Она, конечно, понятия об этом не имела. Живет словно не в Москве, а в своей костромской дыре. Как только дотянула она до сегодняшнего дня при такой неприспособленности!

Вдруг она принялась рассказывать о своей шестнадцатилетней дочери-акселератке. Она выкуривает мать из квартиры. В полночь сходится ее компания, начинаются танцы до трех-четырех утра, звенят бокалы, стоны любви раздирают ночь. Она на втором курсе ПТУ, но на занятия почти не ходит. Интересов, кроме танцев, водки и парней, никаких. Репина уступила ей большую комнату, а сама перебралась в боковуху, но и здесь мешает дочери, особенно же — ее великовозрастному любовнику. Зина Александрова оставила внучке капитал в пять тысяч рублей; та не может получить всю сумму до совершеннолетия, но может получать на жизнь через опекунов. Она требует, чтобы мать очистила квартиру и забыла о ее существовании. «Она не любит вас?» — спросил я наивно. «Ненавидит», — устало ответила Репина. «А вы ее?» Долгое молчание, потом: «Я помню, как несла ее из роддома... Жалко!» В голосе слезы. Ее бывший муж, отец девочки, поэт-переводчик, пытался лишить дочь наследства, грозил Репиной выколоть глаза, но в конце концов угомонился, получив заверения, что его оставят в покое с алиментами, которые он и так не платил. «Вот тот мир...» .

570

Сегодня Ада с фальшивым состраданием сказала, что Лена совсем плоха. Что ее смерть — вопрос дней. Она давно в бессознательном состоянии, без малейшего просвета. Теперь я понимаю угрюмые умолчания Саши и почему Лена никак мне не отзывалась. Я-то думал, что ее мир сузился до одной внучки, и мне было горько. Оказывается, Ленин мир сузился куда больше, его вообще не стало, есть дышащее, не сознающее себя тело. Как это страшно. Почему-то я никогда не думал, что переживу Лену. Кроме мамы и Я.С., никто так сильно не вплетался в мою судьбу. Конечно, сейчас моя жизнь занята Аллой, но это уже не жизнь, а сборы в путь.

Лена же была в самую насыщенную, горячую, жестокую и страстную пору моей жизни. Поэтому ей так плохо пришлось со мной. Маша лишила меня доверия к близости, и я не был равен Лене в наших отношениях. Свое истинное лицо я вернул себе только с Аллой. Но это уже у гробового входа.

Лена оставалась во мной через всю мою влюбленность в Аду, через всю мою любовь и ненависть к Гелле и в то краткое безвременье, которое потом наступило. Но ей уже слишком важен был Сашка, поэтому второго начала у нас быть не могло. Лену никогда ничто не отвращало от меня: ни усталость, ни обида, ни другие заботы, она всегда с радостью отзывалась мне. Не так часто бывает полное физическое совпадение людей, нам это выпало на долю. Хоть в одном моя жизнь была до конца полноценной.

Приехал Сашка. Я с ужасом ждал его приезда. У него не было новостей. Он был такой же, как всегда, даже чуть веселее обычного. Когда все происходит на твоих глазах, когда оно вплетено в твою повседневность и ты реально служишь страдающему человеку, ты все ощущаешь иначе, чем «сочувствующие» со стороны. Послушать Сашу, так он не сын у одра умирающей матери, а повар-любитель, одержавший победу на районном конкурсе кудесников флотского борща и капустного пирога. Сколько застолий он оснастил изделиями своего кулинарного таланта, у меня аж слюнки текли от аппетитных названий: хинкали, кюфта-бозбаш, лагман, хачапури, китайские пельмени, бастурма. Но это не мешает самоотверженному служению больному бесконечно близкому человеку, не ослабляет горя и тоски.

Потом приезжала журналистка из «Известий», которая недавно писала о Роскине. Она рассказала, что он не просто сдал за последние месяцы, а рухнул в дряхлость. Он прожил очень долгую, опрятную и для человека его круга удачливую жизнь. Он не сидел, и близкие его не сидели. Он был дважды женат, один раз весело, другой раз серьезно, но не тягостно. Жил в уютной, хорошо обставленной квартире, которой не добивался в поте лица, долгое время очень хорошо зарабатывал, а нужды не знал никогда. До старости играл в теннис, а в старости начал водить машину и не бросал баранки до восьмидесяти пяти лет. У него нет ни чинов, ни званий, ни наград, это раздражает его, но одновременно осеняет нимбом гордой независимости. Его уважают, он ничем не поступился в себе. Хорошая жизнь, чистая, безукоризненная. Единственная его боль — потеря Оськи. Боль немалая, но, может быть, не стоит ее преувеличивать, ведь он не жил с Оськой, а был приходящим отцом.

5 декабря 1983 г.

Ездил в Москву. Работал с редактором. С удивлением узнал, что великий смельчак и правдолюбец Б-н — просто мерзавец. Нет, не просто, а коварный и ничтожный. В последнем я не убежден. Он спивается, хотя при диабете и дважды взрезанной поджелудочной железе водка — яд. Это заставляет меня думать, что он человек несчастный, мучающийся; не имея силы выйти из игры — при его бездарности это был бы конец, он губит себя водкой. Но, возможно, я его идеализирую.

Я отчетливо ощущаю работу моего подсознания. В долгих и мучительных, а порой щемяще счастливых снах является Лена в крайне преображенных образах. То она почти девчонка, то голливудская звезда, то сливается с мамой, то с Аллой. Порой я ее не узнаю и, лишь просыпаясь, в последний миг перед наступлением яви понимаю, что видел Лену, а не девочку, не звезду, не маму и не Аллу. Лена в моих снах всегда милая, привлекательная и веселая.

Опять задумался о вчерашней поездке в журнал. Как погрустнела бедная Инна, какая она жалкая, растерянная. Я понял по ней, насколько серьезен террор, развернутый против литературы. Наша власть на редкость однообразна и традиционна: во всех бедах и уродствах русской жизни всегда обвиняют литературу. Можно подумать, что не жизнь порождает литературу, а литература — жизнь. И стоит что-нибудь запретить в литературе, как механически этот недостаток изгоняется из нашего обихода. Это не от Сталина и даже не от Николая I — от сотворения Руси стали путать слово с делом.

Читал Тарле о Крымской войне. Чтение мучительное, да иным и не бывает соприкосновение с русской историей. Страшно воевала Россия — человечьим мясом; грудью против снарядов, грудью против танков (уже в наше время). Нераспорядительность, повальное воровство, равнодушие (при жалком энтузиазме и самоотверженности единиц), нерешительность и бездарность, прощающая себе все ошибки и преступления, — это Крымская война, это все другие русские войны.

Малоталантливо воевали и «союзники» — особенно англичане, их лорд Реглан был едва ли не ничтожней наших Меншикова и Горчакова. И у Арно, и у Канробера, и даже у Пелисье — ошибка за ошибкой, промах за промахом. Но все они думали о солдате и старались беречь его. Вот чего и в помине не было у нас, где «солдат спал на спине, а животом прикрывался», где «с каждого сухаря брали от министра до кашевара».

Нахимов был маньяк. В его одержимости Севастополем — что-то нездоровое, почти безумное. Для него не существовало ни мироздания, ни культуры, ни Пушкина, ни Леонардо, ни женщин — один Севастополь.

Читаю материалы по декабристам. Интересно, как выглядело 25 декабря с точки зрения царской фамилии. Заодно выяснилось, что Николай был элементарно неграмотен, он писал «арьмия», «перьвий», «недопущать» — совсем по Зощенко. Романовы сюсюкали друг над другом, как старые няньки над писунами-младенцами. Как они чувствительны, сентиментальны, восторженны и утонченны, когда дело касается членов их семьи и высокорожденных родичей, как холодны, грубы и беспощадны, когда дело касается всех других, кроме раболепствующих сановников. Но дошел до записок принца Вюртембергского, и сразу пахнуло интеллигентностью, гуманностью, готовностью к состраданию — никакой азиатчины. А эти — какие-то слезливые палачи. Охают, ахают, умиляются друг над дружкой, рыдают и лупят картечью по безоружному мирному населению. И все у них ангелы, а суперангел — гнусный и двуличный Александр, устроитель военных поселений, отдавший Россию Аракчееву; почти такой же ангел — Николай, убийца с оловянными глазами; два очаровательных ангелочка — фрунтовой унтер Михаил и пьяный дебошир Константин. Но святее святых — императрица-мать. У этой святой женщины не нашлось и слова заступничества, когда началась омерзительная расправа над декабристами. А всеми заторханный принц Вюртембергский поднял свой голос в защиту бунтовщиков. Вообще «святое семейство» понятия не имело о милосердии. Но, как ни дико, они всерьез верили, что народ их обожает. Хоть бы раз задумались: а за что? За рекрутчину, за поборы и батоги, за нищету, за бесправие? Единственное право русского народа — это крепостное право.

9 декабря 1983 г.

Возился с Голицыным. Никак не могу представить себе его образ в движении. Писать ассоциативным способом можно о себе самом, здесь это не пройдет; в лучшем случае, получится некая сублимация проникновения в чужие глубины, игра.

Как мало пищи для раздумий и чувств дает окружающее. Бродят какие-то тени, полупризраки, в них все угасло, кроме профессиональных навыков. Но и те, в ком сохранилась энергия, так же скучны — заперты на все замки и то ли вовсе лишены душевной жизни, то ли навсегда упрятали ее в подвал, а ключ потеряли. Все мыслят по шаблону, рассуждают по шаблону, чувствуют по шаблону и, похоже, вовсе не тяготятся своим безличием. Легко же пошли на ликвидацию даже слабых следов индивидуальности мои соотечественники. И не просто легко, а с удовольствием, с облегчением, все смертельно устали от «свободы».

В «Известиях» вышло до стыда пресное интервью со мной, даже та крошечная, микроскопическая остротца, что была в моем разговоре, вытравлена без остатка. Заодно я узнал, что начальство не решается опубликовать мой рассказ «Дети лепят из снега», напечатанный в свое время в «Вечерке», в ряде моих книг, в переводах на иностранные языки и экранизированный для телевидения. Причем совсем недавно его опять показывали. Вот до чего дошло!

10 декабря 1983 г.

Снова на первых страницах центральных газет напряженно и пусто улыбаются заурядные, тусклые лица каких-то мифических «передовиков». Да ведь все это было, было, десятилетиями улыбались герои труда, и все пустели магазины, все падала производительность, все ниже становилось качество продукции и все длиннее хвосты очередей, и докатились мы до уровня слаборазвитых стран, торгующих не изделиями, а содержимым недр. Воистину: ничего не забыли и ничему не научились. Неужели дело настолько плохо и положение так безвыходно, что ничего не остается, как повторять убогие, давно скомпрометировавшие себя сталинские ухищрения? Как им самим не скучно, не стыдно и не противно.

15 декабря 1983 г.

Вернулся из Узкого. Теперь кажется, что там было хорошо, хотя и немного беспокойно, не сумел я скрыть свое местопребывание. И все же нервы немного угомонились. Впрочем, телефон быстро растрепал их опять. Коварные венгры, нахальные и недаровитые начинающие авторы, гнусный Феликс Кузнецов, которому нестерпимо охота от меня избавиться, да чего-то боязно, какие-то институты, которым зачем-то нужно, чтобы я у них выступил, давно забытые знакомые и неведомые обитатели помоек — без устали мучают наш телефон.

Сейчас Алла сделала мне новогодний подарок: сообщила, что 24 ноября скончалась Лена. Я это знал, твердо знал, потому и не спрашивал Сашку ни о чем. Хотел приучить себя к этой мысли. А когда стал просить Аллу сказать правду, она лгала мне во спасение. Она правильно рассчитала, что я залью горе водкой. Лена так и не пришла в сознание, так и не узнала, что умирает. Ей не было шестидесяти пяти. Совсем гнилые люди, вроде Немки, Вали Л., живут себе и живут, без толка и смысла, а Лена, исполненная интереса к жизни, не сдавшаяся, сохранившая душу и в своей матрасной могиле, умерла. Я еще не охватываю до конца случившегося, но это придет, и мне будет очень, очень плохо.

Она была единственным человеком, который меня никогда не обидел, даже малостью. А я ее все время обижал, хотя не предал, и она это знала. Лена навсегда останется болью во мне. А ведь ни от кого не было мне столько радости. Как сразу пусто стало в этом муравейнике.

Вот и кончился год. И унес Лену.

1984

1 января 1984 г.

Вот и проводили еще один год и встретили новый. Каким кошмаром он обернется? Сам ли я устал или время устало от лжи, демагогии, угрозы войны, отсутствия жратвы, низости правителей, тщетности всех усилий добра, но у меня создалось впечатление, что всем надоело жить. Алла уверяет, что впечатление это ложное. Женьке Е. ничуть не надоело тщеславиться, Ванде — спекулировать, Александрову — обивать пороги КГБ и МВД и таскаться с мешком на Чукотку, а также получать с Таймыра через Душанбе подванивающую рыбу, Краснопольскому—Ускову — снимать халтуру и получать бляхи, а всем другим — пить. У меня нет силы для желаний. Я очень многого хотел и слишком малого достиг, что-то во мне перегорело. Хочу ли я всерьез, чтобы Андрон ставил «Рахманинова», чтобы я правил «Петра» в Лос-Анджелесе? Наверное, хочу, но вяло. Привычка к неудачам убивает волю, желание, стремление к чему-либо. Все как-то лишается вкуса, ничто не влечет, не манит. И пишется вяло, и читается вяло, и думается нехотя.

Раньше я очень остро жил: и внешне, и внутренне. Сейчас я больше имитирую заинтересованность. Может быть, это временный упадок, порожденный смрадным временем, неудачами и особенно — безнадежной Лениной болезнью, ее умиранием и смертью.

Автоматизм существования, привычек очень силен в человеке: делаешь вроде бы все то же, что и прежде — пишешь, звонишь в редакции, встречаешься с людьми, но сам словно и не участвуешь во всем этом. Ненависть — единственно активное чувство, которое осталось во мне. Да и не просто осталось, а набирает силу.

Что произошло с Андроном? Очевидно, семья сплотилась против него и сумела перетянуть на свою сторону мать с ее наследственным богатством. Возможно, ему поставили ультиматум: или возвращайся, или забудь о своей доле наследства. Конечно, он не мог бы прожить все эти годы, если б мать его не поддерживала. Нельзя же закладывать всю семью ради одного, пусть любимого, сына. Не исключено, что славный старик отец пригрозил ему более серьезными карами: за границей в напряженном уличном движении человеческая жизнь не стоит копейки. Там все грозит смертельной опасностью, даже проигрыватели.

И все же, надышавшись тем воздухом, невозможно вернуться в нашу смрадную духоту. И я начинаю думать, что он пойдет на все: на разрыв с семьей, потерю наследства, на смертельный риск, лишь бы не возвращаться к тому медленному самоубийству, которым является наше существование, точнее сказать, гниение.

Почему он не зашел вчера в Дом кино? Почему не было его брата? Почему американцы* не пошли к Никите, как было условлено? Там происходит что-то серьезное. Нельзя же верить тому, что ему просто надо отоспаться. Но до чего же верно нарисовал я картину его встречи с Ермашом! «Значит, договорились? Ставишь?.. Да, не забудь паспорт свой оставить Харитонычу, а то еще потеряешь в суматохе».

Не могут наши переступить через самих себя, хушь плачь! Какими их слепил Сталин, такими они остаются при всех переменах. Тут, видать, дело в генах: новые генерации ничуть не отличаются от предшествующих.

7 января 1984 г.

Вчера у нас собралась большая и совершенно ненужная компания — последствие безответственной трепотни за новогодним столом, когда всех любишь: Алик, Ирка, Люсьен с женой, Инга и свои люди — Саша с Ларисой, Нина С. Инга за те несколько лет, что я ее не видел, из худощавой, со следами былой красоты добродушной женщины превратилась в фурию. Она — копия своей неуправляемой матери, но без ее гнилова-

---

* Какие-то голливудские деятели.

того шарма. Она энергично, уверенно напилась и стала говорить мне дерзости по поводу «Терпения». На этот раз хула шла не по главной линии: калека ее вроде бы устраивает, но отношение матери к детям — ложь. Тут — сугубо личное. У нее двое неудачных сыновей, которых она любит. Один — уголовник, наркоман, не вылезает из Белых Столбов, другой — расслабленный, безвольный алкаш, как-то поддерживаемый отцом, таскается к нему каждую неделю, прислуживает полубезумной от злобы и обиды на весь мир бабушке и всем этим очень утешает материнское сердце.

Инга не хочет признать, что она упустила парней в блядстве, пьянстве, безбытности, и состряпала себе оправдывающую их (да и ее самое) теорию: прикованность к стойке — это протест, уход от бесчеловечной действительности. И нечего возводить хулу и на таких вот детей, и на их родителей, не желавших приучить их к правилам официальной лжи. Оказывается, своим рассказом я ударил еще и по такой, весьма многочисленной части населения. Ведь распад коснулся не только «элитарных» детей, но и вовлеченных через школу, двор, институт в их орбиту детей из простых семей. Кстати, моему поколению было куда труднее отстаивать свою личность в том безнадежно гнилом, чумном мире, который создал Сталин, но мы: Павлик, Оська, Лева Тоом, Каждан, Эфрос, Стасик, Рюрик, Бамик, Витька и множество других ребят — отстаивали себя дружбой, книгами, мечтами, спортом, повышенной опрятностью в отношениях. А вот компания отца вышеназванных братьев защищала свою юношескую самостоятельность бардаками, пьянками, чудовищными по разнузданности, бильярдом, картами и террором на петровском катке «Динамо».

Потом Инга толкала всех в снег, падала сама, и Саша добродушно говорил: «Будем поднимать». С трудом засунули ее в машину бывшего первого галанта Москвы Люсьена с чудовищным пузом и, на радость оставшимся, увезли. Ее муж, очевидно, погорел, что было неизбежно при его чрезмерной приближенности к прежним властителям. К тому же он алкоголик, да еще влюбчивый. Начальство вынуждено было прекратить какой-то его слишком далеко зашедший роман. Инга — злая неудачница во всем: в детях, в муже, в себе самой.

А Нина С., не заметив, что я вижу, очень возликовала, когда

Инга стала крыть меня за «Терпение». И у Нины тут что-то личное, связанное со старшим, запрограммированным на неудачи сыном, со странностями младшего.

Лена полтора месяца была без сознания. Она не знала, что умирает. Оказывается, у нее был сильнейший инсульт. Как сумел Саша все это скрыть от меня? Он все же сильный человек и с несомненным моральным началом. Вот откуда и его раз навсегда решенное неприятие отца. Хотелось бы понять, как формировался Сашин характер. Ведь он щедро отдал дань отроческой расхлябанности, юношеской безалаберности с водкой, бильярдом, картами, дурными знакомствами. Но с него все это стекло, не оставив зримого следа. Может быть, что-то от слонялы в нем осталось, но он показал себя замечательным сыном, он с величайшей ответственностью относится к семье, читает, думает, имеет свое твердое отношение к действительности и напрочь не принимает того, что кажется ему подлым, двуличным, карьерным. У него есть мораль, есть принципы. Неужели наша семья, отношение Лены ко мне сыграли какую-то роль в его формировании?

29 января 1984 г.

Весь мир болен — не в переносном, а в прямом смысле слова. Болен (похоже, безнадежно) и наш правитель. Не завершит он своей великой преобразовательной деятельности, хотя успел немало: окончательно испортил отношения с Америкой, приблизил войну, повысил стоимость почтовой марки на одну копейку, выпустил дешевую водку, которой народ присвоил его имя, напомнив о славной «рыковке», расстрелял директора Елисеевского магазина и снял вора Щелокова. Больше он ничего не успел, даже закончить дела Колеватова.

Болеют люди и животные. Особенно жалко последних. Все стонут, жалуются, томятся, мучаются, чешутся, скребутся, покрываются сыпью, коростой, «обрастают какой-то скверной шишкой» — по выражению Лескова. Эпидемии гриппа следуют одна за другой, свирепствует желтуха, расцвела саркома. Это, конечно, не случайно. Химикаты проникают в нас ежедневно: с водой, хлебом, мясом, крупой, рыбой, овощами и фруктами. Все заражено. Продуктами атомного распада насыщены земля,

580

вода и воздух, они выпадают дождем, снегом и градом. Это мировой процесс, но, конечно, у нас он, как всегда, принял самые чудовищные, губительные формы.

31 января 1984 г.

Сегодня ночью мне приснился (после всех похмельных ужасов) прекрасный сон: ко мне пришла женщина из какой-то дальней дали, но вернувшая свой молодой образ. Она как-то радостно и привычно, словно нас ничто не разлучало, потянулась ко мне. Мы прилегли (именно прилегли, а не легли) на диван, я успел подумать, что вот оно — счастье. Меня всего залило радостью, и тут я проснулся. Эта радость задержалась во мне, и прошло немало времени, прежде чем я начал жалеть о недосмотренном сне. А потом и вовсе затосковал, догадавшись, что то была Лена. Господи, была же в моей жизни такая полнота, окончательность совпадения с человеком!

10 февраля 1984 г.

У меня бывают странные дневные засыпания на десять — пятнадцать минут. Необыкновенно глубокие, с пронзительно сильным и одуряюще реальным видением. Вчера было такое. Я увидел Аллу и услышал ее голос: «Проша спросил, будешь ли ты завтра... Послезавтра (это она подчеркнула, словно удивленная его неосведомленностью). Он закрыл глаза». Почему это так мило? Второй день думаю и не могу понять. Я рассказал Алле, и ее это тронуло, она то и дело повторяет: «Он закрыл глаза». (И сейчас, когда я перепечатываю запись, что-то нежно сжимается во мне, а почему непонятно.)

Сегодня с утра траурная музыка. Чуть больше года прошло, и опять перемена. На этот раз все более смутно и непредсказуемо, чем в прошлом году.

Странное состояние: ни скорби, ни злорадства, ни сожаления, ни надежд. Конечно, Андропов хотел что-то сделать: навести хоть какой-то порядок, изменить безобразное отношение к труду, к своим обязанностям, хотел пробудить чувство ответственности и стремление к новому, лучшему. Он не преуспел в этом, да и не мог преуспеть. Нельзя перестроить жизнь гигантской запущенной, разложившейся страны с помощью одних постановлений да ужесточения режима. Он решил «дать нам волю», опираясь только на КГБ. Что и говорить, мощный союзник, великий рычаг прогресса, но одного этого мало. Зато он прикончил литературу. Думаю, что навсегда. Кому захочется оживлять этот труп, ведь без нее куда спокойнее.

17 февраля 1984 г.

Существовал ли еще когда такой феномен, чтобы власть лезла к гражданам в душу, мозг, распорядок дня, чтение, постель, в задницу, наконец, и чтобы народ при этом настолько ее игнорировал, не замечал и не принимал всерьез? В этом есть что-то величественное. Обывателям (т.е. нормальным народным людям) наплевать с высокой горы, кто уткнулся в кормушку власти, есть ли у нас президент или мы сироты, какая очередная ложь проповедуется с амвона, они настолько не отягощены внутренними обязательствами перед государством, что это почти свобода. Во всяком случае, внутренняя свобода. Американцев все-таки занимает, кто будет президентом, их тревожат военные ассигнования, волнует мировая обстановка. Нам на все насрать. Мы так привыкли к лжи, что не верим в объективную реальность чего бы то ни было, кроме собственного быта, которого тоже нет. Вот уж воистину: «Мы живем, под собою не чуя страны». И дело-то, оказывается, вовсе не в Сталине. Он — просто крайнее выражение всех особенностей и тенденций этого строя. Как живет страна: продуктовые и транспортные муки, мавзолейные очереди и обувные магазины, телевизор, изредка кино и очень, очень много водки. Раз в году — отпускная страда. Все. Да, еще возня с внуками, страдающими поголовно диатезом, желтухой и кретинизмом разного уровня.

Конечно, среди людской несмети попадаются и такие, что читают, ходят в музеи и на выставки, даже иногда думают, но таких совсем мало. Я не говорю о тех, кто читает в метро, ломится на выставки Глазунова и Шилова, подлинных властителей дум,— это шваль, уж лучше бы забивали козла и дули водку.

А у начальства новая гадость: боятся «войти с предложением». Вонючая трусость подается как великая государственная осмотрительность, тонкий расчет, зрелость души и ума.

Вчера в ЦДЛ ко мне подошел какой-то помятый, неопрятный человек с орденскими планками и сообщил, что умер художник Шишловский, которого он знал по Волховскому фронту. Задохнулся, туша пожар в своей мастерской. Это проливает некоторый свет на гибель Рухина. Он тоже задохнулся в мастерской, спасая от пожара своих пьяных гостей. Видимо, краски, масла выделяют какие-то отравляющие, удушающие вещества. Считалось, что Рухина прикончили. Смерть Шишловского как-то странно царапнула меня. Я уже давно понял, что он человек неважнецкий: эгоист до мозга костей, скупердяй, к тому же скрупулезен в денежных делах («огоньковская» история) и вообще крайне необязателен. А жалко, жалко... Малая Вишера и голод, Акуловка и Маруся связаны с ним. Теперь все это только мое воспоминание.

Вернулся из Венгрии, где пробыл неделю. Смотрел материал, ходил на съемки, встречался с телевизионщиками и журналистами, ел пышную, невкусную и крайне вредную еду, мучился животом, обдристался в номере и читал толстенный роман Оутс «Делай со мной, что захочешь». Тяжелое все-таки дело литература. Оутс прямо-таки кишки наружу выворачивает, и ни черта не получилось. Персонажи ее так и не пробудились для жизни, остались марионетками, которым она не дает ни минуты покоя, дергая их за все веревки, но эта мертвая суетня не вызывает даже вялого интереса. И как у всех пишущих баб, чтоб им пусто было, герои без конца потеют, смердят и блюют. Это, конечно, не случайность, а желание создать «мужскую» прозу. Тем же отличаются препротивные романы Мёрдок. Удивительно, что Оутс неспособна наделить персонажей не только самостоятельной душевной жизнью, но даже отчетливой внешностью. Я не вижу ни ее женщин, ни ее мужчин. От Джека в памяти лишь красные юношеские прыщи, и когда автор талдычит о его физической привлекательности, это кажется бредом. Зачем герои соединяются в финале, что означает этот натужный символ? Герои пусты: ни кишок, ни психологии. Одна из самых противных книг в непривлекательной американской литературе сегодняшнего дня.

Как мало мне надо, чтобы почувствовать к чему-либо отвращение, которое никогда не пройдет. Пешком я добрел до Пратера, при входе взял большой вафельный стакан с мороженым чуть не десяти сортов, уселся на скамейку, вытянул усталые ноги и с наслаждением всосался в холодную сладкую благодать. И тут мимо меня неторопливо, деловито, чуть задев мои брючины, прошествовала в кусты огромная раскормленная крыса. Мне сразу омерзел Пратер, омерзело уличное мороженое.

На другой день за завтраком я развернул целлофановую обертку, в которой подается ломтик черного хлеба, и обнаружил, что хлеб зацвел. Не просто заплесневел, а будто мехом подернулся. Меня чуть не вырвало. Мне омерзел мой отель с его рестораном, омерзела Вена и сразу захотелось домой.

Разговор с актрисой Захариас, играющей загадочную любовницу Меншикова Дарью (?) Лунд. Она родом из Швеции, еврейка, родители — выходцы из России. У нее трое детей (все при ней, на съемках, две девочки — четыре и два года — и годовалый малыш. Он обрезан. Она привезла с собой молодую няньку-шведку). Разговор происходил на лужайке перед бассейном. И актриса, и нянька были без лифчиков, как и многие другие пляжные дамы. Их это ничуть не смущало, меня — тоже. Легкие «бикини» Дарьи Лунд слегка сдвинулись, обнаружив жалкую растительность лобка, и это тоже не вызвало даже тени замешательства. Ко всему еще она коммунистка. Маленькая, тощенькая — в чем душа держится! — и такой сильный сплав. Детишки появились на свет от разных отцов, но ни с одним она в браке не состояла. Что ее тоже ничуть не смущает, а меня подавно. Она не лишена интеллигентности, знает Фрейда, смотрела «Дерсу Узала» и умилилась дружбе офицера с таежным карликом. Очень общительна и вовсе не жалка. Дети милы, даже обрезанный Мозес (Моисей) не так плох. Мы заспорили о том, имела ли она право обрезать сына. Ей такого рода сомнения и в голову не приходили. «То, что я сделала,— вызов мировому антисемитизму!» — «Жаль, что расплачиваться за этот смелый жест придется вашему сыну».— «Ну и что же, все должны!..» — «Простите, а вы спрашивали его согласия?» Со смехом: «Ну, он же малютка!» — «Это и плохо. Вы воспользовались его беспомощностью и сделали выбор за него. Обрезаться никогда не поздно. А может, он не захочет для себя такой сложной участи, может, ему предпочтительнее жить по законам и возможностям своей арийской половины! Нельзя решать за другого человека. Достаточно того, что вы без спроса пустили его в этот страшный мир».

К нам подошел исполнитель роли генерала Гордона — очень самоуверенный, надменный английский актер. Он, видимо, величина, хотя его имени я сроду не слышал и тут же забыл. Он произвел анализ и обнаружил полнейший произвол в тонком вопросе о возрасте действующих лиц. Больше всего его злит, что Шелл, который старше его почти на десять лет, по фильму моложе на тридцать. Правда, ближе к концу фильма они подравниваются. По воле игривой мысли Шиллера Петр внезапно и резко стареет, а Гордон до конца остается в своем возрасте. На это ему наплевать. Потом оказалось, что исполнитель роли Меншикова моложе Шелла на двадцать лет, а по фильму Меншиков, вопреки исторической правде, сделан на поколение старше Петра. До чего же мелкие дрязги у этих высокооплачиваемых! Но тут дело в том, что эти двое получают много, а у Шелла — супергонорар.

Порядок в группе образцовый — каждая мелочь, каждое передвижение в пространстве определены и зафиксированы. Утром под дверь гостиницы подсовывают листок с распорядком дня каждого члена группы, указано, кто, на чем и куда едет. Но мне начинает казаться, что подобный сверхпорядок не лучше нашего бардака. Все как-то не доделывается, все наспех, только сами съемки необъяснимо медлительны. Шиллер делает вид, что добивается совершенства, а снимает по бредовому сценарию и абсолютно равнодушен к его нелепостям. У него великолепный оператор-итальянец (снимал все фильмы Бертолуччи), он заставляет камеру все время двигаться, что придает кадру необыкновенную подвижность и жизнь. А у Палашти все стоит (кроме хуя): актеры, окружение, камера.

И все же даже на высокоорганизованных съемках — налет какой-то киногнили. Может быть, от недоброкачественности самого дела, почти всегда жульнического?

(То, что меня смущало на съемках, впоследствии обрело название: непрофессионализм. Шиллер терялся на съемочной площадке, он не привык иметь дело с многонаселенным кадром, не умел организовать его.)

Заходил представитель «Совэкспортфильма». Странная смесь неинтеллигентности с выборочной эрудицией. Он почему-то все знает про Смутное время, но ничего вокруг. По его теории, Болотников был заслан поляками и, хотя отказался от «должности» Лжедмитрия II, лелеял какие-то честолюбивые планы. Он возглавил всякий сброд, его движение не было социально, как, скажем, пугачевщина. Может, это бред, но ход мыслей интересный. У представителя было три лица: Передонова, Карандышева и Вальтера Слезака — утонченного киногероя двадцатых годов. Он был то ничтожен, то жуток, то почти прекрасен. По образованию инженер, по призванию историк, по роду деятельности — шпиончик. Он утверждает, что битву за зрителя кино безнадежно проиграло телевидению. Кинозалы пустуют. Жители Австрии бывают в кино не более трех раз в год. Они все хотят видеть у себя дома, потягивая пиво или кофе в удобном кресле. Но будущее даже не за телевидением, а за кассетными фильмами, ибо тогда каждый будет смотреть то, что он сам хочет, а не то, что ему предлагают. Наверное, он прав. Интересно, что кино умирает, не только не изжив себя, но даже не успев стать собою, т.е. настоящим искусством. Если бы кино разрабатывало свой язык — движение, оно бы не поддалось ни телевидению, ни кассетам. И как ни странно, тут дело в экране. Маленькая площадка телеэкрана тяготеет к статике, движение на нем невыразительно, оно не просматривается. Маленький экран требует неподвижности, крупных планов, возможности вглядеться в лицо, ему полезны диалоги, убийственные для кино. И еще — кино может рассматривать мир как бы под микроскопом, что на маленьком экране не производит никакого впечатления. И наконец, кино предполагает зал и сопереживание, а телевизор работает на разъединении людей. Значит, должны быть совсем разные зрелища, а кино покорно прислуживает телевизору.

Телевидение тоже не торопится обрести свой собственный язык. Я знаю только один настоящий телефильм, это «Жизнь Леонардо да Винчи» Ренато Кастеллани. Он вводил Леонардо в наш мир, а нас — в мир Леонардо, вызывал слезы и заставлял трудиться мозги. А вот «Верди» того же Кастеллани начисто не удался, обычный кинофильм о музыканте, только пагубно оскученный ненужными подробностями. А главное, фильм так заболтан, что почти не осталось места для музыки. Как все трудно в искусстве, как редки удачи!

Хорошую историю я прочел в газетах. Парень — австриец, отсидевший 24 года за несколько убийств — бессмысленных, не сопровождаемых ни грабежом, ни изнасилованием — чистый садизм, столяр по профессии, так разжалобил юридические власти страны своим примерным поведением, что был выпущен из тюрьмы с трехлетним испытательным сроком. В Австрии нет смертной казни, столяр имел пожизненное заключение. Он вернулся в семью, начал работать, а через год убил молодую женщину и ее шестилетнюю дочь, по-прежнему бескорыстно. Есть подозрение, что до этого он убил мальчика, почти сразу по выходе из тюрьмы. Преступление доказано, убийца и не думал отпираться, тем не менее нашелся самостоятельный мыслитель, его сосед, которого не проведешь, он готов доверить единственную дочь славному Юпи. Возможно, он говорит искренне, будучи еще большим садистом, чем маньяк Юпи, или же дочь заслужила хороший удар по черепу.

Торчу в номере. Третий час пополудни. С чувством голода возвращается желание жить, вдруг покинувшее меня утром. Как-то разом все омерзело и невыносимой показалась возня с той грязной писаниной, которую Шиллер считает сценарием. Ведь я же все сделал толково и энергично, появился лаконичный, порой остроумный, всегда точный и «окрашенный» диалог, все пришло в соответствие с историей, исчезли длинноты, нелепицы, много хороших находок. И ведь ему это нравилось, когда Машка переводила устно мой сценарий в Суздале. Что же случилось потом? Ума не приложу. Но Шиллер словно оглох и отупел, он ничего не слушает, не хочет понять, не принимает даже того, с чем был безоговорочно согласен прежде. Я вынужден каждый день доказывать столяру-садисту, что убивать людей плохо, что так себя порядочные дяди не ведут. Да он и сам это знает, но ничего не может поделать с собой.

Люди непробиваемы. Люди разучились слышать друг друга.

Они умеют лишь подчиняться силе, но все свое держат при себе до поры, до времени. А может быть, иначе не уцелеешь в беспощадном мире?

После поездки в Зальцбург тоска разыгралась с новой силой. Известие о внезапной смерти здоровяка Тендрякова меня ошеломило. Значит, это может произойти в любой момент, без предупреждения, без крошечной отсрочки на прощание, слезы, на какие-то итоговые признания. Так вот бесцеремонно, хамски, по-овировски.

Тендряков прожил чистую литературную жизнь, хотя человек был тяжелый, невоспитанный и ограниченный, с колоссальным самомнением и убежденностью в своем мессианстве. Строгий моралист, он считал себя вправе судить всех без разбору. При этом он умудрился не запятнать себя ни одной сомнительной акцией, хотя бы подписанием какого-нибудь серьезного письма протеста. Очень осмотрительный правдолюбец, весьма осторожный бунтарь. Но было в нем и хорошее, даже трогательное. Он свято верил в свою равнодушную жену и всю ее европейскую семью, относившуюся к нему сверху вниз. Исключение составлял на редкость глупый и симпатичный тесть. А теща говорила о нем: «Наш мужичок». Короткое время мы были друзьями, он разрушил эту дружбу из дремучего и слепого эгоцентризма и возненавидел меня за собственную неуклюжесть. Тем не менее он был настоящий русский писатель, а не деляга, не карьерист, не пролаза, не конъюнктурщик. Это серьезная утрата для нашей скудной литературы.

А вот Евтушенко производит смутное и тягостное впечатление. Он, конечно, исключительно одаренный человек, к тому же небывало деловой и энергичный. Он широк, его на все хватает, но при этом меня неизменно в его присутствии охватывает душный клаустрофобический ужас. Он занят только собой, но не душой своей, а своими делами, карьерой, успехом. Он патологически самоупоен, тщеславен, ненасытен в обжорстве славой. Я!Я!Я!Я!Я!... — в ушах звенит, сознание мутится, нет ни мироздания, ни Бога, ни природы, ни истории, ни всех замученных, ни смерти, ни любви, ни музыки, нет ничего — одна длинновязая, все застившая собой, горластая особь, отвергающая право других на самостоятельное существование. Он жуток и опасен, ибо ему неведомо сознание греха. Для него существует лишь один критерий: полезно это ему или нет.

А как хорошо он играет в пинг-понг. Он выиграл блицтурнир на даче Брандауэра, хотя здесь собрались сильные игроки. Так же мастерски он играет в теннис, даже в Австрию ракетку захватил. Он стал модно одеваться, а при его росте и худобе вещи отлично сидят на нем. Он пьет, почти не пьянея, ему неведома ни физическая, ни душевная усталость. Иногда я начинаю всерьез думать, что у него вместо внутренностей электронный аппарат. Он — робот. И, как робот, холоден. С ледяным лицом он говорил о смерти Тендрякова. О смерти Дика он вообще не слышал и как-то высокомерно удивился, что меня интересует судьба такого жалкого человека. И, как робот, в чем-то ограничен. Отсутствие нравственной основы страшно обедняет человека, особенно человека творческого. Он не видит подлости в катаевских писаниях и страшно удивляется, когда я нахожу доносы в его собственных опусах. Он, кстати, не понимает, чем плох донос, эта литературная форма ему очень близка, но вместе с тем он знает, что по какой-то ханжеской договоренности донос причислен к смертному греху.

Чем объясняется его несомненно хорошее отношение ко мне? То ли я чем-то поразил его, когда он был совсем юным и очень хотел быть взрослым, то ли я просто вошел в его обслугу. Рецензия в фотожурнале, прекрасный отзыв на запрещенный роман, письмо в защиту дрянного фильма. Вроде бы чепуха. Но Трифонов отказал ему в отзыве на роман, никто не обмолвился словом о фотовыставке, фильм дружно бранят и в защиту выступить никому не хочется. Так что в большом хозяйстве мне отведена скромная, но нужная роль. Значит, можно побаловать меня поездкой в Зальцбург, можно было сводить нас с Аллой в хороший лондонский бар. Все правильно, все справедливо.

Что за странную игру ведет со мной Шиллер? Он всячески подчеркивает, что я тут не нужен. Но ведь это неправда. Вся группа воет от того грязного бреда, который он тянет на экран. А когда я приезжаю на съемки, мы что-то исправляем, ну, хотя бы грубейшие фактические ошибки, что-то в диалоге. Все знают, что Шиллер лепит халтуру, но это не мешает лорду Оливье ехать сюда, чтобы покрасоваться в роли короля Уильяма, не мешает маститому Шеллу позориться в роли лже-Петра. Деньги решают все. Но ведь эти люди и без того богаты, к тому же стары и одиноки, не унесут же они на небо свои банковские счета. Но, видимо, богатство само требует своего увеличения.

Убей меня Бог, если я когда-нибудь пойму, почему режиссеров так влечет к дряни, почему им непременно надо либо изгадить сценарий, либо не дать его исправить, если он уже говно. Почему Шиллер не использовал мои поправки, зачем Палашти изуродовал отличный сценарий? Может, они не со зла? Просто невежественные, неодаренные и малоумные люди вдруг получают возможность не торговать, не просиживать стулья в канцелярии, не спекулировать, не обслуживать более богатых и достойных, а самоуправно делать что-то странное, что называют искусством. Им не хочется ни с кем делиться, не деньгами, деньги давно поделены, а властью делать все по-своему. Режиссеру никто не опасен, кроме сценариста, ибо тот — первооснова, и чем лучше первооснова, тем меньше чести режиссеру. Таким образом: чем хуже сценарий, тем лучше. Это отпадает, когда сам режиссер — автор или хотя бы соавтор.

Что со мной происходит? Нервы разболтались окончательно. Я все время стремлюсь в отчаяние. И не могу проанализировать причину срыва (прежде мне это удавалось). А может, дело просто в старости, беспомощности, идущей от усилившейся глухоты, непрактичности, особенно приметной в очень поднаторевшем мире, растерянности перед жесткостью окружающего, вечных болей — в ноге, руке, шее — и в утрате навыков общения? Мой круг ограничен Аллой, лемешистками и гостями. Я не борюсь, не отстаиваю себя и потому напрочь утратил форму. Я забалован. Прежде всего Аллой, но также отношением многих незнакомых мне людей, пишущих удивительные по доброте письма.

И конечно, я многого не понимаю. Мне кажется, что можно жить, не оскаливаясь поминутно, не пытаясь раздавить другого, не окружая себя завесой хамства. Люди поразительно недоверчивы друг к другу, все время ожидают нападения, отсюда их чудовищная агрессивность.

Сегодня смотрел материал «Петра». Шелл талантлив, правдив, хотя — не по своей вине — играет очень ручного Петра.

Меншиков из рук вон плох — вина целиком на режиссере, который сам не знает, чего хочет. Толстой — гиньоль. Хорош плотник Никита, есть в нем подлинность, неужели это иностранный актер? В чем гениальность Витторио Стареро, я так и не понял. Нормальные кадры, никакого особого операторского видения я не обнаружил. Его маленькая поэма в прозе о том, как надо снимать «Петра», обещала значительно больше.

Шиллер устроил мне фальшивую истерику в связи с моим отъездом, как я, впрочем, и ждал. Видимо, он потом будет лить на меня: вот, мол, бежал, бросил группу на произвол судьбы. А ведь я пробыл здесь ровно две недели, т.е. тот срок, на который они меня вызывали.

Шиллер саботировал мою работу. Переводчицу Волконскую все время отрывали, потом Шиллер увез ее в Москву, хотя на студии Горького есть не хуже, а едва она вернулась, как в тот же день улетела в Штаты к больному отцу. А тут был Тим, прекрасно говоривший по-русски, но мне дали его лишь на один день. Прикатившая из Москвы блядь Фея даже не объявилась, а когда я попросил привлечь ее для работы, она нагло сказала, что приехала сюда отдыхать. На показ материала меня не звали, и попал я в последний день на просмотр случайно, столкнувшись с Рымалисом. Все — загадка.

10 сентября 1984 г.

Какая жалкая история разыгралась на днях! Лари Шиллер, которого я всего две недели назад наблюдал в славе и величии, низвергнут в аид. За какие-то жульнические проделки, чудовищный перерасход. Страховая компания, где американское телевидение застраховало картину «Петр I», поймала его за руку и добилась отстранения от картины. Он уже не продюсер и не режиссер. Ставить будет Марвин Чомский, тоже одесский еврей, но другой. Отснятый материал и права на картину у него откупили. Вначале я думал, что это его собственный трюк, он говорил Андрону, что фильм не принесет ему ожидаемых доходов. Накануне съемок он острил: «Теперь бы найти того, кто бы поставил эту муру!» Ан нет! Он раздавлен происшедшим и приехал сюда в наивной, бредовой надежде найти справедливость. Он придумал для наших руководителей совершенно ребяческую чепуху, на которую они клюнули: его сняли за то, что он делал

591

просоветский фильм (это о Петре-то!), а Марвин Чомский будет делать антисоветский. Я допускаю, что наши сделали поправку: Шиллер имеет в виду «прорусский» и «антирусский»; но как можно поставить два полярно противоположных по идее фильма по одному и тому же сценарию? Наши всполошились, и это придало ему бодрости. Для меня он приготовил другой вариант. Учтя все мои замечания, он стал делать высокохудожественный фильм и высокопартийный, а Чомский с моими замечаниями не считается, поэтому фильм будет антихудожественный и антипартийный. А ведь он знает, что я знаю, что никаких моих замечаний, кроме частных, он не учел. Кое-что удалось поправить прямо на съемках в Австрии, но, в основном, он сохранил старый, нелепый, исторически и литературно неграмотный сценарий. Он даже не перевел мой вариант на английский.

Он сидел, пил кофе, смахивал слезы и безбожно врал, как бережно отнесся он к моей работе. Смотрите, Чомский использует Шафирова для антисемитской пропаганды! Но ведь, уезжая из Вены, я оставил ему письмо, в котором писал, что нет ничего хуже, когда еврей предается антисемитизму. Что он — считает меня беспамятным идиотом? Или это безграничная наглость, верящая в свою гипнотическую силу? И небезосновательно верящая: деликатных людей такая беспардонность подавляет. Становится стыдно за собеседника, и от этого ты как-то странно подчиняешься ему.

И мне было стыдно за его вранье, унижение, неумение достойно снести удар, к этому прибавилась жалость, и вот я уже звоню Боровику и прошу вступиться за лучшего друга советского народа, старого большевика Шиллера, которому мешают поставить партийный фильм. Хорошо, что мудрый Боровик на это не клюнул.

Я дал слово позвонить Павлёнку, что и сделал в понедельник. Но туман уже рассеялся, и наши поняли, что погорел Шиллер по финансовой линии, за растраты и злоупотребления, а «просоветизм» его тут вовсе ни при чем. Как выяснилось, вся группа проголосовала за продолжение съемок, а в нашем договоре с американцами не оговорено, что картину должен снимать только Шиллер, и никто иной.

На глазах разыгралась довольно знакомая по американской

литературе драма. Возвышение одаренного авантюриста, упоение нувориша, крах. Интересно, сумеет ли он оправиться? Шиллер похож на того короля-еврея, который ради увеличения доходов немножко шил. Он ворочал миллионами, но не поленился продать великому бизнесмену Кухлянскому остов корабля. Зачем он понадобился Кухлянскому — не знаю, едва ли в ближайшее время будет ставиться еще один фильм о царе-плотнике. Кухлянский вначале ликовал, потом скис — Шиллер отказался оплатить перевозку остова. Но продавать его Шиллер тоже не имел права, ведь это собственность телевидения. И таких мошеннических проделок, видать, было немало.

Шиллер не стеснялся говорить при юной и весьма соблазнительной княгине Волконской, переводчице и возлюбленной, что плакал безутешно четыре дня. Считалось, что в его падении лишь Волконская, заменившая при нем предательницу и распутницу Машку, осталась ему верна. Но неожиданно она улетела в Бухару, где сейчас находится вся съемочная группа. Любопытство пересилило преданность возлюбленному.

Выяснилось, что Шиллера сняли не столько за перерасходы и жульничество, сколько за непрофессионализм. Он должен был снимать шесть страниц сценария в день, а снимал только три с половиной. При таких темпах фильм не мог выйти к сроку на телеэкран, а это полный прогар для компании. Ведь они ставят фильм на деньги за рекламу. За рекламу зимнюю, поэтому весной им «Петр I» не нужен, даже если он будет сделан на уровне лучших фильмов Куросавы или Феллини.

(А Шиллер не погиб: снял какой-то фильм и подал на американское телевидение в суд, требуя возмещения убытков — материальных и моральных — на сумму в сто миллионов долларов. Компания подала встречный иск на него и на Максимилиана Шелла, который сорвал съемку, отказавшись продлить контракт. А Шелл подал в суд на телевидение за то, что они дали ему плохого дублера. Длиться это дело будет лет сто*.)

15 сентября 1984 г.

Саша должен был вылететь в США (Сан-Диего) для работы по приглашению американских ученых. Ему взяли билет через Мехико, он прошел весь ужас оформления, получил все харак-

---

* Нет. Все решилось быстро. Шиллер получил 1,5 миллиона долларов. Шелл вернулся на съемки и женился на Андрейченко.

теристики и справки, а накануне отъезда услышал роковое: не-своевременно. В день, когда он должен был пересекать океан, Саша разбирал гнилые грязные овощи на продовольственной базе, а супруга ученого-путешественника убирала мерзлую капусту на подмосковных полях. Такова наша научная жизнь!

3 октября 1984 г.

Вернулся из Ленинграда и узнал, что умер Владимир Осипович Роскин. Когда я видел его в последний раз, то понял, что он принадлежит уже тому, а не этому свету. Он стал бесплотен и невесом, меня угнетало чувство, что он либо испарится, либо воспарит.

Владимир Осипович прожил восемьдесят восемь лет, переживв всех своих сверстников-художников, всех близких и друзей. Физически он был ужасно слаб, его шатало, заносило, каждое движение стоило ему неимоверного труда, но он не распался, подобно Сосинскому. Тот сырой человек, а Роскин словно осенний лист — легок, сух, опрятен. Он хорошо видел, до последнего дня работал, у него появилась старческая глухота, ослабла память, но ни тени маразма. Опрятный, подтянутый, благожелательный, ни в чем не поддавшийся власти, не прельстившийся ни одним ее гостинцем, «ни единой долькой не отдавлившийся от лица», он до конца остался джентльменом. Он был хорошим, талантливым художником, многое умел, участвовал в оформлении «эпохальных» объектов: советского павильона на Парижской выставке, сельхозвыставки, павильона в Брюсселе и т.д., но не имел ни одной награды, ни даже звания заслуженного. Власти ИЗО чувствовали, что он ими брезгует, рядом с ним они издавали не ощутимую в их собственной среде вонь. Он вовсе не был человеком не от мира сего. Ему хотелось выставки, монографии, хотелось, чтобы его картины попали в музеи. Он ничего не добился, потому что действовал сугубо парламентскими методами. Он убеждал, доказывал свою правоту, а надо было лизать задницы, подличать, писать слезные жалобы во все инстанции, стучать. Ничего этого он не умел, но нисколько не завидовал умению других. Он никогда не проводил параллелей: Глазунов, Шилов — это из какой-то неведомой ему системы координат. В его мире этих людей не существовало, при этом он никогда не декларировал своего отношения к ним, мне кажется, он считал их не реально существующими людьми, а знаками мероприятий, вроде Алеши Стаханова или Павлика Морозова.

Роскин сказал мне незадолго перед кончиной, что любит меня. Так и было, я это чувствовал, но находил для него слишком мало времени. Я живу и слишком занято, и слишком трудно с самим собой. У меня остается время лишь для любви к Алле и возни с ушедшими. Сейчас мне больно, что мы так мало виделись, что я так и не привез его на дачу, а ему очень этого хотелось. Надо каждую минуту помнить, как непрочны люди, и жить лишь по этому компасу.

Оборвалась последняя живая связь с детством, юностью, Оськой, с самым дорогим в моем прошлом.

26 октября 1984 г.

Съездил в Венгрию, где официально приняли картину «Кальман». Почти день в день два года длилась эта мизерная эпопея. И дико — я чуть концы не отдал из-за этого дерьма, сражаясь с режиссером. Впрочем, я отстаивал не сценарий, а собственное достоинство, право сказать хоть что-то свое. Возможно, и ради этого не стоило доводить себя до нервно-сердечного срыва. Но если так рассуждать, то можно сползти к полному равнодушию, к мещанскому свиному безразличию. Пока ты еще способен поставить жизнь на карту ради чего-то, находящегося вне тебя, пусть даже не слишком ценного (а кто знает, что ценно, что не ценно?), ты остаешься человеком; потерял эту способность — ставь на себе крест.

Похоже, что «эпопея» завершилась вовремя. Мне уже надоел мнимоевропейский «Атриум», ужасная еда на свином жире, от которой я сразу и ужасно заболеваю, спесь маленького провинциального народа, бессмысленный щебет Оли, грозные цены Пьера Кардена, пресловутый юмор Палашти и торгашеский фанатизм его, в общем-то, симпатичной, в отличие от всех остальных, жены. Точка поставлена, и слава Богу. Но все-таки хорошо, что это было. Два года рядом с обычным мышиным существованием шевелилась какая-то посторонняя жизнь, мелькали новые лица, порой привлекательные (Хусти, его жена, Ева Габор и ее семья), новые милые венгерские города, написалась веселая повесть — я рад, что она есть, и к тому же оставалось время для другой работы: «Рахманинов», «Юрка Голицын», «Квасник и Бушенинова», статьи, рецензии, телепередачи, интервью, другие сценарии, хороший рассказ. Это было энергично прожитое время. Зря я «увенчал» свои будапештские впечатления «Максимом» с худосочными блядушками, обнажавшими квелые титьки.

Умер В.Кожевников. В некрологах о нем на полном серьезе: крупный художник, большой талант, выдающийся деятель. Он уже многие годы был эталоном плохой советской литературы; так дурно, как он, никто не писал, даже Марков, даже Стаднюк, даже Алексеев. Хотя от природы он был талантлив. Несколько его старых рассказов, отдельные куски в «Заре навстречу» отмечены несомненным изобразительным даром, умением видеть и находить слова. Но он все принес на алтарь Отечеству. Интересно, сознавал ли он сам, насколько дисквалифицировался? Чувствовал ли он потерю дарования, как потерю руки, ноги, или внешнее преуспевание компенсировало утрату высших ценностей?

17 ноября 1984 г.

Вчера был у Милы Федоровой. Видел после тридцатилетнего перерыва ее мужа, бывшего лейтенанта, черноволосого, певучего красавца. Сейчас ему 75. Он хорошо выглядит для своих лет, но плохо для того юного лейтенанта, каким оставался в моей памяти со дней нашего первого знакомства на его свадьбе.

Было необыкновенно мило, как уже не бывает ни с кем, даже на наших больших встречах. Настоящее пусто, будущего нет, живо одно прошлое, если сумел его сохранить, а мы это сумели. Мы умеем вызывать его так могуче и зримо, что оно приоткрывается даже посторонним людям. Нашу магическую способность понял и оценил бывший лейтенант.

Милый Бамик все более впадает в образ ученого-затейника. Таких развелось немало. Он щедро реализует себя в шуточных, поздравительных стихах и эпиграммах, песнях, всевозможных симпатично-маразматических выдумках, домодельных аттракционах... Бамик считает своим долгом каждую встречу украшать либо новой, им самим сочиненной песней (вчера — целым циклом, записанным на пленку), или слайдами, привезенными из юнесковских поездок, или старыми танго, или прозаическими посланиями. Это трогательно в таком серьезном человеке...

19 ноября 1984 г.

Позвонила Катя Суздалева и сказала: «Дядя Юра, папа умер». Как только я услышал, что она зовет меня к телефону — сроду не звонила, — я подумал о самом страшном. Но, услышав ее слова, никак не мог взять в толк, о чем она. Я и сейчас в странном ожидании, что недоразумение разрешится. Господи, до чего ж это плохо. И почему я с ним не помирился? Глупо, но мне хотелось обставить это как-то по-особому значительно. Ну а помирись я с ним, было бы мне легче? Не знаю. Было бы как-то по-другому, мягче, что ли. После смерти мамы ничто меня так не оглоушивало, даже смерть Я.С. (видимо, я уже не любил его), даже смерть Лены (я был готов к ней), и потом — меня обманули, сказали, что Лены нет, когда она уже с месяц лежала в могиле, а к Пете я еще утром собирался на дачу.

Он лежит в морге и терпеливо ждет, когда простятся с великим Томским, испоганившим Гоголевский бульвар и многое другое.

Катя просила меня написать об отце, я сказал ей сквозь слезы: неужели ты не понимаешь, что я не могу? Я понимаю, ответила она. И все же я взял себя в руки и написал.

Я потерял свои записи, сделанные в Узком, но хорошо помню, что почти все они были связаны с Петиной смертью. Я работал, и много работал: перепечатывал повесть о Кваснике, но стоило мне оторваться от машинки, и тут же в башку лез Петя. Никогда не представлял, что он так много значит в моей жизни. Я так охотно и надолго ссорился с ним, так раздражался всеми его неверными поступками, а их было немало, так сурово судил его безответственное отношение к Оле, что и вообразить не мог мою сегодняшнюю боль. Оказывается, все мои претензии к нему не стоили выеденного яйца, я любил его, пусть не так безмятежно, как Павлика и Оську — да ведь то было на заре туманной юности, — но столь же сильно и преданно. Эта новая пустота уж ничем не заполнится. Впервые я остался без друга.

Алла была на Петиных похоронах. Все выглядело пристойно, хотя и холодновато. Но ее удивило, как серьезно, благодарно и добро относились к Пете в институте. Говорили о том, что у Пети была самая **интеллигентная** кафедра, это вроде бы неожиданно, но Петя, сын ларечника, обладал истинной интеллигентностью, в отличие, скажем, от внешне более цивилизованного Володи. Тот — черный хам в душе, Петя — интеллигент. Он был мягкий человек и жалостливый, хотя и слабый. Но он не принял причастия дьявола, поэтому и ушел без признания и наград, а смотревший на него сверху вниз Володя — обожрался этим причастием.

1985

Апрель 1985 г.

Всякое столкновение, просто сближение с тем, что заменяет у нас действительность, ошеломляет. Представить себе умозрительно всю степень коррупции, взяточничества — прямого и косвенного, — трусости, перестраховки, забвения всяких приличий — невозможно. Вот сейчас я отчетливо вижу, что меня уже вторично выживают из телевидения и кино. На телевидении я занялся предельно скромным делом — учебными передачами для четвертой программы, идущей в те часы, когда никто телевизор не смотрит. Но и здесь я кому-то отдавил смердящие ноги. Моя активность стала опасна для околонаучных побирушек, грызущих свой серый телевизионный сухарь. Сегодня режиссер X. сказала мне прямо: «На вас ополчились, потому что ваши передачи слишком качественны». Они подчеркивают убожество того, что тачают безымянные кандидаты наук, делясь скудным гонораром с карликовым начальством учебных передач. Для меня эта деятельность — игра, радость, отвлечение, я просаживаю на съемках все, что мне следует за работу, а для них — способ жить. И меня выталкивают и вытолкнут, как пить дать. Киношники тоже сомкнули ряды. Долгим неучастием в киноделах я усыпил их бдительность. Они и оглянуться не успели, как в работе оказались: «Бемби», навязанный студии Горького чудовищным упорством Наталии Бондарчук, совместный с венграми «Кальман», американский «Петр I» —этот «неслыханный» по нашим масштабам договор и переполнил чашу терпения. Теперь творится что-то безобразное: на «Голицына» не подписывают договор, ибо нельзя иметь на студии два договора, но ведь «Бемби» уже сдан и принят, стало быть, никакого договора нет. «Мосфильм» спускает на тормозах «Школьный альбом» — без всякой причины. Наверное, с этим можно бо-

599

роться, но нет ни сил, ни желания. В свое время я навязал «Мосфильму» «Ивановых», и что из этого вышло? Стыд и срам. Если студия не хочет, ты ничего не добьешься. Надо делиться: с режиссером, главным редактором объединения, иногда с директором студии или его замом, с кем-то в главке кино, но делиться обязательно, иначе ты разрываешь цепь.

30 мая 1985 г.

Меня постиг ряд каких-то необязательных неудач. Французы отказались печатать почти готовую книгу о Чайковском. Похоже, это связано с общим, мягко говоря, охлаждением к нам. Мою прекрасную передачу об Анненском сняли, вдруг выяснив, что Анненский — декадент. Передачу о Лермонтове зажали намертво. Повесть о шутах вернули из «Огонька». Разбили новую машину. С «Чайковским» (кино) глухо. Все-таки я запрограммирован на неудачу. У всех людей бывают просветы, у меня — никогда. Даже в мелочах мне не везет. На премьеру «Кальмана» пригласили с опозданием, я не смог приехать. На премьеру, которую устраивала Верушка, просто забыли пригласить. Повесть о Кальмане печатать отказались (венгры). Почему? Никто не может сказать. Ко всему еще нашему столяру отрезало ленточной пилой два пальца. Все мучительные работы по перестройке квартиры встали намертво.

На это накладывается общий кошмар ликвидации литературы и всей культуры под видом борьбы с пьянством. Как жить дальше, чем жить? Никогда еще не было у меня такого панического состояния.

Работать я стал ужасно медленно. И воображение скисло. Как легко, играючи, писал я раньше сценарии; как трудно сейчас.

Любопытно: в России тронуть пьянство — значит, убить литературу. Советскую — во всяком случае. Во всей необъятной «Человеческой комедии» Бальзака пьют меньше, чем в одном рассказе Е.Носова.

(Сегодняшний комментарий: «Голицын» ставится, машину отремонтировали, передачу об Анненском разрешили и пустили по первой программе, передача о Лермонтове ставится так часто, что надоела мне самому. Повесть о шутах вышла в «Октябре», печатается в моем новом сборнике и в альманахе. Французы издают повести о Чайковском, квартира давно приведена в порядок, хотя пальцы у столяра не отросли. Пить помаленьку продолжают — и в жизни, и в литературе. Решительная победа над алкоголизмом одержана в кино. А вот успех «Кальмана»* сорвали настолько, что оператор фильма покончил самоубийством — выбросился из окна.)

8 июня 1985 г.

Запись делаю перед приездом школьных друзей. Два дня провел с Андроном. Впечатление тяжелое, не от него даже, он человек в поверхностном общении необременительный, а от той атмосферы, которую он приносит с собой. Мир кажется насквозь гнилым, прагматичным, корыстным до задыхания, пустым и неценным. Неужели все до конца прогнило? Неужели не осталось хоть немного бескорыстия, жалости, душевной щедрости? Ну а мы с Аллой — монстры?

Как всегда противоестественно быстро отшумел наш стариковский праздник. Как медленно влачится порой время и как умеет оно промелькивать — никакая молния не сравнится. Хоть бы раз затомиться на таком вечере, это было бы насыщением, но нет, с каждым разом все мимолетней, все нереальней. И приглядеться не успеешь, а уже сигналит за калиткой автобус — пора... И на что ушло время, ведь шесть часов — это много, это долго, и тут — будто вспышка при фотографировании. Все ли так ощущают или я один? У души свое время — не равное физическому, и мое время мчалось так, что я слышал свист в ушах. А теперь оно поползет привычностью плохой работы, мелких неприятностей, докучных обязательств, страха смерти.

Прощаясь, Андрон сказал у калитки: «Я очень тебя полюбил». И прозвучала искренняя нота. Он беспощадно современен, но что-то человеческое живо в нем. Он сам освободился от своей огромной семьи, бывших и действительных жен, детей, полудрузей, знакомых и способен жить так, но, видно, не может человек, чтобы к нему совсем не поступало тепло из окру-

---

* Картина получилась пустенькая, но милая, даже талантливая. К сожалению, венгры не могли забыть, что они — нация Бартока и что автор фильма — советский гад.

жающего. Он с удивлением обнаружил, что общение с ним для меня важнее денег, успеха. Он привык, что все отношения людей строятся лишь на взаимной выгоде. И, наверное, впервые увидел, что может быть иначе. Что-то в нем дрогнуло. Но полагаю, он быстро возьмет себя в руки.

Звонил Курбатов. Рассказывал, что Гейченко в канун пушкинского праздника положили в местную больницу, откуда увезли в Ленинград ставить стимулятор на сердце. Праздник впервые прошел без него — тускло и бестолково. «Но он оставил по себе странный звук, — сказал Курбатов. — Какой-то маленький ансамбль не то гудочников, не то гусляров, которые из тайного укрытия время от времени издавали томительные взвои».

Откуда у Курбатова его прекрасный язык? Он же детдомовский. Его ухо не воспитывалось на прекрасной народной речи. Откуда вообще мы, городские, живущие общим дурным речевым шумом, берем язык? И почему одни выуживают из смутного многоголосия дивную красоту, а другие — звуковой мусор?

Продолжается грязное шутовство, именуемое «борьбой с алкоголизмом». Интересно наблюдать, как спускается в песок это важнейшее для страны дело. Оказывается, всему виной бокал шампанского. О пьянстве, страшном, черном, беспробудном, нигде ни слова (подразумевается, что его не было да и быть не могло), — губителен глоток золотого, как небо, аи. Алкоголь тщательно вытравляют из литературы, кино, театра, изобразительного искусства (упаси Боже, чтобы в натюрморте оказалась бутылка!), пьют же ничуть не меньше. И одна погудка: не волнуйтесь, вот пройдет съезд, и все вернется на круги своя. Реальные хозяева страны — аппарат, среднее звено, контингент — научились ловко отбивать любые наскоки верховных правителей, склонных к реформаторской деятельности. Это они — истинные хранители советского хроноса, а не стоящие на мавзолее. Народ должен быть одурманен, чтобы и дальше терпеть ярмо, в то время как хозяева обжираются даровой икрой, искалывают грудь орденами и лауреатскими медалями. Не отдадут они награбленного ни за какие коврижки. Бухарская история тому порукой: с боем брали разбойника — секретаря обкома.

Все сильнее во мне чувство, что жизнь когда-то была. И не только в Коктебеле, где я резвился, как молодой мустанг. Она была с Леной, была в Ленинграде, вспыхивала в Марокко, Польше, Норвегии, США, на Плещеевом озере, в Москве. Лучше всего было с Леной, сильнее всего в Ленинграде. Последней жизнью сердца были мои поездки к Алле на Суворовскую. Была не только любовь, но и увлечение окружающими людьми, новая очарованность старыми зданиями и старыми картинами, было то самое «хорошо», что заставляло Хлебникова жечь на костре свои рукописи, чтобы не уходить с ночной похолодавшей реки.

Как помнятся вспышки счастья: в первом и втором Париже, в первой Вене, в кенийском заповеднике, на Каннском рамазане, в Японии, когда увидел вершину Фудзи, в австралийском эвкалиптовом лесу, у «Тайной вечери», в фестивальном Зальцбурге, а сильнее всего — когда выпустили Я.С. и когда я, завшивейший, переступил порог нашей жалкой квартиренки на улице Фурманова в декабре 1942 года.

Но это другое, а жизнь как длительность, как напряжение радости была особенно сильна во мне последние три года перед войной, потом в начале пятидесятых, потом в исходе их. В 60-х влюбленность и гусарский разгул сменились развратом и черным пьянством. Счастье могло быть в моей жизни с Аллой, но все изгадили мама и Я.С. А потом я был уже слишком усталым, изношенным и нездоровым.

Сейчас я не жду ни счастья, ни радости, самое большее — избавления от очередной изнурительной заботы. Люди испоганились и обмельчали до предела: трусливые, холодные, завистливые, алчные, источающие злобу, насквозь пустые. А ведь я так умел радоваться людям! Сейчас я их почти боюсь, чуть зазеваешься — и тебя либо обхамят, либо обманут, либо обременят непосильной просьбой.

Указ от 7/IV 1935 года об уголовной ответственности детей с двенадцатилетнего возраста. Любые сроки, **расстрел.**

Вот как любил жену русский человек Тулубьев. Он срезал с углов дома стружки, собирал грязь с тележных колес, заливал теплой банной водой и поил свою жену Ирину.

603

Поил он ее и вином, смешанным с порохом и росным ладаном, наговаривал на воск и серу и заставлял носить мешочек с наговоренной дрянью, прицепив его к шейному кресту.

Хорошее выражение: «измыть искалянные порты». Порты здесь — не штаны, а одежды.

Молотов: «Идеологию гитлеризма, как и всякую другую идеологическую систему, можно признавать или отрицать, это дело политических взглядов. Но идеологию нельзя уничтожить силой. Поэтому не только бессмысленно, но и преступно вести войну на уничтожение гитлеризма».

В договоре был пункт — взаимное обязательство — «отказ от идеологической пропаганды друг против друга». Сталин заверил Риббентропа, что «советское правительство может гарантировать своим честным словом, что Советский Союз не предаст своего партнера».

Когда Гитлер утвердил план «Барбаросса», Сталин запретил активную подготовку к отражению неминуемой агрессии. Узнав об этом, Гитлер воскликнул: «Чертовский парень! Сталин незаменим».

Муссолини о Сталине: «Да он уже стал тайным фашистом. Как никто другой помогает нам, ослабляя антифашистские силы». Гитлер о Сталине: «Он жесток, как зверь, но подлость у него человеческая»; «Когда я завоюю Россию, то поставлю правителем Сталина, конечно, под немецким контролем, потому что никто лучше не умеет обращаться с русским народом».

Профессор церковного права Белашевский получил письмо от немецкого коллеги. Там в конце, как положено, стояло ни к селу, ни к городу: «Хайль Гитлер!» Наш профессор закончил ответное письмо не хуже: «Да здравствует товарищ Сталин!»

Рокоссовский: «Этот недоучивший поп только мешал всем. Мы его обманывали: какое бы несуразное распоряжение он ни давал, мы поддакивали, а действовали по-своему».

Уничтожено было: в гражданскую войну — 18 млн.; коллективизация, раскулачивание, голод — 22 млн. Репрессии 1935—41 гг. — 19 млн.; война — 32 млн. Репрессировано с 1941 по 1953 гг. — 9 млн.

Что у нас хорошо: то, что не может быть так плохо, чтобы не стало еще хуже.

А ведь ничего не изменилось со сталинских дней, кроме того, что властям неохота сейчас сажать. Ибо законом мы так же не защищены, как во времена Иосифа-строителя.

6 сентября 1985 г.

С каждым днем я все сильнее убеждаюсь в абсолютной несерьезности нынешних великих преобразований. И дело не в том, что знаменитый эксперимент оказался очередной липой, а в настойчивом талдычении о «дальнейшей централизации». Это не глупость, а единственная возможность сохранить власть. На кой ляд нужны все эти икроеды, если дело пойдет напрямую: производитель — потребитель? А только так можно сделать хозяйство товарным, сделать здоровую экономику и нагнать развитие страны.

Сохраняются и все внешние формы: королевские отъезды и приезды, все равно куда, в Тюмень или в страны Западной Европы. Ведь это деловые командировки, почему же им придается столь торжественный характер, словно это въезд Александра Македонского в завоеванную страну или триумфальное возвращение Цезаря из покоренной Галлии? Кстати, никакие победы во всех этих вояжах не одерживаются, можно было бы обставлять их поскромнее. Как присосалась к России вся эта византийщина!

7 сентября 1985 г

Были у Нины Соротокиной. Ели вареники с валуями и картошкой, соленые валуи и жирную свинину, запивая облепихой, ежевикой, брусникой. Все восторгались столом и удивлялись, где Нина достала свинину. Это был стол эпохи сплошной коллективизации. До чего же все развалилось! За столом, если исключить нас с Аллой, сидели почти оборванцы. А ведь это все ученые, люди со степенями. Ножи и вилки были не только разнокалиберными, но чаще без черенков. Бедную обстановку скрашивали цветы, когда-то растения в кадках. Но чувствовалось, что окружающим прием кажется из ряду вон.

Как все неблагополучно у Нины и вокруг нее. Тяжело начало жизни старшего сына, семикратного абитуриента, поступившего лишь на восьмой раз, правда, в хороший институт — архитектурный. Его бессмысленная женитьба на поблядушке-стюардессе, смерть ребенка, дурацкая гибель ее жениха, скверный развод, новый скоропалительный брак, уже разваливающийся — какая-то роковая заряженность на неудачу. Так же все нелепо у самой Нины — ее непонятный, немотивированный, стыдный развод с Феликсом, возненавидевшим ее прямо-таки зоологической ненавистью — бёз малейшего повода с ее стороны, темное, тайное неблагополучие младшего сына, в порочности которого непоколебимо убежден весь поселок, и, наконец, лучший друг оказался педерастом и гебешником. За него Нина, разумеется, не отвечает, но во всем остальном есть и ее вина. Она запустила и дом, и мужа, и детей. Ее парни росли на сквозняке микрорайона, а это куда хуже наших старых московских дворов. Вырастить ребенка сейчас непосильное дело. Вот Т-ина дочь клеила картонные домики, населяла их крошечной мебелью, хлебными человечками, а в пятнадцать лет привела в дом тридцатилетнего пердилу. Без перехода: от кукол — в еблю.

Опять пошли разговоры о денежной реформе. По логике, по соображениям экономическим, политическим, международным этого не должно быть, нельзя же признаться в такой острый момент в полном банкротстве системы, кроме того, при невозможности обеспечить население продуктами и товарами широкого потребления девальвация ничего не даст, кроме обнищания тех, кто вкалывает на этот режим (спекулянты быстро оправятся), но разве есть разум и расчет у правящей нечисти? Чего стоит повышение роли парторганизации в создании кинофильмов. Казалось бы, они должны были что-то понять, чему-то научиться за шестьдесят восемь лет издевательства над страной, нет, ничего не поняли, ничему не научились. Уткнулись мордой в кормушку власти и знать ничего не хотят.

6 октября 1985 г.

Как замечательно умели быть счастливы Пастернак и даже наинесчастнейший Мандельштам. Любопытно, что эта способность стать мгновенно счастливым, почти ни от чего, очень долго была свойственна мне. Это меня спасало. Ведь я тяжело жил — и дома. и в литературе, и в кино, и с самим собой. Сейчас я эту способность почти утратил. Если же вдруг загорится лучик, я начинаю думать, откуда он, глядь, лучик и погас.

Интересно, как умная, сильная, талантливая — не только в науке (об этом я не могу судить), а в славе — Ольга Фриденберг, гордо заносившаяся перед Пастернаком в молодости (и не только потому, что он был влюблен в нее, а она в него — нет), так сникла перед ним в старости. Не он подавил ее, сам того ничуть не желая, а его расправивший крылья гений. Его аргументы: переводы Шекспира и «Фауста», стихи и проза — оказались сильнее всего, что могла предъявить эта незаурядная, морально более качественная натура. Какая многозначительная победа: да, гений сильнее таланта.

Юра Васильев живет на невыкупленной даче под Коломной, множит мраморные гениталии, пьет по-черному (после инфаркта и инсульта), водит собственный «рафик» (ездит за водкой), неопрятно страдает и дружит с женатым сыном. На что он живет, никто не знает. Он ничего не продает, не ставит спектаклей, не оформляет, не иллюстрирует, от него отступились даже старые меценаты Делюсины, он со всеми поссорился. Юность его обещала другое. Он был красивый человек, своеобразный, очень неглупый, независимый, многое умеющий. Казалось, он скажет свое слово в искусстве. Его беда — в переизбытке творческой силы. Он не знает, куда ее девать, и разбазаривает на чудачества, ломание и самодурство.

Эксгумация стахановского движения ошеломила не одного меня своей глупостью, ничтожностью, бессилием государственной мысли. Самые простые, малоразвитые люди поражаются, зачем надо вспоминать об этой стыдобе, позорной липе, ведь ни для кого не секрет, как создавались уродливые достижения Стаханова, сестер Виноградовых, Бусыгина и др. Худшее от Сталина, худшее от Хрущева — таков народный приговор.

Еще один гиньоль: трезвость — норма нашей жизни. Тут уже пошел Щедрин. Вовсю пропагандируются: стадион вместо водки, марафонские забеги вместо застолий, свадьбы под ситро, а у водочных магазинов чудовищные очереди, ближе к концу дня — столпотворение, в парфюмерных магазинах исчезли зубные порошки, паста, тройной одеколон; говорят, что научились оттягивать спирт из гуталина. Продажа сахара возросла в сто раз — гонят все. Найдены и другие заменители алкоголя: делается надрез на темени и туда капают ацетон; надевают на голову полиэтиленовый мешок и чего-то впрыскивают или порошок насыпают. Много случаев отравления, усилилась наркомания. Даже женщины-хозяйки злятся, у них отняли последнее — гордость гостеприимства.

2 ноября 1985 г.

Вчера ездили во Внешторгбанк. Столкнулись на улице с Окуджавой: доброе улыбающееся лицо, хорошие прозрачные глаза. Мы поцеловались, обменялись несколькими ничего не значащими фразами, но ощущение чего-то очень хорошего не покидает меня до сих пор. Была связь между нами, и сохранилась память о том четвертьвековой давности времени. Я только сейчас начинаю понимать, как хороши были шестидесятые годы. Любовь к Алле вытеснила их из души, и моим внутренним лучшим временем стало время далеко не лучшее.

А еще я видел восьмидесятилетнего Прута, он сидел в приёмной банка и читал без очков статью о себе в «Советском экране». Он едет в Швейцарию на традиционный сбор школьных друзей. Почему-то Прут кончал школу в Швейцарии. Начали они встречаться в 1960 году, тогда их было тридцать шесть, сейчас осталось шесть. Как мило и трогательно прильнули органы безопасности к этой дружбе.

День был серый, грустный, какой-то прощальный.

4 ноября 1985 г.

Опять ужасная слабость, не мог заставить себя пойти на прогулку. Все время засыпаю, а просыпаюсь в таком изнеможении, что нет сил подняться. Что это — естественная разрядка после долгого мучительного напряжения, связанного с небывало трудным оформлением поездки, кинобардака, рижского телевояжа с последующим отравлением, всей моей пустой, но изматывающей деятельности (бесконечные выступления, скандал с Бабич*, непрохождение повести, мелкая и непростая работа, высушивающая мозг) или какого-то серьезного, окончательного нездоровья, или просто старости, которая щадит меня — относительно — снаружи и все изъела внутри?

* Кинорежиссер.

А что, если мое плохое отношение к маме и Я.С. (последнего я почти ненавижу) я придумал из самосохранения? Я действительно почти выключил их из сознания, вовсе выключил из круга жалости и даже не вспомнил, что вчера исполнилось десять лет со дня маминой смерти. Как бы то ни было, а думаю я о них очень редко и без всякой теплоты, особенно о Я.С. Слишком много было в них дури, злобы, слепоты, себялюбия, жестокости и даже фальши.

В маме было много от дворянски-помещичьей духоты и самодурства (даже в доброте ее, обращенной чаще всего на приживалов, подхалимов, угодников), а в Я.С. — от бездельника-авантюриста.

Искусство замерло в ожидании декретов.

Для бездарных писателей у нас рай на земле, талантливых ждет царствие небесное. Как, оказывается, все чтили, любили, ценили несчастного спившегося Юрия Казакова, которого даже делегатом съезда не выбирали (не назначали), хотя там полно было ничтожеств. Ныне кажется, что Трифонов был вторым Шолоховым. А его почти всегда ругали, издавали скупо, и жил он за счет заграницы и некоторого пиетета к его революционным предкам. То же самое разыграют в свой час с бедным Окуджавой и, противно думать, со мной. Хотя я едва ли вызову такое умиление — имущества больно много оставлю, да и жил размашисто, сволочь такая. А Булат превратился в окурок. Это мимикрия, он стал хорошо издаваться, ездит за бугор то и дело, его признание все растет, и чтобы его не кусали, он прикинулся совершенным дохляком-оборванцем. Вот то, чего я никогда не умел.

А куда делись люди?

1986

Я не подвел итогов минувшего года, ибо подводить-то было нечего. Я ничего не написал, кроме статьи о «Человеке без свойств», все остальное не стоит выеденного яйца. У меня вышло всего два новых рассказа, из которых один был написан в 1979 году. Собственно говоря, это не рассказ, а глава из повести, дважды загробленной цензурой. Сейчас он вышел петитом, и никто не обратил на него внимания. Вышли два фильма: «Кальман» и «Бемби», второй — смесь удач с дурновкусием. «Кальман» не лишен некоторого обаяния. По этой причине он был хамски обруган «Правдой». Были две хорошие телепередачи: «Анненский» и «Бах»; я рад, что они есть, но ведь это игра, развлечение. Написал ловкий сценарий о Голицыне, но ведь картина, если ее поставят, все равно будет ниже ожидаемого.

Но была Италия — наспех, бегом, и все же... Год миновал, а Пиза, Портофино, Генуя, Турин и Болонья останутся.

Пока я собирался навестить осиротевшую Петину семью, Оля вышла замуж. Недолго она вдовела — меньше года. Видать, жених был наготове. Не в нем ли причина ее внезапной — после стольких лет жизни с Петей — плодовитости? Как-то все иначе теперь выглядит. Она лихо судится с Ленкой, которая тоже не явила величия в этой истории, с алчным Петиным сыном и вообще производит впечатление отменной бодрости. Вот почему она не звонила. Вовсе не от подавленности, бремя потери ее ничуть не гнетет, просто налаживается, и весьма энергично, новая великолепная жизнь. Насколько реальное бытие мощнее наших тщедушных выдумок.

А мои отношения с Ан. неумолимо поворачиваются к чему-то гадостному. Я как-то забыл о его генах, а ведь это самое главное. Все остальное — наносное, от воспитания, самоконтроля, одаренности, ума, натренированности, но сработает генотип. Страшный, беспощадный, семейный эгоизм, прагматизм, неистовое стремление к максимальной собственной выгоде. Но ведь я же знал на дне души, что так будет. Почему же я давал себя околпачивать? Потому что мне все равно было интересно, потому что мне нравилось играть в эту игру, обволакивая ее моими обычными мальчишескими мечтами. Мне нужны иллюзии. Практически моя жизнь безнадежна, что бы я ни делал, мне не подняться ни на вершок. Меня давно приговорили, а такой приговор обжалованию не подлежит.

Валятся один за другим, как кегли, вчерашние «сильные мира сего», безропотно, беспомощно, обнажая всю свою жалкость, пустоту и ничтожность. И ничего от них не остается, даже тени. Хрущев был сброшен с трона, но он остался. Брежнев и прочие переставали существовать до физического конца. Нынешние живые трупы, все эти Гришины, Романовы, Кириленки, исчезли так полно и окончательно, формально числясь среди живых, словно их никогда и не было. Впечатление такое, будто, снятые с должности, они становятся невидимками. Даже близкие и домочадцы не видят их. Вдруг вспомнив какое-то имя, думаешь: а был ли мальчик? Может, никакого мальчика не было?

Но не надо думать, что от замены их другими мнимостями что-нибудь изменится. Если и изменится, то в худшую сторону. Никому ни до чего нет дела. Все обслуживают только самих себя. От народа все отвернулись, даже последние интеллигенты, теперь он в чистом виде объект эксплуатации. Впрочем, он иного и не заслуживает. Таких безропотных рабов не знал мир. Скучно, и нет забытья.

29 марта 1986 г.

На днях был у Дины Иосифовны Ковды. У нее умерла парализованная долгие годы мать, а дочь вышла замуж за врача. Дина говорила, что наконец-то у нее появился близкий человек — зять. Она где-то работает, получает сто двадцать пять рублей, но по специальности (она кандидат философских наук) ей устроиться невозможно: еврейка, беспартийная. Она все время пишет, но ничего не печатает, даже не пытается. Сейчас написала статью «Мир нравственной свободы как эстетический идеал», где есть обо мне. Древняя ее статья-интервью, целиком посвященная мне, вышла-таки в «Литературной Грузии» под двумя фамилиями. Соавтор ее статьи не писал, даже не читал, но он грузин, доктор философии. Диссертацию ему писала Дина, на что и жила.

Она несколько раз обмолвилась: «Мой батюшка». Оказывается, она ходит к попу, ибо охвачена религиозными исканиями, а ее подруга Алфеева, которую я втащил в СП, работает в издательстве Патриархии. Из литературы ушла, успев получить от СП квартиру. Кстати, лишь из-за этого Алфеева* рвалась в нашу чудесную творческую организацию. Хоть что-то вышло.

Дина говорит, что религиозное настроение очень сильно в обществе, им охвачены люди разного возраста и разного положения. К Церкви эти люди равнодушны, ибо Церковь слишком переплелась с органами госбезопасности. Ковда даже крестилась, но в анкете это не учитывается. В царской России у затравленного, отчаявшегося еврея был выход — сменить веру, и он в полном порядке. У советских евреев нет выхода, кроме отъезда. Почему-то ее богоискательство оставило меня холодным. Я начисто не верю, что через это освободишься. А для разговора с Богом не нужен посредник.

Ковда говорит, что ее священнику КГБ настойчиво предлагал сотрудничество. Он не пошел на это. Ему пригрозили ссылкой, он сказал: «На все воля Божья». Его оставили в покое. Если это так, то он заслуживает большого уважения. Общее впечатление от встречи грустное, пасмурное, томительное, хотя сама Дина прекрасный человек. Источник тягостного чувства не в ней самой, а в обстоятельствах, в невозможности облегчить ее участь.

3 апреля 1986 г.

Впервые за долгие годы я находился дома в свой день рождения. Ничего хорошего он мне не принес. Я все время помнил, что мне 66, а тут кончаются шутки. Последний поворот пройден. Задыхающийся, спотыкающийся, мокрый, ты приближа-

---

* Алфеева вернулась в литературу прекрасной повестью.

ешься к финишной черте, зная, что призового места не возьмешь, но это не самое страшное. Тебе не хочется разрывать усталой грудью ленточки, ты готов ковылять дальше под свист и улюлюканье трибун, тебе наплевать, что ты плохой бегун, только бы чувствовать под ногой ускользающую землю.

Разговаривал по телефону с Гришей Ширшовым. Меня всегда поражают люди, которые помнят чужие дни рождения. Впечатление такое, что ни о чем другом они не думают. Разговор получился яркий. Я спросил его о жене. Он ответил: «Жена?.. а ничего. Я ее вчера встретил. Она же кинорежиссер. Написала сценарий, поехала к подруге в военный городок возле „Загорских далей" и убежала оттуда. Там повышенная радиация. А она и так все болеет. У нее чего-то нет в крови... Этого... иммунитета. А так, все хорошо!» (Перепечатывая: а не СПИД ли у нее?)

Я спросил о Вале.

— Плохо... Болеет, только вышла из больницы — грипп тяжелейший, температура под сорок. Сейчас Наташка из Бразилии вернулась. Насовсем. У нее... этова... полная несовместимость с климатом, астма, потом с сердцем чего-то.

— А как Валин внук?

— Ванька-то?.. Шикарно! Учится в МГИМО. Астма у него жуткая и... этова... сердце пошаливает. Такой молодой?.. А нешто молодые не болеют? Молодые сейчас самые больные. А я, знаешь, работать пошел. Зачем? У нас в жэке парторганизация очень склочная. Интриги. Ну а новичкам вовсе жизни нет. Я пошел в гараж. Шикарный гараж на пятьсот двадцать машин, я там двадцать лет машину держу. Кем пошел? А дежурным. День со своей машиной повожусь, а три дня гуляю. И парторганизация маленькая и хорошая. Я уже характеристику на круиз получил.

— Какой круиз?

— По Дунаю. Шесть стран. Шикарная поездка. Сейчас начал справки собирать. Их много надо. От терапевта, невропатолога, психиатра, от нарколога, дерматолога, отдельно об алкоголизме. Ну, это просто. В вытрезвителе не был, приводов в милицию нет, от соседей жалоб тоже нет, на работе не пил, на лестничных клетках не пил — и тебе безо всякого справку дадут. Кардиограмму я уже сделал. Мне еще в кожно-венерический диспансер, на рентген. Ну а с глазами, ухо-горло-нос — это чепуха. К осени все справки соберу.

Я спросил про Олю, Петину вдову.

— Плохая баба! Она... этова... говорит, что ребенок не от Пети. А от ее теперешнего мужа. Наконец-то, говорит, вся семья в сборе. А то был какой-то бардак: отец чужой... этова... если б не Оля, Петя еще потянул бы.

— Как? — удивился я. — Мне казалось, он ее любит, и они счастливы.

— Да, — покладисто согласился Гриша. — Она и ее мать Петьку буквально облизывали.

Поняв, что толку тут не добьешься, я не стал углубляться в эту тему и спросил, где достают путевки на круиз.

— А я... этова... хожу в столовку повышенного типа... Шикарно!.. Направо глянешь — бывший замминистра, налево — начглавка. У нас поездки автобусные, экскурсии всякие и круизы.

Так вот куда выгоняют паразитов, погубивших сельское хозяйство, чернозем, целинные земли, скот. На сладкую жизнь: повышенное питание, экскурсии, круизы для тех, у кого хватит сил собрать справки. А может, так и надо? Соблазнившись этой тихой и расчудесной жизнью, они будут уходить в отставку сами, освобождая места для честных людей. Как будто такие есть.

Подавляющее большинство друзей моего детства и юности стали ночными сторожами, вахтерами и пожарными при театрах. Почти как у Аверченко в рассказах об эмигрантах.

Из эмигрантской газеты «Роза Центнер»: «Врач Глюкман лечит локальное ожирение бедер, ягодиц и прочего отсосом».

18 августа 1986 г.

Сколько всего произошло, а я ничего не записывал. Страшно. И с Чернобылем страшно. И с самим собой страшно. И дыхание близкой смерти страшно. И неодолимое безмолвие страшно. О чем вообще можно писать после Чернобыля? О Чернобыле. Но ведь это грешно, если не по-дантовски. А так не выйдет.

Вся страна в целом распадается на чернобыльский лад. Идет неудержимый распад материи и расход духовной сути. Впрочем, одна женщина сказала, что подорожание колбасы на двести процентов пострашнее Чернобыля.

Наш главный герой* хочет уподобиться Иисусу Навину, которому криком: «Остановись, солнце, и не движись, луна!» — удалось ненадолго возобладать над временем и выиграть битву. Но повторяются лишь библейские кошмары, а добрые чудеса неповторимы. Апокалипсис налицо, но никто не исцелил Лазаря.

Съездил в Каргополь. Видел хороших людей: начальника милиции, его жену, первого секретаря райкома, начальника рыбхоза, мужиков приозерных. Хорошо думают, здраво судят, не боятся говорить, что думают. Есть еще люди — добрые, заинтересованные, честные. Север вообще лучше: здесь не было ни татарского нашествия, ни крепостного права, даже советская власть действовала в чуть остуженном виде. Да и холод предохраняет от гниения. Конечно, не надо преувеличивать, тухлеца проникла и сюда. Но по сравнению...

Река, озеро Лага, скромные берега волновали почему-то больше, чем церкви XVII и XVIII вв. Это странно, раньше я буквально заходился при виде даже неказистой деревянной церкви. Что-то вообще во мне сдвинулось. Неприязнь к беллетристике, тоска и скука от людей, охлаждение — резкое — к себе самому. Только природа трогает. Возрастное это, что ли?.. Усталость?.. Остужение творческой воли?..

13 декабря 1986 г.

Сколько печального случилось за последнее время. Кончила свою скудную жизнь под колесами грузовика Евгения Николаевна Янковская, мой постоянный редактор в «Советской России» и почти друг. Умерла Аня, жена Я. В. Эскинда, облученная во время нашего первого атомного взрыва. Она прожила ужасную, горестную жизнь: каждый год по несколько месяцев лежала в больнице, где ей меняли кровь и спинномозговую жидкость. Плоть ее как-то плавилась, истлевала под кожей. Я видел ее молодую фотографию, она была миловидной, а стала чудовищем со всосанными щеками, непомерным чревом, бесформенным туловищем, вытаращенными рачьими глазами. Но что-то помогало ей жить и не падать духом. Она была веселым, заинтересованным человеком, много и толково читала, любила выпить

---

* Горбачев.

рюмочку и даже раз в неделю консультировала в какой-то адвокатской конторе.

Ей стало много хуже, когда случилась чернобыльская катастрофа. Вскоре она попала в больницу и уже не вышла из нее. Видать, крепко обдул всех нас чернобыльский ветерок.

В Италии о Чернобыле стараются не вспоминать, как о чем-то очень стыдном, неприличном, словно человек публично обосрался. А все дело в нашем идиотском молчании после взрыва, в привычке замалчивать все наши мерзости, преступные ошибки и пороки. Какими же кретинами надо быть, чтобы пытаться замолчать то, что через несколько часов становится вселенской бедой.

Сгорела от сигареты во сне Аня Галич, урожденная Прохорова, моя подруга по ВГИКу. Мне рассказал об этом Валерий в коридоре студии им. Горького, когда мы шли смотреть какой-то милицейский фильм. Оттого что разговор был наспех и у меня, видимо, мгновенно подскочило давление, я не понял толком, что с ней произошло. Вроде бы она сперва задохнулась, а потом уж немного обгорела. А случилось это так: Анька получила сообщение о скоропостижной смерти жены Валерия, артистки Театра Советской Армии или как там он называется. Анька очень любила эту красивую, рослую, спокойную, насквозь доброкачественную женщину. Я ее знал, и она мне очень нравилась. От потрясения Анька, как говорится, развязала. Напивалась она, оказывается, только пивом. Пьяная, заснула с сигаретой в руке. Дальше все шло по знакомому сценарию: затлело одеяло и т.д.*.

Анька как раз начала выходить на общественную арену, я видел ее подпись под каким-то обращением. Странное совпадение. Я перестаю верить в случайность гибели Саши. А для чего это нужно? В широком смысле не для чего, а в узком, личном — еще одна звездочка на погоне. Серьезных трогать опасно, это черт-те к чему может привести, а безобидных, незащищенных убирать — одно удовольствие и никакого риска.

Вот судьба! Мог ли кто подумать, что начавшееся так мило на гладильной доске в лихачевской ванне окончится двумя смертельными ожогами в Париже? До чего же богата жизнь!

---

* Это версия В.Гинзбурга. По другой — смерть его жены тут ни при чем. Прибыла в Париж старая собутыльница — М.Фигнер.

Недавно у меня был творческий вечер в Доме архитекторов. Я читал из своей статьи о Мандельштаме. О его исходе и антисталинских стихах. Уходя с эстрады, я буквально на минуту забыл рукопись на столике, за которым сидел, а когда спохватился, ее уже прибрал к рукам местный стукачишка. Скорее всего, сам директор Дома. Мне, кстати, подали записку: какой журнал собирается печатать эту статью? Из ложной щепетильности я не назвал «Смену», где статья идет, а уклончиво ответил: вот выйдет, тогда узнаете. Бдительные люди сразу решили, что статья — «подпольная». Хорошо это вяжется с призывами учиться жить при демократии. До чего же испорченный, безнадежно испорченный народ!..

Содержание

Издательский дом ПИК
INDEPENDENT PUBLISHING HOUSE PIC

Вышла в свет книга Генриха Сапгира "СМЕЯНЦЫ"

Знаете ли вы кто такие Хрюта-Махрюта и Черобуда? И в какой стране живут Валенты и Варанты и прочие необычные существа? Эти литературные герои вышли из новой книги Генриха Сапгира "Смеянцы". Ее страницы полны безудержной фантазии. Книга адресована маленькому читателю, на ее титуле так и сказано: "Стихи на детском языке"! Однако они доставят удовольствие и тому взрослому читателю, который любит игру слов.

У книги есть еще одно бесспорное достоинство. Ее щедро иллюстрировал молодой талантливый художник Владимир Буркин. Его иллюстрации к "Смеянцам" получили **Гран-При на международном конкурсе в Братиславе.**

Купите для своих детей эту веселую книгу. "В стране хохотании жили смеянцы, любили смеянцы веселье и танцы"!

Справки по телефону: 202-2285

Независимое издательство ПИК
INDEPENDENT PUBLISHING HOUSE PIC

В 1996 году выйдет в свет книга Анатолия Маркуши "Грешные ангелы"

В новую книгу известного писателя Анатолия Маркуши вошли повесть "Грешные ангелы" и роман "Нет". Герои А.Маркуши — военные летчики, сражавшиеся на боевых самолетах в годы Великой Отечественной войны. И они же — испытатели знаменитых ТУ и ИЛов в мирное время. Кому-то может показаться, будто романтика ныне покинула летное дело. Но это не так. И это доказывает новая книга А.Маркуши. Автор рассказывает об увлекательных событиях не с чужих слов. Он — сам их участник.

Эпиграфом к этой книге можно было бы взять мудрый наказ одного из пушкинских героев: "Береги платье с нову, а честь с молоду". Эта книга открывает серию изданий для молодежи и юношества "Ваши крылья".

Справки по телефону: 202-2285

Издательский дом ПИК
INDEPENDENT PUBLISHING HOUSE PIC

В 1996 году выйдет в свет книга Георгия Балла "ЛИСЕНОК ЛАДИК ПРОТИВ РОБОТА"

Известный писатель Георгий Балл написал для детей новую повесть-сказку и назвал ее так: "Лисенок Ладик против Робота". "Против" — значит поединок. И действительно повесть полна самых необычных приключений, в которых принимают участие и другие забавные персонажи. Да и сам Ладик не простой лисенок...

Повесть Г.Балла — не только сказка. Это и игра с маленькими читателями. Каждый из них может прибавить к сказке свою историю... И лучшие истории, придуманные ребятами, войдут в новую книгу.

Справки по телефону: 202-2285

Юрий Маркович Нагибин

ДНЕВНИК

Редактор **Георгий Садовников**
Художественное оформление **Елены Селивановой**
Корректор **Светлана Цыганова**
Компьютерный набор и верстка
Алексея Безуглого, Сергея Андрусенко
Ответственный за выпуск **Игорь Смолин**

По вопросам распространения
обращаться по телефону 202-2285

Л. Р. 100053 от 09.01.92 г.
Сдано в набор 09.02.96. Подписано к печати 03.03.96.
Формат 84×108/32. Гарнитура Лазурский. Бумага офс. № 1.
Печать офсетная. Печ. л. 19,5. Усл.-печ. л. 32,76.
Тираж 25 000 (2-й з-д: 5001—10 000). Зак. № 556.

Независимое издательство ПИК. 121019, Москва, Новый Арбат, 15.

Отпечатано с готовых оригинал-макетов
на ИПП «Уральский рабочий»
620219, Екатеринбург, ул. Тургенева, 13.